天

Borderless

下

天下，在乎正义和你

天
Borderless
下

法学新经典

民法的伦理分析

赵万一 著

第三版

法律出版社 LAW PRESS · CHINA
北京

图书在版编目（CIP）数据

民法的伦理分析 / 赵万一著. -- 3版. -- 北京：法律出版社, 2024. --（法学新经典）. -- ISBN 978-7-5197-9267-1

Ⅰ. D913.04

中国国家版本馆CIP数据核字第2024M8D843号

民法的伦理分析（第三版）
MINFA DE LUNLI FENXI（DI-SAN BAN）

作　　者：赵万一
责任编辑：屈　瑶
装帧设计：李　瞻
出版发行：法律出版社
编辑统筹：学术·对外出版分社
责任校对：李慧艳
责任印制：胡晓雅　宋万春
经　　销：新华书店
开　　本：710毫米×1000毫米　1/16
印　　张：33.75
字　　数：434千
版　　本：2024年9月第1版
印　　次：2024年9月第1次印刷
印　　刷：三河市兴达印务有限公司
书　　号：ISBN 978-7-5197-9267-1
定　　价：138.00元

销售电话：010-83938349　客服电话：010-83938350　咨询电话：010-63939796
地　　址：北京市丰台区莲花池西里7号(100073)
网　　址：www.lawpress.com.cn
投稿邮箱：info@lawpress.com.cn
举报盗版邮箱：jbwq@lawpress.com.cn
凡购买本社图书，如有印装错误，我社负责退换。电话：010-83938349

作者简介

赵万一 1963年生，山东巨野人，西南政法大学民商法学院博士生导师、二级教授，重庆市学术技术带头人，中国法学会商法学研究会副会长，中国法学会民法学研究会原副会长、学术委员会副主任，中国法学会法学期刊研究会副会长，最高人民法院案例指导工作专家委员会委员，中国审判理论研究会民商事审判专业委员会学术委员会副主任，澳门科技大学兼职博士生导师，重庆市人大常委会立法咨询专家，重庆市人民政府公共安全技术专家委员会专家，重庆市高级人民法院智库专家。重庆市优秀共产党员，“全国五一劳动奖章”获得者。主要从事民商法基础理论、比较商法、破产法、证券法、医事法的教学与研究。先后出版专著、教材、工具书七十余种，在《中国社会科学》《法学研究》《中国法学》等著名杂志和《人民日报》《光明日报》等知名报刊的理论版发表论文180余篇。1985年与金平教授等人提出民法调整的是平等的财产关系和人身关系的观点，直接为我国《民法通则》和《民法典》所采纳。2001年在我国率先提出民商法价值取向差异理论，认为民法的首要价值目标是公平、商法的首要价值目标是效益，这一观点不但成为民商法学界的主流观点，而且对促进市场经济立法产生了积极作用。参与了包括《民法典》《公司法》《证券法》《破产法》《合同法》等多部法律的修改论证工作。

法律继受的窘境：继受方的论辩与抗争

——为《民法的伦理分析》所作的序言*

[日]加藤雅信　李秀文译**

一、罗马法殖民化中的“民”

德国法学家耶林曾言：“罗马帝国曾三次征服

---

* 此文是日本当代著名民法学家加藤雅信教授为《民法的伦理分析》日文版所写的序言。《民法の伦理的考察》一书由（日本）株式会社法律文化社于2018年2月28日出版发行。该书由长期游学日本的上海大学法学院崔文玉教授翻译，日本大阪市立大学大学院法学研究科王晨教授兼译，日本静冈大学人文社会科学部坂本真树副教授译校。本序言由李秀文副教授翻译成中文，发表于《西南政法大学学报》2019年第1期。

** 加藤雅信，1946年出生，男，日本东京人，日本上智大学法科大学院教授、名古屋大学名誉教授、名古屋学院大学法学部教授，法学博士。先后在日本出版的主要著作有：《财产法·体系上不当利得法构造》（有斐阁1986年版）；《现代侵权行为法学的展开》（有斐阁1991年版）；《现代民法学的展开》（有斐阁1993年版）；《新民法大系Ⅴ事务管理·不当利得·侵权行为》（第2版）（有斐阁2005年版）；《新民法大系Ⅰ民法总则》（第2版）（有斐阁2005年版）；《新民法大系Ⅱ物权法》（第2版）（有斐阁2005年版）；《新民法大系Ⅲ债券总论》（有斐阁2005年版）；《新民法大系Ⅳ契约法》（有斐阁2007年版）。翻译成中文出版的主要著作有：《“所有权”的诞生》（郑芙蓉译，法律出版社2012年版）；《民法学说百年史：日本民法施行100年纪念》（牟宪魁等译，商务印书馆2017年版）；《日本民法典修正案Ⅰ第一编总则》（朱晔、张挺译，北京大学出版社2017年版）。

李秀文，1980年出生，女，福建福州人，福州大学法学院副教授，法学博士。

世界,第一次通过武力,第二次通过宗教(基督教),第三次通过法律。”尽管耶林所言并非完全属实,但从法律文化脉络的角度来看,无论是本书作者赵万一先生居住的中国,还是执笔这篇小文的本人居住的日本,在历史法律文化上都是程度不同地受到罗马法影响的国家之一。罗马通过武力征服世界数个世纪。其后罗马帝国逐渐走向衰落,最终分裂为意大利、法国、西班牙等多个国家。再历经几个世纪后,世界步入帝国主义时代,可以说大部分的非欧洲国家都成为了欧洲列强的殖民地。“二战”之后,虽然世界上大多数国家主权意义上的殖民地都已消失,但各国内部仍然残留着因殖民统治而产生的复杂民族问题。从文化角度来说,作为殖民工具的基督教逐渐失去其往昔的巨大影响力,而作为文化残余最终留下来的只有“通过罗马法所进行的对世界的征服”。

在政治学意义上,被殖民地对殖民地输入的文化有积极抗争和极力排斥的内在冲动,这种文化现象也被称为“被殖民地拒斥理论”。这种理论进一步延伸,就会逐步发展为殖民地“独立化运动”。那么在“法律制度殖民化”时代,应当如何看待这一问题?赵万一先生又是如何思考这个问题的?或许对这些问题我们还无法获得全部的答案,但我想其中的某些答案肯定应该蕴藏在本书之中。

在本书序论中赵万一先生论述道:“由于不同社会对法律的作用和功能以及法律与其他社会规范的关系的看法不同,因此不同的法律文化在法律制度上表现出巨大的差异。在有些国家中,由某种法律制度所调整和控制的社会关系,在另一些国家中,却由非法律的其他社会规范调整和控制。譬如,古代罗马的私法所调整的很多民事关系,在中国古代则由民间的礼俗和习惯来调整。”在后记的开头部分,作者也有“在现行法律体系中,民法具有最深厚的文化积淀……民法更多蕴含的是一种法律意识,体现的是以公平、自治、诚信为核心的法治精神和法律文化”之论述。这些论述表明了作者对这一问题的基本态度。

本书的核心内容几乎涵括了民法的全部内容,在民法各领域中分析了“伦理”寓于其中的具体表现方式。质言之,本书所涉及的民法内容包罗万象,涵盖范围异常之广。作者在肯定西洋民法作为制度供体的作用之外,亦曾涉及中国固有的文化特质、中国式的“公平观”及“道德观”等方面的内容。也就是说,本书的研究对象并不仅限于中国现有的“民法”本身,而是放在全球化的视野下,既分析了各国民法的共性问题,同时又发掘出了中国特殊的法律表现形式,这正是本书的特色和可贵之处。

二、何为民法的伦理性?

从一般意义上来说,当读者听到“法与伦理”“法与道德”等表述时,通常会作何种思考呢?就东亚而言,最为简约的法律规范当属汉高祖初入关中时实行的“约法三章”。在该约法中仅将杀人、伤害、盗窃行为作为惩处对象。① 在西洋旧约圣经“摩西十诫”中亦有“不可杀人”“不可偷盗”之教导。伊斯兰教的《古兰经》中亦有慷慨助人、称量公平、禁止高利贷、禁止虐杀他人等一系列兼具法律和伦理道德双重要求的教义。由此可见,道德的根本要求和法律的根本要求是一致的。

时至今日,由于法律部门的划分越来越细,法律部门之间的鸿沟愈益明确,“杀人”“盗窃”等行为仅被作为刑法典的规制对象,在民法典中并未出现相应的描述。但这并不表明民法对这些有违道德的恶性行为完全置若罔闻,其同样被纳入民法的制度体系中。例如,杀人行为就构成了民法上的侵权行为从而成为损害赔偿的原因。值得注意的是,民法对(1)杀害婴儿的犯人和(2)陪同婴儿睡觉而不慎致其窒息而死的祖母所承担的损害赔偿范围作了几乎完全相同的规定。此外,(3)偷盗他人财物和(4)因过失损坏他人财产而导致的损害赔偿的范围在民法上也是一样的。可以说(1)和(2),或者(3)和(4)的情形,虽然在“伦理的恶性”程度上完全不同,但民法领域中的“民事制裁”在后果上却是完全相同的。那么,是否会产生这样的疑问:刑法是具有伦理性的,而民法则完全无视

---

① 据《史记》的记载:“与父老约,法三章耳;杀人者死,伤人及盗抵罪。”[(西汉)司马迁:《史记》(第二册),中华书局 1982 年版,第 362 页。——本文译者注]

伦理的存在。

通过上述例子,我们经常认为伦理和道德具有自律性,而法律则具有他律性。这不禁会让人萌生这样的想法:刑法作为“他律性的法律”必须契合最低限度的伦理要求,而民法则不太介意这些“伦理性”的要求。对这些问题到目前为止几乎无人予以正面回应,大多数民法学者在从事民法学研究时也鲜有以“民法与伦理”为题展开论述。赵万一教授执笔的本书以“民法的伦理分析”为题,不但直面这一问题,而且进行了系统深入的阐述,可谓独具特色和独领风骚。

本书第三章到第九章是关于“平等原则、公平原则、意思自治原则、诚实信用原则、公序良俗原则、禁止权利滥用原则、节约资源原则”等民法基本原则的内容。第九章以下分析的是民法的具体制度。相对而言,民法基本原则与伦理关系的讨论是容易的,而以“伦理”为依据的民法制度研究则是有难度的。正如该书所述,法律行为中有“欺诈和胁迫”,代理上有“表见代理”之规定,大多数法律制度中含有“伦理要素”的规定是不可否认的事实。即使如此,整体法律制度是否都能以“伦理”分析作为基础呢?毋庸置疑,当我们阐述解决民事纠纷的“逻辑妥当性”时不可能与伦理或公平脱离关系,本人也并不否认各种法律制度可与伦理、公平、正义脱离关系这种事实。然而,将“伦理”作为整体法律规范的基础难度极大。

论述关于期间计算规定的伦理性几乎不太可能。从实体法上的规定来看,论述连带债务和保证债务的伦理性同样具有难度。譬如,综观各国的成年年龄,明治中期(日本民法制定之时)大多数国家规定在 21 岁到 24 岁。现今,有像尼泊尔这样的国家规定 16 岁成年,也有像印度尼西亚或埃及这样的国家规定 21 岁成年,但大多数国家在这两者中间。正因如此,成年年龄标准的高或低,并不存在伦理评价的高低。实际上以促进“年轻人自立”为由而设置低龄化的成年年龄标准,显然是为了满足商事活动的要求而非出于伦理性的考虑,从这种意义上说,低年龄者事实上成了缺乏道德底线的商事行为的牺牲品。再举个民法之外的例子:靠右通行还是靠左通行与道德规范没有任何关系,只要保持统一性即可。因此,不仅民法,所有法律都存在不少技术性规范。

不可否认,现实生活中存在一部分厌恶谈论“伦理”的人,当遵循伦理的人遇到认为“伦理过于复杂难以理解”之人,则会发生矛盾。伦理就其社会通用性而言,须有令所有人皆能理解的简洁命题。包括民法在内的法律,时常会出现技术上的复杂性。古今中外,人们普遍认为法律复杂难懂,为此,汉高祖“约法三章”,追求法律的简约,以提高法律的透明性。然而,过于简约的法律显然不能满足复杂的社会治理需要。综观世界各国,除中国汉朝之外,并不存在以“约法三章”等简约法律制度统治社会的国家。因为在现实生活中,可能只有极少数人会认为即使是复杂的法律也可以带有一定的伦理性色彩。正是从这个意义上说,相对于具有强烈伦理色彩的基本原则而言,民法等复杂的法律制度经常被认为是技术性强而缺乏伦理性的规范群。

本书以“民法制度的伦理分析”为进路,对民法制度整体进行阐述。暂且不论第三章到第九章中关于民法基本原则的分析,结合以上两段内容,作者主张“民法制度是道德化的法律制度”,将民法中的各种制度以伦理分析为基础显得有点牵强。至少我个人持此看法。

三、从西洋法的殖民化看西洋民法的伦理观

以下请容许我谈一些个人话题,以阐述这篇小文与本书观点之异同。

本人曾建立“法律意识国际比较研究会”组织,对世界22个国家及地区的契约遵守意识进行了比较调查。基于基础意识的视点,在中美日三国对东洋社会和西洋社会法律制度的成立经过进行全国性的调查与分析,并走访亚马逊森林、蒙古平原、喜马拉雅山脉(尼泊尔)、泰国北部山岳地带的少数民族村落,以及坦桑尼亚等地,对土地所有权中“所有权发生的构造”和“知识所有权发生的构造”进行分析。在从事大规模调查过程中,我经常被熟知日本的欧美法律学者问道:“为何日本人对‘法律意识论’持有兴趣呢?在我国并没有学者从事此类研究……”

赵万一先生在本书开头对“中国古代的性善论”与“欧美的性恶论”进行比较。一方面,基于中国性善论,描述了“修身、齐家、治国、平天下”的德治主义国家形象。另一方面,基于欧美的性恶论,提出“人的本性是贪婪自私的……人性在不能向善的情况下,只好采用法治……权力者的本性更容易暴露罪恶……欧美的法治思想正是基于假定人性恶的基础上启动起来的”“这就是对人的本性不信任的人们持有的特有的思维方式”。本书基于中国、欧美的对立观点展开论述,引用译者的表述:“这是一本从中国伦理的视点全面详细分析民法的理念、原则、制度的专业著作。”

如前所述,我的确认为:包括我在内的日本法学者对“法律意识论”感兴趣,与“被西洋法征服的东洋无奈之下的抗争”之境地不无关系。对欧美人而言,民法典的规范内容是理所当然的,对日本人而言则是“异物”。基于这种差异,本书作者加入中国式观点探讨规范内容的“伦理性”,从而让包括我在内的日本人对“西洋人和东洋人(日本人)的法律意识的龃隙”产生兴趣。赵万一先生虽然没有提出法律意识论的方向性,但书中指出:“国外的先进法律规定移植到异质社会,与现实生活产生分歧,失去其法律实用效果。”这样的理解不仅适用于中国,也适用于日本。

四、民法典中最根本的伦理性

我本人一直极为关注日本“民法再法典化”的立法进展(现已修订结束),并撰写了《民法典私案》,包括如下内容:关于民法总则部分,由民法改正研究会汇总的专家建议稿(代表为加藤雅信,载《日本民法典修正案Ⅰ第一编总则——立法提案及修正理由》,信山社 2016 年版);关于财产法(物权和债权)部分,由民法改正研究会汇总的专家建议稿(代表为加藤雅信,载《民法修改:国民、法曹、学界建议稿》日本评论社 2009 年版);前者的中文译本为:朱晔、张挺译:《日本民法典修正案Ⅰ第一编总则》(北京大学出版社 2017 年版)。

该立法提案同样以“权利义务”关系的西洋法理论为基本框架,构思基础注重“权利义务”关系,个人相互制约,在被制约的同时,追求个人利益并且作出防备。相对于作为个体的个人相互关系构成作为整体的社会统治的基本原理,上述东洋式“德治”主义的构想,归根结底是以“人治”为基础的,这是我个人的想法。

“人权”或“基本人权”这样的思想不是从德治“赏赐”而来的,“权利义务”这两种对立关系,发端于西洋思想。在此,我以“对立”作为评价的着眼点,赵万一先生对“权利义务”关系持否定态度,认为“权利本身有固有缺陷,权利的本质是通过对他人的不信任及防备,来捍卫自身利益”,因此,我们应当“最大限度地减轻权利本位带来的负面作用”。赵万一先生在“假定人性本恶”的基础上,同意“假如自然人私力可以妥善解决的事情,则无须国家公权的介入。由于不信任人的本性,人们自己决定个人的权利义务范畴,既不允许国家公权介入个人权利领域,也不允许个人之间相互践踏权利,以防止社会个人间的权利滥用”的主张。本人极为赞同这样的民法理解。

谈谈我个人的一些观点。实际上,民法中关于伦理性的条文规定有限,更多的是技术性规定,且规范内容复杂。然而,我自身是一位自由主义者,对“人权”问题也极为关心。“权利义务关系”作为民法最为本质的构思,是社会成员之间相互制约的“总阀”,即“社会统治”这样非权力性构想的产生,可以说其是“人权”伦理的“生母”。事实上,看起来带有技术性的民法中最根本的伦理性也正基于此。因此,我个人并不秉持完全独立于罗马法或西洋民法型的思想。

我与赵先生素未谋面,期待今后有机会拜访先生。我想通过上述评价已逐渐呈现答案,这篇小文阐述意思自治之时,秉持“任何社会主体的行为都必须受制于国家权力”这一思想,以拥护“构建社会主义民法体系及相应的民法文化”这一现代中国现行体制的主张,是一个自由主义者的评论。

或许阅读这篇小文的诸君会产生“这是在不同社会体制内,一位日本学者的任意评论……”之批判。这篇小文虽然在内容上对本书作出一些批判,但我真心希望带着以上批判,与赵万一先生共勉。

对民法的探索与探索中的民法(自序一)

不知不觉我已经在西南政法大学学习和工作了整整20个年头,回首往事不禁使人有几多浮想、几多感慨。20世纪60年代我出生在鲁西南的一个偏僻乡村,那里有广袤的平原,我目尽所及看不到任何山川和丘陵的踪影,也没有见过波涛翻滚的大河,因此从小我就对挺拔雄伟的高山和玉鉴琼田般的江海湖河非常憧憬和向往。读大学时,由于是第一次离开家,因此我选择了离家较近的山东大学,我报考的本来是历史专业,但不知何故录取时却把我调到了经济学专业。正是这一次专业的改动使我在四年的本科学习中打下了较为扎实的经济学专业基础。本来按照正常的发展,我也应当像其他同学那样在经济学上继续深造,但一次偶然的学术讲座彻底改变了我的后半生的命运,使我在大学期间对法学产生了非常浓厚的兴趣,并花了相当多的时间阅读了当时山东大学图书馆馆藏的几乎所有法学书籍。及至1983年大学毕业报考研究生时,我毫不犹豫地选择了法学。记得在选择学校时,考虑到要发挥自己的经济学特长,因此希望能在应试科目中最好有一门经济学方面的课程,而当时西南政法大学就是符合这个条件的为数不多的几个院校之一。另外为了实现从儿时起就埋下的对山与水的憧憬,因此我决定选择报考一所南方的院校。经过各方面的权衡和比较我最终选择了西南政法大学(当时称西南政法学院)的民法专业,直到来学校参加复试之前,我对重庆都没有任何完整的概念,对西南政法大学也几乎一无所知。由于当年研究生上线的人数不多,我与另外一位上线考生吴卫国不但总成绩一样,而且就连外语和专业基础课的成绩都是一样的。因此,吴卫国后来就顺理成章地成了我的师兄,我也被幸运地录取为当年的两名民法专业研究生之一,开始师从金平教授对民法学进行系统学习。金平教授作为新中国民法学界的泰斗之一,不但造就了诸如王卫国、禄正平、周强、伍载阳、刘晓星、吴卫国等一大批民商法学界的教学科研骨干和政界、商界精英,而且培养了学生勤奋、求实的良好学风,这种学风深深地影响了我后半生的求学和治学道路。民法专业的另一位导师杨怀英教授虽非我的直接导师,但由于当年她并未招收硕士研究生,因此对我和吴卫国就像对待自己的学生一样给予了无微不至的关怀,使我们受益颇深。民法专业的另外两位副教授聂天贶老师和柯瑞清老师虽非导师,但也曾协助金老师对我们进行指导,对我们教诲颇多。由于当时的研究生很少(我们那个年级共有 18 名同学,除民法专业的我和吴卫国之外,其他同学是法制史和法律思想史专业的夏勇、舒扬、何力,法理专业的黎建飞、夏道虎、孔小红和吴家如,刑法专业的陈忠林、胡云腾、邱兴隆、全理其和杜利,诉讼法专业的张卫平、郭明忠、谭世贵和张航),不但不同专业之间互相混住,而且不同年级之间也交叉住宿。开始学校安排我与吴卫国、杨遂全(81 级婚姻法方向研究生,现为四川大学法学院教授)、李浩(82 级民事诉讼法方向研究生,现为南京师大教授)同住在学生二舍。由于他们三位年龄都大我许多,对我关照颇多,特此感谢。及至 1985 年以后学校的研究生楼落成,宿舍也作了相应调整,我便和张卫平、郭明忠及吴卫国共住一个宿舍。这种不同学科之间的交流无论是对开拓知识面还是对提高思维能力都大有裨益。研究生阶段的学习给我留下了非常深刻的印象,也使我打下了较为坚实的法学理论功底。其中印象特别深刻的有四点。一是当时研究生的管理非常严格。这种严格主要来源于两个方面：一方面来源于导师的督促和指导,另一方面则来源于管理人员的监督和检查。开始学校并没有成立专门的研究生处,而是附设在科研处内,但无论是科研处的领导,还是研究生的直接管理人员对研究生的要求和管理都非常严格,经常配合导师抽查我们的读书笔记和资料卡片,使我们不敢有稍许松懈。及至研究生处成立之后,田平安同志作为首任副处长,继承并发扬了这种严格要求的优良传统,因此铸就了西政研究生内敛守纪的品性和勤奋踏实的学风。二是高年级同学对低年级同学起到了很好的模范带头作用。学校偏居西南一隅,交通非常不便,当时的信息也十分闭塞,信息交流非常困难。这种自然条件上的先天缺陷,虽使我们丧失了许多参加学术交流和社会实践的机会,但同时也隔绝了许多外界的诱惑,并因此造就了学校研究生朴实坚韧的良好学风。入校伊始,高年级同学的刻苦学习精神就给我们留下了非常深刻的印象。特别是 81 级的王卫国、顾培东、江必新、叶峰、禄正平、李建明、杨遂全和 82 级的周强、伍载阳、刘晓星、胡泽君、杜万华、青锋、王学沛、朱建华等诸位学长,他们忘我的学习精神和高昂的学习热情曾深深地感染和激励着包括我在内的每一位低年级同学。三是不同专业不同年级同学之间的学术交流活动非常活跃。无论是在课余还是在吃饭的间隙中,许多同学会经常自觉地聚集在一起讨论学术问题,或发表自己的观点,或对某一种观点和思想进行批判和反驳。这种不断切磋和交流不但使许多思想火花最后升华为系统的思想和理论,而且也使包括我在内的许多同学在学业上有较快进步。特别是同专业的王卫国、伍载阳、周强等人,更是经常对我和吴卫国悉心指导,使我们从他们身上汲取了不少营养。1993 年,我也成为导师开始指导硕士研究生,我便将这种上下年级之间的学术交流作为经验推广到我所指导的硕士研究生中,并取得了非常不错的效果。四是师生之间的关系非常融洽、学术交流活动非常踊跃。这种师生交流不但包括授业师生,而且也包括非授业的师生。每一个老师对向其请教的学生都非常热情,并毫无保留地将自己的所学传授给学生。正是受这种良好的学术氛围的感染,在研究生学习阶段直至参加工作后相当长的一段时间内,我曾与学校从事民商法学和经济法学的一些专家学者,如黄名述教授、李开国教授、张玉敏教授、赵勇山教授、程正宗教授、李昌麒教授、戴大奎教授、张序九教授、王卫国教授及其他专业的常怡教授、张卫平教授、文正邦教授、俞荣根教授、姚忠魁教授、种明钊教授、邹玉珍教授、杨志淮教授、倪继信教授等均有所接触,他们广博的学识和活跃的思维都曾给我留下非常深刻的印象,也是我学术得以进步的主要源泉。

在整个研究生学习阶段,金老师都非常注重对我们科研能力的培养,要求我们必须定期撰写学术论文,并对我们撰写的论文进行认真细致的修改和加工。正是在他的鞭策和鼓励下,我的一些习作得以公开发表。1985 年在《法学研究》第 1 期上发表了我与金平教授、聂天贶教授和吴卫国同学合写的《论我国民法的调整对象》一文,对聚讼纷纭的民法调整对象理论,提出了一种完全不同于前人的独立见解,即我国民法应调整民事主体之间的“平等财产关系和人身关系”。对这种“平等财产关系”可以从以下两个角度加以理解。从横向看,它包含三层含义:一是人们平等地占有和支配财产;二是人们在相互关系中处于平等的经济地位,人身上互不依附;三是产品的交换和分配按同一尺度,即劳动或劳动的凝结来进行。从纵向看,它既包括人与人之间在生产过程中的平等关系,也包括人与人之间在交换、分配和消费中的平等关系。这里的“人”既包括单数或复数的自然人,也包括具备一定条件的社会组织(法人)。这一观点不但在理论学界引起了广泛的社会认同,而且在立法上也与我国原《民法通则》的规定非常接近。1985 年我在《法学季刊》(《现代法学》的前身)上发表了独立创作的第一篇论文《论所有权的权能》,该文认为传统的所有权权能已不能适应现代社会经济发展的需要,因此应对所有权的权能进行增加和更新。

尤其值得一提的是,20 世纪 80 年代的中国,社会经济生活异常活跃,各种各样的经济体制改革探索此起彼伏,思想也非常开放,各种新的观点层出不穷,而民法又是与社会经济联系最密切的部门法。因此,在老师的安排下,我以极大的热情积极到社会实践活动中去进行调查和学习,调查的结果最后凝聚成三篇论文,分别是《重庆市股份有限公司的现状与趋势》《试论社会集资的法律调整》《试论我国技术引进的法律调整》,分别发表在 1986 年第 1 期的《改革》、1986 年 2 月 3 日的《中国法制报》和 1986 年第 2 期的《当代经济》上。

随着自己专业知识的积累和理论基础知识的提高,我开始尝试从基础理论和宏观角度思考一些法学的基本理论问题和一些基本的民法问题,分别与王威先生和金平教授合作撰写了《建立适合我国经济发展的新型法律观》和《民法与社会进步》两篇论文,几乎于同一时间分别发表在 1986 年第 4 期的《现代法学》和 1986 年第 4 期的《西北政法学院学报》上。随后又与顾培东先生合作在 1987 年第 6 期的《政治与法律》上发表了《法律手段在经济运行综合机制中的地位和作用》一文。

由于我一直对所有权和所有制非常感兴趣,因此在最后撰写硕士论文时我便选择以《国家所有权和企业经营权的统一与分离》作为自己的论文题目。在论文收集资料和具体写作过程中,曾得到佟柔教授、江平教授、梁慧星教授、赵中孚教授、魏振瀛教授、李志敏教授、柴发邦教授、张佩霖教授、李静堂教授、余能斌教授、寇志新教授等的无私帮助,得到柳经纬、沈敏锋、高宽众、史际春、郭锋等校外同仁的关心和帮助。特别是王利明同志不但给我以颇多指导,而且还积极帮助我将硕士论文整理成一篇约两万字的长文,作为有代表性的学术观点之一,收录在由佟柔教授主编的《论国家所有权》一书中,该书于 1987 年由中国政法大学出版社出版,标题也由王利明同志替我修改成了《论委托经营权》。该书中的一些主要学术观点和理论在 20 世纪 80 年代末和 90 年代曾发挥了较大影响。具体到委托经营权理论我认为主要有三层含义:一是国家与企业之间的关系是一种委托经营关系,委托的方式既可以是法律性的,也可以是契约性的。二是国有企业作为国有财产的受托经营人,是独立的商品生产者,必须享有从事商品生产活动所必需的权利,即受托经营权,这是国有企业独立承担风险和经济责任的逻辑前提,并在此基础上将国有企业的经济权利具体细化为经营占有、经营使用、经营收益和经营处分。三是国有企业的受托经营权并不是绝对的,它既不能超出国家法律和合同所设定的约束,也不能超出法人章程所设定的限制。而且国家还留有计划指导,价格、税收、信贷杠杆的宏观调控等诸项手段。这一观点为从法律上理顺国家和企业之间的关系提供了一个有建设性的思路,受到法学界的重视。目前,作为经济学界主流观点的"委托经营理论"和我国广泛推行的国有企业委托经营责任制虽不能说是受到了该观点的影响,但两者之间在基本思路和内容上有许多相同或相似之处却是不争的事实。除了对所有权问题进行关注之外,我还对物权制度进行积极的研究,1987 年在《中南政法学院学报》第 1 期上发表了我与金平教授合写的《我国民法应确立物权制度》一文,在全国较早提出我国民法中应建立物权制度的构想。在 1987 年出版的由全国 13 所院校共同编写的《民法学教程》一书中,在我负责撰写的物权部分中对他物权制度,特别对其中的用益物权制度进行了系统深入的探讨,构筑了较完整的他物权体系,并首次在教材中引入了经营权和使用权的概念,认为经营权是非所有人基于法律、合同或其他合法根据,以创造社会财富为目的,对他人财产所享有的直接支配权。它又可具体分为国有企业经营权(国有财产经营权)和承包经营权。承包经营权的特点是该项权利的取得必须以签订承包合同为前提;合同的双方当事人之间一般存在一定的隶属关系。这一物权体系为以后出版的许多同类教材所采纳。

凭借自己较为扎实的经济学专业知识,我还对与经济联系比较密切的证券法、房地产法和破产法进行了较为系统深入的研究。1985 年我开始接触证券法,并曾在 1986 年为四川省高级人民法院民庭、经济庭庭长培训班讲授了证券法专题讲座,20 世纪 80 年代末在学校率先开设了证券法方面的讲座和课程。这些研究成果于 20 世纪 80 年代末形成了我的第一本个人专著《证券法的理论与实务》,该书于1991年由云南大学出版社出版,这也是我国最早出版的证券法理论方面的专著。在该书中针对我国愈演愈烈的证券投机行为,通过考察外国的证券市场发展经验,提出各国证券经济的发展都是以证券立法为基础、以规范发展做导向的。同时设专篇论述了证券管理,提出了加强证券管理是维护正常的经济秩序和金融秩序的必然要求,并对具体的管理手段和管理措施提出了一些建议。针对我国没有把有价证券收益和一般商品收益分别课税的不合理情况,率先提出我国应对不同证券实行差别税率,以引导证券投资的合理流向;开征证券交易税,以制止在我国日趋严重的证券投机行为;对国库券、国家公债、市政建设债券及小额股票、债券的投资收益采取免税政策,以支援国家建设和保护小额投资人的利益。这些建议以后大多为我国的经济政策所印证。同时,通过比较分析国内外证券违法制裁的手段,首次比较系统地提出我国刑法中应补充支票诈骗罪、股票诈欺罪等,以便利用法律的威慑,维护正常的证券经济秩序和金融秩序。1988年在我国破产法实施后不久,我就和顾培东、张卫平两位先生合作出版了《企业破产法论》一书,这也是我国最早出版的破产法专著之一。1992年由我与刘政主编的《中国房产法的理论与实务》一书正式出版。在该书中,我提出为了使我国的房产制度逐步走上正规化、法治化的轨道,我们有必要对我国的房产立法进行重新设计,在协调现有房产法规的基础上,建立起适合我国房产经济发展需要的完备的房产法规体系。其内容既要包括统率全部房产活动的综合性房产基本法,即房产法或房地产法;也要制定有关房产开发,建设、流转方面的法律包括房产开发条例、房产建设条例、房屋拆迁条例、房屋买卖条例、房屋典当条例、房屋互易条例、房地产抵押法等,并提出要尽快制定住宅法,明确规定住宅法的任务、目的,指导思想和指导原则,住宅的所有权和使用权,住宅的分配原则、分配形式,住宅的建设,住宅的租赁和借用,住宅的修缮和服务等项内容;同时要加强房地产管理方面的法规建设,包括制定房地产市场管理法、房地产产权产籍管理条例、房屋质量管理法、房地产行业管理法等。这些观点对我国的房地产制度改革具有一定的参考价值。

与此同时,我还积极参加了一些科研课题的调研和撰稿工作。先后完成了由兰州大学吴文翰教授主持的教育部科研课题《国家所有权与企业经营权适度分离研究》(该书于1991年由兰州大学出版社出版)和由种明钊教授主持的国家社科基金重点课题《中国农村经济法制研究》(该书于1992年由重庆出版社出版)。特别是在后一个课题中我曾承担了较多的撰写任务,也提出了一些自己的新观点,创立了比较完整的中国农村土地产权改革理论和农村劳动力转移理论。对中国的农村土地产权改革,应与农村的总体经济改革相适应,步骤上可分两步进行:第一步即土地产权制度改革的初始模式——承包权的强化与变通和适度的规模经营,同时应建立和完善相应的土地的招标承包制度、转包制度和合伙承包制度;第二步即我国土地产权制度改革的目标模式应是国家所有基础上的家庭占有和农场并存制的经济结构。与此相配套的是逐步改变现行的农业税负制度,实行租、税分流。同时还应强调土地管理的法治建设,制定效力层次更高的土地法并建立相应的土地管理机构。这一观点在理论界和实务中都引起较大反响,并受到有关专家的好评。同时针对已经渐成规模的农村劳动力转移问题和较大的就业压力,提出中国的农村劳动力转移应区别不同的经济发展水平,分别采取不同的转移方式。对东部经济发达地区,应以发展大中城市为主;西部欠发达地区,农村劳动力转移的重点应放在中小城市和乡镇企业的发展上;中部次发展经济区则应以大中小城市同时并举的网络结构为主。对于农村和城市剩余劳动力的就业问题,作者认为,现行的劳动力就业政策不但阻碍了新就业人口的安置和农村剩余劳动力向城市的转移,加大了国家安置就业人员的压力,而且助长了在职职工的贵族化恶习和城市自身的退化态势。明确提出应改革现行的户籍制度,加速人口的流动;保持一定的失业人口比例,以激励和震慑在职职工;同时变"一次定终身"的单向选择为双向选择基础上的合同制,以强化职工的危机意识。其中的许多观点都具有相当的超前性。我积极主持进行国家社会科学基金课题《证券交易中的民事责任制度研究》的调查与撰稿工作,并希望能借助本课题的研究为中国证券市场的规范化和法治化尽自己的微薄之力。

从20世纪90年代初期以后,我的教学科研工作重点逐步转移到商法领域,但对民法的兴趣却一直丝毫没有减弱,并开始尝试从"局外人"的角度对处于低谷的中国民法学研究进行冷静审视。1993年我参加了由文正邦教授主持的《走向21世纪的中国法学》一书的编写,承担其中的《民法学:勃兴、机遇与挑战》一篇的撰写。在书中我将中国民法学研究的主要不足归结为:法律规范严重滞后于经济体制改革的实践,现有的理论无法对新生事物作出科学回答。民法学自身缺乏严密的逻辑结构和内容体系。法律实现保障体系薄弱,法律责任条款匮乏。民法学理论的可操作性欠佳,其表现一是民法规范过于抽象;二是民法通则的规定过于原则;三是民法规范中包含有大量的政策性规定,而政策的含义又不够确切且变化较快;四是法学理论工作者没有更多地走向实际,致使民法学的研究一直停留在较高的理论层次上。造成我国民法学研究陷入窘境内的原因主要有:研究方法上过于偏重既有理论,力图以不变的理论规范激变实践;研究基点上习惯沿袭外国传统的概念、理论和体系;在研究的指导思想上习惯对现有的法律政策作事后解释,缺乏必要的前瞻性研究;对民法学自身的评价上缺乏必要的社会认同等,并明确提出了民法学应为权利法学的构想。民法作为一个独立的法律部门,区别于他部门的最本质的属性就是应以权利作为整个法律体系的核心,权利在民法体系中起着关键的和主导的作用。为了实现民法作为权利法学的构想,首先,应实现民法学观念的更新,确立社会主义平等观、民主观和权利观。其次,应实现民法学体系的更新,变以法律关系为主线为以权利为主线的法律体系。最后,应实现民法作用的更新,将民法的作用贯穿生产领域、流通领域、分配领域和消费领域。民法为权利法学的观点虽非由我所首倡,但我却是民法学界对此问题较早进行比较系统阐述的一个。在对民法学研究的前瞻上,我当时非常精确地预见到民商分野的鸿沟将逐渐消亡;人身权在民法中的地位会逐渐得到加强;传统民法中的某些法律制度会重新唤起人们的重视(如占有制度、典当制度、信托制度等);比较民法与外国民法会逐渐引起社会关注;中国古代民事法律制度和民法史学会成为纯理论研究的一枝奇葩等。

1996年我出版了自己的第二本个人专著《中国竞争保护法律制度研究》,在该书中的主要创新点有以下几个。一是在研究的基点侧重于从正面即从竞争保护的角度对竞争关系进行了系统深入的探讨,并构筑了较为完整的竞争关系规则体系和保护体系,这在同类著作中还是第一次。二是提出了竞争保护立法的主要内容应包括竞争条件立法和竞争规则立法两个方面,其中竞争条件立法又可具体分为明确的市场主体、严格的财产界限和完备的市场体系,并详细分析了各自的主要内容。竞争规则的内容则应包括引导性规范、行为性规范和保护性规范。三是在竞争保护法律制度的实施方面提出了许多新观点,指出竞争保护制度的实施有赖良好的竞争道德和理想的社会环境。良好的竞争道德应当包括遵法守信;尊重社会公德;正确利用合同手段、切实履行合同义务等项内容。而理想的社会环境则应当包括先进的法律意识、公正的执法程序和完善的法律监督机制。四是对涉外关系中颇为引人注目的商品倾销行为和反倾销立法进行了较为深入的分析,频繁遭到的反倾销指控和外国产品的大量倾销行为已成为滞碍我国经济发展的主要因素,提出作为今后我国竞争保护立法的主要内容之一就是要加快反倾销立法,并对加强我国的反倾销立法提出了一些自己的看法。

2002年我出版了自己的第三本个人专著《商法基本问题研究》,在书中我将中国现代民商法律制度的建立与市民社会观念的确立密切联系在一起。市民社会观念从其产生的那一刻起就与民事立法和民法文化发生了极其密切的联系。同时民商法律制度在其发展过程中也不断吸收市民社会思想中的先进理念。古典市民社会观念产生于古罗马城邦制国家中,其带来了古罗马法律文化和法律制度的繁荣。文艺复兴时出现的市民社会制度和市民社会观念的昌盛,则带来了罗马法的复兴和现代民商法律制度体系的创立。同时,市民社会观念和民商立法还与商品经济和市场经济有着天然联系,并且以商品经济和市场经济作为其存在基础。一定类型的民商法不仅作为直接调整市场经济关系的规范形态而存在,而且还作为一种文化现象渗透于社会生活的各个领域。民商法文化构成一定社会文化源流的重要组成部分。传统民商法文化不过是市民社会人本主义思想和“天赋人权”思想在法律上的表现,是“私权神圣”原则的充分体现。中国的现代民商立法的推进首先要进行法律观念的现代化。而中国现代法律观念的主要内容,就是要确立民商法的私法和私权属性。民商法领域强调的是私权神圣和私权至上,国家公权应当服从和服务于私权,并以不阻碍私权的行使为其作用界域。民商法的重要性不仅仅体现在它对市场经济关系的巨大调整作用上,而且表现在它对整个法治社会的建立所产生的巨大推动作用上。民商法以其对主体人格平等和行为自由的明确确认,对公平理念的大力弘扬,对主体财产和人身权利的充分保护,对权利义务相一致的强制性要求,对交易安全的有效保障,对效益追求的鼓励和对交易迅捷的推动等明确的价值观取向和具体的法律规则,为法治社会的建立提供坚实的法律观念基础和法律规则基础。在规范形态上,民商法规范不是表现为以限制性规范、惩罚性规范为内容的消极性规范,而是主要表现为以引导性规范、行为性规范和界定性规范为内容的积极性规范。该书的另一个理论贡献是提出了民商法价值取向上的差异理论。民法和商法作为两个不同的法律部门,之所以为绝大多数大陆法国家确认,是因为民法和商法在调整对象和调整内容上有明显的差异性,除此之外,民法和商法在价值取向上具有显著不同,以及在产生基础上具有较大差异性,这也是区分民法和商法分属不同法律部门的重要原因。因为调整对象的差异固然可以直接界定不同部门法的独立调整范围,而价值取向的不同则会决定不同法律立法的最终追求目的,从而使性质各异的法律部门的划分成为必要。民法和商法在立法价值取向上的主要差异性表现在:在民法的诸项价值目标中,最基本的价值取向是公平,即当公平原则与民法的其他基本原则发生冲突与矛盾时民法首先会选择公平,在处理公平与其他民法原则的关系时采取的是公平至上兼顾效益与其他。而在商事立法中最高的价值取向则是效益,在处理效益与其他法律原则的关系时其基本原则和要求是效益至上兼顾公平与其他。民法和商法在对待公平与效益的关系与地位上所采取的这种不同的价值取向,既反映了民法和商法在立法上的不同的价值追求,也反映了民法和商法在调整市场经济关系时所具有的不同作用和各自独特的存在价值。

早在大学读书阶段我就一直对经济法怀有非常浓厚的兴趣,此后也一直十分关心经济法的研究动态和理论发展。但在相当长的一段时间内,我对经济法的研究仅处于述而不作的状态,其原因一是自己客观上对经济法的基本理论问题研究不多,二是主观上也存在一些顾虑。直到 2002 年我才在朋友的鼓励下,在《现代法学》第 4 期上发表了一篇自己认为尚有一定理论价值的论文《对经济法若干基本理论问题的重新思考》。我在该篇论文中提出经济法是国家为了克服市场调节体制缺陷、弥补和矫正遭到破坏的市场条件和市场环境,而进行的以经济性手段为内容的强制性法律规范的总称。其主要作用机理是通过国家的强制性手段,保障市场经济赖以正常运行的外部条件和环境符合市场的要求,并克服市场调节机制本身所隐含的缺陷。关于经济法的性质,既不能把它列入私法领域,也不能把它划入典型意义上的公法领域,其应当是介于二者之间的社会法的范畴。与其他法律部门相比,经济法在调整目标上具有明确性和单一性、调整内容上具有经济性、调整手段上具有多样性。在价值取向上经济法追求的是在个体利益和社会利益平衡基础之上的社会利益至上;在作用内容上主要是为了弥补民法公平观念的不足、弥补商法效益观念的不足,以及弥补行政法国家至上观念的不足。关于经济法的内容和体系,我认为应主要包括市场条件保障法、市场行为矫正法、市场行为引导法和市场行为促进法四个方面。其中市场条件保障法又具体包括市场建立条件保障、市场运行条件保障和市场延续条件保障。市场行为矫正法主要是利用法律的强制性规定对市场主体的逾常行为或有害行为进行矫正,其主要内容是反不正当竞争法和反垄断法。市场行为引导法的主要立法内容应包括:国民经济计划法、经济协调发展法、综合开发规划法、城镇与乡村规划法、产业政策法等法律和法规。而市场行为促进法的主要作用是通过经济振兴法为国民经济的振兴和发展提供必要的法律手段;通过内资投资法、外商投资法和投资鼓励法,鼓励国内外资产拥有者积极进行投资行为;通过欠发达地区经济促进法和欠发达地区工业开发促进法,提升欠发达地区的经济实力,以求得整个社会经济的平衡发展;通过移民鼓励法、大城市人口控制法调整不合理的人口布局;通过产业再配置促进法对不合理的产业结构和产业布局进行重新规划和调整;通过就业促进法减缓或解决日益严重的显性失业和隐性失业问题;通过出口补贴法和相关法律规定积极鼓励出口,努力提高本国企业的国际竞争能力;通过竞争促进法,强化市场主体的竞争意识、加大市场的竞争强度,提高社会整体的竞争能力和竞争水平;通过制定农业调整法、农村振兴发展法改善农村的不合理生产结构,加速农村的城市化和工业化进程等。

由于自己的辛勤工作,党和政府给予了我积极的肯定。1991年12月,我被评为四川省“做出有突出贡献的中国博士、硕士学位获得者”;1992年6月,被破格晋升为副教授,并成为当时四川省(不包括四川大学、重庆大学、西南交通大学等当时享有独立评审权的大学)最年轻的具有高级职称的人员;1992年,被评为四川省高校“十佳青年教师”;1993年5月,被聘为民法专业硕士研究生指导教师;1997年11月,被评为教授;2001年10月,被聘为博士生导师;2002年12月,获“中国第三届优秀中青年法学家提名奖”。除此之外,我曾当选为重庆市房地产经济学会副会长、中国法学会商法学研究会常务理事、福建省人民政府法律顾问、重庆市青年联合会委员、西南政法大学民商法研究中心副主任和市场交易法律制度研究基地副主任等。

以上就是我向母校提交的一份简单答卷,虽有王婆卖瓜之嫌,但我认为对母校应当坦诚和无所保留。如果说自己在过去的学业上能有所寸进的话,那么主要的成绩应当归功于培养我的母校。当然任何成绩都属于过去,我深知“学如逆水行舟,不进则退”,唯有通过自己的不懈努力和积极进取,才能使自己不被社会所淘汰,也才能使自己无愧于母校的期望和培养。

赵万一

2003 年 6 月于重庆

民法的应然与应然的民法(自序二)

2020年中国《民法典》的颁布,标志着我国正式进入民法典时代。与其他国家的民法典相比,我国《民法典》不仅在调整对象和调整范围上更加宽泛,即将市场经济主体和大量市场交易活动纳入民法调整的视野,从而使民法典更加适应社会经济发展的需要,而且将许多中国传统文化元素和优良伦理道德要求直接转化为民法的具体制度设计,从而使民法的伦理性色彩更加突出。

各国民法之所以关注伦理,是因为伦理关系本身就是民法制度产生的原因和服务的对象,更是因为伦理制度构成一国传统文化和传统精神的核心。特别是对文化积淀异常深厚的我国来说,一方面伦理与法律的交融现象十分突出,以至于很多学者认为中国古代法就是伦理法;另一方面丰富的伦理内容造就了独具特色的中国传统法律制度。因此,我国《民法典》的制定,既要充分发掘我国根植的传统文化基因,并经过吸收和消化将其转化成促进文化传承的制度载体;还应当用符合民法本质要求的精神和理念对其进行检视和校验,弘扬与民法基本价值追求相匹配的伦理文化,从而使传统伦理文化在新的社会环境下发扬光大。一般而言,符合社会主义核心价值观的传统伦理要求都是与民法的价值追求高度契合的伦理准则,从这种意义上说,我国伦理制度转化成民法规则的过程,既是中国传统文化的弘扬过程,也是社会主义核心价值观的实现过程。

法国著名民法学者阿·布瓦斯泰尔认为:"民法典尊重个人权利的最好和最重要的体现,是它对先于和高于实在法的法原则的承认。"[①]通过研读各国民法,特别是以《法国民法典》为代表的现代民法,我们不难发现民法就其本质而言具有非常强的正义性,其不但通过设定基本原则的方式将民法的基本价值追求显现出来,还通过对个人本位思想和权利本位思想的法律确认,担负起提升人的存在价值,促进人的全面发展的历史重任。民法通过一系列的权利设定,承认和弘扬人的理性,努力给人的意志自由和行为自由提供更加宽广的选择空间。

本书的写作缘于西南政法大学校庆 50 周年推出的大型学子文库计划。为了与校庆活动相配合,学校联合北京校友会作出编辑出版 50 本学术著作以资纪念的决定,本书在严格的遴选过程中入选。本书意在通过探究民法的生成路径及其运行轨迹,寻找民法制度的深层灵魂及其核心要义,以便为我国民法典提供必要的伦理资源并加固其制度设计的正当性基础。值得欣慰的是,2014 年开始启动的《民法典》编纂,虽然在制定伊始立法者比较关注《民法典》对市场经济的调整和对基本社会经济制度的维护,并以此区别于以《法国民法典》和《德国民法典》为代表的以维护自然人权利为核心的传统民法典,但在制定过程中越来越意识到服务于经济发展并不能作为民法典的唯一使命,人本性和民族性始终是民法典绕不开的话题。因此,无论是人格权的独立成编还是对中华传统优秀文化的大规模借鉴和继承,无疑都是对民法本体性价值的尊重和回归。也正是从这个意义上说,我国《民法典》的制定过程既是对中国改革开放经验和成果的总结和肯认的过程,同时也是对中国传统伦理文化

① [法]阿·布瓦斯泰尔:《法国民法典与法哲学》,钟继军译,载徐国栋主编:《罗马法与现代民法》(第 2 卷),中国法制出版社 2001 年版,第 290 页。

进行全方位审视、整理和大规模消化吸收的过程,当然在某种程度上也是对本书的既有观点进行验证和评判的过程。鉴于《民法典》已经颁布实施,因此需要对原书中的民法制度的许多伦理预设做适当调整,同时也有必要对新确立的一些民法制度进行更多的伦理性阐释。

赵万一

2022 年 5 月于重庆

目　录

绪论：民法为什么要讲伦理　1
一、伦理性是民法的基本特点之一　7
二、整个民法制度都建构在伦理之上　19
三、具有伦理特质的民事习惯和民事传统是民法的主要渊源　24
四、符合伦理性要求是中国民法典制定的主要评判标准　29

上编　民法基础理论的伦理分析

第一章　民法伦理分析的基础　65
一、伦理制度概述　65
二、伦理道德与民事法律制度的关系　74
三、伦理道德对民事法律运行的影响　81
四、伦理制度对各国民法影响的差异性　87

第二章　对民法基本原则的伦理省察　95
一、什么是民法的基本原则　96
二、民法为什么要有基本原则——民法基本原则存在的合理性　98
三、民法基本原则的作用分析　102
四、外国民法典中为什么不规定基本原则　105
五、民法基本原则确定的基本要求　106
六、民法基本原则的存在样态分析——哪些原则可以成为民法基本原则　109
七、民法基本原则的法律表达　123

八、我国《民法典》所确立的民法基本原则 127

第三章 平等原则与民法伦理 129
一、平等原则的独特存在价值 129
二、平等原则产生的伦理基础和经济基础 133
三、平等原则的内容 138

第四章 公平原则与民法伦理 141
一、对公平概念和公平原则的历史考察 141
二、民法公平原则产生的伦理基础和经济基础 149
三、公平原则在民法中的地位 152
四、公平原则与其他民法原则的关系 157
五、公平原则的伦理意义及对我国民法典的影响 159

第五章 意思自治原则与民法伦理 163
一、意思自治的含义和内容 163
二、意思自治原则产生的伦理基础与经济基础 169
三、意思自治原则的限制及与相关民法原则的关系 175

第六章 诚实信用原则与民法伦理 183
一、诚实信用原则的基本概念考察 183
二、诚实信用原则的制度基础 192
三、诚实信用原则的地位、内容和作用 197

第七章 公序良俗原则与民法伦理 205
一、公序良俗的含义与分类 205
二、公序良俗在各国法律中的运用 209
三、我国民法中的公序良俗原则和公序良俗制度 215
四、公序良俗与有伤风化的行为 223

第八章 禁止权利滥用原则与民法伦理 239
一、权利与权利冲突 239
二、禁止权利滥用原则的伦理基础 243
三、禁止权利滥用原则的作用和内容 246

第九章 节约资源原则与民法伦理 252
一、节约资源原则的正当性基础 252
二、节约资源原则的伦理价值与作用 257
三、节约资源原则的民法实现 263

下编 民法基本制度的伦理分析

第十章 民法渊源的伦理分析 269
一、民法渊源的特点 269
二、作为民法渊源的习惯 274
三、作为民法渊源的理与礼 286
四、作为民法渊源的常识与常情 291
五、作为民法渊源的传统与风俗 293
六、作为民法渊源的良心、良知和理性 299
七、作为民法渊源的社会公共利益 312

第十一章 民法总则制度的伦理分析 319
一、民事主体制度的伦理分析 319
二、民事行为制度的伦理分析 328
三、民事代理制度的伦理分析 338

第十二章 人格权制度的伦理分析 342
一、人格权的法律地位及其伦理属性 342
二、一般人格权的伦理分析 344

第十三章　婚姻家庭制度的伦理分析 368
一、婚姻家庭法在民法中的地位 368
二、婚姻家庭法的伦理基础 372
三、婚姻制度的伦理分析 376
四、关于家庭制度的伦理分析 386
五、关于生育关系的伦理分析 396
六、关于继承制度的伦理分析 408

第十四章　民法财产关系的伦理分析 417
一、民法财产关系的伦理分析概述 417
二、民法物权制度的伦理分析 421
三、民法债权制度的伦理分析 435
四、民法合同制度的伦理分析 450

第十五章　知识产权制度的伦理分析 476
一、知识产权的伦理属性 476
二、知识产权授予的伦理判断 480
三、知识产权保护的伦理底色 487

第十六章　民事救济制度的伦理分析 490
一、民事救济制度本质的伦理分析 490
二、私力救济制度的伦理分析 492
三、公力救济制度的伦理分析 495

绪论:民法为什么要讲伦理

经过几十年的争论和探索,民法对市场经济的促进作用已得到越来越广泛的社会认同。为了构筑完整的社会主义市场经济法律体系,同时也为了充分发挥法律对社会生活的确认、界定和引导功能,目前中国正在紧锣密鼓地进行法律的体系化工作并于 2020 年颁布了具有划时代意义的《民法典》。但无论是在《民法典》的编纂过程中还是在对《民法典》的解释过程中,理论界对中国《民法典》应以何为本,以及如何看待民法与市场经济的关系等问题都没有取得一致看法。实际上任何国家的民法典都不是一种简单的文本设计,而是以明确的理念、精神、文化作指导,将统治者最为关切的问题通过一定的规则固定下来。因此,民法典的编纂与其说是一种重大立法活动,毋宁说是一种重大的国家政治行为。我国编纂《民法典》也不仅是为了填补法律体系上的缺失,更是为了利用《民法典》自身的丰厚文化意蕴和强大辐射功能,提振中国的法治文化和法治精神。因此,我国《民法典》虽然对市场经济给予了空前的关注,也用了较多内容规范市场主体和市场交易活动,但就其本体来说仍是以保障民事主体合法权益的实现为根本目的,《民法典》在开篇第一句话就将“保护民事主体的合法权益”界定为其主要立法宗旨。由此可以看出,虽然我国《民法典》在功能设计上较其他国家更为宽泛,即同时担负着维护社会主义公有制,促进市场经济发展,提高社会治理能力等多项历史重任,但保护民事主体的合法权益既是所有民法制度设计的基础,同时也是其他民法功能共同作用的对象。究其原因,民法虽然既调整人身关系,也调整财产(经济)关系,但就民法的产生和演变历史来说,对人(特别是自然人)自身的价值、人的法律地位、人的权利的关注却远胜于对财产的关注。这也是民法区别于其他以经济关系作为调整对象的部门法如商法、经济法的主要表现之一。因此,对民法来说,只有人本身才是目的,而财产仅仅是实现人的目的的手段。如果我们本末倒置,把规范财产关系作为民法的主要着眼点和核心内容,而不注重对人本身的保护和对人的理性的提升和确认,那么由此而制定出的民法典只会是对民法本质的歪曲和异化,法律对社会关系的调整也不能达到预期的目的,因为"一个纯粹的功利主义社会是混乱和不稳定的,由于缺乏对手段,特别是对暴力和欺诈的限制,就事情本性而言,社会必然分崩瓦解"①。换言之,如果民法过分强调法律的工具性价值,过分注重法律对经济的促进作用,过分强调"使自然界(不管是作为消费品,还是作为生产资料)服从于人的需要"②,那么有可能导致在促进社会经济发展的同时,社会观念、社会道德、社会秩序无法得到同步提升和改善,其结果使"法律与生活中的伦理活动之间一度神圣的联系被消解,正义正消亡,法律仅仅沦为政治和经济的工具"③。而充满人本主义精神的民法典之所以被称为现代法治的基础和万法之源,就是因为民法秉持的是以民为本的宗旨,对芸芸众生施加的是以尊重和保护为核心的人文主义关怀。

作为民法上的人,最主要的特征是具有强烈的伦理性,或者说人是典型的伦理性动物。因此,对民法的理解和把握就离不开对民

---

① Jurgen Babermas, *The Theory of Communicative Action*, *Volume* 2, Translated by Thomas McCarthy, Beacon Press, 1987, p. 210.

② 《马克思恩格斯全集》(第46卷)(上册),人民出版社1979年版,第393页。

③ [美]罗杰·伯科威茨:《科学的馈赠——现代法律是如何演变为实在法的?》,田夫、徐丽丽译,法律出版社2011年版,"序言"第7页。

法伦理性的研究,这也是笔者以伦理性作为民法研究基点的原因之所在。笔者始终认为,民法典从来都是来源于生活并主要服务于普通民众,从这个意义上说,时至今日民法典作为万民法或平民法的法律定位仍不过时。民法典虽然强调技术化的设计,但并不缺少悲天悯人情怀的道德原则要求。因此,笔者一直不认同民法典是市场经济基本法的说法,因为民法一旦和市场经济过分紧密结合在一起,市场经济的逐利性基因就会肆无忌惮地侵蚀民法所固有的人文主义和人本主义领地,民法规则中流淌的将不再是充满人性关怀的道德血液,而是冷冰冰的利益质子。一部不以人性为基础而以利益为导向的民法规则集合体,在缺乏道德的强力教化的背景下,将会严重撕裂人与人之间特别是家庭成员之间的脉脉温情,从而将整个社会驱赶至万劫不复的利益角斗场。这显然是与我国所尊崇的以人民利益为中心的《民法典》精神背道而驰的。

伦理一词,按照《辞海》的解释,是处理人们相互关系应遵循的道理和准则,现在常作为"道德"的同义词使用。① 但严格说来伦理与道德还是有所区别的,其主要表现是,道德侧重于个体,以内在省察、约束为手段进行品德、言行、情操等方面的修养提升,而伦理则是在处理人和人之间的关系时以和谐、稳定、良善为目标而进行的行为约束。因此,伦理规范所指向的对象是特定的他人,规范内容具有双向义务性,而道德规范所指向的对象通常具有不特定性,规范内容也表现为一种单向义务。从二者作用发挥的方式来看,虽然伦理规范和道德规范作用的发挥都有赖外在的传统、习惯、说教、舆论等环境压力,但由于伦理规则是外在要求直接施加给个体的结果,因此其表现为一种外在的他律性的约束,而道德规则则具有较强的自律性,其外在环境要求必须通过个体的吸收、省察、消化、接受,即转化为内在的认知和认同后才能真正对其发挥约束作用。就二者的作用方式来说,伦理要求大多是一种积极性的作为义务,而

① "伦理"(ethics,也译作伦理和伦理道德)一词源于希腊语"ethos",拉丁语"ethice",以及中世纪英语"ethik"。表示道德的英语"morality"则来自拉丁文"mores"。二者在原始语义上都与品格(character)、习惯(habit)等相关。

道德规范大多是一种消极性的不作为义务。就两者的关系来说,道德要求是伦理规则实现的目标,而伦理规则既是道德的主要载体,也是道德目标实现的主要手段。但由于道德和伦理在表现形式和规范目的上具有密不可分性,因此在日常生活中伦理和道德通常可以混用,或合称为伦理道德,或简称为“伦理”或“道德”。

现代人所理解的伦理道德的范围非常广泛,几乎涉及人类社会生活的各个方面。既包括普通的社会伦理道德,如不作恶、诚信,也包括商业活动特有的伦理道德要求,如严格遵守契约。一般认为,伦理道德是社会制约的手段之一,它通过人对自己行为进行自觉的理性控制的方式对个体的任性与偏私进行约束或抑制,以期达到维护社会正常生活秩序的目的。和其他规范特别是法律规范相比,伦理道德规范的特点主要表现在以下两方面:“一是保障它们严肃性的社会压力;二是在相当程度上牺牲个人利益或与之相连的个人偏好。”①从伦理道德和法律基本关系来看,一方面,“道德规范与法律规范之间存在许多共性和连接点。两者都应当调整人们的行为,并且都是建立在价值观的基础上”②。另一方面,道德作为“在集体需要的压力下形成和巩固起来的一套功能系统”③,不但在逻辑上先于法律,因为“没有法律可以有道德,但没有道德就不会有法律”④,而且道德也是法律获得合法性和正当性的前提条件,即“法律的正当性来源于法的整体性即尽可能把社会的公共标准和理解看作以正确的叙述去表达一个正义与公平首尾一致的体系”⑤。因此,从某种意义上说,“任何值得被称之为法律制度的制度,必须关注某些

---

①　[英]哈特:《法律的概念》,张文显等译,中国大百科全书出版社1996年版,第166页。

②　[德]伯恩·魏德士:《法理学》,丁晓春、吴越译,法律出版社2005年版,第180页。

③　[法]爱弥尔·涂尔干:《职业伦理与公民道德》,渠东、付德根译,上海人民出版社2001年版,第238页。

④　[英]A. J. M. 米尔恩:《人的权利与人的多样性——人权哲学》,夏勇、张志铭译,中国大百科全书出版社1995年版,第35页。

⑤　[美]德沃金:《法律帝国》,李常青译,中国大百科全书出版社1996年版,第171页。

超越特定社会结构和经济结构相对性的基本价值"。[①] 从其作用机理来说,道德不但能够为法律的实现提供必要的环境和条件,即"法律秩序发挥作用的前提是,它必须达到具有约束力的道德规范的最低限度。任何法律秩序都是以道德的价值秩序为基础的"[②];同时也是法律作用发挥的外在保障,即"法律的权威来源于规则本身的道德性"[③]。相反,"一条规则或一大套规则的功效受到道德上的抵制和威胁时,它的效力就可能变成一个毫无意义的外壳。只有服从正义的基本要求来补充法律安排的形式秩序,才能使法律制度免于全部或部分崩溃"[④]。

伦理道德对法律的主要作用是可以加强法律本身的权威性和神圣性,这不仅因为"法律的权威来自于神圣意志铸造的道德,并且只有那些符合这些道德,即能抽象地判断行为正误的规则才是法律"[⑤],更因为法律的实施过程通常也是伦理道德的实现过程,诚如英国16世纪著名政治家和法学家福蒂斯丘所言,法律就其本质来说,就是"命令人们做有道德的事情,同时禁止人们做不道德的事情的制约规则"[⑥]。

因此从某种意义上说,"法律不仅是世俗政策的工具,还是生活终极目的和意义的一部分"[⑦]。更进一步说,"我们遵守法律,不仅仅是因为我们被迫遵守法律,而是因为我们感到遵守法律是正确的。甚至在我们知道遵守法律并不有利于我们个人的直接利益的

---

① [美]E. 博登海默:《法理学——法哲学及其方法》,邓正来、姬敬武译,华夏出版社1987年版,作者致中文版前言。

② [德]伯恩·魏德士:《法理学》,丁晓春、吴越译,法律出版社2005年版,第180页。

③ [英]诺曼·多恩:《中世纪晚期英国法中的最高权威》,杨尚东译,中国政法大学出版社2018年版,第6~7页。

④ [美]E. 博登海默:《法理学——法哲学及其方法》,邓正来、姬敬武译,华夏出版社1987年版,第330页。

⑤ [英]诺曼·多恩:《中世纪晚期英国法中的最高权威》,杨尚东译,中国政法大学出版社2018年版,第7页。

⑥ [英]诺曼·多恩:《中世纪晚期英国法中的最高权威》,杨尚东译,中国政法大学出版社2018年版,第119页。

⑦ [美]哈罗德·J. 伯尔曼:《法律与宗教》,梁治平译,生活·读书·新知三联书店1991年版,第43页。

时候,在我们知道我们可以不遵守法律而不会因此受到惩罚的时候,还是感到有责任遵守法律。我们这样做,因为法律原则通过自身的协调反映了我们的道德情感,使法律获得了道德特征,获得了道德权威。这些是以强制力为后盾的规则的集合体所不能享有的。正是法律的这种由法律原则所给予的道德特征,给予了法律特别的权威,也给予了我们对法律的特别的尊敬”①。也正因如此,所以我们必须把“法律原则建筑在道德原则的基础之上,我们允许法律在面对一个问题时考虑道德因素”②。作为其结果,“人们可以不根据法律本身,而根据自己的良知意识,也就是根据自己的评断来判断事物合法与否”。③ 就作用机制来说,伦理道德的功能主要是通过将社会控制内化的方式,即将外在的社会评价内化为主体的自觉性行为的方式来指导和纠正人们的活动。值得注意的是,这种道德的内化作用仍然对社会主体具有极强的约束性。换句话说,“这个道德的‘内在’方面并不意味着道德不是控制外在行为的方法,而仅仅意味着个人必须具有某种对其行为的控制力,这是道德责任的必须条件”。④ 从其作用后果来看,伦理道德约束主要是通过引导和鼓励等方式,塑造理性人格,培养人们的道德品质和道德观念,具体来说,“道德的目的,从社会意义上看,就是要通过减少过分自私的影响范围、减少对他人的有害行为、消除两败俱伤的争斗以及社会生活中其他潜在的分裂力量而加强社会和谐”。⑤ 不仅如此,其还“是为了维持某种内在于每个人的道德品质,并使其具有法律上的效力”。⑥ 由此可见,正是由于任何真正的法律制度都“必须符合一

---

① ［美］罗纳德·德沃金:《认真对待权利》,信春鹰、吴玉章译,中国大百科全书出版社1998年版,“序言”,第20页。

② ［美］罗纳德·德沃金:《认真对待权利》,信春鹰、吴玉章译,中国大百科全书出版社1998年版,“序言”,第21页。

③ ［英］霍布斯:《利维坦》,黎思复、黎廷弼译,商务印书馆1985年版,第267页。

④ ［德］黑格尔:《法哲学原理》,范扬、张企泰译,商务印书馆1996年版,第132页。

⑤ ［美］E. 博登海默:《法理学——法律哲学与法律方法》,邓正来译,中国政法大学出版社1999年版,第371页。

⑥ Roscoe Pound, *The Spirit of the Common Law*, Marshall Jones Company, 1921, p. 207.

定的内在道德(程序自然法)和外在道德(实体自然法),程序自然法保证法律的形式合法性,实体自然法则为法律制度确定目标"。[①]因此,法律除了具有工具性价值之外,还必须具有一定的伦理性价值。正是在这个意义上说,在真正的法治国家,法治所体现的价值观念与社会主流的伦理道德规范价值观应当表现出高度的同质性,法治的价值在很大程度上也是道德规范的价值,或者是伦理道德规范的评价指标。这点在民法与伦理道德的关系上表现得尤其突出,民法也由此成为伦理性要求最为显著的一个法律部门。

一、伦理性是民法的基本特点之一

纵观各国的民法典或民法制度,我们可以发现具有强烈伦理性既是民法的主要特点,也是民法的基本建构基础,对此,可以从以下四个方面得到说明。

(一)民法文化是伦理性文化

从一般意义上说,法律是文化的表现形式之一,与传统、习惯等文化因素一道共同构成文化的固有内容。法律文化作为文化的一种,与历史习惯和传统密切相联,是一个民族长期的生活方式、宗教伦理、思维方式等沉淀和凝结的结果,并深深地融于人们的观念和意识中,且具有极强的地域性、民族性和稳定性。世界上有关文化的定义很多,仅《大英百科全书》就收集了 166 条关于文化的定义。泰勒认为,文化或文明是一个复杂的整体,它包括知识、信仰、艺术、法律、伦理道德、风俗和作为社会成员的人通过学习而获得的任何其他能力和习惯。该定义属描述性的定义。帕克和伯吉斯认为,一个群体的文化是指这一群体所生活的社会遗传结构的总和,而这些社会遗传结构又因这一群体人特定的历史生活和种族特点而获得其社会意义。该定义属历史性的定义。威利认为,文化是一个反映行为的相互关联和相互依赖的习惯模式系统。亨廷顿认为,我们所说的文化是指人类生产或创造的,而后传给其他人,特别是传给下

---

① Lon L. Fuller, *The Morality of Law*, revised edition, Yale University Press, 1969, p. 38 –91.

一代人的每一件物品、习惯、观念、制度、思维模式和行为模式。[①] 由此可见,典型的文化定义中都把习惯、风俗、伦理道德视为文化的重要内容。民法文化作为伦理文化,所体现的价值则以对人自身的关怀作为首要的和最终的价值取向。“人性的首要法则,是维护自身的生存,人性的首要关怀,是对于其自身所应有的关怀。”[②]除此之外,保护人的自由与尊严既是民法得到社会信奉的基础,也是民事立法的基本要求,从终极意义上说,“法律不应只图方便;它应当致力于培养所有有关人员——当事人,旁观者和公众——的法律情感”。[③] 为此我国《民法典》第 109 条庄严宣告:“自然人的人身自由、人格尊严受法律保护。”

一百多年前,英国法学家亨利·梅因曾提出了一个著名的论断:判断一个国家文明程度的高低,只要观察一下民法和刑法在该国法律文化中的地位即可获知答案。文明程度比较高的国家,其民法就相应地比较发达,并且会在整个国家的法律文化中居于核心地位;与此相反,在文明程度比较低的国家,其刑法就特别发达,而民法相对萎缩。[④] 我们经常说中国法律文化不够发达,其中主要指的是民法文化不够发达,而民法文化的不够发达又直接源于中国历史上“重刑轻民”的传统。在现代社会,由于民法作为“经济关系直接翻译为法律原则的法律,是以法律形式表现了社会经济生活条件的准则”[⑤],从而使“民法典不管是在哪里,都往往被当作整个法律制度的核心”[⑥]。因此,对民法理念的弘扬成为各国法治现代化的首要任务。除此之外,由于不同社会对法律的作用和功能以及法律与其他社会规范的关系的看法不同,因此不同的法律文化在法律制度

---

① 郭莲:《国外学者关于文化的定义》,载《大地》2002 年第 6 期。

② [法]卢梭:《社会契约论》,何兆武译,商务印书馆 1994 年版,第 9 页。

③ [美]哈罗德·J. 伯尔曼:《法律与宗教》,梁治平译,生活·读书·新知三联书店 1991 年版,第 59 页。

④ 郝铁川、叶文昌:《法制现代化呼唤民法精神》,载《探索与争鸣》1994 年第 10 期。

⑤ 《马克思恩格斯选集》(第 4 卷),人民出版社 1972 年版,第 248 页。

⑥ [美]艾伦·沃森:《民法法系的演变及形成》,李静冰、姚新华译,中国政法大学出版社 1992 年版,第 172 页。

上就会表现出巨大的差异。在有些国家中由法律制度所调整和控制的社会关系,在另一些国家中,却由非法律的其他社会规范调整和控制。譬如,古代罗马的私法所调整的很多民事关系,在中国古代则由民间的礼俗和习惯来调整。马克斯·韦伯曾提出并论证了一个影响深远的假说,即任何一项事业的背后都存在某种决定该项事业发展方向和命运的精神力量,而这种以社会精神气质为表现的时代精神与特定社会的文化背景有着某种内在的渊源关系。① 从历史上看,近代欧洲形成了一个完整的民法体系,实质上是孕育了一种蕴含于民法之中的伟大私法精神,并滋养了近现代的西方法律传统。不仅如此,就其本质而言民法具有非常强的正义性。它把维护人的尊严、自由和人格独立作为整个民法制度赖以建立的基础,把个人视为法律关注的焦点,正如孟德斯鸠所言:“在民法的慈母般的眼里,每一个个人就是整个的国家。”②正是民法的这种正义性才赋予了市民社会不可或缺的自我支持的力量。

民法文化还是民族精神和民族文化的体现,从这一角度来说,只有最民族化的民法典才是最有生命力的。这里的民族精神指的是一个民族在长期历史发展中形成的,在心理、观念、习俗、信仰、规范等方面的群体意识、风貌和特征。最早论述民族精神的学者是18 世纪法国启蒙思想家孟德斯鸠,他在《论法的精神》一书中提到:“在不违反政体的原则的限度内,遵从民族的精神是立法者的职责。因为当我们能够自由地顺从天然秉性之所好处理事务的时候,就是我们把事务处理得最好的时候。”按照孟德斯鸠的理解,“法”是世界上存在的“根本理性”同各种存在物的关系,而民族精神正是一种“法的精神”的体现。③ 黑格尔则从理性统治世界及世界历史的基本理念出发,阐发了“民族精神”概念并将其归入他所强调的“绝

① 这是翻译者在“译者絮语”中对马克斯·韦伯思想的概括,并非马克斯·韦伯的原话。参见[德]马克斯·韦伯:《新教伦理与资本主义精神》,彭强、黄晓京译,陕西师范大学出版社 2002 年版,第 3 页。

② [法]孟德斯鸠:《论法的精神》(下册),张雁深译,商务印书馆 1963 年版,第 190 页。

③ 王希恩:《关于民族精神的几点分析》,载《民族研究》2003 年第 4 期。

对精神”体系之中,其认为:“(世界精神发展的)每一个阶段都和任何其他阶段不同,所以都有它的一定的特殊的原则。在历史当中,这种原则便是‘精神’的特性——一种特别的‘民族精神’。民族精神便是在这种特性的限度内,具体地表现出来,表示它的意识和意志的每一方面——它整个的现实。民族的宗教、民族的政体、民族的伦理、民族的立法、民族的风俗,甚至民族的科学、艺术和机械的技术,都具有民族精神的标记。”①恩格斯对黑格尔的民族精神理论给予了高度评价,他指出:“像对民族的精神发展有过如此巨大影响的黑格尔哲学这样的伟大创作,是不能用干脆置之不理的办法来消除的。必须从它的本来意义上‘扬弃’它,就是说,要批判地消灭它的形式,但是要救出通过这个形式获得的新内容。”②但真正系统论述民族精神的是德国学者赫尔德,其最大贡献是从一般的人类精神引申到了“时代精神”和“民族精神”,所以英国思想史学家以赛亚·伯林认为“民族精神”这个词是赫尔德发明的。③ 当代德国政治哲学家哈贝马斯(J. Habemas)评价 19 世纪中叶的德国民族主义思潮时说:“精神科学的世界观给出了一个视角,由此出发,我们可以把德国的政治统一看成是长期以来形成的民族文化同一性的进一步补充。文化和语言所确立起来的文化躯体,还需要一件合适的政治外衣。”而以赫尔德为代表的日耳曼的学者们“用民族精神解释上述原则”。赫尔德主张每一个民族都有各自发展的权利,同时宣称“每一种文明都有自己独特的精神——它的民族精神。这种精神创造一切,理解一切”。④ 其认为一个真正完整、持久的国家必须建立在民族的基础之上。要实现德国民族自救,就要回溯历史,回到民族传统文化的最初,回到民族情感的源头。他的这些论点成为当时和之后德意志民族主义者通过提倡民族文化和民族精神推动

---

① [德]黑格尔:《历史哲学》,王造时译,生活·读书·新知三联书店 1956 年版,第 67 页。

② 《马克思恩格斯全集》(第 3 卷),人民出版社 1960 年版,第 213 页。

③ [伊朗]拉明·贾汗贝格鲁:《柏林谈话录》,杨桢钦译,译林出版社 2002 年版,第 95 页。

④ [德]黑格尔:《历史哲学》,王造时译,生活·读书·新知三联书店 1956 年版,第 79 页。

政治统一运动的先导,并为以《德国民法典》为代表的德国民族主义立法提供了深厚的理论支撑。这方面最具代表性的是20世纪初的德国法学家萨维尼(F. K. v. Savigny),他把民族精神和民事立法结合起来,认为民族精神是"一个独特的民族所特有的根本的不可分割的禀性和取向",是"这个民族的共同信念,对其内在必然性的共同认识",[①]因此《德国民法典》的制定应当而且必须体现德国的民族精神。从各国民法典制定的实践来看,各国民法典之所以在编纂体例和编纂内容上表现出巨大的差异性,很大程度上是因为作为民法典制定基础的民族精神存在差异性。因为一个国家的民族精神与其他民族精神相比不但显示出不可替代的独特发展轨迹,而且体现出精神特征的不可通约性,也就是斯大林所说的"各个民族之所以不同,不仅在于他们的生活条件不同,而且在于表现在民族文化特点上的精神形态不同。"[②]因此,《法国民法典》只有在充斥浪漫精神的法国才能产生,而逻辑严密、结构谨严、概念繁琐的《德国民法典》也只有在以抽象思维见长的德国才能出现。因此从某种意义上说,《德国民法典》具有里程碑意义,其缜密的思维和准确的概念无疑是一个重要因素,但其最根本的原因还在于《德国民法典》体现了德意志的民族精神,是一部"以德意志人的能力融会德意志的精神所制定的简单明了的国族法典"[③]。我国的《民法典》同样也时时闪烁着民族精神的光芒,无论是融家国情怀于一体的社会公共利益原则,还是高度体现共同价值追求的社会主义核心价值观,都在民法的相关制度设计中得到了充分体现。

(二)民法规范主要表现为伦理性规范

所谓民法规范是指以实现公平为目的,按照一定程序制定出来的为市民社会主体所必须遵守的行为准则。英国近代思想家霍布斯认为:"法律,其用处不在于约束人民不做任何自愿行为,而只是

---

① [德]弗里德里希·卡尔·冯·萨维尼:《论立法与法学的当代使命》,中国法制出版社2001年版,第7页。

② 《斯大林全集》(第2卷),人民出版社1953年版,第294页。

③ [德]蒂堡·萨维尼:《论统一民法对于德意志的必要性:蒂堡与萨维尼论战文选》,朱虎译,中国法制出版社2009年版,第26页。

指导和维护他们,使之在这种行为中不要由于自己的鲁莽愿望、草率从事或行为不慎而伤害了自己。正如同栽篱笆不是为了阻挡行人,而只是为了使他们往路上走一样。”[①]从社会学角度观察,法律条款无非包括伦理性条款和技术性条款两类。一般而言,民法规范为商品经济和市场经济提供了一般的行为规则,这些一般行为规则是对整个市民社会及其经济基础的概括,是人们理性思维的结果,一般较为合理也较为稳定。正是基于这种调整对象的性质和特征以及调整手段的特点,民法条款绝大多数属于伦理性条款,即凭社会主体的简单常识和伦理判断就可确定其行为性质,而并不需要当事人必须有丰富的法律专业知识和专业判断能力。对此我们可以通过对民法概念和原则的阐释来加以说明。

首先,民法制度是道德化的法律制度。法律作为一套行为规则体系,是通过规定一定的行为模式来规范人们的行为,并对人的行为、活动产生直接的法律效力。而伦理道德主要用于调整人的观念,并通过调整人的观念来影响人的行为,因而伦理道德对于人的行为的效力是间接的。但无论是直接还是间接地作用于人的行为,伦理道德与法律都具有调整功能,这就决定了伦理道德与法律之间有着共性。它们各自通过自己的方式作用于人的行为,对人的行为产生影响,因此它们都属于社会规范体系,具有规范属性。伦理道德的普遍适用意味着伦理道德通过观念调整人的行为,会随着社会生活的积累而固定下来,形成一定的行为规则来调整人的行为。伦理道德与法律的调整对象在内容上有交叉重合之处,即有些对象既受伦理道德的调整,也受到法律的调整。在这种情况下就要求把具有普遍化特征的伦理道德规范上升为法律规定,即实现伦理道德的法律化。典型的如作为民法“帝王条款”的诚实信用原则,一方面,该原则应用到法律体系之后,其主要作用是为了克服既有法律规则在适用时可能产生的不正义和漏洞补充中可能产生的偏差;另一方面,该原则又具有相当的不确定性,这主要源于它原本是一项伦理

① ［英］霍布斯:《利维坦》,黎思复、黎延弼译,商务印书馆1985年版,第270～271页。

道德规则。从世界范围言之，“越文明发达、法制完善健全的国家，其法律中体现的道德规范便越多。可以说，一个国家的法制是否完善和健全，主要取决于道德规则被纳入法律规则的数量。从某种意义上讲，在一个法制完善和健全的国家中，法律几乎已成了一部伦理道德规则的汇编”。[①] 当然立法者也会顾及整个社会对这种伦理道德行为的认识程度与接受程度，并不会将所有的违反伦理道德的行为都上升为法律或确立为法律。如果将全部伦理道德问题变为法律问题，那就等于由伦理道德取代了法律，这既不符合人类创设法律的目的，也使国家财力无法支撑伦理道德全部法律化之后所需要的执法成本。但随着社会的进步和伦理观念的进化，国家有必要把尽可能多的基本伦理规范和重要的伦理道德规范上升为法律规范，特别是民法规范。[②]

其次，民法概念是具有伦理性的概念。由于法律的目的之一是将人类行为置于某些规范标准的支配之下，而且不对某一特定标准所旨在适用的行为种类加以划分就无法确立规范标准，因而法律与概念之间的关系是密不可分的。自罗马法特别是《德国民法典》之后，民法非常注重对概念的使用和对概念的界定，民法也因此成为典型的概念法学。概念不但是法律规范赖以表现的形式，也是立法和司法过程中必不可少的工具。“没有概念，我们便无法将我们对法律的思考转变为语言，也无法以一种易懂明了的方式将这些思考传达给他人。”[③]与刑法基于罪刑法定原则所要求的概念的明确肯定性和不可产生歧义性的要求不同，民法概念具有相当的弹性和不确定性，典型的如作为民法基本要求的公平和诚实信用、判断行为效力的善意和恶意、确定行为人是否承担责任的过错等概念，都具有相当的灵活性。民法概念的这种不确定性主要是因为社会生活过于复杂，法律概念无法覆盖现实生活中的各个方面。其次则在于

---

① 王一多：《道德建设的基本途径——兼论经济生活、道德和政治法律的关系》，载《哲学研究》1997 年第 1 期。

② 郝铁川：《道德的法律化》，载《检察日报》1999 年 11 月 24 日，第 3 版。

③ [美]E. 博登海默：《法理学——法律哲学与法律方法》，邓正来译，中国政法大学出版社 1999 年版，第 465 页。

民法概念具有高度抽象性。而"法律规范的用语越概括,就越不明确,在法律规范的实施中,给予法官的自由也就越大"[①]。因此,即使是在一个静态的社会中,也不可能创造出能预料到一切可能的争议并预先加以解决的永恒信不变的规则。诚如有的法学家所言:当人类关系每天都在改变时,也就绝不可能有持久不变的法律关系,只有流动的、弹性的,或有限度确定性的法律制度,才能适应这种人类关系,否则社会就会受束缚。[②] 最后一个原因则在于民事活动本身就是社会伦理生活的一部分,具有强烈的社会趋同性,而伦理规则是很难用精确的法律语言加以描述的。正是基于民法概念的这种不确定性,民法规范的这种高度概括性和极强的伦理性,决定了法律的适用必须以伦理性的基本原则和民事习惯为指导,并依据各种事实关系与法律规定的内容进行对照,然后作出相应的价值判断。对此,《瑞士民法典》第1条规定:如果法官于制定法中不能发现相应的明确规定,则必须根据习惯法作出判决,而在没有相应习惯时,"则根据如果他作为一个立法者应采取的规定"。我国《民法典》也坚持了这一原则,在第10条规定:"处理民事纠纷,应当依照法律;法律没有规定的,可以适用习惯,但是不得违背公序良俗。"与其他国家相比,我国《民法典》不但确立了习惯的立法渊源地位,更对习惯的适用条件进行了限制,从而更进一步强化了习惯的价值引导功能。不仅如此,《法国民法典》第4条还禁止法官以法无明文、含糊不清、不尽完善为借口拒绝受理案件。因为在这种情况下法官可以通过研究民法的精神对法律进行明智的和合理的适用。[③]

(三)民法法治精神体现为符合理性的伦理性法治精神

法治是现代社会对人类社会的重大贡献之一。贯穿西方法治的主线是对人类理性的呼唤。关于法治的含义,古希腊哲学家亚里士多德在《政治学》一书中认为:"法治应包含两重意义:已成立的

---

① [法]勒内·达维德:《当代主要法律体系》,漆竹生译,上海译文出版社1984年版,第90页。

② 沈宗灵:《现代西方法律哲学》,法律出版社1983年版,第99页。

③ [美]格伦顿、[美]戈登、[美]奥萨魁:《比较法律传统》,米健、高鸿钧等译,中国政法大学出版社1993年版,第81页。

法律获得普遍的服从,而大家服从的法律又应该本身是制定得良好的法律。"[①]并率先提出了"人是理性的动物"的命题。现代西方法的根基是罗马法,在古罗马那里,法这个词就是正义 Lustus。法被杰尔书定义为"善良和公正的技艺",乌尔比安提出法的定义是:"诚实生活,不犯他人,各得其所。"[②]梅因在《古代法》中讲道:"罗马人认为他们的法律制度是由两个要素组成的。经查士丁尼安皇帝钦定出版的'法学阶梯'(Institutional TreaA tises)中说,'受法律和习惯统治的一切国家,部分是受其固有的特定法律支配,部分是受全人类共有的法律支配。一个民族所制定的法律,称为该民族的'民事法律',但是,由自然理性指定给全人类的法律,则称为'国际法',因为所有的国家都采用它。'所谓'由自然理性指定给全人类的'这一部分法律,就是被假定为由'裁判官告令'带入罗马法律学中的原素。在有些地方,它被简单地称为'自然法'(Jus NatuA rale);它的规定据说是受命于自然衡平(naturalis Equitas)和自然理性。"[③]西方近代市民社会的兴起就伴有罗马法的复兴、宗教改革及新教伦理形成等深邃的社会文化背景。理性作为斯多葛学派的一个重要概念,被认为是一种遍及宇宙的万能的力量,是法律和正义的基础,后世政治学家更把理性视为人类一切活动的终极依据,即如洛克所说"上帝把整个地球留给了世人,由人类共有。但对其的享用,上帝却没有作事先的安排,而是留给了理性的人类自己去解决"。[④] 自然法思想是现代西方法治的基石,而自然法的一大内容就是理性,西塞罗认为自然法的本质是正确的理性,理性是人区别于自然界其他动物的标志。而"在自然法理论的框架下,法的权威被认定为来自于一个抽象且具有神圣性的道德价值"[⑤]。根据理性

---

① [古希腊]亚里士多德:《政治学》,吴寿彭译,商务印书馆1965年版,第199页。

② [意]彼德罗·彭梵得:《罗马法教科书》,黄风译,中国政法大学出版社1996年版,第4~6页。

③ [英]梅因:《古代法》,沈景一译,商务印书馆1959年版,第27页。

④ [英]约翰·洛克:《政府论》(下),瞿菊农、叶启芳译,商务印书馆1997年版,第18页。

⑤ [英]诺曼·多恩:《中世纪晚期英国法中的最高权威》,杨尚东译,中国政法大学出版社2018年版,第73页。

规则,所有的社会主体“在服从理性命令的过程中”,都“是根据符合其自身本性的法则安排其生活的”。[①] 孟德斯鸠、卢梭等是近代西方法治的主要设计师,他们又都是启蒙思想家和理性主义的倡导者。而理性和伦理又有着密不可分的联系。作为理性结晶的民法并不对个人的伦理道德省思的能力及其所达到的境界予以太多关注,而是注重底线上的、足以约束共同体所有成员对于共同体公共价值准则、公共利益分配方式的伦理建构。[②] 从这个意义上说,所有的民法理念和民法制度都是建立在理性基础之上的,没有理性就没有现代民法制度。

(四)民法的权利本位思想主要体现为伦理思想

著名民法学家梁慧星先生认为,所谓民法之本位,就是民法的基本目的,基本作用或基本任务。其中自由、平等、正义是法律所追求的永恒的价值,同时也是民法所拥有的最基本价值。[③] 对民法以何为本位在学术界有不同理解,但以权利为本位无疑是一种主流观点。其主要表现是,民法在整个内容设计上体现为权利法,它以一系列权利的设定来给人自由选择的空间,承认并弘扬人的理性。民法的权利本位思想首先来源于社会经济伦理思想,这种经济伦理包含的内容主要有市场交换中的道德秩序、分配法则和占主导的价值体系,如对财富的追求、使用和管理。市场经济的道德秩序,主要是由经济伦理的第一层次——职业道德和经济信用构成,这两者构成了人们的行为准则,是市场经济运作的基石和市场有序化的保证。现代市民社会奠基于市场经济体制之上,有其道德基础,即对他人生命、财产、自由权利的尊重,包括民法在内的全部法律制度都以此为出发点。不仅如此,权利本身就意味着正义。拉丁文“ius”在理解上既指权利也指正义,英文“right”也同时有权利和正义的含义。西方文化中不但将正义认定为法律的最高价值目标,即如阿奎那所

① [美]E. 博登海默:《法理学——法律哲学与法律方法》,邓正来译,中国政法大学出版社 1999 年版,第 13 页。

② 江平、张楚:《民法的本质特征是私法》,载《中国法学》1998 年第 6 期。

③ 梁慧星:《民法总论》,法律出版社 1996 年版,第 34 页。

说的"正义在法律价值的序列排位中最高,指挥其他价值共同实现公共利益的最大化。"[①]而且将个人的权利强调为是一种社会普遍适用的正义,反过来说,正义也不言而喻地象征着一种当然而为的权利。[②] 对此福蒂斯丘总结到:"正义给每个人三条戒令:其一,诚实地活着;其二,不能伤害任何人;其三,让每个人公正地享有权利并承担义务。"[③]因此,在某种意义上说,"正义是确保他人享有其应享有权利的永恒意志"。[④] 黑格尔也认为:"在希腊人中,道德同时也是法定的权利,就是因为这个缘故,宪法完全依赖于道德和人情。"[⑤]在法律和伦理的关系上,民法对伦理关系的依赖更为显著,其中尤以民事权利最具代表性。民事权利就其本质来说,是通过对他人的不信任和防范,来捍卫自己的利益,而实现权利的办法则是把每一个人从整体中尽量剥离出来,以昭示个人权利的排他性。由此可见,无论是民事权利的生成,还是权利的实现,都既根植于民事主体内心的良知,也依赖于社会层面的伦理共识。

从历史上看,民法权利是人的自然权利的论断最初是在基督教化的罗马帝国早期提出的。英国思想家约翰·洛克是资产阶级自由主义的著名代表。他将自然权利学说系统化和理论化,并运用于财产权理论之中,成为财产自然权利理论的经典代表。在《政府论》中,洛克设计了这样的自然状态:早在国家和法律产生之前,自然法统治一切,人们享有普遍的天赋权利,即生命、自由和财产,这些权利是与生俱来的,任何人都不能侵犯。"自然状态有一种为人人所应遵守的自然法对它起着支配作用;而理性,也就是自然法,教导着有意遵从理性的全人类:人们既然都是平等和独立的,任何人

---

① [英]诺曼·多恩:《中世纪晚期英国法中的最高权威》,杨尚东译,中国政法大学出版社2018年版,第105页。

② 冯亚东:《平等、自由与中西文明》,法律出版社2002年版,第79页。

③ [英]诺曼·多恩:《中世纪晚期英国法中的最高权威》,杨尚东译,中国政法大学出版社2018年版,第120页。

④ [英]诺曼·多恩:《中世纪晚期英国法中的最高权威》,杨尚东译,中国政法大学出版社2018年版,第110页。

⑤ [德]黑格尔:《历史哲学》,王造时译,上海书店出版社1999年版,第297~298页。

就不得侵害他人的生命、健康、自由和财产。"[①]而"人们联合成为国家和置身于政府之下的重大的和主要的目的,是保护他们的财产"。[②] 相应地,"政治社会本身如果不具有保护所有物的权力,从而可以处罚这个社会中的一切人的犯罪行为,就不成其为政治社会,也就不能继续存在"。[③] 在论证财产权的正当性的同时,洛克指出:既然人可以通过一种方式从万物中划归一部分作为个人财产来享用,那么应当是一种什么样的方法呢?洛克认为是"劳动"。人以"劳动"为中介物获得了个人的财产权。在自然状态下,人只拥有一种财产,那就是自己的身体,任何人都对自己的身体拥有绝对的所有权,身体是自然状态下唯一不应有疑义的财产。人通过自己的双手、身体,以劳动的方式作用于原初物,从而改造了原初物,改变了其原有的价值形态。由于加入了劳动,加入了新的价值,被作用物就脱离了其原初的共有状态,成为一种特定物,排斥了其上的共有权利。因为人拥有自己的身体和体现自己身体价值的劳动,所以人对其劳动的成果享有财产权也是正当的,是符合理性的。这样,洛克以自我拥有论为前提,以劳动来区分共有物与私有物,为私有财产权的存在找到了具有说服力的论据。[④] 有学者将洛克的财产权理论的主要贡献归纳为以下三个方面:其一,天赋权利的学说倡导一种权利本位,成为财产个人主义、所有权绝对思想的基石;其二,劳动价值学说为财产权找到了合法性基础,并确立了社会发展的核心价值;其三,扩张了人格权(创造物是自己人格的扩张),使财产权具有了人权基础。[⑤] 正因为有这种明显的自然法思想作为最终的权源基础,民法才被视作人民权利

---

① [英]约翰·洛克:《政府论》(下篇),叶启芳、瞿菊农译,商务印书馆1964年版,第6页。

② [英]约翰·洛克:《政府论》(下篇),叶启芳、瞿菊农译,商务印书馆1964年版,第77页。

③ [英]约翰·洛克:《政府论》(下篇),叶启芳、瞿菊农译,商务印书馆1964年版,第53页。

④ 宫建新、李瑜青:《财产权合理性的哲学基础——自然权利论与工具主义论的交锋》,载《江苏行政学院学报》2002年第4期。

⑤ 易继明、李辉凤:《财产权及其哲学基础》,载《政法论坛》2000年第3期。

的“圣经”和生命财产的基本安全保障，民法的理念成为各个社会形态所追求的共同目标，民法已是人类文明的重要构成并通过自身推动了社会进步。[①]

二、整个民法制度都建构在伦理之上

（一）民法起源于人的伦理要求

人性本是一个纯伦理学的范畴，但对人性的预设却构成了所有时代、所有国家根本政治制度的出发点，也构成了包括民法在内的所有立法的伦理基础。任何制度都是针对人设定的，都是建立在一定的人性假定基础上的。对人性的不同假定可能导致不同的法治路径。法律是一种文化，性善与性恶是其永恒的主题。有人认为，一切法律问题说到底都是法律文化问题，而一切法律文化问题说到底又都是从对人性善恶的假设与判断开始的。中国古代没有形成像古希腊、罗马那样崇尚法治的传统，除了经济、政治原因之外，与性善论这一价值观念具有密切关系。性善论把人心视为一切美好价值观念的源头，从而把治理国家看作“修身、齐家、治国、平天下”的道德修养过程，不是努力通过建立、完善外在的规范和制度去约束人的行为，相反却是尽力向内心挖掘，试图通过提高人的觉悟来建立一个君子国。[②] 因此，就人的本性而言，“以孝治天下”“以德治天下”是最好的治国方式，从而产生所谓的“泛道德主义立法”。而西方则更多强调的是性恶论，人性恶构成法存在的不可或缺的哲学主体性预设。柏拉图早年认为人的本性是善良的，但到了晚年，柏拉图发现人的本性并非他所说的那样善良。因此，他提出了人性总是贪婪自私的观点，主张在人性尚不能向善的情况下，只好暂时采用法治。亚里士多德是西方哲人中率先提出法治主张与学说的，他完全抛弃了性善论信条，径言人的本性是贪婪自私的，需用法治加以约束，而掌握权力的人的本性更容易暴露罪恶，所以必须以权利

---

① 周小明：《信托制度比较研究》，法律出版社 1995 年版，第 35 页。

② 郝铁川：《“性善论”对中国法治的若干消极影响》，载《法学评论》2001 年第 2 期。

制约权力。西方的法治思想就是这样从假定人性恶的基础上启动的。基督教产生后,其“原罪说”更使西方人坚信人性本恶,中世纪经院哲学家认为人有原罪,人在胚胎中就有了罪恶,因此需要用外在的力量加以抑制。中世纪教权与王权的并立、冲突,也更使西方人坚信权力制约的必要性。西方近代法律文化思想不仅没有中断人性恶与法的因果逻辑链条,而且使之日益突出和系统化。霍布斯认为,作为自然的产物,人类的情感和欲望构成了人性;利益是欲望和情感的动因;人的一切行为都是为了个人利益,都是为了满足个人的欲望、情感,因此人天生是自私的和恶的。普芬道夫、斯宾诺莎、孟德斯鸠都是公开主张人性恶并将其作为法的基础的思想家。康德虽强调理性是人的本性,也承认自然欲望是人性的一个组成部分,但他也同样强调“人性的软弱和缺点”,这种缺点不仅指道德上善良的欠缺,而且指在它里面存在倾向于罪恶行为的强有力的因素和动机。人的本性陷在恶里很深,这导致了人们在社会中的对抗,正是这种对抗唤醒了人的全部力量,实现了人类历史由野蛮到文明的发展。所以,恶表现为人类历史的动力。黑格尔坚持用辩证的观点看待恶,认为恶作为善相对立的范畴也是意志的表现,恶同善一样都是源于意志的,而意志在它的概念中既是善的又是恶的,善与恶是事物的肯定与否定的统一。人性恶在所有权制度的产生上具有非凡的作用。正是为了适度抑制人性恶,产生于社会而又超脱社会、作为社会异己力量的国家才得以出现,国家以法律确认私人占有的合法性质,私人所有权才得以产生。正如有的学者所言,所有权的产生是人们无可奈何的选择,源于人性恶,也是为了遏制人性恶,因为在任何社会和任何情况下,生存都是人的第一本能。为了公众生存,必须有超强制的公共权力把人的行为控制在规则许可范围内。[①] 大体而言,在人类法律史中,法治论者多是理性主义者。而理性就其本质来说是对人的本性不信任的人们所特有的一种思维方式,理性的根本要义是认为法律不是针对善,而是针对恶制定的。

---

① 张云平、刘凯湘:《所有权的人性根据》,载《中外法学》1999 年第 2 期。

（二）弘扬和抑制人性是民法的主要作用

人性恶的假定在不同的法律领域有不同反映和要求。在民法领域,性恶所防范的对象主要是国家和国家公权。民法认为国家公权力的私欲最容易泛滥,最容易侵害自然人的私权利,所以民法必须实行私法自治和私法优先,凡自然人私力可以妥善了结的事情,就无须国家公权介入。有学者说,民法是最贴近人的本性的法律。人的本性一半是禽兽,一半是天使。禽兽的一面来源于人的欲望的膨胀,天使的一面来源于社会规范的矫正与内化。由于对人性的不信任,为了防止社会个体间的权利滥用,人们制定了界定每一个体权利义务的私法,划定了每一个体的权利义务范围,既不允许国家权力擅入个体权利领域,也不允许社会个体间相互践踏权利。[①] 民法对人的这种不完善性的预设,实际上是从强烈的道德感出发的,是对人性中与生俱来的缺陷的正视和反省,因此在制度设计上,民法不但要弘扬人的天使的一面,对自然人赋予众多的权利,同时又要抑制人的禽兽的一面,以一系列义务的设定来防止人的欲望的膨胀。

（三）是否符合伦理是判断民法制度优劣的主要标准

判断一个法律制度优劣的主要标准有两个:一个是法律所体现的人类理性程度的高低,即法律必须是良法;另一个则是法律为社会所接受的程度的高低,二者缺一不可。与此相适应,法治社会形成的最基本条件就是亚里士多德勾勒出的"良法+普遍守法"的框架。良法即善法、符合人类良知与正义道德的法律;普遍守法即法律道德化后的守法精神。能够被称为良法的法,至少应包含人权性、利益性、救济性三种内在的品格。其中人权性是法律的道德基础,失去人权性的法律即使形式合理但实质不合理,最终也会被人类所唾弃。[②] 在古希腊古罗马时期,法学家把法律提到伦理性的高度加以赞扬,认为"法律是善和衡平的艺术";同时,他们十分重视从社会文化伦理角度解读法的精神本质,将其看成是深藏在实定法

① 郝铁川:《西方的基督教与法治、德治》,载《探索与争鸣》2001年第4期。
② 范进学:《论道德法律化与法律道德化》,载《法学评论》1998年第2期。

之后的最高价值主体,从而确立法律的至高无上的地位。查士丁尼曾说:"法学是关于正义和非正义的科学。"正义作为法的基本原则,它追求的是某种完善的目标、道德价值或理想的秩序。但正义不仅是一种法律理想,也是一种现实的可操作性的法律原则、标准和尺度。人们期望通过这样的法律原则,建立起个人和他人之间的和谐关系。可见,维持人类生活秩序的最后手段,在于有理性的道德观念。法为良法的另一层含义就是本身必须具有合法性,"恶法"不应当被社会所遵守。西塞罗提出了著名的"恶法非法论"。马克斯·韦伯认为,"所有经验都充分表明,在任何情况下,统治都不会自动地使自己局限于诉诸物质的或情感的动机,以此作为自身生存的基础。相反,任何一种统治都试图唤醒和培养人们对其合法性的信念"。① 而合法性本身就具有非常强的道德评价因素,这不仅是因为"合法性含有若干道德意味,满足了合法性,似乎意味着满足了在道德上很重要的价值",②更是因为"法律的权威来源于规则本身的道德性"或者说"来自于神圣意志铸造的道德,并且只有那些符合这些道德,即能抽象地判断行为正误的规则才是法律"。③因此,符合道德性要求既是法律获得神圣性的基础,同时也是获得正当性的依据。将伦理要求作为判断民事行为合法性的依据在我国《民法典》中也得到了非常深刻的体现,其突出表现是其不但将伦理色彩浓厚的"公平""诚信""公序良俗"等规定为民法的基本原则,而且更将这些伦理要求作为判断行为效力的直接依据。典型的如《民法典》不但在第 143 条中将符合公序良俗作为民事法律行为的有效要件之一,④而且更在第 153 条将违反公序良俗直接作为认

---

① [德]尤尔根·哈贝马斯:《合法化危机》,刘北成、曹卫东译,上海人民出版社 2000 年版,第 128 页。

② [美]周天玮:《法治理想国——苏格拉底与孟子的虚拟对话》,商务印书馆 1999 年版,第 119 页。

③ [英]诺曼·多恩:《中世纪晚期英国法中的最高权威》,杨尚东译,中国政法大学出版社 2018 年版,第 7 页。

④ 《民法典》第 143 条的原文是:"具备下列条件的民事法律行为有效:(一)行为人具有相应的民事行为能力;(二)意思表示真实;(三)不违反法律、行政法规的强制性规定,不违背公序良俗。"

定民事法律行为无效的条件。[①]

(四)伦理性是民法得到有效遵守的信仰保障

作为法律特别是民法能被有效遵守的前提是该法律必须被社会公众所信仰。对此,著名法学家伯尔曼曾说过:“法律必须被信仰,否则形同虚设。”[②]而作为法律被信仰的前提又是法律必须有神圣的渊源,“没有了神圣的渊源,也就没有了永恒的有效性”[③]。“正如心理学研究已经证明的那样,确保遵从规则的因素像信仰、公正、可靠性和归属感,远较强制力更为重要。法律只在受到信任,并且因而并不要求强制力制裁的时候,才是有效的。”[④]现代西方的民法理念之所以被认为比较符合理性,在很大程度上是因为民法的基本制度和理念与宗教信仰具有高度民主的一致性。而宗教信仰之所以能承载维系文化延绵的任务,首先是因为信仰为行为动机成为可能提供了充分的价值根据。按照基督教的思想,上帝即正义、即挚爱、即善,因而人的存在本身亦是正义的、挚爱的、善的存在。这就从本体论上构成了对非善、欺骗与恶的根本否定。法律是人的东西,是一定历史时空范畴里的东西,不具有超验的神性。但这并不排斥其神圣性,按照民法的观点,人的人格、尊严和价值同样是神圣的。[⑤] 因此,从某种意义上说,民法所确认的,就是宗教所信仰的。现代民法能够被信仰的另一个主要原因则在于为它符合人类的理性,是正义的。任何法律行为要想得到有效遵守,必须符合人们基

① 《民法典》第153条共有两款,第1款规定:“违反法律、行政法规的强制性规定的民事法律行为无效。但是,该强制性规定不导致该民事法律行为无效的除外。”该款应该是对民事法律行为合法性的一般性判断标准。第2款规定:“违背公序良俗的民事法律行为无效。”该款应该是民事法律行为无效的绝对判断标准,即只要是违反了公序良俗,民事法律行为就当然无效。

② [美]哈罗德·J.伯尔曼:《法律与宗教》,梁治平译,生活·读书·新知三联书店1991年版,第8页。

③ [美]哈罗德·J.伯尔曼:《法律与宗教》,梁治平译,生活·读书·新知三联书店1991年版,第42页。

④ [美]哈罗德·J.伯尔曼:《法律与宗教》,梁治平译,生活·读书·新知三联书店1991年版,第43页。

⑤ 郑云波:《世俗法律与上帝律法之局部比较——法律被信仰的理论与实践分析》,载《研究生法学》2002年第1期。

本的价值判断和伦理要求,对民法来说尤其如此。对此罗尔斯认为:“法治所要求和禁止的行为应该是人们合理地被期望去做或不做的行为。”[①]古罗马法能够对后世产生重大影响,其根本原因不仅在于建立了发达的民法制度,更是因为立法者和法学家对法律所怀有敬畏情怀和崇高追求,而这种情怀和追求又极大地激发了当时城邦人民对法律的崇高情感,即对法律的信仰之理念。而这种信仰的产生,无疑促成了当时城邦社会法治精神的形成,加快了罗马城邦国家告别原始共同体的人治模式,并使之进入了依法而治的法治化的历史进程之中。由此可见,一个国家的民法及整个法律制度的合法性,取决于该国家的社会认同和遵守的一致性——不违反社会的公理。任何至高无上的权力和个人对这些自然法的挑战,都是对整个人类发展中所自然形成的道德与法律的违反和颠覆。任何民法制度的设计,都必须符合基本的社会理念,这些理念包括正义、公平和公正,必须符合人的基本权利的要求。

三、具有伦理特质的民事习惯和民事传统是民法的主要渊源

关于什么是法律,不同学者站在不同角度可以给出不同答案。我更倾向于部分学者对法律概念的以下表述:法律是特定社会用来调整人们的权利义务关系并可反复适用,且由获得社会认可的物质力量保障其实施的普遍性行为规范。[②] 这一相对宽泛的概念涵纳着三个级次的“法律”:一是由尚不稳定和较为脆弱的社会物质力量来保障实施的不成文习惯法或称为习惯;二是由较为稳定和较为坚固的社会物质力量来保障实施的成文习惯法;三是由高度稳定、强固的国家来保障实施的国家法。在以上几种法律的表现形态中,习惯法和交易规则都与伦理有密不可分的关系。

(一)民事习惯的伦理性

习惯,从词义上讲,是人们长时间重复实践而巩固下来的并变

---

① [美]约翰·罗尔斯:《正义论》,何怀宏、何包钢、廖申白译,中国社会科学出版社1988年版,第235页。

② 胡旭晟:《20世纪前期中国之民商事习惯调查及其意义》,载《湘潭大学学报(哲学社会科学版)》1999年第2期。

成需要的行为方式。哈耶克认为:“我们文明社会中的成员都遵循一些并非有意构建的行为模式,从而在他们的行动中表现出了某种惯常性……这种行动的常规性并不是命令或强制的结果,甚至常常也不是有意识地遵循众所周知的规则的结果,而是牢固确立的习惯和传统所导致的结果。对这类惯例的普遍遵守,乃是我们生存于其间的世界得以有序的必要条件,也是我们在这个世界上得以有序生存的必要条件,尽管我们并不知道这些惯例的重要性,甚或对这些惯例的存在亦可能不具有很明确的意识。”①民事习惯是民事主体在民事活动中所遵守的具有一定拘束力的行为规则,主要表现为民事交易习惯、婚姻家庭习惯、继承习惯等。其中最为重要的是民事交易习惯。所谓民事交易习惯是利益对立的当事人在交易过程中,经过多次实践和利益平衡而形成的,并反映当事人意思自治的,为交易主体所主动遵守的、具有一定约束力的行为规则。习惯在民法的发展史中占有非常重要的地位,是调整民事活动的主要依据,特别是在早期的民事活动调整中,民事习惯是最基本的法律渊源之一。对此恩格斯曾精辟地说:“在社会发展的某个很早阶段,产生了这样一种需要,把每天重复着的生产、分配和交换产品的行为用一个共同规则概括起来,设法使个人服从生产交换的一般条件。这个规则首先表现为习惯,后来变成了法律。”②习惯不但是构成民法的主要来源,同时习惯的某些特质如稳定性、伦理性也深深地影响民法的塑造及其运行。对于民法和习惯之间的这种互动共存关系,法国著名政治学家托克维尔曾总结道:“在一个民族最不容易改变的事情当中,仅次于习惯的,就要数民法了。”③

一般认为,现代民法来源于古罗马的市民法,并逐步成长为市民社会的私法。而市民社会的私法乃是市民社会自身积淀的习惯、风俗、惯例等抽象规则长期进化的结晶,习惯法堪称私法的真正渊源所在。梅因认为:“所谓‘万民法’,即‘所有国家共有的法律’。

① [英]弗里德利希·冯·哈耶克:《自由秩序原理》(上册),邓正来译,生活·读书·新知三联书店1997年版,第72页。

② 《马克思恩格斯选集》(第2卷),人民出版社1974年版,第538页。

③ [法]托克维尔:《论美国的民主》,董果良译,商务印书馆1988年版,第51页。

事实上,'万民法'是古意大利各部落各种习惯共同要素的总和,因为这些部落是罗马人有办法可以观察到的并且是不断把移民一群群送到罗马土地上来的所有国家。当有一种特别惯例被看到为大量的各别民族共同应用时,它即被纪录下来作为'所有国家共有的法律'或是'万民法'的一部分。"①由此可见,真正的私法只能从市民社会内部产生和成长,且主要由形形色色的习惯法演变而成,是被赋予权威性和强制力的习惯法,而习惯则具有强烈的伦理性,是社会伦理的固化形态。法律与习惯不同,"法律是立法者创立的特殊的和精密的制度,风俗和习惯是一个国家一般的制度"②。与规范相比,习惯具有以下几个特点:首先,习惯具有模糊性和非规范性,习惯的具体内容和含义通常是通过人们的理念来体现的,并不表现为非常确切肯定的程式和规范,对习惯的遵守也具有一定的任意性。其次,习惯具有一定的约束力。虽然习惯不像法律规定那样以国家的强制力为后盾,具有外在的强制性,但习惯对社会主体的行为仍具有相当的约束性,并且这种约束力已经内化为社会主体的一种自觉行为,即具有一定的内在强制性。最后,习惯具有历史性,且是由历史来驱动的。这有两层含义:一是习惯的内容具有历史性,古代的习惯和现代的习惯在内容上有明显的差别;二是习惯的形成要受制于历史的驱动,是人们在多次的往复实践中不断积累并逐渐形成的。③ 习惯对维持社会的正常运转具有非常重要的作用,特别是在法律规范比较匮乏的社会中,习惯的作用更为重要。"这种具有普遍约束力的习惯对调整人们之间的社会关系具有十分重要的意义,在实践中常常能得到社会和国家的普遍认可,并逐渐发展为具有法律性质的行为规范。"④习惯的效力既可来源于内在的强制,即"作为习惯法的规范,其效力很大程度上依赖于一种类似的

---

① [英]梅因:《古代法》,沈景一译,商务印书馆1959年版,第29页。

② [法]孟德斯鸠:《论法的精神》(上册),张雁深译,商务印书馆1963年版,第310页。

③ 张宇燕:《经济发展与制度选择——对制度的经济分析》,中国人民大学出版社1992年版,第123~127页。

④ 郑远民:《现代商人法研究》,法律出版社2001年版,第126页。

强制性实施机制,尽管这种效力来自同意,而不是制定”①;更可来源于外在环境的压力,即“当这类习惯被违反时,社会往往通过表示不满或不快的方式来做反应;如果某人重复不断地违反社交规范,那么他很快就会发现自己被排除这个社交圈以外了”②。即使在现代社会,习惯仍然是各国民法的重要法律渊源,与此相类似,我国《民法典》也将习惯作为法律适用的重要依据之一并在许多法律条文中对其适用对象进行了细化。③ 交易习惯在市场经济关系中具有非常重要的作用:可以提高市场的自律水平,降低法律的运行成本;可以填补法律的空白,解释法律的含义,使法律得以更加合理地施行。因为交易习惯作为自律性的行为规则,在法律空白时可以为交易主体提供可供选择的行为模式,在法律含义模糊或发生冲突时,可以提供解释法律所需要的事实依据和经验模型。④ 况且,在许多情况下,“法律和习惯作为人们行动的原因和效果,互相交错,难分难解”⑤。

(二)民事传统的伦理性

民事习惯的形成与民族传统密不可分,从某种意义上说,民事习惯就是民族传统长期积淀的结果。按照一般理解,传统是指整个群体或其大部分成员所共同享有的东西,是人们所共享的生活经验和行为模式。传统具有以下几个特点。首先,传统是流行于一个社

---

① [德]马克斯·韦伯:《论经济与社会中的法律》,张乃根译,中国大百科全书出版社1998年版,第21页。

② [美]E. 博登海默:《法理学——法律哲学与法律方法》,邓正来译,中国政法大学出版社1999年版,第399页。

③ 我国《民法典》中对习惯主要使用了三个概念:(1)“习惯”,主要出现在第10条(关于习惯的一般适用),第142条(意思表示的解释),第289条(相邻关系处理)。(2)“交易习惯”,主要见于第140条(默示行为的推定),第321条(法定孳息的归属),第509~510条(合同的履行),第680条(约定不明的贷款利息的确定),第888条(寄存保管义务),第891条(保管人的义务)等。(3)“风俗习惯”,主要见于第1015条(子女姓名的确定)。由此可见,我国《民法典》中所说的习惯应包括一般习惯、交易习惯和风俗习惯几个组成部分。

④ 梁慧星:《民法解释学》,中国政法大学出版社1995年版,第193页。

⑤ [德]马克斯·韦伯:《论经济与社会中的法律》,张乃根译,中国大百科全书出版社1998年版,第27页。

会中,最具核心意义的社会与文化经验的贮藏物。其次,传统应具有一定的积淀性,只有连续几代人所共享的文化因素才能构成文化传统。又次,传统具有一定的保守性,传统一旦形成就具有极强的生命力,可以独立于社会制度和其他意识形态而存在。再次,传统具有一定的地域性。由于受人类交往条件和信息传递条件的限制,传统的形成通常是某一特定区域内的社会成员共同生活要求的结晶。因此,传统通常在特定区域内发生作用。当然也不排除在特定条件下借助国家的强力可以将某些传统推行到一国范围之内。最后,传统的存在具有久远性。传统一旦形成就不会轻易改变,除非周围的形势发生了排斥这些观念或行为模式的变化,或出现了可替代其的更有效的观念或行为模式,否则就将一直被奉守或坚持下来。换言之,只要适合传统发挥作用的内外部社会政治、经济、文化条件没有发生实质性改变,传统就一直会存在下去。积淀于法律传统中的法制文明成果,由于都经过时间长河的淘洗冲刷,经过数代人的筛选磨炼,因而往往是历史上富有生命力的东西。由于传统中风俗、礼仪和法律的紧密联系,乃至合为一体,使这种潜移默化的力量在中国历史的发展中积淀下来,可贵的伦理观念成为判断行为的规则标准,这种礼的力量也是民族精神的力量。西方学者对中国的这一法律传统也颇有赞美之辞,早在孟德斯鸠的《论法的精神》中就对中国这种传统道德的积极作用作出了很高的评价,他认为礼教作为中国国家的一般精神,并且在不违反政体的原则的限度内,遵从民族的精神是立法者的职责。德国法学家 K. 茨威格特、H. 克茨也认为:“维持每一种不是必须毁灭的事物乃是有用的;法律应对社会习惯予以尊重,除非它们是邪恶的。”①我国《民法典》的成功经验之一就是将大量文化传统转化成了民事立法的目的和具体制度设计,其具体表现不但在第 1 条中就将具有丰富传统文化内涵的社会

---

① [德]K. 茨威格特、[德]H. 克茨:《比较法总论》,潘汉典等译,贵州人民出版社 1992 年版,第 165 页。

主义核心价值观融入民法的立法目的,[1]而且更将体现优良传统文化的行为,典型的如见义勇为行为,规定为民法的保护对象,[2]同时还在第 8 条要求民事主体从事民事活动除应遵守法律外还“不得违背公序良俗”,这里的公序良俗虽包含侧重经济层面的公共秩序要求,但同时也包含偏重道德层面的善良风俗要求,即这里的风俗应是指“一种依传统力量而使社区分子遵守的标准化的行为方式”[3]。而“习俗成为权利来源,在于它是一种制度。它的构成性规则赋予共同体的每个成员以遵从既存习俗的义务,同时授予每个人相应的使习俗得以遵从的权利”[4]。因此,即使在经济活动中主要适用的是关于公共秩序的要求,但并不是说就完全排除了善良风俗适用的空间,实际上当某种经济行为明显违反善良风俗时,如果又同时关涉了社会公共利益,这种行为同样是应当为法律所否定的。当然,我们在将道德规则引入民法规则时应以必要性和可能性作为限制条件,只能把那些与社会公共利益相关的且有相对明确要求的道德规则上升为法律规则,因为“法律不曾也不能涉及道德的所有领域,若将一切道德的责任,尽行化为法律的责任,那便等于毁灭了道德”[5]。

四、符合伦理性要求是中国民法典制定的主要评判标准

现代社会已进入 21 世纪,在此背景下制定的中国民法典无疑

---

① 《民法典》第 1 条的原文是:“为了保护民事主体的合法权益,调整民事关系,维护社会和经济秩序,适应中国特色社会主义发展要求,弘扬社会主义核心价值观,根据宪法,制定本法。”该条主要解决的是《民法典》的立法目的和立法依据问题。

② 虽然我国《民法典》中并未出现“见义勇为”的字样,而是用“无因管理”和“救助行为”进行替代,但就第 183 条和第 184 条规定的精神来看,其所确立的补偿规则和责任豁免规则,其立法目的显然是为了鼓励为他人利益而进行活动并尽量消除行为人因实施见义勇为可能招致损失的风险。

③ [英]马林诺夫斯基:《文化论》,费孝通等译,中国民间文学出版社 1987 年版,第 30 页。

④ [英]A. J. M. 米尔恩:《人的权利与人的多样性——人权哲学》,夏勇、张志铭译,中国大百科全书出版社 1995 年版,第 151 页。

⑤ [美]马多佛:《现代的国家》,载肖金泉主编:《世界法律思想宝库》,中国政法大学出版社 1992 年版,第 402 页。

既应严格尊崇现代民法的精神和理念,也应对未来的世界发展有所引领。著名学者郝铁川先生曾将民法精神或民法观念视为法制现代化的核心要素之一,其认为:“世界各国的法制现代化都必定要包含的市场经济、民法、民法观念(自由、平等、权利神圣)三大要素,它们是由西方民族率先确立的,是西方人民奉献给整个人类的文明成果。所以,后起的现代化国家和民族都无法拒绝这一文明成果,法制现代化的主要内容为移植西方法律也应势所必然。”①而著名民法学家梁慧星先生则将具有高度伦理性的实质正义作为现代民法的主要价值理念。按照梁慧星先生的观点,所谓近代民法,指经过17、18世纪的发展,于19世纪欧洲各国编纂民法典而获得定型化的,一整套民法概念、原则、制度、理论和思想的体系。在范围上包括德、法、瑞、奥、日本及旧中国民法等大陆法系民法,并且包括英美法系民法。近代民法的这一整套概念、原则、制度、理论和思想的体系,是建立在对当时社会生活所作出的两个基本判断之上的。第一个基本判断,叫平等性。第二个基本判断,叫互换性。所谓互换性,是指民事主体在市场交易中、在民事活动中频繁地互换其位置,在这个交易中作为出卖人与相对人发生交换关系,在另一个交易中则作为买受人与相对人建立交换关系。所谓现代民法,是指近代民法在20世纪的延续和发展,可以说是现代社会的近代民法。对于现代民法的基本特征,可以概括为以下几个方面:平等性与互换性的丧失;现代民法的理念——实质正义;现代民法的价值取向——社会妥当性。由于中国长期缺乏民法精神和民法理念的滋润和涵养,因此,民法典的制定过程既是对西方现代民法精神和民法理念的吸收和转化过程,同时也是对中国传统文化的改造过程。因此,在某种程度上可以说,我国《民法典》的制定过程就是中外法治文化和伦理文化的交叉融合过程。

(一)我国《民法典》制定的观念基础——人本主义思想

人本主义精神的核心是以人为本,其基本要求是个人本位和权

---

① 郝铁川:《中国法制现代化与移植西方法律》,载《法学》1993年第9期。

利本位。[1] 人本主义思想在西方最早出现在古希腊,“古希腊思想最吸引人的地方之一是以人为中心,而不是以神为中心的。人文主义所不断要求的就是,哲学要成为人生的学校,致力于解决人类的共同问题”。[2] 人本主义认为人的价值、人的尊严是唯一真理和最高价值,是不可被牺牲、被替代的对象。“人性的首要法则,是维护自身的生存,人性的首要关怀是对于其自身所应有的关怀。”[3]人本主义以尊重人的需求和人的理性为基础,强调实现人的主体性价值,自由、平等、自治等人本主义思想既是民法追求的永恒价值,同时也是民法所拥有的最基本价值。从其历史沿革来看,人本主义是14 世纪下半叶发源于意大利并传播到欧洲其他国家的哲学和文学运动,它是构成现代西方文化的一个要素。从哲学层面来看,人本主义通常指承认人的价值和尊严,把人看作万物的尺度,或以人性、人的有限性和人的利益为主题的任何哲学思潮。从词源学角度来说,“人本主义”(humanism)一词源自拉丁文的“humanitas”。“humanitas”最早是出现在古罗马西塞罗和格利乌斯的著作中,与希腊文 paidea 为对等词,意思是指“人性”“人情”“万物之灵”,也指一种能促使个人的才能得到最大限度发展的教育制度。英国《简明不列颠百科全书》把人本主义界定为:“一种思想态度,它认为人和人的价值具有重要意义……凡重视人与上帝的关系、人的自由意志和人对自然界的优越性的态度,都是人文主义。”[4]美国《哲学百科全书》认为,人本主义是“指任何承认人的价值或尊严,以人作为万物的尺度,或以某种方式把人性及其范围、利益作为课题的哲学”[5]。德国大百科全书《拉鲁斯辞典》认为:“把人和同人有关的事物看作核心、尺度和最高目的的人生哲学,都是真正的人文主

---

① 江天骥:《科学主义和人本主义的关系问题》,载《哲学研究》1996 年第 11 期。

② [英]阿伦·布洛克:《西方人文主义传统》,董乐山译,生活·读书·新知三联书店 1997 年版,第 14 页。

③ [法]卢梭:《社会契约论》,何兆武译,商务印书馆 1994 年版,第 9 页。

④ 《简明不列颠百科全书》(第 6 卷),中国大百科全书出版社 1986 年版,第 761 页。

⑤ 沈恒炎、燕宏远主编:《国外学者论人和人道主义》(第 1 辑),社会科学文献出版社 1991 年版,第 758 页。

义。”[①]虽然各种说法不尽相同,但基本意思均指以人为万物的尺度,强调人的价值、尊严与自由,“是一种以人为中心和准则(sanction)的哲学”。[②] 如果追溯其历史的话,实际上早在公元前5世纪,希腊就形成了人本主义的哲学思想。“古希腊思想最吸引人的地方之一是以人为中心,而不是以神为中心。人文主义所不断要求的就是,哲学要成为人生的学校,致力于解决人类的共同问题。”[③]在古希腊哲学的早期阶段,人们只注重外在自然,首先确立的是自然的本体地位。人只是自然的一个部分,本身不具有本体的意义。古希腊智者学派代表人物普罗泰戈拉首先提出了“人是万物的尺度,是存在者存在的尺度,也是不存在者不存在的尺度”[④]这一著名的哲学命题。这一命题被认为是人本主义思想的最早宣言。它使人们的注意力从外界自然转向人本身,提出了以人为对象中心的命题,确立了人是万物的主体的认识论和价值观,从而在西方哲学史上实现了一次研究对象的范式的变换。自人本主义思想形成之后,人成为所有理论的中心。在希腊各地,尤其是在雅典,人们热心思索和探讨的大多是人,即人的灵魂、理性、德行、才智和教育等。因而,与人有关的学科,如伦理学、心理学、教育学、政治学、生理学以及医学,就成为当时最活跃和最时髦的学科。人本主义哲学思想是一种积极的文化思想,它有助于树立人的主体意识,扩大人的人格独立性,使人成为自然界的主人、社会的主人和自己命运的主人。一部人类的文明史,从本质上看,是人在越来越大的程度上成为自然、社会和自己命运之主人的发展史。[⑤] 随着历史的不断演进,人本主义无论在内涵还是外延上都得到不同程度的丰富和完善,并且在不同历史阶段以不同的形式表现出来。在文艺复兴和宗教改革时

---

① Lamos. C, *The Philosophy of Humanism*, Trederick Ungar Press, 1982, p. 11.

② 杨寿堪、李建会:《现代科学主义与人本主义哲学的基本特征及其走向》,载《学术月刊》2001年第11期。

③ [英]阿伦·布洛克:《西方人文主义传统》,董乐山译,生活·读书·新知三联书店1997年版,第14页。

④ 北京大学哲学系外国哲学史教研室编译:《西方哲学原著选读》(上卷),商务印书馆1999年版,第54页。

⑤ 韩瑞常:《西方人本主义散论》,载《史学理论研究》1995年第1期。

期,人本主义以人文主义的形式表现出来。人文主义是在中世纪人本主义与神本主义长期斗争的基础上产生的。他们主张以人为中心,强调人的独立性和价值,主张把人从神的统治下解放出来。人文主义的理论基础是自然主义的人性论。在人文主义者看来,宗教的不合理性在于它为了神而牺牲了人,扼杀了人的本性,把人从现实生活引向对来世的幻想,从而磨灭了人的生机。因此,人文主义者在批判基督教时,宣扬人应当按人的本性即天性去生活。所谓人的天性,就是过世俗的生活,享受自然的快乐和对现实的物质和精神的追求。[①] 人文主义以人为中心,主张个性解放,肯定个人的价值、尊严和自由,反对禁欲主义,痛斥经院哲学,否认教会和封建特权,提倡理性。总之,它把世界的轴心由天上移到人间,使历史的主宰由神变成了人。[②]

到了 18 世纪中叶,人本主义则是以资产阶级的人道主义的形式表现出来。在西方,人道主义和人本主义甚至用同一个名词来表示(humanitarianism)。人道主义是法国启蒙思想家提出的思想武器,是人文主义的进一步发展。它的出现标志着资产阶级反封建主义斗争的序幕正式拉开,也宣告人类自我意识的一次觉醒。作为一种思潮或思想体系,人道主义以个人为着眼点,主张每一个人是一个独立的实体,尊重个人的平等和自由权利,承认人的价值和尊严,把人当作人看待,而不把人看作人的工具。重视人类的价值特别是关心最基本的人的生命、基本生存状况的思想,关注人的幸福,强调人类之间的互助、关爱。资产阶级启蒙思想家以自然主义的人性论作为人道主义的理论基础,提出了自由、平等、博爱的人本主义思想。资产阶级人道主义的核心思想是人权,它反对封建专制统治,要求建立符合人性的资产阶级民主政权。人道主义在资产阶级革命时期和巩固资产阶级民主政权时期,成为资产阶级的一面伟大的思想旗帜。人道主义作为道德领域的人本主义,重视人的生命,它

---

① 韩瑞常:《西方人本主义散论》,载《史学理论研究》1995 年第 1 期。

② 包国祥:《人本主义哲学思潮的历史轨迹》,载《内蒙古民族师院学报(哲学社会科学版)》1998 年第 4 期。

包括两个层面:同个体的自我意识相联系,强调尊重个体的生命本身,尊重和爱护他人,这是文艺复兴的主流意识;同人类意识相联系,强调作为人类的一员的光荣与责任,强调自由、平等、博爱,并为人类的幸福和独立而奋斗。以费尔巴哈为代表的生物学人本主义,强调人在生物学意义上对自然界、他人和社会的依赖。以叔本华、尼采、博格森、萨特、弗洛伊德为代表的非理性的人本主义,把人提到哲学的中心地位,对人的非理性因素作了揭示。以马克思为代表的人本主义则认为"人是人的最高本质",人的全面发展是实现才能、潜力、活动方式、个性的解放的全面发展,"作为完成了的自然主义,等于人道主义,而作为完成了的人道主义,等于自然主义"。[①] 马克思认为人性是人特有的属性,包括自然属性、社会属性和精神属性。因此,马克思的人本主义包括三部分:一是人与自然关系的合理解决,包括人(类)主体地位的确立、科学主义精神的弘扬;二是人与社会的关系、人与人的关系的合理解决,包括合理的个人主义和集体主义;三是人与人自身的关系,包括人自身物质享受和精神追求的协调发展。[②] 在法律与人本主义的关系上,欧洲中世纪的思想家阿奎那认为,国家的目的是伦理性的,是为了谋求人的"公共幸福",包括物质的幸福和精神的幸福两方面。[③] 在荷兰著名的启蒙思想家斯宾诺莎看来,人类要建立国家和法律,完全是出于人性趋利避害的要求。[④] 英国思想家霍布斯认为,由于每个人对于其他人而言都具有"狼性"且总是处于战争状态,因而,人们需要通过契约来建立政府即利维坦(Leviathan),运用人们所出让的权利来增进所有人的和平、安全和福利。[⑤] 洛克也认为人们为了保障生命、健康、自由、财产的天赋权利,防止受到侵犯,基于这样的需要,人们自

---

① 《马克思恩格斯全集》(第42卷),人民出版社1979年版,第120页。

② 高武平:《人本主义的宪法与宪法的人本主义》,载爱思想网,http://www.aisixiang.com/,最后访问日期:2013年12月18日。

③ [意]托马斯·阿奎那:《阿奎那政治著作选》,马清槐译,商务印书馆1997年版,第156页。

④ [荷]斯宾诺莎:《神学政治论》,温锡增译,商务印书馆1982年版,第214~215页。

⑤ [英]霍布斯:《利维坦》,黎思复、黎延弼译,商务印书馆1985年版,第99页。

愿通过协议即契约建立了共同体。[①] 功利主义法学家边沁认为,社会的利益只是组成社会的各个成员的利益总和,因此,政府的职责就是通过避苦求乐来增进社会的幸福,具体表现为保证自然人的生计、富裕、平等和安全。只有组成社会的个人实现了幸福,社会才会昌盛,国家的存在才会正当。[②] 与边沁一样,分析法学派的奥斯汀也认为功利原则是检验法律的最终标准,因而,一个拥有主权的政府的崇高意图或者目的就是最大可能地增进人的幸福。[③] 马克思的人本主义则认为,法律的基本判据只能是人本身。国家和法的非神秘性、非神圣性说明,任何缺乏人本主义哲学基础的法律,都没有任何规范社会的资格,缺乏人本主义哲学基础的法律只会使守法或爱国主义具有了很大的"虚伪"性,只会单纯成为统治阶级维护自身统治的工具。[④]

人本主义思想自从诞生以来,也经历了一个不断的发展过程。这个过程不仅体现为人本主义在不同的历史阶段有各种不同的表现形式,还表现为"人"这一核心概念自身内涵的不断扩展、丰富。近代的人本主义强调的是人的自由权利,这里所说的"人"不是抽象的人类,而是意味着具体的个人,因此这种人本主义实际上是个人主义。[⑤] 柏拉图和亚里士多德的"法治论"都强调法律是理性的命令,法律是神祇和理智的体现,因此法律的统治就是上帝和理性的统治,"服从法律,这也就是服从诸神"。这种理性神观念,强化了正义与法律的权威,突出了人之所以为人的本真和尊严,为后来西方的法治之路包括民主、自由、平等、分权制衡等具体制度的构建提供了"原始智能"、"原始经验"和"原始形式"。[⑥] 多葛学派在法学上则吸收了之前的自然法思想,认为人具有与上帝共同的理性,共同受同一个自然法支配,理性在人身上必然体现为一种独立不依

---

① [英]约翰·洛克:《政府论》(下篇),瞿菊农、叶启芳译,商务印书馆 1995 年版,第 5 页。

② [英]边沁:《政府片论》,沈叔平等译,商务印书馆 1995 年版,第 105 页。

③ 谷春德主编:《西方法律思想史》(第 4 版),中国人民大学出版社 2002 年版,第 195 页。

④ 《马克思恩格斯全集》(第 1 卷),人民出版社 1982 年版,第 281 页。

⑤ [日]宫泽俊义:《宪法》(第 II 卷),有斐阁 1974 年版,第 78 ~ 79 页。

⑥ 严存生主编:《西方法律思想史》,法律出版社 2004 年版,第 23 页。

的普遍人格,一种自由自在的力量,它不因任何外在的命运、压迫和权威所转移。这是一种理性绝对自由的个人主义,一种平等的世界主义。

14 世纪,欧洲出现了所谓的三大运动:文艺复兴、宗教改革和罗马法复兴。有学者认为,这三大运动的前奏和核心都是罗马法复兴。因为人们发觉,在现代社会中,如果希望得到安宁、幸福的生活,能够理性地理解和规范人与自然、人与人、人与政府的关系,则只需要恢复罗马法里的东西并加以改造就可以,因为罗马法已经找到了迄今为止最完美的答案,所谓罗马法其实主要就是罗马私法,即民法。[①] 1804 年的《法国民法典》是近代民法的代表,其受"天赋人权"和"平等"思想的影响,确立了个人为中心的主体制度。其第 8 条规定,"一切法国人均享有民事权利"。这宣示了个人主义的主体原则,明确了个人是法律上的真正主体。所以恩格斯称之为"以罗马法为基础的典型的资产阶级社会的法典"。《法国民法典》的巨大影响从根本上说在于其反映的人文精神,正如法国学者茹利欧·莫兰杰指出:"法国民法典总的精神是个人主义和自由主义精神的体现,是 18 世纪哲学家作品的精神的体现。"[②]处于近现代之交的《德国民法典》也是一部体现市民自由主义时代精神的民法典,而且它在很大程度上具有罗马法个人主义概念的吸引力。它的双足仍然立于自由市民的、罗马个人主义法律思想的土壤之上,但是它的双手却已踌躇迟疑地、偶尔不时地向新的社会法律思想伸出。因而拉德布鲁赫说,"《德国民法典》与其说是 20 世纪的序曲,毋宁说是 19 世纪的尾声",或如齐特尔曼所言"一个历史现实的审慎终结,而非一个新的未来的果敢开端"。但《德国民法典》的立法者看到了社会经济生活中企业或商业组织的繁荣兴盛和它们的经济力量,受到了经济共同体思想以及社会连带观念的影响,因此,《德国民法典》采取了自然人和法人的二元主体结构。所以,以德国为代表的现代国家并没有动摇近代个人主体思想和个人平等原

① 刘凯湘:《权利的期盼》,法律出版社 2003 年版,第 24 ~25 页。

② 梁慧星主编:《民商法论丛》(第 15 卷),法律出版社 2000 年版,第 712 页。

则,其主要目标仍然是追求人人有资格享有权利和自由。个人主体制度和个人权利体系,在我们的法律世界并不是可被视为或有或无的技术,它们已经被公认为法律的价值标准,也是社会的价值标准。[①]《瑞士民法典》同时使用“人格”和“权利能力”两个概念,并在第 11 条规定所有人都享有平等的权利能力。至此,传统民法中的“人可非人”的制度与理念都被彻底否定,一切自然人都被赋予平等的人格,这种一切自然人的权利能力平等的思想一直延续至今,成为现代民法的理论基石。近代民法提升了人的主体性,在人类历史上第一次真正把所有人生而平等地享有权利写进了法典,把人从等级、身份制度的枷锁中解放出来。这正如梅因在其《古代法》一书中所作的精辟总结:“我们可以说,所有进步社会的运动,迄今为止,是一个‘从身份到契约’的运动。”[②]“从身份到契约”深刻阐明了人从奴隶社会、封建社会的家族关系束缚中解放出来,过渡到“自由”资本主义社会的历史进步意义。[③]“从身份到契约”的运动过程,也就是从不平等身份到平等身份的过程,是对平等身份的发觉、保护和巩固的过程。[④]“从身份到契约”是对人的尊重的意识觉醒,它发现了独立、平等的人格是人进行创造的基本条件,发现了尊重权利,进而尊重人的伟大意义。商品交换不但规定了主体的全面平等,还与所有权制度共同规定了契约和契约自由,契约随着资本主义的商品生产和交换的普遍化进而被推及社会生活的各个领域,因此,19 世纪的资本主义社会又被称为“契约社会”。

而民法文化作为伦理文化,其所体现的价值同样应当以对人自身的关怀作为首要的和最终的价值取向。民法的人本主义思想不但推动了民法本身的进步和完善,而且直接影响现代法治理念的形成和发展。值得说明的是,民法的人本主义思想还和自然法思想密切相联。而自然法思想又是判断法律制度优劣的主要标准。亚里

---

① 龙卫球:《民法总论》,中国法制出版社 2002 年版,第 184 页。

② [英]梅因:《古代法》,沈景一译,商务印书馆 1984 年版,第 72 页。

③ 何勤华:《西方法学史》,中国政法大学出版社 1996 年版,第 320 页。

④ 杨振山、陈健:《平等身份与近现代民法学——从人法的角度理解民法》,载《法律科学》1998 年第 2 期。

士多德在《政治学》中曾经指出:“法治应该包含两重意义:已成立的法律获得普遍的服从,而大家所服从的法律又应该本身是制订得良好的法律。”[①]作为良法的基本要求之一就是它不但要符合人类理性,而且不违背基本的人类价值。现代西方法的根基是罗马法,在古罗马那里,法这个词就是正义(Lustus)。法被杰尔书定义为“善良和公正的技艺”,乌尔比安提出法的定义是:“诚实生活,不犯他人,各得其所。”[②]梅因在《古代法》中讲道:“罗马人认为他们的法律制度是由两个要素组成的。经查斯丁尼安皇帝钦定出版的‘法学阶梯’(Institutional Trea A tises)中说:‘受法律和习惯统治的一切国家,部分是受其固有的特定法律支配,部分是受全人类共有的法律支配。一个民族所制定的法律,称为该民族的‘民事法律’,但是,由自然理性指定给全人类的法律,则称为‘国际法’,因为所有的国家都采用它。’所谓‘由自然理性指定给全人类的’这一部分法律,就是被假定为由‘裁判官告令’带入罗马法律学中的原素。在有些地方,它被简单地称为‘自然法’(Jus NatuA rale);它的规定据说是受命于自然衡平(naturalis Equitas)和自然理性。”[③]因此从某种意义上说,如果没有自然法思想,我们就失去了判定法律制度优劣的基本依据。

人本主义思想在我国《民法典》中得到了非常充分的运用,不但成为我国《民法典》保护自然人人格权的基本准绳,而且贯穿了整个《民法典》的始终。其具体表现是,《民法典》总则部分不但把保护以自然人为代表的民事主体的合法权益作为民法典立法的最重要目的,而且把平等、意思自治、民事权利神圣[④]等人本性要求规定为民法的基本原则。《民法典》不但在第 4 条中明确要求:“民事

---

① [古希腊]亚里士多德:《政治学》,吴寿彭译,商务印书馆 1983 年版,第 199 页。

② [意]彼德罗·彭梵得:《罗马法教科书》,黄风译,中国政法大学出版社 1996 年版,第 4 ~6 页。

③ [英]梅因:《古代法》,沈景一译,商务印书馆 1959 年版,第 27 页。

④ 根据我国《民法典》第 3 条规定:“民事主体的人身权利、财产权利以及其他合法权益受法律保护,任何组织或者个人不得侵犯。”虽然本条未明确出现权利神圣的字样,但就其立法表达来看,由于强调的是“任何组织或者个人不得侵犯”,因此其所体现的应是民事权利神圣的思想。

主体在民事活动中的法律地位一律平等。”而且在第 109 条庄严宣布：“自然人的人身自由、人格尊严受法律保护。”不但在第 110 条第 1 款规定：“自然人享有生命权、身体权、健康权、姓名权、肖像权、名誉权、荣誉权、隐私权、婚姻自主权等权利。”而且更在第 130 条规定：“民事主体按照自己的意愿依法行使民事权利，不受干涉。”在人格权编，不但在第 991 条规定：“民事主体的人格权受法律保护，任何组织或者个人不得侵害。”而且在第 992 条规定：“人格权不得放弃、转让或者继承。”不但在第 999 条规定了不得以维护公共利益为由侵害人格尊严，①而且明确规定了人格权的神圣性，不受侵犯性②和社会关照性。③ 不但充分保障自然人对自己人格利益的处分权，规定：“完全民事行为能力人有权依法自主决定无偿捐献其人体细胞、人体组织、人体器官、遗体。任何组织或者个人不得强迫、欺骗、利诱其捐献。”（第 1006 条第 1 款）而且严格禁止其他人实施任何有损自然人人格尊严的行为，强调：“禁止以任何形式买卖人体细胞、人体组织、人体器官、遗体。违反前款规定的买卖行为无效。”（第 1007 条）“从事与人体基因、人体胚胎等有关的医学和科研活动，应当遵守法律、行政法规和国家有关规定，不得危害人体健康，不得违背伦理道德，不得损害公共利益。”（第 1009 条）不但强调侵害他人的人格尊严和人身自由要承担相应的民事责任，④而且明确

---

① 《民法典》第 999 条规定：“为公共利益实施新闻报道、舆论监督等行为的，可以合理使用民事主体的姓名、名称、肖像、个人信息等；使用不合理侵害民事主体人格权的，应当依法承担民事责任。”根据本条规定，为了公共利益需要可以有条件利用他人人格，但以合理使用即不损害他人人格尊严为条件。

② 《民法典》第 1002 ~ 1004 条分别规定了自然人享有生命权、身体权和健康权，强调自然人的生命安全、生命尊严、身体完整、行动自由和身心健康受法律保护，严禁任何组织或者个人加以侵害。

③ 根据《民法典》第 1005 条的规定：“自然人的生命权、身体权、健康权受到侵害或者处于其他危难情形的，负有法定救助义务的组织或者个人应当及时施救。”根据此条规定，保护自然人的人格权不但是国家的义务，同时也是相关组织和个人的义务。

④ 根据《民法典》第 1010 条第 1 款和第 1011 条的规定，违背他人意愿，以言语、文字、图像、肢体行为等方式对他人实施性骚扰的，或以非法拘禁等方式剥夺、限制他人的行动自由，或者非法搜查他人身体的，受害人有权依法请求行为人承担民事责任。

规定了相关组织对自然人人格权的保全和维护义务。[①] 造成他人人身损害的,加害人不但要赔偿受害人(被侵权人)因恢复人身机能所需要的直接财产损失,[②]而且为了实现对受害人的精神抚慰,还规定了精神损害[③]和惩罚性赔偿制度[④]。由此可见,我国《民法典》不仅把人本主义思想作为基本的立法价值,而且还通过具体的制度设计将其发扬光大。

(二)《民法典》制定的思想基础——体现私益优先要求的民本主义思想

中国传统法律思想有非常浓烈的"民为邦本"的民本意识。儒家认为:"天之立君,以为民也。"[⑤]"民为贵,社稷次之,君为轻。"[⑥]《尚书·五子之歌》在首段有云:"皇祖有训,民可近,不可下,民惟邦本,本固邦宁。"孟子把人民的意愿和利益作为决定条件,他说:"取之而燕民悦,则取之,取之而燕民不悦,则勿取。"[⑦]"民之所欲,

---

① 根据《民法典》第1010条第2款的规定,与自然人有隶属关系或管理关系的组织对该自然人的人格尊严负有法定保全和维护义务,即"机关、企业、学校等单位应当采取合理的预防、受理投诉、调查处置等措施,防止和制止利用职权、从属关系等实施性骚扰"。

② 《民法典》第1179条规定:"侵害他人造成人身损害的,应当赔偿医疗费、护理费、交通费、营养费、住院伙食补助费等为治疗和康复支出的合理费用,以及因误工减少的收入。造成残疾的,还应当赔偿辅助器具费和残疾赔偿金;造成死亡的,还应当赔偿丧葬费和死亡赔偿金。"

③ 《民法典》第1183条规定了适用精神损害赔偿的两种情形:一种是侵害自然人人身权益造成严重精神损害的,被侵权人有权请求精神损害赔偿。另一种是因故意或者重大过失侵害自然人具有人身意义的特定物造成严重精神损害的,被侵权人有权请求精神损害赔偿。

④ 我国《民法典》中有关惩罚性赔偿的规定首见于第179条第2款,"法律规定惩罚性赔偿的,依照其规定"。在侵权责任编中,惩罚性赔偿主要适用于三种情形:一是第1185条所规定的故意侵害他人知识产权且情节严重的;二是第1207条所规定的明知产品存在缺陷仍然进行生产、销售,或者在产品投入流通后发现存在缺陷而没有及时采取停止销售、警示、召回等有效补救措施,以至于造成他人死亡或者健康严重损害的;三是第1232条所规定的侵权人违反法律规定故意污染环境、破坏生态造成严重后果的。其中的因产品质量缺陷造成人身伤害事关民事主体的生命健康,故其立法主旨乃在于其人格利益的实现。

⑤ 《荀子·大略》。

⑥ 《孟子·尽心下》。

⑦ 《孟子·梁惠王下》。

天必从之。”在传统儒家思想看来,在人君上面的神,人君所凭借的国,以及人君的本身,都是为民而存在的,可以说神、国、君都是政治中的虚位,而民才是实体。[①] 这种民本观念既是维系中国社会稳定的思想基础,同时也是中国传统文化的精华之一。

中华人民共和国成立后,中国共产党作为人民利益的代表,始终把维护人民利益放到优先考虑的位置,并把以人民利益为中心作为各项立法的重要指导思想。这点在我国《民法典》中同样得到非常鲜明的体现。民本主义思想在《民法典》中的主要体现是:虽然我国作为社会主义国家非常强调利用法律手段巩固我国的基本社会经济制度,维护体现全民利益的国家利益和体现集体性利益的社会公共利益,但这并不是说个人利益就可以被忽视。实际上国家利益和社会公共利益既是个人利益实现的基础,同时也是国家利益和社会公共利益所应关照和保护的主要对象。由于公共利益就其本质来说应是私人利益的集合,所以从理论上来说,不存在可以游离于个人利益之外的国家利益和社会公共利益,因此不能以牺牲个人利益为代价寻求国家利益和社会公共利益的实现。从另一方面来说,个人利益的实现也可能会放大社会公共利益实现的范围或促进社会公共利益更好的实现,因此在某种情况下,甚至可以以牺牲国家利益和社会公共利益为代价,实现对个人利益的保全,为此我国《民法典》不但规定了个人利益优先保障机制,还在法律责任中确立了民事赔偿优先的原则。具体来说,根据《民法典》第 117 条“为了公共利益的需要,依照法律规定的权限和程序征收、征用不动产或者动产的,应当给予公平、合理的补偿”之规定,国家或地方政府为了实现社会公共利益,享有对私人财产进行征收、征用的权力,但这种征收、征用首先要具有目的的正当性,其次要具有程序的合法性,关键是必须进行补偿,且这种补偿还要符合公平合理的要求。《民法典》第 243 条和第 245 条则对第 117 条所确立的个人财产权利不容牺牲原则进行了细化和落实,具体规定了征收、征用的实施

---

① 田成有:《儒家法律思想中的民本主义评说》,载《云南财贸学院学报》2004 年第 2 期。

条件,即征收集体所有的土地应当依法及时足额支付土地补偿费、安置补助费以及农村村民住宅、其他地上附着物和青苗等的补偿费用,并安排被征地农民的社会保障费用,保障被征地农民的生活,维护被征地农民的合法权益。征收组织、个人的房屋以及其他不动产,应当依法给予征收补偿,维护被征收人的合法权益;征收个人住宅的,还应当保障被征收人的居住条件。也就是说,所有的征收行为都不能影响被征收主体的基本生活条件。在征用方面,强调征用的实施必须是为了抢险救灾、疫情防控等紧急需要,且对征用的动产和不动产均应在使用后予以返还,对因毁损、灭失等原因不能返还的,则应当给予补偿。上述规定的立法主旨在于不能以维护社会公共利益为由,漠视或侵害个人财产利益。不仅如此,我国《民法典》还确立个人利益的特别优先规则,这一规则集中体现在物权编的相关条文中。具体说来,不但在第 206 条和第 207 条确立了民事主体平等原则①和平等保护原则②,而且还在第 332 条规定了以限制集体组织财产处分权为内容的集体成员对集体土地的永久承包权,③在第 336 条和第 337 条规定了集体组织对发包土地不得从事的禁止性行为,④而且更在第 338 条规定了承包人和发包人的利益分享机制。⑤ 尤其需要强调的是,《民法典》第 359 条规定:“住宅建设用地使用权期限届满的,自动续期……”第 364 条规定:“宅基地因自然灾害等原因灭失的,宅基地使用权消灭。对失去宅基地的村民,应当依法重新分配宅基地。”这两条规定的精神都是国家或集体通过牺牲财产出让利益或牺牲期限利益的方式,实现对特定个体权

---

① 《民法典》第 206 条第 3 款规定:“国家实行社会主义市场经济,保障一切市场主体的平等法律地位和发展权利。”

② 《民法典》第 207 条规定:“国家、集体、私人的物权和其他权利人的物权受法律平等保护,任何组织或者个人不得侵犯。”

③ 《民法典》第 332 条规定:“耕地的承包期为三十年。草地的承包期为三十年至五十年。林地的承包期为三十年至七十年。前款规定的承包期限届满,由土地承包经营权人依照农村土地承包的法律规定继续承包。”

④ 《民法典》第 336 条第 1 款规定:“承包期内发包人不得调整承包地。”第 337 条规定:“承包期内发包人不得收回承包地……”

⑤ 《民法典》第 338 条规定:“承包地被征收的,土地承包经营权人有权依据本法第二百四十三条的规定获得相应补偿。”

利的保全。我国《民法典》还确立了民事赔偿优先原则,这一原则集中体现在第187条,根据该条规定:"民事主体因同一行为应当承担民事责任、行政责任和刑事责任的,承担行政责任或者刑事责任不影响承担民事责任;民事主体的财产不足以支付的,优先用于承担民事责任。"实际上这一条款又具体包含了两层要求:一是确立民事责任独立原则,即相对于行政责任和刑事责任而言,民事责任是一种独立的法律责任,并不依附于行政责任和刑事责任而存在,也不能被行政责任和刑事责任所吸收和取代。二是民事责任优先,即民事责任中的赔偿责任可以优先于行政责任和刑事责任中的财产责任而予以适用。由于行政责任和刑事责任中所涉及财产责任形式主要为没收、罚款和罚金,且其处理方式为上缴国库,因此这部分财产最终会转化为国有资产。当侵权人的财产不足以全部支付时,优先进行民事赔偿(承担侵权责任),其后果会直接减少国有资产的受付数额,因此这一规定的实质是以牺牲部分国有财产利益的方式保全民事主体的合法权益。

(三)《民法典》制定的社会基础——商品经济与市民社会

根据马克思主义的观点:"民法准则只是以法律的形式表现了社会的经济生活条件。"[①]通观世界各国民法制度的发展演变规律可以发现,民法的出现和商品经济密切相联,换句话说,商品经济既是民法产生的社会经济基础,同时也是民法的主要作用对象。诚如列宁所说:"马克思屡次说明商品生产者的关系是法制国家自然人权利平等和合同自由等等原则的基础。"[②]"《资本论》一书已经证明,滋长自由平等思想的土壤正是商品生产。"[③]究其原因在于,商品经济的内在发展要求与民法的制度供给之间具有高度的契合性。商品经济产生的基础条件是社会分工,从社会层面来说,"分工并不是仅仅存在于经济生活领域,它在大多数生活领域都有广

---

① 《马克思恩格斯选集》(第4卷),人民出版社1972年版,第248~249页。

② [苏联]列宁:《什么是人民之友》,载《列宁全集》(第1卷),人民出版社1955年版,第129页。

③ 《列宁全集》(第1卷),人民出版社1955年版,第428页。

泛的影响"[①]。从社会分工的作用后果来说,"劳动分工的最大作用,并不在于功能以这种分化方式提高了生产率,而在于这些功能彼此紧密地结合"。"分工的作用不仅限于改变和完善现有的社会,而是使社会成为可能,也就是说,没有这些功能,社会就不可能存在。"[②]换句话说,"社会分工的功能早已超出了经济活动领域,它是个人摆脱孤立状态,形成相互联系的根本原因,它构成了社会和道德秩序本身"。[③] 而社会分工最直接的后果还是商品经济的产生。按照马克思主义的观点,商品经济的产生主要取决于两个基本经济条件:第一个是由于社会分工导致每一个人都无法生产出自己所需要的全部产品,只有通过交换才能获得维持自己生存所需要的必要生活资料和进行劳动所需要的生产资料;第二个是生产资料和劳动产品属于不同的所有者,因此每一个人都不能无偿地从对方获得劳动产品,必须尊重对方是自己所生产的产品的主人,并遵循等价有偿的原则,来获取对方的劳动产品。正是商品经济的这两个基本要求,导致了民法两个最基本制度——所有权和合同制度的出现。

所有权作为民法制度的保护对象和核心内容,其主要作用首先在于确立财产的归属,防止因财产归属不明所引起的纷争。如商鞅所说:"一兔走,百人逐之,非以兔可分以为百也,由名分之未定也。夫卖兔者满市,而盗不敢取,由名分已定也。故名分未定,尧、舜、禹、汤且皆如鹜焉而逐之;名分已定,贪盗不取……名分定,则大诈贞信,民皆愿悫,而自治也。姑夫名分定,势治之道也;名分不定,势乱之道也。"[④]确立财产的归属,从而有效保护民事主体的财产权益,以实现为社会民众创设财产的目的,在这种意义上说,"政治法

---

① ［法］埃米尔·涂尔干:《社会分工论》(第1卷),渠东译,三联书店1999年版,第2页。

② ［法］埃米尔·涂尔干:《社会分工论》(第1卷),渠东译,三联书店1999年版,第24页。

③ ［法］埃米尔·涂尔干:《社会分工论》(第1卷),渠东译,三联书店1999年版,第24页。

④ 《商君书·定分》。

使人类获得自由;民法使人类获得财产”①。其次在于满足人的基本生存需求,增加民众的安全感。“民之为道也,有恒产者有恒心,无恒产者无恒心。苟无恒心,放辟邪侈,无不为已。及陷乎罪,然后从而刑之,是罔民也。焉有仁人在位罔民可为也?是故贤君必恭俭礼下,取于民有制”②。最后则是增强交易预期,实现社会财富的有序获取和转移。对此美国著名经济学家登姆塞茨曾指出:“产权是一种社会工具,其重要性就在于事实上它能帮助一个人形成他与其他人进行交易时的合理预期。这些预期通过社会的法律、习俗和道德得到表达。”③

但我们也应看到,虽然就实质内容来看,“财产权是指以能带来社会生活上利益的财货为内容的权利,原则上应具有经济价值、可以作为转让或担保客体的权利”,④但无论是其产生的原因还是其具体的内容构成都和一国特定的社会经济环境和经济发展水平密切相关,对此马克思指出:“民法不过是所有制发展的一定阶段,即生产发展的一定阶段的表现。”⑤也正是由于“在每个历史时代中所有权是以各种不同的方式、在完全不同的社会关系下面发展起来的”,所以要“给资产阶级的所有权下定义不外是把资产阶级生产的全部社会关系描述一番。要想把所有权作为一种独立的关系、一种特殊的范畴、一种抽象的和永恒的观念来下定义,这只能是形而上学或法学的幻想”。⑥ 因此从这个意义上说,民法的作用,“在本质上就是确认各人与各人之间的现存的,即在一定情况下是正常的

---

① [法]孟德斯鸠:《论法的精神》(下册),张雁深译,商务印书馆1963年版,第189页。

② 《孟子·滕文公上》。

③ [美]H.登姆塞茨:《关于产权的理论》,原载《美国经济评论》1967年5月号,译文载[美]R.科斯、[美]A.阿尔钦、[美]D.诺斯等:《财产权利与制度变迁——产权学派与新制度学派译文集》,上海三联书店1994年版,第97页。

④ [日]我妻荣:《民法大意》(第2版),岩波书店1971年版,第42页。

⑤ [德]马克思:《哲学的贫困》,载《马克思恩格斯全集》(第4卷),人民出版社1958年版,第87页。

⑥ [德]马克思:《哲学的贫困》,载《马克思恩格斯全集》(第1卷),人民出版社1995年版,第177~178页。

经济关系”[1]。

而契约法作为“复杂经验的结晶”[2],其主要作用一方面是把商品生产之间的交易活动通过稳定的规则固定下来,以增加交易的可确定性,并为以后的类似交易活动提供参照依据。如恩格斯所说:“在社会发展某个很早的阶段,产生了这样的一种需要:把每天重复着的生产、分配和交换产品的行为用一个共同规则概括起来,设法使个人服从生产和交换的一般条件,这个规则首先表现为习惯,后来便成了法律。”[3]另一方面则是通过规范化的博弈过程、适当的外在干预和清晰的交易规则,以减少交易的复杂性,平衡商品生产者之间的利益冲突,并尽可能实现交易结果的共赢,究其原因在于,“在每一件经济的交易里,总有一种利益的冲突,因为各个参加者总想尽可能地取多予少。然而每一个人只有依赖别人才能生活或成功。因此,他们必须达成一种切实可行的协议,并且,既然这种协议不是完全可能自愿地做到,就总有某种形式的集体强制(法律的、同行业的和伦理的)来判断纠纷”[4]。商品经济和商品交易作为“天生的平等派”[5]不但为契约法的正当性提供了正当性基础,即“生产当事人之间进行的交易的正义性在于:这种交易是从生产关系中作为自然结果产生出来的……这个内容,只要与生产方式相适应,相一致,就是正义的;只要与生产方式相矛盾,就是非正义的”[6],而且为现代社会提供了包括平等和自由在内的最重要法律理念,具体而言,“如果说经济形式,交换,确立了主体之间的全面平等,那么内容,即促使人们进行交换的个人材料和物质材料,则确立了自由。可见,平等和自由不仅在以交换价值为基础的交换中受到尊重,而且交换价值的交换是一切平等和自由的生产的现实的基础。作为

---

① ［德］恩格斯:《费尔巴哈与德国古典哲学的终结》,张仲实译,人民出版社 1959 年版,第 43 页。

② ［法］埃米尔·涂尔干:《社会分工论》,渠东译,三联书店 2000 年版,第 172 页。

③ 《马克思恩格斯选集》(第 2 卷),人民出版社 1972 年版,第 538～539 页。

④ ［美］约翰·康芒斯:《制度经济学》,于树生译,商务印书馆 1981 年版,第 144 页。

⑤ 《马克思恩格斯全集》(第 23 卷),人民出版社 1972 年版,第 103 页。

⑥ 《马克思恩格斯文集》(第 7 卷),人民出版社 2009 年版,第 379 页。

纯粹观念,平等和自由仅仅是交换价值的交换的一种理想化的表现;作为在法律的、政治的、社会的关系上的发展了的东西,平等和自由不过是另一次方的这种基础而已”。[①] 不仅如此,这种因为商品经济发展所带来的法律制度的完善还直接促成了社会观念的进步乃至社会文明的提升,诚如恩格斯所言:“社会的经济进步一旦把摆脱封建桎梏和通过消除封建不平等来确立权利平等的要求提上日程,这种要求就必定迅速地扩大其范围。只要为工业和商业的利益提出这一要求,就必须为广大农民要求同样的平等权利……由于人们不再生活在像罗马帝国那样的世界帝国中,而是生活在那些相互平等地交往并且处在差不多相同的资产阶级发展阶段的独立国家所组成的体系中,所以这种要求就很自然地获得了普遍的、超出个别国家范围的性质,而自由和平等也很自然地被宣布为人权。”[②]

对民法产生具有重大影响的另一社会基础是市民社会制度和市民社会观念。“市民社会”一词源于英文“civil society”一词,最早使用的人是古罗马哲学家亚里士多德。在亚氏那里,“civil society”(koinōnia politik)一词系指一种城邦(polis),即“自由和平等的自然人在一个合法界定的法律体系之下结成的伦理——政治共同体”[③]。后经西塞罗于公元1世纪将其转译成拉丁文“societas civilis”,不仅意指“单一国家,而且也指业已发达到出现城市的文明政治共同体的生活状况。这些共同体有自己的法典(民法),有一定程度的礼仪和都市特征(野蛮人和前城市文化不属于市民社会)、市民合作及依据民法生活并受其调整以及‘城市生活’和‘商业艺术’的优雅情致”。[④] 这种含义的市民社会在14世纪的欧洲被广泛采纳,并对资产阶级民事立法产生了重大影响,构成了现代民法的制度基础和观念基础。(1)市民社会反映的是一种伦理性观念。市民社会首先是作为一种思想观念而存在的,其次它又表现为

① 《马克思恩格斯全集》(第46卷),人民出版社1980年版,第197页。

② 《马克思恩格斯选集》(第3卷),人民出版社1995年版,第447页。

③ 何增科:《市民社会概念的历史演变》,载《中国社会科学》1994年第5期。

④ [英]戴维·米勒、[英]韦农·波格丹诺编:《布莱克维尔政治学百科全书》,中国问题研究所等译,中国政法大学出版社1992年版,第125~126页。

一种社会制度结构。市民社会观念是特定历史条件下的产物,其形成除了受生产力的发展水平和生产关系的社会性质所决定外,还要受社会习惯、民族心理、文化传统及地理环境的影响。就其产生和嬗变历史来看,市民社会与民商法律制度、私法理念和权利观念有着极其深厚的理论渊源。民法观念和民法律制度是根植于市民社会观念和市民社会制度结构的,早期的罗马法曾被称为"市民法"或"万民法"就是最好的明证。道德、法律、宗教其实是赋予市民社会的三大隐喻,彼此渗透。其中,作为一种社会契约性道德并具宗教神圣色彩的法律,可以赋予世俗、功利、感性的市民社会以一种真正的外在超越性。作为道德化的法律就是自然法。古希腊的斯多葛学派已提出了自然法理论。按他们的理解,所谓自然,就是统治原则,它遍及整个宇宙。这种统治原则本质上具有理性。芝诺认为,整个宇宙是由一种实体组成的,这种实体就是理性。因此,作为市民社会主要法律表现形式的自然法就是理性法。而这种理性法又与伦理习惯密不可分,对此刘武俊先生认为,从某种意义上讲,市民社会的私法乃是市民社会自身积淀的习惯、风俗、惯例等抽象规则长期进化的结晶,习惯法堪称私法的真正渊源所在。真正的私法只能从市民社会内部产生和成长,且主要由形形色色的习惯法演变而成。因而,任何无视本土的习惯法资源而由理性凭空臆造的所谓"私法",都很难真正与市民社会融为一体而注定缺乏生命力。同时民法观念的发达和民法制度的完善又对市民社会的发展和定型发挥了重大作用,作为私法重要内容的民法制度已成为现代市民社会赖以正常运转的一个非常重要的组成部分。市民社会中的最主要法律观念是权利优先,"在权利与权力的关系中,权利本位的法律精神意味着:自然人的权利是国家权力的源泉,也是国家权力配置和运作的目的和界限,即国家权力的配置和运作,只有为了保障主体权利的实现,协调权利之间的冲突,制止权利之间的相互侵犯,维护和促进权利平衡,才是合法的和正当的"。[1] 对权利的渴望和对权利保护的渴求,是人最基本的伦理要求,因此从某种意义上说,尊

---

① 张文显:《二十世纪西方法哲学思潮研究》,法律出版社 1996 年版,第 507 页。

重人的权利就是尊重人的伦理选择,就是尊重人本身。(2)市民社会是符合人类伦理的自由经济社会。近代的市民社会观念的产生源于政治自由主义的发现和市场经济的弘扬。主要表现为以财产关系为核心的社会关系,即从物质生产和个人交往中产生和发展起来的一切社会关系和组织。自由主义思想家的主要关注点是如何将国家权力限定在一定范围内,也就是如何使不同个人、群体和阶层的自由与政治秩序或国家的政治强力有机结合。英国经济学家和伦理学家大卫·休谟认为,人类社会最初结合的力量是男女两性关系,后来扩展到亲子关系,逐渐形成范围更大、关系更多的社会。人类个体有天然的弱点和缺陷,因而只有借助社会才能生存和发展。为了补救人类天性中的自私和贪欲的缺陷,人类社会缔结了稳定财务占有、互相约束、互相克制的协议,这些协议实际上就是"以社会的需要和利益为基础的人类的发明"①。休谟还认为,市民社会和市场经济的生存和发展离不开三项基本法则,"我们已经略论了三项基本自然法则,即稳定财务占有的法则,根据同意转移占有物的法则,履行许诺的法则。人类社会的和平与安全完全依靠对那三条法则的严格遵守,而且在这些法则遭到忽视的地方,人们也不可能建立良好的交往关系"。② 亚当·斯密进一步从经济关系的角度对市民社会的特点进行了论证,认为个人是"天赋自由制度"的基础,在"天赋自由制度"社会中,其规律性力量是由市场这只"看不见的手"来进行调控的。而政府在市场经济中应遵守的基本伦理准则就是放任。③ 这一观点的最根本的贡献在于确立了市民社会与国家的严格分离原则:自由放任意味着经济领域的社会完全独立于政治领域的国家,后者不应干涉前者。也就是说,市民社会是一个由诸多相互关联的生产、交易和消费行为构成的总和,其拥有自身的内在动力和不受外界影响的规律,从而独立于政治和国家。市民

---

① [英]休谟:《人性论》,关文运译,商务印书馆 1980 年版,第 559 页。

② [英]休谟:《人性论》,关文运译,商务印书馆 1980 年版,第 566 页。

③ [英]亚当·斯密:《国民财富的性质和原因的研究》(下卷),郭大力、王亚南译,商务印书馆 1972 年版,第 252~253 页。

社会有一种区别于政治、宗教和国家的经济生命。[①] 这种强调经济规律不受国家干预进而认为社会拥有区别于政治国家的经济内容的观点,基于对国家权力疆界的限定和市民社会原则上不为政治权力渗透的理念,打破了国家权力无所不为的政治专制思想,为使经济社会和人类自身获得政治上的解放提供了学理上的引导。此后对市民社会概念作出里程碑式论述的是黑格尔。"现代意义上的市民社会概念就是由黑格尔加以提出并由马克思加以完善的",[②]黑格尔认为,"市民社会"——或者说是社会的商业部分——既不同于家庭,也不同于国家。它是市场,是社会的商业部分,是市场得以运作以及其成员得以保护所必须的制度和机构。[③] 他认为"市民社会"一词主要有三个基本特征:第一,它是社会的一部分,不同于国家且独立于国家。第二,它是构成个人权利,特别是个人财产权利的基础。第三,它是由许多自主的经济单位或商业公司共同构成的集合体,这些经济单位或公司的行为独立于国家之外,且互相竞争。[④] 除此之外,市民社会还以政治权力和民事权利的完全分离,强调国家应严格限制自己的权力范围和权力界限,承认民事法律制度属于市民社会的重要组成部分,充分尊重个人的自由意志等为主要内容。资产阶级启蒙学者关于市民社会的思想观念,对推动资本主义制度的构建、自由经济的发展和现代意识的形成发挥了很大作用。对市民社会作出最科学论述的当属马克思。马克思在《论犹太人问题》一文中分析市民社会与国家的关系时指出,资产阶级的政治革命的意义是双重的:一方面,它使国家从宗教和封建制度的控制下解放出来,取得了独立的、普遍的存在形态;另一方面,它也使市民社会从政治国家中解放出来。但是,与政治国家获得普遍性的存在不同,市民社会的解放恰恰意味着普遍性的丧失。因而,政治

---

① 邓正来、[英]J. C. 亚历山大编:《国家与市民社会——一种社会理论的研究路径》,中央编译出版社 1999 年版,第 79～87 页。

② 何增科:《市民社会概念的历史演变》,载《中国社会科学》1994 年第 5 期。

③ 邓正来、[英]J. C. 亚历山大编:《国家与市民社会——一种社会理论的研究路径》,中央编译出版社 1999 年版,第 35 页。

④ 邓正来、[英]J. C. 亚历山大编:《国家与市民社会——一种社会理论的研究路径》,中央编译出版社 1999 年版,第 36 页。

解放带来的直接的后果就是国家与市民社会的分裂。“在政治国家真正发达的地方，人不仅在思想中，在意识中，而且在现实中，在生活中，都过着双重的生活——天国的生活和尘世的生活。前一种是政治共同体中的生活，在这个共同体中，人把自己看作社会存在物；后一种是市民社会中的生活，在这个社会中，人作为私人进行活动，把别人看作工具，把自己也降为工具，成为外力随意摆布的玩物。”①换句话说，市民社会中的人并非具有人身依附关系的政治性动物，而是具有身份平等属性的自由人，即“作为市民社会成员的人，即非政治的人，必然表现为自然人。人权表现为自然权，因为以自我意识为前提的活动集中在政治行为上了”②。在国家、法律和市民社会的关系上，市民社会是法律存在的基础，法律的作用目的在于促进市民社会的发展和进步，对此马克思在《黑格尔法哲学批判》一书中曾明确指出：“是市民社会制约和决定国家，因而应该从经济关系及其发展中来解释政治及其历史，而不是相反。”③（3）市民社会是以民法为基石的社会。根据马克思的观点，“无论是政治的立法或市民的立法，都只是表明和记载经济关系的要求而已”④。因此，可以说市民社会观念从其产生的那一刻起就与民事立法和民法文化产生了极其密切的联系，民法本身就是市民社会的有机组成部分。民法是整个社会制度的基石，对调整私人生活具有十分重要的意义。民法律制度在其发展过程中也在不断吸收市民社会思想中的先进理念。古典市民社会观念产生于古罗马城邦制国家中，其直接结果是带来了古罗马法律文化和法律制度的繁荣。文艺复兴时出现的市民社会制度和市民社会观念的昌盛，导致了罗马法的复兴和现代民法律制度体系的创立。诚如恩格斯所言：市民社会“这一名称始终标志着直接从生产和交往中发展起来的社会组织，这种社会组织在一切时代都构成国家的基础以及任何其他的观念的上

① 《马克思恩格斯全集》（第 1 卷），人民出版社 1965 年版，第 428 页。

② 《马克思恩格斯全集》（第 1 卷），人民出版社 1965 年版，第 441 ~ 442 页。

③ 《马克思恩格斯文集》（第 4 卷），人民出版社 2009 年版，第 232 页。

④ ［德］马克思：《哲学的贫困》，载《马克思恩格斯全集》（第 4 卷），人民出版社 1958 年版，第 121 页。

层建筑的基础”。[①] 同时,市民社会观念和民商事立法还与商品经济和市场经济有着天然联系,并且以商品经济和市场经济作为其存在基础。在法与市民社会及经济基础的关系上,马克思指出:“法的关系正像国家的形式一样,既不能从它本身来理解,也不能从所谓人类精神的一般发展来理解,相反,它们根源于物质的生活关系,这种物质的生活关系的总和,黑格尔按照 18 世纪的英国人和法国人的先例,概括为‘市民社会’,而对市民社会的解剖应该到政治经济学中去寻求。”[②]恩格斯认为:“在过去一切历史阶段上受生产力所制约、同时也制约生产力的交往形式,就是市民社会。”[③]作为市民社会存在基础的商品经济和市场经济是一种开放性的经济形态,它所要求的价值观、平等观、效益观、竞争观既是市民社会思想观念的主要内容,也必然会在民事立法上有所反映。民法在反映市场经济规律的基础上,会形成一系列以公平为核心的科学准则,如自愿、公平、等价有偿、诚实信用、无过失责任等原则。这些原则不但会在商品交换的领域发挥作用,而且势必会影响社会的政治、经济、文化、道德及意识形态的各个方面,影响市民社会的产生和发展。对此,马克思曾精辟地指出,平等和自由不仅在以交换价值为基础的交换中得到尊重,而且以交换价值为基础的交换是平等和自由产生的基础。可见,一定类型的民法不仅作为直接调整市场经济关系的规范形态而存在,而且作为一种文化现象渗透于社会生活的各个领域。民法文化构成一定社会文化源流的重要组成部分。传统民法文化不过是市民社会人本主义思想和“天赋人权”思想在法律上的表现,是“私权神圣”原则的充分体现。

(四)我国《民法典》制定的规则基础——传统道德与传统习惯

民法作为与自然人社会生活联系最为密切的法律,除了要注意对先进法律文化和法律制度的移植之外,还要求其规范内容必须与

---

① 《马克思恩格斯全集》(第 3 卷),人民出版社 2002 年版,第 41 页。
② 《马克思恩格斯选集》(第 2 卷),人民出版社 1995 年版,第 32 页。
③ 《马克思恩格斯全集》(第 3 卷),人民出版社 2002 年版,第 40 页。

自然人的传统伦理观念和道德要求相一致。如果根本无视法律产生的社会需求和文化底蕴,而仅仅将所谓的外国的先进法律规定“移植”到异质社会中,法律必将与现实生活脱节,毫无实际效用。在成文法与法律文化不相适应方面有一个著名的实例是:20 世纪 60 年代,法国著名学者勒内·戴维(René David)应埃塞俄比亚皇帝(他曾留学法国,对法国文化极为景仰)邀请编写了一部严密、优秀的民法典,但在埃塞俄比亚境内其始终只是一部法典,与人民日常生活无涉,直到皇帝被推翻。

法国著名社会学家涂尔干认为:“要想深刻地理解一种规矩或一种制度,一种法律准则或一种道德准则,就必须尽可能地揭示出它的最初起源;因为在其现实和过去之间,存在着密不可分的关联。毋庸置疑,由于这些规矩、制度或准则的运作方式已经发生了转变,所以从原则上讲,它们所依据的原因本身也会发生变化;但是这些转化仍然有赖于它们的发端。”①有学者认为,中国古代法律传统以“伦理法”著称,但如果将整个人类法律的进化史视为一个“逻辑的事物”,那么中国伦理法的历史地位便镶嵌在如下逻辑链条之中:人类法的形式化发展首先是法律与宗教、道德浑然一体,此为“混沌法”,其经典形态是东方宗教法;其次是法律走出宗教,但仍与道德不分,此为“伦理法”,其经典形态的是中国古代法;最后是法律进一步在形式上与道德分离而独立化,其经典形态是西方法。② 这种将伦理法与其他法律形态相对立的观点有待商榷。实际上,无论是中国法还是外国法,无论是古代法还是现代法,伦理性都是法的主要特征之一,特别是民法具有更强的伦理性,只不过在中国的古代法中这种伦理性表现得更为突出而已。中国传统法律文化经历几千年的演变和发展,形成了一种有着鲜明个性和成熟形态的法律文化样式。自近代以来,由于受西方法律文化的冲击,中国传统法律文化的地位、影响范围和社会作用都发生了根本性的变化。时至今

---

① [法]爱弥尔·涂尔干:《乱伦禁忌及其起源》,汲喆、付德根、渠东译,上海人民出版社 2003 年版,第 3 页。

② 胡旭晟:《中国传统“伦理法”之检讨》,载《百年》1999 年 5 月号。

日,我们几乎很难找到直接源于中国传统法律文化的法律概念和法律制度。除此之外,我们也不能低估传统法律文化对现实社会生活的重要影响。换言之,尽管传统法律文化屡遭重创,但其很多因素仍然顽强地延续下来,存在于中国民众的法律意识、风俗习惯、行为方式中,作用于国家正式法控制之外的社会生活领域,在维护民众的日常生活秩序上依旧发挥着重要的作用,甚至还影响国家正式法的实施。例如,具有传统色彩的礼俗习惯、乡规民约在很多基层社区中仍是维护社会生活秩序的重要社会规范,具有传统色彩的民间调解机制解决了基层社区中发生的大量社会纠纷。对中国的社会生活影响最大的是"德"、"礼"和习惯。其中的"德"和"礼"又具有准法律性质,属于中国古代的伦理法范畴,同时"礼"又与风俗密切关联,"礼,履也……俗者,习也。上所化曰风,下所习曰俗"。[①]"礼"和道德的法律化始于西周而定型于西汉。汉代道德的法律化一方面表现为把符合儒家原则的内容通过法律表现出来,另一方面表现为董仲舒的春秋决狱,即在司法中引据经典对案件进行审理。"春秋决狱"的目的固然是要解决法律适用过程中的一些具体问题,但从另外一个更高的层面上来看,其更重要的作用则是在通过审判活动塑造古代法的伦理结构。而"礼"的起源与宗教、祭祀、宗法有关,它体现了社会中的宗法身份等级,同时这种身份社会也促成了礼的繁衍,两者互为支架,"礼"成为社会的根基和支柱,"夫礼,天之经也,地之义也,民之行也"[②]。实行礼治的原因乃是基于人性中的恶,即如荀子所言:"今人之性,生而有好利焉。顺是,故争夺生而辞让亡焉。生而有疾恶焉。顺是,故残贼生而忠信亡焉。生而有耳目之欲,有好声色焉。顺是,故淫乱生而礼义文理亡焉……人之性恶明矣,其善者伪也。"[③]礼治的作用在于"经国家,定社稷,序民人,利后嗣者也"[④]。也只有礼治才能真正实现对人性恶的救赎,"上重义则义克利,上重利则利克义。故天子不言多少,诸侯不

① 《周礼》。
② 《左传·昭公二十五年》。
③ 《荀子·性恶》。
④ 《左传·隐公十一年》。

言利害,大夫不言得丧,士不通货财"①。"道德仁义,非礼不成;教训正俗,非礼不备;分争辩讼,非礼不决;君臣上下,父子兄弟,非礼不定;宦学事师,非礼不亲;班朝治军,涖官行法,非礼威严不行。"②孔子认为"导之以政,齐之以刑,民免而无耻;导之以德,齐之以礼,有耻且格"③,到了唐代,"德礼为政教之本,刑罚为政教之用"逐渐成为治国的共识。"中国人解决争端首先必须考虑'情',其次是'礼',再次是'理',只有最后才诉诸法。"④"礼"的理念和要求不但深深植入国家的法律之中,而且在实际运行中,"礼"几乎完全取代了民法。

中国古代法在维系伦理道德方面做得非常成功,塑造了中华民族崇尚道德礼教的优良品格。"礼"在中国的历史发展过程中占据着非常重要的地位,对中国人的影响是重大的、深远的。但"礼"的范围很难界定,它包罗万象,无所不在,既可以是个人生活的基本信仰,又可以是治理家、国的根本纲领;它是对他人做道德评判和法律裁断的最后依据,又是社会所有制中所包含的基本精神;它一方面细腻地对人的行为做出准则式规定,另一方面又对社会的方方面面作理论上的抽象。在现在的法学家看来,"礼既是道德又是法律"。⑤ "礼"作为一套治理国家的手段,其渊源是作为风俗习惯的礼仪规范。儒家的礼治、德治、人治三大主张本身是结合在一起的。传统的社会秩序以家族本位的伦理秩序为前提,以礼制规范为主体,而法律只是一种补救措施。⑥ 也就是《唐律疏议》开篇所说的:"德礼为政教之本,刑罚为政教之辅。"尽管中国社会不断的变革和发展,"礼"的宗法社会性一直得以保留,依赖于社会文化的根基,从而成为中国古代独具特色的规范性体系,成为介于"法"与

---

① 《荀子·大略》。

② 《礼记·曲记》。

③ 《论语·为政》。

④ [法]勒内·达维德:《当代主要法律体系》,漆竹生译,上海译文出版社1984年版,第486页。

⑤ 梁治平:《寻求自然秩序的和谐》,中国政法大学出版社1997年版,第21页。

⑥ 霍存福:《中国传统法文化的文化性状与文化追寻——情理法的发生、发展及其命运》,载《法制与社会发展》2001年第3期。

"俗"之间的一种过渡性行为规范。"直到本世纪为止,儒家思想一直占支配地位而法并未引起中国人的关注,他们通过其他途径寻求实现公正的办法。法律只起补充的作用,为以礼为基础的社会服务。"①

如今,礼治作为重要的"本土资源",可以纳为治理社会、规范人们行为的手段。现在的"乡规民约",实际上是礼治的延续,是习惯化的、自动接受的、适应社会的自我控制,是一种乡村治理的内力。没有民法典,只要道德、风俗、习惯仍在发挥作用,民间秩序就不会崩溃;但是如果没有道德、风俗、习惯,即使民法典仍存在,民间秩序也将不复存在。"习俗成为权利来源,在于它是一种制度。它的构成性规则赋予共同体的每个成员以遵从既存习俗的义务,同时授予每个人相应的使习俗得以遵从的权利。"②由于民俗习惯"深深植根于民族的精神观念和社会生活之中,是根据习惯、传统等制定和创立的,它通过一代又一代的感染、传承,相沿成习,被模式化为一种带有遗传性的特质,在社会中有着巨大的、高度的稳定性、延续性、群体认同性和权威性,事实上成为了乡土社会平时更为常用、更容易接受的法律样式"③。

影响中国社会生活的另一类社会规范是民间法。所谓民间法,是指民众在生产、生活过程中自行创制和遵守的,在特定地域、社会关系网络内发挥作用的地方性规范,同时也是人们在长期共同的生活之中形成的、游离于国家制定法或者成文法以外的、存在于人们的观念之中、在一定地域内实际调整人与人之间权利和义务关系的非国家强制性行为规范。民间法一般不见诸文字,而且是零散的存在。在一定意义上讲,民间法既是一定地区道德的泛化和规范化的产物,同时也依赖道德的强大韧性不断固化其强制力以保证其能够

---

① [法]勒内·达维德:《当代主要法律体系》,漆竹生译,上海译文出版社1984年版,第491页。

② [英]A. J. M. 米尔恩:《人的权利与人的多样性——人权哲学》,夏勇、张志铭译,中国大百科全书出版社1995年版,第151页。

③ 田成有:《法律社会学的学理与运用》,中国检察出版社2002年版,第103页。

更经常地得到普遍遵守。民间法与道德传统、社区习俗有更强的依附力，往往交织在一起而难以区分。民间法发轫于人们长期的生活习惯、伦理道德传统，是一定地域范围内的人们的经验总结。有学者提出，中国的民间法有习惯法（特别是少数民族的）、家族法、行规、乡规民约、宗教法、社团纪律、官方非正式经验等。其中，中国的古代民间民事习惯极其复杂，仅在形式上就有着分散性、复杂性、演进性等特点。所谓“百里不同风，千里不同俗”和“入乡随俗”等俗谚就体现了这种分散性。各地的“乡规俗例”在表现形式上也往往具有较大差异性，即使是同样的民事行为，各地的称呼也不尽相同。比如同样的质押行为，宋代时南方称之为“质”，而北方称之为“解”；清代士大夫称之为“质”，而民间或称“典”，或称“当”，或称“押”。不仅如此，“乡规俗例”还是动态性的、是逐渐演化的，影响这种演化的因素也极为复杂，举凡政治的变革、经济的发展、人口的迁移、国法的修订、文化的普及等都会影响民间习惯或惯例的演变。① 由于这种习惯法通常可以最大限度地反映民情，而“民情则是法律的保障和使自由持久的保证”②。因此，在任何社会，习惯法都具有恒久的生命力。人类的整部历史就是一部由习惯法上升为国家法的历程的历史，因而可以说，习惯法是国家正式制定法的重要渊源。正是基于民事习惯对民事立法所具有的重要作用，因此从清末开始的几次民事立法都非常重视对民事习惯的调查和采用。从现有史料分析，清末的民事习惯调查当始于光绪三十三年（1907 年）。是年五月初一日，大理院正卿张仁黼就修订法律一事上书清廷，折中指出：“凡民法商法修订之始，皆当广为调查各省民情风俗所习为故常，而于法律不相违悖，且为法律所许者，即前条所谓不成文法，用为根据，加以制裁，而后能便民。此则编纂法典

① 郭建、邱立波、赵斌：《中国民事传统观念略论》，载《华东政法学院学报》1999 年第 2 期。

② ［法］托克维尔：《论美国的民主》（上卷），董果良译，商务印书馆 1991 年版，第 49 页。

之要义也。”[①]这一奏折十分明确地将民间习惯视为不成文法,并将民事习惯调查视为编纂民法典的首要环节。此后的中华民国政府在制定民法典时,也非常关注对民间固有习俗的吸收,大量采取了中国固有的民间法规则,并编制了《民事习惯调查录》。正是基于这种对民事习惯的高度重视和充分吸收,使因此而制订的民法典具有高度的稳定性和极强的适应性。1929 年由民国政府颁布实施的民法典虽历经国内战争、抗日战争、解放战争等不同历史时期和各种大相迥异的社会生活环境,但民法典一直没有中断实行。考特和尤伦认为:“任何法律制度都必须在稳定性、一致性和灵活性三者之间取得平衡。”其中“要求法律居于超时空的一致性和稳定性的理由是显而易见的”。而灵活性必须做到两个方面:“第一,在任何既定的时点上,同一法律制度以内的不同的权限可能需要维持不同的法律规则,这些规则考虑了该权限内的区别性的特点。”“第二,法律制度在时间上也必须足够灵活以顺应新情况和变化中的社会潮流。”[②]今天我们的国家法对习惯法应持一种更加宽容、开放的态度。从调整的对象来看,二者具有一定的重合性,其结果导致许多社会主体共同受制于国家法和民间法所构筑的双重秩序的约束,从而客观上要求必须找寻一种平衡的张力;但从终极意义的价值观念来看,二者的价值追求又是一致的,即公平、正义的永恒目标,即便其具体内容的侧重有所不同;从产生的根源来看,二者产生的文化基础也是一致的,都不可避免地要体现其民族精神、文化传统;从调整内容来看,二者也存在一定的重合,二者并非水火不相容;从二者各自调整方式的局限性来看,也存在融合的必要。从其作用后果来看,一元化的法律体制不利于形成良好的社会秩序,因此,从这个意义上说,在国家法以外,存在一个起缓冲作用的较低层次的民间法是十分必要的。从社会实践层面来说,任何国家如果不注重对其传统习惯和传统文化的吸收和继承,无视传统习惯对社会生活的巨大

---

① 故宫博物院明清档案部编:《清末筹备立宪档案史料》(下册),中华书局 1979 年版,第 836 页。

② [美]罗伯特·考特、[美]托马斯·尤伦:《法和经济学》,张军等译,上海三联书店 1991 年版,第 100 页。

影响力,由此制定出来的民法典只能是与社会公众的生活无涉,从而不可能得到有效实施的民法典。

当然对传统文化和传统习惯的尊重,并不是要对所有传统法律观念都毫无保留地予以继承。实际上,由于中国古代习惯和宗法伦理以儒家伦理思想为理论载体,而儒家伦理具有极端的道德理想主义倾向,至荀子以后又逐渐吸纳法家的道德强制主义因素,其不宽容的性格便充分表露出来,并深深影响整个国民的行为模式。对中国古代伦理法的缺陷,有学者归纳为以下四点:其一,儒家极端道德理想主义的首要特征是强调以抽象的理想和信念来规范现实,这种倾向延伸到法律领域,一方面是以高标准的君子之德去苛求普通民众,从而形成一种近乎“道德”的苛法;另一方面则是不但规范人们的行为,而且规范人们的思想感情,从而形成大规模的“诛心”局面。这两方面的结合从根本上破坏了法律的独立性,阻碍了法律的形式化,并最终导致彻底的法律道德化。其二,儒家极端道德理想主义的另一特征是对现实社会的道德思潮往往缺乏真诚的关切,因而就难以让自身根据社会现实的发展而作出灵活的调整,从而无法为法律的持续发展不断提供鲜活的价值资源,法律本身应有的开放性也就此丧失。其三,极端道德理想主义的伴随物是价值专制主义,其强调全社会的道德一体化,从而造就出法律与道德合一的“伦理法”无法转变成规范意义上的现代法律制度。其四,由于“伦理法”的非形式化性格,中国古代法在某些领域的立法技巧还相当低劣,尤其不能娴熟地协调不同伦理规则之间的矛盾,其结果是当人们在法律领域面临两种道德要求的冲突时,法律常常使当事人陷于进退维谷的两难境地。[①] 同时我们也应当看到,“传统依靠自身是不能自我再生或自我完善的。只有活着的、求知的和有欲求的人类才能制定、重新制定和更改传统。传统之所以会发展,是因为那些获得并且继承了传统的人,希望创制出更真实、更完善,或更便利的

① 胡旭晟:《中国传统“伦理法”之检讨》,载《百年》1999 年 5 月号。

东西"[①]。因此,一方面我们必须坚持和弘扬优秀传统文化,另一方面,我们又必须充分吸收世界上先进的文化和观念,并实现与中国优秀传统文化的有机融合。因为"为了发现能适合于各个民族的最好的社会规则,就需要有一种能够洞察人类的全部感情而又不受任何感情所支配的最高的智慧;它与我们人性没有任何关系,但又能认识人性的深处;它自身的幸福虽与我们无关,然而它又很愿意关怀我们的幸福;最后,在时世的推移里,它照顾到长远的光荣,能在这个世纪里工作,而在下个世纪里享受"。[②] 也只有遵循这一要求,才能真正使我国的民法制度和民法文化能够成为具有世界引领作用的制度典范。

成功的法治现代化特别是民事立法的现代化应当是有选择性的。这种选择性体现为一个双向的互动过程,即现代与传统的相互挑战和相互适应。任何社会中文明的进化包括法制文明的进化都不可能没有积累和继承。在对先进文化包括法制文化的吸收和引进过程中,我们不能一味地全盘否定传统法制的存在价值。文明的进化不可能没有积累和继承。著名学者余英时先生认为:"不幸的是,在20世纪,传统得到了相当负面的意义,通常被认为是和所有现代价值,诸如理性、进步、自由,尤其是和革命相对立的。从历史上来说,这种对传统的负面观点有其来自启蒙时代的渊源。大体而言,启蒙思想家认为任何传统都是人类进步的阻碍。近代实证主义,尤其是它的极端形式——唯科学主义,都与传统为敌……在早期,去除传统糟粕几乎被当作现代化的一个先决条件。然而,当现代化过程的经验研究渐渐成熟后,传统的真正价值才被缓慢但坚定地再发现……到了20世纪70~80年代,传统与现代之间的建设性关系已经稳定地建立起来。"[③]道德被认为是社会控制的手段,是只

---

① [美]爱德华·希尔斯:《论传统》,傅铿、吕乐译,上海人民出版社2009年版,第15页。

② [法]卢梭:《社会契约论》,何兆武译,商务印书馆1982年版,第53页。

③ 余英时:《历史女神的新文化动向与亚洲传统的再发现》,载《九州学刊》1992年第2期。

能行使从属于法律并在法律确定范围内的纪律性权力，[①]使长期统治中国的道德秩序面临“合法性危机”。一种法律传统特别是与自然人基本生活攸关的民法文化传统和民事习惯能够长期存在而经久不衰，必然有其历史合理性。至少，它为我们的立法模式和制度设计提供了更多选择的可能性。梁治平先生曾讲：“习惯法所以保有如此顽强的生命力，部分源自其自身小传统的性质，部分则是因为赖以存在的社会生活尚未被在根本上改变。”[②]一个社会无论其发展变化是多么迅速，它总是无法摆脱与传统的纽带联系，不可能与过去完全割裂。同样法律传统也有着其不可忽视的存在价值，对民事传统来说尤其如此。完全脱离一定的法律传统和社会习惯而试图建立一个所谓与国际接轨的现代民法制度，这样的制度和体系注定不能是稳固和有效的。西方学者对中国的法律传统和传统习惯也颇为赞美，早在孟德斯鸠的《论法的精神》中就对中国这种传统道德的积极作用作出了很高的评价，他认为：“中国的立法者是比较明智的；他们不是从人类将来可能享受的和平状态去考虑人类，而是从适宜于履行生活义务的行动去考虑人类，所以他们使他们的宗教、哲学和法律全部合乎实际。”[③]其还认为，礼教作为中国的国家一般精神，并且在不违反政体的原则的限度内，遵从民族的精神是立法者的职责。因此我们的民事立法所需要做的应当是，在传统文化、传统习惯与现代法制精神之间建立起一个可以沟通的桥梁，在扬弃和继承的基础上构建出一套既适应现代市场经济体制的要求又可得到广泛社会接受的社会主义民法典体系和相应的民法文化。

---

① [美]罗斯科·庞德：《通过法律的社会控制法律的任务》，沈宗灵、董世忠译，商务印书馆1984年版，第12页。

② 梁治平：《清代习惯法：社会与国家》，中国政法大学出版社1996年版，第182页。

③ [法]孟德斯鸠：《论法的精神》（上册），张雁深译，商务印书馆1963年版，第232页。

上　编

民法基础理论的伦理分析

第一章　民法伦理分析的基础

一、伦理制度概述

（一）伦理的概念

对于“伦理”一词，现在学界一般认为：“伦理，原指人们在社会中人与人之间的关系，以及处理人们之间相互关系的原则。”[①]中国的“伦理”一词来自音乐现象，“凡音者，生于人心也；乐者，通伦理也”。[②] 这里说的“伦理”，是指当事人依据某种特定的乐器，进行相关的琴弦松紧调试和砝码配置，然后，在按照律吕[③]规范进行乐曲演奏的状况。古代统治者往往把治理天下当成是在弹演奏一首和谐的乐曲，所以，他们往往把自己当成演奏者，把社会关系中的人伦君臣和各种社会关系则看成是琴弦和乐曲中的音节、音阶、调式等，所以“伦理”一词往往有很强的官方管理的文化色彩，或者说就是一种管理者的语境，有“教化、教育、培训、训练”等意

---

① 业露华：《中国佛教伦理思想》，上海社会科学院出版社2000年版，第1页。

② 《礼记·乐记》。

③ 古代用竹管制成的校正乐律的器具，以管的长短（各管的管径相等）来确定音的不同高度。从低音管算起，成奇数的六个管叫作“律”，成偶数的六个管叫作“吕”。后来用“律吕”作为音律的统称。

思。同时,伦理与人伦有非常密切的联系。早在先秦时,孟子就已提出了“人伦”的概念,并将理想的人伦具体规定为:“父子有亲,君臣有义,夫妇有别,长幼有序,朋友有信。”[①]人伦在这里可理解为人与人之间的关系,有亲、有义、有别、有序、有信则是人伦的应然形态。[②] 可见,伦理关乎人们行为品质的善恶正邪,乃至生活方式、生命意义和终极关怀。

在西方,“ethics”(伦理)源自希腊文的“ethos”一词,“ethos”的本意是“本质”“人格”,也与“风俗”“习惯”的意思相联系。[③] 在亚里士多德看来,伦理学就是管理人自身的政治,“不言而喻,这一为自身的目的也就是善自身,是最高的善。关于这种最高善的知识,在生活中岂不是重大的关键吗?……不过,它显然是种政治科学……政治学让其余的科学为自己服务。它还立法规定什么事应该做,什么事不应该做,它自身的目的含蕴着其他科学的目的。所以,属人的善就是政治科学的目的”。“由于幸福是一种合乎完满德性的现实活动,所以对德性的研讨就刻不容缓了……若这是一种政治学研究,那么用不着证明,就应该以人的德性为对象……不过我们所说的德性并不是肉体的德性,而是灵魂的德性。而我们说幸福就是灵魂的现实活动……德性也要按照灵魂的区别来加以规定。我们指出,其中的一大类是理智上的德性,另一大类是伦理上的德性。智慧和理解以及明智都是理智德性。而慷慨与节制则是伦理德性。”[④]斯宾诺莎在《伦理学》一书中,“把人的思想、情感、欲望等当作几何学上的点、线、面一样来研究”,[⑤]但并没有超出亚里士多德开创的伦理视域的传统,他的突破仅在于在论证方法上贯彻了最为严格的理性主义。卢梭在《社会契约论》将伦理视域从人类个体拓展到整体的意义,它提出了与个体幸福相对存在的公共福

① 《孟子·滕文公上》。

② 杨国荣:《伦理与存在——道德哲学研究》,上海人民出版社 2002 年版,第 4 页。

③ 何怀宏:《伦理学是什么》,北京大学出版社 2002 年版,第 10 页。

④ [古希腊]亚里士多德:《尼各马可伦理学》(第 1 卷),苗力田译,中国社会科学出版社 1999 年版,第 3、24 ~ 26 页。

⑤ [荷兰]斯宾诺莎:《伦理学》,贺麟译,商务出版社 1983 年版,“序言”。

祉,把普遍社会也视作具有自身固有品质的道德的生命。叔本华在《伦理学的两个基本问题》中指出,“同情”是道德的起源和基础。因为基于同情而产生的对残忍行径的摒除同样适用于动物,从而将人类以外的生物也纳入了伦理思考的视野。而“伦理体系得以建立,乃是源于有组织的群体希望创造社会生活的起码条件的强烈愿望。制定社会道德规则,就是为了约束全体间的过分行为、减少掠夺性行为和违背良心的行为,培养对邻人的关心,从而增加和谐共处的可能性”。[①] 现代社会所理解的伦理包括的范围非常广泛,“既可以是低层次的、外在的类似于法律属于‘百姓日用而不知’的东西”,“也可以是高层次的、综合了主客观的、类似于家园、体现了人或民族的精神本质的、可以在其中居留的东西。它连接内外,沟通上下,甚至在凡俗和神圣之间建立其通道”。[②]

从表现形式来说,伦理可分为以下两个层次。一是抽象的伦理理念或观念,如公平、正义等。由于这种伦理理念或观念是内含于人性中的基本要素,也是人区别于动物的社会性标志,因此这种意义上的伦理具有高度的一致性。二是作为规则形态的伦理即伦理规则。这种形态的伦理由于是特定社会区域内道德准则和传统习惯的升华,因此通常具有强烈的民族性和地域性。但随着世界社会经济一体化的加强和不同社会观念的日趋融合,一些共同性伦理规则被提炼出来,成为指导人类共同生活的基本准则。

(二)伦理与道德的关系

所谓道德,按照《辞海》的解释是:“依靠社会舆论和人的内心信念维持的,调整人们相互关系的行为规范的总和。它以善与恶、正与邪、诚实与虚伪等道德观念来评价和调节人们的行为。”换言之,道德是关于善与恶、公正与偏私、诚实与虚伪等观念、情操以及调节人与人之间、个人与社会之间关系的行为规范的总和。从整体上说,道德体系包括道德观念、道德意志、道德准则和规范、道德行

---

① [美]E.博登海默:《法理学——法律哲学与法律方法》,邓正来译,中国政法大学出版社1999年版,第373页。

② 何怀宏:《伦理学是什么》,北京大学出版社2002年版,第12页。

为等。在我国古代,“道德”一词由“道”和“德”两部分组成。道德一词如《说文解字》理解的那样,“道者,路也”“德者,得也”。《孟子》中说:“夫道,若大路然,”朱熹注云:“人所共由谓之道。”由此可见,“道”的语义学含义是道路的意思,引申为“规范”“规矩”。“德”则是一个融道德、政治、信仰、策略为一体的综合概念。“德”,古人称“行道,有得于心,谓之德”。在这里,“德”被理解为一个人的内心的“品质”“自我觉悟”。[①] 最早把“道”和“德”联系起来成为“道德”一词的是管子和荀子。管子说:“道德定于上,则百姓化于下矣。”(《管子·君臣下》)它要求统治者敬天孝亲,对己严格,与人为善,只有在不得已时才使用刑罚,且使用时必须慎重。道德在中国古代具有非常重要的作用,主要体现在两个方面:一方面突出“德”的政治意义,认为“德”是治理国家、取得民心的主要方法;另一方面抬高“德”的地位,认为“德”高于君权与法律,是行政、司法的指导方针,即主张“德主刑辅”。[②] 古代的道德还与“礼”有非常密切的联系,所谓的德和德治都是以“礼”作为根本内容的。对于“礼”的含义,许慎《说文解字》曰:“礼,履也,所以事神致福。”“礼”的起源与宗教、祭祀、宗法有关,它体现了社会中的宗法身份等级,同时作为身份社会的古代中国也促成了“礼”的繁衍,两者互为支架。但“礼”的范围很难界定,它包罗万象,无所不在,既可以是个人生活的基本信仰,又可以是治理家、国的根本纲领;它既是对他人作道德评判和法律裁断的最后依据,又是社会所有制中所包含的基本精神;它一方面细腻地对人的行为作出准则式规定,另一方面又对社会的方方面面做理论上的抽象。

与伦理一样,道德也是调节社会关系的主要手段,这种手段通常被称为“德治”。“德治”一词源出儒家的政治主张。《论语·为政》:“道之以政,齐之以刑,民免而无耻;道之以德,齐之以礼,有耻且格。”儒家认为政、刑只能起镇压作用,而德、礼可以笼络人心。儒家还说:“君子之德风,小人之德草,草上之风必偃”(语出《论语·

---

① 黄应杭编著:《伦理学新论》,浙江大学出版社1998年版,第2页。

② 杨鹤皋主编:《中国法律思想史》,北京大学出版社1998年版,第49页。

颜渊》)，意思是如用道德教化人民，人民就像受风的草一样顺从，即为“德风”。韩非亦倡导“德化”，《韩非子·难一》曰：“舜其信人乎，乃躬藉处若而民从之，故曰圣人之德化乎。”道德的内容是不断发展变化的，古代的道德要求和现代的道德要求就有很大不同。除此之外，道德又有相对稳定的一面，比如人类有一些基本的道德准则虽历经千代万世而不发生变更。道德的特征主要表现为：道德是以善恶为评价方式把握现实世界的；道德不依靠国家强制力来执行、实施，而是依靠人们的观念，社会的舆论和善良风俗来维持；道德在调节个人与他人、个人与社会集体之间的利益关系的时候，不像其他的社会规范那样强调人们的个人利益，而是强调他人的利益和社会集体的利益。

关于道德的起源，不同学者给出了不同的答案，康德认为：“道德法则却与自然法则不同。道德法则作为有效的法则，仅仅在于它们能够合乎理性地建立在先验的原则之上并被理解为是必然的。事实上，对于我们自己和我们行动的概念和判断，如果它们的内容仅仅是那些我们可以从经验中学得到的东西，那就没有道德的含义了；如果说，有人错误地想通过经验所得出的任何东西来制定道德原则的话，他就已经陷入最糟糕、最致命的错误的危险之中了。”[①]也就是说，如果我们要寻求道德的基础，那么我们不能从理性中去寻找，因为它不是一种知识，它来源于一个比理性更为深刻的基础，因此理性不能论证它，它是一个先验的存在。从唯物史观的角度来看，道德根源于一定的物质生活条件，恩格斯在其名著《反杜林论》中写道：“我们断定，一切以往的道德论归根到底都是当时的社会经济状况的产物。而社会直到现在还是在阶级对立中运动的，所以道德始终是阶级的道德；它或者为统治阶级的统治和利益辩护，或者当被压迫阶级变得足够强大时，代表被压迫者对这个统治的反抗和他们的未来利益。”[②]这表明道德的内容最终

---

① ［德］康德：《法的形而上学原理——权利的科学》，沈叔平译，商务印书馆 1991 年版，第 15 页。

② ［德］恩格斯：《反杜林论》，载《马克思恩格斯选集》(第 3 卷)，人民出版社 1972 年版，第 134 页。

由经济条件决定,并伴随经济的发展而有相应的变化;基于不同的物质生活条件的不同社会集团有着不同的道德观,在阶级社会中的道德具有阶级性。

道德的功能首先在于通过评价等方式来纠正和指导人们的行为和活动,以协调人民之间的能力。对此,博登海默指出,“道德的目的,从社会意义上来看,就是要通过减少过分自私的影响范围、减少对他人的有害行为、消除两败俱伤的争斗以及社会生活中其他潜在的分裂力量而加强社会和谐”。[①] 同时道德还能够通过评价和鼓励等方式,造成社会舆论,形成社会风尚、树立道德观念、塑造理性人格,培养人们的道德品质和道德观念。

从一般意义上说,伦理与道德具有天然的共生性与交互性,二者往往被无差别地进行使用,但在具体的适用场景上,二者还是有细微差别的,诚如黑格尔所言:“我们说道德而不说伦理,因为在伦理里,我的行为所遵循的,乃是基于风俗习惯,而不是依照我的意志所应该作的;道德主要地包含着我的主观反省、我的信念,我所作的遵循普遍的理性的意志决定,或普遍的义务。”[②]由此可见,在黑格尔眼中,道德主要存在于个体内在的领域,倾向于个体道德;而伦理及风俗习惯则主要存在于社会的领域,更多地表示社会道德。

从语词学角度来分析,中国古代“伦理”一词与“道德”一词同样具有严格区分。“伦理”有分析、归类、配置、技术、操作等含义,而“道德”一词有些类似于现在的“科学言行”,这个词汇始终是与人所认识自然规律是联系在一起的,蕴含着“天人合一”的思想行动含义。西方哲学家也注意到了伦理与道德之间的差异性,黑格尔认为,道德同更早的环节即“形式法”都是抽象的东西,只有伦理才是它们的真理。因而伦理比道德要高,道德是主观的,而伦理是在它的概念中的抽象客观意志和个人主观意志的统一。有人认为:

---

① [美]E.博登海默:《法理学——法律哲学与法律方法》,邓正来译,中国政法大学出版社1999年版,第371页。

② [德]黑格尔:《哲学史讲演录》(第3卷),贺麟、王太庆等译,上海人民出版社2013年版,第37页。

“前者（伦理）是倾向于社会化的、人人均需普遍遵守的价值规范和行为准则，后者（道德）是倾向于个性化的、带有个人特点的价值观和行为规范。”[①]还有人认为伦理侧重于“表示规范、理论”，而道德则倾向于“指称现象、问题”。[②] 关于伦理、道德与法律三者之间的关系，可以简单地归结如下：“道德”是一个民族在其历史发展过程中所孕育出来的倾向于个性化的价值观、行为规范与行为习惯；“伦理”是一个民族在自己历史过程中根据道德和法律而综合形成的一种倾向于社会化的、人人均需普遍遵守的价值规范和行为准则；“法律”则是一个民族在自身的历史过程中根据自身的生产、生活、生存特殊条件所孕育出来的社会规则规范。但在一般情况下道德和伦理是连用的，作为同一概念的不同表现方式。在本书中如无特别说明，也是把伦理和道德作为同一概念的范畴。

（三）伦理道德的人性基础

从某种意义上说，道德是一个民族自身文化的主要内涵，而一个民族的文化的形成，则是该民族在与其特定的自然生存环境相适应的过程中逐步演化、累积的共生现象和遗存结晶，而“道德”则是这个民族与其自然社会对象相互作用与和谐相处的一种知识形式和生活行为规范，所以，一个民族的“道德”往往就是这个民族的人种性质与文化的综合表达。伦理道德不但是民族文化的承载体，而且对该民族观念的形成和文化的发展起到非常重要的作用。罗尔斯认为：“一个组织良好的社会是一个被设计来发展它的成员们的善并由一个公开的正义观念有效调节着的社会。”[③]在这种社会中伦理道德起着举足轻重的作用。伦理道德与人性有密不可分的联系，或者说伦理道德本身就是对人性的提升和纯化。伦理道德往往与风尚习俗、民族传统等结合起来，内化为人们心理结构的特殊情感，当某种伦理道德赖以存在的社会经济关系变更以后，这种伦理

① 董群：《禅宗伦理》，浙江人民出版社 2000 年版，第 3 页。

② 何怀宏：《伦理学是什么》，北京大学出版社 2002 年版，第 12 页。

③ ［美］约翰·罗尔斯：《正义论》，何怀宏、何包钢、廖申白译，中国社会科学出版社 1988 年版，第 455 页。

道德不会马上消失,它还会作为旧意识保留下来,影响社会的发展。因此从某种程度上说,伦理道德的惯性非常大,“稳定性是各种道德观念的一个值得向往的特点”[①]。除此之外,伦理道德作为人性的发散,并不是一个自我满足的封闭系统,具有表达方式的多样性和表达内容的多样性的特点。而伦理道德的多样性又直接来源于人性的多样性这一特点。哈耶克认为,人性有着无限的多样性——个人的能力及潜力存在广泛的差异——乃是人类最具独特性的事实之一。人种的进化,很可能使他成了所有造物中最具多样性的一种。一如有论者曾精彩论述的那样,“以变异性或多样化(variability)为基石的生物学,赋予了每一个个人以一系列独特的属性,正是这些特性使个人拥有了他以其他方式不可能获得的一种独特的品格或尊严(a dignity)。就潜力而言,每一新生婴儿都是一未知量(an unknown quantity),因为在他的身上存在无数我们并不知道的具有着相互关系的基因和基因组合,而正是这些基因和基因组合促成了他的构造及品行。作为先天及后天的综合结果,每个新生婴儿都有可能成为迄今为止最伟大的人物之一。那种为人们普遍持有的人性一致论(uniformity theory of human nature),表面上似乎与民主相一致……然最终将摧毁极为基本的自由理想和个人价值理想,并将我们所知道的生命变得毫无意义”。[②]

哈耶克认为,“将人与人之间先天性差异的重要性减至最低限度,而将人与人之间所有重要的差异都归于环境的影响,几乎成了当下的一种时尚。然而,不论环境如何重要,我们都不应当忽视这样一个事实,即个人生来就极为不同,或者说,人人生而不同。即使所有的人都在极为相似的环境中长大,个人间差异的重要性亦不会因此而有所减小。作为一种对事实的陈述,‘人人生而平等’的说法就显然与事实相悖。不过,我们将继续运用这一神圣的说法来表达这样一种理想,即在法律上和道德上,所有的人都应当享有平等

---

① [美]约翰·罗尔斯:《正义论》,何怀宏、何包钢、廖申白译,中国社会科学出版社1988年版,第457页。

② [英]弗里德利希·冯·哈耶克:《自由秩序原理》(上册),邓正来译,生活·读书·新知三联书店1997年版,第103~104页。

的待遇。但是需要强调指出的是，如果我们想理解此一平等理想能够或应当具有的含义，那么第一个要求便是我们必须否弃那种认为所有的人在事实上都是平等的观念”①。人性的本质是法律存在的原因之一，而对人性理解的差异则在一定程度上决定了各国法律制度的不同。马克思认为，“任何一种所谓人权都没有超出利己主义的人，没有超出作为市民社会的成员的人，即作为封闭于自身、私人利益、私人任性，同时脱离整体的个人的人”②。亚里士多德认为，人性的本质（贪婪可恶）决定了法律的必要性；众人的智慧优于一人的智慧；众人之治优于一人之治。以此奠定了西方的人性论基石。

伦理道德是人的基本价值标准之一，对人的行为有决定性的影响。因为人作为社会的人不会不顾忌社会舆论的否定性评价，否则他就会为社会群体所不容。当然，按照哈耶克的观点，“伦理道德价值或品行虽说是价值之一种，但并不是所有的价值都是伦理道德价值，而且我们大多数的价值判断（judgments of value）也都不是伦理道德判断（moral judgments）”③。除此之外，我们不能不看到，“道德这个表面上与功利相对立的品质，却有着深刻的功利性起源（或形而下起源）”④。它要求社会中存在一套制度，使人们从长远看来，其道德性行为比不道德性行为获利更大，这样人们才可能自觉地遵守道德。

人的伦理道德性还与经济的兴衰有直接关系。经济发达时期，人们对社会的伦理道德要求较高，同时自身也表现出较高的伦理道德水准，因此这时的法律体现着更广泛的伦理道德。与此相反，经济萧条时期，人们的伦理道德表现较之以前欠缺，社会总体伦理道德水平也有所下降，这时的法律就缺少伦理道德的教化。而任何伦

---

① ［英］弗里德利希·冯·哈耶克：《自由秩序原理》（上册），邓正来译，生活·读书·新知三联书店1997年版，第104页。

② ［德］马克思：《论犹太人问题》，载《马克思恩格斯全集》（第1卷），人民出版社1964年版，第439页。

③ ［英］弗里德利希·冯·哈耶克：《自由秩序原理》（上册），邓正来译，生活·读书·新知三联书店1997年版，第118～119页。

④ 盛洪：《道德·功利及其他》，载《读书》1998年第7期。

理道德要为人们所遵循,都离不开综合了经济、政治、法律的现实力量的社会赏罚机制的支持。所谓社会赏罚是社会以种种现实利益作为对个人行为的奖惩,是调动经济、政治、法律、行政等多种现实手段,以利害为中介来促使行为主体选择社会所期待或接受的行为。它最为现实、最为有力地影响着个人伦理道德面貌和社会伦理道德状况。尽管社会赏罚本身外在于伦理道德,它的作用主要诉诸人的怀赏畏罚心理,诉诸人的功利心、荣辱心而并不着眼于调动人的是非感,依靠它可以造成表面的伦理道德秩序却不能培养出有自律精神的伦理道德人格,因而不能成为维护伦理道德的可靠手段;但由于它具有能够现实而强有力地作用于人的行为层面这个特点,借助它可以对伦理道德水平不高甚至伦理道德低下的那部分社会成员产生硬约束作用,以减少反道德、反伦理行为,从而为建立良好的伦理道德秩序提供起码条件。更重要的是,如果社会赏罚方向与现今所需要的伦理道德价值相吻合,它可以使一般人不致因赏罚方向的偏差而在现实利益与伦理道德要求之间过多地陷入进退维谷之中,因而可以减少人们认同伦理道德价值的社会性障碍。①

二、伦理道德与民事法律制度的关系

法除了具有工具性价值之外,还具有伦理性价值。而法自身所具有的这种伦理性价值,又是和社会正义(平等、公平、公正等)密切联系在一起的。在真正的法治国家,法治所体现的价值与社会的主流伦理道德规范表现出高度的同质性,法治的价值在很大程度上也是道德规范的价值,或者说是伦理道德规范的评价指标。法治与道德秩序密切相关,正如国外有学者所说,“哪里有宪法,哪里就必然有宪法理论……”②

---

① 吴汉东:《法律的道德化与道德的法律化——关于法制建设和道德建设协调发展的哲学思考》,载《法商研究(中南政法学院学报)》1998 年第 2 期。

② [英]麦考密克、[澳]魏因贝格尔:《制度法论》,周叶谦译,中国政法大学出版社 1994 年版,第 217 页。

(一)伦理道德与民法的相同点

伦理道德与民法是社会规范最主要的两种存在形式,是既有区别又有联系的两个范畴。伦理道德与民法都属于上层建筑的不同范畴,因此伦理道德与民法在许多方面都具有共同点。第一,二者都具有规范社会主体行为的作用。民法作为法律制度的一种,首先表现出一套彼此配合且规定缜密的行为规则体系,即通过规定一定的行为模式来规范人们的行为,从而对人的行为和活动产生直接的效力。而伦理道德主要用于调整人的观念,并通过调整人的观念来影响人的行为,因而伦理道德对于人的行为的效力具有一定的间接性。但无论是直接地还是间接地作用于人的行为,伦理道德与民法都具有调整功能。第二,伦理道德与民法都属于社会规范体系的范畴,都具有普遍的适用性。伦理道德与民法都可以普遍适用于社会上的所有人,伦理道德的普遍适用意味着伦理道德通过观念调整人的行为,会随着社会生活的积累而固定下来,形成一定的行为规则来调整人的行为,而民法的普遍适用则通常受到国家的强制力支持并往往以道德规范的普遍适用做后盾,即"道德可加以普遍化的特征内在地要求把人人能够做得到的道德法律化"①。第三,民法与伦理道德的调控范围有所重叠且相互包容,即有些民事行为和民事关系既受伦理道德的调整,同时也受到民法的调整。一般来说,凡是民法所禁止和制裁的行为,都是伦理道德所禁止和谴责的行为;凡是民法所要求和鼓励的行为,都是伦理道德所培养和倡导的行为。反言之,许多伦理道德观念也体现在民法之中,许多伦理道德问题也是可以诉诸民法解决的问题。当然也存在另外一些社会关系,这些社会关系只受到伦理道德的调整,这就为伦理道德民法化提供了空间。第四,民法体现了基本的伦理要求。民法作为最贴近社会生活的法律,按照恩格斯的说法,"民法准则只是以法律形式表现了社会的经济生活的条件"。因此,民法的基本原则都是社会经济生活准则的翻版。"身份平等"原则来源于商品交换活动中的买卖双方的人格平等守则;"等价有偿"原则来源于商品交换活动中

① 范进学:《论道德法律化与法律道德化》,载《法学评论》1998 年第 2 期。

的社会必要劳动时间均等或权利均等守则;“意思自治”原则来源于商品交换活动中的自主独立、不得强买强卖守则;“诚实信用”原则来源于商品交换活动中的非理性约束。由此可见,民法的基本原则、基本要求无一不来源于人的伦理要求。

(二)伦理道德与民法的区别

伦理道德与民法作为社会规范和上层建筑,虽然有一些相同之处,但同时也有许多不同点。二者的区别至少可归结为以下几点。(1)表现形态不同。从其表现形态来说,民法属于制度的范畴,其主要是通过具体的制度设计对社会生活进行调整。而伦理道德则属于社会意识形态的范畴,主要是通过观念的潜移默化实现对社会关系的调整。伦理道德的实现主要靠人的自律和内心忏悔;而民法则是他律,其实施有赖国家的强制。(2)产生的条件不同。伦理道德是维系一个社会的最基本的规范体系,没有伦理道德规范,整个社会就会分崩离析。因此有人类社会就有伦理道德,且会永远存在。换言之,凡是有人的地方就应当有伦理道德的存在,因此伦理道德具有无限性。而民法则有时空限制,具体的法只能存在于特定的地域和特定的时间范围内。原始社会没有现代意义上的民法,只有伦理道德规范或宗教禁忌。民法是在原始社会末期,随着氏族制度的解体以及私有制、阶级的出现,与国家同时产生,而伦理道德的产生则与人类社会的形成同步。(3)表现形式和实现机制不同。民法是国家制定或认可的一种行为规范,是按照特定的程序制定的,它具有明确的内容,通常要以各种民法渊源的形式表现出来,如国家制定法、习惯法、判例法等。而伦理道德规范的内容存在于人们的意识之中,并通过人们的言行表现出来,对人具有潜移默化的作用。它一般不诉诸文字,内容比较原则、抽象、模糊。(4)调整范围不尽相同。民法与伦理道德对人们行为有着不同层次的要求。前者一般只能规定最起码的行为要求,而后者可以解决人们精神生活和社会行为中更高层次的问题。换言之,能够上升和确认为民法的伦理道德要求,只是公认的社会伦理道德的一部分。有相当一部分伦理道德要求仍然需要停留在伦理道德领域,由伦理道德规范来加以约束和调整。例如,伦理道德可以要求人们“毫不利己,专门利人”,而民法只能规定人们不许损人利己或损公肥私。从调整深度来看,伦理道德不仅调整人们的外部行为,还调整人的动机和内心活动,其标准设定通常依据的是所谓的“完人”标准、“圣人”标准或“道德人”标准。而民法主要调整人的外部行为,内在动机只是用来确定行为效力的一个标准。民法对人的行为的判定主要依据的是所谓“中人”标准。另外有些由民法调整的领域几乎不包括任何伦理道德判断,如诉讼程序规则、政府的组织规则等。在这些领域,民法的指导观念是便利与效率,而非伦理道德。(5)作用机制不同。民法是靠国家强制力保障实施的;而伦理道德主要靠社会舆论和传统的力量以及人们的自律来维持。换言之,伦理道德之所以能够发挥作用是因为人的怀赏畏罚心理,人的功利心、荣辱心或成就需求而并不着眼于调动人的良知。当然依靠这种赏罚机制的外化所造就表面的伦理道德秩序不能培养出有自律精神的伦理道德人格。(6)权利义务的分配不同。民法作为以权利为本位的法,强调的是权利观念和权利优先,强调两者的平衡与合理分配,并且义务的存在通常是为了满足权利的需要。而伦理道德则是以义务为本位的规范体系,强调义务优先,强调对他人、对社会的义务和责任。一般只规定了义务,并不要求对等的权利。(7)作用的着眼点不同。司马迁在《史记·太史公自序》中曾对法的道德的作用做了明确的划分,即所谓“礼禁未然之前,法施已然之后”。也就是说,伦理道德主要注重的是事前的防范和规制,而民法则更加强调事后的救济和调整。(8)违反后果不同。作为民法规范其基本的结构要求必须包含假定、处理和制裁三个方面,即必须有相应的民法后果做后盾;而伦理道德规范的违反通常只受到舆论的制裁和良心的谴责,并没有其他具体的制裁措施或者民法后果。(9)稳定性不同。伦理道德和传统密不可分,一旦某些伦理道德观念得以产生并固定下来,那么除非周围的形势发生了排斥这些道德观念的显著变化,或出现了可替代该伦理道德的更有效的观念,否则该伦理道德观念就将一直被奉守或坚持下来。而民法则要根据社会经济条件的发展变化而不断进行调整。(10)作用形态不同。伦理道德通常表现为一定的灵活性,在具体适用时会因具体人或具体情形的不同而有所不同,且只能直觉地予以理解。而法律所针对的则是一般情况,要求在适用对象、适用条件、适用尺度和适用结果上等具有严格性和统一性,即在适用过程中对一定范围内的人必须做到一视同仁。因此,伦理道德可以也应当表现为“个体化道德”,而法律则必须表现为“统一化法律”,并且这种“个体化道德”与“统一化法律”之间始终存在矛盾。

(三)伦理道德与法律的联系

在社会规范体系中,伦理道德与法律作为两种不同属性的行为规范,在调整社会关系方面尽管两者手段不一,但其功能却相互补充。伦理道德的作用主要表现为通过行为评价对人们的行为进行规范和诱导,其实现方式主要依靠舆论督促、内心修养和习惯驱使,因而,伦理道德在社会职业和家庭生活中影响广泛而深远。另外,伦理道德评价分社会评价和自我评价。社会评价是群体性的、迟缓于时代脚步的。道德有其局限性,它对严重危害他人或社会利益的行为只能谴责而不能制裁。而法律则不然,它明文规定的方式对社会主体的行为进行引导,以国家强制力为后盾加以推行,既有引导、推动作用,也有惩戒、防范作用。在现代社会中,法律的他律约束作用与道德的自律教化作用只有相互补充和密切配合,才能达到建设社会文明的良好效果。[①] 自人类进入文明社会以来,任何社会在建立与维持秩序时,都不得不同时借助这两种手段,只不过有所偏重罢了。其关系具体表现在:(1)法律是传播伦理道德的有效手段。伦理道德可分为两类:第一类是社会有序化要求的伦理道德,即一某社会要想正常维系下去所必不可少的“最低限度的伦理道德”,如不得暴力伤害他人、不得用欺诈手段谋取权益、不得危害公共安全等;第二类包括那些有助于提高生活质量、增进人与人之间紧密关系的原则,如博爱、无私等。其中,第一类伦理道德通常上升为法律,通过制裁或奖励的方法得以推行;而第二类伦理道德是较高要求的伦理道德,一般不宜转化为法律,否则就会混淆法律与

---

① 吴汉东:《法律的道德化与道德的法律化——关于法制建设和道德建设协调发展的哲学思考》,载《法商研究(中南政法学院学报)》1998 年第 2 期。

伦理道德。(2)伦理道德是法律的评价标准和推动力量。法律应包含最低限度的伦理道德。法律规范大多起源于伦理道德规范,它们原是伦理道德规范中最重要、最基本的内容。唯其最重要、最基本,国家才将其上升为法律规范,借助国家强制力予以保障。在“二战”后,英国的德富林与美国的哈特两位学者曾就是否应当用法律手段强制推行和实施道德引发了一场论战。哈特认为应当运用智能资源将一般的道德感情冷却、分类、提纯,避免把法建立在愚昧、迷信或误解之上。但综观他的观点,法律等同于最低限度的道德,法律是建立在道德基础之上的。道德尚未上升为法律的原因在于违背该种道德要求所产生的社会危害性仍在社会所容许的范围内。德富林对道德的分类也作了描述,但他在总结时并未将其归纳进去。比如他认为酗酒是个人行为,如果在量上超过一定比重,就该制止。可见德富林在是非与否的划分上不是像哈特所做的种类区别,而是在类或量上的综合区别,以根据它的社会危害性决定是否必须以法律力量进行干预。(3)伦理道德对法有补充作用。在任何社会法律都不是万能的,其设定的“中人”标准不同于伦理道德倡导的“圣人”标准,因此对虽“缺德”而不犯法的行为往往无能为力。对这些不宜由民法直接调整的,或本应由民法调整但因立法的滞后而尚“无法可依”的行为,伦理道德的调整就起了补充作用。哈特在《法律的概念》一书中有关于“最低限度的自然法”的论述,其认为法与伦理道德的关系是紧密的,民法必须考虑到人类社会基本共同道德的事实,但伦理道德绝不能成为一个单纯的规则体系。不仅如此,伦理道德对法的实施有保障作用,没有伦理道德的支撑,民法就不能得到有效实施,即所谓“徒善不足以为政,徒法不足以自行”。(4)法律必须体现伦理道德要求。法国社会学家涂尔干认为:“在任何道德社会中,任何成员都必须向他人履行义务。当这些义务获得一定程度的重要地位时,就会具有一种法律性质。”①伦理道德是法律有效的基础。自然法学家认为,法律必须以基本伦

① [法]爱弥尔·涂尔干:《乱伦禁忌及其起源》,汲喆、付德根、渠东译,上海人民出版社2003年版,第403页。

理道德为基础,法律必须具有内在的正义性,不符合基本伦理道德的法律不应该成为法律或不应该继续成为法律,即"恶法非法"。没有伦理道德基础的法律,是无法使人们尊重并自觉遵守的。新自然法学派的代表人物富勒说,法是用规则来治理人类的有目的的事业。这些事业要求法必须具有一般性或普遍性,必须公布于众,必须具有可预测性或非溯及既往,必须明确、不矛盾,必须具有稳定性和可以为人所遵守,官员的行为必须与已公布的规则相一致。这些要求都属于"法的内在伦理道德",之所以是内在的,是因为它们内含于法的概念之中;之所以是伦理道德的,是因为它们提供了评价法律和官员行为的善恶标准。[①] 罗尔斯也认为,法律必须基于抽象的伦理道德观念,其核心就是正义,正义是至高无上的,只要是不正义的法律,都一定要被抛弃。(5)伦理道德和法律在某些情况下会相互转化。一些伦理道德,随着社会的发展,被认为对社会是非常重要的并有被经常违反的危险,立法者就有可能将之纳入法律的范畴。反之,某些过去曾被认为需用法律加以禁止的不道德行为,则有可能退出法律领域而转为由伦理道德调整。当然法律向伦理道德的转化不能太多,如果将全部伦理道德问题变为法律问题,那就等于由伦理道德取代了法律,这不符合人类创设法律的目的。伦理道德规范也不可能全部法律化,原因是法律的实施成本要远高于道德,任何国家的财力都不能支撑伦理道德全部法律化之后所需要的执法成本。[②] 如果法制失去低成本的社会伦理道德支撑,投机主义行为就会泛滥,社会交易成本就会激增,法律作为一种社会控制则会因其成本太高而无法实行。有一个简单的例子,美国20世纪初的禁酒法,与社会伦理道德冲突,政府花费无数也无法实行而宣告失败。因此,在把伦理道德规则、伦理道德观念法律化的过程中,要注意伦理道德与法律在本质和内涵上的一致性,否则会给法治带来灾害。[③] 也就是说,不论法律中的伦理道德原则能够被贯彻到什么

① 张文显:《二十世纪西方法哲学思潮研究》,法律出版社1996年版,第406页。
② 郝铁川:《道德的法律化》,载《检察日报》1999年11月24日,第3版。
③ 刘佳:《道德法律化及其局限性》,载《道德与文明》1999年第5期。

程度,只要是全面地以法律去执行伦理道德,那么其结果就不但是伦理道德的外在化,而且是伦理道德的法律化,这种外在化、法律化的伦理道德,与道德的本质是不一致的。

总之,法律与伦理道德是相互区别的,不能相互替代,也不可偏废,所以单一的法治模式或单一的德治模式不免都有缺陷。一方面,伦理道德是圣人标准;民法是中间标准,如果民法按照"圣人"标准去制定,则大多数人将成为罪犯。另一方面,法律条款再丰富,立法解释再详尽,也难以涵盖一个道德问题的全部,必须为伦理道德作用的发挥留下足够的运行空间。

三、伦理道德对民事法律运行的影响

(一)伦理道德对民事立法的影响

法律作为社会调控的主要手段,首先反映的是社会生活的一般要求,马克思说过:"法律应该是社会共同的,由一定物质生产方式所产生的利益和需要的表现。"①恩格斯说:"市民社会的一切要求(不管当时是哪一个阶级统治着),也一定要通过国家的愿望,才能以法律形式取得普遍效力。"②不仅如此,法律的制定还必须考虑伦理道德对民事立法的影响,必须将部分伦理要求和基本伦理要求上升为法律规定,即通过实现道德的法律化以增强法律的正当性基础。所谓道德的法律化,主要是指立法者将一定的伦理道德理念和伦理道德规范(伦理道德规则)借助立法程序以法律的、国家意志的形式表现出来并使之规范化、制度化。其主要表现有三:第一,通过立法确认某些伦理道德标准为法律标准。伯尔曼说:"所有的法律制度都不仅要求我们在理智上承认——社会所倡导的社会美德,而且要求我们以我们的全部生命献身于它们,所以正是由于宗教激情、信仰的飞跃,我们才能使法律的理想和原则具有普遍性。"③第

① 《马克思恩格斯全集》(第6卷),人民出版社1961年版,第291~292页。

② 《马克思恩格斯选集》(第4卷),人民出版社1972年版,第247页。

③ [美]哈罗德·J.伯尔曼:《法律与宗教》,梁治平译,生活·读书·新知三联书店1991年版,第54页。

二,使某些伦理道德升格为习惯法。伦理道德法律化使社会规范系统中伦理道德与法律的结构趋于合理,以实现系统本身的功能优化。第三,禁止不文明、不遵守伦理道德的行为。伦理道德在立法活动中的作用表现在两个方面。第一,伦理道德是立法内容的重要渊源。分析实证法学家哈特指出:"不容争辩的是法律在任何时候和任何地方的发展,事实上既受特定社会集团的传统道德、理想的深刻影响,也受到一些个别人所提出的开明道德批评的影响,这些个别人的道德水平超过流行的道德。"①这些影响"或者是通过立法突然地和公开地进入法律,或者是通过司法程序悄悄地进入法律。在这些制度中,如美国,法律效力的最后准则中明确地包含了正义原则或重要的道德价值;在其他制度中,如英国,对最高立法机关的权限没有形式上的限制,可是它的立法还是毫不含糊地符合正义或道德"。"任何'实证主义者'都无法否认这些事实,亦不能否认法律之稳定性部分地有赖与道德观念的一致性。"②第二,伦理道德是制定法律的指导思想,任何法律规范都包括立法者关于善与恶、是与非的价值判断,反映了立法者允许什么、限制什么、禁止什么的价值取向。因此可以说,法律不能不反映社会普遍遵守的价值取向,并将一些伦理道德原则具体化,从而使法律具有相应的伦理道德意蕴。在立法过程中,必须充分考虑伦理道德因素和伦理道德标准,以适当形式将伦理道德的根本原则、主导内容法律化。并且在立法中绝不能违背正义观念、公共利益和其他伦理道德基本原则,否则即恶法。这种法律不仅难以实施,而且会使立法者失信于民,使法律权威受到破坏。③

(二)伦理道德对民事司法的影响

司法是法律实施的主要手段,而法律的实施本身就是一个惩

---

① H. L. A. Hart, *The Concept of Law*, Oxford University Press, 1961, p. 181 – 182. 转引自张文显:《二十世纪西方法哲学思潮研究》,法律出版社1996年版,第406页。

② [英]哈特:《法律的概念》,张文显等译,中国大百科全书出版社1996年版,第199页。

③ 吴汉东:《法律的道德化与道德的法律化——关于法制建设和道德建设协调发展的哲学思考》,载《法商研究(中南政法学院学报)》1998年第2期。

恶扬善的过程。因为法律作为一种国家评价，对于提倡什么、反对什么，有一个统一的标准；而法律所包含的评价标准与大多数自然人最基本的伦理道德信念是一致或接近的，故法律的实施对社会伦理道德的形成和普及起了重大作用。当然，法治社会要求人们在处理问题时，首先考虑行为是否符合法律的规定；法官判案时，只能以现行法律为依据，不能靠法官的自由裁量。这里有两种情况值得克服。一是人为割裂法律与伦理道德的关系，将法律神圣化和僵硬化。这样势必导致法律无法适应新出现的情况，造成了法律的僵硬、无力及冷酷，造成了法律与大众心理、社会风俗之间的脱离与隔阂，也造成了伦理道德的无力感，甚至鼓励了对伦理道德的违反，加速了伦理道德的衰落。二是以伦理道德取代法律规定，即为了避免法律对道德的"不全面概括"所造成的弊端，在执法过程中大量地引入道德评价，其结果则会使法律规则与道德要求的界限模糊不清，"那么法律的确定性与可预见性就必然会受到侵损"。①

对法律漏洞的填补也需要借助伦理道德规范。美国杰出的现实主义法学家弗兰克认为，在很大程度上，法律是模糊和多样化的，法律处理的是人类关系最复杂的方面，它面临的是整个令人迷惑、变化不定的社会关系，在我们这个万花筒般的时代，更是如此。即使在相对静止的社会里，人们也未曾能够制定出一整套包罗万象，解决未来可能出现的所有争端的规则。② 柏拉图早期崇尚人治，理由之一就是认为法律难以包罗万象，希望通过哲学治国，认为以变应变，胜于法治。柏拉图后期转而开始崇尚法律，其所描述的法治蓝图核心是制定无所不包的法典。但是，这种法治无论从理论上还是在实践中都是属于"乌托邦"式的。因为他企图以一种完备无缺因而也是一成不变的法典来规范复杂多变的人类行为，其结果只能是"法律的幻想"。③ 换言之，由于法律每天面临的社会关系是极其

---

① ［美］E. 博登海默：《法理学——法哲学及其方法》，邓正来、姬敬武译，华夏出版社 1987 年版，第 288 页。

② 张乃根：《西方法哲学史纲》，中国政法大学出版社 1993 年版，第 320 页。

③ 张乃根：《西方法哲学史纲》，中国政法大学出版社 1993 年版，第 335 页。

复杂的,而法律语言本身又是模糊的,具有不确定性,加之人的认识的局限性,就必然会产生法律与现实的错位,因此出现法律的漏洞也在所难免。至于法律漏洞存在的原因,学者有不同的见解。德国利益法学创始人赫克认为,其一,因为立法者观察能力有限,不可能预见将来的一切问题;其二,因为立法表现手段有限,即使预见将来一切问题,也不可能在立法上完全表现。我国台湾地区著名学者王泽鉴先生认为,法律漏洞之存在,一是出于立法者的认识或意思,即立法者对于某项问题,认为当时不宜即为规定,应让诸判例学说加以解决。二是出于立法时之疏忽。另一台湾地区著名学者黄茂荣先生也认为,原因之一是立法者思虑不周,根本未考虑到或虽考虑到,但不周详;原因之二是情事发生变更;原因之三是立法者自觉其对拟予规范案型了解不够,而不加规范。[①] 对漏洞的补缺,无论是立法者还是法学家,甚至法官都作出了不同的回答。其中,对成文法因其固有属性暴露出的滞后、不确定性等缺漏,法官提供的答案就是:通过对案件的判决创制的法律规则就是判例法。判例法主要流行于英美法国家,所谓判例主要指先例,是在法律渊源的意义上对以后相同或类似案件具有约束力的判决。《布莱克法律词典》对判例的解释是:“一项已经判决的案件或法院的判决,它被认为是为一个后来发生的相同或类似的案件,或者相似的法律问题,提供了一个范例或权威性的法律依据。法院试图按照在先前的案件中确立的原则进行审判。这些事实或者法律原则与已在审理的案件相近似的案件称为先例。法院首次为一个特殊类型的案件所确立的,并且后来在处理相似的案件时供参考的法律原则。”在英国,有关先例的识别、适用规则、判例等的汇编、出版、援引制度,以及相关的法院审级、管辖制度等共同构成先例制度(precedent system),也称为判例制度(case system)。[②] 所谓“判例意识”,是关于判例价值的见解。一般而言,判例的价值表现在两方面:一是法的约束力,即它对案件

---

① 梁慧星:《民法解释学》,中国政法大学出版社1995年版,第250页。

② 何慧新:《建立我国刑事判例制度的初步构想》,载《判例与研究》1999年第1期。

当事人及法官的规范力；二是法的自生力，即纠正法、创制法、完善法的能力。英国的判例制度是习惯法和惯例的结合体，而这些习惯法和惯例本身就带有较强的伦理道德色彩。1066 年，法兰西诺曼底威廉公爵带领诺曼人征服英国。诺曼人的入侵，完成了英国封建化过程。当时，英国的法律制度很混乱，国王通过发布敕令，建立王室法院，并派遣法官到各地巡回审判。巡回法官办案时除依据国王的诏书、敕令外，主要依据各地盎格鲁—撒克逊人的习惯法。巡回审判后，法官定期集中在中央机关所在地威斯特敏斯特讨论和辩论一些案例和法律观点，综合彼此依据的习惯和法律，在以后的巡回审判中加以运用。由此逐渐形成一种在全国通用的习惯法，被称作普通法。这种习惯法是法官通过判决所宣布的，存在于判决中，其表现形式是判例。判例法中有一个基本的规则就是"遵循先例"。法官在审理案件时，要从以前类似案件的判决中推论出适用于当前案件的一般原则，并据此判决案件。因此，法官不仅适用法而且还在创造法，亦即通常所说的"法官造法"。大陆法国家虽然没有严格意义上的判例法，但并不能因此而否认其判例制度的重要性。

（三）民事守法的伦理分析

法的实现是法律规范在人们行为中的具体落实。法律的生命在于它的实现，把应然转化为实然，将可能性转化为现实性。法律所具有的一体遵行的效力，表现为权利被行使、义务被履行、禁令被遵守、责任被承担。法律要实现这种调整社会关系、维护社会秩序的价值目标，必须依赖社会成员对法律的自觉信仰与普遍遵从。守法在很多情况下是一种道德义务，大多数社会成员并不仅仅是因为法律的强制力而守法，在许多情况下是由于他们的道德习惯而守法，是基于对法律的信仰而守法。对此伯利克利指出："在我们私人生活中，我们是自由的和宽恕的；但是在公家的事务中，我们遵守法律。这是因为这种法律深使我们心服……我们服从法律本身，特别是那些保护压迫者的法律，那些虽未写成文字但是违反了就算是公认的耻辱的法律。”[①]而法律要想得到严格遵守,必须赋予法律以一定的道德意蕴,实现法律的道德化。所谓法律的道德化,主要侧重于守法的过程,指的是法律主体把守法内化为一种伦理道德义务,以伦理道德义务对待法律义务。对于人们为什么必须遵守纪律,法学家们提供了这样一些解释:一是出于习惯;二是出于对合法性的认识,当法律是具有合法权威的机关和官员依照法定正当程序制定出来的,人们会相信它是合法的,并因此而遵守它;三是出于畏惧;四是出于社会压力;五是出于对个人利益的考虑;六是出于道德上的要求。[②] 一个国家、一个社会为了保障其存在和良性发展,必须将维持这种存在和良性发展所必须的伦理道德进行法律化,赋予其强制力。人们也因这种法律旨在最大限度地保障其生存、发展而获得它的内在动力——对法律的信仰。伯尔曼在谈到“西方法律传统的神学渊源”时说:“假如不去探讨西方法律传统的宗教方面的话,要理解这一传统的革命性质是不可能的……西方法律体系的基本制度、概念和价值都有其 11 世纪和 12 世纪的宗教仪式、圣礼以及学说方面的渊源,反映着对死亡、罪、惩罚和拯救的新的态度,以及关于神与人、信仰与理性之间关系的新设想。”所以,伯尔曼总结说:“西方法律科学是一种世俗的神学。”[③]因此有人认为,守法仅仅是法治的外在表现形式,守法精神才是法治的灵魂。守法的自律心态,是法律他律性目标实现的基础。健康的守法心态,是社会道德要求在人们心理上的反映和积淀,其实质内容主要是对法律遵守的义务感和对违反法律的羞耻心。[④]

另外,民事守法也需要借助伦理道德所具有的赏善罚恶功能,即诉诸人的怀赏畏罚心理,诉诸人的功利心、荣辱心或成就需求进而调动人的良知,从而造就有效的道德秩序,并培养出有自律精神

---

① [美]罗斯科·庞德:《通过法律的社会控制》,沈宗灵译,商务印书馆 1984 年版,第 106 页。

② 张文显:《二十世纪西方法哲学思潮研究》,法律出版社 1996 年版,第 448 页。

③ [美]哈罗德·J. 伯尔曼:《法律与革命——西方法律传统的形成》,高鸿钧等译,中国大百科全书出版社 1993 年版,第 200 ~ 201 页。

④ 吴汉东:《法律的道德化与道德的法律化——关于法制建设和道德建设协调发展的哲学思考》,载《法商研究(中南政法学院学报)》1998 年第 2 期。

的道德人格。同时,由于伦理道德具有能够现实而强有力地作用于人的行为层面这个特点,因此在我国亟待以健康的伦理精神对个人进行价值导向和行为导向,对民族精神进行整合,对道德要求和法律要求进行协调,从而借助社会赏罚,减少反道德、反文明行为和违法行为的发生,为建立良好的道德秩序和法律秩序提供良好的条件。更重要的是,通过对法律要求和道德要求的整合,能够使人不致因赏罚方向的偏差而在现实利益和道德要求之间过多地处于进退维谷的窘境,从而可以最大限度地减少人们对法律价值认同的社会性障碍。

四、伦理制度对各国民法影响的差异性

法律、道德和宗教是迄今为止人类社会最主要的社会控制工具。这三者既相对独立又在一定程度上于各个不同的层面和维度相互交叉、融合。在人类发展的不同历史时期,这三者作用于社会关系的程度是有所不同的。比如在中世纪的欧洲,道德与法律几乎被宗教所涵盖。而在如今的现代乃至后现代社会背景中,人的理性则被抬到空前的高度。然而,原本由法律、道德、宗教三根柱子来支撑社会秩序大厦,要由法律或主要由法律这根柱子来支撑。"尽管经济合理主义的发展,部分地依赖合理的技术和法律,但它同时也取决于人类适应某些实际合理行为的能力和气质。如果这类合理行为受到精神上的阻碍,则合理经济行为的发展也会遇到严重的内部阻力。神秘和宗教的力量,以及以此为基础的伦理上的责任观念,过去始终是影响行为的最重要的构成因素。"①这种观点对很多国家的法律制度仍然有影响,正是由于各国所受到的宗教影响和伦理影响有所不同,才导致了各国民法制度上的差异性。

(一)伦理制度对中国古代法的影响

在中国先哲看来,法最早起源于具体的"审判"活动,而法正是

---

① [德]马克斯·韦伯:《新教伦理与资本主义精神》,彭强、黄晓京译,陕西师范大学出版社2002年版,第26页。

由这种活动所宣示的行为准则。“法”无论是一种具体的审判活动,还是借此而宣示的行为规范,都是由法官缔造的。不仅如此,在古人心目中,本无成文法与判例法的差别。西周、春秋时,在“礼”和“九刑”(法律原则)指导下的审判方式就是“议事以制”[①],即选择适当的先例来断案。战国时期的思想大师荀况就明确提出了“类”这个重要的法学概念。荀况的“类”,即判例及判例所包含的法律原则。[②] 马克斯·韦伯认为,“以中国为代表的亚洲国家的传统社会的一个重要特点,就是法律与宗教命令、伦理规范与风俗习惯含混不分”。研究古代民族法制史,不能回避礼。[③] 由于农业在社会中长期处于优先地位,商业处于屈从地位,宗教本身成了政府的工具,导致了“礼”在社会生活中起着支配作用。“中国的立法者们主要的目标,是要使他们的人民能够平静地过生活。他们要人人互相尊重,要每个人时时刻刻都感到对他人负有许多义务;要每个自然人在某个方面都依赖其他自然人。因此,他们制定了最广泛的‘礼’的规则。”[④]而“礼”这种特殊类型的非形式的法律的突出特点便是,法律不具有独立性,法律与君主的命令之间没有明确的界限,道德责任和法律责任混为一体。许慎在《说文解字》中认为,“礼,履也,所以事神致福也”。可见“礼”起源于宗教活动。根据传说,早在黄帝时代已经开始制礼,此时的礼是以习惯为基础制定的,当它的实现以一定的外在强制力为后盾时,便由原始的习惯上升为了习惯法。商礼和周礼中都有相当大一部分内容属于习惯法的范畴。自汉朝以来,儒家便开始以礼入法,起初是通过参与立法和注释现行法律,输入儒家礼的精神,通过春秋决狱,法无明文规定者,以礼为准绳;法与礼抵触者,依礼处断。以后“礼”的规范更加法律化,经魏、晋、北魏、北齐,在隋唐以后儒家化的法律便成为中国的法律

---

① 《左传·昭公六年》。

② 杨鹤皋主编:《中国法律思想史》,北京大学出版社 1988 年版,第 89 页。

③ 苏国勋:《理性化及其限制——韦伯思想引论》,上海人民出版社 1988 年版,第 222 页。

④ [法]孟德斯鸠:《论法的精神》(上册),张雁深译,商务印书馆 1963 年版,第 312 页。

正统。中国传统社会产生和发展出的这种反映“中国人特有的灵活机动处理问题的智慧”的非形式的法律,其突出的特点便是,主要注重实质正义的实现。朱元璋指出:“礼,人伦之正,民间安分安礼者多;法、治奸绳顽。二者并举,遍行天下,人民大安。”①由此可以看出,关于礼法关系,在战国之前,法在内容上与“礼”相通,指对人们进行引导和禁止的条文规定;在使用上与“刑”同义,指表现为伤害体肤的惩罚规定和措施。战国之后,随着成文法的制定、公布和变法的开展,“礼”与“法”逐渐区分。在内容上,法将传统道德、习惯以及个人的言论等排除在外,专指由君主和官府颁布的命令,从而有别于礼。当然“礼”与“法”虽然形式上分开了,但它们仍然有着共同的目的和作用,仍然共同为统治秩序的维护而服务。有学者总结到,构成中国古代法之价值准则的宗法伦理至少有三个特征:其一,它以血缘家庭为根基,以家族伦理为逻辑起点;其二,它主要由家族伦理与国家伦理构成;其三,它以儒家伦理思想为现实载体。由于这种“伦理法”以古代中国宗法社会为根基,其不仅是合理的、有效的,而且是最好的。② 孟德斯鸠认为,中国的立法是“把宗教、法律、风俗、礼仪都混在一起。所有这些东西都是道德。所有这些东西都是品德。这四者的箴规,就是所谓礼教。中国统治者就是因为严格遵守这种礼教而获得了成功”③。几千年来所形成的根深蒂固的泛伦理化的思维方式,把法律理解和构造为伦理型法律。泛伦理化的思维方式深刻地影响着中国古代的法律实践。

20 世纪初,德国社会学家马克斯·韦伯以其在《新教伦理与资本主义》一书中所提供的资本主义的“理想型”为参照系,论证了这样一个主题:“在中国发展不出资本主义。”他认为东方古老民族(包括中国、印度、伊斯兰国家)没有经过宗教改革的宗教精神对这些民族的资本主义起了严重的阻碍作用,而新教伦理的禁欲主义本

---

① 杨一凡:《明大诰研究》,江苏人民出版社 1988 年版,第 103 页。

② 胡旭晟:《中国传统“伦理法”之检讨》,载《百年》1999 年 5 月号。

③ [法]孟德斯鸠:《论法的精神》(上册),张雁深译,商务印书馆 1963 年版,第 313 页。

质却导致了资本主义精神的发生和发展。[①] 孟德斯鸠等对中国的“专制主义”进行了抨击;莱布尼兹、伏尔泰等人则将儒家的思想理想化,把中国描述为依靠法律、伦理、风俗和礼仪来维持文明,而不是用宗教的精神来束缚民众的理想国度。尽管如此,学者们还是在中国文化的一些基本特征方面达成了一些共识,如“人文主义”和“道德主义”。“把中国文化特征定为与宗教信仰相对应的‘人文主义’和‘道德主义’,相当程度上是对中国文化的赞美,对欧洲思想的批判。”包括康德和赫尔德在内的西方思想大师都认为,“中国人从人本身、从伦理出发达到信仰与西方人靠上帝的天启而达到宗教不同,是一条‘道德’、‘伦理’、‘政治’或曰‘理性”的思想路线”。[②]

中国古代法律以强制手段全面确立和推行一种道德体系,若从现代伦理学的立场来看,其弊端是十分明显的,它的最大弊端在于阻碍了现代社会所倡导的自由、平权观念的形成。马克斯·韦伯认为:“自认为是一种合乎伦理道德的明确生活准则的现代资本主义精神,必须与之斗争的对待敌对力量,是对新环境的那种态度和反应,我们可以称之为传统主义。”[③]但其合理与独到之处也同样显著,因为道德规范原本有其他律性的一面,舍此便无以成就道德;就中国古代社会(尤其是普通民众)的文化发达程度而言,强调道德之他律尤其具有充分的必要性;法律的强制推行并不必然拒斥有德之士的自律;“以法为教”不仅在相当程度上兼顾了自律与他律,而且为社会的道德发展开创了新途径。当然,在做以上分析时,我们还须考虑一个根本性的问题,即法律竭力推行的道德体系对于其所在的社会是否具有充分的合理性。[④]

与墨守成规的立法思想相对应的另一种思想倾向同样值得警

---

① [德]马克斯·韦伯:《新教伦理与资本主义精神》,彭强、黄晓京译,陕西师范大学出版社2002年版,第11页。

② 韩水仙:《从利马窦到韦伯:走向东方学化的汉学研究》,载《中华读书报》2003年1月6日,第3版。

③ [德]马克斯·韦伯:《新教伦理与资本主义精神》,彭强、黄晓京译,陕西师范大学出版社2002年版,第31页。

④ 胡旭晟:《中国传统“伦理法”之检讨》,载《百年》1999年5月号。

惕，这就是法律至上或法律万能论思想。在立法领域，单纯强调立法的超前和数量、速度，似乎法治仅靠立法这台万能的机器生产的法律便可以实现。盲目迷信法律移植而无视法律本土化所依赖的民族文化传统。更有甚者，借立法手段简单粗暴地取缔民间的传统习俗。按照孟德斯鸠的说法，“一个君主如果要在他的国内进行巨大的变革的话，就应该用法律去改革法律所建立的东西，用习惯去改变习惯所确定的东西；如果用法律去改变应该用习惯去改变的东西的话，那是极糟的策略”。[①] 实际上，大部分匆匆出台的法律、法规向社会生活领域的渗透极为艰难，要么成为一纸空文，要么沦为政策的奴婢。法治的基本特征在于它的公正性、正义性、合理性，因此必须强调寓礼于法。当然这里的寓礼于法已经完全不同于传统的引礼入律的泛道德主义模式，它不仅着眼于礼的事前教育作用，而且要将礼作为一种传统精神的法律语言，并与整个法律体系的运行和实现过程有机而巧妙地结合。

（二）伦理制度对立法的影响

伦理习惯对不同国家立法的影响是不一样的。“在希腊古代社会中，习惯和成规代替了成文法，个人的自由和保障依靠他的社会体制下的组织。”[②]作为现代民法样板的第一个世界性法律——《法国民法典》，主要受到的是法国习惯法和自然法思想的影响。“毫无疑问，这部民法典若不是在整体上有来自于自然法而又发展了的法典编纂思想，那么它在思想史上就会是不可想象的。也就是说《法国民法典》也是以自然法构想为基础的，即存在着独立于宗教信条的个人自治的自然原则，由此而派生出法律规范制度，如果这些规范被有目的地以一种条理清楚的形式加以制定，那么一个伦理与理智的社会秩序的基础即由此而奠定。”[③]应当说明的是，《法国

① ［法］孟德斯鸠：《论法的精神》（上册），张雁深译，商务印书馆 1963 年版，第 310 页。

② ［美］路易斯 · 亨利 · 摩尔根：《古代社会》（上册），杨东莼等译，商务印书馆 1977 年版，第 252 页。

③ ［德］K. 茨威格特、［德］H. 克茨：《比较法总论》，潘汉典等译，贵州人民出版社 1992 年版，第 165 页。

民法典》受到罗马法的影响远比我们想象得少,它实际上是日耳曼习惯法和罗马法的混合体。法典起草人波塔利斯在《民法典绪论》中写道:“如果允许这样表达的话,那么就是说我们已经完成了一种习惯法与成文法之间的妥协,即不论何时,我们已经能够使二者的规定和谐一致,或者采用一者来修改另一者而又没有破坏其体系的统一,也没有违背其总的精神。”[①]《法国民法典》的起草之所以非常注重对于历史连续性价值的关注,是因为在法国制定民法典以前,一个较成熟的日耳曼法已经在法国广泛存在。法国南部曾是罗马帝国的疆域,当罗马人离开后,他们的法律却留了下来。在法国北部,法兰克人的入侵也带来了日耳曼人的习惯法。部分习惯法还被编纂成典,如《萨利克法典》《勃艮第法典》《西哥特法典》《里普利安法典》。由于法国在政治上成熟较早(13 世纪的法国就已经是欧洲最大的政治实体),国王有能力整理全国各地的习惯法。[②] 1454 年查里七世发布《蒙蒂 · 勒 · 图尔敕令》,要求各地方的习惯法应在国王的专家委员会的协助下记录下来,并且将那些已经记录下来的加以编纂。国王为抵制神圣罗马帝国的影响,对罗马法采取敌视态度。这些都促成了以巴黎习惯法为核心的法国普通法的形成。巴黎最高法院大量地使用巴黎习惯法,人们普遍认为巴黎习惯法可以在全国各地通用,甚至可以优先于罗马法。法院“已无须再依赖罗马法学家的学说,因此在法国,全盘继受罗马法的必要已不复存在”[③]。我们之所以说《法国民法典》中保留了较多的传统因素和保守因素,也主要基于此。与法国不同,《德国民法典》受传统习惯的影响则相对较弱,它更多体现的是罗马法的精神和理念。《德国民法典》于 1896 年诞生,并于 20 世纪的第一天正式生效。这部法典实现了德国人“一民族、一帝国、一法律”[④]的理想,也在世界法制史

① [日]大木雅夫:《比较法》,范愉译,法律出版社 1999 年版,第 179 页。

② [法]费尔南 · 布罗代尔:《15 至 18 世纪的物质文明、经济和资本主义》(第 3 卷),施康强、顾良译,生活 · 读书 · 新知三联书店 1993 年版,第 366 页。

③ [日]大木雅夫:《比较法》,范愉译,法律出版社 1999 年版,第 164 页。

④ [日]穗积陈重:《法律进化论》,黄尊三等译,中国政法大学出版社 1997 年版,第 256 页。

上树起了一座难以超越的丰碑。《德国民法典》在结构上最大的特点是特别制定了“总则”编置于债、物权、亲属、继承各编之前。设立总则的目的，一是把各具体制度中的共同规定提取出来，提高效率；二是使法律的各个概念能够保持从上到下一以贯之的逻辑涵摄关系。“人们认为，用这种方法可以提高法律的逻辑完整性和内涵经济性，从而避免冗赘的重复。”①

在英国，亨利二世的改革确立了普通法的地位。普通法的特点包括以下几点。(1)普通法的基本内容是传统的习惯规则，它是经过长期实践逐渐丰富和发展起来的。(2)普通法的规则为普通法院所认可，是普通法院判案的依据。(3)普通法是由普通法院通过司法逐步发展起来的，普通法院在司法活动中对淘汰、废弃、发展习惯法规则起着重要和积极的作用。(4)普通法的规则是通过判例体现出来的，法官在作判决时把习惯法规则加以整理和筛选，然后精确地表述出来。按一般的理解，“普通法不过是基于普通的事而在普通的人之间所自然形成的生活惯例或关系准则——是否需要外在的制定法加以表达那并不重要”。② 对此庞德总结道：在英国“国王的法官们的理论是他们正在实施的英格兰的普通惯例，是英国人相互关系中的一般行为模式”。③ 同样，在美国，“我们绝不能忘记美国的清教徒，占人口的大多数，有自己的习俗。他们没有要与之抗争的强权政府，他们按自己的喜好建立制度。如同在柯克时代的形成一样，普通法原则在美国获得了最高、最完整的逻辑发展并不偶然”。④ 作为英美法的另一个主要渊源是衡平法，衡平法的出现本身就是为了纠正因普通法的适用而带来的不公平，是道德观念在法律领域的应用，按照梅因的说法“‘英国衡平法’是建筑在道

① [德]K. 茨威格特、[德]H. 克茨：《比较法总论》，潘汉典等译，贵州人民出版社 1992 年版，第 270 页。

② 冯亚东：《平等、自由与中西文明》，法律出版社 2002 年版，第 79～80 页。

③ [美]罗斯科·庞德：《普通法的精神》，唐前宏等译，法律出版社 2001 年版，第 27 页。

④ [美]罗斯科·庞德：《普通法的精神》，唐前宏等译，法律出版社 2001 年版，第 28～29 页。

德规则上的一种制度"[1]。并且这种道德是延续了几个世纪的道德。衡平法之所以优于普通法,是因为衡平法更好地体现了人们的道德要求。

① [英]梅因:《古代法》,沈景一译,商务印书馆1959年版,第40页。

第二章　对民法基本原则的伦理省察

法国著名法学家布瓦斯泰尔有一句名言："民法典尊重个人权利的最好和最重要的体现，是它对先于和高于实在法的法原则的承认。"[①]换句话说，相对于其他法律部门而言，民法典不但注重对具体规则的设计，而且注重法律基本原则对具体法律制度的统领和对民事行为的约束。[②] 民法基本原则作为民法文化的重要组成部分，担负着开启民智、庇佑众生的神圣历史使命，其所承载的理念性价值远比具体民法制度的设计更为复杂。美国著名民权活动家马丁·路德有一句名言："一个国家的前途，不取决于它的国库之殷实，不取决于它的城堡之坚固，也不取决于它的公共设施之华丽，而在于它的自然人的文明素养，即在于人们所受的教育、人们的学识、开明和品格的高下，这才是利害攸关的力

---

① ［法］阿·布瓦斯泰尔：《法国民法典与法哲学》，钟继军译，载徐国栋主编：《罗马法与现代民法》（第2卷），中国法制出版社2001年版，第290页。

② 关于这部分的更加详细的内容参见赵万一：《民法基本原则：民法总则中如何准确表达?》，载《中国政法大学学报》2016年第6期。

量所在。”[①]而民法基本原则就恰恰承担着培养合格自然人的先导性义务,承担着对自然人的主体意识、法治意识、权利意识进行启迪和培育的历史重任。

一、什么是民法的基本原则

虽然在现有的研究和现有的立法中民法基本原则已经被假定为一个无须定义的常识性概念,但事实上我们对这一概念还远没有达到完全高度统一的地步。而讨论民法基本原则的先决条件是必须要对其进行科学的定义。诚如著名社会学家迪尔凯姆所言:“任何科学研究都有一群符合同一定义的现象。因此,社会学家的第一步工作应该是界说他所研究的事物,以使自己和他人知道他在研究什么。这是一切论证和检验最不可缺少的首要条件。实际上,一种理论只有在人们确认了它所应解释的事实时才能对它检验。另外,由于科学的研究对象本身是根据这一基本定义规定的,所以这个对象究竟是不是科学所研究的,则随这个基本定义而定。”[②]按照学界普遍性的观点,所谓民法的基本原则是效力贯穿民法始终,体现民法的基本价值,集中反映民事立法的目的和方针,对各项民法制度和民法规范起统率和指导作用的基本原则。[③] 这一概念实际上是将民法基本原则的特点和作用进行了抽象和概括,并未触及概念的本质。另有学者从工具论的角度将民法基本原则定义为:“民法基本原则是其效力贯穿民法始终的民法根本规则,是对立法者在民事领域所行政策的集中反映,是克服法律局限性的工具。”[④]还有学者进一步发掘了民法基本原则产生的基础和条件,认为:“民法基本原则是集中反映民法之社会与经济基础,贯穿于民事立法、司法、守法及

---

① 转引自[英]塞缪尔·斯迈尔斯:《品格的力量》,刘曙光等译,北京图书馆出版社 2003 年版,第 1 页。

② [法]E. 迪尔凯姆:《社会学方法的准则》,狄玉明译,商务印书馆 1995 年版,第 54 页。

③ 魏振瀛主编:《民法》(第 5 版),北京大学出版社、高等教育出版社 2013 年版,第 20 页。

④ 徐国栋:《民法基本原则解释:诚信原则的历史、实务、法理研究》,北京大学出版社 2013 年版,第 10 页。

民法学研究始终,具有普遍适用效力和衡平作用的指导思想和基本准则,是高度抽象的民事行为规范和价值判断准则,是民法精神实质之所在。"①反观国外学者则很少直接对民法基本原则下定义,更多的是对其作用和特点进行描述。之所以会产生这种差异,一方面缘于中外思维方式的不同,中国人习惯对事实和事物进行抽象和定性,强调概念的简洁性和显示性,而外国人(特别是西方人)则专注对事物或事实的罗列和描述,注重概念的完整性和周延性;另一方面则缘于确实很难从理论上对民法基本原则给出科学的定义。但中国思维的习惯是"名不正则言不顺",习惯上我们仍应对民法基本原则作一定义性的表述。首先,我们认为,民法基本原则是法律原则在民法领域的具体表现,因此它应符合法律原则的基本特征。从价值层面来说,"法律原则是规则和价值观念的汇合点"②。"法律原则的特点是,它不预先设定任何明确的、具体的事实状态,没有规定具体的权利和义务,更没有规定确定的法律后果。但是,它指导和协调着全部社会关系或某一领域的社会关系的法律调整机制。尤其是在司法机关处理复杂、疑难、新奇案件,需要平衡互相重叠或冲突的利益,为案件寻找合法的解决办法时,法律原则具有十分重要的作用。"③其次,要对民法基本原则进行科学的定义,必须首先厘清这一概念所要解决的具体问题和所应承载的特定使命。基于以上判断我们认为,首先,民法基本原则并非主要是民事立法所应遵循的基本原则,更重要的应是民事权利保护和民事活动所应遵循的基本原则。因为民事立法的基本原则应当遵循一般立法的基本原则,而对立法的基本原则,在 2000 年 3 月,九届全国人大第三次会议通过的《立法法》中已作了明确的规定,即宪法原则、法治原则、民主原则、科学原则。因此,民法基本原则的主要作用是对民事活动进行指导,对民事司法进行规制,是判断民事活动合法性、有效

---

① 谭启平主编:《中国民法学》,法律出版社 2015 年版,第 50 页。

② [英]尼尔·麦考密克、[澳]奥塔·魏因贝格尔:《制度法论》,周叶谦译,中国政法大学出版社 2004 年版,第 90 页。

③ [美]迈克尔·D. 贝勒斯:《法律的原则——一个规范的分析》,张文显等译,中国大百科全书出版社 1996 年版,第 1 页。

性和分配权利义务的原则。其次,民法基本原则应当是从社会活动中抽象出来的能够反映事物本质的原生性的规则。正是基于这一要求,所以《布莱克法律词典》将法律原则解释为“法律的基本性的公理或原理;为其他(指法律)构成基础或根源的全面的规则或原理”①。因此,那些民事活动中应当遵守的具体的、表面性的规则和要求就不能被定义为民法的基本原则。最后,民法基本原则应当是能够反映各国民法所应共同遵守的且能够彰显民法独立存在价值的原则,或者说是能够反映民法本体性需求的原则。基于以上判断,我们可以把民法基本原则定义为:能够彰显民法的独特法律价值,承担民法特有的历史使命,并对民事活动起指导作用的法律理念和法律原则。

二、民法为什么要有基本原则——民法基本原则存在的合理性

我国的民法总则中之所以要有民法基本原则的明确规定,主要基于以下几个原因。

(一)彰显人类理性的需要

美国著名法学家庞德有一个著名论断:“在法律史的各个经典时期,无论在古代和近代世界里,对价值准则的保证、批判和合乎逻辑的适用,都曾是法学家们的主要活动。”②作为其例证,大陆法系国家大多深受理性主义的影响,非常推崇对包括民法典在内的各种法典的编纂,认为“一种理性的社会生活秩序的基础,或许可以通过一种全面的法律规则的新秩序予以有目的奠定”③。而作为法典编纂的前提是人类对自身理性的充分自信,认为相对于其他自然人的禀赋来说,“人类理性具有至上的地位,因此,凭借个人理性,个人足以知道并能根据社会成员的偏好而考虑到建构社会制度所必需的

---

① Henry Campbell Black, *Black's Law Dictionary*, Fifth Edition, M. A, 1979, 462.

② [美]罗斯科·庞德:《通过法律的社会控制》,沈宗灵、董世忠译,商务印书馆1984年版,第55页。

③ 董茂云:《比较法律文化:法典法与判例法》,中国人民公安大学出版社2000年版,第68页。

境况的所有细节”①。因此,通过对人类理性的充分发掘不但可以对外部世界进行全面的认知和把握,而且可将人类的无序行为纳入符合理性的规范发展轨道。从某种意义上说,法典的编纂既是人类借助具象的介质检验理性对复杂社会关系进行干预和引导的理想试验场所,同时也是弘扬人类理性,凝聚社会共识的适宜载体。而要想制定出一部复杂且灵巧的民法典,其前提是必须将一些基本的理念和原则作为实现制度统一的工具和手段,而民法基本原则就义不容辞地承担了这样一种消弭制度偏差的工具。因此,从某种程度上说,民法基本原则的条文化设计既是法典编纂理性思维的集中体现,同时也是实现法典体系化后功能递增的必然要求。

(二)弥补成文法的局限性和法律的不周延性

相对于判例法来说,以法典化为表现形式的成文法存在天然的局限性,即以凝固的、有限的认知试图对具有无限可能性的人类不确定行为作出预估和预判,并将其归纳为一些具有相同的构成要素和相同表现外观的行为类型,这对法典的编纂来说这几乎是不能承受之重。“可以想象,法典要作为唯一的法律权威,实际上就要包括对可能出现的每一案件作出判决。人们经常认为:假如凭经验可能并且很方便地透彻了解一些特殊案件,就可以根据法典的相应规定对每一案件作出判决。但是任何认真研究过判例的人一看便知,这种做法注定要失败,因为千变万化的实际情况确实是无法限制的。事实上,在所有新法典中都放弃了企图取得这种材料完整性的全部幻想,而且没有找出任何代替的东西。”②为了克服法典化成文法的局限性,许多国家开始考虑将具体的法律制度进行抽象化的处理,即通过归纳整理出一些基本行为要求,引入一些带有道德评价性的概念,借助一些模糊性的语言表述,软化法律条文的僵硬品格,从而给法律的适用预留尽可能多的自主空间。其中最为成功的做法就

① [英]F. A. 海耶克:《不幸的观念——社会主义的谬误》,刘戟锋、张来举译,东方出版社 1991 年版,第 71 页。

② 法学教材编辑部《西方法律思想史编写组》编:《西方法律思想史资料选编》,北京大学出版社 1983 年版,第 530 ~ 531 页。

是通过引入基本原则的方式对法典的立法价值和历史使命进行揭示,以避免因对法律条文的机械适用而出现违背基本法律价值甚至社会常识的结果。对此法国著名民法学者布瓦斯泰尔曾评价说:"民法典尊重个人权利的最好和最重要的体现,是它对先于和高于实在法的法原则的承认。"[①]换句话说,民法典的主要价值不在于提供了多少具体的制度设计,而在于通过提炼基本原则的方式将民法的基本价值追求昭示出来,以实现民法作为私法基本法所应承担的提升人的存在价值、促进人的全面发展的历史重任。

(三)保证法律的统一

作为立法的一项普适性要求,任何立法都应当是内部和谐的统一体,其主要作用是防止因立法价值的冲突和制度设计上的不一致而导致的法律整体效用的减损。其主要原因在于:由于社会成员个人需求的复杂性和目标追求的多样性,从而使人与人之间、个人与社会之间的利益冲突具有不可避免性。"在人类社会这个大棋盘上每个棋子都有它自己的行动原则,它完全不同于立法机关可能选用来指导它的那种行动原则。"[②]而法律在很大程度上充当了社会主体间利益平衡和利益调和调节器的作用。"从法律的作用来看,它是为了满足、协调、调整这些重叠和经常冲突的请求、要求,或直接予以保障,或通过界定和协调各种个人利益加以保障,以便使大多数人的利益或我们文明中最重要的利益有效果,同时使整个利益清单中其他利益的牺牲降低到最低程度。"[③]民法典制定的主要作用之一就是通过将散见于众多单行法中的复杂法律条文进行必要整理、归纳、增删、合并和调整的方式,消除制度设计之间的冲突和矛盾,以实现"1 +1 >2"的整体增强效应。若要有效保证法律的内部统一,就必须有一些既超脱于具体法律制度之上,又符合法律规范

---

① [法]阿·布瓦斯泰尔:《法国民法典与法哲学》,钟继军译,载徐国栋主编:《罗马法与现代民法》(第2卷),中国法制出版社2001年版,第290页。

② [英]亚当·斯密:《道德情操论》,蒋自强等译,商务印书馆1997年版,第302页。

③ [美]罗斯科·庞德:《通过法律的社会控制》,沈宗灵、董世忠译,商务印书馆1984年版,第89页。

的基本要求的抽象规则,而民法基本原则就是这种抽象规则的最典型体现。因此在某种意义上,民法基本原则的有无及其设计是否合理,会直接影响民法法典化的目标能否顺利实现,民法典的预设任务能否有效达成。

(四)路径依赖效应

路径依赖最先是生物学家用来描述生物演进路径的一种专业术语。生物学家在研究特种进化时发现,特种进化一方面决定于基因的随机突变和外部环境,另一方面取决于其本身存在的等级系数控制。生物学家古尔德(Could)较早地研究了生物进化的路径运行机制并明确提出了路径依赖概念。新制度经济学的代表人道格拉斯·C.诺思(Douglas. C. North)将其从生物学领域引入经济学领域,用路径依赖来描述过去的机制对现在和将来的巨大影响力。诺思认为:制度变迁过程与技术变迁过程一样存在报酬递增和自我强化的机制。这种机制使制度变迁一旦走上了某一条路径,它的既定方向就会在以后的发展中不断得到自我强化。“一旦一条发展路线沿着一条具体进程行进时,系统的外部性、组织的学习过程以及历史上关于这些问题所派生的主观主义模型就会增强这一进程。”①换言之,一个具有正反馈机制(postive feedback system)的体系,一旦在外部性偶然事件的影响下被某一系统所采纳,那么便会沿着这一路径的发展方向继续演进,而很难被其他潜在的甚至更优的路径所取代。所以,人们过去作出的选择决定了他们现在可能的选择。②而法律作为一种典型的制度设计,无论是基于历史传统,还是基于思维习惯,都同样具有极强的路径依赖倾向。具体说来,由于中国自晚清以来一直奉行大陆法国家的成文法优先理念,并将是否制定体系化的法典作为衡量法律完备程度的主要标志,因此成文法的法典化几乎成为一个无须反思和验证的前置性问题。在国外,自《德

① [美]道格拉斯·C.诺思:《制度、制度变迁与经济绩效》,刘守英译,上海三联书店1994年版,第132页。

② 陈振波:《试从制度变迁理论角度论体制转型期政府的作用》,载《江西教育学院学报(社会科学版)》1999年第2期。

国民法典》以来,民法中必须有总则的规定也基本成为一个不证自明的立法公理性问题。我国自《民法通则》(已失效)中以明确法律条文的方式对民法基本原则作出规定之后,民法总则中应该有基本原则的规定也几乎成为一个无须讨论的话题。

(五)满足对抽象社会调整和主体行为指引的需要

按照学界通说,民法调整的社会是抽象的社会,民法调整的人是假定为人的抽象的人,即“对这个法律时代而言,人的类型不过是一个虚构,即不过是一个经验的平均类型”。[①] 民法视野中的抽象的人具有相同的智力水平,相同的思维定式,相同的利害判别标准,相同的行为范式和行为目的,因此通过预先的法律设计,不但可以预设各种行为结果,还可以预知各种行为的结果。但由于社会中的人并不是抽象的存在,而是复杂的鲜活的个体,是具有完全不同的智力水平和利益趋向的人,从而导致“社会的需要和社会的意见常常是或多或少走在‘法律’的前面的。我们可能非常接近地达到它们之间缺口的结合处,但永远存在的趋向是要把这缺口重新打开来”。[②] 因此,为了最大限度地实现民法典的抽象规定对具体社会关系和具体人的调整,除了需要一些明确具体的法律条文给当事人的行为提供参照系之外,同时也需要一些原则性的、包容性更广的法律条文帮助民事主体进行行为选择。民法基本原则就事实上承担了这种民事行为选择标尺的角色。

三、民法基本原则的作用分析

民法基本原则不但有其存在的合理性,而且事实上也发挥了一些具体法律制度无法完成的独特作用。这些作用主要表现在以下几个方面。

(一)实现对法律的指导功能

美国著名法学家庞德曾经说过,在每一个历史时期,“人们都使

---

① [德]古斯塔夫·拉德布鲁赫:《法律上的人》,载古斯塔夫·拉德布鲁赫:《法律智慧警句集》,舒国滢译,中国法制出版社2001年版,第147页。

② [英]梅因:《古代法》,沈景一译,商务印书馆1995年版,第15页。

各种价值准则适应当时的法学任务，并使它符合一定的时间和地点的社会理想”①。民法基本原则就是一些这样的价值准则，发挥着立法准则的功能，司法指导和司法援引的功能及民事主体行为合法性判断的终极功能。民法基本原则实际上是民法所体现的价值取向的条文化表述，其首要作用在于为立法、司法和守法活动提供基本的参照和指引，这也是学界所认可的最能够证明民法基本原则存在价值的论据之一。诚如著名学者王泽鉴先生在《民法概要》一书中所说：“民法，旨在实践若干基本原则，亦即民法基本目的或基本价值。此等原则或价值，乃历史经验的沉淀，社会现实的反映，未来发展的指标。”②

（二）强化社会公众对民法的价值认同功能

具体的法律制度必须通过一些共同的价值目标联结起来，以增强法律本身所追求目的的正当性和自身的神圣性。民法基本原则通过对法律价值的弘扬、立法理念的描述、立法目的的概括和法律适用标准的明示，可以最大限度地将隐藏于复杂条文之中的立法意图以简洁明了的语言呈现出来，从而加固社会主体对民法典本身的价值认同，以实现伯尔曼所说的：“在任何一个社会，法律本身都促成对其自身神圣性的信念。它以各种方式要求人们的服从，不但付诸他们物质的、客观的、有限的和合理的利益，而且还向他们对超越社会功利的真理、正义的信仰呼吁，也就是说，以一种不同于流行的现实主义和工具主义理论的方式确立法的神圣性。”③因此，从某种意义上说，民法基本原则较具体法律制度更好地充当了这种对法律价值进行固化认同的工具。

（三）加固民众对法律信仰的功能

按照伯尔曼的观点：“法律必须被信仰，否则它将形同虚设。”

---

① ［美］罗斯科·庞德：《通过法律的社会控制》，沈宗灵、董世忠译，商务印书馆1984年版，第55页。

② 王泽鉴：《民法概要》，中国政法大学出版社2003年版，第29页。

③ ［美］哈罗德·J. 伯尔曼：《法律与宗教》，梁治平译，生活·读书·新知三联书店1991年版，第44页。

而法律被信仰的基础和前提是“它不仅包含有人的理性和意志,而且还包含了他的情感,他的直觉和献身,以及他的信仰”[①]。因此,“除非人们觉得,那是他们的法律,否则,他们就不会尊重法律。但是,只有在法律通过其仪式与传统,权威与普遍性触发并唤起他们对人生的全部内容的意识,对终极目的和神圣事物的意识的时候,人们才会产生这样的感觉”[②]。由于民法基本原则大多以伦理性规则作为自己的生成基础,其内容既充分体现了人的理性、意志和情感,又升华了法律的理念和价值,具有较强的正义性品格,因此相较于具体民法制度来说,民法基本原则更能契合社会公众对法律正义性的信仰要求,更容易加固社会公众对法律信仰的观念基础。

(四)便利司法的功能

大陆法国家大多奉行法律万能主义思想,法律被假定为最具人类理性的和文明传承的制度设计,整个社会主要是通过繁杂无遗的具体法律制度进行治理的。在其司法体系中,法官被设计成机械适用法律条文的高级工匠。按照梅利曼的说法,大陆法系国家“法官的形象就是立法者所设计和建造的机器的操作者,法官本身的作用也与机器无异”[③]。但由于人类认知的局限性和社会关系的复杂性,法律事实上无法对所有未来的情况作出准确的预测并提供合适的法律应对,因此“明智的立法者承认,法律不可能制定得完美无缺,以使它可以严格地适用到属于法律规定范围之内的一切实际情况中去”。其有效的解决途径,一是授予法官以“一定程度的自由裁量权,以缓和法律规定所固有的刻板性”[④]。二是通过制定抽象程度更高,适用范围更广的法律基本原则的方式,利用其概括性、模糊性和弹性,弥补具体法律条文的制度刚性和适用局限性。

---

① [美]哈罗德·J.伯尔曼:《法律与宗教》,梁治平译,生活·读书·新知三联书店1991年版,第28页。

② [美]哈罗德·J.伯尔曼:《法律与宗教》,梁治平译,生活·读书·新知三联书店1991年版,第60页。

③ [美]约翰·亨利·梅利曼:《大陆法系——西欧拉丁美洲法律制度介绍》,顾培东、禄正平译,知识出版社1993年版,第40页。

④ [英]彼得·斯坦、[英]约翰·香德:《西方社会的法律价值》,王献平译,中国人民公安大学出版社1990年版,第83页。

（五）强化人类理性、打造法律共同体的功能

在法治社会的实现过程中，对法律作用和价值的广泛认同远比单纯地制定法律更为重要。要实现法律的认同，打造法律共同体，必须使法律的制定充分体现人类的理性。按照博登海默的观点，“理性是人类用智识理解和应对现实的能力。有理性的人能够辨识一般性原则并能够把握事物内部、人与事物之间以及人与人之间的某种基本关系。有理性的人有可能以客观的和超然的方式看待整个世界和判断他人”。[①] 而“全部道德文化的主要目的是塑造和培养理性意志使之成为全部行为的调节原则”[②]。因此，“法律不应只图方便；它应当致力于培养所有有关人员——当事人，旁观者和公众——的法律情感”[③]。根据理性主义的立法要求，“一旦把法律理解为积极的，活生生的人类进程，它也就包容了——正好比宗教包容了——人的全部存在，包括他的梦想，他的情感，他的终极关切”[④]。而民法基本原则作为人类理性的最高体现，义不容辞地担负起开启民智、培养法律情感和凝聚法律共识的独特功能。

四、外国民法典中为什么不规定基本原则

在民法总则中直接以法律条文的形式将民法基本原则公之于众并非通用的法典表达方式。通过审视有代表性的一些国家的民法典，我们大体可以梳理出这些国家对民法基本原则主要采取了三种处理方式：一是根本没有关于民法基本原则的具体规定，典型的如《法国民法典》；二是仅将重要的或特别需要注意的民法基本原则通过条文体现出来，典型的如《德国民法典》；三是以民法适用的

---

① ［美］E. 博登海默：《法理学——法律哲学与法律方法》，邓正来译，中国政法大学出版社 2001 年版，第 454 页。

② ［德］弗里德里希·包尔生：《伦理学体系》，何怀宏、廖申白译，中国社会科学出版社 1988 年版，第 412 页。

③ ［美］哈罗德·J. 伯尔曼：《法律与宗教》，梁治平译，生活·读书·新知三联书店 1991 年版，第 59 页。

④ ［美］哈罗德·J. 伯尔曼：《法律与宗教》，梁治平译，生活·读书·新知三联书店 1991 年版，第 46 页。

基本原则取代民事立法的基本原则规定在民法典中,典型的如《瑞士民法典》。以上几种立法模式的共同的特点是在其民法总则或民法典中都没有像我国《民法通则》那样对基本原则作出严密系统的规定。这些国家在民法典中对基本原则问题作这样的设计,无外乎出于以下原因:一是对基本原则抽象和提炼的难度较大。作为概括性极强的民法基本原则较之具体民法制度来说其准确性要求较为严苛,因此对其进行定义的难度更大。这一方面因为概念的外延越大,适用的范围越广,其不周延的可能性就越大,不确定性就越强。另一方面则因为任何确定性的概念和绝对的判断都可能存在不完整性和可争议性的瑕疵。二是没有必要。法典编纂的目的之一就在于通过系统化的条文设计消除彼此之间的矛盾。因此,在法典编纂比较成功的国家,通过复杂的条文设计,事实上已将基本原则的要求和理念体现其中,如果再规定一些抽象性的原则未免有重复累赘架屋叠床之嫌。三是弊大于利。对民法基本原则进行过于抽象的条文化设计不但会大幅度降低法律所要求的准确性和可预期性,而且会过分扩大法官的自由裁量权,破坏法律的严肃性。四是出于法学研究和立法技术之间区别的需要。法学研究出于体系性和逻辑性的需要一般强调对概念和事实的归纳、概括和提炼,而立法则侧重于满足解决现实法律问题的需要,强调对概念和事实的界定、描述和罗列。因此,总结提炼民法的基本原则是法学研究的任务而非立法的任务。

五、民法基本原则确定的基本要求

顾名思义所谓民法的基本原则应当是普遍适用于所有民法制度并能体现民法独特价值的那些原则。其特点被有的学者概括为“非规范性、不确定性、衡平性、强行性、强制补充性”[①]。我们认为,作为民法基本原则必须满足以下条件或要求。

---

① 徐国栋:《民法基本原则解释:诚信原则的历史、实务、法理研究》,北京大学出版社2013年版,第6页。

(一)民法基本原则必须是民法所特有的基本原则,而不是法律的基本原则

按照学界通识,民法基本原则应当是法律基本原则或法律原则的下位概念,因此应受法律原则的统率和制约,但又应当有别于一般的法律原则。换言之,一个概念或范畴一旦被界定为法律的基本原则,它就不应该再被认定为民法的基本原则。典型的如合法性原则和禁止权利滥用原则,由于这些原则实际上是所有法律都应共同遵守的原则,因此不宜再成为民事立法和民事活动所应遵循的特有原则。当然法律的基本原则既可以表现为体现人类理性的公理性原则,即基于法律上之事理推导出来的法律原则,如正义原则、自由原则、罪刑法定等,这也是严格意义的法律原则;同时也包括那些特定条件下基于特定目的而制定的政策性原则,如我国在计划经济时代所要求的计划性原则,兼顾国家、集体、个人利益原则等。

(二)民法基本原则必须是能够统率所有民法内容而非仅适用部分民法制度的原则

民法基本原则的精神和要求必须能够及于民法的所有内容,即必须能够对所有民法制度起指导作用并能够贯穿民法的始终,凡不具备这一要求的规则和原则,都应被排除在民法基本原则之外。换言之,有些民法原则虽然非常重要,但由于其仅适用民法的某些方面或民法的某些特定制度,因此不能上升为民法的基本原则,而只能表现为民法具体制度的原则。典型的如合同自由原则、所有权绝对原则和过失责任原则等。

(三)民法基本原则必须是符合抽象性和稳定性要求的原则

一方面,民法基本原则必须具有足够的抽象性,这是保证其宏观指导意义的基本要求,同时也是民法基本原则区别于具体民法制度的标志之一;另一方面,民法基本原则必须具有足够的稳定性,必须是经过长期实践检验并被证明具有强大生命力的那些原则。凡不具有稳定性要求的规则和原则不应被定性为民法的基本原则,典型的如计划性原则。民法基本原则的稳定性要求首先来源于法律制度文明的传承性,其次受制于社会发展的连续性,最后则受制于

民法本身的稳定性。诚如托克维尔所言:“在一个民族最不容易改变的事情当中,仅次于习惯的,就要数民法了。”①从某种意义上说,没有民法基本原则的稳定性,就没有民法的稳定性;而没有民法的稳定性,就没有社会关系的稳定性。

(四)民法基本原则必须是具有明确的内涵界域和价值指向的原则

民法基本原则不但对民法具体条文的设计有规范、指引、弥合和补漏等功能,而且对民事司法活动也有重要的指导作用。这种指导作用一方面体现在法官可以借助民法基本原则洞悉具体法律条文的立法意图,明晰语义含糊的法律条文的真实含义;另一方面则体现在具体法律条文无明确规定的时候,法官可以直接适用民法基本原则对当事人的行为效力作出判断,对当事人之间的权利义务关系进行界定和分配。为了实现以上目的,客观上要求民法基本原则的价值导引必须明确肯定,具体内涵必须清晰确定。

(五)民法基本原则必须是能够满足中国社会需要,符合中国社会发展方向的法律原则

按照法国著名社会学家托克维尔的观点,“法学和民族志,一如航行术、园艺、政治和诗歌,都是具有地方性意义的技艺,因为它们的运作凭靠的乃是地方性知识”②。由于相对于其他法律来说,民法更具有典型的民族性,是一国独特的民族精神和民族文化的体现,因此任何国家的民事立法都必须具有鲜明的民族特色。这些民族精神和民族文化既可以通过具体的民法制度体现出来,又可以通过民法基本原则体现出来。只有充分体现了民族精神和民族文化的民法制度和民法基本原则才能最大限度地反映民情,才具有恒久的生命力,也就是托克维尔所说的:“法律只要不以民情为基础,就总要处于不稳定的状态。民情是一个民族的唯一的坚强耐久的

---

① [法]托克维尔:《论美国的民主》,董果良译,商务印书馆 1988 年版,第 51 页。

② [美]克利福德·吉尔兹:《地方性知识:事实与法律的比较透视》,载梁治平编:《法律的文化解释》,生活·读书·新知三联书店 1998 年版,第 73 页。

力量。”①

(六)民法基本原则必须是能够体现人类文明结晶和人类共同价值追求的原则

在现有的法律体系中,民法无疑是文化积淀最为深厚,社会影响力最为深广的一个法律部门。与商法、诉讼法、国际法等主要体现制度和规则的集合体的法律部门不同,民法更多蕴含的是一种法律意识和法律理念,体现的是以公平、自治、诚信为核心的法治精神和法律文化。虽然大多数国家的民法典中并无民法基本原则的具体条文设计,但民法基本原则所体现的基本精神和价值追求已经深深根植在具体的制度设计之中。因此,民法基本原则的设计既要考虑其特殊的适用环境,同时也要注重充分吸纳在民法发展过程中经过长期累积、沉淀而留存下来的一些能够推动人类文明发展的规则和原则。

值得说明的是,民法的基本原则并不是越多越好,而应以必要性为前提。其根本原因在于,民法的基本原则越多,则各原则之间冲突的可能性就越大,民法原则与具体民法制度之间协调的难度相应也就越大。因此,不但无必要的冗法会影响法律的神圣性,而且没必要的民法原则同样会成为导致民法制度紊乱的诱致性因素。

六、民法基本原则的存在样态分析——哪些原则可以成为民法基本原则

对于哪些原则可以作为我国民法的基本原则,不但以《民法典》为代表的现有立法中给出不同的规定,而且学者间也给予了不同的解读和设计。著名民法学者王泽鉴先生曾将民法的基本原则概括为:“人的尊严”、“私法自治”、“私有财产”、“过失责任”和“两性平等”5 个原则。② 这种概括虽有一定的合理性,但不够全面和准确。笔者认为,按其设立目的的不同,我们可以将民法基本原

① [法]托克维尔:《论美国的民主》(上卷),董果良译,商务印书馆 1991 年版,第 315 页。

② 王泽鉴:《民法概要》,中国政法大学出版社 2003 年版,第 29～30 页。

则区分为价值性原则和功能性原则。前者是指那些具有价值指引和价值冲突评判作用的原则;后者指的则是那些具有填补法律规定空白功能的原则。根据以上所分析的几个民法基本原则的入选条件,笔者认为以下几个原则可以而且应当作为民法的基本原则。

(一)价值性民法基本原则

一方面,由于价值性民法基本原则的主要作用是对民事立法和民事司法起价值导引和价值判断作用,因此这种民法基本原则通常具有较强的抽象性、道德性和价值评判性。另一方面,由于价值性民法基本原则的主要功能在于彰显民法的独特存在价值并对具体的民事行为进行价值评判,因此其内容不宜太多。"每一个法律价值判断都是使价值体系走向现实的手段,同时又是可使价值体系在不断的发展变化中走向新的统一的要素。所以法律价值判断必须相互之间保持一定的联系并成为统一法律秩序的一部分。"①能够作为价值性民法基本原则的原则主要包括以下几种。

1. 私权优先原则

私权优先原则既是民法的首要原则,同时也是只有在民法典能够作出明确规定的价值性原则。

私权优先原则的法理基础在于私法相对于公法的优越地位。按照权威观点,现代社会法律理论和法律实践中的最重要区分之一是关于公法和私法之区分。② 这种区分并非单纯的理论推演,更重要的还缘于二者的法律要求和法律后果具有明显不同。公私法区分的最重要历史功绩就是划定了一个政治国家不能插手的市民社会领域,从而为市民社会构筑了一道防御外来侵犯的坚固屏障。自然人完全沐浴在法律所编织的严密保护网络之中,法律不但是其抵御外来侵害的最有效手段,而且几乎是其存在和生活的全部。换言

① [日]川岛武宜:《现代化与法》,申政武等译,中国政法大学出版社2004年版,第268页。

② [德]马克斯·韦伯:《经济与社会》(下),林荣远译,商务印书馆1998年版,第1页。

之，在私法中，占据主导地位的通常是那些自由的、不需要说明理由的决定；而在公法中，占据主导地位的则是那些受约束的决定。① 所以从某种意义上来说，私法相对于公法来说更具有基础地位。其原因不仅在于孟德斯鸠所认为的："在民法慈母般的眼里，每一个个人就是整个国家。"②而且更主要的原因在于作为万法之源的民法，其性质具有本源性，即其可以在不借助其他法律授权的情况下直接为自然人创设权利。正如有学者所言："在没有宪法之前，私法本身就是宪法，在有宪法以后，私法的基本观念、基本精神和基本制度成了宪法的基础和原型，并通过宪法这种根本法的形式得到了升华而被贯彻到其他一切法部门中。"③私法优先的核心要求是私法自治。私法自治被认为是市民社会的一项基础性原则。在西方国家，抽象地说私法自治，是指"各个主体根据他的意志自主形成法律关系的原则"，是"对通过表达意思产生或消灭法律后果这种可能性的法律承认"。④ 按照法国学者狄骥的说法："承认个人在私法领域内，就自己生活之权利义务，能为最合理之'立法者'，在不违背国家法律规定之条件下，皆得基于其意思，自由创造规范，以规律自己与他人之私法关系。"⑤私法自治使自然人的自由和权利得以充分实现。私法自治原则本身就意味着自由与权利。"私法自治给个人提供一种受法律保护的自由，使个人获得自主决定的可能性。"⑥

私法优先的另一层含义是公法应当为私法服务。"在私法范围内，政府的唯一作用就是承认私权并保障私权之实现，所以应在国

---

① ［德］迪特尔·梅迪库斯：《德国民法总论》，邵建东译，法律出版社2000年版，第7页。

② ［法］孟德斯鸠：《论法的精神》（下册），张雁深译，商务印书馆1997年版，第190页。

③ 邱本：《市场法治论》，中国检察出版社2002年版，第106～107页。

④ ［德］迪特尔·梅迪库斯：《德国民法总论》，邵建东译，法律出版社2001年版，第142页。

⑤ 邱本：《市场法治论》，中国检察出版社2002年版，第88页。

⑥ ［德］迪特尔·梅迪库斯：《德国民法总论》，邵建东译，法律出版社2001年版，第143页。

家的社会生活和经济生活中竭力排除政府参与。”①其次意味着公法行为不能改变基于私法而为的民事行为的效果。民事行为的效力虽然可能受制于行政行为(公权力)的影响,但对基于私法行为所产生的法律关系,行政部门不能直接基于公法的规定而加以改变。最典型的如,无论是物权变更行为还是股权变更行为,抑或该行为被相关的行政规定确定为无效,行政机关都不能直接基于行政命令而变更当事人间的物权关系或债权关系。

私权优先原则既是私法优先原则的必然要求,同时也是私法优先原则的具体实现方式。私权优先原则的本质在于赋予私权在权利(权力)中的核心地位,确立公权服务于私权的理念。(1)私权优先原则的基本要求是公权力应当为私权服务。“在权利与权力的关系中,权利本位的法律精神意味着:自然人的权利是国家权力的源泉,也是国家权力配置和运作的目的和界限,即国家权力的配置和运作,只有为了保障主体权利的实现,协调权利之间的冲突,制止权利之间的相互侵犯,维护和促进权利平衡,才是合法的和正当的。”②其具体含义是:第一,一切公权力都应当且只能来源于私权利,其存在的唯一价值就在于保护私权利免受不法侵害;第二,公权力具有协调私权利之间的冲突、维护和促进权利平衡的价值。(2)私权优先原则的第二层含义是私权保护优先,即当公权与私权发生冲突时公权应当让位于私权。私权保护优先不但是现代社会处理国家利益和私人利益冲突时普遍遵守的一项基本原则,而且已得到我国部分民商事法律的明确肯认,典型的如我国《证券法》第220条就明确规定:“违反本法规定,应当承担民事赔偿责任和缴纳罚款、罚金、违法所得,违法行为人的财产不足以支付的,优先用于承担民事赔偿责任。”与此相类似的还有我国的《公司法》,其第214条也明确规定:“公司违反本法规定,应当承担民事赔偿责任和缴纳罚款、罚金的,其财产不足以支付时,先承担民事赔偿责任。”这些规

---

① [美]约翰·亨利·梅利曼:《大陆法系》,顾培东、禄正平译,法律出版社2004年版,第106页。

② 何增科:《市民社会概念的历史演变》,载《中国社会科学》1994年第5期。

定虽然仅确定了私权保护的优先,远没有上升到私权优先的高度,但毕竟为我国确立私权优先原则提供了有益的尝试。(3)私权优先原则的第三层含义是私权独立,私权不依附其他权利。在既有的理论和实践中,私权通常被定义为一种从属性的权利,要受制于公权力的影响。具体说来,当一个行为或一项权利同时受到民事、刑事或行政法律的调整时,民事行为效力的判断和民事权利的有无,往往要直接受制于相关的行政决定和刑事处理。典型的如证券投资者对证券违法行为的求偿权的有无就取决于证券监管部门(中国证监会)是否对该证券违法行为进行了认定;刑事判决对相关的民事纠纷具有充分的拘束力。这实际上是对民事权利独立和民事行为独立规则的否定。事实上民事关系、行政关系、刑事关系分别是依据不同的法律而创设的,其权利义务、效力判断规则、诉讼证据证明规则、证明义务分配规则等都具有明显的不同,彼此间应当有独立的行为效力判断规则和权利证明规则。换言之,民事并不应依附于行政或刑事而存在,行政处罚的效力和刑事裁判的效力不能当然及于民事审判的结果,行政处罚和刑事处罚也不能代替民事赔偿。(4)私权优先原则的第四层含义是自然人权利(私权)无限原则。其基本内容是:自然人的权利类型和权利范围不以明确的法律授权为条件,只要不是为法律所明确排除的权利(如土地所有权),都是自然人可以享有的权利。(5)私权优先原则的第五层含义是自然人权利救济无限原则。这又有两层含义:其一,自然人的任何权利受到侵犯时都能获得相应的法律救济,即有权利就有救济;其二,法律对自然人的救济不以明确的权利赋予为条件,未上升为权利的法益受到不法侵害时同样可以获得法律的救济。(6)私权优先原则的第六层含义是公权不能与私权争利。从理论上说公权力不应有自己独立的可以超越私人利益或私人集合利益而存在的特殊利益,一切公权力都应当并且只能来源于私权利,公权力存在的唯一价值就在于保护私权利免受不法侵害。因此,在处理国家公权力与私人权利之间的关系时,不但公权力应当服从和服务于私权利,而且不能与私权争利。例如,国家不应介入充分竞争的行业和领域,以免国家利用自身优势损害其他竞争者的利益;国家不能以实现国家利益和社会公共利益为借口而任意剥夺私人利益。诚如有学者在总结国外处理国家和私人利益关系时所总结的那样："剥夺所有权在任何情况下都不能是单纯地增加国家财产的手段,否则剥夺私人财产的行为为不正义行为。"①

我国《民法典》虽然没有将私法优先明确规定为一项基本原则,但就其实质内容来看实际上已体现了这种思想。其中最为典型的当属第187条的规定,这一条实际隐含了两个基本原则:一是民事责任独立原则,二是民事赔偿优先原则。虽然民事赔偿优先相对私法优先来说还有较大距离,但民事赔偿优先无疑既是私法优先的应有之义,也是私法优先的重要组成部分。

2. 私权神圣原则

民法以创设和保障私权为己任,崇尚的是私权本位或私权神圣原则。所谓私权神圣原则是指任何私权,均受法律之平等保护,具有不可侵犯性,非依法律程序不能对自然人的权利进行限制和剥夺。

(1)私权为什么应当神圣?民法奉行私权神圣原则,主要是基于以下原因。首先,私人权利是一种自然权利。从历史上看,私人权利是人的自然权利的论断最初肇端于基督教化的罗马帝国早期,后经英国思想家约翰·洛克的系统化论述,由此成为解释私人财产权利正当性的经典表述。洛克的财产权理论以天赋权利为基础,通过阐释创造物是自己人格的扩张的思想,使私人财产权获得了正当的人权基础。也正是因为现代民法将自然法思想作为最终的权源基础,民法才被视作人民权利的圣经和生命财产的基本安全保障,民法的理念遂成为各个社会阶段所追求的共同目标,民法也由此成为人类文明的重要组成部分并通过自身的不断完善推动了社会的进步。② 而"从最普遍的角度看来,权利之所以重要,是因为它借助法律地位或传统地位赋予人们以特殊的能力。这就是说,作为自己

① 孙宪忠:《德国当代物权法》,法律出版社1997年版,第208页。

② 周小明:《信托制度比较法研究》,法律出版社1995年版,第35页。

的地位的结果，人们可以拥有进行某种特殊行为的资格或机会”。[①] 私权神圣的第二个原因在于私权是产生其他权利的基础，是万权之源。由于有自然法上的存在基础，因此私权的存在价值不需要借助其他权利加以证明。不仅如此，基于私权还衍生出了其他类型的权利，包括公权力。与私权利不同，公权力由于缺乏自然法上的价值基础，因此其存在价值需要通过自然法上的本原性价值加以证明，也就是必须借助对个人私权利的诠释来加以证明，更确切地说，公权力的存在只有在能够更好地实现私权利的前提下才能证明其自身的存在价值。

（2）私权怎样神圣——私权神圣的含义。私权神圣主要表现为人格权神圣、生命权神圣和财产权神圣。所谓人格权神圣又称人格尊严原则，主要包括人格天赋原则、人格平等原则和人格尊严不受侵犯原则。生命权神圣主要表现为生命权的不可替代性和不可剥夺性。生命权之所以必须神圣主要是因为生命权是自然人享受其他权利的基础和前提。按照马克思的说法：“全部人类历史的第一个前提无疑是有生命的个人的存在。”[②]米尔恩认为：“生命权是一个人之所以被当作人类伙伴所必须享有的权利……生命权，如果说有什么权利算作人权的话，它就是。”[③]夏巴斯将生命权定位为“各个时期的最高权利、最重要的权利之一、所有权利中最基本的权利、原始的权利、所有其他权利的基础和基石、人权的不可克减的核心、所有其他权利的前提以及所有人权的基础”。[④] 兰德也认为：“世界上只存在一种基本权利（所有其他权利都是其结果或推论），即个人拥有生命的权利。生命是一个自我维持和自我创造的过程。拥有生命就意味着有权利参与自我维持和自我创造的活动；意味着根据理性人的本性，他可以自由地实施所有支持促进、完成和享受

---

① ［澳］J. M. 巴巴利特：《自然人资格》，谈谷铮译，台北，桂冠图书股份有限公司1998年版，第22页。

② 《马克思恩格斯选集》（第1卷），人民出版社1995年版，第67页。

③ ［英］A. J. M. 米尔恩：《人的权利与人的多样性——人权哲学》，夏勇、张志铭译，中国大百科全书出版社1995年版，第11、158页。

④ ［加］威廉姆·夏巴斯：《国际法上的废除死刑》，赵海峰等译，法律出版社2008年版，第9页。

其生命所需的行动。”[①]由此可见,在复杂的私人权利位阶中,生命权应居于顶端的位置。与此相适应,作为生命权神圣的应有之义是生存权优先,即生存权可以优先于其他类型的财产权利和人身权利。生存权在我国现有的民事立法中已得到部分确认,典型的如我国《民法典》第 807 条有关建筑工程优先求偿权的规定就是生存权优先原则的典型体现。因此,有必要通过民法基本原则的方式进一步将这一权利加以确定和弘扬。财产权神圣主要表现为所有权绝对原则。所有权绝对是自《法国民法典》以来近现代民法区别于古代民法的显著标志之一,其确立依据在于财产权是人类谋求生存、建立和拥有家园的前置性权利,是生命权利的自然延伸,是人类自由与尊严的必要保障。从最根本意义上来说,财产权与生命权、自由权一道,共同构成最基本的三项人权。[②]

3. 权利义务相一致原则

权利义务相一致原则又称利益平衡原则,是指法律在对当事人进行权利义务分配时应恪守衡平理念,并努力使分配结果保持大体均衡状态。由于自然状态下的每个人都有一种无限扩张自己权利的内在冲动,从而使当事人之间的权利要求会发生重叠和冲突,而“法律的主要作用之一乃是调整和调和种种相互冲突的利益”。[③]因此,合理分配当事人之间的权利义务,妥当协调当事人之间的利益冲突,不但是包括民法在内的许多法律的共同任务,而且在某种意义上决定了一国法律制度总体良善程度的高低。美国著名法学家博登海默在论述利益平衡原则对法律制定的重要性时曾指出:“一个法律制度之所以成功,是由于它成功地达到并且维持了极端任意的权力与极端受限制的权力之间的平衡。这种平衡不可能永久地保持。文明的进步会不断地使法律制度丧失平衡。通过理性适用于经验之上,然后又恢复这种平衡,而且也只有凭靠这种方式,

---

① [美]安·兰德:《自私的德性》,焦晓菊译,华夏出版社 2007 年版,第 92 页。

② 刘军宁等编:《自由与社群》,生活·读书·新知三联书店 1997 年版,第 138～139 页。

③ [美]E. 博登海默:《法理学——法哲学及其方法》,邓正来、姬敬武译,华夏出版社 1987 年版,第 383 页。

政治组织和社会才能使自己得以永久地存在下去。”[①]相对其他法律来说,由于民法直接以确定和分配当事人之间的权利义务为己任,因此权利义务相一致更有其特殊的要求和特别重要的意义。换言之,作为一项重要的价值性原则,利益平衡原则意味着虽然民法高度尊重当事人自由意志之表达,但如果当事人之间的权利义务配置发生严重偏差,那么法律就可以有条件地介入当事人的意思自治领域,对当事人之间的权利义务进行重新分配。典型的如民法中对显失公平的民事行为法律效果的否定,司法实践中对过高违约金或过高约定利息的调整等都属于这一原则的具体体现。

(二)功能性民法基本原则

功能性民法基本原则的作用形式并不在于为民事立法和民事司法提供价值衡量和价值判断的依据,而在于为民事司法活动在无直接法律规定可供援引的情况下提供替代性的判断依据。功能性的民法基本原则主要表现为以下几个具体原则。

1. 诚实信用原则。自《瑞士民法典》第2条将诚实信用原则作出明确规定之后,诚实信用原则就作为民法的一项基本原则,几乎成为各国民事立法的通例,[②]甚至被称作民法的唯一原则或“帝王原则”。诚实信用原则能够并且应当作为民法的一项重要原则,一方面缘于这一原则的伦理性特质与民法制度的伦理性特点之间具有高度的契合性和道德的同源性,另一方面则在于这一原则具有道德的正当性和存在价值的先验性。“法律规则的正确与否,取决于背后的伦理共识。”[③]而“一个社会的健全的伦理道德准则是使社会稳定、经济制度富有活力的黏合剂”。[④] 诚如德国学者施塔姆勒所言,诚实信用原则不但是人类社会的最高理想,而且是自然法的代

---

① [美]E.博登海默:《法理学——法哲学及其方法》,邓正来、姬敬武译,华夏出版社1987年版,第142~143页。

② 典型的如《日本民法》第1条之规定:“权利之使用、义务之履行,应依信义诚实为之。”

③ 冯象:《政法笔记》,江苏人民出版社2004年版,第83页。

④ [美]道格拉斯·C.诺思:《经济史上的结构和变革》,厉以平译,商务印书馆1992年版,第55页。

名词。在法律效力的排序中,自然法由于体现了法的目的,因此应高于实在法,而实在法不过是自然法实现自己目的的手段而已。如果实在法违反了自然法而成为恶法,则有自然法将化作衡平法取而代之。[①] 诚实信用原则就是这样一种典型的衡平法,其主要作用在于作为自然法的化身对实在法起到监督作用。也正是由于诚实信用原则承载了太多的道德义务要求,因此有许多人认为这一原则仅是一种仅具有倡导性价值的道德原则,而非一种具有法律约束力的民法原则。由于欠缺有约束力的制度作保障的法律原则是不能作为真正意义上的民法原则被遵守的,因此这一原则的应然性价值大大超越了它的实用性价值。这无疑是对诚实信用原则性质的误解,实际上诚实信用原则虽然以社会伦理观念为基础,但其并非单纯的道德要求,而是将道德进行法律技术化处理的结果。[②] 作为其佐证的是:民法视野中的诚实信用原则不但表现为抽象性的法律原则,而且还通过一系列对当事人有一定约束力的制度表现出来。

2. 民事行为自由原则。民事行为自由原则又称法不禁止即可为原则,其基本含义是民事主体有权按照自己的意愿安排自己的行为,也就是伏尔泰所说的"自由就是做一切法律许可的事的权利"[③]。具体说来,民事主体从事民事活动的权利具有绝对性和天赋性,不需要经过特别的法律赋予作为判定行为是否合法的依据。法律所要做的是通过负面清单的方式罗列出民事主体不能做、限制做或需要经过审批才能做的行为或事项的种类,未列入负面清单的都是民事主体可以自主决定的行为。从理论渊源上来说,民法上的民事行为自由原则是自然人行为自由这一法的基本原则在民法领域的具体体现。行为自由原则的哲学基础是席卷欧洲的人文主义思想。人文主义宣扬人的自由、人的平等和人的权利,反对君主专制、反对封建等级,并把人从对神的依附中解放出来,成为有独立人

---

① 史尚宽:《债法总论》,台北,荣泰印书馆1978年版,第319~320页。

② 杨仁寿:《法学方法论》,台北,三民书局股份有限公司1987年版,第171页。

③ 北京大学哲学系外国哲学史教研室编译:《十八世纪法国哲学》,商务印书馆1979年版,第39页。

格和自由意志的人。康德认为："人只有一种天赋的权利，即与生俱来的自由。自由是独立于别人的强制意志，而且根据普遍的法则，它能够和所有人的自由并存，它是每个人由于他的人性而具有的独一无二的，原生的，与生俱来的权利。"[①]按照黑格尔的观点，自由原则既是法的基本表现形式，同时也是法的本质所在，"法的理念是自由，为了得到真正的理解，必须在法的概念及其定在中认识法"。"任何定在，只要是自由意志的定在，就叫做法。所以一般来说，法就是作为理念的自由。"[②]"独立与自由的意志是人类最基本的动力之一，我们必须维护它，并且一天天地巩固下去。"[③]孟德斯鸠则认为："在自由和政制的关系上，建立自由的仅仅是法律，甚至仅仅是基本的法律。但是在自由和自然人的关系上，风俗、规矩和惯例，都能够产生自由，而且某些民事法规也可能有利于自由。"[④]约翰·密尔认为，完全的个人自由和充分的个性发展不仅是个人幸福所系，而且是社会进步的主要因素之一。自由感驱使人类去从事那些旨在发展其能力和促进其个人幸福的有目的的活动。[⑤] 民事行为自由的内容非常宽泛，既包括以合同自由为代表的一般民事行为自由，也包括针对特定商主体所赋予的营业自由；既包括财产性质的财产处分自由，也包括人身性质的姓名自由、婚姻自由等；既包括体现生存权的居住自由，也包括体现选择权的迁徙自由等。

3. 自己责任原则或私法自治原则。所谓私法自治，是指私法主体有权依自己意志实施私法行为，他人不得干预；私法主体仅对自己基于自由表达的真实意思而实施的私法行为负责；在不违反法律

---

① ［德］康德：《法的形而上学原理——权利的科学》，沈叔平译，商务印书馆 1991 年版，第 50 页。

② ［德］黑格尔：《法哲学原理》，范扬、张企泰译，商务印书馆 1982 年版，第 1～2、36 页。

③ ［德］路德维希·艾哈德：《来自竞争的繁荣》，祝世康、穆家骥译，商务印书馆 1983 年版，第 38 页。

④ ［法］孟德斯鸠：《论法的精神》（上册），张雁深译，商务印书馆 1961 年版，第 187 页。

⑤ ［美］E. 博登海默：《法理学——法律哲学与法律方法》，邓正来译，中国政法大学出版社 1999 年版，作者致中文版前言Ⅵ。

规定的前提下,私法主体自愿达成的协议优先于私法的适用。由于私法主要表现为民法,因此私法自治就主要表现为意思自治。意思自治是私法自治的核心和灵魂,是私法的最高理念,其核心是尊重当事人的选择,因而良好的私法应当以尊重意思自治原则的选择性或示范性条款为主,允许适用者自主选择而尽量避免规定强制性条款,由适用者根据自己的判断而行动。只有“在自己有意识的活动过程中,那种选择行为才能被称为自由”。[①] 意思自治基于人类不可避免的无知这一事实而存在,正是认识的不确定性和可错性赋予了人们选择的自由和机会。英国学者戴维·赫尔德认为:“自治”意味着人类自觉思考、自我反省和自我决定的能力。它包括在私人和公共生活中思考、判断、选择和根据不同的可能行动路线行动的能力。[②] 只有人才有自由意志,才有天赋的自由权利;同时,由于人是理性的动物,有选择自己行为准则的能力,所以,人必须对自己所选择的行为负责。当然这里的行为自由也是有条件的,它首先要求行为人的行为必须限制在法律所设定的自由限度之内,符合制度本身的内生性要求,且不得损害他人的合法权益。[③] 其次要求行为人必须对自己的行为选择负责,包括承担因实施该行为所产生的于己不利的法律后果,典型的如过错责任原则的适用。

4. 公序良俗原则。公序良俗原则作为现代民法一项重要法律原则,是指一切民事活动不得有违于公共秩序和善良风俗,否则该行为将受到否定性评价。从具体词义来说,公序良俗是公共秩序和善良风俗的合称。一般认为“公序”以国家的社会秩序为着眼点,而“良俗”则以社会道德为着眼点。与诚实信用原则相仿,公序良俗原则也具有填补法律漏洞的功效。其主要区别是,善良风俗总是

---

① [德]康德:《法的形而上学原理——权利的科学》,沈叔平译,商务印书馆 1991 年版,第 29 页。

② [英]戴维·赫尔德:《民主的模式》,燕继荣等译,中央编译出版社 1998 年版,第 380 页。

③ 根据美国著名制度经济学家诺思的观点,制度本身就是对个人权利或行为的一种限制,即“制度是一个社会的游戏规则,更规范地说,它们是为决定人们的相互关系而人为设定的一些制约”。[美]道格拉斯·C. 诺思:《制度、制度变迁与经济绩效》,刘守英译,上海三联书店 1994 年版,第 3 页。

以道德要求为核心的。公序良俗原则主要适用于非市场交易领域的行为，而诚实信用原则主要作为市场交易的道德准则。公序良俗原则是伦理性要求在法律上的主要表现之一，其之所以能够作为民法的基本原则，是因为法律和道德在调整目标上的一致性。任何法律的制定都必须以符合道德要求作为其合法性来源，“法律秩序发挥作用的前提是，它必须达到具有约束力的道德规范的最低限度。任何法律秩序都是以道德的价值秩序为基础的”①。从作用机理来看，法律和道德同为调整社会关系的主要手段，两者有相同的人性基础和社会使命。“道德不只是法的条件，也是法的目标。”②“法律反映但不决定社会的道德价值。一个公正合理的社会的价值，将在公正合理的法律中得到反映。”③实际上，任何国家的法律都必须把本国的一些优良传统习惯上升为法律，这也是区分善法和恶法的标准之一。但我们也不能不看到，基于社会治理的功能差异和对行为人行为约束标准的不同，法律和道德无论就其角色定位还是就其适用对象来看均有明显的区别，因此必须严格限定作为道德性原则的公序良俗原则的适用范围。“法律不曾也不能涉及道德的所有领域，若将一切道德的责任，尽行化为法律的责任，那便等于毁灭了道德。”④

5. 遵从习惯的原则。法律作为一种制度集合体，本身就是社会习惯不断演化的结果。“制度实质上就是个人或社会对有关的某些关系或某些作用的一般思想习惯；而生活方式所构成的是，在某一时期或社会发展的某一阶段通行的制度的综合，因此从心理学的方面来说，可以概括地把它说成是一种流行的精神态度或一种流行的

---

① ［德］伯恩·魏德士：《法理学》，丁晓春、吴越译，法律出版社 2005 年版，第 180 页。

② ［德］伯恩·魏德士：《法理学》，丁晓春、吴越译，法律出版社 2005 年版，第 181 页。

③ ［美］格兰特·吉尔莫：《美国法的时代》，董春华译，法律出版社 2009 年版，第 174 页。

④ ［美］马多佛：《现代的国家》，载肖金泉主编：《世界法律思想宝库》，中国政法大学出版社 1992 年版，第 402 页。

生活理论。"[①]按照伯尔曼对西方的法律传统的简要概括,西方的法律(尤其是早期的)主要不是出自国家的立法权,而是源于许多个人和群体在其日常的相互交往中创造的关系。"组成各种联合的人们、建立相应的权利和责任的雇主和雇员、彼此间订立协议的商人们、把孩子们抚养成人的父母们——他们建立了各种民间(unofficial)法律关系,创造了可以被恰当地称作习惯法的制度。"[②]而在习惯法的话语体系中,"人们可以不根据法律本身,而根据自己的良知意识,也就是根据自己的评断来判断事物合法与否"。[③] 习惯法可以构成民法的基本原则,主要原因不仅在于民法规则主要源于对社会习惯的抽象,典型的如合同制度就不过是将每天重复着的产品交换活动通过法律的形式加以固定,即"交换的不断重复使交换成为有规则的社会过程"[④],"这种经济交换和在交换中才产生的实际关系,后来获得了契约这样的法的形式"[⑤],从而使习惯法获得了恒久的生命力;而且更在于习惯法通常最大限度地反映了民情,由于"民情是一个民族的唯一的坚强耐久的力量"[⑥],因此以此为基础的法律"不仅是世俗政策的工具,而且还是生活终极目的和意义的一部分"。[⑦] 纵观各国的立法经验我们不难发现,这些传统道德和习惯"或者是通过立法突然地和公开地进入法律,或者是通过司法程序悄悄地进入法律。在这些制度中,如美国,法律效力的最后准则中明确地包含了正义原则或重要的道德价值;在其他制度中,如英国,对最高立法机关的权限没有形式上的限制,可是它的立法

---

① [美]凡勃伦:《有闲阶级论——关于制度的经济研究》,载[美]凡勃伦:《有闲阶级论》,蔡受百译,商务印书馆1964年版,第139页。

② [美]哈罗德·J.伯尔曼:《法律与宗教》,梁治平译,中国政法大学出版社2003年版,第178~179页。

③ [英]霍布斯:《利维坦》,黎思复、黎廷弼译,商务印书馆1985年版,第267页。

④ 《马克思恩格斯全集》(第23卷),人民出版社1963年版,第106页。

⑤ 《马克思恩格斯全集》(第19卷),人民出版社1963年版,第423页。

⑥ [法]托克维尔:《论美国的民主》(上卷),董果良译,商务印书馆1991年版,第315页。

⑦ [美]哈罗德·J.伯尔曼:《法律与宗教》,梁治平译,生活·读书·新知三联书店1991年版,第43页。

还是毫不含糊地符合正义或道德"。[①] 因此,从某种意义上来说,人类的整部历史就是一部由习惯法上升为国家法的历史,因而不但习惯法构成国家制定法的重要渊源,而且习惯也表现为民法适用的基本原则。在这方面最为成功的做法如《瑞士民法典》第1条(法律的适用)第2款明确规定:"如本法无相应规定时,法官应依据惯例;如无惯例时,依据自己作为立法人所作出的规则裁判。"遵从习惯原则的另一层含义是,即使对于那些不太合理的习惯,也应该通过引导,通过潜移默化加以改变,而不能通过法律强行废止。"一个君主如果要在他的国内进行巨大的变革,就应该用法律去改革法律所建立的东西,用习惯去改变习惯所确定的东西;如果用法律去改变应该用习惯去改变的东西,那是极糟的策略。"[②]

七、民法基本原则的法律表达

(一)民法基本原则进行法律表达的基本要求

无论是民法的具体制度,还是民法的基本原则,其立法要求既有共性,也有个性。其共性表现在:在法律人的视野中,法律"不只是一整套规则",而且"是在进行立法、判决、执法和立约的活生生的人。它是分配权利与义务,并据以解决纷争,创造合作关系的活生生的程序"[③]。按照美国著名法学家考默萨的观点:"法律是什么、能够是什么,以及应该是什么,又都取决于制定、解释和实施该法律过程的特性。这些过程之间的互动决定了法律的供给与需求。"[④]立法者在进行相关立法包括民法基本原则立法时,应注意以下几点。第一,必须遵循所有立法的基本要求,即充分满足特定社会关系的需要,补齐法律理念的短板,如马克思所说的:"法律应以

---

① [美]哈特:《法律的概念》,张文显等译,中国大百科全书出版社1996年版,第199页。

② [法]孟德斯鸠:《论法的精神》(上册),张雁深译,商务印书馆1963年版,第310页。

③ [美]哈罗德·J.伯尔曼:《法律与宗教》,梁治平译,生活·读书·新知三联书店1991年版,第38页。

④ [美]尼尔·K.考默萨:《法律的限度——法治、权利的供给与需求》,申卫星、王琦译,商务印书馆2007年版,第3页。

社会为基础。法律应该是社会共同的、由一定物质生产方式所产生的利益和需要的表现。”[①]因此,“立法者应该把自己看作一个自然科学家。他不是在创造法律,不是在发明法律,而仅仅是在表述法律,他用有意识的实在法把精神关系的内在规律表现出来。如果一个立法者用自己的臆想来代替事情的本质,那么人们就应该责备他极端任性。同样,当私人想违反事物的本质恣意妄为时,立法者也有权利把这种情况看作是极端任性”。[②] 这些要求对我国民法基本原则的立法来说同样适用。第二,要求包括基本原则在内的民事立法应当是良法。因为只有良法才能获得公众的普遍支持。所谓的“良法就是为人民的利益所需而又清晰明确的法律”[③]。其基本标志是必须具有公正性,能够满足人的基本要求,能够实现人的全面发展,能够符合人们对法律的感觉和预期。“法律必须靠原则的公正以及国民对它感兴趣才能获得支持。”[④]也就是马克思所说的:“只有当法律是人民意志的自觉表现,因而是同人民的意志一起产生并由人民的意志所创立的时候,才会有确实的把握,正确而毫无成见地确定某种伦理关系的存在已不再符合其本质的那些条件,做到既符合科学所达到的水平,又符合社会上已形成的观点。”[⑤]第三,任何立法都必须考虑特定的社会环境,特定的民族文化和历史传统,特殊的调整对象和特定的立法目的。对此恩格斯曾指出,虽然法律的最终决定性因素是现实的经济条件,但其他因素如政治、文化、民族、历史传统等同样也对法律的形成发挥着重要作用。因此,要是有人歪曲说“经济因素是唯一决定性因素,那么他就把这个命题变成毫无内容的、抽象的、荒诞无稽的空话”[⑥]。第四,民法基

---

① ［德］马克思:《对民主主义者莱茵区域委员会的审判》,载《马克思恩格斯全集》(第6卷),人民出版社1961年版,第292页。

② 《马克思恩格斯全集》(第1卷),人民出版社1995年版,第347页。

③ ［英］霍布斯:《利维坦》,黎思复、黎廷弼译,商务印书馆1996年版,第271页。

④ ［英］托马斯·潘恩:《潘恩选集》,马清槐等译,商务印书馆1991年版,第265页。

⑤ 《马克思恩格斯全集》(第1卷),人民出版社1995年版,第349页。

⑥ ［德］恩格斯:《恩格斯致约·布洛施》,载《马克思恩格斯选集》(第4卷),人民出版社1995年版,第696页。

本原则必须对作为人类文明重要组成部分的各国民法制度进行充分地吸收和提升。民法基本原则作为民法典中最能体现民法精神和民法价值的部分，其本身就应当是人类文明的结晶和人类文化的重要组成部分。因此，我国的民法基本原则无论就其内容还是就其表现方式，都应当将为现代各国民法所认可的最能体现民法精神和价值的那部分内容充分予以吸收并发扬光大。

（二）民法基本原则的表达方式

一般来说，对民法基本原则可以选择采取以下方式中的一种或几种进行具体的表达。

1. 罗列式表达。即把所有的民法基本原则都通过明确的法律条文确定下来。其好处是清晰明了，不容易出现异议。其缺点是由于民法基本原则就其性质来说更多是一种理论概括，因此要想用非常准确的语言将其表达出来难度较大。并且囿于概念本身的固有缺陷，任何对民法基本原则的概括都不可能穷尽其内容，对于哪些原则可以作为民法的基本原则也很难取得社会共识。我国现行的《民法典》基本上就是采取的这种立法例。

2. 说明式表达。即不但罗列民法基本原则的概念，而且详细说明每个民法基本原则的立法理由及其基本含义。这种表达方式不但为以霍布斯为代表的一些古典法学家所推崇，而且为部分民法典所采纳。例如，霍布斯就认为："法律是否明确与其说在于法律本身的词句，还不如说是在于将制定法律的动机与原因予以公布，也就是向人民说明立法者的意图。"①这种立法例的好处是可以使社会公众明了立法者的立法意图，从而增强法律规定的说服力。其缺点是立法者取代了法学研究者的工作，将法学研究者可以自由探讨的内容变为限制人们思考的规范性表达。其结果不但禁锢了理论上的创新思维，而且会从实质上削弱民法基本原则的观念指导功能。

3. 选择性表达。即在立法时并不把所有的对民事立法、司法和守法有指导意义的法律原则都凝练成相应的法律条文，而是只把最具有民法特色、最具有稳定性和最具重要意义的民法基本原则规定

① ［英］霍布斯：《利维坦》，黎思复、黎廷弼译，商务印书馆1996年版，第271页。

出来。典型的如《瑞士民法典》的立法体例。在《瑞士民法典》中,明确规定为基本原则的只有诚实信用原则,这也是很多学者据此认为诚实信用原则是帝王原则的主要论据之一。

4. 分层式表达(区分性表达)。以上几种民法基本原则的表达都是一种并列式的表达,即将所有的民法原则都视为规范效力上处于平等位阶的法律原则,彼此之间既没有效力的高下之分,也没有从属关系。这种表达方式的缺点是显而易见的,主要表现在:如果诸多的民法基本原则在作用要求和价值目标导向上具有完全的一致性,那就意味着对民法基本原则的区分没有实际意义;如果各项民法基本原则之间在作用要求和价值目标导向上具有明显的差异性,那么当两个以上的原则同时作用于一个行为、一个事实或一项权利时,可能会对当事人产生完全不同的义务和要求,并会产生不同的效力判断标准,从而不但会导致当事人面对法律的不同要求而无所适从,而且也会不可避免地产生权利冲突。分层式表达或区分性表达的主要好处就是将不同的民法基本原则按其重要性进行了排序,将其区分为主导性或基础性的基本原则和附属性或辅助性的基本原则。在效力层次上位阶高的基本原则对位阶低的基本原则具有指导作用,最基本的民法原则对其他的民法基本原则具有最终的价值评判功能和决定意义。笔者过去曾一直主张要对民法的基本原则进行效力的层级化设计,并将公平原则定位为具有民法最终价值取向功能的最根本的原则。①

5. 分散式表达。按照民法基本原则适用范围的大小和适用对象的不同分散规定在不同的部分中。例如,将民法基本原则区分为可以适用于所有民法制度的所谓全涵盖式的基本原则和仅能适用民法部分内容的有限覆盖式基本原则。前者主要规范有关民法的一般性的要求,因此可以规定在民法总则中,如私权优先原则;后者则是针对较为具体的民法制度所设定的一些原则,如针对权利的基本原则(如物权法定原则,物权优先于债权原则),针对行为的基本

---

① 赵万一:《论民商法价值取向的异同及其对我国民商立法的影响》,载《法学论坛》2003 年第 6 期。

原则(如契约自由原则),针对责任的基本原则(如过错责任原则),针对身份的基本原则(如婚姻自由原则),这些原则应当分散规定在分则的相应内容之中。值得说明的是,这种区分并不是一种单纯的理论推演,事实上可以落实到具体立法之中。可借鉴的典型立法例是《瑞士民法典》,在《瑞士民法典》的总则①中就既规定了民事行为的基本原则(基本要求),又规定了民法适用的基本原则。② 但遗憾的是,在其各编的内容中仍和其他国家一样,并未涉及法律原则的内容,这一缺憾由我国《民法典》弥补了。

八、我国《民法典》所确立的民法基本原则

一般认为我国《民法典》第4~9条规定的是民法基本原则,依次是平等原则、自愿原则、公平原则、诚信原则、公序良俗和绿色原则(或称人与自然和谐发展的原则)。但实际上第3条③也应规定的是民法基本原则,其具体原则内容可以表述为"民事权益受保护原则"。虽然在该条中并未出现民法基本原则的字样,但这并不能作为否定其作为民法基本原则的理由,因为在其他民法基本原则的法律表达中,只有在第5~7条中明确出现了"自愿原则"、"公平原

---

① 值得说明的是,在实行民商合一的国家,其民法典中并无关于民法总则的规定;只有在实行民商分立的国家,如德国,日本等国,才在民法典中规定了总则的内容。与其他国家不同,实行民商合一的《瑞士民法典》中虽然有总则的规定,但其总则内容与以《德国民法典》为代表的大陆法主流国家的民法典所规定的内容具有明显不同。严格说来《瑞士民法典》中的总则只是民法适用的要求和原则,而并不包含民法总则的完整内容。实际上我们通常所认为的典型的民法总则的内容并没有规定在民法总则中,而是主要规定在"债编"的总则中。因此我们现在的民法典既要实行民商合一,同时又要规定总则,实际上是我国民事立法的不能承受之重。

② 《瑞士民法典》第2条的条目为"诚实信用的行为",具体内容是:"(一)任何人都必须诚实、信用地行使其权利并履行其义务;(二)明显地滥用权利,不受法律保护。"第3条的条目是"善意",具体内容为:"(一)依照本法以善意所进行的行为,其法律上的效果,应推定为善意存在。(二)就其具体情况,凡未达到一个善意人应该达到的程度的人,无权援用善意。"第4条的条目为"裁判",具体内容为:"依本法所作的裁判,或判断具体状况,或认定重要原因是否存在时,法官应根据法理公平裁判。"基于以上规定可以看出,《瑞士民法典》在第2~4条分别确立了诚实信用原则,禁止权利滥用原则,善意原则,公平原则。

③ 我国《民法典》第3条规定:"民事主体的人身权利、财产权利以及其他合法权益受法律保护,任何组织或者个人不得侵犯。"

则”和“诚信原则”的字样,在其他条文中同样没有使用“某某”原则的表述。更为重要的是,把第3条理解为民法的基本原则不仅符合立法的原意,而且有利于彰显我国《民法典》的权利法属性和注重人文关怀的特点,且更能凸显我国《民法典》以人民利益为中心的立法宗旨。

第三章　平等原则与民法伦理

一、平等原则的独特存在价值

(一)对平等含义的历史考察

平等是自启蒙运动以来各派思想家论述得最多的理念之一。“法律面前人人平等”是资本主义国家和社会主义国家均于宪法中确定的基本原则,尽管其实质内容各异,但平等的精神却早已深入人心,并成为社会趋向文明进步的尺度。在思想史中,像自由一样,平等亦有不同的含义。在政治思想中,平等的概念有两种基本使用方法:一是指本质上的平等,即人是平等的动物;二是指分配上的平等,即人与人之间应在财产分配、社会机会和(或)政治权力的分配上较为平等。在平等主义的理论中,本质上的平等常常被用来证明分配上较为平等。[①] 博登海默认为,“平等乃是一个具有多种不同含义的多形概念。它所指的对象可以是政治参与权利、收入分配制度,也可以是不得势的群体的社会地位与法律地位。其范围涉及法律待遇的平等、机会的平等以及人类基本需要的平等。它可能

---

① [英]戴维·米勒、[英]韦农·波格丹诺编:《布莱克维尔政治学百科全书》,中国问题研究所等译,中国政法大学出版社1992年版,第230页。

关注保护诺成合同的义务与对应义务间的平等、关注在因损害行为进行赔偿时作出恰当补偿或恢复原状,并关注在执行刑法时维护罪行与刑罚间的某种程度的均衡"[①]。罗尔斯提出了有关平等的两个最基本原则。按照他的完整说法,第一个原则是,"每个人对与其他人所拥有的最广泛的基本自由体系相容的类似自由体系都应有一种平等的权利";第二个原则是,"社会的和经济的不平等应这样安排,使它们被合理地期望适合于每一个人的利益;并且依系于地位和职务向所有人开放"。[②] 简单地说,第一个原则是"自由的平等原则",它强调每一个人都"平等"地享受政治自由等各种权利;第二个原则是"差别原则"(the difference principle),它强调社会经济的不平等,必须能够促使社会中"处境最不利"的成员获得最大的利益。也就是说,"差别原则"允许有不平等(贫富差距),但又必须限制不平等,使处境最不利的成员获得最大的利益,即所谓的"补偿原则"。罗尔斯不仅设定了"社会正义"的两个原则,还设定了这两个原则的次序或等级关系。在他看来,社会正义的两个原则不是并行的关系,而是要以"词典式次序排列"的先后关系。按照这种排列方法,罗尔斯提出了"优先原则",它由第一优先原则(自由的优先性)和第二优先原则(正义对效率和福利的优先)组成。第一优先原则是指正义的第一原则先于第二原则,它要求每个人的自由平等权利,要首先得到保护,不能为第二个原则或其他目的而破坏第一原则;它要求由正义所保障的自由权利绝不能受制于政治交易和社会利益的驱动,不受第二原则中的公平机会优先于差别原则的限制。[③] 根据罗尔斯对正义原则及其关系的设定,可以看出,他是要在坚决维护个人自由权利和机会平等的基础上,通过引入"差别原则",尽量限制社会不平等,使社会中处境最差者的经济利益得到一

---

① [美]E. 博登海默:《法理学——法律哲学与法律方法》,邓正来译,中国政法大学出版社1999年版,第286页。

② [美]约翰·罗尔斯:《正义论》,何怀宏、何包钢、廖申白译,中国社会科学出版社1988年版,第60~61页。

③ [美]约翰·罗尔斯:《正义论》,何怀宏、何包钢、廖申白译,中国社会科学出版社1988年版,第9页。

定改善。换言之,罗尔斯的正义原则,一方面要优先维护“自由权利”和“形式上”的“机会平等”,另一方面则试图对经济利益进行再分配以求达到一种更“实质性”的平等。从罗尔斯正义观以及对自由和平等所作出的安排来看,其坚持了西方自由主义传统的基本原则和价值。

霍布豪斯认为,“从人们存在很大差异这一事实出发,我们便可以认为,如果我们给予他们以平等的待遇,其结果就一定是他们在实际地位上的不平等,而且,将他们置于平等的地位的唯一方法也只能是给予他们以差别待遇。因此,法律面前人人平等与物质的平等不仅不同,而且还彼此冲突;我们只能实现其中的一种平等,而不能同时兼得二者”[①]。因此霍布豪斯说:“在这种情况下,还谈得到什么自由呢?工人们很快就发现自己根本没有自由。”因此,他指出:“就契约而言,真正的自由要求缔约方之间大体上平等。如果一方处于优越地位,他就能够强制规定条件。如果另一方处于软弱地位,他就只好接受不利的条件。这就产生了华尔克的一句至理名言,即经济上的损害倾向于使损害本身永存。一个阶级的地位越是被压得低,它在没有援助的情况下再度崛起的困难也越大。”[②]

德沃金与霍布豪斯和罗尔斯的观点不同,他认为平等是一种权利。第一类是平等对待的权利,涉及某些机会或资源或义务的平等分配的权利。第二类是作为一个平等的个人而受平等对待的权利,这一权利就是与其他人受到同样的尊重和关心的权利,而不是接受某些义务或利益分配的权利。在这一权利上,人人是无差别地应受平等对待和尊重的。同时,德沃金认为作为一个平等的个人而受到对待的权利是基本的,而平等对待的权利是派生的。[③]

（二）民法上的平等原则

民法上的平等原则实际上是平等观念在民法领域的反映和应

---

① ［英］弗里德利希·冯·哈耶克:《自由秩序原理》(上册),邓正来译,生活·读书·新知三联书店1997年版,第104页。

② ［英］霍布豪斯:《自由主义》,朱曾汶译,商务印书馆1996年版,第41~42页。

③ ［美］罗纳德·德沃金:《认真对待权利》,信春鹰、吴玉章译,中国大百科全书出版社1998年版,第238页。

用,来源于宪法中的政治权利的平等。梅因认为:"在西方法律传统中,法律被设想为一个连贯的整体,一个融合为一体的系统,一个'实体',这个实体被设想为在时间上是经过了数代和整个世纪的发展……法律不是作为一个规则体,而是作为一个过程和一种事业。"罗马法首次从法权关系中确定了自然人的权利平等,对此,梅因写道:"我以为人类根本平等的学理,毫无疑问是来自'自然法'的一种推定。'人类一律平等'是当时法律命题之一,它随着时代的进步已成为一个政治上的命题。"①博登海默认为法律平等是"凡为法律视为相同的人,都应当以法律所确定的方式对待。"②平等和自由密切相连,平等是实现自由的保障。哈耶克强调:"一般性法律规则和一般性行为规则的平等,乃是有助于自由的唯一一种平等,也是我们能够在不摧毁自由的同时所确保的唯一一种平等。"③1789年的法国《人权和自然人权宣言》(《人权宣言》)第一次把平等和自由确定为人类两个最基本的政治要求宣言明确宣布,平等、自由是人类不可剥夺的最基本的自然权利,同时也是最神圣的民主原则。这里的自由是指政治自由,就是"可以做一切不损害别人的事"。该宣言认为,平等不但是一种政治权利,而且是一种民事权利,表现为"财产神圣不可侵犯的权利",是"在法律面前人人平等的权利"和公共赋税平等分摊的权利。该宣言规定:"自然人可按他们各自的能力相应地获得一切荣誉、地位和工作,除他们的品德与才能造成的差别外,不应有其他任何差别。"当平等被广泛应用于民法领域时,就产生了民法上的平等原则。所谓平等原则是指民事活动的参与人在民事关系中所处的法律地位是完全一样的,其所为的相同法律行为会受到同等的法律对待,在法律适用上会受到同样的法律保护。

---

① [英]梅因:《古代法》,沈景一译,商务印书馆1959年版,第53页。

② [美]E.博登海默:《法理学——法律哲学与法律方法》,邓正来译,中国政法大学出版社1999年版,第286页。

③ [英]弗里德利希·冯·哈耶克:《自由秩序原理》(上册),邓正来译,生活·读书·新知三联书店1997年版,第102页。

二、平等原则产生的伦理基础和经济基础

（一）平等原则产生的伦理基础

面对普遍存在的法律价值的外部性困扰，法学家们日益意识到了平等原则背后的信仰问题的重要性。他们发现："当一个新生的国家生成，等一个旧国家革新自身，无论在印度还是在意大利，无论在尼日利亚还是在法兰西，新的宪法便是那一时期的秩序。当革命成功地实现之时，即使是共产主义革命，也总是要颁布宪法……"法学对平等价值的重视，其任务在于从权利和义务关系的独特视域中确认本质平等，同时，将本质平等以规范性语言表述为分配平等。这实际上要解决两个问题：第一，本质平等从何而来？或平等价值如何证明？第二，分配平等如何得到保障？第一个问题是平等价值的渊源或根基问题，第二个问题即平等保护问题。"天赋人权论者认为人本身具有理解自己的权利和义务的能力，这一主张为反对家长式统治政府提供了理论根据。功利主义者认为所有的人都享有相同的体验快乐和痛苦的能力，因此每个人按规定只能享受一份权利而不是更多的权利。康德主义者认为人具有尊严，因为他们是道德的人，能够理智、系统地遵循道德法则，这就为以下这段格言提供了依据：人应该被当作目的本身而不仅仅是实现目的的手段。"①罗尔斯指出：平等的基础是人的本性的一般事实，而不仅仅是一种没有实际力量的程序规则。之所以论及人性，是因为事实上人与人之间从他们存在的那一天起就有着一些不平等。这些不平等主要存在于社会和自然两个方面。对于平等观念的理论依据，资产阶级思想家特别是其中的启蒙学者给出了各种答案：(1)"自然说"认为，在自然状态中人与人是完全平等的。平等表现为一种"自然权利"，是"自然法"所赋予而不可剥夺的。(2)"天赋说"认为，人的平等权利是人的本性赋予人类的，适用于所有的人；人的本性所赋予人类的平等权利是与生俱来的，生命的存在就意味着获得并享有平

---

① ［英］戴维·米勒、［英］韦农·波格丹诺编：《布莱克维尔政治学百科全书》，中国问题研究所等译，中国政法大学出版社 1992 年版，第 230 页。

等权利。[1] (3)“理性说”则把平等要求归结为主体性的追求和选择。但这种追求和选择不是依据主体的利益需要,而是主体所固有的“理性”的发现和认知。格老秀斯认为,平等权利源于人类的理性,“自然权利是正当理性的命令,它根据行为是否和合理的自然相谐合,而断定其道德上的卑鄙,或道德上的必要,从而指示该行为是否为创造自然的神所禁止或命令”。[2] 霍布斯认为,平等的自然权利是“理性所发现的戒条或一般法则”[3]。(4)“上帝说”认为,“上帝”作为一种信仰体系和精神体系,不仅表征着正义,而且象征着平等。对此,洛克认为,平等是上帝“赋予人以一种指导他行动的悟性”而追求和享有的。[4] 弥尔顿也认为,平等权利作为“自然把某种权利交给人民,让他们自己保卫自己”,也和其他东西一样,“都属于上帝,依靠上帝”。[5] (5)“自爱与自私说”认为,“人的本性具有自爱和自私的天性禀赋。正是这种人的本性所具有的自爱和自私的天性禀赋,使人产生了追求生存、自由、财产、自卫、反击和发展智慧、才能的欲望和行为”。[6] 卢梭写道:“权利平等及其所产生的正义概念乃是出自每个人对自己大的偏私,因而也就是出于人的天性。”[7](6)“正义说”认为,平等是一种美德,平等就隐含着正义。而正义则是合理性的最高体现,是体现人的本性的符合自然法则的“永恒的公理”。当然这种正义最终仍要归结于上帝的旨意,“一切正义都来自上帝,唯有上帝才是正义的根源”[8]。(7)“宗教信仰说”认为,平等原则根植于《圣经》文化之中,或如弗里德里希所说“植根于西方基督教的信仰体系及其表述世俗秩序意义的政治思想

---

① 周仲秋:《平等观念的历程》,海南出版社 2002 年版,第 170 页。

② 周辅成编:《从文艺复兴到十九世纪资产阶级哲学家政治思想家有关人道主义人性论言论选辑》,商务印书馆 1971 年版,第 222 ~ 223 页。

③ [英]霍布斯:《利维坦》,黎思复、黎廷弼译,商务印书馆 1986 年版,第 97 页。

④ [英]约翰·洛克:《政府论》(下篇),叶启芳、瞿菊农译,商务印书馆 1986 年版,第 18、36 页。

⑤ 吴易风:《空想社会主义》,北京出版社 1980 年版,第 57 ~ 61 页。

⑥ 周仲秋:《平等观念的历程》,海南出版社 2002 年版,第 171 页。

⑦ [法]卢梭:《社会契约论》,何兆武译,商务印书馆 1982 年版,第 42 页。

⑧ [法]卢梭:《社会契约论》,何兆武译,商务印书馆 1982 年版,第 48 页。

中”。伯尔曼在谈到“西方法律传统的神学渊源”时说：“假如不去探讨西方法律传统的宗教方面的话，要理解这一传统的革命性质是不可能的……西方法律体系的基本制度、概念和价值都有其 11 世纪和 12 世纪的宗教仪式、圣礼以及学说方面的渊源，反映着对死亡、罪、惩罚和拯救的新的态度，以及关于神与人、信仰与理性之间关系的新设想。”所以，伯尔曼总结道：“西方法律科学是一种世俗的神学。”[①]黑格尔指出：“只有在基督教的教义里，个人的人格和精神才第一次被认作有无限绝对的价值。一切的个人都能够得救是上帝的意旨。基督教里有这样一种的教义：在上帝面前所有的人都是自由的，所有的人都是平等的，耶稣基督解救了世人，使他们得到基督教的自由。这些原则使人的自由不倚赖于出身、地位和文化程度。”[②]基督教的平等主要包括原罪的平等和“神学的平等”。“原罪说”完全否认财产和地位的因素，认为“所有人无论其地位的高低，无论其财产的多寡，一概均是罪人，都只有信靠救世主耶稣为自己赎罪，才能求得死后永生”[③]。因此恩格斯认为：“基督教只承认一切人的一种平等，即原罪的平等，这同它曾经作为奴隶和被压迫者的宗教的性质是完全适合的。”[④]神学的平等又称为“在上帝面前人人平等”。在人类思想进步的轨迹中，“在上帝面前人人平等”原则有着非常重要的理论价值。英国和法国的新兴资产阶级正是依据这一原则来反对封建特权。他们从“在上帝面前人人平等”中直接推论出“在法律面前人人平等”。[⑤] 在德国农民战争中，农民起义的杰出领袖、空想社会主义者闵采尔也是从“在上帝面前人人平等”的神学原则中找到了其“接近共产主义”的政治纲领成立的充足理由。闵采尔认为，上帝的儿女是平等的，财产也应当是平等的；而财

---

① ［美］哈罗德·J. 伯尔曼：《法律与革命——西方法律传统的形成》，高鸿钧等译，中国大百科全书出版社 1993 年版，第 200 ~ 201 页。

② ［德］黑格尔：《哲学史讲演录》（第 1 卷），贺麟等译，商务印书馆 1981 年版，第 51 ~ 52 页。

③ 周仲秋：《平等观念的历程》，海南出版社 2002 年版，第 81 页。

④ ［德］恩格斯：《反杜林论》，载《马克思恩格斯全集》（第 20 卷），人民出版社 1971 年版，第 7 页。

⑤ 周仲秋：《平等观念的历程》，海南出版社 2002 年版，第 83 页。

产共有就是为了实现财产平等。这种平等还应当包括政治上的平等。违反平等原则的现行政权应该被推翻,任何违背平等原则的特权都应该被坚决否定。[①]

(二)平等原则产生的经济基础

平等作为民事立法的一项基本原则,还是与商品经济和市场经济紧密联系在一起的,只要有商品经济存在就应当有平等。马克思认为:"如果说经济形式、交换,确立了主体之间的全面平等,那么内容,即促使人们去进行交换的个人材料和物质材料则确立了自由。可见,平等和自由不仅在以交换价值为基础的交换中受到尊重,而且交换价值的交换是一切平等和自由的生产的、现实的基础。作为纯粹观念,平等和自由仅仅是交换价值的交换的一种理想化的再现;作为在法律的、政治的、社会的关系上发展了的东西,平等和自由不过是另一次方的这种基础而已。"[②]民事关系是在商品经济和市场经济存在的情况下产生的,而商品经济又是"天生的平等派",它不承认任何特权,只承认一个权威即民事,它要求一切经济关系的参加者在法律上都享有平等的法律地位。这种平等的法律地位既是商品经营者进行公平民事的前提条件,也是实现经营者自由意志的必要保障。

但平等并不是与人类社会的发展相始终的,而是社会经济和人类文化累积到一定阶段的产物。社会立法的目的就在于通过法律手段确认或者恢复为统治阶级所认可的所谓平等。古罗马时期,奴隶制的生产方式决定了其事实上并不存在广泛的身份平等。"在希腊人和罗马人那里,人们的不平等比任何平等受重视得多。""如果认为希腊人和野蛮人、自由民和奴隶、自然人和被保护民、罗马的自然人和罗马的臣民,都可以要求平等的政治地位,那么这在古代人看来必定是发了疯。在罗马帝国时期,所有这些区别,除自由民和奴隶的区别外,都逐渐消失了。这样,至少对自由民来说产生了私

① 吴易风:《空想社会主义》,北京出版社 1980 年版,第 61 页。

② [德]马克思:《资本论》,载《马克思恩格斯全集》(第 46 卷),人民出版社 1979 年版,第 197 页。

人的平等……但是只要自由民和奴隶之间的对立还存在，就谈不上从一般人的平等得出的法律结论……”[①]在欧洲中世纪，身份平等也只是那些文化超前的自治市社会的存在物。但是，“在封建的中世纪的内部孕育了这样一个阶级，这个阶级在它进一步的发展中，注定成为现代平等要求的代表者，这就是市民等级”[②]。市民等级要求“推翻那些使人受屈辱、被奴役、被遗弃和被蔑视的东西的一切关系”，[③]特别是“宗教和身份”，要求还人以自由、平等。“自由和平等也很自然地被宣传为人权。”不过，平等被确定为法律原则，却主要体现在经济交往的规范上，而亲属法上的身份平等却迟迟不能兑现。可以说，平等在实在法中的发展历程是不平衡的。尽管资产阶级革命从原则上否定了封建奴役和教会奴役，实现了市民关于身份平等的理想。但是，在具体实施过程中，道路却是何等漫长。直到“二战”后，国外民法典中关于家庭成员不平等的条文才逐渐消失。在民法作为人类文化结晶所体现出的理念中，身份平等是发育得最缓慢、最不完善的一个，并且在运作过程中承受着种种的障碍。可是“身份平等作为理性要求，却是自罗马到近代市民法一脉相承的理念和不灭的向往”[④]。

平等对推动现代民法观念的形成发挥了重大作用，也是资本主义以来的现代社会区别于封建社会以前时代的主要标志。正如梅因所言，“所有进步社会的运动，到此处为止，是一个‘从身份到契约’的运动”[⑤]。处于等级制度下的平等只能是相同身份的人的平等，不同等级的人处于不同的法律地位，享受着不同的权利。但在市民社会中，在由契约的总和组成的市场体制下，人人都抛弃了其因种族、民族、宗教信仰、公权、出身、财产等造成的差异，均平等地

---

① ［德］恩格斯：《反杜林论》，载《马克思恩格斯选集》（第 3 卷），人民出版社 1972 年版，第 143 页。

② ［德］恩格斯：《反杜林论》，载《马克思恩格斯选集》（第 3 卷），人民出版社 1972 年版，第 144 页。

③ ［德］马克思：《〈黑格尔法哲学批判〉导言》，载《马克思恩格斯选集》（第 1 卷），人民出版社 1972 年版，第 9 页。

④ 张俊浩主编：《民法学原理》，中国政法大学出版社 1991 年版，第 21 页。

⑤ ［英］梅因：《古代法》，沈景一译，商务印书馆 1959 年版，第 97 页。

享有参与市场竞争、实现自利的机会权。在这里,人人都是手段,人人又都是目的。[①]

三、平等原则的内容

在民法领域,平等原则包含着许多因素,然而,最基本的仍然是作为市民主体资格的平等,是身份上的平等,即民事权利能力平等。只有实现民事权利能力的平等,才能使人们不分民族、种族、职业、性别、家庭出身、宗教信仰、教育程度、财产状况、居住期限、政治地位等,均能享有民事主体资格,平等地进行交往。只有确认身份平等,才能使人们有可能求得其他权利的平等,如获得政治权利的平等。现代社会中的平等,早已摆脱古罗马时代和封建社会狭窄的适用范围,而是对全体自然人均无一例外地发生效力。卢梭认为:“社会公约在自然人之间确立了这样一种平等,以致他们大家都遵守同样条件并且全部应该享有同样的权利。”[②]《法国民法典》第8条规定:“所有法国人都享有民事权利。”《德国民法典》第1条规定:“人的权利能力自出生完成时开始。”我国《民法典》第4条亦规定:“民事主体在民事活动中的法律地位一律平等。”而且,人终生享有民事权利能力,无论在什么情况下,都不得被剥夺。值得注意的是,法律上所要确认的平等只是民事条件、民事规则的平等,而不是民事结果的平等。完全的结果上的平等,只能是平均主义思想和均贫富观念在法律上的虚幻反映,它只存在于人们的良好愿望之中,而不能作为立法者进行立法的依据。作为民法指导思想的平等原则主要包括以下几项内容。

1. 所有民事主体的资格一律平等。民事主体资格平等意味着所有的民事参与人以平等的身份参与民事经济活动,其身份地位没有贵贱优劣之分。任何主体的民事活动和业务活动都适用同一法律规定。对此列宁曾指出:“社会主义者说平等,一向是指社会的平

---

① 苏号朋:《民法文化:一个初步的理论解析》,载《比较法研究》1997年第3期。

② [法]卢梭:《社会契约论》,何兆武译,商务印书馆1982年版,第44页。

等,社会地位的平等,绝不是指个人的体力和智力的平等。”①主体资格的平等还意味着所有的民事主体享有相同的权利和承担相同的义务。任何民事主体都不能享有超越法律规定的权利,也不能要求对方承担与其权利不相对称的义务。

2. 民事关系的当事人是彼此独立的,享有意志上的独立,不受他方意志的支配,即民事主体之间不存在意志服从关系,一方不得将自己的意志强加于对方,不得单方地向其他民事主体强加义务。例如,任何单位和个人都不得凭借行政权力限定他人的商品交易行为,也不得滥用经济优势和独占地位限制、排挤其他民事对手,或为其他民事主体设置障碍。

3. 民事关系的当事人的权利义务对等,经济利益上互相实现。权利和义务是互相关联的对立统一体,一个表征利益,另一个则表征负担。任何权利的取得都必须以负担相应的义务为条件和前提,权利和义务、风险和利益应当对等,这是自罗马法以来的法学先哲们所确立的一项基本法律原则。换言之,既没有无义务的权利,也没有无权利的义务,并且在一个社会中无论权利和义务怎样分配,在数量关系上,权利和义务总是等值或等额的。但这里的权利义务对等只是指社会总体权利义务的对等,并不是指单个民事主体权利义务的绝对相等。事实上每一个民事主体的权利和义务是不可能等量的,法律所要做的只是将权利和义务在不同社会主体之间公平地进行分配。同时平等还要求民事关系的当事人在经济上互相实现。“每一个社会的经济关系首先是作为利益表现出来的”②,正是这种利益纽带,才将不同社会主体的活动联系在一起。民事立法的主要目的之一就是要利用法律的强制力,公平地保证当事人经济利益的实现。

4. 民事主体平等地受到法律保护。平等意味着法律对待任何民事主体的活动都是一视同仁的,任何民事主体的正当民事行为都

① [苏联]列宁:《自由派教授论平等》,载伍天冀、杜红卫编译:《政治的智慧》,警官教育出版社 1992 年版,第 90 页。

② [德]恩格斯:《再论蒲鲁东和住宅问题》,载《马克思恩格斯选集》(第 2 卷),人民出版社 1972 年版,第 537 页。

会受到法律的赞赏和保护,任何违反市场民事的行为都会平等地受到法律追究。法律对每一个民事主体在保护方法、保护手段、保护内容和保护力度上都是一样的。任何社会成员的合法权益,法律都予以同等保护,即“保护我们的权利不受政府侵犯以及通过政府保护我们的权利不受其他自然人侵犯”。[①] 美国《宪法第十四条修正案》宣布:“无论何州(包括其下属单位)不得拒绝给予在其管辖下的任何人以同等的法律保护。”平等保护要实现两个法律目标:“保护我们的权利不受政府侵犯以及通过政府保护我们的权利不受其他自然人侵犯。”[②]与此相关的,平等保护往往通过三种渠道来完成:一是限制政府特权,二是法治原则,三是法律援助。对任何自然人的违法犯罪行为都平等地予以追究或处罚,任何人都不得享有违法犯罪而不受应有制裁的特权。

---

① [美]詹姆斯·M. 伯恩斯等:《民治政府》,陈震纶等译,中国社会科学出版社1996年版,第158页。

② [美]詹姆斯·M. 伯恩斯等:《民治政府》,陈震纶等译,中国社会科学出版社1996年版,第158页。

第四章　公平原则与民法伦理

随着我国社会主义市场经济的确立和完善,依法治国进程的不断加快,人们对于社会公平的要求也越来越强烈。公平既是一个伦理概念,也是一个法律概念。社会公平是法治与道德的有机结合,是社会稳定发展的基础,是社会进步的先决条件。纵观人类社会发展史,人类追求社会公平和公正的诉求和斗争从来没有停止过,公平的实现水平成为衡量国家文明程度的主要标志。

一、对公平概念和公平原则的历史考察

(一)公平的含义与民法上的公平

公平观念最早可以追溯到古希腊的城邦制度。美国当代政治学家萨拜因认为:"很多近代的政治观念——诸如公道、自由、立宪政体和尊重法律等——或至少是这些观念的定义,都起源于希腊思想家对城邦制度的看法。"①在各国的法律发展史上,公平在法律制定和法律实施中占有十分重要的地位,在许多情况下,"人们往往把公平看作是法律

---

① [美]乔治·霍兰·萨拜因:《政治学说史》(上册),盛葵阳、崔妙因译,商务印书馆1986年版,第22页。

的同义语"。法院也被称为"公平之宫"。[①] 但要想给公平下一个十分确切的定义却是非常困难的。对于法律上所说的公平,有人认为就是正义,是法律的最高价值。[②] 这里的公平被视为法律的理想状态。有人认为"公平的含义也就是平等"。[③] 有人认为公平就是分配正义。[④] 实际上公平本为道德规范,其判别是从社会正义的角度,以人们公认的价值观和公认的经济利益上的公正、合理为标准来加以确定的。在我国,公平并不是一个舶来品,而是源于中国的传统文化,是中国传统伦理观念的主要表达方式。《管子·形势解》:"天公平而无私,故美恶莫不覆;地公平而无私,故小大莫不载。"《尚书·洪范》有:"无偏无党,王道荡荡;无党无偏,王道平平;无反无侧,王道正直。"《老子》称:"天之道,损有余而补不足。"儒家的理论尤其强调"中庸之道",强调在对立双方之间的不偏不倚。孔子说:"不患寡而患不均,不患贫而患不安",并认为:"均无贫,和无寡,安无倾"[⑤];"中庸之为德也,其至矣乎"[⑥];"礼之用,和为贵"[⑦]。后儒也称:"使富者足以示贵而不致于骄,贫者足以养生而不致于忧。以此为度而均调之,是财不匮而上下相安,故易治也。"[⑧]东汉许慎的字书《说文解字》对"公"的解释是:"平分之,从八从厶。八犹背也。韩非曰:背厶为公。"这实际上是广义的公平的概念,也就是亚里士多德在《伦理学》第5卷中所说的用作一切美德的同义语的公平。这种意义上的公平实际上是一种道德规范,主要是作为一种社会理念而存在于人们的观念和意识当中,其判别主要是从社会正义的角度,以人们公认的价值观和公认的经济利益上的公正、等

---

① [英]彼得·斯坦、[英]约翰·香德:《西方社会的法律价值》,王献平译,中国人民公安大学出版社1990年版,第74页。

② 孙国华主编:《市场经济是法治经济》,天津人民出版社1995年版,第163页。

③ 何怀宏:《契约伦理与社会正义——罗尔斯正义论中的历史与理性》,中国人民大学出版社1993年版,第120页。

④ [美]E.博登海默:《法理学——法哲学及其方法》,邓正来、姬敬武译,华夏出版社1997年版,第255页。

⑤ 《论语·季氏》。

⑥ 《论语·雍也》。

⑦ 《论语·学而》。

⑧ 《春秋繁露·制度》。

价、合理为标准来加以确定的。美国著名哲学家罗尔斯把公平理解为正义的同义语，他认为，在平等的原始状态，“由于所有人的处境都是相似的，无人能够设计有利于他的特殊情况的原则，正义的原则是一种公平的协议或者契约的结果”①。作为公平的正义有一个特征，“它把处在原始状态中的各方设想为是有理性的和相互冷淡（mutually disinterested）的。这并不意味着各方是利己主义者，即只关心自己的某种利益，比方说财富、威望、权力的个人，而是被理解为对他人利益冷淡的个人”②。狭义的公平又可以区分为“分配的公平”和“矫正的公平”。“前者是指利益、责任、社会地位等在社会成员之间的分配。”③它“要求平等地分配基本的权利和义务”。④“后者是指在社会成员之间重建原先已经建立起来、又不时遭到破坏的均势和平衡。”⑤其认为“社会和经济的不平等（例如财富和权力的不平等）只要其结果能给每一个人，尤其是那些最少受惠的社会成员带来补偿利益，它们就是正义的”⑥。分配的公平主要考虑参与分配的人们功德方面的差异，强调的是与某种标准相对称的分配比例。矫正的公平主要在私下交易中才发挥作用。它可以由人们自愿采用，也可以被强迫采用。这种公平实际上先假设了一种冲突或不平衡状态，即在自愿和强迫两种情况下，都是一方有所得，而另一方则有所失。法律或法官的作用就是通过责罚因违反契约或不当行为而获利的一方向遭受损失的一方作出数量相等的赔偿的方式，使事情恢复到行为发生前的原始状态。“因此矫

---

① ［美］约翰·罗尔斯：《正义论》，何怀宏、何包钢、廖申白译，中国社会科学出版社1988年版，第12页。

② ［美］约翰·罗尔斯：《正义论》，何怀宏、何包钢、廖申白译，中国社会科学出版社1988年版，第13～14页。

③ ［英］彼得·斯坦、［英］约翰·香德：《西方社会的法律价值》，王献平译，中国人民公安大学出版社1990年版，第76页。

④ ［美］约翰·罗尔斯：《正义论》，何怀宏、何包钢、廖申白译，中国社会科学出版社1988年版，第14页。

⑤ ［英］彼得·斯坦、［英］约翰·香德：《西方社会的法律价值》，王献平译，中国人民公安大学出版社1990年版，第76页。

⑥ ［美］约翰·罗尔斯：《正义论》，何怀宏、何包钢、廖申白译，中国社会科学出版社1988年版，第14页。

正的公平所使用的手段是一种算术上的比例方法,这与分配的公平中所用的几何比例法是不相同的。在矫正的公平方面,根本不应考虑双方的功德;各方都被看作是平等的。”[①]罗尔斯认为,公平体现了平等的分配关系,要求“所有的社会价值——自由和机会、收入和财富、自尊的基础——都要平等地分配,除非对其中的一种价值或所有价值的不平等分配合乎每一个人的利益”。[②]

以上这些公平概念给我们提供了很好的启迪作用,但还远远不够,并没有从法律上真正界定公平的本质含义。我们认为,作为民法意义上的公平主要强调的应是权利和义务、利益和负担在相互关联的社会主体之间合理分配或分担。这种分配或分担的结果能够为当事人和社会所接受。民法的公平主要包括四个层次的含义。一是当事人面临平等的社会外部条件和平等的法律地位。这种公平可称为“前提条件的公平”。二是社会对所有的社会成员都一视同仁,每一个社会成员都能从社会那里获得同等的、无关其付出的对待。这种公平可称为“分配的公平”。三是在交换过程中当事人的权利义务应当对等和合理。这种公平可称为“交换的公平”。四是当出现权利义务关系失衡时,法律应当依据正义原则和人类理性对这种失衡结果进行矫正。这种公平可称为“矫正的公平”。公平原则既体现了民法的任务、性质和特征,也反映了民法的追求目的,是民事立法的宗旨、执法的准绳和行为人守法的指南。甚至可以毫不夸张地说,公平原则是民法的活的灵魂。不仅如此,公平原则又与一切具体的民法原则不同,它具有对一切市民社会普遍适用的效力,且贯穿于整个民法的立法、执法和守法过程的始终。公平原则既体现了民法的任务、性质和特征,也反映了民法的追求目的,是民事立法的宗旨、执法的准绳和行为人守法的指南,是民法的活的灵魂。不仅如此,民法中所讲的公平既是一种抽象的公平,也强调的是经济上的公平和

---

① [英]彼得·斯坦、[英]约翰·香德:《西方社会的法律价值》,王献平译,中国人民公安大学出版社 1990 年版,第 76 ~ 77 页。

② [美]约翰·罗尔斯:《正义论》,何怀宏、何包钢、廖申白译,中国社会科学出版社 1988 年版,第 62 页。

条件的公平,即强调"任何人都处于同一起跑线上"的起点的公平和机会的公平。对此英国著名经济学家、哲学家和社会活动家约翰·穆勒在讲到他所主张的经济公平观时曾精辟指出:"我们必须假定,每个成年男子或妇女都能自由使用和发挥其体力和脑力;生产手段——土地和工具在他们之间公平地分配,这样,就外界条件而言,任何人都处于同一起跑线上。也可以设想,在原先分配时就对自然的损害给予了补偿,并让身体虚弱的社会成员在分配上占些便宜,以取得平衡。但是,这种分配一经实施,就再也不受干预;各人要靠自己的努力和一般机缘来利用其所分配到的物品。"①

民法所追求的公平还具有历史性和相对性。英国著名法学家梅因说过:"'英国衡平法'是建立道德规则上的一种制度;但是却忘记了这些规则是过去几世纪——而不是现在的——道德,忘记了这些规则已经几乎尽他们所能地受到了多方面的应用,并且忘记了他们虽然同我们今天的伦理信条并没有很大的区别,但它们并不一定同我们今天的理论信条处在同一个水平上。"②世界上也根本没有绝对的公平存在,因此民法的公平主要强调和保护的是个体公平。民法所倡导的公平、平等的价值理念仅局限于经济个体之间的公平和平等,它仅仅是形式上的公平和机会上的平等,而不能从社会整体利益出发去追求实质的公平和平等。民法只能是个人利益的本位法和个人权利的维护法,也就是如亚里士多德所说的公平非常注重相互承认对方人身尊严的自由人之间的某种比例或关系。"因此,在各种公平中,最重要的是相互主体因素或几个个人之间关系的一致性因素。"③

民法不但强调公平,而且不断根据社会公平观念的变化而调整其内容,建立了比较完善的公平保障与矫正机制。典型的如在英美

① [英]约翰·穆勒:《政治经济学原理——及其在社会哲学上的若干应用》(上卷),赵荣潜等译,商务印书馆1991年版,第229页。

② [英]梅因:《古代法》,沈景一译,商务印书馆1984年版,第40页。

③ [意]G.德·维基奥:《公平》,载[英]彼得·斯坦、[英]约翰·香德:《西方社会的法律价值》,王献平译,中国人民公安大学出版社1990年版,第78页。

法国家,除签字蜡封的合同以外要求合同的成立和有效必须以对价为条件,即"无对价即无合同"或"无对价的合同不受法律保护"。很显然这一原则的立足点在于保证合同的公平性。在实际生活中有些合同虽然没有对价,但宣布其无效却会损害另一方当事人的利益,导致不公平现象的出现。如在无对价的赠与合同中,接受赠与的一方当事人已经根据赠与方的承诺进行了某些准备工作,并花费了某些费用。如果以"无对价的合同不受法律保护"为由而否认该合同的效力,则对受赠方显失公平。因此,在衡平法中就确立了"禁反言"或称"不得出尔反尔"的原则。其目的在于矫正法律适用中的不公平。

另外民法既强调形式上的公平,也强调实质的公平,因此公平虽然强调对法律规则的严格适用,但并不拘泥于对法律条文的机械理解,更加注重立法的主旨,强调探究当事人内心真实的意思表示,以实现实质的公平。因为"公平愈是屈从于规则的逻辑,官方法律与老百姓的正义感之间的差距也就愈大,从而,在老百姓的眼中,法律就会渐渐失去自身的可理解性和合法性"①。

民法中的公平原则也具有一定的局限性。民法所强调的公平的实现虽然会有助于个人利益的实现,但并不当然有利于整个社会的公共利益,在有些情况下甚至会对抗社会的公共利益。如果硬要牵强附会地将民法建立在社会公共利益基础上去实现个人利益最大化,那只能是民法的异化。换言之,民法只是从市场规则角度予以规范,在市场经济中,市场主体沿着民法规定的竞争规则去追求自身利益最大化,民法对于追求的结果予以承认并加以保护,至于由此产生的诸如社会不公问题,民法是无能为力的。传统的民法难以担当起维护社会公共利益的重任。在前提(条件)公平与结果公平的关系上,民法所追求的无疑是结果的公平,但这种结果公平的追求是基于这样一个假设,即前提条件的公平合理会导致结果公平的出现。因此,民法的诸项规定主要是

① [美]昂格尔:《现代社会中的法律》,吴玉章、周汉华译,中国政法大学出版社1994年版,第191页。

对前提条件公平的客观确认,因为也只有前提条件的公平才具有容易把握性和客观公正性。而绝对的结果公平只是绝对平均主义的另一种表述,它只存在于人们的幻想之中。因此,民法中的公平原则的实现必须符合正义的要求,必须以不违反社会利益和不损害他人利益为条件。对此,罗尔斯指出:“一个正义的社会体系确定了一个范围,个人必须在这一范围内确定他们的目标。它还提供了一个权利、机会和满足手段的结构,人们可以在这一结构中利用所提供的东西来公平地追求他们的目标,正义的优先部分地体现在这样一个主张中:即,那些需要违反正义才能获得的利益本身毫无价值。由于这些利益一开始就无价值,它们就不可能逾越正义的要求。”①

(二)公平原则的判断标准

与其他法律制度原则相比,公平原则具有高度概括性和含义的不确定性。公平原则并不是一个含义非常明确的概念,其本身就具有概括性、历史性和个人感受的差异性,既可以具体外化为平等、诚信和意思自治等较为明晰的要求,也可直接作为人们内心判断的基本依据。古代的公平和现代的公平也有质的差异。在各国的立法中公平也仅仅是作为一个高位原则而对其他民法原则和具体法律条文起指导作用。对于公平的判别标准,罗尔斯认为:“凡是社会制度满足这些原则的时候,那些介入其中的人们就能互相说,他们正按照这样的条件在合作——只要他们是自由平等的人,他们的相互联系就是公平的,他们就会同意这些条件。他们都能够认为他们的社会安排满足了他们在一种最初状态中将接受的那些规定,这种最初状态体现了在选择原则问题上那些被广泛接受的合理限制。”②在英美法国家的衡平法中,也是把公平作为一个基本的价值评判标准,既作为立法的价值追求,也作为矫正法律适应偏差的一种手段。

---

① [美]约翰·罗尔斯:《正义论》,何怀宏、何包钢、廖申白译,中国社会科学出版社1988年版,第30~31页。

② [美]约翰·罗尔斯:《正义论》,何怀宏、何包钢、廖申白译,中国社会科学出版社1988年版,第13页。

同时公平原则还要受制于具体的判断标准和个体的主观感受。也就是说,公平与否的判定受个人的知识、修养的影响,即使外界氛围也是要通过个人的世界观、价值观的改变才能够起作用。由于依据标准的不同,因而会出现不同的公平结果和不同的公平形式。如以兄弟两人分蛋糕为例,至少可以列出8种公平或公正的分配办法。① 这类似于海森伯所提出的著名的"测不准原理",即观察活动本身会影响到不同的观察结果。② 同时公平原则还具有一定非规范性特点。它并非具体的行为规范,而是指导具体法律规范的原则性规定。它没有明确的行为内容和确定的保证手段,也不能单纯规范民事行为,而只有和具体的民法制度结合起来才能对市民社会进行有效的法律调整。正是由于公平的这种含义上的模糊性和理解上的不确定性,因此在近来的有关研究中受到了不应有的忽视和冷遇,甚至有被诚实信用原则取代的倾向。其主要表现是诚信原则的内涵和功能被无限扩大,把当事人之间以及当事人与社会之间的利益平衡也纳入其中。③ 将诚信原则上升为"帝王规则",不是将诚信原则作为公平原则在当事人意思表示和行为遵守方面的基本要求,而是把公平原则看成诚信原则的表现形式之一。事实上公平原则内容远比诚信原则更为丰富,只有公平才是民法精神的精髓。诚如徐国栋先生所言:"公平是民法的精神,尽管民法的各种规定千头万绪,复杂万端,如果要对其作一言以蔽之的说明,必须用得着'公平'二字。舍却公平,民法将不成其为民法。"④

---

① 这8种分配办法是:(1)两人均分——以按人头的标准来看是公平的;(2)哥哥多分,弟弟少分——从按年龄的标准来看是公平的;(3)弟弟正处于生长发育期,故其应多分——从按需分配的标准来看是公平的;(4)蛋糕是谁挣来大谁就多分——从按劳分配的标准来看是公平的;(5)谁是家长谁就多分——从地位的标准来看是公平的;(6)谁先看见蛋糕谁就多分——从先来后到的标准来看是公平的;(7)用抽签的方法来决定谁分多分少——从按机遇的标准来看是公平的;(8)谁肯多掏钱谁就多分——从按付出的代价为标准来看是公平的。

② [德]W. 海森伯:《物理学和哲学》,范岱年译,商务印书馆1981年版,第24页。

③ 彭万林主编:《民法学》,中国政法大学出版社1994年版,第38页。

④ 徐国栋:《民法的基本原则解释——成文法局限性之克服》,中国政法大学出版社1992年版,第66页。

二、民法公平原则产生的伦理基础和经济基础

(一)公平原则产生的伦理基础

公平原则的出现并非纯粹的理论演绎,而是符合社会发展基本要求的人类理性思维的结果。第一,公平符合法律的最高理性要求和最高价值目标,是自然法和社会法所应共同追求的终极目的。"在作为公平的正义中,人们预先接受一种平等的自由的原则,他们在接受这一原则时处在一种对他们较特殊的目标的无知状态中,因此,他们明确同意,要使他们的善的观念符合正义原则的要求,或至少不坚持那些直接违反他们的要求。"①第二,公平原则符合人类生存的基本要求,是自由和人格平等的外化表现。作为自然人,除要求获得公正对待和人格尊严之外,还有一种天生的对自由、平等和公平的渴求。康德认为:"人只有一种天赋的权利,即与生俱来的自由。自由是独立于别人的强制意志,而且根据普遍的法则,它能够和所有人的自由并存,它是每个人由于他的人性而与生俱来的权利。"②孟德斯鸠认为:"在自由和政制的关系上,建立自由的仅仅是法律,甚至仅仅是基本的法律。但是在自由和自然人的关系上,风俗、规矩和惯例,都能够产生自由,而且某些民事法规也可能有利于自由。"③中国社会中"不患贫而患不安""不患寡而患不均"的传统思想就是公平观念最直白的表现。第三,公平可以满足不同社会主体的共同需要。"公平可以被用来维持现状,但也只是当社会成员之间的关系在理论上达到最大限度的合理状态时,才有可能。如果对现存的利益与职权的分配制度持批判态度,那么也可以将公平当作一种改革的口号。"④公平原则有利于充分调动民事主体的积极

---

① ［美］约翰·罗尔斯:《正义论》,何怀宏、何包钢、廖申白译,中国社会科学出版社1988年版,第31页。

② ［德］康德:《法的形而上学原理——权利的科学》,沈叔平译,商务印书馆1991年版,第50页。

③ ［法］孟德斯鸠:《论法的精神》(上册),张雁深译,商务印书馆1961年版,第187页。

④ ［英］彼得·斯坦、［英］约翰·香德:《西方社会的法律价值》,王献平译,中国人民公安大学出版社1990年版,第84页。

性,充分发挥其潜力。民法作为以授权性规范为主的规范体系,强调的是个人生活的自治,确认的是权利主体地位的平等、民事行为的自由和私权神圣等诸多原则。这就可以使个人潜能的发挥获得必要的法律保障,从而可以最大限度地促进生产力潜能的释放。第四,公平原则有雄厚的信仰基础。作为公平原则的基本内容是要求权利义务相一致,主要强调的是权利和义务的相匹配性,这既是公平原则的要求,也是公平原则的体现。比如现代契约制度,其渊源部分来自罗马法,部分来自教会法。而教会契约法是建立在这样的原则基础之上的:“承诺作为一个良心问题本身是具有拘束力的,而不管它们是否‘穿了衣服’;其次,构成契约的基础并赋予它以效力的原因(如果这是一个正当原因的话),要根据使当事人可以正当地订立具体契约的、当事人预先所有的道德义务而加以定义。”①教会法要求契约必须“公平”“合理”“平等”,就是要求双方收益和损失的均衡,即表现为“价格正当”原则。② 第五,公平原则的出现是社会经济发展的要求。由于社会生活具有高度的复杂性,在任何社会中都不可能制定出适应一切情况的“完备”法律,因此要求法律概念必须具有一定的概括性。即使是在一个比较静态的社会中,也不可能创造出能预料到一切可能的争议并预先加以解决的永恒不变的规则。而公平概念的出现也可以弥补传统法律概念的不足。换言之,当人类关系每天都在改变时,也就绝不可能有持久不变的法律关系,只有流动的、弹性的,或有限度确定性的法律制度,才能适应这种人类关系,否则社会就会受到束缚。③ 这种“流动的、弹性的或有限确定性的法律制度”主要表现为公平原则、诚信原则和公序良俗原则。

(二)公平原则产生的经济基础

作为公平原则产生的经济基础,主要来源于作为民法主要调整

---

① [美]哈罗德·J.伯尔曼:《法律与革命——西方法律传统的形成》,高鸿钧等译,中国大百科全书出版社1993年版,第299页。

② 郑云瑞:《西方契约理论的起源》,载《比较法研究》1997年第3期。

③ 沈宗云:《现代西方法律哲学》,法律出版社1983年版,第99页。

对象的商品经济,商品经济是实现交换公平最有效的途径。民法是和商品经济紧密结合在一起的,有商品经济就应当有法律,就应当有调整商品经济的基本法律——民法。商品经济必须有两个存在条件:一是由于社会分工使每一个社会主体都不能生产出自己所需要的所有商品,从而使商品交换成为必要。“互相对立的仅仅是权利平等的商品所有者,占有别人商品的手段只能是让渡自己的商品。”[①]二是由于财产分属于不同的人所有,使每个人都能无偿地占有他人的劳动产品,而必须承认对方的财产所有权,并进行等价劳动相交换。与此适应,就产生了所有权制度和合同制度。合同不过是将每天重复着的产品交换活动通过法律的形式加以固定。“交换的不断重复使交换成为有规则的社会过程。”[②]“这种经济交换和在交换中才产生的实际关系,后来获得了契约这样的法的形式。”[③]“每一方只有通过双方共同的意志行为,才能让渡自己的商品,占有别人的商品。可见,他们必须彼此承认对方是私有者。这种具有契约形式的(不管这种契约是不是用法律固定下来的)法权关系,是一种反映着经济关系的意志关系,这种法的关系或意志关系的内容是由这种经济关系本身决定的。”[④]而商品经济又是“天生的平等派”,它不承认任何特权,只承认一个权威即竞争,它要求一切经济关系的参加者在法律上都享有平等的法律地位。公平是契约制度的基本要求,而契约制度又是保证公平实现的最有力手段。正如梅因所言,“所有进步社会的运动,到此处为止,是一个‘从身份到契约’的运动”。[⑤] 没有商品经济就不会有真正意义上的公平原则。

另外,公平原则与现代经济公平理论也具有密切联系。公平理论又称社会比较理论,它是美国行为科学家亚当斯在《工人关于工资不公平的内心冲突同其生产率的关系》等著作中提出来的一种激励理论。该理论侧重于研究工资报酬分配的合理性、公平性及其对

① 《马克思恩格斯全集》(第19卷),人民出版社1963年版,第422~423页。
② 《马克思恩格斯全集》(第23卷),人民出版社1963年版,第106页。
③ 《马克思恩格斯全集》(第19卷),人民出版社1963年版,第423页。
④ 《马克思恩格斯全集》(第23卷),人民出版社1963年版,第102页。
⑤ [英]梅因:《古代法》,沈景一译,商务印书馆1959年版,第97页。

职工生产积极性的影响。公平理论的基本观点是:公平是激励的动力。公平理论认为,人能否受到激励,不但因他们得到了什么而定,还要因他们所得与别人所得是否公平而定。这种理论的心理学依据,就是人的知觉对于人的动机的影响很大。当一个人作出了成绩并取得了报酬以后,他不仅关心自己所得报酬的绝对量,而且关心自己所得报酬的相对量。因此,他要进行种种比较来确定自己所获报酬是否合理,比较的结果将直接影响其今后工作的积极性。比较的方式有两种:一是横向比较,即他要将自己获得的"报偿"与自己的"投入"的比值与组织内其他人作社会比较,只有相等时,他才认为公平;二是纵向比较,即把自己目前投入的努力与目前所获得报偿的比值,同自己过去投入的努力与过去所获报偿的比值进行比较,只有相等时他才认为公平。当然这里的公平理论主要侧重于分配的公平,而不涉及交易的公平,交易的公平更多地依赖的是商品经济的需要。

三、公平原则在民法中的地位

(一)公平原则在民法中的地位

我国市场经济体制的确立,对我国相关的法学理论和立法行为提出了新的挑战,法学家们开始考虑新形势下的法律价值取向特别是民法的价值取向问题。其中较具代表性的观点是将效益原则或效率原则作为整个社会主义立法的基本原则,提出"在法律价值体系上要确立效益优先的价值观"。[①] 进而推导出"效率居先——现代法的精神之价值指向"。[②] 这种把效益原则的作用和地位无限提高的做法,不仅混淆了不同法律部门因其担负的作用不同而应有不同的价值取向,而且把法学研究和经济科学研究、经济活动的目的和经济立法的目的相混淆。效益、效率本身并不代表公平,而且来自不公平。其主要原因在于,在市场经济中,人们在财产占有,接受教育机会、能力等方面机会不均等,在竞争中不处于同一条起跑线

① 刘升平等:《市场经济与法理学的更新和变革》,载《中国法学》1993 年第 4 期。
② 张文显:《市场经济与现代法的精神论略》,载《中国法学》1994 年第 6 期。

上。另外,市场本身也不是真正按照人们实际贡献的大小来评价和付酬的。[①] 很明显,在经济科学中无疑应以效益(效率)为核心,但并不意味着所有的立法都应以效益为最终目标或唯一目标。正像刑法追求的是正义、程序法追求的是公正一样,带有浓厚自然法性质的民法虽然也讲效益,但在效益和公平的关系上,民法更加看重公平,实行的是公平至上和效益服从公平原则。恩格斯说:“在日常生活中,如果我们接触到的关系很简单,那么公平的、不公平的、公平感、法权威这一类名词甚至应用于社会现象也不致引起什么大误会,可是在关于经济关系的科学研究中,如我们看到的,这些名词便引起一种不可救药的混乱,就好像在现代化学中企图保留燃素论的术语会引起的混乱一样。”“而衡量什么算自然法权和什么又不算自然法权的标准,则是法权本身最抽象的表现,即公平。”[②]在自然法领域中,法律观念最初的抽象是公平,公平不但构成以伦理性规范为其主要内容的民法的存在依据,而且也应当成为整个民法的基本价值取向,而效益只不过是受经济关系的影响而对公平观念的必要补充。

公平原则体现在民法制度的各个方面,贯彻于民法规定的始终。无论是资产阶级民法的三大基本原则“人格平等、私有财产神圣不可侵犯、合同自由”,还是我国民法的基本原则都体现了公平。人格平等是公平对市场主体行为条件的要求,私有财产神圣不可侵犯则反映了民法对市场主体财产的公平保护和绝对保护;合同自由以尊重行为人的意思自治为前提,是公平原则实现的方式之一。从一般意义上来说,民法上所讲的公平原则应当具有以下内容:第一,行为人所面临的应是平等的行为环境,法律对每一个行为主体都持一视同仁的态度。换言之,各市场主体都应有充分的、均等的机会进入市场,而不应给部分行为者以特别的优惠,或是给部分行为者以歧视性待遇和差别性待遇。第二,行为人的所有社会经济活动都

① 张培刚、厉以宁:《宏观经济学与微观经济学》,人民出版社 1982 年版,第 137 ~ 138 页。

② [德]恩格斯:《再论蒲鲁东和住宅问题》,载《马克思恩格斯选集》(第 2 卷),人民出版社 1972 年版,第 539 ~ 540 页。

适用于同一的法律,法律对每一个行为人的行为要求都是一样的。第三,行为人通过参加民事活动所享有的权利和承担的义务应当大体相等,即实现权利和义务的一致。第四,行为人在经济活动中对经济利益应合理分享,做到等价有偿,即当事人取得的财产权利与其履行的财产义务在价值上应当大体相等,要进行等量劳动的交换。第五,市场主体应以良好的心态参与社会经济活动,其活动结果能够得到与其行为相当的法律后果,即实现行为与结果的相对公正。

(二)公平至上的存在依据

民法以公平作为其最高价值取向,有其复杂的经济社会原因和思想观念基础。具体说来这些基础和原因主要包括以下三点。

1. 公平至上存在的观念依据——私权神圣观念和意思自治思想

民法属于私法,私法不同于公法的最基本的一点在于私法特别注重对私人权利的保护。民法是市民社会的基本法,按照资产阶级思想家的观点,市民社会是社会的一部分,不同于国家且独立于国家。市民社会还以政治权力和民事权利的完全分离、承认民法制度属于市民社会的重要组成部分、充分尊重个人的自由意志等为主要内容。市民社会观念强调国家应严格限制自己的权力范围和权力界限,强调应充分关注个体利益,最大限度发挥个体的主观能动性和积极性,以实现社会效益的最大化和社会的公平正义。约翰·密尔认为,完全的个人自由和充分的个性发展不仅是个人幸福所系,而且是社会进步的主要因素之一。自由感驱使人类去从事那些旨在发展其能力和促进其个人幸福的有目的的活动。[①] 康德认为:“自由是独立于别人的强制意志,而且根据普遍的法则,它能够和所有人的自由并存,它是每个人由于他的人性而具有的独一无二的,

① [美]E.博登海默:《法理学——法律哲学与法律方法》,邓正来译,中国政法大学出版社1999年版,作者致中文版前言Ⅵ。

原生的,与生俱来的权利。"①黑格尔也说:"自由就是指可以为所欲为,我们只能把这种看法认为完全缺乏思想教养,它对于什么是绝对自由的意志、法、伦理等毫无所知。"②因此,各国民法典中强调的个人私有财产神圣不可侵犯和契约自由,强调的当事人意思自治和效益公平,均是为避免国家对个人权利的侵犯。"在私法范围内,政府的唯一作用就是承认私权并保障私权之实现,所以应在国家的社会生活和经济生活中竭力排除政府参与。"③贡斯当认为,古代人所理解的自由主要是一种自然人资格,即参与公共事务辩论与决策的权利。然而,在古代人那里,没有一个明确界定的私人领域,没有任何个人权利。而对于现代人而言,"自由是只受法律制约,而不因某一个人或若干人的专断意志而受到某种方式的逮捕、拘禁、处死或虐待的权利。它是每个人表达意见,选择并从事某一职业,支配甚至滥用财产的权利,是不必经过许可,不必说明动机或事由而迁徙的权利"④。

2. 公平至上存在的主体依据——适用主体上的广泛性与主体地位的平等性

与商法等其他法律制度相比,民法的适用主体具有广泛性,可以适用于一切社会大众,是所有市民主体的基本权利保障法。因此,民法就其基本属性而言,应当最大限度地满足社会主体的最基本生存要求。而社会大众最基本的价值渴求就是平等、自由和公平。平等本身就带有强烈的伦理判断色彩。孔子认为:"丘也闻有国有家者,不患寡而患不均,不患贫而患不安。盖均无贫,和无寡,安无倾。"⑤达尔曾提出过一个发人深省的问题:"平等是不证自明

---

① [德]康德:《法的形而上学原理——权利的科学》,沈叔平译,商务印书馆1991年版,第50页。

② [德]黑格尔:《法哲学原理》,范扬、张企泰译,商务印书馆1961年版,第25~26页。

③ [美]梅利曼:《大陆法系》,顾培东、禄正平译,西南政法学院1983年版,第106页。

④ [法]贡斯当:《古代人的自由与现代人的自由之比较》。转引自刘军宁等编:《自由与社群》,生活·读书·新知三联书店1998年版,第308页。

⑤ 《论语·季氏篇》。

的吗?”[1]他说:“我们必须意识到,有时我们谈论的平等用来表达的并不是事实判断,我们不是像对马拉松比赛或听写比赛的获胜者发出评论那样,要描述我们以为是真的,或者将成为真的事情,而是要表达有关人类的一种道德判断,表达我们以为应该的事情……我把这个道德判断称为‘内在平等’原则。”[2]作为公平要求之一的“身份平等作为理性要求,却是自罗马到近代市民法一脉相承的理念和不灭的向往”。[3]

3. 公平至上存在的规范依据——民事行为和民法规范的强烈伦理性

公平原则的伦理性首先来源于民法规范的高度抽象性。与刑法基于罪刑法定原则所要求的明确肯定的概念和不可产生歧义的法律条文不同,民法概念则具有相当的不确定性,典型的如民法所要求的公平和诚实信用、判断行为效力的善意和恶意、确定行为人是否承担责任的过错等概念,都具有非常大的弹性。其原因在于,民法规范为市场经济提供了一般规则,这些一般规则是对整个市民社会及其经济基础的抽象和概括,是人们理性思维的结果,一般较为稳定。而“法律规范的用语越概括,就越不明确,在法律规范的实施中,给予法官的自由也就越大”。[4] 民法概念的这种不确定性,决定了法官在具体的案件中必须依据各种事实关系与法律规定的内容进行对照,自己去作出价值判断。对此,著名比较法学家勒内·达维德指出:“……在很多领域,我们有恢复往日的明智,赞同‘人治’甚于法治的趋势,后者只能为我们的行为提供典范,无法在一切场合给予我们明确的解决办法,于是通过概括性词句的形式,公平再度行时,这些概括性词句告诫缔约人善意行为,告诫个人勿犯错误,要求政府部门不滥用权力;而法律经常授权法官对所受理的案

---

① ［美］罗伯特·达尔:《论民主》,李柏光、林猛译,商务印书馆1999年版,第69页。

② ［美］罗伯特·达尔:《论民主》,李柏光、林猛译,商务印书馆1999年版,第72页。

③ 张俊浩主编:《民法学原理》,中国政法大学出版社1991年版,第21页。

④ ［法］勒内·达维德:《当代主要法律体系》,漆竹生译,上海译文出版社1984年版,第90页。

件给予他认为最公平的处理,同样各契约缔约人授权其仲裁人公平裁决。”[①]正是民法规范的这种高度概括性和极强的伦理性,决定了法律的适用必须以伦理性的公平理念为指导。对此《瑞士民法典》第1条规定:如果法官于制定法中不能发现相应的明确规定,则必须根据习惯法作出判决,而在没有相应习惯时,“则根据如果他作为一个立法者应采取的规定”。

四、公平原则与其他民法原则的关系

与其他法律原则相比,公平原则首先具有高度抽象性和高度概括性,公平要借助其他民法原则来体现,在与其他民法原则的关系上,公平原则是比其他民法基本原则更为基础、更为原则的原则。在各国的立法中,公平原则始终作为一个高位原则而对其他民法原则和具体法律条文起指导作用。同时,公平原则又具有极大的模糊性,通常要借助其他具体的民法原则来体现,即公平原则可以具体外化为平等、意思自治等较为明晰的原则和要求。在亚里士多德的公平概念中就包含平等的内容。但亚里士多德认为,“平等并不是说每个人都一样。如果实现了公平,平等的人也就会受到相同的对待,不平等的人就会根据其具体情况得到不同的对待。个人之间的区别只能在有关的基础上进行。从这个意义上说,公平要求做到不偏不倚”。[②] 只有以公平原则为指导,才能实现真正意义上的法律平等。法律上所要确认的平等只是行为条件、行为规则的平等,而不是行为结果的平等。完全的结果上的平等,只能是平均主义和均贫富观念在法律上的虚幻反映,它只存在于人们的良好愿望之中,而不能作为立法者进行立法的依据。

自由和自愿是公平原则的又一外化要求。法律上所讲的自由是指社会经济活动的参与人在法律许可的范围内,可以根据自己的意志为一定行为或不为一定行为,并可依自己的意志选择行为对象

① [法]勒内·达维德:《当代主要法律体系》,漆竹生译,上海译文出版社1984年版,第2页。

② [英]彼得·斯坦、[英]约翰·香德:《西方社会的法律价值》,王献平译,中国人民公安大学出版社1990年版,第79页。

或合作伙伴。自由具有两种性质:"它是积极的,即是一种要求做某事的自由,而不是一种出于给人做某事的自由。它的目标是明确的,即是一种要做某种具有一定性质的事情的自由,就是说要做某种具有值得去做的事而不是去做任何一种事。"①自由是公平原则赖以实现的基础,也是公平原则的基本价值要求。追求自由是人类的固有天性,也是作为现代意义上的人所必须具有的基本保障。从某种程度上说,在自由经济时代,"契约早已不仅仅意味着交易手段,其已成为人类的生活方式,主宰了人们的思维模式。其作为一种信念,一种文化传统,成为现实生活中的一种实在力量。正是从这种意义上讲,市场具有了一种与公权相对抗的功能"②。人类社会的发展史,同时也是自由的发展史,社会的不断进步,也就意味着人类不断地走向自由,而自由在社会中的实现过程始终离不开规则,自由表现为规则范围内的自由,一如孟德斯鸠在《论法的精神》一书中所言:"自由是做法律所许可的一切事情的权利。"③但任何自由都是相对的,自由不能违反社会公平,不能有害于他人利益。就市民社会而言,自由行为同时也就意味着其应当是正当的行为、合法的行为和有序的行为。任何不正当行为实际上是对自由的滥用,是一种极端的自由和放纵的自由。自愿在传统民法中被称为"意思自治",其核心是充分尊重当事人在民事活动中对外表达的合法的内心真实意思。在市民社会中自愿首先表现为任何行为人都有自由地为意思表示的自由。行为人的内心意思活动只有通过一定的方式表示出来,才能为社会为他人所知晓。这种行为人内在意志的外在表示在法律上就称为"意思表示"。民事立法首先应保证行为人可以自由地为意思表示。其次要求意思表示必须真实,即行为人的外在意思表示必须是其内心意志的真实外化,而不能是虚假的体现。

在公平原则发展的历史长河中,随着公平原则的日益进化和法

---

① [英]欧内斯特·巴克:《英国政治思想——从赫伯特·斯宾塞到现代》,黄维新等译,商务印书馆1987年版,第21页。

② 单飞跃:《经济法理念与范畴的解析》,中国检察出版社2002年版,第26页。

③ [法]孟德斯鸠:《论法的精神》(上册),张雁深译,商务印书馆1961年版,第154页。

律地位的逐步提升，公平原则的内容和要求也不断发生变化，个别公平越来越趋同于一般公平和社会公平。个别公平是指当事人之间的利益衡平，一般公平和社会公平是指当事人利益和社会利益之间的利益衡平。[①] 只有实现了个体与个体、个体与社会之间的利益衡平，才能真正实现民法所追求的公平。而个体与个体、个体与社会之间的利益衡平的最好实现方式就是禁止私人权利的不正当滥用。所谓禁止权利滥用，又称"正当性原则"，是指市民社会的参与人在社会经济活动中应当遵循该项权利的设立宗旨，不得利用该项权利从事损害他人或社会利益的行为。在市场经济社会，行为人出于追逐私利的需要，不可避免地会作出损害他人和社会公共利益的行为，从而使个人权利与社会利益之间存在尖锐的对立和矛盾。个体的利益和要求只有通过与其他个体的利益相结合，才能形成为国家和法律所认可的普遍的社会利益。马克斯·韦伯在论证与资本主义经济行为相配合的所谓理性资本主义精神时曾把这种资本主义精神概括为：(1)追求金钱的活动本身就是人生的目的，而不仅仅是致富的手段；(2)努力工作被视为一种责任，也是一种道德义务；应该合理地并以严密的计算和和平的方式获得预期利润。简单的获利欲望，对赢利、金钱的追求，本身与资本主义并不相干，"倒不如说，资本主义更多的是对这种非理性(irrational)欲望的一种抑制或至少是一种理性的缓解"。[②] 作为理性的人，其对利润的追求必须符合社会公平。当个人权利的绝对行使会严重危及他人利益和社会公共利益，进而危及统治秩序时，法律上必须对权利人权利的行使设定一定的限制，这种限制即禁止权利的滥用。

五、公平原则的伦理意义及对我国民法典的影响

(一)公平原则对中国古代法的影响

中国古代法律以强制手段全面确立和推行一种道德体系，若从

---

① 熊进光、彭国元主编：《民法：公平的艺术——民商法新问题及热点问题研究》，江西人民出版社1998年版，第4～5页。

② [德]马克斯·韦伯：《新教伦理与资本主义精神》，于晓等译，三联书店1987年版，第7～8页。

现代伦理学的立场来看,其弊端是十分明显的,其中最大弊端在于阻碍了现代社会所倡导的自由、平权观念的形成。马克斯·韦伯认为:“自认为是一种合乎伦理道德的明确生活准则的现代资本主义精神,必须与之斗争的对待敌对力量,是对新环境的那种态度和反应,我们可以称之为传统主义。”[①]但其合理与独到之处也同样显著,因为道德规范本身有其他律性的一面,舍此便无以成就道德;就中国古代社会(尤其是普通民众)的文化发达程度而言,强调道德之他律尤其具有充分的必要性;法律的强制推行并不必然拒斥有德之士的自律;“以法为教”不仅在相当程度上兼顾了自律与他律,而且为社会的道德发展开创了新途径。[②] 总而言之,中国古代虽然也有公平观念,但这种公平观念与法律意义上的公平具有很大差异。对此张晋藩教授在为金勇义所著《中国与西方的法律观念》一书的中译本所写的序中说道:“中国古代的法律无论是奴隶制的,还是封建制的都表现为严格的等级特权性。因此,所谓公平观念不是指社会各成员在法律上的平等,虽然是最根本的权利平等。而主要的一是以公平概括法的本质,所谓‘法平如水’,并常以度量衡来比喻法律的衡平作用,所谓‘有权衡则不可以欺轻重,有尺寸则不可以欺长短,有法律则不可以欺诈伪’;二是在司法上力求罚当于罪。秦时法律中的‘不直’‘失刑’‘纵囚’等罪名,便是针对司法官处刑不当、破坏了罚当于罪的公平观念而设立的。”[③]

(二)公平原则对外国民事立法的影响

公平原则既是所有民法原则中伦理性特质最为明显的原则之一,同时也是对民事立法影响最大的民法原则。亚里士多德在《修辞学》一书中把衡平描述成在成文法之外起作用的公平,而公平原则既是衡平法原则的基本价值追求,同时也是衡平法矫正普通法适应性偏差的主要判断依据。换言之,正是由于法律所考虑的是典型

---

① [德]马克斯·韦伯:《新教伦理与资本主义精神》,彭强、黄晓京译,陕西师范大学出版社2002年版,第31页。

② 胡旭晟:《中国传统“伦理法”之检讨》,载《百年》1999年5月。

③ 郭建、邱立波、赵斌:《中国民事传统观念略论》,载《华东政法学院学报》1999年第2期。

的和一般性的案件，而对于特殊的情况无法进行说明，因此才为衡平法的出现创造了条件，即将衡平法作为“当法律因其太原则而不能解决具体问题时对法律进行的一种补正”。[①] 对此，亨利·梅利曼指出：“‘衡平’的概括含义是指法官有权根据个别案件的具体情况避免因适用法律条款而使处罚过于严峻和公正地分配财产或合理地确定当事人各自的责任。简言之，‘衡平’就是指法院在解决争讼时，有一定的根据公平正义原则进行裁决的权力。‘衡平’原则表明，当法律的一般性规定有时过严或不适当时，当某些具体问题过于复杂以致立法机关不能对可能发生的各种事实的结果作出详细规定时，法院运用公平正义原则加以处理是必要的。”[②]进一步说，在英美法国家，衡平法的出现是为了弥补普通法适用中所出现的不公平现象，本身就是公平原则法律适用的结果。对此，亚里士多德认为，衡平法是“当法律因其太原则而不能解决具体问题时对法律进行的一种补正”。[③] 而英美法国家的衡平法又主要适用于民事法律领域。由此可见，公平原则虽然不能说仅仅适用于民法制度，但至少可以说是以民法作为其主要适用对象。可以说，公平原则在民法中的地位无论我们怎么进行评价都不会过分。

（三）公平原则对中国民法典制定的影响

与其他法律原则一样，伦理性特质明显的公平原则对我国民事立法的影响主要通过道德的法律化来实现，这些影响“或者是通过立法突然地和公开地进入法律，或者是通过司法程序悄悄地进入法律”[④]。从立法层面而言，我国早在1986年颁布的《民法通则》中就已充分关注到公平原则在民法中的特殊地位，并通过将“公平”确

---

① ［美］E. 博登海默：《法理学——法哲学及其方法》，邓正来、姬敬武译，华夏出版社1987年版，第11页。

② ［美］梅利曼：《大陆法系》，顾培东、禄正平译，西南政法学院1983年版，第54页。转引自徐国栋：《民法的基本原则解释——成文法局限性之克服》，中国政法大学出版社1992年版，第35～36页。

③ ［美］E. 博登海默：《法理学——法哲学及其方法》，邓正来、姬敬武译，华夏出版社1987年版，第11页。

④ ［美］哈特：《法律的概念》，张文显等译，中国大百科全书出版社1996年版，第199页。

立为民事活动的基本准则(第 4 条),公平责任原则(第 132 条),显失公平行为效力否认规则(第 59 条)等方式强调公平原则对民事活动约束的特殊要求。此后在《合同法》《侵权责任法》等单行法律法规中进一步强化了公平原则的法律地位,如《合同法》中就曾明确要求当事人应当遵循公平原则确定各方的权利和义务(第 5 条)。在《民法典》中,公平原则的地位得到进一步提升,不仅将其上升为民事主体从事民事活动中确定各方权利义务的基本依据和基本要求,而且也成为判定各方权利义务是否合理的基本标准(第 6 条)。从根本上说,公平原则也是民法能够区别于其他的法律部门的最重要价值取向之一。立法价值取向是立法者为了实现某种目的或达到某种社会效果而进行的价值取舍和价值选择。它既反映了各国立法的根本目的,也是解释、执行和研究法律的出发点和根本归宿。在每一个历史时期,“人们都使各种价值准则适应当时的法学任务,并使它符合一定的时间和地点的社会理想”。[①] 价值取向的差异性是区分法律部门的主要标准之一。调整对象的差异固然可以直接界定不同部门法的独立调整范围,而价值取向的不同则会决定不同法律立法的最终追求目的,从而使性质各异的法律部门的划分成为必要。例如,同样是调整社会经济关系的法律部门,民法和商法在价值取向上就有所不同。在民法的诸项价值目标中,最基本的价值取向是公平,即当公平原则与民法的其他基本原则发生冲突与矛盾时,民法首先会选择公平原则,在处理公平原则与其他民法原则的关系时采取的是公平至上兼顾效益与其他。而在商事立法中最高的价值取向则是效益,在处理效益与其他法律原则的关系时,其基本原则和要求是效益至上兼顾公平与其他。不了解这一点,就没办法真正将民法和其他法律部门区别开来,也没办法真正有效发挥民法在保护人权方面的独特作用。

---

① [美]罗斯科·庞德:《通过法律的社会控制》,沈宗灵译,商务印书馆 1984 年版,第 55 页。

第五章　意思自治原则与民法伦理

意思自治作为民法特别是合同法的基本原则，对推动现代民法制度的建立和促进社会经济的发展发挥了非常重要的作用。但传统上我们对这一原则的认识更多强调的是其产生的经济原因和对经济发展的促进作用，而对其伦理性的一面则重视不够。

一、意思自治的含义和内容

（一）私法自治与意思自治的关系

所谓私法自治，是指私法主体有权依自己意志实施私法行为，他人不得干预；私法主体仅对基于自由表达的真实意思而实施的私法行为负责；在不违反法律规定的前提下，私法主体自愿达成的协议优先于私法而适用。由于私法主要表现为民法，因此私法自治就主要表现为意思自治。对于意思自治原则的内涵，有的学者认为意思自治是指当事人依照自己的理性判断去设计自己的生活，管理自己的事务。也有的学者认为，意思自治原则具有双重含义，即不仅意味着当事人有为自己创设权利义务的自由，而且意味着当事人有不为自己创设权利义务的自由。还有的学者认为意思自治就是合同自治,即合同当事人的意思自治,包括缔约自治、履约自治、内容自治、形式自治和违约补救自治。[①] 如同私权神圣观念一样,私法自治观念也是在18、19世纪资产阶级革命取得成功并极力推行个人主义、自由主义的历史背景下产生的,是资产阶级法治原则得以确立的因素之一,而其本身也构成资产阶级法治的重要内容。意思自治是私法自治的核心和灵魂,是私法的最高理念,其核心是尊重当事人的选择,因此良好的私法,其内容应当以尊重意思自治原则的选择性或示范性条款为主,允许适用者自主选择而尽量避免规定强制性条款,由其根据自己的判断而行动。据考证,正式提出意思自治或"当事人意思自治说"学说的是16世纪的法国法学家查理·杜摩林,其提出的主旨是当事人意志决定论,即当事人有权依其自我意志作出自由选择,当事人的自我意志可以而且应该成为约束其契约关系的准则,当事人可以而且应该对依其自我意志作出的选择负责。意思自治基于人类不可避免的无知这一事实而存在,正是认识的不确定性和可错性赋予了人们选择的自由和机会。对个人意志的尊重和选择自由的尊重既是契约自由的关键,也是保证社会进步的原动力。"只有在自己有意识的活动过程中,那种选择行为才能被称为自由。"[②]布坎南甚至认为在市场经济中获得利益的决定因素的排列顺序应为选择、运气、努力和出身,首先就应考虑选择的重要性。契约自由思想最早起源于罗马法。然而罗马法并没有将合同自由原则上升到合同法的基本原则的高度来看待。换言之,罗马法孕育了意思自治原则的思想和精神,但并未将意思自治抽象为私法原则。因为在当时的条件下,奴隶制度和等级观念仍根深蒂固,法律所保护的乃是身份和等级,广大的奴隶、妇女和出于父权之下的家子们并不能成为合同的主体,因而合同自由在当时并不具有普遍意义。直到资产阶级革命成功后,自由主义和个人主义思想受到充分尊重,合同自由

---

① 刘凯湘:《论民法的性质与理念》,载《法学论坛》2000年第1期。

② [德]康德:《法的形而上学原理——权利的科学》,沈叔平译,商务印书馆1991年版,第29页。

思想才得以广泛传播。市民社会的基本结构是以契约性关系为网络组合而后形成的社会系统，而联结契约当事人的纽带则是意思自治。意思自治理念构成了市民社会发展的原动力，给社会注入了新鲜的活力。市民社会观念强调国家应严格限制自己的权力范围和权力界限，强调应充分关注个体利益及最大限度发挥个体的主观能动性和积极性，以实现社会效益的最大化和社会的公平正义。因此，各国民法典中强调个人私有财产神圣不可侵犯和契约自由，强调当事人意思自治和效益公平，均是为了避免国家对个人权利的侵犯。“在私法范围内，政府的唯一作用就是承认私权并保障私权之实现，所以应在国家的社会生活和经济生活中竭力排除政府参与。”[①]私法自治理念的确立，在人身关系上彻底否定了封建身份关系对个人的束缚，强调人格独立，摒弃人身依附，宣扬人格平等，使人性第一次获得真正的解放，使人身自由、人格尊严的观念深入人心，极大地促进了人类文明的进步。在财产关系上，私法自治理念使人们能够自由处分其私有财产，自主决定参与经济活动，进而鼓励营业交易，促进贸易发达，优化资源配置，并可减少公权对经济关系的侵入。

（二）意思自治的主要内容

意思自治的核心是当事人的自治，而当事人的自治从某种意义上说就是对个人自由的尊重和保护。按照伏尔泰的观点，“自由就是做一切法律许可的事的权利”[②]。孟德斯鸠则认为自由应包括两方面的含义：一是“做法律所许可的一切事情的权利”；二是“一个人能够做他应该做的事情，而不被强迫去做他不应该做的事情”[③]。民事立法对意思自治的规定体现在许多方面。一是可以提供选择的机会，增加自由选择的效能，即用共同规则的形式，预先为民事主体设定可供选择的行为模式，以规范民事主体的自由民事行为。二

---

① [美]梅利曼：《大陆法系》，顾培东、禄正平译，西南政法学院 1983 年版，第 106 页。

② 葛力：《十八世纪法国哲学》，商务印书馆 1979 年版，第 39 页。

③ [法]孟德斯鸠：《论法的精神》（上册），张雁深译，商务印书馆 1963 年版，第 154 页。

是为民事主体自由意志的外化,排除人为的不正当障碍,以保证民事行为的自由开展。三是把自由上升为受国家强制力保护的客体,使之成为"从事一切对别人没有害处的活动的权利"[①],使民事主体在国家法律所许可的范围内发挥自己的最大潜能,更好地为社会经济服务。[②] 四是在具体民事活动中,法律保护民事主体可以自由地选择合作伙伴、可以自由地选择合作形式、可以自由地选择合作内容等。意思自治表现在民法领域的各个方面,如在所有权领域,则表现为所有人得依法任意处分其财产;在契约领域,则表现为契约内容、契约形式、契约对象等方面之充分选择自由;在婚姻家庭继承领域,则表现为结婚自由、离婚自由、遗嘱自由等;在民事责任领域,则表现为自己责任,即自己对自己的行为负责,个人基于自由意志决定自己的行为,意志是自由的,行为是自由的,所以由此产生的责任也是自己的,这是自由意志的逻辑结果;等等。但意思自由最主要的还是体现在合同领域,表现为合同自由。意思自治原则源于古罗马法,发端于 16 世纪的法国工商业发展时期,兴起并确立于 19 世纪的自由资本主义时期。1804 年的《法国民法典》首开合同自由的先河,不仅鲜明地继受了罗马法私法自治的观念,而且第一次通过立法对契约自由思想进行了系统规范地阐发。虽然该法典并没有单独设立"合同自由"条款,但人们仍然能够从具体的合同制度中诠释出合同自由这一合同法的基本原则。该法第 1134 条规定:"依法成立的契约,在缔约当事人之间有相当于法律的效力。前项契约,仅得依当事人相互同意或法律规定的原因取消之。"第 1101 条规定:"契约为一种合意,依此合意,一人或数人对于其他一人或数人负担给付、作为或不作为的债务。"第 1156 条规定:"解释契约时,应寻求缔约当事人的共同意思,而不拘泥于文字。"第 1158 条规定:"文字可能作两种解释时,应采取最适合契约目的的解释。"可见,《法国民法典》在有关契约的问题上,无论是契约的成立,还是

---

① 《马克思恩格斯全集》(第 1 卷),人民出版社 1956 年版,第 438 页。

② 张文显:《法学基本范畴研究》,中国政法大学出版社 1993 年版,第 262 ~ 269 页。

契约的效力;无论是契约的解释,还是契约的解除,都主张以当事人的合意为准。这与罗马法的精神是一脉相承的。其后,1896年的《德国民法典》第305条更明确规定:“只要法律无相反规定,有当事人之间的合意即可成立债(权利义务)的关系。也可据此改变债的内容。”《瑞士债务法》第19条规定:“契约的内容,在法律限制内可以自由订立。”可见,意思自治原则是顺应经济发展的需要而产生的,最初是为解决适用习惯法的冲突而设置的。至19世纪,在声势浩大的成文法运动中,不断发展的意思自治原则被赋予了更深刻的内涵和更庄严的使命。合同自由不仅是大陆法系国家的基本原则,而且也是英美法系国家的基本民法原则。在个人主义思想盛行的18、19世纪,个人财产权和活动自由被视为高于一切。与此相适应,这一时期英国法院的法官所奉行的也是不干涉主义,认为契约法的功能是消极的,它的主要目的是让人们去实现自己的愿望,法律不应限制当事人缔约的权利,也不应以任何借口干涉私人间的合同。“法律要做的仅仅是在一方违约或不履行义务时,帮助另一方而已。”①美国合同法在有关合同的规则方面深受英国的影响,合同自由原则同样受到尊重和确认。“维护私人自由缔约的权利已成为法律的首要目标,在当时美国人的观念中,正义就其本身的性质而言就在于对合法契约加以维护。”②意思自治与个人本位、权利至上等思想共同成为自由资本主义时期私法制度的理论支柱和基石。③

(三)意思自治的意义

追求自由是人类的固有天性,也是作为现代意义上的人所必须具有的基本保障。1789年的法国《人权宣言》首次以立法的形式对自然人的自由权作了明确确认,该法第2条规定:“任何政治结合的目的都在于保存人的自然的和不可动摇的权利。这些权利就是自由、财产、安全和反抗压迫。”毫不夸张地说,人类社会的发展史,同时也就是自由的发展史,社会的不断进步,也就意味着人类不断地

---

① 何勤华主编:《英国法律发达史》,法律出版社1999年版,第264页。

② 王军编著:《美国合同法》,中国政法大学出版社1996年版,第8页。

③ 刘凯湘:《论民法的性质与理念》,载《法学论坛》2000年第1期。

走向自由,而自由在社会中的实现过程始终离不开规则,自由表现为规则范围内的自由。在法治社会中规则主要表现为法律,因此自由需要通过法律加以限定和实现。贡斯当认为,古代人所理解的自由主要是一种自然人资格,即参与公共事务辩论与决策的权利。然而,在古代人那里,没有一个明确界定的私人领域,没有任何个人权利。而对于现代人而言,"自由是只受法律制约,而不因某一个人或若干人的专断意志而受到某种方式的逮捕、拘禁、处死或虐待的权利。它是每个人表达意见,选择并从事某一职业,支配甚至滥用财产的权利,是不必经过许可,不必说明动机或事由而迁徙的权利"①。对民事立法而言,法律对自由的确认和保护就显得更为迫切和更为必要。其原因在于,民事本身就是自由的产物,是自由经济的必然要求。

契约自由思想的萌芽虽然始于以平等和私法自治为终极关怀的罗马法,但在很大程度上只是作为罗马法的一种理想境界而存在。因为在皇帝和臣民、主人与奴隶、贵族与平民的等级社会中,真正实现契约自由是不可能的。启蒙思想家们以非凡的想象力将契约自由理论引入政治社会,针对"君权神授"论提出了充满智慧的"社会契约"理论。"在自然状态下每个人虽然可以悠然自得地享有自由和财产,但是却没有能力为这些权利提供安全的保障,于是人们就订立契约结合在一起,建立一个由政府统辖的国家,让国家来为每一个缔约者提供保障。"②从某种程度上说,在自由经济时代,"契约早已不仅仅意味着交易手段,其已成为人类的生活方式,主宰了人们的思维模式。其作为一种信念,一种文化传统,成为现实生活中的一种实在力量。正是从这种意义上讲,市场具有了一种与公权相对抗的功能"③。而契约自由作为契约的生命和灵魂,两者之间的关系犹如"心"与"体"的关系,没有了自由,契约就成了没

---

①　[法]贡斯当:《古代人的自由与现代人的自由之比较》。转引自刘军宁等编:《自由与社群》,生活·读书·新知三联书店 1998 年版,第 308 页。

②　[法]卢梭:《社会契约论》,何兆武译,商务印书馆 1982 年版,第 22～26 页。

③　单飞跃:《经济法理念与范畴的解析》,中国检察出版社 2002 年版,第 26 页。

有灵魂的“行尸走肉”。[①] 所以捍卫契约自由不仅是近代民法的至高原则，同时也是近代资产阶级国家的宪法基础。意思自治原则的直接法律价值在于：一是有利于当事人形成权利义务的预期，当事人可根据自己选择的准据法预见法律行为的后果，维护法律关系的稳定性；二是有利于契约争议的迅速解决，节约交易成本。

二、意思自治原则产生的伦理基础与经济基础

（一）意思自治产生的伦理基础

契约自由观念最早可以追溯到古希腊的城邦制度。美国当代政治学家萨拜因认为：“很多近代的政治观念——诸如公道、自由、立宪政体和尊重法律等——或至少是这些观念的定义，都起源于希腊思想家对城邦制度的看法”。[②] 而现代契约自由的真正哲学基础则是席卷欧洲的人文主义思想。人文主义产生于 14 世纪的意大利，是资产阶级启蒙运动中针对天主教神学统治倡导的一种人生观和世界观。人文主义把焦点对准了人。它宣扬人的自由、人的平等和人的权利，反对君主专制、反对封建等级，并把人从对神的依附中解放出来，成为有独立人格和自由意志的人。约翰·密尔认为，完全的个人自由和充分的个性发展不仅是个人幸福所系，而且是社会进步的主要因素之一。自由感驱使人类去从事那些旨在发展其能力和促进其个人幸福的有目的的活动。[③] 意思自治原则与社会契约思想有非常密切的联系。有学者认为，社会契约论不过是私法自治理论的另一种表现而已，“如果说人的意志具有足够的力量创建一个社会及法律上的一般义务的话，那么，人的意志更能毫无问题地去创设约束当事人的特别的法律义务即债务”。[④] 在英国，随着产业革命的完成，资本主义经济获得了迅速发展。与自由的资本主义

---

① 姚新华：《契约自由论纲》，载《比较法研究》1997 年第 1 期。

② ［美］乔治·霍兰·萨拜因：《政治学说史》（上册），盛葵阳、崔妙因译，商务印书馆 1986 年版，第 22 页。

③ ［美］E. 博登海默：《法理学——法律哲学与法律方法》，邓正来译，中国政法大学出版社 1999 年版，作者致中文版前言Ⅵ。

④ 尹田编著：《法国现代合同法》，法律出版社 1995 年版，第 18 ~ 19 页。

经济相适应的边沁的自由放任主义哲学占据了主导地位,并且为维多利亚时代的法官所信奉。他们认为,根据自由放任主义,当事人的意图是应该受到特别尊重的,法律对人们的干涉越少越好。在德国,康德的自由主义哲学产生了广泛的影响。康德认为,只有人才有自由意志,才有天赋的自由权利;同时,由于人是理性的动物,有选择自己行为准则的能力,所以,人必须对自己所选择的行为负责。康德对自由作了精辟地阐述:“人只有一种天赋的权利,即与生俱来的自由。自由是独立于别人的强制意志,而且根据普遍的法则,它能够和所有人的自由并存,它是每个人由于他的人性而具有的独一无二的,原生的,与生俱来的权利。”①进而,康德提出了人人自由、人人平等、人人自主的社会理想,并认为若要实现这种理想,就应最大限度地限制国家的作用。“人最适合于服从他给自己规定的法律——或者是给他单独规定的,或者是给他与别人共同规定的法律。”②孟德斯鸠认为:“在自由和政制的关系上,建立自由的仅仅是法律,甚至仅仅是基本的法律。但是在自由和自然人的关系上,风俗、规矩和惯例,都能够产生自由,而且某些民事法规也可能有利于自由。”③个人主义、个性发展则是与自由主义相伴而生的孪生兄弟,启蒙思想家认为,只有自己才对本人的利益关切最深、了解最透,因而个人有支配自己的意志和行为的绝对自由,此乃天经地义的事情。而从个人行为出发是人类整体经济和政治活动的出发点,社会是个人的集合体,没有个人的充分发展就没有社会的存在。斯密认为,个人天生是为自己的利害打算的,只要不妨害个人的自由竞争,个人由此获得的利益越大,社会就会越富有,因此,应该允许人们依照自己的意愿去管理产业和经营贸易。“各个人都不断地努力为他自己所能支配的资本找到最有利的用途。固然,他所考虑的

---

① [德]康德:《法的形而上学原理——权利的科学》,沈叔平译,商务印书馆1991年版,第50页。

② [德]康德:《法的形而上学原理——权利的科学》,沈叔平译,商务印书馆1991年版,第26页。

③ [法]孟德斯鸠:《论法的精神》(上册),张雁深译,商务印书馆1961年版,第187页。

不是社会的利益,而是他自身的利益,但他对自身利益的研究自然会或者毋宁说必然会引导他选定最有利于社会的用途。""在这场合,受着一只看不见的手的指导,去尽力达到一个并非他本意想要达到的目的。也并不因为事非出于本意,就对社会有害。他追求自己的利益,往往使他能比在真正出于本意的情况下更有效地促进社会的利益。"[①]罗尔斯认为,"法治和自由显然具有紧密的联系",其原因在于"一个法律体系是一系列强制性的公开规则。提出这些规则是为了调整理性人的行为并为社会合作提供某种框架。它们构成了人们相互信赖以及当他们的期望没有实现时就可直接提出反对的基础。如果这些要求的基础不可靠,那么人的自由的领域就同样不可靠"。[②] 启蒙思想家关于人格独立、自由、平等、权利的理念奠定了私法自治、意思自治、契约自由等理念和原则的哲学基础。人也完成了"从身份到契约"的转换。就合同关系而言,只需要双方依自己的独立意志去共同磋商所达成的意思表示一致而决定,任何人包括国家公权都不得介入和侵犯。其主要原因在于,"依传统理论,个人是自己利益的最佳维护者,契约既然依当事人自由意思之合致而订立,其内容之妥当性亦可因此而受到保障"[③]。

自由原则的产生还和人的宗教信仰密切相关,宗教既是人们精神的依靠,又是提供理论说明的源泉。梅因认为:"'自由意志'问题在它成为哲学问题之前,是一个神学上的问题,如果它的名词曾受到法律学的影响,这是由于法律学早已渗入了神学的缘故。"[④]而英国当代思想家罗素则认为:"与权力有关的最重要的基督教教义是:我们应当服从上帝而不是人。"[⑤]日本当代学者池田大作在谈到宗教和文化的关系时说:"我们要研究的是东方的'精神'和西方的

① [英]亚当·斯密:《国民财富的性质和原因的研究》(下卷),郭大力、王亚南译,商务印书馆1974年版,第25、27页。

② [美]约翰·罗尔斯:《正义论》,何怀宏、何包钢、廖申白译,中国社会科学出版社1988年版,第233页。

③ 王泽鉴:《民法物权》(第1册),中国政法大学出版社2001年版,第69页。

④ [英]梅因:《古代法》,沈景一译,商务印书馆1959年版,第200页。

⑤ [英]罗素:《走向幸福》,王雨、陈基发编译,中国社会出版社1997年版,第253页。

'精神'。然而要研究'精神'内容的方方面面以及形成的渊源,我们就必然要涉及宗教的存在。""当我们追寻一切社会文化现象和某一民族的思维方法的根源时,就不能不注意到宗教的存在。"①之所以将宗教视为自由原则的最初源头,是因为根据古代先哲们的观点,在宗教中人们是平等的和自由的。古希腊哲学家阿尔基达马有一句名言:"神创造的人全是自由的,而自然也不让任何人成为奴隶。"②西塞罗也认为,在自然善良的状态下,人与人是自由平等的,"假如自由不是一切自然人平等地享受,自由便不存在"③。黑格尔也指出:"只有在基督教的教义里,个人的人格和精神才第一次被认作有无限绝对的价值。一切的个人都能够得救是上帝的意旨。"④与东方不同,西方文化既拥戴上帝的权威也崇尚个人的自由,其原因在于,"在精神世界,一切都是按部就班,有条不紊,预先得知和预先决定的;而在政治世界,一切都是经常变动,互有争执,显得不安定的……这两种看来互不相容的趋势,却不彼此加害,而是携手前进,表示愿意相互支持……自由认为宗教是自己的战友和胜利伙伴,是自己婴儿时期的摇篮和后来的各项权利的神赐依据。自由视宗教为民情的保卫者,而民情则是法律的保障和使自由持久的保证。"⑤从这一意义上我们可以说,基督教不仅仅是一种民众寄托精神的信仰,而且是制度设计和运行的技术性需要。

(二)意思自治产生的经济基础

法律上的私法自治原则与经济学上的自由经济思想密切相关。自由资本主义时期,商品经济在自由竞争中获得充分发展,市场规则以自由竞争对经济生活进行自发矫正。商品经济的发展,市场经

---

① [日]池田大作:《佛法·西与东》,王健译,四川人民出版社1996年版,第14~15页。

② [苏联]涅尔谢相茨:《古希腊政治学说》,蔡拓译,商务印书馆1991年版,第111页。

③ 周仲秋:《平等观念的历程》,海南出版社2002年版,第61页。

④ [德]黑格尔:《哲学史讲演录》(第1卷),贺麟等译,商务印书馆1981年版,第51~52页。

⑤ [法]托克维尔:《论美国的民主》(上卷),董果良译,商务印书馆1991年版,第48~49页。

济的孕育与发展以及相伴而行的资产阶级革命,实现了人类社会从农业时代向工业经济时代的第一次社会转型。此时,生产力大幅度提高,社会财富空前丰富,为了保护私有财产不受侵犯,资产阶级提出了"私有财产神圣不可侵犯"的口号,并在民法上相应地完善了所有权制度。这个法律前提和基础促进了商品流通的加快和交易活动的频繁,从而使市场逐渐成为经济生活的中心,成为资源配置的基础性环节与主导手段。古典经济学大师亚当·斯密充分注意到自由经济对社会经济发展的巨大促进作用,并将国家置于经济生活之外。他认为每一个经济人在追求自己的利益的时候都被一只"无形的手"引导着去促进并非属于他原来意图的目的。因此,最好的经济政策就是经济自由主义。每个人在平等的地位上进行自由竞争,既可以促进社会的繁荣,也可以使个人利益得到满足。国家的任务在于保护自由竞争,而非干预自由竞争。古典重农学派认为,人类社会和物质世界一样,都存在不以人的意志为转移的客观规律,这就是自然秩序。人身自由和私有财产是自然秩序所规定的人类的基本权利,是天赋人权的基本内容。自然秩序的实质在于个人利益和公众利益的统一,而这种统一只能在自由经济体制下才能得以实现。作为古典经济学思想集大成的经济学家亚当·斯密将这种经济自由主义思想进行了发挥和完善,将个人主义作为"天赋自由经济制度"的基础。"各个人都不断努力地为他自己所能支配的资本找到最有利的用途。"①他认为个人是其本人利益的最好明断者,明智的做法就是让每一个人在经济活动领域中自主地抉择自己的道路。在这种一切听其自然的社会中,其规律性力量是由市场这只"看不见的手"来进行调控的。

契约自由还与市场经济有密不可分的关系,契约自由是市场经济得以发挥作用的基本法律形式。正是市场经济的天然品行才孕育了契约自由思想。市场是商品交换的固定场所,它既是商品生产的必然产物和实现商品价值的必要条件,也是市场经济的重要组成

① [英]亚当·斯密:《国民财富的性质和原因的研究》(下卷),郭大力、王亚南译,商务印书馆1988年版,第25页。

部分,是社会分工和商品交换的伴生结果。对此,列宁曾指出:“哪里有社会分工和商品生产,哪里就有市场。”①所谓市场经济就是以市场机制调节社会资源的配置和调节市场行为的一种经济运行方式或经济运行模式。市场既是交易的结果,也是个人利益得以实现的场所,“人类历史上最早、最简单的交换模式就是互惠性。他指的是赠给别人某些东西,期望得到或者是同类东西,或者是其他利益的回报。互惠性交易是经济交换,但属于个体化的交换,发生在有关联的人之间,亦用于增强这种纽带”。② “如果一个人断言——如他们所说的,人实质上是自私的。他们实质上被允许在许多的事情上按自我利益行动。那么,他便会思考,当人们相遇时,什么事会发生——他们定会相遇,除非每个人是克鲁索(Crusoe),(因超过一个人将使交换成为必要)并且是没有星期五的克鲁索。这个相见的场所便是市场。”③与此相适应,法律应当保护市场参与者之间的平等地位,保护当事人的自由意思表达,保护自由竞争秩序。契约所具有的浓厚的平等、自由和世俗的功利色彩,几乎代表了商品经济的所有特性。契约自由在市场经济中找到了最为适宜的生存土壤,同时,它也为市场参与者可以本着自我追求、自我负责的精神订立契约以谋取最大的经济利益提供了良好的法律保障。亚里士多德曾经讲过一句名言:“人就其本质而言,都是政治动物。”④但人又是经济动物即经济人。政治人和经济人虽然具有不同的功能,但无论是经济人还是政治人,都无时无刻不在既定约束条件下以最小代价去获取最大收益。从这个意义上说,政治人无非活动在政治领域内的经济人。⑤ 市场经济中的主体也是经济人。所谓经济人按照资产阶

---

① 《列宁全集》(第1卷),人民出版社1984年版,第83页。

② [美]罗伯特·F.墨菲:《文化与社会人类学引论》,王卓君、吕迺基译,商务印书馆1991年版,第161页。

③ [瑞典]拉尔斯·马格努松主编:《重商主义经济学》,王根蓓、陈雷译,上海财经大学出版社2001年版,第88页。

④ 张宇燕:《经济发展与制度选择——对制度的经济分析》,中国人民大学出版社1992年版,第64页。

⑤ 张宇燕:《经济发展与制度选择——对制度的经济分析》,中国人民大学出版社1992年版,第65页。

级古典经济学家穆勒的观点就是会计算、有创造性、能寻求自身利益最大化的人，[①]并且要求必须是具有理性的人。所谓人的理性是指每个人都能通过“成本—收益”或趋利避害原则来对其面临的一切机会和目标及实现目标的手段进行优化选择。马克思曾指出：“人们扮演的经济角色不过是经济关系的人格化，人们作为这种关系的承担者而彼此对立着。”[②]人是趋利避害的动物。《管子》说：“见利莫能勿就，见害莫能勿避。其商人通贾，倍道兼行，夜以继日，千里而不远者，利在前也。渔人之入海，海深万仞，就彼逆流，乘危百里，宿夜不出者，利在水也。故利之所在，虽千仞之山，无所不上；深源之下，无所不入焉。”[③]人在行为中的本性和基本价值取向是——两利相权取其重，两害相权取其轻。人们在多重行为选择时的基本行为特征是具有排列和择优的倾向和能力。这种多中取优的价值取向可以导致自我利益最大化的实现。当然在理性化的社会中，这种个人对利润的追逐应受到一定适用条件的限制。作为理性的人应是理性地、有计划地、持续地追求预期的利润。

三、意思自治原则的限制及与相关民法原则的关系

（一）对意思自治进行限制的必要性

从历史来看，无论在学说上还是在实践中，意思自治与对意思自治的限制总是相伴而生、同时存在的。早在提出“意思自治”学说之时，法国法学家杜摩林就指出，那些具有强制性的习惯，是不能依当事人的意思而排除其适用的。[④] 在社会学上，人们研究主体之间相互平等制约的关系，认为自由要受到其他主体享有平等自由的限制。可以说，任何一种自由本身都包含着某种限制。没有限制便无所谓自由；没有限制，“自由”不过是一种任性，或者是一种主观

---

① ［法］亨利·勒帕日：《美国新自由主义经济学》，李燕生译，北京大学出版社1985年版，第24页。

② 《马克思恩格斯全集》（第23卷），人民出版社1972年版，第103页。

③ 张宇燕：《经济发展与制度选择——对制度的经济分析》，中国人民大学出版社1992年版，第64～65页。

④ 韩德培主编：《国际私法》，武汉大学出版社1993年版，第139页。

愿望,在现实中是不存在的,更是对理性、正义和进步的否定。康德认为:“如果在某种程度上,行使自由的本身就是自由的妨碍,那么,根据普遍的法则,这是错误的;反对这种做法的强迫或强制,则是正确的,因为这是对自由的妨碍的制止,并且与那种根据普遍法则而存在的自由相一致。于是,根据矛盾的逻辑原则,所有的权利都伴随着一种不言而喻的资格或权限,对实际上可能侵犯权利的任何人施加强制。”①黑格尔也说:“自由就是指可以为所欲为,我们只能把这种看法认为完全缺乏思想教养,它对于什么是绝对自由的意志、法、伦理等毫无所知。”②因此可以说,任何自由都是相对的,对此卢梭有一句名言:“人是生而自由的,但却无时不在枷锁之中。”③法律上所讲的自由也必须是为国家法律所认可和保护的自由。个人自由必须制约于这样一个限度内,即必须不使自己有碍于他人。从法律的角度讲,各种自由权利都必须有一个明确的边际,在这个边际所指明的范围之内,权利的主体可以从事他想干的一切事情,别人的干涉是违法的。如果超出这个范围,自由就失去了权利的性质,他的行为就是违法的,因为这时候他必然会损害其他人的合法权益。自由是一种权利,而限制则是一种责任。限制既是对自由的制约,又是对自由的保障,它要求个人在行使自由权利时要对他人负责,对社会负责。法律在把自由确认为权利的同时,也确定了各种自由权利的范围,使之有可能在自由的法律通则之下互相协调。正如孟德斯鸠所说:“自由是做法律所许可的一切事情的权利;如果一个自然人能够做法律所禁止的事情,他就不再有自由了,因为其他的人也同样会有这个权利。”④英国法学家亚伦在《古代法》的导言中就曾说:“我们可以完全肯定,这个由十九世纪放任主义(laissez-faire)安放在‘契约自由’这神圣语句的神龛内的个人绝对自决,到

---

① [德]康德:《法的形而上学原理——权利的科学》,沈叔平译,商务印书馆1991年版,第50页。

② [德]黑格尔:《法哲学原理》,范扬、张企泰译,商务印书馆1961年版,第25~26页。

③ [法]卢梭:《社会契约论》,何兆武译,商务印书馆1982年版,第8页。

④ [法]孟德斯鸠:《论法的精神》,张雁深译,商务印书馆1961年版,第154页。

了今日已经有了很多的改变;现在,个人在社会中的地位,远较著作古代法的时候更广泛地受到特别团体,尤其是职业团体的支配……很可能,过去一度由家庭这个发源地担任的任务,在将来要由工团这个发源地来担任了;也可能梅因的这个著名原则,将会有一天被简单地认为只是社会史中的一个插曲。”①

对意思自治进行限制的另一个原因是任何社会主体的行为都必须受制于国家权力。国家权力存在的目的首先是保障个人的自由,但是实现保障个人自由的目的,国家权力有时候必须对当事人的行为进行适当限制。法国《人权宣言》规定:“自由包括从事一切不妨害他人的行为的权利。因此,行使各个人的自然权利只有以保证社会的其他成员享有同样的权利为界限。”罗尔斯也认为,正义的一个原则就是“每个人对与其他人所拥有的最广泛的基本自由体系相容的类似自由体系中都应有一种平等的权利”。② 对自由限制的主要途径是来自法律的规定。之所以会产生这一限制,恰恰是因为自由是通过法律才得以固定下来的,法律利用自身的强制力量使每一个人都能实现自由。只有服从人们自己为自己规定的法律,才是自由。正如西塞罗的一段名言所说:“我们都是法律的奴隶。正因如此,我们才是自由的。如果没有法律所强加的限制,每一个人都可以随心所欲,结果必然是因此而造成的自由的毁灭。”③《人权宣言》也认为行使各人的自然权利的“界限只能够由法律确定”。作为坚定的个人主义者的哈耶克亦坚持民法规则对契约自由的竞争市场运转的方式最为重要。④ 当然,国家权力对个人的自由的干涉必须以法律有明文的规定为限,而法律本身也“只禁止那些会损害社会的行为”,而且法律禁止这些行为是为了更多的人获得更大的自由,即“自由只有为了自由本身才能被限制”。因此,对政府来

① ［英］梅因:《古代法》,沈景一译,商务印书馆 1996 年版,第 18 页。

② ［美］约翰·罗尔斯:《正义论》,何怀宏、何包钢、廖申白译,中国社会科学出版社 1988 年版,第 56 页。

③ ［英］彼德·斯坦、［英］约翰·香德:《西方社会的法律价值》,王献平译,中国人民公安大学出版社 1980 年版,第 176 页。

④ ［奥］A. 哈耶克编著:《个人主义与经济秩序》,贾湛等译,北京经济学院出版社 1989 年版,第 107 页。

说,政府的权力必须是有限的,所有的政府都只不过是"有限的政府"。对政府来说,"法无授权即无权",而对自然人来说,"法无禁止即自由"。国家权力干涉个人自由必须以法律明文规定为限,必须是一种不得已而采取的行动,而绝不能任意扩大到道德等领域。对于道德领域,有道德、宗教等规范来调整,"上帝的归上帝;恺撒的归恺撒"。

就民事关系而言,自由民事也就意味着应当是正当的民事、合法的民事和有序的民事。在合同关系中,无论是为了维持社会经济关系的稳定,还是为了平等地保护双方当事人的正当权益并真正实现其合理期待,都要求各方当事人的意思表示真实合法。实行有限制的"意思自治",可以保障双方机会均等,互利互惠。作为社会关系的合同所引起的各项交易,不仅涉及当事人双方的得失,也会影响社会的荣衰和他人的利害。实行有限制的"意思自治",一方面可以保障当事人的自主权利,另一方面也可以保障社会和他人的利益不致受到损害。因为在阶级社会中,个体的利益和要求只有通过与其他个体的利益的结合,才能形成为国家和法律所认可的普遍的社会利益。而任何不正当民事行为实际上对自由的滥用,都是一种极端的自由和放纵的自由。这种民事不仅不会促进社会经济的良性发展,反而会破坏正常的社会经济秩序。在契约自由问题上,产生于资本主义经济由自由竞争向垄断过渡时期的《德国民法典》把契约自由表达为"法律范围内的自由"就是明证。这也正是国家必须把自由民事活动纳入规范化发展轨道的主要原因。①

(二)意思自治原则与相关民法原则和民法制度的关系

与意思自治关系最密切的主要有三个制度和原则,即诚实信用原则、公序良俗原则和情事变更制度。

1. 意思自治原则与诚实信用原则。诚实信用原则,简称诚信原则,是指社会经济活动的当事人,在从事经营活动时,应从善意角度出发,正当地行使权利和承担义务,以维持当事人之间及其与社会

---

① 吕岩峰:《限制当事人意思自治问题之探讨》,载《吉林大学社会科学学报》1993年第5期。

利益之间的平衡关系。诚信原则是现代民法的基本原则之一,同时这一原则又被奉为当今民法的帝王条款。与其他原则相比,诚信原则的最大特点是该原则具有观念法的性质或者说具有补充法的功能。这种观念法性质或补充法的功能主要体现在以下两个方面:一是在法律无明文规定的情况下可依诚信原则对当事人的行为进行处理;二是在法律虽有明文规定,但如果该法的适用会导致显失公平,则可以依诚信原则对有关规定加以变更和补充。诚实信用原则要求行为必须以善意的心理状态,为一切有法律意义的行为,要求行为人在无法律明确规定的情况下,应当按照社会公认的方式来进行活动,且不应损害他人的合法权益。诚信原则的出现主要是为了平衡当事人之间的利益关系,合同自由让位于社会公平的结果。对于诚信原则的产生原因及其作用,我国台湾地区学者史尚宽曾给予很好的解释,他认为,诚实信用原则是掌握在法官手中的衡平法,其原因在于,一切法律关系都应该根据它们的具体情况按正义衡平的原则进行调整,从而达到它们具体的社会公正。法律关系的内容及实现的方法,根据当事人间具体情况的不同而不同,法律、合同当事人很难全面预见而加以规定或约定,因此,一方当事人可能基于自私而利用这些漏洞,牺牲对方利益以谋求自己的利益。在这种情况下,法官应当从道义衡平原则出发,站在立法者的角度以裁决这些关系。这就是诚实信用原则的要求。史尚宽认为,把诚实信用原则当作社会理想和交易道德基础都过于抽象,并且适用困难;把诚实信用原则的本质定位在当事人利益平衡,较为具体,便于适用。然而这种利益平衡如果仅限于当事人双方,尚嫌不足,社会一般公共利益也应考虑在内。①

2. 意思自治原则与公序良俗原则。公序良俗原则的出现既是对当事人意思自治的否定,也是对不合理行为结果的矫正。如果说诚信原则的出现主要是为了平衡个人之间的利益,而公序良俗原则的出现则主要是为了平衡个人利益与社会利益。诚信原则的产生原因是个人自由的滥用危及其他人的合法利益,而公序良俗原则的

---

① 史尚宽:《债法总论》,台北,荣泰印书馆1978年版,第319页。

产生原因则在于契约自由本身有其先天缺陷。而契约自由的先天缺陷又来源于作为契约自由基础的经济自由的固有缺陷。这些缺陷主要包括:(1)决策的盲目性;(2)容易偏离社会公共利益和消费者利益;(3)容易导致贫富悬殊和两极分化;(4)容易产生商品拜物教和拜金主义;(5)容易造成社会资源的浪费。正是由于存在这些缺陷,才使人们逐渐从绝对的个人主义和自由市场主义的狂热中清醒过来,认识到经济上的自由放任并不能给整个社会带来最大的利益和发展,绝对的个人自由、单纯地追逐个人利益会损害别人特别是弱势群体的利益,也会破坏环境和资源。“社群主义不是反对个人自由,而是主张把自由放在其适当的位置;它也不主张取消个人权利,而是为个人权利划定适当的界限;它并非否认自我的个性,而是为这种个性的形成与存在寻找历史和社会的基础。”①博登海默认为:“理性之声告诉我们,为使我们自己的需要适应他人的需要,为使公共生活具有意义,对个人行为施以一定的道德限制和法律约束是必要的。”②因此个人应当服从于社会,自由也应当是不触犯社会公序的自由。国家必须介入干预经济生活,扩大社会控制的范围。正是基于这个原因,凯恩斯的国家干预学说才开始在战后的资本主义国家社会经济生活中占据统治地位。与此相适应,“公共利益”“公共秩序”等价值判断开始登上“私法舞台”,并开始对私法自治的自我负责机制进行社会评价和社会纠正,契约自由因触及社会公共利益的固有防线而开始受到较多限制。从20世纪30年代起,法律政策作为公共利益的代名词开始进入包括契约法在内的所有私法领域,契约活动与国家政策紧密联系起来,从而使私法自治的绝对原则被彻底打破。作为这种私法公法化的结果,公序良俗作为与诚实信用原则具有同等法律效力的契约法的一般规则得以确立。根据这一原则,契约只有在不违背公序良俗的前提下才能够实现当事人预期的法律后果。当然,“公序良俗”作为一项基本法律原则

---

① 韩震:《后自由主义的一种话语》。转引自刘军宁等编:《自由与社群》,生活·读书·新知三联书店1998年版,第22页。

② [美]E.博登海默:《法理学——法律哲学与法律方法》,邓正来译,中国政法大学出版社1999年版,作者致中文版前言Ⅶ。

并不只是现代民法的产物。实际上早在1804年的《法国民法典》第6条中就对此作了明确规定:个人不得以特别约定违反有关公共秩序和善良风俗。然而在那个崇尚绝对个人主义和自由主义的自由经济年代,公共秩序和善良风俗不过是对契约自由原则作例外的限制,其适用范围较窄,不可能走到历史前台并占据一个重要地位。但是,随着国家干预的加强,自由主义受到批判,个人自由必须服从于社会正义和社会公益的法律思想的影响日益扩大,公序良俗原则也终于得到重新的价值评估,“以其维护国家社会一般利益以及一般道德观念的重要功能,成为现代民法的基本原则”。[①] 公序良俗已成为支配私法全领域的基本原则,不独契约自由,即如权利的行使,义务的履行,自力救济的界限,法律行为之解释等均属于公序良俗原则的支配范围。[②]

3. 意思自治原则与情事变更制度。情事变更又称情势变更,是合同法上一个重要的概念,是指合同有效成立后,因不可归责于双方当事人的原因而发生情事变化,致使合同成立的基础动摇或丧失,若继续履行合同对一方显失公平,则受不利影响的一方当事人可以请求法院或仲裁机关变更合同内容或解除合同。[③] 情事变更制度源远流长,在《汉谟拉比法典》中就有所反映。中世纪教会法虽然继承自罗马法,但受日耳曼古法的影响,并出自人道的正义衡平之立场,在法文上承认了情事变更对契约产生影响,尽管有学者认为,在这一人道主义及正义衡平立场上体现的一定意义上的情事变更原则的法条“与其说是情事变更原则在法制史上的早期表现,不如说是欧洲中世纪封建教会忽视个人自由、干预意思自治的例证”,[④]但它终究具有了情事变更的最初表现形式。通说认为,情事变更理论上的真正起源来自12世纪、13世纪注释法学派著作《优帝法学阶梯注解》,其中有一项法律原则,假定每一合同均包含一个

---

① 郑玉波:《民法总论》,台北,三民书局1979年版,第338页。

② 梁慧星:《市场经济与公序良俗》,载《民商法论丛》(第1卷),法律出版社1994年版,第53页。

③ 曾庆敏主编:《法学大辞典》,上海辞书出版社1998年版,第1624页。

④ 谢怀栻等:《合同法原理》,法律出版社2000年版,第189页。

默示条款,即时作为合同基础的客观情况应继续存在,一旦这种情况不再存在,则准予变更或解除合同。这被称为“情事不变条款”。至16世纪、17世纪,自然法思想居于支配地位,情事不变条款得到了广泛的应用,受这一时期自然法思想的影响,情事变更原则在一些国家民事立法上有明文体现,如1756年《巴伐利亚民法典》第4编“其他给付义务之负担”,1794年《普鲁士普通法》第378条、第380条、第381条,1811年《奥地利民法典》第936条关于预约的规定。[①] 基于以上分析可以看出,情事变更原则的出现与其说是基于社会经济发展的需要,不如说出于人们的伦理需要,是公平理念战胜契约自由思想在法律上的反映。值得注意的是,根据我国《民法典》第533条的规定,[②]情势变更原则的适用要受到严格限制:要求必须是合同的基础条件发生了重大变化,这种变化是合同订立时无法预见的,因这种变化给一方当事人造成的风险不属于商业风险,即不属于基于商业判断、商业逻辑所产生的经营风险,这种变化将使当事人的履行陷入重大损失状态,其基本的处理原则是根据公平原则作出判断。因此,就其本质来说,情势变更应属于合同履行过程中的一种例外适用场景,其目的仍是保障合同的履行符合公平这一民法的最基本取向。

---

① 王利明:《民商法研究》(第4辑),法律出版社2001年版,第493页。

② 我国《民法典》第533条的原文是:“合同成立后,合同的基础条件发生了当事人在订立合同时无法预见的、不属于商业风险的重大变化,继续履行合同对于当事人一方明显不公平的,受不利影响的当事人可以与对方重新协商;在合理期限内协商不成的,当事人可以请求人民法院或者仲裁机构变更或者解除合同。人民法院或者仲裁机构应当结合案件的实际情况,根据公平原则变更或者解除合同。”

第六章　诚实信用原则与民法伦理

一、诚实信用原则的基本概念考察

（一）诚实信用原则与信用制度

诚实信用原则，简称诚信原则，是指社会经济活动的当事人，在从事经营活动时，应从善意角度出发，正当地行使权利和承担义务，以维持当事人之间及与社会利益之间的平衡关系。诚实信用，以拉丁文表达为“bona fide”，以法文表达为“bonne foi”，以英文表达为“good faith”，直译均为“善意”。在德文中表达为“treu und glauben”（忠诚和相信），在日语中表达为“信义诚实”。由于我国近代继受了大陆法系的法文化传统，以日本为中介，受到德国很大影响，汉语中“诚实信义原则”一词是德文指称的直接移译。德文中“Treu und Glauben”来源于古代德国的誓约。在古代德国，通常以“In True”（依事实）、“Mit Treu”（于诚实）、“Bei Treu”（依诚实）或“Unter Treu”（在诚实名义下）来强制交易对方作誓。随后为了更加可靠，于诚实之后加“Glauben”（信用）一词，并以“于诚实信用”为誓词，起确保履行契约义务的作用。后来，诚实信用的誓词被转用于表示民法中的一项基本原则。[1] “诚实信用”一词在我国古代典籍也早有出现。据《商君书·靳令》记载,“诚信”与“礼乐、诗书、修善、孝弟、贞廉、仁义、非兵、羞战”并称“六虱”。另据《新唐书·刑法志》记载,唐太宗于贞观六年(公元632年)“亲录囚徒,闵死罪者三百九十人,纵之还家,期以明年秋即刑。及期,囚皆诣朝堂,无后者。太宗嘉其诚信,悉原之”。这里两处出现的“诚信”即诚实信用,均指人际关系中的诚实不欺。[2] 在外国法中,据《布莱克法律词典》解释,诚实信用即怀有善意;诚实地,公开地,忠实地;没有欺骗或欺诈,真实地;实际地;没有假装或伪装;清白无辜地;持信任和信赖的态度;没有注意到欺诈;等等。而善意,是一种没有专门意思和成文定义的不可触摸的抽象的优良品质,与其他事物相伴随,它包括诚实的信念、不存恶意、没有骗取或追求不合理好处的目的。在普通用法中这一词语一般用来描述目的诚实和不欺诈的内心状态,概言之,即忠实于自己的义务或责任。[3]

诚实信用原则与信用的概念紧密相联。对“信用”一词的含义,《辞海》解释为:“诚实不欺,遵守诺言。”许慎《说文解字》卷三中说:“信,诚也,从人言。”《礼记·礼运篇》有云:“大道之行,天下为公,选贤与能,讲信修睦。”在儒教的代表作《论语》中,孔子以不同的字眼表示了君子对待不同身份者的态度。对父母曰孝,对兄弟曰悌,对君王是忠,对朋友是信。信用在古代被认为是立身立国之本,“信,国之宝也”[4]。现代汉语中的信用,主要包括三种含义:一是以诚信任用人,信任使用。二是遵守诺言,实践成约,从而取得别人对他的信任。[5] 三是一种信守承诺的责任感,是行为人对自己行为之

---

① 蔡章麟:《债权契约与诚实信用原则》,载刁荣华主编:《中国法学论集》,台北,汉林出版社1976年版,第415页。

② 转引自徐国栋:《民法基本原则解释——成文法局限性之克服》,中国政法大学出版社1992年版,第75页。

③ *Black's Law Dictionary*, by Henery Campbell Black, M. A. Fifth Edition., West Publish Co., 1979, p. 160, 623 – 624.

④ 《左传·僖公二十五年》。

⑤ 《辞海》,上海辞书出版社1979年缩印版,第247页。

后果负责的道德感。①

信用的含义有广义和狭义之分。广义的信用属于伦理学范畴，主要是指参与社会和经济活动的当事人之间建立起来的以诚实守信为道德基础的践约行为，是一种普遍的处理人际关系的道德准则。狭义的信用则主要属于经济学、法律学的范畴，表现在商品交换或其他经济活动中，交易双方所实行的以契约（合同）为基础的资金借贷、承诺、履约的行为。这里的信用关系双方即借贷关系双方：授信人（借出方）和受信人（贷人方）。因此，所谓信用，是指在商品交换或其他经济活动中，授信人在充分信任受信人能够实现其承诺的基础上，用契约关系向受信人放贷并保障自己所贷的本金能够回流和增值的价值运动。

与单纯伦理范畴中的信用含义不同，经济领域中的信用制度则来源于市场经济主体之间基于长期的经济交往而形成的信任关系和信誉评价。而信任和信誉又是市场交易行为发展到一定阶段的必然结果。在早期的以一次性为主的市场交易活动中，由于交易双方在今后再次相遇的概率极低，通过欺骗手段获取利益的可能性极大，因此交易双方存在欺骗的可能性也相应较大。在市场经济高度发达之后，一方面，社会主体对其他交易主体的依赖程度增加，交易成为获取自己必要生活来源的主要途径；另一方面，交易形态和交易方式也发生了显著变化，期货交易、远期交易等新型交易方式使交易变成了一种长期的契约。与一次性交易不同，在这些以多次或重复进行为特征的长期契约关系中双方实施欺骗战略的可能性和动机大大降低，原因在于："一方面，交换双方识别对方商品特征及其行为的能力加强，信息不对称程度降低；另一方面，欺骗会招致对方的报复，如终止交易。"②即便如此，信任仍具有较大风险，假如欺骗的成本小于收益，信任关系就可能被打破。因此，"信任可以看成是一种风险，一方所承受的风险取决于另一方的行为结果。接受这样一种风险的决策就意味着信任。社会学家通常把信任定义为：一

① 张忠元、向洪主编：《信誉资本》，中国时代经济出版社2002年版，"前言"。

② 张忠元、向洪主编：《信誉资本》，中国时代经济出版社2002年版，第36页。

方估计另一方完成某种行为的主观概率”。[①] 与这种以利他性为标准的信任关系不同,信誉强调的则是受到的其他社会主体的良好社会评价,因此也可以将信誉理解为赢得他人信任的一种能力。市场交易关系可以相应表述为市场主体之间基于良好的信誉评价而形成的相互信任关系。现代信用主要包括四个不同层次的含义:(1)传统的经济学上的意义,即以偿还为条件的借贷资本的运动形式[②];(2)债务人对其未来支付的一种承诺;(3)一种无形的经济稀缺资源;(4)所有经济活动主体对其所从事的活动所应负有的责任和应承担的义务。信用的第四层表面上看似乎是一种道德的需求,但是从实质上看,市场主体所应负有的责任和义务可以作为一种无形的经济资源进行量化和考量。因此,从广义上说,信用是一种以人身信任关系为基础的可供配置的有价值的道德资源。

在法律上,人们对“信用”一词的理解大致可以分为两类,一类认为“信用是指出借人对他人借钱以分期付款方式购买货物的偿付能力和可靠性的积极判断”(favorable opinion)[③]。这一信用观念是建立在传统经济学范畴之上的。而我们通常所说的商业信用、银行信用、票据信用、消费信用等指的也都是“信用”的这个概念。还有一类将“信用”列为人格权的范围,认为信用或是“在社会上应受经济的评价”[④];或是“在社会上与其经济能力相应的经济评价”[⑤];或是“一般人对于当事人自我经济评价的信赖性,亦称信誉”[⑥]。信用是法律保护的客体之一,《德国民法典》第824条规定:“违背真相,对事实进行主张或传播,危害他人信用或对他人的生计或前途引起其他不利益的人,即使不知其为不真实,但系可得而知者,也应赔偿他人因此而产生的损害。”法律中之所以要对信用关系进行调整,是因为信用本身暗含着深刻的经济义理:其一,信用可以普遍减少交

---

① 张忠元、向洪主编:《信誉资本》,中国时代经济出版社2002年版,第36页。

② 李凌燕:《消费信用法律研究》,法律出版社2000年版,第2页。

③ *Black's Law Dictionary*, West Publishing Co., 1979, p. 331.

④ 史尚宽:《债法总论》,台北,荣泰印书馆1978年版,第147页。

⑤ 王利明主编:《民法·侵权行为法》,中国人民大学出版社1993年版,第299页。

⑥ 张俊浩主编:《民法学原理》,中国政法大学出版社1991年版,第158页。

易费用;其二,信用可以提高成交量;其三,信用可以减少交易中的外部费用(经济学称之为“睦邻效果”);其四,信用可以降低交易风险、减少不确定性。

真正意义上的信用观,实际上是近代资本主义商品经济发展以后,所形成的社会交换关系以及各种道德规范的集合体。17、18 世纪以来的经济学家关于商品经济条件下的社会生活、交换关系及其各种道德规范都提出过自己的见解和设想。休谟认为,人类在交换关系中必须遵循“稳定财物占有”“根据同意转移所有物”“恪守信用、履行许诺”这三条基本法则。这是维系社会经济秩序、人类和平、安全、和谐所绝对必要的,没有这些基本法则,人类社会就不能建立商品交换关系,任何个人利益都无法得到实现。信用是现代社会赖以存在和发展的基础,是市场经济必备的法律理念和道德要求。一个社会失去了信用,商品交易的链条就会断裂,市场经济就根本无法运转。因此,全社会成员普遍的守信行为,是交易能够进行、经济能够运转的前提,也是每一个生产经营单位立足于社会的必要条件。没有信用,就没有良好的市场秩序,也就没有市场交易行为。同时,信誉是市场主体的无形资产,是人类社会文明的结晶。有学者认为,迄今为止的人类文明主要表现为三种文明,即物质文明、精神文明和信用文明。

信用制度有以下几个特点。(1)信用具有一定的财产性。信用不仅是一种信誉和荣誉,更是一种本身就可以作为资金来看待的金融资源和金融商品。信用的财产化使信用表现为“有价值的资源”。本杰明·富兰克林说:“信用就是金钱”“以遵守诺言按时付款而著称的人,可以在任何时候,任何情况下筹集到他的朋友们省下的钱。这一点时常大有益处。”①其一,如果说信用在以往体现的主要是一种人格利益,那么现代信用的财产化就表现为人格信用的财产化。信用是一种资格,传统的信用表明的是一种特定的法律和社会身份、地位,反映的是一种道德上的人格利益并体现为一种人

① 转引自[德]马克斯·韦伯:《新教伦理与资本主义精神》,彭强、黄晓京译,陕西师范大学出版社 2002 年版,第 19 ~ 20 页。

格权。但是,在现代商业社会中,人们在传统“熟人社会”中使用的以“人格道德”来判断信用状况的标准显然已经无法适用日益广泛的人际交往的需要,取而代之的是易于确认的财产、资本标准。其二,信用的财产化表现为信用基础的财产化。传统的信用基础表现为个人的道德品质,但在现代社会,由于交易范围的扩大,信用基础主要表现为资信。各国公司法对公司资本三原则的确认就是信用基础财产化的最好体现。其三,信用本身已经成为一种无形财产,是一种可以利用的资源。信用可以用来融资、理财和配置资源,能够为其拥有者带来财产利益。对于企业来说,良好的信用意味着能够获得所需要的银行贷款,意味着稳定的客户来源、良好的销售业绩。信用还能够以金钱来衡量其价值并发挥与有形财产一样的经济功能。信用和商誉往往被作为企业资产的一部分反映在企业的会计账簿中。其四,信用是市场主体进入市场的通行证,是进行市场交换活动的前提。其五,侵犯信用所承担的责任也表现为财产责任。我国《反不正当竞争法》第 11 条规定,“经营者不得编造、传播虚假信息或者误导性信息,损害竞争对手的商业信誉、商品声誉”。正是因为看到了信用的这些经济功能,美国经济学家阿罗认为,“信用是经济交换的润滑剂,是控制契约的最有效机制,是最含蓄的契约,是不容易买到的特殊商品”。(2)信用在本质上表现为一种产权关系。信用是维系社会主体关系的基本纽带,没有信用就没有秩序、交换和市场。同时,信用又是以产权为基础的。产权制度的基本功效就是给市场主体提供一个追求长期利益的稳定预期和重复博弈的规则,“好的信用关系意味着交易的各方当事人对自己的资源有比较可靠、明晰的权利边界,并且,交易当事人能尊重彼此之间的权利”。[①] 一个人对另一个人进行欺诈行为,实际上就是不尊重和不承认这种约定俗成的权利界限。所以,信用制度在本质上就是产权制度的一个组成部分,好的信用制度也就意味着这种相对稳定、明晰的产权关系获得了充分的法律确认和法律保障。(3)信用具有一定的信息化特点。信用的信息化表现为信用的可配置性。

---

① 党国英:《经济学家如何理解诚信》,载《南方周末》2002 年 6 月 6 日,第 B14 版。

现代社会是一个信息社会，信用已经信息化。信用由信息构成，并以信息的形式在社会经济生活中发挥日益重要的作用。信用的信息化首先体现为信用是一种可以量化的信息，信用信息可以用一定的符号来表现信用的好坏程度、高低水平等状况。只有对信用信息进行量化和评估，信用的信息服务机制和信息监督机制才得以实现。因此，在现代社会中，信用制度在很多情况下也往往表现为有关信息提供、信息获取、信息评估和信息责任的法律制度。正是由于信用具有信息化、快捷化、财产化的特点，因此对信用信息的传输、公开和评估的立法才有其特殊的立法价值。(4)信用具有易破坏性和不可再生性特征。信用是人类文明的标志，体现的是市场经济所必备的道德理念和法律意识，是市场经济条件下的道德准则。同时，信用的形成要经过长期的社会认可和逐步的积累，是市场交易主体的诚实守信行为日积月累的结果。信用是市场主体的生命线，市场主体不可或缺，与财产和人力资本一样，属于市场主体的特殊资源。与其他财产不同，信用的缺乏只能靠自己的行为逐步获取，而不能通过借贷或其他方式取得。同时，信用的破坏具有容易性和感染性。制度经济学家们认为：在"追求自身利益最大化"的市场主体（公司）的机会主义行为得不到法律有效限制的情况下，如果违法行为的收益成本比为最大，又可同时免于法律制裁，则违背信用的行为将会不可避免地发生。由此可见，建立公司信用制度这一约束公司机会主义行为的法律制度，是目前中国法律供求市场上的一个迫切需要。失信行为的后果具有相当的严重性，一次失信行为就足以使长期累积形成的信任关系彻底丧失。不仅如此，信用关系还具有不可再生性，即信用关系一旦遭到破坏就很难再予修复。①

（二）诚实信用原则的起源

一般认为诚实信用原则起源于古罗马法。在古罗马法中有所谓"一般恶意抗辩"，即在民事活动中，如果因一方的欺诈行为而使

---

① 赵万一、王煜宇：《中国商事信用法律制度基本问题研究》，载《中国商法年刊》（第2卷），吉林大学出版社2002年版，第135～142页。

另一方当事人遭受损害,对此种行为任何人都可提起抗辩。但由于当时的社会秩序以身份关系为基础,个人无独立地位。意思自由难以实现,诚信原则自然也无从谈起。[①] 中世纪以后,随着自由资本主义经济的发展,个人逐渐成为经济、政治、社会各方面的独立主体,社会秩序转为由个人之间合意所形成的关系为基础,实现了由"身份到契约的转化"。合同自由成为契约制订的核心原则。故在这种背景下,《法国民法典》第1134条规定:"契约应以善意履行。"此处的善意即为"诚实信用"。这只是对当事人意思的补充,并未有实际的意义。诚信原则的真正确立,还是在自由资本主义发展到垄断资本主义阶段的19世纪末20世纪初。19世纪中期以后,由于个人权利的极端化导致了种种弊端,契约自由开始让位于社会福利和对一个更公平的工作和生活水准的维护,法律越来越倾向于以各种利害关系为基础,而不是以孤立的个人权利为基础。"契约和上帝一样,已经死了。"[②]于是,个人本位让位于社会本位,合同自由让位于合同正义。在社会利益高于个人的前提下,各国开始重视道德规范的调节功能,典型的便是《德国民法典》首次将诚信原则作为一项强行性规范规定下来,并扩大到一切债之关系中。《德国民法典》第157条规定:"契约应考虑交易上的习惯,依诚实信用的要求而解释之";第242条也规定:"债务人负有按照诚实信用并考虑交易上的习惯而为给付的义务。"之后,1907年的《瑞士民法典》更将这一原则适用于普遍的民事活动,该法典第1条规定:"无论何人行使权利,履行义务,应依诚实信用原则为之。"《瑞士民法典》第2条"任何人行使任何权利,或履行义务,均应以诚实信用为之"将诚信原则的作用领域扩大到一切民商事活动范围,并使之成为民法的一条基本原则。《日本民法典》新增第1条规定,"权利之使用、义务之履行,应依信义诚实地为之"。《意大利民法典》第1176条规定,"在债的履行中,债务人应当尽善良家父般的勤谨注意"。诚信原则成

---

① 傅静坤:《二十世纪契约法》,法律出版社1997年版,第38页。

② [美]格兰特·吉尔莫:《契约的死亡》,曹士兵等译,载梁慧星主编:《为权利而斗争》,中国法制出版社、金桥文化出版社(香港)有限公司2000年版,第54页。

为大陆法系民法之“帝王法则”。随着大陆法系国家的法律中“帝王条款”的确定,英美法系国家也开始相继进行法律调整。其实英国早在衡平法中就确立了诚信原则,以后只不过是将其明确化。而《美国统一商法典》总则第 1 – 201 条第 19 款中指出,“诚实信用是指在相关的行为或交易中忠于事实真相”。正是由于以诚实信用原则为代表的一般条款的出现,才奠定了变革古典契约模式和重塑现代契约法的基础。从而引发了附随义务、缔约上过失与禁反言、契约效力相对性突破等理论与实践。[①] 我国《民法典》第 7 条也以立法的形式对这一原则进行了明确规定,并将“诚实信用”原则与权利不得滥用原则和公平、等价有偿原则确立为民法的基本原则。

(三)诚实信用原则的特点

按照学者们的归纳,诚实信用原则的特点主要体现在以下三个方面。首先,从诚实信用原则的立法旨意来看,诚实信用原则是古老的自然法准则在市民法中的体现,它的应然性价值大大超越了它的实用性价值。诚实信用是对人的美好内心品德追求的法律化的结果。其次,诚实信用的语意是纯传统道德,即“要求人们在进行民事活动时实事求是,对他人以诚相待,不为欺诈行为;进行民事活动时主观上不能有损人利己的心理”[②]。但是却没有其相应的适用机制。因此,道德不过是人们在生活中的态度或选择,它也需要自己的制度基础,而传统民法的诚实信用原则,没有也不可能提供这样的制度基础。最后,诚实信用的规定在范围上过于宽泛,在语意上又显得过分抽象和模糊,没有具体的量化标准和评价方式、没有可操作性。史尚宽认为,诚实信用原则是掌握在法官手中的衡平法。因为,一切法律关系都应该根据它们的具体情况按正义衡平的原则进行调整,从而达到具体的社会公正。法律关系的内容及实现的方法,因当事人之间具体情况的不同而不同,法律、合同当事人很难一一预见而加以规定或约定,因此,一方当事人可能基于私利而利用

---

① 孙鹏:《契约法的现代发展——走向 21 世纪的中国合同法》,载《现代法学》1998 年第 4 期。

② 李开国主编:《中国民法学教程》,法律出版社 1997 年版,第 41 页。

这些漏洞,牺牲对方利益以谋求自己的利益。在这种情况下,法官应当从道义衡平原则出发,站在立法者的角度以裁决这些关系。这就是诚实信用原则的要求。史尚宽认为,把诚实信用原则当作社会理想和交易道德基础都过于抽象,适用困难;把诚实信用原则的本质定位在当事人利益平衡,较为具体,便于适用。然而这种利益平衡如果仅限于当事人双方,尚嫌不足,社会一般公共利益也应考虑在内。① 蔡章麟认为,从本质上看,诚实信用原则为相关的、客观的概念,是具有强行性的法律原则。其实质是一个有变化内容的自然法,而属于法源之一。而在法典内常常使用的"正当理由""重大事由""不得已的事由",以及学者所承认的"社会观念""交易观念""事物性质"等,均不过为诚实信用原则的片鳞而已。② 蔡章麟还认为,该原则是抽象的、概括的,没有色彩、无色透明。它所包含的范围太广,比其他的一般条款大。申言之,该原则是"未形成的法规",是白纸规定,是给法官的空白委任状。③

二、诚实信用原则的制度基础

(一)诚实信用原则产生的经济制度基础——多元的相对自由的经济体制

利益主体的多元化是市场经济的基础和市场经济发展的力量之源。然而,主体的多元结构必然导致利益趋向的冲突,信用秩序的作用就在于将市场主体自身对冲突的化解限定在一个可控的框架内,以免危及市场的交易安全。在计划经济体制下,信用秩序的作用可以由经济管制来完成,交易的安全性毋庸置疑,所以信用问题并不突出。但是一旦对市场主体的管制大大减少,丧失信用又能获得额外利益,并且信用效力的个别化使之并不会丧失交易的资格和机会,一些不正当的手段就自然成为交易手段的选择。而当一定

---

① 史尚宽:《债法总论》,台北,荣泰印书馆 1978 年版,第 319 页。

② 蔡章麟:《债权契约与诚实信用原则》,载刁荣华主编:《中国法学论集》,台北,汉林出版社 1976 年版,第 418 页。

③ 蔡章麟:《债权契约与诚实信用原则》,载刁荣华主编:《中国法学论集》,台北,汉林出版社 1976 年版,第 416 页。

数量的市场主体为避免受损害而放弃信用或者减少交易的时候，我们就面临一个“囚徒困境”。[①]

从社会学的角度来理解，信用秩序的主要功能在于建立和保持一种可以大致确定的预期，以便利市场主体的相互交往和行为。而制度经济学家更从这个角度把建立起信用秩序的法律确定为一种能保障确定预期的正式的制度。只有在比较确定的预期下，我们才能进行一切社会交往和社会活动；我们之所以存款、投资、买卖，皆因对自己的市场行为有一个安全的预期。我们清楚地知道，可以凭银行的存折提取本金和利息，进行的投资不会无故被没收或征收，卖（买）方不会卷款而逃或拒不履约。市场主体能够随时了解交易对方的信用保证（资产、负债状况）和信用记录，这有助于增强交易信心。不守信的市场行为付出的机会成本在一般情况下，将远远大于预期的额外利益。市场的透明度要求任何财产的流转都将在司法介入时能够显现。而法律必然成为建立信用秩序最为有效的选择。

（二）诚实信用原则产生的市场主体基础——市场主体（经济人）的机会主义倾向

传统的市场经济理论认为，构成市场主体的企业（厂商）也就是我们通常所说的广义上的“商人”，在本性上都是“使自我满足最大化的理性主体”，即他们是追求自身利益最大化（maximizing self-

---

① 所谓“囚徒的困境”是博弈论教材上的一个经典案例，是指警察抓住了两个罪犯，但警察局却无充足的证据指控他们所犯的罪行。如果罪犯中至少有一名招供，则指控他们的罪名就能成立。为了得到所需要的口供，警察将两名犯罪嫌疑人分别关押以防止他们串供或订立攻守同盟，并分别对他们讲清楚他们的处境和面临的选择：如果他们都拒不认罪，则他们将会被以较轻的妨碍公务罪各判 1 年徒刑；如果两人中只有一人坦白，则坦白者将被无罪释放而拒不坦白者将被重判 8 年徒刑；如果两人都坦白认罪，则他们将各被判处 5 年徒刑。在该案中两个罪犯都有两种可供作出的选择，但各方的得益不仅取决于自己的策略选择，而且取决于另一方的策略选择。对囚徒 1 来说，他虽然有坦白和不坦白两种选择，但假设囚徒 2 选择不坦白，则对囚徒 1 来说，不坦白的得益为服刑 1 年，坦白的得益为不被判刑，因此他应当选择坦白；假设囚徒 2 选择的是坦白，则对囚徒 1 来说，不坦白将被判刑 8 年，坦白将被判刑 5 年，他还是应当选择坦白。对囚徒 2 来说情况一样，也是认为坦白给自己带来的得益最大。因此最后的博弈结果是两个罪犯同时选择了坦白，同时被判刑 5 年。因此无论是对这两个囚徒总体来讲，还是对个人来讲，最佳的结果都不是同时坦白，而是都不坦白。两囚徒决策时都以自己的最大利益为目标，结果是无法实现最大利益甚至较大利益的。

interests),或更一般地说,他们是追求货币收入最大化或效用最大化的“经济人”。所谓经济人,按照古典经济学家穆勒的观点就是会计算、有创造性、能寻求自身利益最大化的人。[①] 但市场主体这种追求利益“最大化”的行为是建立在市场主体“有限理性”的基础之上的。人的理性是有限的,虽然人们总想把事情做到最好,但是人的智力毕竟是一种有限的稀缺性资源,所以人们要了解所有备选方案及其实施后果实际上是办不到的。因此,在决策过程中人们寻找的并非“最大”“最优”标准,而是“满意”标准,按照满意标准,所有市场主体的协议、契约或制度规范都不可能是十全十美的。[②] 因此,市场主体的“理性”是“有限”的。因此,必然会导致机会主义的出现。

“机会主义”行为在经济学中被定义为“用虚假的或空洞的,也就是用非真实的行为威胁或承诺来谋取个人利益的行为”[③]。将市场主体的机会主义行为倾向与其“最大化”行为趋向和“有限理性”的假定相结合,我们得出关于市场主体的“理想类型”,即有限理性与机会主义行为倾向同时存在的,追求利益最大化的市场活动者,进而可以推出:市场主体的理想类型追求自身利益的动机是强烈的,同时也是复杂的,既可以采取合法手段,也可以采取规避法律的脱法手段,还可能采取违法手段,而且哪些主体在哪些时候采取哪种手段是很不确定的,克服此类不确定的问题的最有效途径就是健全对“机会主义”约束的法律制度的建设。因为法律制度的公开性、确定性和效力的稳定性是显而易见的,而且市场主体的机会主义行为(法律上的违反诚信的行为)的特点就是只顾眼前利益而不顾长远后果,从而市场主体的任何欺骗失信行为只能对一定的对象使用一次,而不能对同一对象重复使用。所以,通过建立可以反复

---

① [法]亨利·勒帕日:《美国新自由主义经济学》,李燕生译,北京大学出版社1985年版,第24页。

② [美]赫伯特·西蒙:《现代决策理论的基石》,杨砾、徐立译,北京经济学院出版社1989年版,第53页。

③ [美]加里·S.贝克尔:《人类行为的经济分析》,王业宇、陈琪译,上海三联书店1993年版,第98页。

适用的法律规则，就可能减少或避免机会主义行为人的一次性及短期行为（重复博弈）。换言之，市场主体理想类型的机会主义行为与法律制度是对立的，法律制度是减少理想类型市场主体机会主义行为的良方。因此，从逻辑上来说，法律制度是解决信用问题最有效的市场供给。

（三）诚实信用原则产生的伦理基础——"诚""信""良心"和宗教

诚信依其内容可分为道德上的诚信和法律上的诚信。所谓道德上的诚信是指作为道德准则的诚信，而法律上的诚信则是指作为法律原则的诚信。道德诚信要求人们恪守诺言、无虚假、不欺诈。法律上的诚信则要求民事主体在民事活动中维持当事人之间的利益平衡，以及当事人利益与社会利益的平衡，其目的在于实现三方的利益平衡，保持社会的稳定和社会的和谐发展。法律上的诚信实际上就是我们通常所说的诚实信用原则。法律诚信与道德诚信具有密切的联系。从渊源上看，法律诚信源于道德诚信，是道德诚信的法律化。从作用上看，二者相辅相成、相互维系：法律诚信必须有相应的道德诚信作为基础和依托，否则就会成为无根之木；而道德诚信也必须有相应的法律诚信作为保障，许多违反道德诚信的行为会构成违法行为，行为人应当承担法律责任。

作为法律上的诚信原则的伦理基础首先是"诚"和"信"。"诚"和"信"在古汉语中是两个非常重要的哲学伦理范畴，"诚"和"信"虽可以互训，但二者仍有不同："诚"也被作为本体论范畴使用，"信"却始终是一个伦理学概念。作为个人的内在德性的"诚"，也就是诚实，要在人与人的交往中体现，在伦理关系中体现，即在一种使人信任的关系中体现，这是"诚"所受到的限制；从"信"的方面来说，信是从个人的、内在的角度对他人所产生的信任。古往今来，诚实和信用都是人与人发生关系所要遵循的基本道德规范。两千多年前的孔子就强调"民以诚而立"，并把"信"作为与"仁、义、礼、智"并列的儒家道德的基本范畴。诚实和信用也往往被作为区分善恶的分水岭，是支撑社会的道德的支点。道德和法律作为社会行为的规范虽有很多不同，但在一般情况下它们又是趋同的，有时道德规范也是法律规范,诚实信用原则即如此。信用的道德化阶段是最早形成的,儒家文化就有许多对君子的行为规范,典型的如“言必信,行必果”。传统信用观作为对人的本性和存在的真实性的价值肯定,要求人们忠实于自己的本性和存在,使自己的言行与自己所处的社会地位、所承担的社会职责和道德义务相符合。因而,信用被中国传统道德提升为立人与立国之本。《中庸》说:“在下位不获乎上,民不可得而治矣;获乎上有道:不信乎朋友,不获乎上矣;信乎朋友有道:不顺乎亲,不信乎朋友矣;顺乎亲有道:反诸身不诚,不顺乎亲矣;诚身有道:不明乎善,不诚乎身矣。诚者,天之道也;诚之者,人之道也。诚者不勉而中,不思而得,从容中道,圣人也。诚之者,择善而固执之者也。”中国古代的信用观首先是对宇宙存在的价值肯定,是对人的本性、人类道德的价值肯定。就人与人的相互关系而言,要求各自忠实于自己的社会身份,自觉承担自己应尽的社会职责和道德义务。就主体自身的修养而言,要求通过思诚来择善、明乎善,并固执此善作为自己的本性。人只要明白了天地之善在自己本性中的真实性、实在性,就能与天合一,使行合德,无须思虑即可见而有得,从心所欲,从容中道,皆是率性之真。信,是中国古代社会人际关系的精神纽带,也是人际关系的最高原则,它不与仁、义、礼、智四德并列,而是这四德的综合体现。

诚信原则的另一个伦理基础则是人的良心。良心的源头主要有两种情感:一是恻隐,二是仁爱。其中恻隐可以说是良心真正的源头,而仁爱广义上可概括全部个人伦理的要求。而作为良心重要内容的两种内在品质,一是诚信,二是忠恕。伦理学所理解的良心可以说主要就是对义务的认识,而诚信与忠恕属于良心的主要内容。“诚信”或者说守诺、履行契约,“忠恕”或者说适度的容忍,应是现代社会的每个成员所应当遵循的两项基本义务。其中诚信是处己的立身之道,没有一定程度的诚信,就不是一个完整的人。对此,我们可以以康德对人们为什么不能说谎的论证中来进行说明。按照我们接受的基本价值观念,说谎本身即恶,诚实本身即善,对此我们可以引证人类历史上几乎所有文明、所有种族的道德法典来经验地证明这一点,也可以诉诸自身的道德直觉来作为证据。除此之外，康德认为：说谎由于其本身的性质而要自己否定自己；说谎违反了人是目的的原则，说谎者是把他人仅仅作为手段而不是作为目的；说谎违反了意志自律的原则，因为它是受其他的东西，如功利决定的。而诚实信用自古以来，就具有否定欺诈，褒扬诚实，强调对诺言信守的规范价值。

诚实信用原则作为一项基本民法原则，还受到宗教思想和宗教观念的影响。《圣经》旧约中的摩西十诫中就有："不可作假见证陷害人。"后来，这一诫命发展成不可撒谎，从而成为基督徒的一个重要行为准则。印度的《摩奴法典》第12卷第6条规定："骂詈、谎言、诽谤公众，语无伦次，是言论方面的坏行为。"关于不可撒谎，在其他各大宗教中都是重要的戒律，佛教中就有大妄语诫，伊斯兰教的圣典《古兰经》中也有多处涉及对伪信者的诅咒，因为伪信者不诚实，他对真主撒谎。儒家也讲究要正心、诚意，《礼记·大学》说："古之欲明德于天下者……欲修其身者，先正其心；欲正其心者，先诚其意；欲诚其意者，先致其知；致知在格物。"由此可见，民法的诚实信用原则与最基本的宗教信念也是一致的。

三、诚实信用原则的地位、内容和作用

（一）诚实信用原则在民法中的地位

诚信原则是现代民法的基本原则之一，同时这一原则又被奉为当今民法的"帝王条款"。德国学者施塔姆勒（Stammler）认为，诚实信用原则为人类社会的最高理想，是自然法的代名词。施塔姆勒心目中的自然法，高于实在法；自然法体现法的目的，而实在法不过是自然法实现自己目的的手段而已；如果实在法违反了自然法而成为恶法，则由自然法化作衡平法取而代之，诚实信用原则即这样一种衡平法，其本质在于作为自然法的化身对实在法起监督作用。邓伯格（Dernburg）与恩德曼（Endmann）认为，诚实信用原则本质在于使人们在交易中得到道德的保障，因而，诚信原则本质便是一种交易道德。同时，主张诚实信用原则本质为道德的还有马内克（Manik）的道德理想说以及胡贝尔（Huber）的法律伦理说。施奈德（Schneider）认为，诚实信用原则之本质在于在当事人利益之平衡；

埃格(Egger)称之为公正估量双方当事人之利益,以谋求利益之调和。[①] 对于诚实信用原则的性质,我国台湾地区学者杨仁寿认为,诚实信用原则虽然以社会伦理观念为基础,但其并非道德,而是将道德法律技术化。[②] 不仅如此,无论是作为道德范畴的规范还是法律范畴的规范,诚实信用均必然涵盖着"应当""必须"等表达方式上的"宿命"。例如,《瑞士民法典》第2条"诚实并信用行为":"(一)任何人都必须诚实、信用地行使其权利并履行其义务;(二)明显地滥用权利,不受法律保护。"又如,《日本民法典》第1条"基本规定":"(二)行使权利及履行义务时,应恪守信义,诚实实行。"这种表达方式的一致性,不是偶然的,而是作为源自道德领域的诚实信用自身所固有的品质。但这一道德信条所经历的法原则化的过程,并不可能使其当然演变为授权性规范。[③]

诚实信用原则在《德国民法典》中的确立,对现代民法产生了重大影响。第一,它使契约关系伦理化找到了突破口。诚实信用原则的法律规定,包含丰富的社会道德内容,符合了契约关系伦理化的要求。第二,它使大陆法系国家开始在审判中引入判例制度。以德国法为代表的大陆法系国家,对判例向来持排斥态度。而依据诚实信用原则对个案的裁决,因可以弥补企图包罗万象的民法典之不足,具有了不能替代的、崭新的法律地位。第三,它修正了成文民法典在法律规定和法律适用上的僵硬性。《德国民法典》素以逻辑性强而著称于世,然而在飞速发展、变化万千的社会面前,以归纳为基础的逻辑就不免窘迫,暴露出其僵硬性。诚实信用原则的司法适用,发展出一系列新型的法律概念,如"情势不变条款""交易基础消灭""滥用权利""与事实真相不符""失效"等,极大地缓和了这种僵硬性。第四,它是契约法适应变化着的社会伦理观念的一种重要手段。现代社会伦理观念正处于不断地变化之中,相对稳定的法律往往难以适应社会的伦理变迁。诚实信用原则所衍生出的"一般交

---

① 史尚宽:《债法总论》,台北,荣泰印书馆1978年版,第319~320页。

② 杨仁寿:《法学方法论》,台北,三民书局1987年版,第171页。

③ 陈礼旺:《重估诚实信用原则之价值》,载《求索》2005年第6期。

易条件”可用于排除和限制契约当事人约定的交易条件，若其“有悖于通常情况下公平参与交易的利益平衡”，即可以以其违背诚实信用原则而裁断无效。第五，它产生一系列责任攸关的理论任务。诚实信用原则的规定和适用，使理论界有责任整理各种各样的判例以便使之可以掌握、研究和教习，同时揭示和评价法官的判断，从而使关系到一般条款的适用和受其保护而发展的法律意向方面，也具有法律安全性。① 梁慧星教授认为，诚实信用原则是市场经济的基本道德准则。将该原则的本质视为当事人利益之平衡，与视为市场交易道德的基础，并不矛盾。唯在市场经济条件下，才会发生交易双方利益冲突及双方与社会一般利益冲突的问题。诚实信用原则旨在谋求利益之公平，而所谓公平也就是市场交易中的道德。其还认为，诚实信用原则为道德准则的法律化。诚实信用原则在被立法者规定为民法典的一个法律条文之后，已经不再是单纯的道德规则，而成为一项法律规范。诚实信用原则将道德规则与法律规则合为一体，因而同时具有法律调整和道德调整的双重功能，使法律获得更大的弹性，法官因而享有较大的公平裁量权，能够排除当事人意思自治而直接调整当事人之间的权利义务关系。②

（二）诚实信用原则的主要内容

诚实信用原则主要是针对当事人的主观心理，它要求所有社会经济活动的参与人必须以善意的心理状态作为所有活动的出发点，并应将公平作为一切行为的追求目的。善意是与恶意相对应的法学概念，指行为人在社会行为过程中主观上没有损害他人、社会或国家的利益的故意，也不希望或放任自己的行为给他人、社会或国家造成损害。善意的心理状态要求行为人在进行社会经济活动时不为诈欺行为、恪守信用、尊重交易习惯、不得规避法律、不得曲解合同条款、尊重他人利益和社会公共利益等。主要包括以下几点。（1）不为欺诈行为。所谓欺诈是指一方当事人故意用捏造虚假情

---

① ［德］K. 茨威格特、［德］H. 克茨：《比较法总论》，潘汉典等译，贵州人民出版社1992年版，第275～277页。

② 梁慧星：《民法解释学》，中国政法大学出版社1995年版，第304～306页。

况,或者歪曲、掩盖真实情况等手段,致使另一方当事人陷入错误认识而为于己不利的行为。诈欺行为在民事关系中的表现较为普遍,也是民事保护立法所要调整的主要内容。(2)恪守信用。信用是社会主体在社会交往中基于彼此业务需要和彼此了解而形成的特定信任关系。良好的信用关系既是行为人开展正常业务活动的需要,也是社会经济活动得以正常运转的必然要求。特别是在现代社会,信用关系在社会经济生活中的地位和作用更为明显。恪守信用要求行为人在社会经济活动中严格遵守既已形成的信用关系,彼此给予信用上的方便,而不能做“过河拆桥”之类的事情。(3)尊重交易习惯。交易习惯是在某一地区、某一行业中为人们普遍接受的经常性做法,这种做法在特定范围内具有一定约束力。它是在长期的交易过程中基于彼此的利益需要而产生的,具有一定的合理因素。因此,只要这种交易习惯不与国家法律相抵触,习惯区内的行为人就应当予以遵守。任何故意破坏交易习惯并损害他人利益、国家利益或社会利益的行为,都是违反诚实信用原则的行为,都是应予禁止的行为。(4)不得故意规避法律。所谓规避法律,是指行为人故意利用法律的疏漏或不明确,从事有害于他人、国家或社会利益的行为。与违法的区别在于:违法行为直接与法律的规定相抵触,是一种直接侵害法律所保护的社会关系的行为;规避法律的行为从表面上看并不受国家法律的严格禁止,也不与国家的法律规定直接抵触,但该行为却违反了国家的立法主旨,其直接后果是损害了他人、国家或社会的公共利益。可见规避法律的本质含义是行为人故意钻法律的空子,并希望借此获取不当利益或逃避法定义务。这种行为的主观恶意性使其违背了法律所要求的诚实信用原则,因此会导致无效。(5)不得故意曲解合同条款。合同条款既是合同当事人权利义务的具体体现,也是合同当事人履行合同的主要依据。但合同条款一般只能对合同的主要内容作出规定,而不能对合同所涉及的所有内容都作出明确规定。这就要求合同当事人在履行合同时应抱着善意的主观心理,彼此密切配合,共同完成合同所规定的义务。所谓曲解合同条款是指行为人故意利用合同条款规定的不明确、不严密、不周全,对合同作出违背原意的解释,或人为地制造某种障碍,致使合同无法履行。(6)尊重他人利益和社会利益。追逐利益是一切社会经济主体从事经济活动的根本目的,也是推动社会进步的主要原动力之一。社会利益则是由全体或一定范围内的社会成员所共同享有的利益。维持和保护不同社会主体间的利益平衡,是国家法律特别是民事立法的主要内容之一。个人利益也只有在彼此协助的情况下才能得到最大限度的满足。这就要求民事主体在行使权利时应兼顾他人利益和社会利益,在法律规定的适当限度内行使权利。

(三)诚实信用原则的意义和作用

与其他原则相比,诚实信用原则的意义和作用主要体现在以下几个方面。

首先,诚实信用原则可以弥补法律条文的疏漏。社会经济活动是各种各样、千差万别的,各国的民事立法虽然都尽可能地将各种有害民事的行为纳入其调整范围,但并不能穷尽所有的不正当民事行为、垄断行为和其他不公平行为。而法律对于民事案件又不得以法无明文规定为由拒绝裁判,故不能不依其他原则为补充。于此情形,英美法系以衡平法补充之,大陆法系则以诚实信用原则补充之。[①] 诚实信用原则的规定对于这些虽然法律没有明确禁止,但却实实在在损害了他人或社会利益的不当行为,仍然可以认定为无效,从而可以更有效地保护社会公共利益和一切行为人的合法权益。诚信原则由于深刻体现了法所追求的公平正义的价值目标,且内涵和外延都不确定,适用弹性大,事实上成为民事立法的指导性规定,并具有补充法律规定的功能。[②] 与其他原则相比,诚信原则的最大特点是该原则具有观念法的性质,或者说具有补充法的功能。这种观念法的性质或补充法的功能主要体现在以下两个方面:一是在法律无明文规定的情况下可依诚信原则对当事人的行为进行处

---

① 何孝元:《诚实信用原则与衡平法》,台北,三民书局股份有限公司 1977 年版,第 4～8 页。

② 杨葵:《诚信原则在审判实践中的运用》,载《廊坊师范学院学报》2001 年第 2 期。

理;二是在法律虽有明文规定,但如果该法的适用会导致显失公平,则可以依诚信原则对有关规定加以变更和补充。

其次,诚实信用原则可以为行为人提供一般的行为准则。诚实信用原则可以评价当事人的民事法律行为。依据诚信原则解释民事行为,可以挖掘出当事人实施相关行为时内心的真实意思,防止发生纠纷后有的当事人趋利避害、进行恶意辩解。诚信原则对当事人民事法律行为的评价功能主要表现在违背诚信原则的行为得不到法律保护,有的甚至还要受到法律制裁。诚实信用原则要求行为必须以善意的心理状态,为一切有法律意义的行为,要求行为人在无法律明确规定的情况下,应当按照社会公认的方式来进行活动,且应不损害他人的合法权益。因此,只要行为人的行为是出于善意、诚实且属正当,那么这种行为即使没有得到法律的明确认可,原则上也不会为国家法律所禁止。这就为行为人的行为提供了一个可资借鉴的标准和尺度,从而有利于行为人更有效地从事具有法律意义的行为,进而更有效地维护自己的合法权益。

再次,诚实信用原则是法院处理民事纠纷的主要准绳。民事纠纷的发生可以基于各种各样的原因,民事纠纷的类型也是千差万别的,法律不可能对各种民事纠纷都作出明确具体的规定。当民事纠纷因无法律的直接规定可供援用时,诚实信用原则就成为法院赖以排解纠纷的主要手段,即法院通过对法律进行善意的扩大性或限制性的解释,体现立法的原意,实现法律所要求的公平公正的目的。在英国,强调道德良心和诚实信用的衡平法院确认了一种富有价值而兼具灵活性的原则,即不得滥用受信托的地位。这一原则远远超出合同法的各种界限,主要用于规定受托人的义务。因而,受托人不可从其受托人的地位中获利,便成为业已确立的规则。

复次,诚实信用原则可以调节各种利益关系。依据诚信原则,法官可以及时调整当事人之间失衡的利益关系,修正意思表示有瑕疵的民事行为,恢复、重建当事人之间的利益平衡,确保依法行使权利并履行义务的当事人能得到应得的利益,维护公平、正义和经济秩序。另外,自有法律以来,任何国家都采用过严峻主义。诚实信用原则可以减轻法律的严酷性，从中进行调剂，以达事理之平。[①] 我国实行的是社会主义市场经济体制，各种社会经济主体作为不同的利益主体，事实上存在各种利益的差别。如果对利益的追逐不加适当限制，就会侵蚀我国的经济制度，产生利益矛盾。诚实信用原则的确立，可以促使行为人在一切经济活动中都从善意的角度出发，自觉自愿地兼顾他人利益和社会利益，合法正当地行使自己的权利。这样既可以实现社会利益的平衡，又有利于建立新型的人际关系，从而促进社会的进步和繁荣。

最后，诚实信用原则具有艺术性。科学之方法为逻辑，艺术之方法为实践。科学之目的在于追求普遍真理，发现原因，故必须致知明理，而致知明理之方法，须运用逻辑。艺术之目的在于求美，抒发其个性而达到特定目的，故必须就个别事物实践体会。科学与艺术之不同，也可以说是法律与衡平的差异。法律的特性有三：确定性、普遍性、一致性。故法律乃是归一的、抽象的、普遍的，方法须运用逻辑。诚实信用原则乃是调和的、具体的、个别的，方法须笃履践行。因此，诚实信用原则具有艺术性。[②]

总之，诚实信用原则作为一项法律原则，它是以国家强制力量保证各法律主体必须遵行的行为规范，在民事活动中必须真实地表达自己的意愿，忠于事实的真相，善意地行使权利和履行契约义务。同时，诚实信用原则在法律实务上还具有判断、解释、评价之功能，法官处理民事纠纷时，在法律规定不够细致或者当事人约定不明、客观条件变化的情况下，可以据此裁判。在诚实信用成为法律规范的时候，违反它所承受的将是一种法律上的责任，或者不利于自己的法律后果，因此，诚实信用原则又是支撑社会的主要法律支点。[③]

（四）诚实信用原则在我国《民法典》中的体现

由于诚实信用原则既事关诚信社会的建设，又关系到市场经济

---

① 何孝元：《诚实信用原则与衡平法》，台北，三民书局股份有限公司 1977 年版，第 4～8 页。

② 何孝元：《诚实信用原则与衡平法》，台北，三民书局股份有限公司 1977 年版，第 4～8 页。

③ 龙云飞：《诚信乃道德和法律的支点》，载《深圳商报》2002 年 3 月 15 日。

的有效运转,因此我国《民法典》对诚实信用原则作出了非常充分的表达。除了在第 7 条从总体上要求民事主体从事民事活动,应当遵循诚实信用原则,秉持诚实,恪守承诺之外,还在许多地方将诚实信用原则作为民事法律行为解释、履行和责任承担的基本依据。例如,在第 142 条关于意思表示的解释规则,就明确规定有相对人的意思表示的解释,应当按照所使用的词句,结合相关条款、行为的性质和目的、习惯以及诚实信用原则,确定意思表示的含义;而对无相对人的意思表示的解释,不能完全拘泥于所使用的词句,而应当结合相关条款、行为的性质和目的、习惯以及诚实信用原则,确定行为人的真实意思。第 466 条关于使用不一致的词语订立的采用两种以上的文字进行表述的合同文本,应当根据合同的相关条款、性质、目的以及诚实信用原则等予以解释。第 500 条有关缔约过失的规定中,将"有其他违背诚信原则的行为"与假借订立合同,恶意进行磋商和故意隐瞒与订立合同有关的重要事实或者提供虚假情况一道,作为当事人在订立合同过程中因造成对方损失的而应当向对方承担赔偿责任的原因之一。第 509 条关于合同的履行,要求当事人除应当按照约定全面履行自己的义务之外,还应当遵循诚实信用原则,根据合同的性质、目的和交易习惯履行通知、协助、保密等义务。第 558 条关于合同当事人的后契约义务,规定债权债务终止后,当事人应当遵循诚实信用等原则,根据交易习惯履行通知、协助、保密、旧物回收等义务。这些规定不仅凸显了诚实信用原则的意义和作用,还将诚信要求转化为了具体规则设计,从而大大增加了其可操作性。

第七章　公序良俗原则与民法伦理

一、公序良俗的含义与分类

(一)公序良俗的含义及其发展

公序良俗是公共秩序和善良风俗的合称。在德国的有关判例中,公序良俗被表述为"一切公平和正义的思想者之礼仪感"①。而公序良俗原则是现代民法一项重要的法律原则,是指一切民事活动不得违反公共秩序和善良风俗,否则该行为将受到否定性的评价。在现代市场经济社会,它有维护国家社会一般利益及一般道德观念的重要功能。一般认为"公序"以国家的社会秩序为着眼点,而"良俗"则以社会道德为着眼点。我国原《民法通则》第7条规定:"民事活动应当尊重社会公德,不得……扰乱社会经济秩序。"这里的"社会经济秩序",是指为了调整当事人间的契约关系,而对经济自由予以限制的公序,也可以称为经济的公序。经济的公序按其功能可分为指导的公序和保护的公序两大类。良俗,即善良风俗,学界一般认为其系指为社会、国

---

①　[德]迪特尔·梅迪库斯:《德国民法总论》,邵建东译,法律出版社2000年版,第512页。

家的存在和发展所必要的一般道德，是特定社会的起码的伦理要求。这里的风俗不同于通常所说的礼仪，“风俗和礼仪有一个区别，就是风俗主要是关系内心的动作，礼仪主要是关系外表的动作”①。同时还应当强调的是，并非所有的风俗都可以被称为良俗，能够被称为良俗的必须是不违背基本社会道德准则，不违反社会主义核心价值观，不违反人格尊严的风俗。而那些野蛮、落后，甚至丑陋的风俗，如买卖婚姻等只能称为劣俗陋习，而不能称为良俗。因此，善良风俗总是以道德要求为核心的。在社会主义国家，法律是社会公共利益和社会公德的体现。在把社会公共利益和社会公德具体规定为法律条文的情况下，不得违反法律与不违反社会公共利益和社会公德是一致的。因此，在原《民法通则》中将民事法律行为不得违反社会公共利益和社会公德，作为民事法律行为不得违反法律的补充规定，通过赋予法官一定的自由裁量权，对法律虽未明文规定，但明显损害公共利益和社会公德的行为，可以依据社会正义的一般观念，确认其无效，从而达到维护社会公共利益和社会公德的目的。但由于社会公共利益和社会公德极其复杂，立法对社会公共利益和社会公德的确定总会有一定的局限，从而在民事社会生活中就会出现行为人虽不违反法律的具体规定，但却违反了社会公共利益和社会公德的情况。更何况社会公共利益和社会公德并不具有绝对的统一性，同样可能出现“二律背反”的情形，从而导致法律适用判断困难的情况发生。加之社会公共利益和社会公德并非各国民法所通用的概念，因此我国《民法典》出于历史立法技术的考虑，用公序良俗取代了社会公共利益和社会公德的表述。

值得说明的是，过去无论是在理论上还是在实践中都没有将“公序”和“良俗”加以区分，而是将二者一起概括为“社会的妥当性”或“社会的正当性”。然而，最近有学者对此提出了异议。但这些异议存在两种不同的价值取向。第一，二者在本质上是有所区别的，不可以将二者合为一体。比如，我们一般将“公序”与强制性规

① ［法］孟德斯鸠：《论法的精神》(上)，张雁深译，商务印书馆1963年版，第312页。

范（强制性法律秩序）等置起来，而将应该维持的社会道德规范作为“良俗”来认识。因此，有必要将二者完全区别开来。第二，理论界存在应该将重点放置于“公序”之上，而尽可能地限制“良俗”的作用的倾向。可以说，这些是对日本学者我妻荣先生一直以来侧重于“良俗”的“社会妥当性”或“社会正当性”为公序良俗内容的一般性见解的批判。也有人认为，为了将公序良俗原则与诚实信用原则区别开来，应将善良风俗概念限定在非交易道德的范围内，从而与作为市场交易的道德准则的诚实信用原则各司其职。与诚实信用原则相仿，公序良俗原则也具有填补法律漏洞的功效。这是因为公序良俗原则包含了法官自由裁量的因素，具有极大的灵活性，一旦法院在司法审判实践中，遇到立法时未能预见到的一些扰乱社会秩序、有违社会公德的行为，而又缺乏相应的禁止性规定，可直接适用公序良俗原则认定该行为无效。公序良俗观念的确立对一国法律的有效实施具有非常显著的影响。对此孟德斯鸠说：“当一个民族有良好的风俗的时候，法律就是简单的。柏拉图说，拉达蔓土斯所治理的是非常热心宗教的人民；他申诉处理一切讼案，每有论争，只要让当事人宣誓就够了。”①

由于公序良俗具有较多的伦理判断色彩，其含义也具有相当的不确定性，因此直到现在，各国对公序良俗的概念及其制度设计仍有相当的“暧昧性”，在民法中的地位也较为混乱。于是学者们对其不断进行整理，其主要趋向是将公序良俗按其内容的不同而分为四个方面。（1）民法条款明确规定的公序良俗。这些内容主要存在于法律行为无效的场合。这种类型下的公序良俗也可以表述为私法自治原则下的公序良俗。其立论基础是法律“应尊重当事人意思，然而在有害于公共秩序和善良风俗的场合，其意思却不该得到尊重”②。这种场合下的公序良俗，在日本简称为“90 条 · 公序良俗法”。（2）作为所有法律体系的根本理念乃至最高理念的公序良

① ［法］孟德斯鸠：《论法的精神》（上），张雁深译，商务印书馆 1963 年版，第 317 页。

② ［日］牧野英一：《法律的社会化》，载《现代的文化和法律》（第 5 版），有斐阁 1924 年版，第 36 页。

俗。这种意义上的公序良俗是“贯穿法律体系的根本思想”[①],是“所有法律关系、法律全体系的支配理念”[②]。(3)作为基本原理的公序良俗。有人提出既然“不法”也是对公序良俗的违反,那么就不能仅仅把它放到对法律行为自由原则的限制概念的位置上,而应放到对行为本身的合法性的判断上。但是,作为基本原理的公序良俗是在返还请求的层面上出现的,虽然同时对基本原理和最高原理进行区别,认为后者是上位概念,是前提,但两者的差异仍不能明确,而且作为基本原理的公序良俗有什么样的意思和内容也是不明确的。(4)作为判断基准的公序良俗。这里的公序良俗是作为不法行为的“违法性”和不法原因给付的“不法”的判断基准使用的,这种类型下的公序良俗也被称为“判断基准・公序良俗”。

(二)公序良俗的分类

对公序良俗可以按不同的标准进行分类:(1)法规型公序良俗与裁判型公序良俗。这是按公序良俗实施的法律渊源所作的分类。所谓法规型公序良俗是指通过法律规定直接确定的公序良俗;而裁判型公序良俗则是在具体审判过程中由法官通过审判行为确认的公序良俗。从法规型与裁判型的视点来看,无论是“公序”还是“良俗”都存在法规型与裁判型。“公序”存在法规型是毋庸置疑的,而问题在于对于是否存在裁判型“公序”则有不同见解。在日本,占主流的观点是将“公序”与强制性规范相等同,这等于事实上否定了裁判型公序的存在。然而,不能忽视的是,即使在裁判型的公序良俗中依然存在着裁判型——基本权利保护的相关内容,即仍然可以通过适用公序良俗原则实现对基本权保护的效果。但是,在这种情况下,是否构成“良俗”的全部内容呢?恐怕不完全是这样的。因此,将“公序”仅限定于法规型显然存在问题,因此,我们不得不说在“公序”中不仅存在有法规型,也有存在裁判型的可能性。此外,在“良俗”中同样存在两种形态并存的情形。比如,虽然卖淫、

---

① [日]么川博人:《公序良俗的概念——关于日本民法典第90条》,载《权利侵害和权利滥用》,岩波书店1970年版,第582页。

② [日]我妻荣:《新订民法总则》,岩波书店1965年版,第270页。

赌博等行为与违反“良俗”相关,但由于对这些行为都存在相关刑罚的法规,因此可以说它们属于法规型。对此,如对于为维持私通关系,而赠与财产的行为等,只要不存在禁止该行为的法规,就应该认为其属于裁判型的内容。(2)基本权利保护型与政策实现型公序良俗。这是按公序良俗的实施目的所作的分类。所谓基本权利保护型公序良俗,是指这种形态的公序良俗是作为自然人权利的基本保护手段而适用的,其目的主要是维护基本的法律价值标准、平衡个人利益与社会利益之间的关系。所谓政策实现型公序良俗,是指这种形态的公序良俗的实施主要是为了实现国家政策的需要,其着眼点在于防止个人行为侵害社会公共利益。一般来说,“公序”主要属于基本权利保护型,但也存在政策实现型的公序。而“良俗”则基本上属于基本权利保护型。理由有二。第一,如果将社会中的“良俗”作为正当的道德规范来理解的话,正好可以说是由于与基本权保护相关的道德规范的存在。比如,可以说正是“勿杀人”“勿盗窃”等这些根本性道德规范,处于保护他人的生命权、财产权等基本权的位置之上。第二,在社会中不是所有的正当的道德规范都可以成为“良俗”,这一点非常重要。这些道德规范是否成为“良俗”,在《日本民法典》中,由第90条①的立法目的所决定。

二、公序良俗在各国法律中的运用

19世纪产生的公序良俗制度以德国、日本、法国和英国的法律规定最具有代表性。下面分别加以介绍。

(一)德国法中的公序良俗制度

德国的公序良俗制度主要规定在民法典中。根据《德国民法典》第138条的规定:“(1)违反善良风俗的法律行为无效。(2)特别是法律行为系乘他人的强制状态、无经验、判断力欠缺或显著意志薄弱,使其对自己或第三人的给付作财产上利益的约定或提供,而此种财产上的利益对于该给付显失均衡者,该法律行为无效。”德

① 《日本民法典》第90条(公序良俗违反):“以违反公共秩序和善良风俗的事项为标的的法律行为,为无效。”

国法的这条规定与其他国家的规定相比有以下自己的特点。第一,《德国民法典》中只有良俗的概念而无公共秩序的概念。第二,把有关暴利行为的规定明文化。那么究竟是什么原因导致德国法没有公共秩序概念呢?其实在《德国民法典》的第一个草案中本来是有这一概念的,其第106条曾同时规定了公共秩序和善良风俗。但在讨论时,公共秩序概念遭到学者的猛烈批评。这是因为,在该草案之前的德国普通法中并无公共秩序的概念,草案中的这一概念是从《法国民法典》中借鉴来的。但德国学者认为,法国法中的公共秩序概念具有不确定性,这与德国法所推崇的法律概念的严谨性和准确性是不相符的,因此在《德国民法典》通过时这一概念没有被采纳。而良俗概念则起源于罗马法,对于德国的普通法学者而言有着相当深刻的共同理解,这一概念从《德国民法典》成立开始,本来的语感就表示了以道德为核心,同时营业自由、人权原则等也可作为道德问题涵盖进去,是一个概括性很广的概念。① 在德国的判例中,良俗的违反一般以"公平和正义的思想者之道义感"为标准,由裁判官进行自由裁量。在德国法的判例中,良俗的违反主要有以下几种类型:(1)设定过度担保的行为,指债权人要求债务人为自己保留的财产远远超过满足其债权所需要的程度。(2)危害其他债权人的行为。(3)束缚债务人的行为,如束缚债务人的行为自由,对债务人的正当经营行为进行过度限制等。(4)违反职业道德的行为。按照德国的司法判例,律师约定收取胜诉所得金额的一定比例是违反职业道德的,其理由在于,如果律师对诉讼结果具有自身的经济利益,就会危害律师作为司法之机关的地位。② (5)通过法律行为设立性交义务的行为。如以有偿从事性交行为为内容的合同,典型的如卖淫行为、以展示性行为为业的行为等。(6)违约诱导行为,即行为人故意诱导债务人不履行其法定义务的行为。(7)暴利行为,主要包括信用暴利行为,即双方为消费借贷或其他信贷约定

---

① [日]林幸司:《德国法的良俗论与日本法的公序良俗》,载《法律时报》第64卷13号。

② [德]迪特尔·梅迪库斯:《德国民法总论》,邵建东译,法律出版社2000年版,第525页。

了特别高的利息;销售暴利行为;租赁暴利行为。[①] (8)其他违反善良风俗的行为,包括助逃合同、涉及环境侵害的合同、诱使他人违约的行为、夫妻之间订立的附条件抚养合同、残疾人遗嘱、借腹生子合同、无效的保证行为等。

与其他国家不同,在《德国民法典》中专门有一个条款是针对暴利行为的。之所以作此规定,是因为和当时德国的经济情势有关。19 世纪 60 年代的德国在经济自由主义的基础上废除了利息限制的法律规定,实行利息自由化政策,由此造成金钱消费借贷通常以极高的利率约定。信用暴利成为严重的社会问题,引起社会的普遍不满。德国在刑法中规定了禁止暴利行为的有关条款,从而使在私法上对利益受损人的救济成为必要。正是在这种大背景下,禁止暴利行为作为良俗的一项内容被写入民法典中。近年来,由于良俗概念的不断膨胀,被纳入这一原则的规范呈多元化构造。现代的良俗概念包含两个层次的内容:(1)关于道德、伦理的法律规范;(2)道德色彩比较淡薄的法律规范,即现行法律秩序内的原则、价值准则等。于此,不少学者认为这实际上是公共秩序概念的再生,他们认为,良俗的范围就其本身来讲应限于性道德及家庭道德等领域,而公序根据法国法的意思,可以理解为既存的法秩序的原则、制度等的表示,特别是以宪法秩序为中心的考虑。因此,许多学者呼吁应在《德国民法典》第 138 条中增加公共秩序的内容,让公序和良俗分别承担不同的职能。

(二)法国法中的公序良俗制度

与德国法不同,法国法对于公序良俗的规定是将公序和良俗相并列。《法国民法典》第 6 条规定,个人的约定不得违反有关公共秩序和善良风俗。第 1131 条规定,基于不法原因的债不发生效力。第 1133 条规定,如原因为法律所禁止或违反公序或良俗时是为不法原因。法国公序良俗理论的最大特点是以公序为中心来设计整个公序良俗制度。换言之,即以对"公序"概念的强化和扩张,从而

---

① [德]迪特尔·梅迪库斯:《德国民法总论》,邵建东译,法律出版社 2000 年版,第 521 ~ 545 页。

形成了自己完整的“公序论”体系。[①] 按照法国学者的看法,公序可分为政治公序(order public politique)和经济公序(order public éonomique)两种存在形态。政治公序是站在对于个人而言的社会的优越地位的立场上,防卫无限制的契约自由对社会主要组织、国家和家族利益的侵害的公序。这类公序又可具体分为:(1)关于国家利益的公序;(2)关于家族利益的公序;(3)关于道德的公序。其中关于道德的公序又包括:违反人格尊严的合意,如禁止结婚和再婚的契约;牟取不法利益的合意,如赌博契约、以开设妓馆为目的的房屋买卖或租赁契约;违反性道德的合意,如非法同居协议、姘居男女的赠与协议等。第3类关于道德的公序实际上规定的都是良俗的内容。[②] 由此可见,法国法的公序良俗理论实际上是把良俗概念作为与道德相关的公序内容来把握的。而经济公序则是为了调整契约当事人的契约关系对经济自由进行适当限制的公序。其表现形态是国家介入个人间的契约关系。对经济公序,从国家介入的目的标准来划分可分为“指导型公序”(order public de derection)和“保护型公序”(order public de pretection)。指导型公序是与统制经济相联系的概念,以贯彻一定的国家经济政策为目的,将个人契约有条件地纳入国家的宏观经济政策之内,如价格规制公序。保护型公序是为了对劳动者、赁借人、消费者、高利贷债务人进行保护的公序。又如,对高利贷的规制、对商事信用的规制、对消费者知情权的规制等。[③] 由于指导型公序所追求的是整个社会的利益,而保护型公序所追求的是部分个人(弱者)的利益。因此,法国的学说中多把违反政治公序和经济公序中的指导型公序的行为视为绝对无效的行为,而把违反保护型公序的行为作为相对无效的行为来处理。这样一来更有利于对弱者进行充分保护。[④]

① 在法国法中通常是将良俗作为与道德相关联的公序来看待的。

② [日]难波让沼:《法国判例中的公序良俗》,载《法律时报》第65卷3号,第93页。

③ [日]椿寿夫、伊藤進编:《公序良俗违反的研究》,日本评论社1995年版,第156~157页。

④ 梁慧星:《市场经济与公序良俗原则》,载《民商法论丛》(第1卷),法律出版社1994年版,第54页。

（三）日本法中的公序良俗制度

日本在制定民法典时也曾对是否保留“良俗”概念有过激烈争论，最后还是决定并用公共秩序和善良风俗的概念。《日本民法典》第90条规定：违反公共秩序和善良风俗的法律行为无效。日本公序良俗理论的最突出贡献是以我妻荣先生为代表的学者们对违反公序良俗的行为进行了较为科学的类型化，正确区分公序和良俗，并对公序和良俗的概念分别进行了定义，从而为法官审理有关案件提供了一个可资借鉴的判断基准。这对于实现法的妥当性、安定性和可预测性具有重大作用。在所有关于公序良俗的划分标准中，最具代表性的是所谓的“我妻类型”——由我妻荣确立的标准。我妻荣对公序良俗的定义：公序是指国家社会一般的利益，良俗是指社会一般的道德观念。这两个观念都可归入“社会妥当性”之内。关于违反公序良俗的类型，我妻荣把它归纳为：(1)违反人伦的行为；(2)违反正义观念的行为；(3)乘他人的无思虑、危难而谋取不正当利益；(4)对个人自由的极度限制行为；(5)对营业自由的限制行为；(6)对作为生存基础的财产进行处分的行为；(7)显著的射幸行为。[①] 除此之外，在特许法中，也把有害公序良俗和公共卫生的发明作为不授予特许的事由。

“我妻类型”虽然在很长时间内被学术界和司法实务界作为经典的概括而被全盘接受和应用，但随着时代的变迁、社会情势和立法内容的不断变化，“人伦”“正义”等概念的含义和内容也在发生变化。法学界对公序良俗的类型进行了再检讨，对“我妻类型”进行了现代修正。其中尤以米仓教授的三分法新类型较为引人注目，他把公序良俗分为现代的公序良俗、准现代的公序良俗和古典的公序良俗，并对其各自的代表性事例进行了列举。[②] 人伦类型逐步减少、经济交易关联类型、劳动关系类型、行政关系类型、诈欺性商法类型逐步增加，对公序良俗的判断的标准也从以“人伦”为主过渡到对交易公正的追求和对当事人利害关系的调整上。其中特别是有关暴利行为、竞争交易妨害行为、不当约款、消费者保护关联事例

① ［日］山本敬三：《公序良俗理论的再构成》，有斐阁2001年版，第188页。
② ［日］米仓明：《法律行为》，载《法学教室》（第72号）1986年版，第60页。

等被引入公序良俗领域尤其令人瞩目。[①]

(四)英国法中的公序良俗制度

公序良俗并不只是大陆法系国家的特有概念和制度,在英美法系国家同样得到广泛适用。在英国,与公序良俗相当的概念是"public policy",这一概念最早出现在契约法上,其主要是为了讨论契约的不法性(illegality)。18世纪后半期,以公序良俗(或与之相当的概念)为根据而否定契约上的救济的判例大量出现,其基本的表述是"不法的约定"、"对法的一般原则的违反"、"对善良风俗的违反"(contra bonos mores)等,以上这些契约不具有法律效力。[②] 这些判例表明,虽然契约的自由原则应当维持,但当契约的内容有损社会的共同利益时,该种契约不能为社会所肯定。这一观念构成英国公序良俗概念的基石。不仅如此,在英国契约法的大量有关公序良俗的判例中,还有一些援引的是罗马法的"善良风俗"(boni mores)理论,这也是英国法受罗马法影响的一个明显的例子。19世纪以后,随着英国契约法的逐步体系化,公序良俗概念的基本轮廓越来越清晰。波洛克(F. Pollock)极其概括地把认定契约不法性的原因区分为三种类型:(1)违反实定法(positive law);(2)违反道德和善良的风俗(moral and good manners);(3)违反公共秩序(public policy)。[③] 后来的学者又进一步把公序良俗的具体内容进行了类型化,其中柴郡(Cheshire)将其归纳为9种[④],特赖滕(Treitel)将其归纳为14类。[⑤]

---

① [日]椿寿夫、[日]伊藤進编:《公序良俗违反的研究》,日本评论社1995年版,第381页。

② Girardy V · Richardson(1793)1 Esp13. Lowev Peers(1768)4 Burr 2225,at 2233.

③ F. Pollock, *Prtnciples of the Law of Contract*, 13th · ed., Chap, 8, p. 261.

④ 这9种类型分别是:(1)对第三者的犯罪行为,不法行为和诈欺行为的契约;(2)性的不道德契约;(3)有损国家安全的契约;(4)有损司法公正运行的行为;(5)导致公务腐败的契约;(6)以逃税为目的的契约;(7)剥夺当事人接受司法裁判的契约;(8)有损婚姻地位的契约;(9)限制交易及营业的契约。其中的交易与营业限制的契约又可细分为营业让渡与雇佣、竞业限制契约、同业组合与雇主协会、独占契约、土地利用限制契约等。

⑤ 这14种契约分别是:(1)重婚契约;(2)配偶订立的将来分居协议;(3)假离婚契约;(4)与亲权相矛盾的契约;(5)限制婚姻的契约;(6)有关婚姻中介的契约;(7)助长性的不道德的契约;(8)伪证约定等有损于正义实现的契约;(9)剥夺当事人接受司法裁判的契约;(10)欺骗国家当局的契约;(11)公务、荣誉、爵位等的买卖契约;(12)与敌对国家订立的交易契约;(13)在友好国家中订立的违反该国法律行为的契约;(14)限制个人自由的契约。

其共同的特点是把公序良俗和普通法上的一般原则和法的一般精神同等对待。[①] 英国法上的公序良俗的类型与大陆法系国家大体相同,其主要不同之处在于,在现代英国契约法中,暴利行为和其他不当契约条款没有规定在公序良俗概念里面,而是把它归入普通法上的“强迫”(duress)概念和制定法上的“不当影响”(undue influence),及由此而整理出的“非良心性”(unconscionability)概念或“交易交涉力的不平等性”(unequality of bargaining power)概念,或者是依据普通法和制定法所共同具有的“虚假陈述”或“不实表示”(misrepresentation)的概念来处理。

三、我国民法中的公序良俗原则和公序良俗制度

(一)关于公序良俗的判断标准

一般认为,公序良俗要评判的并不是当事人的行为,而是当事人所从事的法律行为。“法律和风俗有一个区别,就是法律主要规定‘自然人’的行为,风俗主要规定‘人’的行为。”[②]因此,即使当事人所从事的行为是应该受到谴责的,但其所从事的法律行为也可能是有效的。反之,即使当事人是善意的,但只要该法律行为的后果表现为不可忍受,该法律行为也可能违反公序良俗。例如,在德国有一个判例,一位妻子提起离婚诉讼,在其丈夫作出下列承诺后,妻子撤回她的诉讼:“丈夫承担在今后不单独进行业务旅行或娱乐的义务。”此项承担虽然旨在防止丈夫实施有害婚姻的进一步行为,以维护婚姻,在道德上是无可厚非的,但法院却认为这一承诺违反了公序良俗,其原因在于对丈夫的行动自由作出这样的限制,违背了婚姻的道德本质。[③]

为了将公序良俗原则与诚实信用原则相区分,应将善良风俗概念限定在非交易道德的范围内,从而与作为市场交易的道德准

---

① [日]新美育义:《英国法上的公序良俗理论》,载《法律时报》第65卷6号。

② [法]孟德斯鸠:《论法的精神》(上),张雁深译,商务印书馆1963年版,第312页。

③ [德]迪特尔·梅迪库斯:《德国民法总论》,邵建东译,法律出版社2000年版,第513页。

则的诚实信用原则各司其职。与诚实信用原则相仿，公序良俗原则具有填补法律漏洞的功效。这是因为公序良俗原则也包含了法官自由裁量的因素，具有极大的灵活性，一旦人民法院在司法审判实践中遇到立法时未能预见到的一些扰乱社会秩序、有违社会公德的行为，而又缺乏相应的禁止性规定时，可直接适用公序良俗原则认定该行为无效。《德国民法典》第 138 条，《法国民法典》第 6 条，《日本民法典》第 17 条、第 36 条、第 90 条以及我国《民法典》第 8 条，都对此作了明确规定，违反公序良俗的契约或民事法律行为无效。

(二) 违反公序良俗的衡量基准

根据外国的法律规定、司法实践和我国的实际，我国的公序良俗制度应由两个组成部分构成：一部分是法律的原则性规定，即通过民法典以民法基本原则的形式对公序良俗的法律适用要求作出明确界定。对这部分公序良俗的内容必须在司法实践中通过判例加以类型化，即必须根据公序良俗法律原则规定的精神，在司法实践中加以具体适用。这部分内容主要适用于"良俗"的行为。另一部分是通过单行民事法规(实体法)的形式，对违反公序良俗的行为进行明确界定。这些法律主要包括广告法、商标法、版权法、专利法、反不正当竞争法等。这部分内容主要适用于违反"公序"的行为。由于违反公序良俗的行为具有相当的道德评价性和明显的不确定性，因此对公序良俗虽然可以通过立法的形式加以细化，但仍需要通过司法实践进行具体化和类型化。关于我国违反公序良俗的类型，梁慧星先生曾将其归纳为 10 种。① 这种归纳基本上囊括了我国违反公序良俗的主要类型，但仍有所不足：一是没有涵盖所有的违反公序良俗的类型；二是将某些并不一定属于违反公序良俗的行为概括进去，如违反消费者保护和违反劳动者保护的行

---

① 梁慧星先生归纳的 10 种类型分别是：(1)危害国家公序行为类型；(2)危害家庭关系行为类型；(3)违反性道德行为类型；(4)射幸行为类型；(5)违反人权和人格尊重的行为类型；(6)限制经济自由的行为类型；(7)违反公正竞争行为类型；(8)违反消费者保护的行为类型；(9)违反劳动者保护的行为类型；(10)暴利行为类型。

为。笔者认为,根据我国的具体情况,我国违反公序良俗的行为应首先区分为违反公序和违反良俗两种。其中违反公序的行为主要应包括以下几点。(1)违反国家安全、国家和社会公共利益、社会经济秩序的行为。例如,以从事违法行为为标的的合同、非法买卖合同、助逃合同、避税合同等。(2)限制经济自由的合同。比如,联合定价协议、禁止竞争合同等。(3)不正当竞争行为。“不正当竞争”一词最早见于1883年的《保护工业产权巴黎公约》,该公约规定:凡在工商活动中违反诚实经营的竞争行为即构成不正当竞争。在我国违反诚实经营,采取欺诈、虚伪等手段从事的竞争行为都构成不正当竞争,如假冒行为、伪造行为、引诱他人违约的合同。(4)垄断行为。根据日本《关于禁止私人垄断及确保公正交易的法律》第2条(定义)第5款的规定:所谓垄断,是指事业者不论单独或利用与其他事业者的结合、通谋以及其他任何方法,排除或控制其他事业者的事业活动,违反公共利益,实际上限制一定交易领域内的竞争的行为。(5)暴利行为。其是指通过欺诈、胁迫、乘人之危等牟取暴利的行为,如高利贷、信用暴利、销售暴利等。(6)赌博行为。所谓“赌博”,是指以偶然之输赢,定财物得丧之行为。对于此种行为,虽说现行民法就赌博行为缺乏明文规定,唯学者通说则认为,赌博系法令禁止之行为;因赌博而产生的债的关系乃自然债务,并无请求权,即所谓“赌债非债”;清偿赌债系因不法原因而为之给付,依法不得请求返还;赌债更改为金钱借贷债务,系脱法行为,仍不能因而取得请求权;因赌债而出具的借用证或担保品,违反法律禁止性规定,应属无效,且因系不法原因之给付而不得请求返还。另外赌债是不能利用法院的判决也就是公权力使其实现的,所以其只是一种自然债务。对违反公序应以确认无效为立法基点。而违反良俗的行为主要包括:(1)反人伦和有违正义的行为。如夫妻分居协议、对未成年人或没有生活来源的继承人继承权的剥夺行为,以人的某些器官、组织、资源、形象等为标的行为。比较典型的如买卖精卵行为。因为这种行为背离了包括人类在道德名义下的羞耻之心、负罪之感、自省之德及由此而产生的对人类行为的价值评判。(2)有损人格尊严的行为。例如,过分限制人身自由的劳动契约;以债务人人身为抵押的约款;强制债务人在债主家作奴仆以抵偿债务的约款;以人身或人格为标的的买卖行为[①]等。(3)非良心交易行为。其包括乘人之危的行为、显失公平的行为、欺诈行为、意思表示心中保留的行为、虚假陈述和不实表示行为等,这些行为不仅违反了公序良俗,通常也会违反其他具体的法律规定。(4)危害家庭关系的行为。例如,约定父母与子女别居的协议、约定夫妻将来别居的协议、约定断绝亲子关系的协议、婚姻关系中的违约金条款、对具有非法同居关系的异性进行不当赠与行为[②]等。新出现的代替他人怀孕的所谓"代理母"协议,以及代理母中介协会等,亦属此类型。[③](5)违反道德风俗的行为。主要包括给人以不正当联想或对人的

① 据报道,美国爱荷华州德威特市,有一个名叫斯万森的男子,为了利用自己的身体资源赚钱,于 2002 年 8 月 1 日在网上宣称将拍卖自己的脸皮,任何有意向的广告商都可以进行投标,购买下他脸皮的所有权。后有一个名叫波多米尼克的毒品商人表示愿出 10 万美元的价格,条件是在斯万森的脸上永久性地刻上一片大麻叶子,并在叶子下面写上一句标语"让它合法化!",后被斯万森拒绝。国内也有类似的报道。据《辽沈晚报》2003 年 1 月 30 日报道,2003 年 1 月 21 日,一个名叫孙某坤的小伙子出现在郑州市街头,其额头上写着两个黑字"卖脸",两侧脸庞各有一字"招""商",下巴上是联系电话。当天下午,河南一卫生巾生产厂商找到孙某坤,准备出 5 万元在他脸上做卫生巾广告,但被其拒绝,其原因一是厂家出钱太少;二是厂家的条件太苛刻,必须在他脸上刻下卫生巾的样品,有损他的尊严。对此种行为,《广告法》第 9 条规定,广告不得有妨碍社会安定和危害人身财产安全的情形。《广告法》第 10 条规定:"广告不得损害未成年人和残疾人的身心健康。"另从社会道德及社会学角度讲,该做法有悖中华民族的传统美德,与现在的道德评判标准也不相符合,故应作为违反公序良俗的行为予以禁止。

② 在社会层面最为关注的就是这类行为,其中最为典型的当属 2001 年 12 月 28 日由四川省泸州市中级人民法院作出的被称为中国公序良俗第一案的所谓"泸州二奶案"。本案认为虽然并非所有违反伦理道德的行为都是违反社会公德或社会公共利益的行为,但如果此种违反行为属于具体法律禁止性规定所体现的维持现行社会秩序所必须的社会基本道德观念的行为,那么这种违反行为就属于因违反社会公德或社会公共利益而应被依法认定为无效民事行为。该案不仅争议颇大,而且影响深远,以至于 2021 年 3 月深圳市中级人民法院又以不符合社会"公序良俗"为由认定因同居关系而赠与非夫妻关系第三人千万元财产的遗赠无效的相同判决。

③ 梁慧星:《市场经济与公序良俗原则》,载《民商法论丛》(第 1 卷),法律出版社 1994 年版,第 57 页。

心灵带来不健康影响的行为。如故意装扮成“汉奸”的经营行为[①]、将国耻纪念日作为卖点的行为[②];残忍的动物搏杀游戏、虐待同类或虐待动物的行为、虐食行为等[③];有色情色彩或有其他不健康色彩的广告行为或有其他不雅联想的广告行为;以及与性有关的广告行为,即“边缘性广告”,比较典型的是性用品广告、治疗性疾病广告、避孕药和避孕套广告等,[④]乱用成语、谐音的行为,如“好色之涂”(涂料)、“有痔无恐”(痔疮药)等。[⑤] (6)有伤风化的行为。(7)违反职业道德的行为。职业道德,是指从事一定职业的人在履行职业职责的过程中应遵循的特定职业思想、行为准则和规范。它是一般社会道德在特定的职业活动中的体现,但同时又突出了在特定职业

---

① 据《信息时报》2002 年 11 月 20 日报道,广州市花都区一家名为云海阁的酒楼的 10 多名保安的服务形象是头戴一顶礼帽,上穿丝绸马褂,下穿大裤头,屁股上还挂着一把木制驳壳枪,顾客进门时无论男女均叫大爷,其言谈举止完全模仿 20 世纪 30 年代大上海的情景。此举遭到一些客人的强烈不满和指责,一位参加过抗战的革命老兵不能忍受目前出现的“汉奸”形象,对他们挥以老拳。该酒楼的保安身穿怪异的服装,打扮成汉奸形象,无论从感情上说还是从道德上讲都使人不易接受。

② 据《北京晨报》2002 年 11 月 20 日报道,广东佛山恒 X 汽车贸易有限公司经营的某品牌汽车专卖店于 2002 年 9 月 18 日开业。当日,该公司在佛山、南海两地媒体上的广告称:“9 · 18 是一个开心的日子”。广告刊出后,佛山一位姓辜的先生认为,“二战”期间,日本帝国主义犯下了滔天罪行。商家的这则广告使他的感情受到极大伤害,因此以“国恨”“家仇”为由向法院提起民事诉讼,要求恒 X 公司在曾经刊登广告的媒体上刊登悔过信,向他本人和佛山、南海人民赔礼道歉,并索赔精神抚慰金 918 元。

③ 如今,保护动物、为动物福利立法已经成为一种国际趋势。2021 年 8 月 4 日,科技部向社会发布《中华人民共和国实验动物管理条例(修订草案征求意见稿)》,首次将保护动物福利作为本条例的主要立法目的之一。修改稿中准备增加的动物福利条款主要包括:管理人员和专业技术人员应当善待实验动物,禁止伤害、虐待动物;在符合科学原则的情况下,开展动物替代方法研究;应当采取必要措施,满足运输过程中实验动物的福利要求;在不影响实验结果的情况下,采取有效措施避免给动物造成不必要的不安、痛苦和伤害;实验结束后采取最少痛苦的方法处置动物。

④ 原国家工商行政管理总局曾于 1989 年下发《关于严禁刊播有关性生活产品广告的规定》,在文件中针对一些地区出现的有关性生活产品的广告明确规定,“这类产品向社会宣传,有悖于我国的社会习俗和道德观念。因此,无论这类产品是否允许生产,在广告宣传上都应当严格禁止”。

⑤ 根据 2003 年 8 月 1 日开始施行的《北京市实施〈中华人民共和国国家通用语言文字法〉若干规定》中的要求,企业名称、商品名称以及广告应当以国家通用语言文字为基本用语文字。违反规定的,由北京市工商行政管理部门依据有关部门法律、法规进行处理。

领域内特殊的道德要求。它既是对本行业人员在职业生活中行为的准则要求,又是本行业人员对社会所负的道德、责任和义务。法律上所讲的有违公序良俗的职业道德主要适用于律师、会计师、税务顾问、教师和医生等。如律师必须忠于法律,坚持以事实为根据,以法律为准绳,严格依法执业;必须诚实信用、严密审慎、尽职尽责地为当事人提供法律帮助;必须保守在执业活动中知悉的国家秘密、当事人的商业秘密和当事人的隐私等。老师的职业道德要求其穿着举止应当温文尔雅,打扮应当得体,这应当是约定俗成的基本原则和教师的基本行为规范。

(三)违反公序良俗的法律后果

从理论上说,公序良俗主要属于伦理的范畴,而作为一种伦理判断,“风俗和礼仪不是立法者所建立的东西,因为他们不能建立,也是不愿建立的”[①]。但由于违反公序良俗的行为会给他人和社会造成一定损害,甚至会危及正常的社会经济秩序,因此现代国家很多都对其进行了明确的规定。对于违反公序良俗的法律后果,不同国家有不同的法律规定。1804 年的《法国民法典》虽然在总体上接受契约自由的原则,但仍把遵守公序良俗作为从事民事行为的基本要求,其中第 6 条规定:“个人不得以特别约定违反有关公共秩序和善良风俗的法律。”法国在 1967 年颁布的《关于补充民法典中国际私法规范的立法草案》中又将这一原则扩大到涉外领域,该草案在总则中规定:“任何明显与国际关系中所理解的公共秩序不相容的外国法律不得在法国适用。”日本对公序良俗的法律规定采取的是双重立法体例:违反公序良俗的行为是无效行为,对此《日本民法典》第 90 条(公序良俗)规定:“以违反公共秩序或善良风俗的事项为标的的法律行为,为无效。”对于符合公序良俗或不违背公序良俗的行为则依法确认其行为效力,对此《日本民法典》第 91 条(任意规定与意思表示)规定:“法律行为的当事人,表示了与法令中无关公共秩序的规定相异的意思时,则从其意思。”第 92 条(习惯)规

---

① ［法］孟德斯鸠:《论法的精神》(上),张雁深译,商务印书馆 1963 年版,第 312 页。

定："有与法令中无关公共秩序的规定相异的习惯，如果可以认定法律行为当事人有依该习惯的意思，则从其习惯。"在德国法中，对公序良俗的违反如对他人造成损害，要承担相应的民事责任。《德国民法典》第 826 条规定：以违反善良风俗之方法对他人故意施加损害之人，对受害人负有赔偿损害之义务。

（四）公序良俗原则在我国《民法典》中的体现

相较于其他国家，公序良俗原则在我国不但得到了重视，而且在立法上更具体系性和实操性。这主要体现在以下几个方面：（1）公序良俗作为民法基本原则对民法制度进行指导与约束。这主要是通过《民法典》第 8 条[①]加以规定的，其基本要求是所有的民事活动都必须符合公序良俗的要求。（2）公序良俗原则作为民事法律行为的有效要件对民事法律行为进行约束。这主要体现在《民法典》第 143 条和第 153 条中。《民法典》第 143 条[②]是关于民事法律行为有效要件的规定，与传统的民事法律行为三要件说不同，我国《民法典》采取的是四要件说，即在当事人合格，意思表示真实，行为合法之外，新增加了一条"不得违反公序良俗"的要求。第 153 条[③]是关于无效民事法律行为的判断标准，其内容主要是为了回应第 143 条中有关民事法律行为有效性条件要求的规定，其特点是除了强调"违反法律、行政法规的强制性规定的民事法律行为无效"这一基本要求之外，还特别强调了"违背公序良俗的民事法律行为无效"，从而为民事法律行为无效的司法确认留下了较大空间。（3）公序良俗原则在具体法律制度中的体现。一项民法基本原则要想充分发挥其对民事法律行为的规范作用，除了依赖宏观性的理念指引之外，还需转化为具体的制度设计。我国《民法典》在这方

① 《民法典》第 8 条规定："民事主体从事民事活动，不得违反法律，不得违背公序良俗。"

② 《民法典》第 143 条规定："具备下列条件的民事法律行为有效：（一）行为人具有相应的民事行为能力；（二）意思表示真实；（三）不违反法律、行政法规的强制性规定，不违背公序良俗。"

③ 《民法典》第 153 条规定："违反法律、行政法规的强制性规定的民事法律行为无效。但是，该强制性规定不导致该民事法律行为无效的除外。违背公序良俗的民事法律行为无效。"

面做了很好的尝试。其具体做法是:首先,第 10 条将公序良俗作为习惯司法适用的限制性要求[①];其次,第 979 条将公序良俗作为无因管理行为中管理人享有经济利益补偿请求权的保障条件;[②]再次,第 1012 条和第 1015 条将公序良俗作为自然人享有姓名权的前提条件和行使姓名权的限制性条件[③];最后,第 1026 条将公序良俗作为名誉权侵权中侵权行为人是否尽到合理审核义务的主要判断标准和责任豁免的条件[④]。由此可见,我国《民法典》针对公序良俗的具体规定不仅非常丰富,而且具有很强的针对性和实用性。(4)公序良俗原则与社会公共利益的关系。我国《民法典》对公序良俗原则高度重视的目的主要有二:一是践行社会主义核心价值观,促进社会道德水平的提高;二是维护社会公共利益和社会公共秩序,促进社会良性稳定的发展。公序良俗原则之所以会和社会公共利益发生关联,一方面是因为作为社会公共利益重要保护手段的社会公共秩序本来就是公序良俗的重要组成部分;另一方面则是因为公序良俗本身不具有目的性价值而仅具有工具性价值,因此它必须服务于更具有本体性的价值目标才能更充分地彰显其存在价值。而社会公共利益无疑是充当这个本体性价值目标的最合适对象。因此,从这个意义上说,虽然我国《民法典》中没有继续把社会公共利益

---

① 《民法典》第 10 条规定:"处理民事纠纷,应当依照法律;法律没有规定的,可以适用习惯,但是不得违背公序良俗。"

② 《民法典》第 979 条规定:"管理人没有法定的或者约定的义务,为避免他人利益受损失而管理他人事务的,可以请求受益人偿还因管理事务而支出的必要费用;管理人因管理事务受到损失的,可以请求受益人给予适当补偿。管理事务不符合受益人真实意思的,管理人不享有前款规定的权利;但是,受益人的真实意思违反法律或者违背公序良俗的除外。"

③ 《民法典》第 1012 条规定:"自然人享有姓名权,有权依法决定、使用、变更或者许可他人使用自己的姓名,但是不得违背公序良俗。"第 1015 条规定:"自然人应当随父姓或者母姓,但是有下列情形之一的,可以在父姓和母姓之外选取姓氏:(一)选取其他直系长辈血亲的姓氏;(二)因由法定扶养人以外的人扶养而选取扶养人姓氏;(三)有不违背公序良俗的其他正当理由。少数民族自然人的姓氏可以遵从本民族的文化传统和风俗习惯。"

④ 《民法典》第 1026 条规定:"认定行为人是否尽到前条第二项规定的合理核实义务,应当考虑下列因素:(一)内容来源的可信度;(二)对明显可能引发争议的内容是否进行了必要的调查;(三)内容的时限性;(四)内容与公序良俗的关联性;(五)受害人名誉受贬损的可能性;(六)核实能力和核实成本。"

作为判断民事法律行为效力的因素，但通过公序良俗原则仍可有效实现对社会公共利益的保护。

四、公序良俗与有伤风化的行为

（一）风化与有伤风化的概念和特征

在任何社会有伤风化行为都是公序良俗制度调整的主要内容，因此有专门加以论述的必要。所谓“风化”，是中国古已有之的概念。根据《古汉语大词典》的解释，“风”有多种含义。一是“风教、教化”。《书·说命下》：“咸仰朕德，时乃风。”孔传：“风，教也。”二是“习俗、风气”。《左传·昭公二十一年》：“天子省风以作乐。”杜预注：“省风俗，作乐以移之。”三是“风操、节操”。《孟子·万章下》：“故闻伯夷之风者，顽夫廉，懦夫有立志。”四是“风范、风度”。《后汉书·庞参传》：“（庞参）勇谋不测，卓尔齐伟，高才武略，有魏尚之风。”①“化”也有“风俗、风气”的含义。《史记·秦始皇本纪》：“黔首改化，远迩同度。”汉桓宽《盐铁论·本议》：“散敦厚之朴，成贪鄙之化。”此外还有“改变人心风俗，教化、教育”的含义。《易·乾》：“善世而不伐，德博而化。”②“风化”一词有多种含义：一是“风教、风气”。《诗·豳风·七月序》：“周公遭变，故陈后稷先公风化之所由。”《后汉书·第五伦传》：“光武承王莽之余，颇以严猛为政，后代因之，遂成风化。”二是“风俗”。明陶宗仪《辍耕录·廉使长厚》：“此亦厚风化之一端，故记之。”三是“社会上公认的道德规范”。《古今小说·李秀卿义结黄贞女》：“（周庠）因将女作男，事关风化，不好声张其事。”③至迟在《汉书》中，我们就可以看到“以风化天下”（《礼乐志》）或“既伤风化”（《韩延寿传》）这样的话，其既可作动词，也可作名词。后者衍化为“有伤风化”这一成语，通常指对社会风俗、教化产生不良的影响，并多用于

---

① 罗竹风主编：《汉语大词典》（缩印本），汉语大词典出版社 1997 年版，第 7366 页。

② 罗竹风主编：《汉语大词典》（缩印本），汉语大词典出版社 1997 年版，第 469 页。

③ 罗竹风主编：《汉语大词典》（缩印本），汉语大词典出版社 1997 年版，第 7367 页。

指责不正常的男女关系,[1]至今仍在使用。元关汉卿在《裴度还带》第四折中有:“那里是正押《毛诗》韵!你道做了有伤风化,谁就你那燕尔新婚!”现在所说的“风化”,通常包含两方面意思:一方面是指风俗教化,指道德的社会规范,不能违背,比如说“有伤风化”。另一方面,它又跟性、男女关系相关联,既有符合常理的,也有违背常理的,包括当时的社会规范、特例,各个阶层的状况。所谓某个社会、某个时期的风化,通常是当时的统治阶级所宣示的性道德,所主张的性观念。所以风化总是统治阶级的风化——但下层社会的民众通常都认可并追慕这种风化。《欧洲风化史》的作者爱德华·傅克斯认为:“每个时代的风化行为、风化观念、规范并制约性生活的种种规定,最典型最鲜明地表现了各该时代的精神。每个历史时期、每个民族和每个阶级的本质都在其中得到最真切的反映。性生活以其成千上万的辐射,揭示了生活的重要规律、基本规律。”[2]《欧洲风化史》强调“生产进程达到的水平决定社会整个生活进程从而也决定两性关系领域的风化范围”,并认为各个时代的风化都具有满足当时社会需求的功能。那些不符合当下风化的行为,主动或被迫冲破当下风化的行为,通常被称为“有伤风化”。

由此可见,作为风化主要有以下几个特征。(1)风化一般与性和男女关系有一定联系。虽然风化的内容并不仅仅局限于性关系,而是涵盖了与人类伦理有关的许多方面,但一般所言风化大多与性关系、性生活、性用品、性联想等有关。正因为如此,所以爱德华·傅克斯的《欧洲性史》被翻译成中文时定名为《欧洲风化史》。(2)风化具有历史性。每个时代的风化内容和风化评价标准是有明显差别的。同时风化又是在不断演变的,当原有的风化被认为过时的时候,统治阶级就开始提倡新的风化。而原有的一些被认为是有伤风化的行为,也可能会变成普遍为社会所认可的行为。风化内涵的变化总是与当时的经济生活和社会需求密切联系在一起,当社

---

① 罗竹风主编:《汉语大词典》(缩印本),汉语大词典出版社1997年版,第3873页。

② [德]爱德华·傅克斯:《欧洲风化史》,侯焕闳译,辽宁教育出版社2000年版,“序言”。

会经济条件发生变化后，风化内容也会发生相应变化。（3）风化的主要评价依据是社会公德。通常所说的有伤风化行为应当是一种带有社会性评价的行为，而不是一种单纯的私人行为。与其他民事违法行为不同的是，有伤风化行为所侵害的并不是民事主体的具体权利，而是社会公德所维系的人伦关系。（4）风化主要作为一系列禁忌表现出来。人既是生物的人，也是社会的人。作为社会的人，必须学会用禁忌来处理自我性行为，与"乱伦禁忌、反对性变态行为、克制性欲与手淫、用婚姻和爱情来制约性行为、不得强奸和兽交"等基本原则内化为一种基本道德规范。[①] 并且，风化作为一种社会道德评价，主要靠社会主体的内心自省行为加以固化。因此，对有伤风化行为的惩罚既要通过法律手段，同时也要借助道德手段。性风俗与性文明要根据社会的发展来界定。

（二）对风化行为进行法律规制的必要性

无论对风化作何理解，风化总是与性联系在一起的。在历史上，性对人们来说一直具有多种多样的价值和意义，而不同的性规范会因性的意义不同而不同。即使是在同一种文化中，对性也会有不同的观点，不同的做法，使人很难对它作出简单的概括。两性关系是人类社会的最基本关系之一，其中婚姻关系是两性关系合法的和普遍的形式。一夫一妻作为一种婚姻制度，本质上体现的是一种财产关系和生产关系，绝不是性爱本身。从历史的角度来看，性可以在不同的婚姻模式和非婚姻模式下得到不同程度和不同方式的满足，这是性的社会属性。性虽然有社会属性，但性的自然属性和生物属性并不因其社会属性而消失。"在动物属性上，人是一种多元性感的动物，具有多恋、不断交换性对象和扩大性领地的强烈愿望。"[②]显然，人的本能和一夫一妻的婚姻制度之间存在的矛盾和冲突，而越出婚姻的两性关系是为现代社会所否定的不道德关系。在一个社会中，性的规范与社会文化中的道德观念、价值观念密不可分。这些道德观念和价值观念是该文化对于人性的基本假设，社会

---

① 范丽娟：《当前中国的婚外性行为现象》，载《百科知识》2002 年第 12 期。

② 范丽娟：《当前中国的婚外性行为现象》，载《百科知识》2002 年第 12 期。

依据这些基本的假设对性行为作出正常与反常、正确与错误的定义。纵观人类生存发展的历程,在世界上所有文明民族的历史上都曾经有过严格的性道德,甚至有时严厉到成为性禁锢。任何有利于人类生存发展的道德,实际上都是对有害于人类社会生活的无节制本能行为的约束,性道德也不例外。人类实行群体的社会生活,为了整体的生存发展,必然要求每个个体的行为都符合一定的社会规范,以维护群体的稳定和繁荣。这就决定了人类社会必须建立在个体和群体行为都受到必要约束的基础之上,其中对性行为的约束是极为重要的一个方面。中国的儒家文化,欧洲的基督教文化,从西亚到北非的伊斯兰教文化,都是典型的例子。这些世界上从古代延续下来的主要文化中都包含着严格的性道德,尽管表现形式不同,而且显然还存在程度不等的应该被摒弃的性禁锢,但其中的合理成分都是文明的存在和发展所必需的。那些在历史上未能形成人类生存发展所需要的性道德的民族,或者是那些在形成性道德后又消失了的民族,不是被历史淘汰而不复存在,就是在文明的进程上发展缓慢,停滞不前。

性道德的形成虽然与多种因素有关,但其中社会学的原因占有更重要的位置。优生类社会最早的性约束是禁止乱伦,在父女、母子、兄弟姊妹间严格禁止发生性行为。在有些文化中,更进一步扩大到禁止所有近亲之间的两性关系。原始人在代复一代的生活实践中认识到近亲繁殖会产生孱弱的后代,于是部落内部的族内婚逐渐向部落间的族外婚发展,族内的两性行为就成为乱伦而遭到禁止。人类的性行为开始受到社会约束,保证了原始人类向着文明社会的迈进。最早的性约束都会以宗教禁忌的形式出现,因为原始人不可能知道遗传学原理,他们把族内婚会产生不健康后代看作神的惩罚,所以禁止乱伦就是神的旨意,不可违抗。这就在实质上形成了人类最初的性道德。从族内婚到族外婚是一大进步,但仍是群婚,导致子女只认识母亲,不知道父亲,近亲之间还可能出现性交,优生也得不到保证。当母系社会的对偶婚出现时,优生又向前进了一步,但还是可能出现同父异母的后代之间的近亲乱伦,因为这时的对偶婚只是相对稳定,关系并不牢固,所以同父异母的子女彼此不能识别血缘关系。直到父系社会严格的一夫一妻制出现,不仅直系血缘不得乱伦,就连三代或五代旁系都不能通婚的性道德习俗形成时,人类的优生方得到可靠保证。当近代遗传学理论阐明了优生的本质时,人类才回过头来认识到婚姻制度发展对人类社会发展的重大意义,从而证明了以性道德形成出现的性约束,是人类生存发展的必要条件。[①] 总之人类的性行为、性关系、性观念远早于法律而产生。法律产生之后,性行为与性关系及其他相关活动也随之纳入法治轨道。

在人类的立法思想史上,对风化行为的立法有道德论和效果论两种思路。对于道德论者来说,某种活动只要按传统观念看是错误的、不道德的或邪恶的,就有足够的理由禁止这一活动。法律的目标,比如关于婚外恋、离婚、堕胎或私生子女的法律的目标,就是区分有罪和无罪的行为,从而惩罚有罪,保护无罪。效果论者则主张,如果对某种行为的法律禁止比起允许这种行为会造成更有害的后果,那么就应该允许这种行为,即使这种行为是错误的或不道德的。道德论者的目标在于根据道德标准奖惩当事人;效果论者的目标则是最大限度地减少当事人所受的伤害,无论他们的道德状况如何,他们的行为是什么样的。道德论的立法思想的一个典型是19世纪下半叶的美国人康斯托克(Comstock)及其所创之法,称为康斯托克法(Comstock Law)。这是一部对性持严厉态度的法律。康斯托克生于1844年,在1873年竭力促成了美国的反淫秽法案的通过。该法案禁止在美国邮寄淫秽色情出版物,禁止淫秽广告,禁止淫秽信息。效果论方面的一个典型代表就是英国20世纪50年代的沃芬顿报告[②]。在西方近几十年的法律改革实践中,英国的沃芬顿报告产生了重大而深远的影响。沃芬顿报告的一个重要思想就是法律不应当管道德领域的事,相信成年人有自己作出道德选择的能力。每个人都有最大限度的自由,这个自由的边界是不影响别人同样的

---

① 《性本中庸,右是性乱,左是禁锢》,载psyche.netbig.com/sex/s51974/20001228/93496.htm。

② 1957年9月4日沃芬顿勋爵向英国政府提交了一份《关于同性恋与卖淫问题委员会的沃芬顿报告》,简称《沃芬顿报告》(Wolfenden Report)。

自由。在法律上,如果你的行为侵害了别人的利益,那么该行为是非法的,如果没有侵害任何人,就没有理由受到惩罚。在沃芬顿报告的影响下,多种在成年人之间发生的自愿的性行为在世界许多国家中实现了非罪化。[①] 这也符合边沁的道德主义立法思想,即"所有的法律或应有的法律的一般目的都在于增加全民的幸福,因而它首先应尽可能排除任何破坏幸福的事情。换句话说,也就是排除伤害。可是任何惩罚都是伤害;所有的惩罚都是罪恶。根据功利原理,如果惩罚被认为确有必要,那仅仅是认为它可以保证排除更大的罪恶"[②]。

(三)有伤风化行为的主要表现

从性的角度来说,有伤风化的行为主要包括三种,即攻击性不正当性行为(攻击性性犯罪行为)、非攻击性性犯罪行为和性失当行为。其中前两种行为主要是刑法的调整对象,而后一种则主要受民法所调整。所谓攻击性不正当性行为是指使用暴力或胁迫、诱骗等手段强制对女性实施猥亵或奸污的行为。这类不正当性行为具有严重的危害性,是触犯我国刑事法律的。攻击性不正当性行为主要表现为强奸、鸡奸、性猥亵或性骚扰(sexual harassment)。非攻击性性犯罪行为则是以非暴力手段从事有害于社会利益或他人利益的性行为,主要包括重婚行为、卖淫嫖娼行为、性淫乱行为等。性失当行为是指行为人所从事的虽然无害于社会公共利益或社会公共秩序,但是却为主流的社会道德作了否定性评价的性行为,主要包括同性恋行为、非婚同居行为、通奸行为等。下面择其要者分述。

1. 关于性骚扰行为

性骚扰,原指男上司或男雇员用淫秽的语言或者下流的动作挑逗、侵扰女雇员,甚至强行要求与其发生性关系的行为,后引申为社会上以各种非礼的性信息侮辱异性(主要是妇女),或向异性提出

---

① 李银河、信春鹰、苏力:《配偶权·婚外性关系与法律》,载《读书》1999年第1期。

② [英]边沁:《道德与立法原理》,载《西方法律思想史资料选编》,北京大学出版社1983年版,第493页。

性要求的行为。依情节轻重,通常将日常生活中常遭遇的性骚扰行为分为五个等级:A. 语言骚扰,又称性骚扰,包括各种带有性含义的性别歧视、性别偏见的言论以及侮辱、贬低、敌视女性的言论。这是最广义的性骚扰。B. 性挑逗,即一切不受欢迎、不合宜的带亵渎性行为的性挑逗行为,包括掀衣服、触摸女性胸部或私处、向女性暴露性器官、展示色情图片等。C. 性贿赂(sexual bribery),以同意性服务作为交换利益手段。例如,教师要求约会占性便宜作为加分或及格的条件。D. 性要挟(sexual coercion),以威胁或强迫方式要求对方进行性行为或性服务,包括约会时在对方不愿意的情况下强吻或强行发生性关系。E. 性攻击(sexual assault),包括强奸、性虐待及任何造成身体伤害的暴力动作或异常行为。狭义的性骚扰通常不包括性攻击行为,仅指其他性骚扰的形式,即语言骚扰、性挑逗和性胁迫。性骚扰的发生场所主要分为两类:一类是工作场所的性骚扰;另一类是公共场所的性骚扰。前者又可具体分为两种情况:一种是来自内部的性骚扰,如单位内部上级对下级、雇主对员工以及同事之间的性骚扰行为;另一种是员工在为单位工作中遭受来自外部(如顾客)的性骚扰。后者则是在公共场所,如公共交通工具、商场、餐馆、KTV 等地方发生的性骚扰,这种性骚扰大多发生在陌生人之间。

美国是最早提出"性骚扰"概念的国家,也是世界上性骚扰问题最严重的国家。美国 1964 年将性骚扰写入《人权法案》,并在美国公平雇佣机会委员会的法律文件中给予了明确规定,以作为对《人权法案》中性别歧视的一个形式体现:"出于性需求而提出不受欢迎的性行动、性要求,或其他言语上、身体上的性行为,如果在屈服或拒绝之后明确、不明确地影响一个个体员工、雇员的工作表现或形成一个令其讨厌的工作环境,即构成性骚扰。"美国于 1975 年正式通过立法禁止性骚扰。1986 年美国最高法院在一个判决中承认性骚扰就是对联邦反歧视法的违反,并且认为雇主不制止其监管人员对其他雇员的性骚扰行为,在法律上也应受到处罚。[①] 1980 年

① 吕世伦、范季海:《美国女权主义法学述论》,载《法律科学(西北政法学院学报)》1998 年第 1 期。

美国平等就业机会委员会对性骚扰所作的原则性界定现在已经为许多州所认可。明确在下列情况下,不受欢迎的性的接近、性的要求、其他具有特点的语言的行为,均构成性骚扰:第一,明示或暗示就业为前提条件,迫使屈从上述行为;第二,个人对上述行为屈从或拒绝,直接影响就业的前景;第三,上述行为的目的在于或具有这样的效果,即无理地干涉了他人的工作表现,形成了一个恐惧、敌对或具有侵略性的工作环境。这些条例归纳起来就是接受对方与性有关的要求、语言或举动作为女性求学、受雇、升迁的明示或暗示的先决条件,不合理地干扰了个人的学业、工作,或者造成一个令其不安或反感的学习、工作环境。除美国外,澳大利亚、加拿大、法国、比利时、新西兰、英国、西班牙等国也在法律中明确规定性骚扰属于应予禁止的非法行为。对于严重的性骚扰的行为,加拿大、法国等国还将其定为妨害风化罪,西班牙将其归入侵犯性自由。澳大利亚、加拿大、日本和一些西欧国家在 20 世纪 80 年代或 90 年代出现了对性骚扰的研究,并出现了相关的法律规范,使性骚扰具有了正式的法律含义。虽然不同的国家对这一词的理解不同,但总体看来,性骚扰的立法可分为四类:第一类,平等机会法律或反对性别歧视法律下禁止性骚扰;第二类,劳动保护法中制定禁止性骚扰的条款;第三类,民法典中将性骚扰作为一种侵权行为而予以规定;第四类,刑法中规定有关性骚扰的犯罪。如英国等一些国家的平等机会法律明确制定了有关性骚扰的规范,并强调男性与女性同样得到不遭受性骚扰的保护;比利时的劳动保护法规定雇主与雇员的关系中应该尊重、合宜、得体;意大利的劳动保护法规定雇主对雇员的身体和道德完整负责;在葡萄牙和芬兰的劳动保护法中,则要求保证雇员在身体上和精神上有良好的工作条件;日本在民法典中规定了性骚扰应负的赔偿责任;美国的公共秩序法案(The Public Act 1986)规定性骚扰是一种犯罪行为;法国 1994 年刑法明确规定了性骚扰罪。[①] 1993 年通过的《消除对妇女暴力行为宣言》中认为:对妇女造成身心上的伤害或痛苦的任何基于性别的暴力行为,包括以此威胁、强

① 郑伟:《法国新刑法评述》,载《法学》1997 年第 2 期。

迫或任意剥夺自由，无论其发生在公共工作场所，还是生活中的行为，均是对妇女的性骚扰。性骚扰给受害者造成极大的心理压力，还可能引起生理伤害甚至疾病。这一普遍性的社会问题引起世界各国关注，1985 年第三次世界妇女大会通过的《内罗毕战略》把“使青年妇女不受性骚扰”列为主要目标之一。2000 年 6 月 7 日，鉴于性骚扰已成为欧盟职业妇女面临的最严重问题，欧盟委员会提出一项关于惩治在工作场所对妇女“性骚扰”的立法草案。该草案建议：欧盟 15 国对“性骚扰”制定共同的定性标准；在每个成员国成立一个独立机构，审理有关的“性骚扰”诉案，对簿公堂时被告必须拿出证据证明自己的清白，否则将受到惩处；那些对“性骚扰”视而不见的企业领导人也将受到惩处。①

性骚扰行为不但是一种民事侵权行为，性质严重的还可构成犯罪。性骚扰在中国很早就引起中国法律实务界和理论界的关注。特别是我国《民法典》正式将反性骚扰纳入法律条文之后，我国已基本形成民事责任、行政责任、刑事责任协调分工，密切配合的立体责任格局。根据我国的有关法律规定，严重性猥亵或性骚扰可以构成强制猥亵、侮辱罪和猥亵儿童罪。2012 年国务院发布的《女职工劳动保护特别规定》第 11 条也明确要求：“在劳动场所，用人单位应当预防和制止对女职工的性骚扰。”在行政处罚方面，2005 年 8 月 28 日第十届全国人大常委会第 17 次会议表决通过、根据 2012 年 10 月 26 日第十一届全国人大常委会第 29 次会议修正的《治安管理处罚法》第 42 条第 5 款和第 6 款，分别对“多次发送淫秽、侮辱、恐吓或者其他信息，干扰他人正常生活的”行为和“偷窥、偷拍、窃听、散布他人隐私的”行为，规定可处以 5 日以下拘留或 500 元以下罚款；情节较重的，处 5 日以上 10 日以下拘留，可并处 500 元以下罚款。《治安管理处罚法》第 44 条规定，猥亵他人的，或者在公共场所故意裸露身体，情节恶劣的，处 5 日以上 10 日以下拘留；猥亵智力残疾人、精神病人、不满 14 周岁的人或者有其他严重情节的，处 10 日以上 15 日以下拘留。在民事责任方面，《民法典》第 1010 条

---

① 赵小平、朱莉欣：《性骚扰的法律探析》，载《华东政法学院学报》2001 年第 4 期。

不但在第 1 款规定“违背他人意愿,以言语、文字、图像、肢体行为等方式对他人实施性骚扰的,受害人有权依法请求行为人承担民事责任”。而且在第 2 款明确了单位义务,即“机关、企业、学校等单位应当采取合理的预防、受理投诉、调查处置等措施,防止和制止利用职权、从属关系等实施性骚扰”。为了有效推进反性骚扰行为事业的发展,我国《妇女权益保障法》第 84 条第 1 款规定:“违反本法规定,对侵害妇女权益的申诉、控告、检举,推诿、拖延、压制不予查处,或者对提出申诉、控告、检举的人进行打击报复的,依法责令改正,并对直接负责的主管人员和其他直接责任人员给予处分。”

2. 关于卖淫行为

所谓卖淫,按照罗马法的解释,是指不加选择,没有乐趣,有代价地提供本人身体。[①] 日本《卖淫防止法》中定义为:有代价地或有接受代价之约地与不固定的对象发生的性交。[②] 美国学者道格拉斯认为,所谓卖淫是指其补偿既非属于性欲方面又非属于感情方面的任何行为。妓女则是将与自己性交的权利出售给男人,以这种行动获取金钱报偿的妇女。[③] 这是一种广义的观点,按照这种观点,妓女可分为典型妓女和非典型妓女。前者直接以获取金钱为报偿,后者则是为了获取金钱以外的其他物质利益等而出卖肉体。狭义的卖淫仅指为赚钱而进行的较为随便的性行为。尹恩·罗伯逊认为,不是所有的为了经济利益而进行的性行为都是卖淫,如为金钱而结婚、渴望成名而同导演发生性关系的女演员、以做爱来索取丈夫金钱给付的妻子等不属于卖淫行为。真正的卖淫应当是为了得到金钱而甘愿把肉体出卖给任何人的行为。[④] 卖淫作为一种性行为的越轨现象,是人格和性权利的商品化的典型表现。其基本构成要素为:卖者有条件地出售自己的性权利,通常以现金交易为媒介,辅之

---

① [美]贺兰特·凯查杜里安:《人类性学基础——性学观止》,李洪宽等译,农村读物出版社 1989 年版,第 676 页。

② 转引自张萍编著:《日本卖淫问题与对策》,群众出版社 1992 年版,第 253 页。

③ [美]杰克·D. 道格拉斯、[美]弗兰西斯·C. 瓦克斯勒:《越轨社会学概论》,张宁、朱欣民译,河北人民出版社 1987 年版,第 205 页。

④ 朱力等:《社会问题概论》,社会科学文献出版社 2002 年版,第 228 ~ 229 页。

以其他物质利益;卖方提供性服务,买方获取享受,双方是自愿的利益交换行为;买卖双方以异性为主,以同性为辅;买卖双方一般没有感情交流和互相关心的行为。[①] 因此,也可以将卖淫定义为卖淫者自愿将自己的身体有偿提供给购买者,为满足他人的性需要而进行特殊服务的行为。在中国的封建时代,将经官方批准的卖淫者称为妓女,非经官方批准的卖淫者称为娼。卖淫的历史非常悠久。一般认为,西方国家的卖淫现象起源于神殿"巫女"的自由性交。

传统上,社会对待卖淫问题有三种态度:一是"抵制"或者"禁止";二是"规范化""合法化";三是"容忍"或者"非罪化"。"合法化"则是指采取一定形式的措施,使卖淫活动在国家控制的范围内进行,如划定一些"红灯区"。"非罪化"与"合法化"完全不同。"非罪化"是指清除所有禁止卖淫的法律,包括那些对与卖淫相关的行业进行限制、对与卖淫相关的人(俗称老鸨、皮条客、嫖客等)进行惩处的法律。我国对卖淫行为没有纳入民事调整轨道,而是将其作为有违治安管理的行为进行惩处。根据我国《治安管理处罚法》第66条的规定:"卖淫、嫖娼的,处十日以上十五日以下拘留,可以并处五千元以下罚款;情节较轻的,处五日以下拘留或者五百元以下罚款。在公共场所拉客招嫖的,处五日以下拘留或者五百元以下罚款。"第67条规定:"引诱、容留、介绍他人卖淫的,处十日以上十五日以下拘留,可以并处五千元以下罚款;情节较轻的,处五日以下拘留或者五百元以下罚款。"

3. 关于通奸行为及其他非婚性关系的伦理分析

马克思主义认为,人的本质是社会关系的总和,而社会关系的核心部分之一就是性关系。性有合法与非法之分,合法性关系又称婚内性关系;非法性关系则主要表现为婚外性关系,主要包括婚前同居行为、通奸行为、有配偶者与他人同居行为、卖淫嫖娼行为、重婚行为等。

通奸是指男女双方或单方有配偶,而又自愿与他人发生肉体性关系的行为。通奸的双方,对外不以夫妻名义自称,也不长期共同

---

① 朱力等:《社会问题概论》,社会科学文献出版社2002年版,第229页。

生活。各国由于社会伦理文化不同,对通奸的处理也大相径庭。对通奸处罚最严厉的是伊斯兰法,在伊斯兰世界,最严重的罪行是污辱安拉,其次就是“通奸”。伊斯兰的法律明确规定,一名女子在婚外生育孩子将被处以石刑,即半身埋在土里,被人用石头活活砸死。有些国家对通奸者则处以轻刑。人类婚姻制度的特点是男女组成家庭后就封闭起来,在道德上讲,性关系应该是排他的。这种性关系的稳定性是社会进化的结果。人类性行为的约束古已有之,不仅所有历史悠久的文明民族都曾有严格的性约束,即使在一些原始部落里,性行为也并不像人们所想象的那样放任不羁。人类在历史发展的不同时期所形成的文化是演进的,扬新弃旧的。然而创新绝不意味着对历史的全部否定。人类性行为的约束是生存发展的需要,性行为必须受到约束的原因是多方面的,包括生物的、心理的、社会的等,迫使人类在谋求生存发展的漫长历程中,对自己的性行为加以约束。性约束的另一生物学原因是男女婴儿的出生比大致是1∶1,男性略多于女性,这就决定了一夫一妻的合理性。另外,一夫一妻家庭式的稳定生活,更便于处理好人际关系、财产以及上下代传承,有利于人类发展。但大多数国家并不把婚外性行为视为非法行为,更不视为犯罪行为。通奸与强奸比社会危害性小,属双方自愿行为,故包括我国在内的多数国家和地区将其不列为犯罪。其主要原因在于,性不是人类生活的全部,它本身也无所谓好坏,它是被评判的对象,而评判它的标准归根结底是由一定的社会生产力水平决定的。通奸行为在很大程度上只是个人性道德意识问题,通常只会造成对私人生活秩序的干扰,而不会造成对社会整体秩序的伤害。事实上,人们对通奸行为进行痛斥,并非人们确信它会伤害社会,而是由于通奸行为是“反常的”,是对公认的或正常的性表达方式的偏离。但通奸行为又确实会破坏家庭关系的稳定性,进而危及正常的社会秩序,因此国家并不会完全袖手旁观,而应进行适度干预。干预的手段可以是法律,也可以是伦理道德。在我国目前通奸行为并不属于违法行为,但属于受到伦理道德谴责的非道德行为。

与通奸相似的另一个概念是“第三者”。“第三者”是中国传统文化状态下衍生出的一个概念。但对于什么是“第三者”,目前的法律中尚无明确规定。作为一个社会学概念,它通常是指介入他人婚姻,与夫妇中一方有婚外性关系的人。曾有许多人包括法律专家呼吁在立法中增加惩罚“第三者”的法律规定。但最后并没有为我国立法所采纳,其主要原因在于,从一般的社会道德观念来看,与通奸一样,“第三者”的行为在很大的程度上只是个人性道德意识问题,并未对社会造成整体伤害,因此没有必要用法律去惩罚它。“所有的法律或应有的法律的一般目的都在于增加全民的幸福,因而它首先应尽可能排除任何破坏幸福的事情。换句话说,也就是排除伤害。可是任何惩罚都是伤害;所有的惩罚都是罪恶。根据功利原理,如果惩罚被认为确有必要,那仅仅是认为它可以保证排除更大的罪恶。”①以法律惩罚“第三者”并不能有效防止这种伤害的发生。

综观世界各国法律对婚外性行为的规定,主要有两种态度:一种是因势利导,以当事人有可能得到的最佳结果为标准来制定法律,如西方许多国家已经或正在设定家庭伴侣关系法;另一种是出于义愤,对当事人加以无情的惩罚和打击,如恢复通奸法。从维护当事人最大利益的原则出发,我们的立法者应当尽量采取前一种态度。福柯说过,性是没有任何一种权力能够忽视的自愿。在他看来,权力不是属于某一个群体的有固定边界的东西,它是弥散的、无处不在的。但无论如何,警察是国家机器的一部分,它是权力的纯净形式。人们的生活空间,在一个自由的社会,会大于在一个不自由的社会。把处置婚外性关系(它是发生在有道德选择能力的成年人当中的自愿行为)的权力交给警察和国家,无疑是每一个人自由生活空间的缩小。②

在司法实践中,一般情况下我国没有将因通奸和“第三者”引起的诉讼纳入民事赔偿的范畴。据中新网报道,昆明市一法院曾不公开审理了一男子状告作为“第三者”的另一男子并要求赔偿一

---

① [英]边沁:《道德与立法原理》,载《西方法律思想史资料选编》,北京大学出版社1983年版,第493页。

② 李银河、信春鹰、苏力:《配偶权·婚外性关系与法律》,载《读书》1999年第1期。

案,经审理,法院驳回了原告的诉讼请求。① 但也有例外,据新华网报道,杭州市江干区人民法院在没有相关法律条文可以参照的前提下,直接援引民法基本原则——公平责任原则,一审判决全国首例因婚外性行为引发的人身损害赔偿纠纷案。②

4. 关于淫秽、色情与低俗行为的伦理分析

按照我国现行法律的规定,淫秽信息主要是指在整体上宣扬淫秽行为、挑动人们性欲,导致普通人腐化、堕落且没有艺术和科学价值的信息内容。其具体内容包括:淫亵性地具体描写性行为、性交及其心理感受;宣扬色情淫荡形象;淫亵性地描述或者传授性技巧;具体描写乱伦、强奸及其他性犯罪的手段、过程或者细节,可能诱发犯罪的;具体描写少年儿童的性行为;淫亵性地具体描写同性恋的性行为或者性变态行为,以及具体描写与性变态有关的暴力、虐待、侮辱行为;其他令普通人不能容忍的对性行为淫亵性的描写。对于色情,目前我国法律尚未有明确界定,一般认为,色情包含在淫秽之中,是指整体上并非淫秽,只是其中一部分与"淫秽"信息的界定有重合,对普通人特别是未成年人的身心健康有毒害,且缺乏艺术价值或科学价值的文字、图片、音频、视频等信息内容。由于淫秽、色情内容不但有害于公序良俗,而且影响社会公共利益,因此根据我国《刑法》、《关于认定淫秽及色情出版物的暂行规定》等法律和行政法规的规定,以及《互联网站禁止传播淫秽、色情等不良信息自律规范》等行业自律规范文件的规定,实施这种行为不但会受到行政处罚,而且情节严重的还可能会受到刑事制裁。根据《治安管理处罚法》第 69 条的规定,组织播放淫秽音像、组织或者进行淫秽表演、参与聚众淫乱活动将受到 10 日以上 15 日以下拘留,并会被处以 500 元以上 1000 元以下罚款。而根据我国《刑法》第 364 条的规定:传播淫秽的书刊、影片、音像、图片或者其他淫秽物品,情节严重的,处 2 年以下有期徒

---

① 汪旭:《案例分析:他为何没告赢"第三者"》,载《云南日报》2002 年 8 月 15 日,第 6 版。

② 傅丕毅、田平:《杭州判决全国首例婚外性行为人身损害赔偿案》,载中新网,www. Chinanews. com,最后访问日期:2002 年 9 月 23 日。

刑、拘役或者管制。组织播放淫秽的电影、录像等音像制品的,处3年以下有期徒刑、拘役或者管制,并处罚金;情节严重的,处3年以上10年以下有期徒刑,并处罚金。由于淫秽、色情行为就其本质来说具有一定的社会危害性,因此相关行为在民事上也会得到否定性的评价,即被认定为无效行为。

值得探讨的是关于低俗行为的民事法律后果问题。这里的低俗行为是指那些与主流价值观、道德观和行为观相背离的,以满足人的低级趣味和感官刺激为目的的行为。低俗行为按其表现形式和内容的不同又可具体分为以下几类。(1)侵犯他人人格尊严、隐私权等权利的行为,如侮辱诽谤他人的行为,发布带有侵犯个人隐私性质的走光、偷拍、露点等内容的行为。(2)以追求感官刺激为目的,并容易诱导人产生萎靡、流氓、恐惧、颓废的行为,如宣扬暴力、血腥、恐怖、残酷等内容的行为。(3)以追求低级趣味为目的的行为。这里的低级趣味,是人在进化进程中所遗存的具有初始性和固有性动物本能的行为和追求。这类行为主要包括直接或隐晦表现人体性部位、性行为,具有挑逗性或污辱性的图片、音视频、动漫、文章等,非法的性用品广告和性病治疗广告,以及散布色情交易、不正当交友等信息的行为。(4)以"性"为卖点,以暴露自己隐私为内容的不雅行为。如在公共场所的故意走光的行为,过分亲昵的行为等,这类行为如果发生在个人私密空间和私密场所,其行为具有合法性。但如果发生在公共场合,其性质就突破了个人私密空间的范畴而侵入了公共空间和公共生活领域,并会因此影响公共环境。(5)陋习陈规,如低俗婚闹行为、天价彩礼行为。(6)违背正确婚恋观和家庭伦理道德的行为,包括宣扬或实施婚外情、一夜情、换妻等行为。(7)网络恶搞行为,如在农田中拍摄穿着鲜艳暴露、佩戴红领巾的捕鱼视频的行为,对经典文学作品、人物形象进行非理性、非逻辑改编、演绎的行为等。这些低俗行为虽然大多不会被法律规制,通常也不会带来于己不利的法律后果,但由于这类行为事实上已经侵害了他人的合法权益,损害了社会公共利益,因此可以以违反公序良俗为由认定其不能达到当事人预期追求的目的。但应严格限缩其适用范围,主要交由道德规范来调整,一方面是为了避免道德对私人生活的过分干预,防止动辄以违反公序良俗为由否定民事法律行为的效力;另一方面则是为了更好地尊重当事人的自由意志,营造宽松、和谐、稳定的社会环境。

第八章　禁止权利滥用原则与民法伦理

一、权利与权利冲突

（一）权利的含义

“权利”一词在外文中语义繁多，如 dikaion（古希腊文）、jus（拉丁文）、Recht（德文）、droit（法文）、diritto（意大利文）、derecho（西班牙文），以及 right（英文）等，这些词不仅指权利，而且还意为公正、正义、正当、公理等。除英文 right 外，其他外文中的“权利”一般还具有法制、法、法律、法学之义。我们知道，西方文化及文明的两大源头，一个是希腊，一个是希伯来。而无论是希腊的 dikaion、罗马的 jus，还是同希伯来宗教具有密切联系的西方中世纪的 jus，都把权利和作为社会及法律基础的公正与正义观念相联。古希腊文“dikaion”一类词，本身皆来自 dikee（正义女神），它写作 dikee 就代表“正义”。（而 dikaion 就是 dikee 之中性形容词再名词化后形成的，一般可作“正义之事务”理解）。在荷马（Homeeros）、赫西俄德（Hesiod）、索福克勒斯（Sophklees）等人的悲剧中，以及在阿那克西曼德（Anaksimandros）、赫拉克利特（Herakleitos）、巴门尼德（Parmenides）以及智者们（Sophistes）的思想残篇中,都可以见到“dikee”一类概念的大量使用。并且,他们都普遍认为 dikee 是直接秉承神灵,是出于“自然”的正义(to phusei dikaion),或者就叫作“自然法”。在我国,对权利概念也有不同理解。有人认为“权利是指法律对法律关系主体能够做出或不做出一定行为,以及其要求他人相应做出或不做出一定行为的许可与保障”。[①] 有人认为“权利是国家用法律明确规定并用国家的力量保障自然人享受的某种利益”。[②] 也有人认为“权利是权利人为了满足他的利益而采取的,并由其他人的法律义务所保证的被允许行为的尺度”。[③] 还有人认为“权利是指国家对人们依照法律规定可以自主决定作出的某种行为的许可和保障,人们通过实施这样的行为直接或间接地获取一定的利益”;[④]或者认为“权利就是由自由意志支配的,以某种利益为目的的一定的行为自由”。[⑤] 也有的把权利概括为“是规定或隐含在法律规范中,实现于法律关系中的主体以相对自由的作为或不作为的方式获得利益的一种手段”。[⑥] 还有的则对权利作了进一步的分析,认为“权利概念,可以从两个方面去理解,一方面,它表现为主张、要求或者合理的期待;另一方面,这些主观意向又同客观的利益发生密切的关联”。[⑦] 对于权利的本质,有人总结说:“权利的本质是由多方面的属性构成的。对于一项权利的成立来讲,这些属性是一些最基本的、必不可少的要素。归纳起来,主要有以下几点:第一个要素是利益。第二个要素是主张。第三个要素是资格。第四个要素是权能。第五个要素是自由。……对于一项权利的成立来讲,这五个要素是必不可少的。以其中任何

---

① 《中国大百科全书·法学卷》,中国大百科全书出版社 1984 年版,第 458 页。

② 李步云、徐炳:《权利和义务》,人民出版社 1986 年版,第 1 页。

③ 孙国华:《法学基础理论》,天津人民出版社 1988 年版,第 348 ~ 349 页。

④ 王勇飞、张贵成主编:《中国法理学研究综述与评价》,中国政法大学出版社 1992 年版,第 286 页。

⑤ 程燎原、王人博:《赢得神圣——权利及其救济通论》,山东人民出版社 1993 年版,第 31 页。

⑥ 张文显:《法学基本范畴研究》,中国政法大学出版社 1993 年版,第 82 页。

⑦ 梁治平:《寻求自然秩序中的和谐——中国传统法律文化研究》,中国政法大学出版社 1997 年版,第 173 页。

一种素质为原点，以其他要素为内容，给权利下一个定义，都不为错。”①

任何社会和任何时代的权利概念都与道德观念或伦理观念密切相联，托克维尔认为：“除了一般道德观念之外，我不知道再有什么观念可与权利观念媲美的了，或者毋宁说两者是浑然一体的。权利观念无非是道德观念在政界的应用。”②《布莱克法律词典》也解释说：“第一，作为一个抽象意义上的名词，权利指正义或伦理上的正当；第二，作为一个具体意义上的名词，权利指一个人固有的，对他人发生影响的权力、特权、制度或要求；第三，权利可以被解释成一个人所拥有的在国家的同意或协助下控制他人的能力；第四，作为一个长期使用的结果，权利可以指由宪法或其他法律保障的权力、特权或豁免；第五，权利在狭义上，可以指作为财产的利益或资格(title)以及任意拥有、使用或享用它或让渡、否弃它的正当的、合法的要求。”

在古汉语中，“权利”一词通常被解作“权势及货财”，譬如《荀子·君道》：“接之以声色、权利、忿怒、患险而观其能无离守也。”《史记·魏其武安侯列传》：“家累数千金，食客日数十百人，陂池田园，宗族宾客为权利，横于颍川。”《后汉书·董卓列传》：“稍争权利，更相杀害。”明代方孝孺《崔浩》：“弃三万户而不受，辞权利而不居，可谓无欲矣。”此外，“权利”也被用来指有钱有势的人，譬如《旧唐书·崔从传》：“从少以贞晦恭让自处，不交权利，忠厚方严，正人多所推仰。”或者指权衡利害，譬如《商君书·算地》：“夫民之情，朴则生劳而易力，穷则生知而权利。易力则轻死乐用，权利则畏法而易苦。”因此有人认为，在我国古代，权利与其说是一种受法律保护的利益，不如说“‘权利’是一种道德原则，用来确定和准许人们在社会关系中的行动自由”。

(二)权利的冲突

所谓权利冲突，是指由同一客体依法衍生的两项或者两项以上

---

① 夏勇：《人权概念起源》，中国政法大学出版社1992年版，第42～44页。

② [法]托克维尔：《论美国的民主》，董果良译，商务印书馆1997年版，第271～272页。

相互矛盾或抵触的法律形态。构成权利冲突的要件有四个:(1)客体的同一性,即两项或者两项以上权利根植于同一客体。由相异客体衍生的诸权利不会发生冲突,因为一个特定客体就是一个相对独立的权利衍生源,各自形成自己的独立权利体系,可能重复,但不会冲突。但由同一客体衍生出来的多项权利并不必然发生冲突。(2)主体的相异性,即由同一客体衍生的多项权利归属于不同的主体。若这样的多项权利归属于同一主体,也就没有了冲突。(3)权利的合法性,即由同一客体衍生的归属于不同主体的多项权利,都具有相应的法律依据或者合同依据,否则,彼此的关系就不是权利冲突,而是侵权行为关系。权利的合法性不仅要求权利的取得和拥有应当合法,而且权利的行使也应当合法,这也是权利合法性的题中应有之义。(4)两项或者两项以上的权利相互抵触,即一个权利主体行使其权利,必然构成对他人权利的限制或者损害。如若不产生这样的后果,它们就没有冲突。两项或两项以上的权利相互抵触,其根本的原因是这些权利都被行使于相同或基本相同的领域,否则,分处于各领域的各项权利也不会发生冲突。

(三)中国古代思想中的“义利之辩”

在中国古代意识形态领域中具有重要地位的儒家学说,总的来说是主张“重义轻利”的,力图淡化物质利益对人们行为的驱动力。孔子曰:“君子喻于义,小人喻于利。”[①]将名分大义和物质利益作为一对相互矛盾、互为排斥的范畴,并将人们对物质利益的态度上升为君子、小人之别的“试金石”。孟子引鲁国大夫阳虎之言“为富不仁矣,为仁不富矣”[②],并进一步阐释:“王何必曰利!亦有仁义而已矣。王曰何以利吾国,大夫曰何以利吾家,士、庶人曰何以利吾身,上下交征利,而国危矣!万乘之国,弑其君者,必千乘之家;千乘之国,弑其君者,必百乘之家,万取千焉,千取百焉,不为不多矣!苟为后义而先利,不夺不厌。”[③]将义利之辩视为关乎国家存亡的大事。

① 《论语·里仁》。
② 《孟子·滕文公上》。
③ 《孟子·梁惠王上》。

荀子是古代性恶论的积极鼓吹者，而所谓人性之恶，其最主要的表现就是"生而有好利焉，顺是，故争夺生而辞让亡焉"[①]。后世大儒继承了这一义利观念，并将其推向极致，以至于汉朝大儒董仲舒的名言"正其谊(义)不谋其利，明其道不计其功"[②]成为指导后世君子的一个行为指南。宋代以后流行的理学甚至还将人们追求物质利益的欲望视为最大的罪恶，"人之一心，天理存则人欲亡，人欲胜则天理灭，未有天理人欲夹杂者"，[③]并提出了"存天理、灭人欲"的极端口号。当然，儒家的义利之辩并非意味着全然排斥功利，儒家强调的是统治者及士大夫不应"曰利"，即追求功利之事是可做而不可言的。一般大众对物质利益的追求欲望应该被压抑，以防发生争端和冲突。换句话说，就是社会成员对物质利益的追求不应用"游戏规则"规范，而应该设法从根本上消灭这种游戏。[④]

二、禁止权利滥用原则的伦理基础

法律在设定权利的同时，也预设了行使权利的边界，即权利不得滥用。权利滥用又称滥用权利，是指权利人因不适当地行使权利而给他人或社会造成损害或为自己谋得不当利益的行为。"限制权力的目的，自然是实现权利和自由。权力必须尊重权利及其法定界限；同时，权力的某些特性也使人们有理由相信，对权力进行恰当的限制是保障权利和自由的最好办法之一。"[⑤]禁止权利滥用又称"正当性原则"，是指民事关系的参与人在民事活动中应当遵循该项权利的设立宗旨，不得利用该项权利从事损害社会或他人利益的行为。禁止权利滥用来源于罗马法的"权利行使之自由原则"。所谓权利行使之自由原则(Ouiiure utitus nemini faritinicuriam)，指行使权利不得含有加害意思(Animus Vicno nocendi)及应以善意衡平

① 《荀子·性恶》。

② 《汉书·董仲舒传》。

③ 《朱子语类》卷十三。

④ 郭建、邱立波、赵斌：《中国民事传统观念略论》，载《华东政法学院学报》1999年第2期。

⑤ 程燎原、王人博：《赢得神圣——权利及其救济通论》，山东人民出版社1993年版，第187～191页。

(Konum acqum)进行诉讼程序等法理。禁止权利滥用在1804年《法国民法典》中首次成为法律义务,该法典第618条规定:“用益权人因滥用其用益权和不动产毁损,或不予维修任其灭失时,用益权亦得因而消灭。”最早的判例是1855年法国科尔马法院的判决,即“专为遮蔽邻舍阳光而修筑的烟囱,应认为系以加害人为目的,其建筑物所有人,须将其拆除”。次年,法国里昂法院对以枯竭邻地的矿泉水为目的而挖掘自己土地一事,判定:“所有人对于自己的所有物固然可以自由利用,但须以不妨碍邻人所有权的享受为目的。”将禁止权利滥用作为一项基本原则,源于1896年的《德国民法典》,该法典第226条规定:“权利的行使不得以损害他人为目的。”此种立法主张后为《日本民法典》和《瑞士民法典》所采纳。1896年《日本民法典》第1条第1款和第3款分别规定:“私权应服从公共福利。”“禁止滥用权利。”[①]1907年《瑞士民法典》第2条第2款规定:“任何人都必须诚实、信用地行使其权利并履行其义务。明显地滥用权利,不受法律保护。”1922年的《苏俄民法典》也在第1条明确规定,民事权利的保护以行使民事权利不违反所欲服务的社会经济目的为限。1919年的德国《魏玛宪法》则开将禁止权利滥用上升为宪法义务之先河:“所有权负有义务,其行使应同时有益于社会公共利益。”随后禁止权利滥用这一规定几乎成了各个国家宪法和法律规定的通例。禁止权利滥用原则的出现是平衡和协调个人权利与社会利益矛盾的产物。在资本主义社会,个人权利极度膨胀,对私利的追求成为社会发展的基本力量。早期的资本主义立法也把人格平等、所有权绝对和契约自由等作为基本原则加以规定,赋予行为人以绝对的自由。行为人出于追逐私利的需要,不可避免地会作出损害他人和社会公共利益的行为,从而使个人权利与社会利益之间存在尖锐的对立和矛盾。当个人权利的绝对行使会严重危及他人利益和社会公共利益,并进而危及资产阶级的社会统治时,法律必须对权利人权利的行使设定一定的限制,这种限制即禁止权利的滥用。在社会主义国家,虽然个人权利的行使与社会的整体利益之间

① 该款系于昭和二十二年(1947年)日本修改民法典时追加的。

没有根本的利害冲突，但不同社会主体，特别是不同的社会经济主体，作为独立的商品生产者具有独立的经济利益。因此，出于对自身利益的强烈追求，行为人也可能会为达目的而不择手段，完全漠视他人利益和社会利益。故对社会主义经济主体的活动亦应加以严格限制。值得注意的是，民法所强调的公平主要指的是个体公平、条件公平和形式公平。而所谓的社会公平、结果公平和实质公平原则的充分实现，则有赖于作为社会法的经济法加以实现和保障。

在阶级社会中，个体的利益和要求只有通过与其他个体的利益相结合，才能形成为国家和法律所认可的普遍的社会利益。"个人明天的自我意志是否会觉得自己受到它昨天帮助制定的那些法律的约束，这就要看在这段时期里是否出现了新的情况，个人的利益是否已经改变，以至昨天制定的法律已经不再适合这些改变的利益了。如果这些新的情况侵害了整个统治阶级的利益，那么这个阶级一定会改变法律。"①当然在理性化的社会中，这种个人对利益的追逐应受到一定适用条件的限制。韦伯在论证与资本主义经济行为相配合的所谓理性资本主义精神时，曾把这种资本主义精神概括为：(1)追求金钱的活动本身就是人生的目的，而不仅仅是致富的手段；(2)努力工作被视为一种责任，也是一种道德义务，应该合理地并以严密的计算和和平的方式获得预期利润。简单的获利欲望以及对赢利、金钱的追求，与资本主义并不相干，"倒不如说，资本主义更多的是对这种非理性(irrational)欲望的一种抑制或至少是一种理性的缓解"。② 作为理性的人，应理性地、有计划地、持续地追求预期的利润。这既符合经济原则，也符合人的理性原则。禁止权利滥用也是社会发展的必然要求，当社会发展到今天，我们已无理由也无能力同化个人利益，个人权利的份额又不能先验地确定，而只能从外部加以限定，即要求权利不得滥用，这是道德法律化的显

---

① 《马克思恩格斯全集》(第 8 卷)，人民出版社 1961 年版，第 384 页。

② ［德］马克斯·韦伯：《新教伦理与资本主义精神》，于晓、陈维纲等译，三联书店 1987 年版，第 7～8 页。

著反映。与此相反,个人义务却可以从内部予以排除,即法律所要求的只能是人们力所能及的事情。

当然,如果从严格的语义学上来看,禁止权利滥用这一原则具有内在的矛盾性,狄骥早在 1927 年就指出了这一矛盾。他说:“人们提出这样的原则:在对象上一切合法的行为都是行使一种主观的权利,因此即使这种行为对他人造成损失时,行为人也不必负赔偿损失的责任。这就是上面所引‘行使权利的人不侵害他人’那一句古代笑谈表达出来的想法。在实际上我们看到,这样的原则之所以往往不能获得接受,是因为这种结论实在是不公平的。因此人们臆想说:一种权利的执掌者,无论这种权利有什么范围,都不能加以滥用,如果以滥用的方式来行使这种权利,就必须赔偿它所损失。可是在人们提出这种主张时,我们就发现很难确定究竟如何才构成滥用财产所有权。争论之所以永无休止而无法解决,因为这些争论在出发点的辞句中就有矛盾开始的。在事实上,人们既说有权利而又说滥用权利,这就是矛盾。”①

三、禁止权利滥用原则的作用和内容

(一)禁止权利滥用原则的作用

禁止权利滥用原则在传统上是以法律除去权利内容中不当结果之具体化表现。根据林诚二先生的分析,禁止权利滥用原则至少有以下四个方面的作用。

1. 禁止权利滥用原则的适用可以扩大侵权行为的适用范围。依禁止权利滥用法理,行使某种权利构成不法侵权行为的,行为人负损害赔偿责任。许多场合下,有些行为如合法行为造成损害,依民法的一般规定因不具有不法之要素,故很难以不法条件用侵权行为的规范加以处理。但就损害他人一点言,为公平计,以不公平事由,断定权利人之权利滥用,则较容易,故将不法要素转化为权利滥用,而构成侵权行为,使不法之概念扩张,包含权利滥用,此对所有权之界限划分,具有法的实质意义。

---

① ［法］狄骥:《宪法论》(第 1 卷),钱克新译,商务印书馆 1959 年版,第 193 页。

2. 禁止权利滥用原则的适用可以使权利范围得以明确化。制定法系概括抽象之法规，当制定法有欠缺时，权利滥用禁止之法理具有使该欠缺之权利内容及范围加以明确化之机能。我国《民法典》第 132 条明确规定："民事主体不得滥用民事权利损害国家利益、社会公共利益或者他人合法权益。"

3. 禁止权利滥用原则的适用可以达到权利行使范围缩小化的功能。禁止权利滥用法理，具有使某一权利之范围缩小之机能。根据我国《民法典》的规定，是否订立合同属于当事人自由意志的范畴，一方当事人不能强迫其他当事人违背其意志与自己发生合同关系。但根据《民法典》第 494 条的规定："国家根据抢险救灾、疫情防控或者其他需要下达国家订货任务、指令性任务的，有关民事主体之间应当依照有关法律、行政法规规定的权利和义务订立合同。"而且负有发出要约义务的当事人，有义务及时发出合理要约；而负有作出承诺义务的当事人，则不得拒绝对方合理的订立合同要求。

4. 禁止权利滥用原则的适用可以平衡和协调当事人之间的关系。禁止权利滥用法理具有强制权利所有人参与调停之机能。但此机能之适用，以涉及公共利益者为限。依据禁止权利滥用法理，强制公共事业者与土地所有人调停协议解决，所以有公用征收给予合理补偿之制度，使国民经济及公共福祉得以维持。同样道理，公用事业已成事实之不法装置，土地所有权人亦不得任意主张拆除，而必须强制调停程序加以解决。此一法理，有如时效之重视既成事实状态也。①

（二）禁止权利滥用原则的适用条件和判别标准

对于如何判定权利人是否滥用了权利，各国法律作了不同的规定。《德国民法典》对权利滥用采取主观标准，即仅以权利人行使权利时的主观心理状态和行为目的为标准，凡存在故意滥用权利之恶意，即视为滥用权利。有的国家则采取客观标准，即不管权利人行使权利的目的是善意还是恶意，只要其权利的行使超出了法律所

---

① 林诚二：《论诚实信用原则与权利滥用禁止之机能》，载《民法理论与问题研究》，中国政法大学出版社 2000 年版，第 7 ~ 10 页。

规定的界限,并侵害了社会利益或为自己谋取了不当利益的,均视为滥用权利。如《波兰民法典》第 5 条规定:“如果某人以作为或不作为而取得有悖于法典的社会经济目的和社会共同原则的利益,则认为是滥用权利。”《日本民法典》《瑞士民法典》等也采取了这一主张。有的则兼采主客观两种标准,如 1959 年《匈牙利民法典》第 5 条第 2 款规定:“凡是行使权利时所抱的目的违背该权利的社会宗旨,特别是行使权利会损害国民经济,造成自然人不安,损害自然人的权利和合法权益,或为自己谋取非法利益的,均为滥用权利。”从理论上说,构成权利滥用一般应具备以下四个条件:第一,滥用权利必须以主体权利的客观存在为前提。必须存在权利人可以滥用的权利,且这种权利的产生和内容都必须是合法有效的。如无客观权利的存在,则行为人的行为只能被视为违法,而不能被视为滥用权利。第二,必须是权利人不适当地行使了权利。这种不适当既可以表现为权利的行使超出了该项权利的设立宗旨,也可以表现为权利的行使超出了权利本身所包含的内容;既可以是不适当地扩大行使自己的权利,也可以是不适当地放弃行使自己的权利。第三,行为人在滥用权利时主观上须有过错,即行为人须有缺乏善意的主观心理。这种过错一般表现为故意,也可以表现为重大过失。第四,行为人的权利滥用行为须给国家、集体、他人利益造成损害,或为自己谋得非法利益。权利滥用的结果可以表现为三种形式:一是单纯给国家、社会或他人利益造成损害;二是单纯为行为人自己谋得不当利益或非法利益;三是既为自己谋得了非法利益,同时又给他人或社会造成损害。无论造成何种结果,都可被视为权利滥用。

(三)禁止权利滥用原则的适用范围

各国对禁止权利滥用通常采取的是概括原则,法律上并不给出明确的界定,而是由法官在具体审判过程中结合具体的案情作出相应判决。根据我国《宪法》第 51 条的规定:“中华人民共和国公民在行使自由和权利的时候,不得损害国家的、社会的、集体的利益和其他公民的合法的自由和权利。”有论者认为该规定不仅为自然人划定了权利行使的界限,而且也为人们提供了评判权利是否滥用的宪法依据。把禁止权利滥用这一原则性义务具体化,则大致可概括为以下六种被禁止的情形：(1)以故意损害他人和社会利益为目的而行使权利；(2)缺乏正当利益而损害他人的权利行使；(3)选择有害的方式行使权利；(4)行使权利所造成损害大于其所带来的利益；(5)无视权利存在的目的；(6)有过错地行使权利。[①] 在德国，属于禁止权利滥用的情形主要包括以下四种：(1)因权利人不积极行使权利而失权。其要求是，权利人在合理期间内不积极行使自己的权利，从而给相对人造成权利人放弃权利的错觉并以这种错觉作为其自身行为的依据。对此，德国联邦法院曾有一项这样的判例作了很好的说明："由于债权人在一定时间内不行使权利，债务人在客观考察情况后，可以认为债权人将不再行使权利，并且已经采取了相应的措施，因此债权人延误行使权利违反了诚实信用原则。于此情形，权利丧失。"[②](2)过度行使权利，即权利人以过度的、与动机不相称的方式行使权利。该行为由于违反诚实信用原则，因此亦属于滥用权利行为。如在债务人履行了大部分给付义务后，债权人以保留全部对待给付而不作任何履行、约定略微超过一定的期间就应承担严重的法律后果以及正当防卫的过当等情形，都因违反诚实信用而构成权利滥用。(3)以有失礼仪的方式取得权利。例如，因侵权行为而获得的债权，即使受害人要求废止该债权的请求权已过时效，该受害人仍有权拒绝履行。(4)权利人自身违约的行为。按照一般法理，在合同范围内，通常不因权利人自己有违约行为而使其行使权利的行为变得不合法，但相对人基于权利人违约的事实有权终止或解除合同，或者要求损害赔偿，具体请求权因合同性质的不同而有所不同。如果相对人没有主张这些权利，则违约方通常得以保留其自身的权利状态。比较典型的如在劳动合同关系中，雇主通常只能要求雇员赔偿损失，而不能直接解除合同，否则会构成权利的滥用。而雇员只有在极其例外的情况下才构成权利的滥用，这些例外情况包括：雇员的违约行为损及雇主的经济基础、雇员在某一

---

① 范进学：《权利冲突与权利滥用》，载《法制日报》2002年3月17日，第3版。

② ［德］迪特尔·梅迪库斯：《德国民法总论》，邵建东译，法律出版社2000年版，第116～117页。

段时间内提供的给付对雇主来说毫无价值、雇员超过了所要求的工龄年限等。[①] 根据日本的判例,下列情况可构成禁止权利滥用:(1)流水使用权的行使,不得有害于下流沿岸所有人之利益与国家之公益;(2)户主权之行使,以家政整理之必要范围为限;(3)汽车运转排泄废气不得致他人之花木枯死;(4)接引温泉之木管通过他人荒地,荒地所有人不得以高价请求对方收买所通过之土地。[②]

(四)诚实信用原则与禁止权利滥用原则之关系

禁止权利滥用原则与诚实信用原则之间有非常密切的联系,但对于诚实信用原则与禁止权利滥用原则之间的具体关系,学理上却有争议。目前主要有以下五种观点:(1)基础结果关系说。该说认为,诚实信用系原则,禁止权利滥用系违反诚实信用原则之效果。诚实信用之规定,应为行使权利及履行义务之原则,而禁止权利滥用之规定,应为违反诚实信用原则之效果,亦即权利滥用之法律基础,在于诚实信用原则之违反。(2)普遍和特殊关系说。该说认为,诚实信用原则仅系针对如何行使权利及如何履行义务之指导原理,禁止权利滥用法理,并不受诚实信用原则之拘束,而应就各个具体场合加以处理。(3)分别调整说。该说认为,诚实信用原则乃债权法之原则,而禁止权利滥用原则则系物权法之原则。(4)特别权利义务关系说。该说认为,诚实信用原则支配契约当事人间之特别权利义务关系,而权利滥用禁止原则则支配无上述契约当事人间之一般权利义务关系。(5)利益差别说。该说认为,诚实信用原则为对人关系之法理,禁止权利滥用原则为对社会关系之法理。[③] 综合以上学说,基础结果关系说最为恰切,是各国立法主要依据的原则,如德国法通常就将违反诚实信用作为判定构成权利滥用的基础和前提来看待的。

---

① [德]迪特尔·梅迪库斯:《德国民法总论》,邵建东译,法律出版社2000年版,第115~119页。

② 林诚二:《论诚实信用原则与权利滥用禁止之机能》,载《民法理论与问题研究》,中国政法大学出版社2000年版,第7~10页。

③ 林诚二:《论诚实信用原则与权利滥用禁止之机能》,载《民法理论与问题研究》,中国政法大学出版社2000年版,第7~10页。

(五)禁止权利滥用原则与具体民法原则的关系

禁止权利滥用原则的出现对传统民法制度和民法理念产生了重大影响,也因此影响到相关民法规则的制定。有学者认为,从诚实信用原则和禁止权利滥用原则的法律适用可以引导出以下基本民法规则:(1)从禁止主张与自己行为相矛盾之权利可以推导出"禁反言"原则(estoppel)。(2)从保持权利不行使之状态,不得再行使权利可以推导出权利失效原则(verwirkung)。(3)从自己违约不得向相对人请求履行义务的法律规定中可以推导出"洁手"原则(cleanhands)。(4)从契约成立后因客观情事之变迁致法律关系之变化可以推导出情事变更原则。(5)从继续性契约及劳务性契约因当事人违背信任关系而被解除或终止,可以推导出背信行为理论。(6)从因私害或公害而致生活环境受侵害、不得主张权利行使规定中可以推导出"忍受限度论"、"环境权论"及"日照权论"。(7)从恶意取得权利人欠缺权利请求之对抗要件规定中可以推导出恶意排除理论。(8)从基于所有权而滥用妨害排除请求权的法律规定中可以推导出相邻关系理论。[①]

---

① 林诚二:《论诚实信用原则与权利滥用禁止之机能》,载《民法理论与问题研究》,中国政法大学出版社2000年版,第7～10页。

第九章　节约资源原则与民法伦理

我国《民法典》第 9 条规定："民事主体从事民事活动,应当有利于节约资源、保护生态环境。"这一规定在学界一般被定义为"节约资源原则"或"绿色原则",有时也被定义为"人与自然和谐发展原则",其主要不同之处在于:前者主要是从该条规定的字面意思提炼归纳出来的,而后者则主要是根据该条规定的立法意旨抽象概括出来的。

一、节约资源原则的正当性基础

民法基本原则作为从社会活动中抽象出来并能够反映事物本质的原生性的规则,不但是民事权利保护和民事活动所应遵循的基本原则,同时也应当是判断民事活动合法性、有效性和分配权利义务的基本规则。对于节约资源原则能否作为民法的基本原则,在《民法典》制定过程中曾有争议,笔者也曾撰文反对将其表述为民法原则①,反对的理由主要有以下四点:(1)这一原则主要是一种公法上的原则或社会法上的原则,而非作为私法的民法的

① 赵万一:《民法基本原则:民法总则中如何准确表达?》,载《中国政法大学学报》2016 年第 6 期。

基本原则。民法调整的是私人之间的权利义务关系,而无论是保护环境、节约资源,还是促进人与自然和谐发展,都不是发生在私人之间而是发生在个人与社会之间的关系。换言之,虽然保护环境、节约资源,促进人与自然和谐发展的义务主体可以是个人,但其权利主体却很难具体到个人头上。个人与社会之间的关系不应当由民法来调整,而应由作为社会法的经济法、环境法等来调整。(2)这一原则是一个无法得到法律强制和法律救济的原则。即使当事人从事了不节约的行为(浪费行为)和不和谐的行为,民法恐怕也很难有具体的制度和措施对这些不当行为加以矫正,因此,人与自然和谐发展原则更多的是一个倡导性的原则,而非具有一定强制力的原则。即使民事主体从事了有害于人与自然和谐发展的行为,民法也很难对其提供相应的法律救济。而一个没有法律救济手段做后盾的制度既不能形成民法上的权利,也不能作为民法的基本原则。(3)这一原则是一个外延和内涵都无法被明确界定的原则。首先,从法律规范的属性来看,人与自然和谐发展原则到底是一个义务性规范,还是一个倡导性规范?是一个强制性规范,还是一个任意性规范?从字面来看,由于有"应当"字样,理论上说应属强制性规范;但从其具体内容表达来看,节约资源和促进人与自然和谐发展恐怕很难通过对民事主体课以相关义务加以实现。其次,从其具体含义来看,对于什么是危害环境的行为,什么样的行为是节约资源的行为,什么样的状态是人与自然和谐发展的状态,不但法律上无法给出明确的界定,在科学上也无法给予明确的回答。而一个外延和内涵都不确定的概念事实上是无法作为基本原则加以使用的。(4)这一原则是一个很难通过具体民法制度加以细化和表达的原则。如果说保护环境的要求还可以通过环境侵权加以实现的话,节约资源是无法在民法制度中得到准确表达的。因为我们既无法判断哪些是节约资源的行为,哪些是浪费资源的行为,同时也无法对这些行为的合理性作出法律上的判断。但从我国的立法实践及其后续的研究来看,不仅基本解决了节约资源在抽象为基本原则时所面临的表述困境问题,而且在某种意义上也为其他国家民法典的修改提供了一些可资借鉴的经验。

根据马克思主义的观点,自然界是人类赖以栖息的唯一场所,因此人既是自然的创造物,同时也是自然的一部分,“人的普遍性正表现在把整个自然界——首先作为人的直接的生活资料,其次作为人的生命活动的材料、对象和工具——变成人的无机的身体”①。不仅如此,自然界又是人类安身立命之本,是人类获取生产资料和生活资料的主要对象,可以说人类的主要活动就是利用自然界和改造自然界,“自然界一方面在这样的意义上给劳动提供生活资料,即没有劳动加工的对象,劳动就不能存在,另一方面,自然界也在更狭隘的意义上提供生活资料,即提供工人本身的肉体生存所需的资料”。② 因此从某种意义上说,“没有自然界,没有感性的外部世界,工人就什么也不能创造”③。在人与自然的关系上,“人作为自然存在物,而且作为有生命的自然存在物,一方面具有自然力、生命力,是能动的自然存在物,这些力量作为天赋和才能、作为欲望存在于人身上;另一方面,人作为自然的、肉体的、感性的、对象性的存在物,和动植物一样,是受动的,受制约的存在物”④。之所以说人是“受动的,受制约的存在物”,不仅是因为人的生存和发展要直接受制于自然界的恩赐和庇佑,更是因为自然界能够为人类提供的资源是非常有限的⑤,即无论是原生的自然资源,如水、风、空气、太阳能等,还是次生的自然资源,如土地、矿产、森林等,都是有限的、不可再生的,而人类的需求却是无限的,即“人以其需要的无限性和广泛性区别于其他一切动物”⑥。因此人类对自然不能进行无节制的索取,而应抱有敬畏之心,因为,人类对自然界的无限制利用不但会耗尽自然界经过数十亿年的演化而创造出来的资源,而且也会从根本

① 《马克思恩格斯全集》(第42卷),人民出版社1979年版,第126页。

② 《马克思恩格斯全集》(第42卷),人民出版社1979年版,第92页。

③ 《马克思恩格斯全集》(第42卷),人民出版社1979年版,第92页。

④ [德]马克思:《1844年经济学哲学手稿》,载《马克思恩格斯全集》(第42卷),人民出版社1979年版,第166页。

⑤ 这里的资源按照联合国环境规划署的定义,是指“在一定时间和技术条件下,能够产生经济价值、提高人类当前和未来福利的自然环境因素的总称”。参见李京文、方汉中主编:《国际技术经济比较》,中国社会出版社1990年版,第32页。

⑥ 《马克思恩格斯全集》(第49卷),人民出版社1982年版,第130页。

上消灭我们赖以生存的根基。所以从这个意义上说，人与自然的关系既非单纯的占有和利用关系，也非简单的统治与服从关系，正如恩格斯所言："我们统治自然界，绝不像征服者统治异族人那样，绝不是像站在自然界之外的人似的——相反地，我们连同我们的肉、血和头脑都属于自然界和存在于自然界之中的。"①事实上，近现代社会在创造巨大社会财富的同时，也是以大规模消耗不可再生资源和破坏人类生存环境为代价的，以至于在以后相当长的实践内人类都要无奈地品咽大自然回赠给我们的苦果。对此，早在200多年前伟大导师恩格斯在《自然辩证法》中就对我们发出了振聋发聩的警告："我们不要过分陶醉于我们对自然的胜利。对于每一次这样的胜利，自然界都报复了我们。每一次胜利，在第一步都确实取得了我们预期的结果，但是在第二步和第三步却有了完全不同的、出乎我们预料的影响，常常把第一次结果又取消了。"②为了实现人与自然的和谐发展以及人类的长久生存，我们必须"最大限度地控制自然，其中包括对人性的控制"③。其根本原因在于，"人依其本性就是懒惰、放纵、短视和浪费的，而只有透过环境的压力，人的行为才会被迫变得经济起来，或者说他才会习得如何小心谨慎地运用手段去实现他的目的"。④ 而"全部道德文化的主要目的是塑造和培养理性意志使之成为全部行为的调节原则"。⑤ 这种理性对本能、欲望的控制正是人们对社会行为准则选择的基础。为了实现人与自然的和谐共存，1972年联合国在其通过的《人类环境宣言》中曾庄严宣告："人类有权在一种能够过尊严和福利的生活环境中，享有自由、平等和充足的生活条件的基本权利，并且负有保护和改善这一

---

① 《马克思恩格斯选集》(第3卷)，人民出版社1995年版，第518页。

② 《马克思恩格斯全集》(第20卷)，人民出版社1971年版，第519页。

③ [美]罗斯科·庞德:《法律史解释》，曹玉堂、杨知译，华夏出版社1989年版，第140页。

④ [英]弗里德利希·冯·哈耶克:《自由秩序原理》(上册)，邓正来译，生活·读书·新知三联书店1997年版，第70页。

⑤ [德]弗里德里希·包尔生:《伦理学体系》，何怀宏、廖申白译，中国社会科学出版社1988年版，第412页。

代和将来的世世代代的环境的庄严责任。”[①]特别是在各种风险因素交织叠加的当下,我们更应当珍视大自然对我们的恩赐,不仅要树立“在一个资源稀缺的世界里,浪费是一种不道德的行为”[②]的观念,更应当通过详尽的制度,实现人与自然的和谐共处,因为“对于风险的社会学而言,破坏环境不仅意味着共同侵犯生态系统的结果,而且是以危害生物物理的生存基础为方式的共同的自我损害”。[③]

在将市场经济关系纳入民法的调整视野之后,节约资源原则就更具有现实意义。原因在于,公司作为一种以营利为目的的复杂社会有机体,不仅是物质产品和其他社会产品的最重要创造者,而且也是自然资源的最重要开发、加工和利用者,在其创造社会财富的同时,也在大量消耗自然资源。对其施以节约资源义务既是实现世界范围碳中和的需要,也是保障人类可持续发展的需要。不仅如此,公司虽然是一个组织,但成立这一组织的基础仍然是人,因此,尽管公司的独立人格可以有条件地游离于其成员人格之外,但公司的自主人格仍应建构在自然人人格之上并高度受制于自然人的意志。从这种意义上说,无论是公司还是作为公司组成部分的自然人,作为“宇宙自然的一部分,本质上就是一种理性动物”,而“理性具有高度的道德功能”。[④] 因此他们“在服从理性命令的过程中”,都“是根据符合其自身本性的法则安排其生活的”。[⑤] 从这个意义上说,制定一部符合人与自然和谐发展要求的公司法,既符合人类发展的基本目标,同时也符合立法的基本要求,因为“真正的法律是

---

① 董云虎、刘武萍编著:《世界人权约法总览》,四川人民出版社1990年版,第1404页。

② [美]理查德·A.波斯纳:《法律的经济分析》,蒋兆康译,中国大百科全书出版社1997年版,第31～32页。

③ [德]莱纳·沃尔夫:《风险法的风险》,陈霄译,载刘刚编译:《风险规制:德国的理论与实践》,法律出版社2012年版,第81～82页。

④ [英]诺曼·多恩:《中世纪晚期英国法中的最高权威》,杨尚东译,中国政法大学出版社2018年版,第134页。

⑤ [美]E.博登海默:《法理学——法律哲学与法律方法》,邓正来译,中国政法大学出版社1999年版,第13页。

为正确的理性、它与自然和谐一致”。[①]

不仅如此，和自然人一样，公司也存在设立、兴盛、衰败、消亡的周期循环演进问题，因此通过合理的规则设计促使公司组织保持适度的稳定性，既是减少因公司解散清算导致财产毁损、浪费乃至灭失的有效手段，也是保证公司实现其设立宗旨的必然要求。因此，应尽量消除影响公司存续的负面因素，增强公司自我生存和发展的能力。对此，一方面，应设置更多的激励性条款，诱导公司按照社会期望的目标践行自己的责任，因为“从经济学或财富的最大限度化角度来看，法律的基本功能就是改变刺激”[②]；另一方面，帮助公司提高参与社会竞争的能力，通过降低成本、增加产出、优化管理、提高效率、强化预期、控制风险等方式获取竞争优势。而“平等竞争的自由市场”不但能使各种资源得到最佳利用，“而且也支配着人类在道德上的发展”。[③]

二、节约资源原则的伦理价值与作用

（一）节约资源原则对维护正常社会秩序的作用

按照惯常理解，“只有在秩序的基础上，社会才能存续”[④]，因此“与法律永相伴随的基本价值，便是社会秩序”[⑤]，因为“如果社会生活中不存在这样一种有序性的东西，那么任何人都不可能有能力做好自己的事情或满足自己最基本的需求”[⑥]。按照博登海默的观点，这里的秩序是“指在自然和社会进程中所存在着的某种程度的

---

① ［美］爱德华·S. 考文：《美国宪法的“高级法”背景》，强世功译，生活·读书·新知三联书店1996年版，第5页。

② ［美］理查德·A. 波斯纳：《法律的经济分析》，蒋兆康译，中国大百科全书出版社1997年版，第75页。

③ 《马克思恩格斯全集》（第1卷），人民出版社1956年版，第123页。

④ ［美］霍贝尔：《初民的法律：法的动态比较研究》，周勇译，中国社会科学出版社1993年版，第12页。

⑤ ［英］彼得·斯坦、［英］约翰·香德：《西方社会的法律价值》，王献平译，中国法制出版社2004年版，第45页。

⑥ ［英］弗里德利希·冯·哈耶克：《法律、立法与自由》（第1卷），邓正来等译，中国大百科全书出版社2000年版，第54页。

一致性、连续性和确定性"[1]。秩序价值不仅是维系社会正常运转的基石，而且是其他法律价值得以实现的前提。民法高度关注社会秩序的原因还在于现代社会已进入了风险社会，其主要特征是："在风险社会中，不明的和无法预料的后果成为历史和社会的主宰力量。"[2]这种不确定性既包括生成于经济系统自身范围之内并影响经济系统运行效果的不确定性，即内生的不确定性；也包括那些生成于经济系统自身范围之外的不确定性，即外生的不确定性，如宏观政策、消费者偏好等。正是因为风险社会存在高度的不确定性，所以"现代社会的社会成员对于安全的欲求极为强烈，热切希望在这种危险现实化之前，国家介入社会成员的生活来除去、减少这种危险"[3]，即实现国家对社会的适度干预。但国家介入市场交易活动并非用政府的有形之手取代市场的无形之手，而是在尊重市场交易规律的基础上帮助市场恢复到正常的交易状态，即实现对市场经济的良善治理[4]和有效治理。而良善治理和有效治理作为政府与自然人对公共生活的一种合作管理模式，既是社会主体权利公平分配的一种方式，也是促成社会繁荣的最有效手段，同时还"是使公共利益最大化的社会管理过程"[5]。其基本要求"是对国家的权力施加制约，把国家的活动引向它所服务的人民认为是合法的这一终极目标上，并把权力的行使置于法治原则之下"[6]。这种良善治理和有

---

① ［美］E. 博登海默：《法理学——法律哲学与法律方法》，邓正来译，中国政法大学出版社1999年版，第219页。

② ［德］乌尔里希·贝克：《风险社会》，何博闻译，译林出版社2004年版，第20页。

③ ［日］关哲夫：《现代社会中法益论的课题》，王充译，载赵秉志主编：《刑法论丛》，法律出版社2008年版，第338页。

④ 根据联合国亚太经济社会委员会的定义，良善治理应满足8项标准：共同参与（participation）、厉行法治（rule of law）、决策透明（transparency）、及时回应（responsiveness）、达成共识（consensus oriented）、平等和包容（equity and inclusiveness）、实效和效率（effectiveness and efficiency）、问责（accountability）。See United Nations Economic and Social Commission for Asia and the Pacific, *What Is Good Governace*?, http: www. unescap. org/resources/what-good-goverance.

⑤ 文史哲编辑部编：《国家与社会：构建怎样的公域秩序?》，商务印书馆2010年版，第284页。

⑥ ［美］弗朗西斯·福山：《国家构建：21世纪的国家治理与世界秩序》，黄胜强、许铭原译，中国社会科学出版社2007年版，第1～2页。

效治理不但是社会治理的最终实现目标,而且与绿色原则所追求的公平、共治要求不谋而合。因此在民法中注入适当的绿色理念,不但可以有效促进社会治理的实现,而且也契合了现代社会的发展理念。

(二)节约资源原则对推动社会文明进步的作用

追求文明既是人类发展的永恒动力,同时也是人类进行文化积淀的主要实践方式。文明的形成有其复杂的产生机理,文明的演进也受制于众多因素的影响,“文明潮流是基于强大的相互密切交织关系的机制而进行的,……文明的转变和随之而来的理性化,(它)并不是‘观念’或‘思想’特殊范围的事物,……而是与人类的整体表征的变化有关;在这表征的内部,意识内涵和思维习惯只是一种部分现象,只是构成个别的领域。(文明在)这里所关涉的乃是整体心灵的形态变化,从有意识的自我调控直至变得无意识的本能调控,其所有区域都发生了变化”①。与此相适应,人类文明也有多种表现形式,其中通过规范自己的行为、克制自己的欲望、建立与他人之间平等互惠的关系从而实现人与自然的和谐共存无疑是其核心内容之一。从运行结果来看,“文明可使人类力量得到最完善的发展。文明有两个方面:一个是对外在的、物质的自然界控制;另一个是对内在的、人类本性的控制”②。也就是说,文明不但能“最大限度地展现人类力量的社会发展”③过程,同时也能“把人的一切能力和偏好都纳入自己的(理性的)控制之内”④,从而使每个人都能从“自己的任性中解放出来并接受一项普遍的义务”⑤。正是在对文明的不断探索过程中,人们不断调整人与人、人与自然相处的原则

---

① [德]诺贝特·埃利亚斯:《文明的进程》(第2卷),袁志英译,生活·读书·新知三联书店1999年版,第309页。

② 沈宗灵:《现代西方法理学》,北京大学出版社1992年版,第288~289页。

③ [美]罗斯科·庞德:《法律史解释》,曹玉堂、杨知译,华夏出版社1989年版,第140页。

④ 李秋零主编:《康德著作全集》(第6卷),中国人民大学出版社2007年版,第420页。

⑤ [英]鲍桑葵:《关于国家的哲学理论》,汪淑钧译,商务印书馆1995年版,第265页。

和方式,经过长期的理性探索和实践熏陶,人们普遍认识到,由于"地球上一切生物中只有人能够改变其生活方式,只有人是自己命运的设计者"[①],因此人类应该倍加珍惜自己的生存环境,也正是基于这一原因,以人与自然和谐发展为基础的绿色理念早已深入人心。人类文明的另一核心要义是理性和正义。如果说和谐共存是处理人与自然的关系时所应遵循的基本准则的话,那么理性、公平、诚信、正义等基本道德要求则既是人类在文明探索过程中的成果结晶,同时也是保障文明赖以延续的主体内容。当文明成果映射到法律领域时,"法律绝不能违反理性"[②]就成为法律的基本信条,正义则被上升为法律追求的永恒目标和"社会制度的首要价值"。基于这一原则,"某些法律和制度,不管它们如何有效率和有条理,只要它们不正义,就必须加以改造或废除"[③]。其根本原因在于:"正义是人类灵魂中最纯朴之物,社会中最根本之物,观念中最神圣之物,民众中最热烈要求之物。它是宗教的实质,同时又是理性的形式,是信仰的神秘客体,又是知识的始端、中间和末端。人类不可能想象得到比正义更普遍、更强大和更完善的东西。"[④]这些文明成果不但构成绿色理念的核心内容,同时也为绿色民法的实现提供了众多可资凭依和可资转化的资源。

(三)节约资源原则对构建人类命运共同体的作用

当今世界正经历百年未有之大变局,新一轮社会观念调整、社会秩序重构。这一新的社会阶段"卷入的变革比过往时代的绝大多数变迁特性都更加意义深远。在外延方面,它们确立了跨越全球的社会联系方式;在内涵方面,它们正在改变我们日常生活最熟悉和最带个人色彩的领域"[⑤]。这种社会变革不但在荡涤旧的思想和观

---

① [美]戈布尔:《第三思潮:马斯洛心理学》,吕明、陈红雯译,上海译文出版社1987年版,第171页。

② [英]霍布斯:《利维坦》,黎思复、黎廷弼译,商务印书馆1985年版,第209页。

③ [美]约翰·罗尔斯:《正义论》,何怀宏、何包钢、廖申白译,中国社会科学出版社1988年版,第3~4页。

④ 张文显:《二十世纪西方法哲学思潮研究》,法律出版社1996年版,第579~580页。

⑤ [英]安东尼·吉登斯:《现代性的后果》,田禾译,译林出版社2011年版,第4页。

念，而且在重新检视我们的思维定式和行为模式。这要求我们不但要反思既有社会发展理念，更要调整既存的法律制度，特别是与市场经济密切相关的法律制度。由于建构在效益和自由基础上的以公司法为代表的市场经济法律制度过分推崇自由和效益，过分强调法律的工具性价值，过分注重法律对经济的促进作用发挥，过分主张“使自然界（无论是作为消费品，还是作为生产资料）服从于人的需要”①，导致在社会经济发展的同时社会观念、社会道德、社会秩序没有得到同步提升和改善，其结果使“法律与生活中的伦理活动之间一度神圣的联系被消解，正义正消亡，法律仅仅沦为政治和经济的工具”。② 正是在这一背景下，我国作为负责任的大国，向世界庄严提出“人类命运共同体”的伟大理念。而为了推动人类命运共同体的实现，必须充分发挥人的主观能动性，珍惜大自然的馈赠，妥善处理人与自然的关系。另外，必须加强人类在大自然利用方面的协调和配合，特别是加强国与国之间的合作与共赢。从某种意义上说，节约资源原则作为一种兼具良善性和科学性的法律原则无疑会产生巨大的制度溢出效应，不仅会引领其他国家民法制度的改革，而且会引导整个世界发生趋善性的社会变迁，这种趋善性社会变迁“乃是人类幸福生活、成功生活、文明生活的标志，是文明社会的真实图景，进步的状态实乃是令社会各阶层人士所欢欣，所心往的状态”。③ 从这种意义上说，节约资源原则的确立既顺应并引领了世界的发展潮流，更是我国作为负责任的大国对世界未来的发展所做出的巨大贡献。

（四）节约资源原则对弘扬中国传统文化、提升社会道德水平的作用

由于大多数法律都以道德规则为基础，而以促进人本主义发展为核心的民法更应当负有纯化道德的神圣使命。这不仅是因为“道

---

① 《马克思恩格斯全集》（第46卷）（上册），人民出版社1979年版，第393页。

② ［美］罗杰·伯科威茨：《科学的馈赠——现代法律是如何演变为实在法的》，田夫、徐丽丽译，法律出版社2011年版，“序言”第7页。

③ ［英］弗里德利希·冯·哈耶克：《自由秩序原理》（上册），邓正来译，生活·读书·新知三联书店1997年版，第46页。

德规范和法律制度在本质上表达了自我同一性的要求”,[①]更是因为道德本身对主体行为的塑造具有重要的引导功能,究其原因,道德作为“在集体需要的压力下形成和巩固起来的一套功能系统”,[②]能够为法律的实现提供必要的环境和条件,即“法律秩序发挥作用的前提是,它必须达到具有约束力的道德规范的最低限度。任何法律秩序都是以道德的价值秩序为基础的”[③];而且可以加强法律本身的权威性和神圣性,“法律的权威来自于神圣意志铸造的道德,并且只有那些符合这些道德,即能抽象地判断行为正误的规则才是法律”。[④] 从这个意义上,“如果某个特定禁止性规范超越了道德合法性的界限,则其本身就是一项严重的道德犯罪”。[⑤] 从其发展历史来看,实际上早在“由自然状态进入社会状态,人类便产生了最堪注目的变化,在他们的行为中正义代替了本能,而他们的行动也就被赋予了前所未有的道德性”。[⑥] 因此在这个意义上,“如果国家法律缺少或丧失了道德效力,也会危及或削弱法律效力”。[⑦] 不仅如此,由于“全部道德文化的主要目的是塑造和培养理性意志使之成为全部行为的调节原则”。[⑧] 而这种理性对本能、欲望的控制正是人们对社会行为准则选择的基础,因此相对于以技术性规则为主的法律制度规范来说,伦理道德更深刻地体现了人们对价值理性的追求,能够为行为合理性的塑造和社会秩序的形成提供更具正当性的条

---

① [法]埃米尔·涂尔干:《社会分工论》,渠东译,生活·读书·新知三联书店2013年版,“序言”第17页。

② [法]爱弥尔·涂尔干:《职业伦理与公民道德》,渠东、付德根译,上海人民出版社2000年版,第238页。

③ [德]伯恩·魏德士:《法理学》,丁晓春、吴越译,法律出版社2005年版,第180页。

④ [英]诺曼·多恩:《中世纪晚期英国法中的最高权威》,杨尚东译,中国政法大学出版社2018年版,第7页。

⑤ [美]迈克尔·桑德尔:《公共哲学:政治中的道德问题》,朱东华等译,中国人民大学出版社2013年版,第2页。

⑥ [法]卢梭:《社会契约论》,何兆武译,商务印书馆1980年版,第29页。

⑦ [德]伯恩·魏德士:《法理学》,丁小春、吴越译,法律出版社2003年版,第155页。

⑧ [德]弗里德里希·包尔生:《伦理学体系》,何怀宏、廖申白译,中国社会科学出版社1988年版,第412页。

件,而节约资源原则在某种程度上就恰恰契合了这种人类理性的要求。

不仅如此,相对于其他国家来说,中国的法治文明还有自己独特的表现形式,即强调敬畏自然,倡导"天人合一"。在社会治理层面,中国的法治文明注重德治与法治的结合,即"节用以礼,裕民以政,……上以法取焉,下以礼节之"(《荀子·富国》),强调道德是法治之基,即"法者,天下之理"《朱子大全·学校贡举私议》,主张以道德滋养法治,即"师法而后正,得礼义而后治"(《荀子·性恶篇》)。中国传统社会治理的成功经验就是"把宗教、法律、风俗、礼仪都混在一起。所有这些东西都是道德。所有这些东西都是品德。这四者的箴规,就是所谓礼教。中国统治者就是因为严格遵守这种礼教而获得了成功"。[①] 换句话说,中国传统法治之所以能够取得一定成功,既是因为它是建立在以仁、善、诚信、克己为核心的独特法律文化之上的,更是因为它契合了法律的发展轨迹,并满足了社会治理的需要,因为法律作为"民族体内心脏跳动的产物,是传统的生产物,部分源自客观环境,部分源自国家的内在灵魂"。[②] 中国的传统法治文明既是我们进行新时代法治建设时所应吸收的宝贵遗产,同时也是进行制度设计时所应遵循的基本原则。因此,我国《民法典》不但将作为中国文化精髓的见义勇为、行善[③]等引入相关的制度设计,而且将绿色原则上升为基本原则。这些举措不但使中国传统文化得到了更加广阔的应用场景,而且对持续发扬光大中国传统文化也具有不可估量的价值。

三、节约资源原则的民法实现

在我国《民法典》的制度架构中,节约资源作为对法律适用的补充性要求并不仅仅停留在原则层面,而是具体嵌入相关的制度内

---

① [法]孟德斯鸠:《论法的精神》(上),张雁深译,商务印书馆1963年版,第313页。

② [英]以赛亚·伯林:《浪漫主义的根源》,吕梁等译,译林出版社2008年版,第125~126页。

③ 具体可参见《民法典》第183~184条,第658~666条等内容。

部,成为民事主体从事民事活动时所应遵循的法定义务。《民法典》中对节约资源原则的具体规定主要体现在物权编和合同编之中。

(一)物权编中有关节约资源原则的法律规定

在物权法领域,节约资源既是对物权行使的基本要求,同时也是厘清相关主体权利义务的基本依据。为此,《民法典》第286条不仅要求业主应当遵守法律、法规以及管理规约,同时还规定其相关行为应当符合节约资源、保护生态环境的要求。而对于业主实施的不符合节约资源原则的一些行为,如任意弃置垃圾、排放污染物或者噪声等,业主大会或者业主委员会有权依照法律、法规以及管理规约,请求行为人停止侵害、排除妨碍、消除危险、恢复原状、赔偿损失。如果业主或者其他行为人拒不履行相关义务,有关当事人可以向有关行政主管部门报告或者投诉,有关行政主管部门应当依法处理。不仅如此,《民法典》侵权责任编还对那些违反节约资源、保护生态环境的要求并因此给他人和社会造成损害的行为规定了具有加重责任性质的惩罚性赔偿责任①和修复责任。特别是其中的修复责任,既是保证节约资源原则得以实现的主要手段,也是践行人与自然和谐发展理念的实践。对此,《民法典》第1234条规定:违反国家规定造成生态环境损害,生态环境能够修复的,国家规定的机关或者法律规定的组织有权请求侵权人在合理期限内承担修复责任。侵权人在期限内未修复的,国家规定的机关或者法律规定的组织可以自行或者委托他人进行修复,所需费用由侵权人负担。根据《民法典》第1235条的规定,这里的费用具体包括:生态环境受到损害至修复完成期间服务功能丧失导致的损失;生态环境功能永久性损害造成的损失;生态环境损害调查、鉴定评估等费用;清除污染、修复生态环境费用;防止损害的发生和扩大所支出的合理费用。我国《民法典》之所以对违反节约资源原则的行为科以较重赔偿责任和修复责任,一方面是因为只有严刑峻法才能有效地震慑破坏环境的

---

① 《民法典》第1232条规定:"侵权人违反法律规定故意污染环境、破坏生态造成严重后果的,被侵权人有权请求相应的惩罚性赔偿。"

行为,另一方面则是因为许多环境一旦遭到破坏就具有伤害的永久性,因此只有通过严厉惩处的方式才有可能给我们的子孙后代留下一个干净的世界。

除此之外,我国《民法典》第 326 条规定:用益物权人行使权利,应当遵守法律有关保护和合理开发利用资源、保护生态环境的规定。做出这样规定的原因在于:用益物权人享有用益物权的目的在于实现对以土地和房屋为代表的不动产的充分利用,在其使用过程中可能会出现资源消耗和生态环境破坏的情况,因此只有把用益物权人纳入义务主体的范围,才能有效实现社会范围内节约资源的目的。不仅如此,相对于其他类型的用益物权来说,建设用地使用权不但取得的方式比较复杂,既可来源于合同约定,也可来源于国家的行政授权,而且该种权利的行使系以直接改变标的物的物理存在状态为条件的,其对自然环境的影响更为直接和重大,因此《民法典》对其设立主体提出了明确的节约资源和保护生态的要求。根据《民法典》第 346 条的规定,设立建设用地使用权时,不仅应当符合节约资源、保护生态环境的要求,而且还必须满足法律、行政法规中关于土地用途的规定。

(二)合同编中有关节约资源原则的法律规定

浪费资源、污染环境的行为不仅发生在物的使用过程之中,而且也可能发生在物的移转过程之中。因此我国《民法典》不仅在物权编设定了节约资源的要求,而且在合同编中也明确将节约资源规定为合同当事人的法定义务。在具体立法上,首先,《民法典》第 509 条将节约资源规定为合同当事人的普遍性义务,即要求合同当事人除应当按照约定全面履行和诚信履行自己的义务之外,还要求"当事人在履行合同过程中,应当避免浪费资源、污染环境和破坏生态"。其次,鉴于我国商品买卖中包装过度现象突出的现实情况,我国《民法典》专门针对买卖合同中的出卖人设定了特殊的节约资源义务。根据《民法典》第 619 条的规定,出卖人首先应当按照约定的包装方式或通用的包装方式交付标的物。对包装方式没有约定且没有通用包装方式的,应当采取足以保护标的物且有利于节约资源、保护生态环境的包装方式进行交付。

下　编

民法基本制度的伦理分析

第十章　民法渊源的伦理分析

一、民法渊源的特点

相较于其他法律特别是刑法来说，以《民法典》为基本组成部分的民法，其法律渊源无论在表现形式还是作用方式上，都有着非常鲜明的特点。这些特点主要可以概括为以下四个方面。

（一）民法渊源具有广泛性

按照传统民法理论，构成民法效力决定的规范，依其来源的不同，可以分为直接渊源与间接渊源。前者是指那些由国家立法机关所制定的，可以直接作为民事行为依据和纠纷裁判依据的法律法规。后者是指那些非经立法机关制定而是基于传统、习惯等社会因素自然形成的，虽无明确的表现形式，不能直接适用，但通过法定程序可以具有一定约束力的社会规范及其理论构造，一般包括习惯、判例、法理、学说、伦理、风俗、外国法等多种表现形式。这种理解也符合传统理论对法律概念的基本界定。虽然狭义的法律仅指由国家立法机关制定的实定法，但广义的法律“被认为是包括规则、原则、概念和标准等律令要素在内的体系”，①更广

① ［美］罗斯科·庞德：《法理学》（第2卷），邓正来译，中国政法大学出版社2007年版，第13页。

义的法律则是指约束社会行为的那些基本准则或规则,也就是政治学家所说的“广义的法律,在任何地方都是发生效力的。凡有生命的地方,便有生命的普遍有效的法律;并且每一种的生命便有它那一种法律”。[①] 由于这种理解已超出法律所要求的以人为基本规制主体、以社会关系为主要作用对象的基本定义要求,因此并不被法学界所认可。

理论和实践中之所以承认实定法之外的其他法律形式的存在,一方面是因为面对纷繁复杂的社会关系和多样性的行为模式,立法机关无法对这些社会需求做出及时和全面的回应。正如霍布斯所说,“世界上没有一个国家能订出足够的法规来规定人们的一切言论和行为,这种事情是不可能办到的”,而这些社会关系并不因未被法律确认就不存在,相关的行为也不会因法律没有规定而停止进行。另一方面是因为这些关系的存续和行为的进行要想符合当事人的预期,必须遵守一些为当事人双方所认可的社会规范。霍布斯给出的解决方案是:“这样就必然会得出一个结论:在法律未加规定的一切行为中,人们有自由去做自己的理性认为最有利于自己的事情”。[②] 不仅如此,法律作为一种善与公平的艺术,只有承认那些非实定法的存在,法律所追求的神圣价值才能得以实现。正因如此,法国伟大启蒙思想家孟德斯鸠才认为:“人受制于多种法律:自然法、神为法即宗教法、教会法、万民法、普通政治法、特殊政治法、征服法、各个社会的自然人法,最后还有家庭法。”[③]从某种意义上说,正是这些非实定法的存在才有效保证了社会关系的正常运行。诚如法国著名法社会学家亨利·莱维·布律尔所言:“只要对社会生活简单地观察一下就可使我们相信,除了由政权强加的法律规则外,还存在着某些法律规定或至少具有法律效力的规定。过去存在,现在仍然存在着一些并非总体社会的组织权限中产生的法律,

---

① ［美］马季佛:《现代国家》,胡道维译,商务印书馆 1937 年版,第 232～233 页。

② ［英］霍布斯:《利维坦》,黎思复、黎廷弼译,商务印书馆 1985 年版,第 164 页。

③ ［法］孟德斯鸠:《论法的精神》(下),许明龙译,商务印书馆 2009 年版,第 504 页。

既有超国家法,也有国家法。"[①]值得说明的是,"法"或"法律"一词从国外被引入伊始就被作了偏狭理解,人们仅将其限定为成文法或实定法的范畴。实际上,法的概念较实定法、成文法更为丰富和复杂,具有一定规范作用并能有一定强制力作保障的规则、规范都可归入法的范畴。

(二)民法渊源具有模糊性

与刑法所奉行的拘泥于法律明确规定和法律规范本身含义的罪刑法定原则不同,民事法律的法律渊源表现出一定的模糊性和高度的不确定性。虽然有学者认为"法律的不确定性像法律本身一样古老"[②],但这种判断只有针对民法时才是准确的。民法的模糊性主要体现在两个方面:一个是民法的法律构成或者说规范构造具有模糊性;另一个是民法的规范表现形式具有模糊性。就前者而言,许多民法规范不但没有严格遵循假定、处理、制裁的规范模式,而且对行为人的约束性要求也具有相当的不确定性,其显著表现为:民法规范中经常使用的"善意""诚信""公平""过失"等不但在不同语境下有不同的含义,而且对不同的主体在要求上也有明显不同,相关的司法判断更严重依赖于法官对法律的信仰和理解。这也就可以解释为什么对几乎相同的法律事实和法律关系,不同的法院甚至同一法院的法官有可能做出完全相反的判断。民法规范表现形式具有模糊性既表现为可以对当事人产生约束力的规范并不仅来源于法律规定,同时也表现为约束当事人的法律规定并非仅限于具体的法律规则。其中最为典型的是,我国《民法典》总则编中确立的基本原则不仅可以作为当事人在对行为效力进行预测时的主要依据,同时也可直接作为裁判依据对当事人行为效力进行判断。民法把基本原则具象化为裁判依据的主要原因既在于这些基本原则本身就是民事立法的基本指导思想,而且还在于只有将基本原则直

① [法]亨利·莱维·布律尔:《法律社会学》,许钧译,上海人民出版社 1987 年版,第 22 页。

② [德]贡塔·托依布纳:《法律:一个自创生系统》,张骐译,北京大学出版社 2004 年版,第 113 页。

接纳入法律适用的视野,才能充分保护丰富且复杂的民事权利。正是在这个意义上,“民法典尊重个人权利的最好和最重要的体现,是它对先于和高于实在法的法原则的承认”。[①] 法律原则可以作为裁判依据不仅为我国民法所确认,也为许多其他国家所采纳。如根据《奥地利民法典》第7条的规定:“案件仍存有疑问的,应根据谨慎收集、充分考虑的个案情况,依自然的法律原则作出判决。”[②]《阿根廷民法典》也有类似的表述,其第16条规定:“如果民事问题不能通过用语或法律的精神得到解决,则应考虑同类法律的原则;如果仍有疑问,则应根据法的一般原则并考虑案件的各种具体情形加以解决。”[③]

值得说明的是,即使在英美法国家,其民事法律同样也具有相当的不确定性,这表现为作为英美法主要法律渊源的判例本身就欠缺严格规范化和抽象化的制度基础,即无论是法官还是立法者都无法从个案中总结出逻辑严密的行为规范模式,而只能通过法律原则(或格言)的方式实现对社会主体行为的指引。更为重要的是,作为英美民法主要来源形式的普通法和衡平法无论是其法律形成过程还是其具体内容同样也存在相当的不确定性。诚如有学者所言:“普通法不过是基于普通的事而在普通的人之间所自然形成的生活惯例或关系准则——是否需要外在的制定法加以表达并不重要。”[④]而衡平法作为“当法律因其太原则而不能解决具体问题时对法律进行的一种补正”[⑤],无论是其补正的方式还是其补正的内容同样具有相当的模糊性。

(三)民法渊源具有开放性

德国著名法学家卡尔·拉伦茨认为:“没有一种体系可以演绎

---

① [法]阿·布瓦斯泰尔:《法国民法典与法哲学》,载徐国栋主编:《罗马法与现代民法》(第2卷),中国法制出版社2001年版,第290页。

② 《奥地利普通民法典》(2012年7月25日修改),周友军、杨垠红译,清华大学出版社2013年版,第1页。

③ 《最新阿根廷共和国民法典》,徐涤宇译注,法律出版社2007年版,第6页。

④ 冯亚东:《平等、自由与中西文明》,法律出版社2002年版,第79~80页。

⑤ [美]E.博登海默:《法理学——法哲学及其方法》,邓正来、姬敬武译,华夏出版社1987年版,第11页。

式地支配全部问题;体系必须维持其开放性。它只是暂时概括总结。”[①]这个观点也同样适用于对民法渊源的理解。民法渊源的开放性有两层含义:其一,完整的民法构成并不仅仅局限于规范意义上的《民法典》,而且还涵盖了调整平等主体之间社会关系的其他类型的法律规范;其二,由于作为民法调整对象的人身关系和财产关系均处于剧烈的变动状态。因此无论是作为实定法上的民法还是作为非实定法意义上的民法,其规范理念和规范内容都在发生相应变化,因此民法的法律渊源就表现出与时俱进的特点。从一般意义上来说,任何国家的民法都会考虑本国的历史传统和社会现实发展需要。对此,著名分析实证法学家哈特认为:“不容争辩的是法律在任何时候和任何地方的发展,事实上既受特定社会集团的传统道德、理想的深刻影响,也受到一些个别人所提出的开明道德批评的影响,这些个别人的道德水平超过流行的道德。”[②]另外,特定国家的文化传统和道德观念也会对民法的制定施加直接影响,这些影响“或者是通过立法突然地和公开地进入法律,或者是通过司法程序悄悄地进入法律。在这些制度中,如美国,法律效力的最后准则中明确地包含了正义原则或重要的道德价值;在其他制度中,如英国,对最高立法机关的权限没有形式上的限制,可是它的立法还是毫不含糊地符合正义或道德”。[③] 这方面的显著表现如我国《民法典》对社会主义核心价值观的内化和对节约资源、保护环境原则的制度化。民法渊源的这种开放性不仅存在于大陆法国家,即使在英美法国家同样也有突出的表现。这不但表现在当事人之间订立的契约具有类似于法律的效力,而且即使是无对价的单方允诺同样具有法律渊源的属性。因为按照英美法的观点,单方允诺虽然不具有对价基础,但由于其体现了当事人内心的真实意志。因此根据禁止出尔

---

① ［德］卡尔·拉伦茨:《法学方法论》,陈爱娥译,台北,五南图书出版公司1996年版,第49页。

② H. L. A. Hart, *The Concept of Law*, Oxford University Press, 1961, p. 181 – 182. 转引自张文显:《二十世纪西方法哲学思潮研究》,法律出版社1996年版,第406页。

③ ［美］罗纳德·德沃金:《认真对待权利》,信春鹰、吴玉章译,中国大百科全书出版社2002年版,第271页。

反尔的道德要求,确立了“允诺禁反言”的法律规则并赋予这种单方允诺以法律约束力。

(四)民法渊源具有自治性

高度自治性既是民法区别于其他法律特别是以行政法为代表的公法的显著特征,也是民法尊重和保护个人权利的最主要手段。诚如德国学者所言:“私法最重要的特点莫过于个人自治或其自我发展的权利。契约自由为一般行为自由的组成部分,是一种灵活的工具,它不断进行自我调节,以适应新目标。它是自由经济不可或缺的一个特征。它使私人企业成为可能,并鼓励负责任地建立经济关系。因此,契约自由在整个私法领域发挥着重要的核心作用。”[①]民法渊源的这种自治性主要体现在以下四个方面:一是法律适用的自治性,即当事人可以选择其所适用的法律或排除对某些法律的适用;二是变更法律适用的条件或法律适用的内容;三是根据法律的授权,对法律中的那些缺省性规则进行补充和完善;四是赋予当事人之间的合意以法律的效力,对此,《法国民法典》第1134条规定:“依法成立的契约,在缔约的当事人之间有相当于法律的效力;前项契约,仅得依当事人的相互的同意或法律规定的原因取消之;前项契约,应以善意履行之。”

虽然当事人自治在法律渊源的确定中占有重要地位,但这主要是指民事法律渊源相对于其他部门法律渊源而言的。实际上任何法律渊源的确定都要遵循法律渊源发现的一般规律和要求。根据目前比较流行的观点,法律渊源的发现一般要遵循如下五项原则:(1)主要法源先于次要法源;(2)规则先于原则;(3)下位法先于上位法;(4)特别法先于一般法;(5)程序法先于实体法。[②]

二、作为民法渊源的习惯

(一)习惯作为民法渊源的制度价值

虽然随着社会整体治理水平的提高和立法技术的进步,成文法

---

① [德]罗伯特·霍恩、[德]海因·科茨、[德]汉斯·G.莱塞:《德国民商法导论》,楚建译,中国大百科全书出版社1996年版,第90页。

② 陈金钊等:《法律方法论研究》,山东人民出版社2010年版,第217～263页。

已成为各国法律的最主要表现形式,但“这并不意味着习惯所具有的那种产生法律的力量已经耗尽枯竭”①。实际上无论在英美法国家还是大陆法国家,习惯仍在各国的法律适用中占有非常重要的位置。从法社会学的角度来说,习惯的规范效力主要取决于以下四个因素:(1)习惯中的自然信仰因素,包括对人自身特征、事物事理性质、传统科学之确信的因素,以及对自然力量的迷信因素;(2)习惯中的道德信仰因素;(3)习惯中的实用理性因素;(4)习惯中的秩序信仰因素。②

所谓习惯,根据梁慧星先生的观点,“是指多数人对同一事项,经过长时间,反复而为的同一行为”③。在英文中,用于表达“习惯”与“惯例”的近义词语很多,如“custom”“usage”“habit”“practice”“tradition”“convention”“routine”“wont”等,但在法学的语境之中,常常用“习惯”对译“custom”,用“惯例”对译“usage”。④ 根据《布莱克法律词典》的解释,“usage”(惯例)指反复出现的行为;“custom”(习惯)指因行为的反复而在某特定专业或者行业中所产生法律或规则,⑤二者还是有一定的细微差别的。就概念的法律功能而言,惯例主要具有事实证成功能,而习惯则主要是一种规范功能。但在实际运用中,习惯和惯例均属于社会行为规范的范畴,它们之间的区别几乎是可以忽略不计的。⑥ 在我国,习惯一般是指在长时期里逐

---

① [美]E. 博登海默:《法理学:法律哲学与法律方法》(修订版),邓正来译,中国政法大学出版社2004年版,第497页。

② 王新生:《习惯性规范研究》,中国政法大学出版社2010年版,第35~52页。

③ 梁慧星:《民法总论》(第2版),法律出版社2001年版,第28页。

④ 宋雷:《法律英语同义·近义术语辨析和翻译指南》,法律出版社2004年版,第101页;张法连编著:《法律英语词汇研究》,中国方正出版社2008年版,第84页;[美]E. 博登海默:《法理学:法律哲学与法律方法》(修订版),邓正来译,中国政法大学出版社2004年版,第404、493~500页;[加拿大]罗杰·赛勒:《法律制度和法律渊源》,项焱译,武汉大学出版社2010年版,第314~316页;[美]乔迪·S. 克劳斯、[美]史蒂文·D. 沃特主编:《公司法和商法的法理基础》,金海军译,北京大学出版社2005年版,第153~192页。

⑤ The Publisher's Editorial Staff, *Black's Law Dictionary*, Abridged 6th ed, West Publishing Company, 1991, p. 1072.

⑥ [德]马克斯·韦伯:《论经济和社会中的法律》,张乃根译,中国大百科全书出版社1998年版,第20页。

渐养成的、一时不容易改变的行为、倾向或社会风尚；惯例则是指法律没有明文规定，但过去曾经实行且可以仿照办理的做法或事实。[①]

习惯既是我国现有法律实践中最重要的法律渊源之一，也是明确为包括《民法典》在内的许多法律和法规所确认并经常予以适用的法律渊源。从一般意义上说，“在多数场合下，习惯法主要是指民间的不成文法，它是一种以先例为基础的而获得合法性并具有法律效力的社会规范，是民间约定俗成的规范”。[②] 就其产生原因和作用内容来看，“习惯法乃是这样一套地方性规范，它是在乡民长期的生活与劳作过程中逐渐形成；它被用来分配乡民之间的权利、义务，调整和解决了他们之间的利益冲突，并且主要在一套关系网络中被予以实施”。[③] 就其生成机理来说，习惯“并不经过起草、辩论和随后的批准或否决的过程。相反，它缓慢地生长，最终形成一种未经清楚表达的合意，表明某些行为是允许的，某些行为是不允许的，以及某些事是对的，某些事则是错的。人们凭借并遵循这种合意自然而然地生”[④]。就其作用机理来说，“习惯法是维持和调整某一社会组织或群体及其成员之间关系的习惯约束力量的总和，是由该组织或群体的成员出于维护生产和生活需要而约定俗成的，适用一定区域的带有强制性的行为规范。习惯法的强制可以由国家实施，但更多的是由一定的组织或群众公认的社会权力来实施，后者或因国家认可和未明确表示不认可而合法，或因社会授权而合法”[⑤]。

从一般意义上说，自觉遵守习惯既是社会主体的一种无意识行为，同时也是维持社会正常运转的必要条件，其原因在于，“我们文明社会中的成员都遵循一些并非有意构建的行为模式，从而在他们的行动中表现出了某种惯常性……这种行动的常规性并不是命令

---

① 中国社会科学院语言研究所词典编辑室编：《现代汉语词典》，商务印书馆 2005 年版，第 506、1458 页。

② 周星：《习惯法与少数民族社会》，载《云南民族学院学报（哲学社会科学版）》2000 年第 1 期。

③ 梁治平：《清代习惯法：社会与国家》，中国政法大学出版社 1996 年版，第 1 页。

④ ［美］肯尼思·W. 汤普森编：《宪法的政治理论》，张志铭译，生活·读书·新知三联书店 1997 年版，第 87 页。

⑤ 俞荣根主编：《羌族习惯法》，重庆出版社 2000 年版，第 7 页。

或强制的结果，甚至常常也不是有意识地遵循众所周知的规则的结果，而是牢固确立的习惯和传统所导致的结果。对这类惯例的普遍遵守，乃是我们生存于其间的世界得以有序的必要条件，也是我们在这个世界上得以有序生存的必要条件，尽管我们并不知道这些惯例的重要性，甚或对这些惯例的存在亦可能不具有很明确的意识"。[①] 不仅如此，遵守习惯也是社会主体谋取自己利益的一种最便捷、最有效的方式。对此，著名经济学家凯恩斯曾总结道："由于市场中存有大量的习俗与惯例，它们对经济行为人有直接影响，人总是生活在一定的制度结构中，大量的习俗与惯例往往是先前行为的经验总结及其制度化的后果。习惯对预期主体的意义在于：在一个复杂及不确定的世界中，在信息过量的市场中，习惯的存在使预期主体可以遵循某种确定性的规则，市场行为也就有了一定的可预见性。"[②]

并非任何习惯都能够作为裁判依据，习惯要想获得法律效力，必须满足一定的条件。根据英国普通法的通常做法，习惯要想作为法律必须具备以下七个条件：(1)习惯产生于国民所不能记忆的久远年代。(2)自产生时起，习惯的传续没有间断。(3)在习惯传续期间，人们对之没有异议。若是存在异议，即不能表明人们的承诺之意，也就不能取得习惯法之效力。(4)习惯不可违背官民间惯行的条例。(5)习惯本身具有确定性。(6)习惯本身具有规范性。(7)习惯不违背其他成文法或习惯法。[③] 这些要求在我国早期的司法实践中也得到某种有条件的确认。

(二)习惯作为民法渊源的实现方式

"习惯是法律最早的萌芽或最古老的起源"[④]。根据梁治平先

---

① ［英］弗里德利希·冯·哈耶克：《自由秩序原理》(上册)，邓正来译，生活·读书·新知三联书店1997年版，第72页。

② 汪浩瀚：《不确定性理论与现代宏观经济学的演进》，载《经济评论》2003年第1期。

③ ［日］矶谷幸次郎：《法学通论》，王国维译，载何勤华主编：《〈法学通论〉与〈法之本质〉》，中国政法大学出版社2006年版，第80页。

④ ［美］罗斯科·庞德：《法律与道德》，陈林林译，中国政法大学出版社2003年版，第38页。

生的观点,中国古代习惯法是在乡民长期的生活与劳动过程中逐渐形成的,被用来分配乡民之间的权利和义务,用以调整和解决他们之间的利益冲突,并且主要在一套关系网络中实施的一整套地方性的行为规范。有学者认为,宗族法和宗教法内容不乏与习惯法相重合者,而行会法实际上即所谓商事习惯。[①] 这里的行会法又称行规,是同业之间经互相切磋协商后形成的一种带有契约性质的制度规范,在同业中具有权威性和强制性。行会的主要功能之一,即限制本行业内部的不合理竞争。由于科技不发达,很多技术都具有一定的垄断性,而社会的购买力具有一定的局限性。为了保证本行业合理的利润,行会通常会对工价、物价等通过同行公价的方式进行确定,对经营规模、经营地点、经营手段乃至招收学徒、使用帮工的数量进行合理的限制,对囤积居奇、欺行霸市、中途兜揽生意等行为进行约束和制裁。如清代吴县蜡纸行业收徒年限为“六年准收一徒”,苏州“金箔作”(金箔制造作坊)规定每家只许收一名学徒。[②]

就习惯的历史沿革来看,“早在西周时代,已有调处的记载。秦汉以降,司法官多奉行调处息讼的原则。至两宋,随着民事纠纷的增多,调处呈制度化的趋势。明清时期,调处已臻于完善”。[③] 到了明清时期,习惯的法律适用更加细密化。明太祖曾发布《教民榜文》,规定“民间户婚、田土、斗殴、相争一切小事,不许辄便告官,务要经由本管里甲老人理断。若不经由者,不问虚实,先将告人杖断六十,仍发回里老人理断”[④]。从习惯的作用范围来看,“习惯法所调整的事务,诸如婚姻、析产、继承、买卖、租佃、抵押、借贷等等,……传统法典或略而不载,或仅具大纲,恰是民间法中的习惯法补其不足,而使民间社会生活成为可能。……这种情形在明清两代(尤其是清代)获得了最充分的发展和表现”。[⑤] 其具体做法和操作程序是:“每有纷争,最初由亲友耆老和解,不服则诉诸各房各祠,不服则诉

① 梁治平:《清代习惯法:社会与国家》,中国政法大学出版社 1996 年版,第 36 页。

② 周时奋:《市井》,山东画报出版社 2003 年版,第 60～62 页。

③ 张晋藩:《中国法律的传统与近代转型》,法律出版社 1997 年版,第 283 页。

④ (明)张卤编:《皇明制书》卷八《教民榜文》。

⑤ 梁治平:《清代习惯法:社会与国家》,中国政法大学出版社 1996 年版,第 37 页。

诸叠绳堂。叠绳堂为一乡最高法庭,不服则讼官矣。"[①]直至民国时期,习惯一直是法律渊源中非常重要的组成部分,在民初早期的司法实践中,1913 年大理院公布的第一个民事判决例即确认了习惯法的构成要件:(1)人人有确信以为法之心(内部要素);(2)一定期间内就同一事项反复为同一之行为(外部要素);(3)法令所未规定之事项;(4)无背于公共秩序及利益。[②] 而"习惯法所以保有如此顽强的生命力,部分源自其自身小传统的性质,部分则是因为赖以存在的社会生活尚未被在根本上改变"。[③]

与中国古代一样,在西方社会早期中,习惯"很久以来便持续不间断地存在,从而获得了法律效力"[④]。其典型表现是"在希腊古代社会中,习惯和成规代替了成文法,个人的自由和保障依靠他的社会体制下的组织"[⑤]。此后,习惯不但影响整个西方法律体系的构造,而且也是各国法律制度存在差异化的主要原因。不但日耳曼法中独特的土地双重所有权制度直接源于传统的习惯,英国复杂的土地制度也是传统土地使用习惯长期积累的结果。甚至从某种意义上说,整个普通法的发展史就是习惯不断上升为法律的历史。普通法的历史最早可以追溯到亨利二世在 12 世纪后半期所建立的以中央上诉法院为核心的巡回法院制度。英国普通法与其他主要欧洲国家法律的主要不同在于,"普通法从一开始就建立在习惯之上。事实上,普通法即是习惯,这些习惯通过上述审判制度逐步发展为全国性的,也就是说,发展为普通的(common)"[⑥]。一般认为,英国法院适用习惯或惯例的基本条件是该习惯或惯例应具备以下七个

---

① 梁漱溟:《中国文化要义》,学林出版社 1987 年版,第 277 页。

② 郭卫编:《大理院判决例全书》,台北,成文出版社 1972 年版,第 29 页。

③ 梁治平:《清代习惯法:社会与国家》,中国政法大学出版社 1996 年版,第 182 页。

④ [英]爱德华·汤普森:《共有的习惯》,沈汉、王加丰译,上海人民出版社 2002 年版,第 97 页。

⑤ [美]H. 摩尔根:《古代社会》(上),杨东莼等译,商务印书馆 1977 年版,第 252 页。

⑥ [美]爱德华·S. 考文:《美国宪法的"高级法"背景》,强世功译,生活·读书·新知三联书店 1996 年版,第 19 ~ 20 页。

特征:(1)合法性;(2)悠久性;(3)持续性;(4)和平运用性(peaceable enjoyment);(5)义务性;(6)确定性;(7)合理性。① 普通法之所以高度重视习惯,一方面缘于习惯本身的强大惯性力和渗透力,另一方面则是出于巩固其"一致性偏好"的需要。②

即使在法律不发达的非洲,习惯和习惯法也是维持社会正常运转的基本工具,"非洲习惯法可以没有困难地给予土地以权利和义务,正像印度法没有困难地给予非正统的受崇拜的神,或佛教法给予动物以权利和义务一样"③。

(三)习惯对成文法的补充与互动

习惯和法律有良好的互动关系。一方面,习惯既是法律产生的基础,同时也是法律获得正当性的根源,原因在于"法律上的效力只能在毫不脱离民众生活实际的情况下才能实现,否则民众生活就会拒绝服从它;……法律的具体创新大体上是要尽其所能地只作出这样一些规定,它们在没有其他任何附加影响的情况下,发展了与人民生活现实紧密相关的习惯"④。因此,"那种认为政府颁布的实在法的功能绝不会超过反映和记载民众的观点与习惯的看法,就显得鼠目寸光了"⑤。即使"在普遍法律占统治地位的情况下,合理的习惯权利不过是由法律规定为权利的习惯,因为权利并不因为已被确认为法律而不再是习惯"⑥。

另一方面,法律必须充分尊重习惯,"无论如何,固守已经成为习惯的东西是所有行为——因而是所有社会行动中——极其重要

---

① See note, *Custom and Trade Usage: Its Application to Commercial Dealing and Common Law*, Columbia Law Review, 55, p. 1198 - 1204(1955).

② "普通法中一致性偏好"的主要目的和表现是"阻止出现不一致的结果,即破坏法律连贯性的行为"。参见[英]诺曼·多恩:《中世纪晚期英国法中的最高权威》,杨尚东译,中国政法大学出版社2018年版,第214页。

③ [澳]维拉曼特:《法律导引》,张智仁、周伟文译,上海人民出版社2003年版,第279页。

④ [德]拉德布鲁赫:《法学导论》,米健、朱林译,中国大百科全书出版社1997年版,第2页。

⑤ [美]E.博登海默:《法理学——法哲学及其方法》,邓正来、姬敬武译,华夏出版社1987年版,第317页。

⑥ 《马克思恩格斯全集》(第1卷),人民出版社1956年版,第144页。

的因素,以致当法律强制将习俗转化为法律义务时(以援引‘通例’的形式),它常常在事实上未增加任何有效性,而当它与习俗相对立时,其影响实际行为的努力往往会以失败告终”①。从这个意义上说,“法律上的效力只能在毫不脱离民众生活实际的情况下才能实现,否则民众生活就会拒绝服从它;……法律的具体创新大体上是要尽其所能地只作出这样一些规定,它们在没有其他任何附加影响的情况下,发展了与人民生活现实紧密相关的习惯”②。因而“法律不论如何总是更经常用来巩固大众的惯例,而较少加以改变。……违背民德的法律就好似一堆废纸。试图用法律来改进社会无异于打算通过社会成分的再分配来改组我们的世界”③。

相对于成文法律来说,习惯作为法律渊源不但有自己的独立性,而且有自己独立的实现方式。习惯与法律的区别在于:“法律更应是‘一组约束力的义务,被一方认为是权利,另一方视作是责任’,在法律制度之内能被重新制度化,以便社会能够在井然有序的维护规则的基础上,继续履行职责。简言之,习惯以互惠为基础,但法律却建立在这双重制度化的基础上”。④ 在实现方式上,虽然和成文法一样,“作为习惯法的规范,其效力很大程度上依赖于一种类似的强制性实施机制,尽管这种效力来自同意,而不是制定”⑤。但二者也有明显不同。14 世纪意大利著名法学家巴托鲁斯认为:成文法的权威来自民众明确的支持,而不成文习惯法的权威则来自民众缄默(不反对)的态度。习俗是习惯法形成的远因,民众缄默(不

---

① [德]马克斯·韦伯:《经济、诸社会领域及权力》,李强译,生活·读书·新知三联出版社 1998 年版,第 15 页。

② [德]拉德布鲁赫:《法学导论》,米健、朱林译,中国大百科全书出版社 1997 年版,第 2 页。

③ [英]罗杰·科特威尔:《法律社会学导论》,潘大松等译,华夏出版社 1989 年版,第 22 页。

④ [美]保罗·博汉南:《法律和法律制度》,载[英]马林诺夫斯基:《原始社会的犯罪与习俗》,原江译,云南人民出版社 2002 年版,第 125 ~ 138 页。

⑤ [德]马克斯·韦伯:《论经济与社会中的法律》,张乃根等译,中国大百科全书出版社 1998 年版,第 21 页。

反对)的态度才是习惯法形成的近因。[①] 具体来说,“当这类习惯被违反时,社会往往通过表示不满或不快的方式来做反应;如果某人重复不断地违反社交规范,那么他很快就会发现自己被排除这个社交圈以外了”。[②]

(四)习惯作为民法渊源的功能限缩

习惯虽然作为法律渊源在早期社会产生了非常重要的作用,但随着法律制度的完善和法律意识的加强,习惯的适用空间被严重压缩,习惯在大多数国家已成为成文法的补充。产生这一现象的原因,一方面在于习惯作用的有限性,即“仅仅依靠社会习惯无法保证有秩序的社会,如果失去法律约束,如果执行不下去,尽管有社会习惯,暴力和混乱将增加”[③]。另一方面则在于习惯本身的局限性,自清末以来,法律家关于习惯的基本观点就是:民事习惯多为地方性习惯,且不良习惯居多。[④] 因此早在民国时期,虽然立法上承认了习惯的法律渊源地位,但“结合民国民法条文的立法精神与民国最高法院的判例,基本可以看出,立法者和司法者对民事习惯的态度是一致的:从内涵和程序上严格限制习惯的适用”[⑤]。因此从立法层面来说,“现代社会的习惯或民间法已完全不可能保持其在近代民族国家形成之前的那种所谓的‘原生状态’,它已必定是在同国家法的互动过程中,不断地重新塑造自己”[⑥]。其例证是国民政府民法起草委员会在向国会提交的关于民法总则的说明书中专门强调了习惯的适用范围及其限制原因:“习惯之效力,欧美各国立法例本

---

① [英]诺曼·多恩:《中世纪晚期英国法中的最高权威》,杨尚东译,中国政法大学出版社2018年版,第25页。

② [美]E.博登海默:《法理学:法律哲学与法律方法》,邓正来译,中国政法大学出版社1999年版,第399页。

③ [德]弗里德曼:《法律制度——从社会科学角度观察》,李琼英、林欣译,中国政法大学出版社2004年版,第78页。

④ 张生:《中国近代民法法典化研究(1901—1949年)》,中国政法大学出版社2004年版,第218页。

⑤ 张生:《中国近代民法法典化研究(1901—1949年)》,中国政法大学出版社2004年版,第222页。

⑥ 苏力:《中国当代法律中的习惯——从司法个案透视》,载《中国社会科学》2000年第3期。

自不同。我国幅员辽阔,礼俗互殊,各地习惯,错综不齐,适合国情者固多,而不合党义违背潮流者亦复不少,若不严其取舍,则偏颇窳败,不独阻碍新事业之发展,亦将摧残新社会之生机……根据法制精神原则,定为凡民事一切须依法律之规定,其未经规定者,始得援引习惯,并以不悖公共秩序或善良风俗者为限。”①

值得说明的是,虽然在现代社会,经过法治文明的洗礼,习惯法已逐步为成文法所取代,但这并不意味着习惯和习惯法已经或应该退出历史的舞台。其原因在于,习惯经过长期的运用不但会固化为一种生活方式,而且会成为社会制度的有机组成部分。且习惯具有顽强的生命力和强大的惯性力,其强大的惯性力也需要经过持久不断的努力才能改变。正如托克维尔所言,一个民族最不容易改变的事情当属习惯了。② 因此,“只要人类生生不息,只要社会的各种其他条件还会发生变化,就将不断地产生新的习惯,并将作为国家制定法以及其他政令运作的一个永远无法挣脱的背景性制约因素而对制定法的效果产生各种影响”。③ 特别是对传统文化深厚、地域广阔的我国来说,准确有效的适用习惯不仅对维护良好的社会秩序意义重大,而且对依法治国目标的实现同样具有不可替代的价值。诚如有学者所言:“在中国的法治追求中,也许最重要的并不是复制西方法律制度,而是重视中国社会中那些起作用的,也许并不起眼的习惯、惯例,注重经过人们反复博弈而证明有效的法律制度。否则,正式的法律就会被规避、无效,而且会给社会秩序和文化带来灾难性的破坏。”④

(五)习惯在我国《民法典》中的法律实现及其规则转化

习惯作为法律渊源被直接规定在法律条文中最早出现在2007年

---

① 谢振民:《中华民国立法史》,中国政法大学出版社2000年版,第756～757页。

② 托克维尔的原话是“在一个民族最不容易改变的事情当中,仅次于习惯的,就要数民法了”。参见[法]托克维尔:《论美国的民主》,董果良译,商务印书馆1988年版,第51页。

③ 苏力:《中国当代法律中的习惯——从司法个案透视》,载《中国社会科学》2000年第3期。

④ 苏力:《法治及其本土资源》,中国政法大学出版社1996年版,第36页。

颁布的《物权法》中,该法第 85 条规定:“法律、法规对处理相邻关系有规定的,依照其规定;法律、法规没有规定的,可以按照当地习惯。”这条规定后被《民法典》所继承,并直接转化为《民法典》第 289 条。

我国《民法典》对习惯的法律规定相对于原《物权法》来说,呈现出以下四个特点:一是提高了习惯的法律地位,将其由个别领域的法律适用上升为民事法律适用的一般性规则,即只要法律没有规定的,都可以适用习惯作为裁判依据。二是习惯作为法律渊源进行适用的范围得到明显扩大,即习惯不仅可以作为裁判依据,而且可以作为行为依据,典型的如第 140 条[①]就将是否符合交易习惯作为判断默示行为是否成立的依据,第 142 条则把习惯作为对当事人意思表示进行解释的基本依据[②];在具体适用对象上,不仅在处理财产关系时可以考虑习惯要求,而且在从事具有人身性质的行为[③]和处理具有人身性质的法律争议时也应考虑习惯规则。三是对可以作为法律渊源的习惯类型进行了丰富。《民法典》对习惯的描述则比较丰富,除单纯的“习惯”外,还使用了“交易习惯”“风俗习惯”等不同的表述。就使用频率来说,单纯的“习惯”一词在《民法典》中出现了 3 次,分别是第 10 条(习惯适用的一般原则),第 142 条(意思表示的解释)和第 289 条(相邻关系的处理);“交易习惯”出现了 14 次,分别是第 140 条(默示行为的法律认定),第 321 条(法定孳息的归属[④]),第 480 条(承诺的作出方式[⑤]),第 484 条(承

---

① 《民法典》第 140 条规定:“行为人可以明示或者默示作出意思表示。沉默只有在有法律规定、当事人约定或者符合当事人之间的交易习惯时,才可以视为意思表示。”

② 《民法典》第 142 条规定:“有相对人的意思表示的解释,应当按照所使用的词句,结合相关条款、行为的性质和目的、习惯以及诚信原则,确定意思表示的含义。无相对人的意思表示的解释,不能完全拘泥于所使用的词句,而应当结合相关条款、行为的性质和目的、习惯以及诚信原则,确定行为人的真实意思。”

③ 《民法典》第 1015 条规定,自然人选取姓氏时应以随父姓或者母姓为原则,但在符合公序良俗原则要求的情况下也可以选取其他直系长辈血亲的姓氏、扶养人的姓氏等,并特别强调“少数民族自然人的姓氏可以遵从本民族的文化传统和风俗习惯”。

④ 《民法典》第 321 条第 2 款规定:“法定孳息,当事人有约定的,按照约定取得;没有约定或者约定不明确的,按照交易习惯取得。”

⑤ 《民法典》第 480 条规定:“承诺应当以通知的方式作出;但是,根据交易习惯或者要约表明可以通过行为作出承诺的除外。”

诺的生效时间[①]),第509条(合同附随义务的确定和履行[②]),第510条(未约定或者约定不明的合同内容的确定[③]),第515条(合同义务履行选择权的确定[④]),第558条(后契约义务的履行范围[⑤]),第599条(出卖人的次要义务[⑥]),第622条(出卖标的物瑕疵的处理[⑦]),第680条(借款利息约定不明的处理[⑧]),第814条(客运合同的成立条件[⑨]),第888条(保管人的推定保管义务[⑩]),第891条(保管人的次要义务[⑪]);"风俗习惯"出现了一次(第1015条)。由此可以得出两个基本结论:第一,在我国《民法典》中,习惯的主要适用场景是在市场交易领域,且主要是为了满足市场交易的需要;第二,不同的民事法律行为对习惯的适用来源有明显不同。四是对习惯的适用条件进行了限制,即适用习惯不但要求发生在法律没有明确

---

① 《民法典》第484条规定:"以通知方式作出的承诺,生效的时间适用本法第137条的规定。承诺不需要通知的,根据交易习惯或者要约的要求作出承诺的行为时生效。"

② 《民法典》第509条第2款规定:"当事人应当遵循诚信原则,根据合同的性质、目的和交易习惯履行通知、协助、保密等义务。"

③ 《民法典》第510条规定:"合同生效后,当事人就质量、价款或者报酬、履行地点等内容没有约定或者约定不明确的,可以协议补充;不能达成补充协议的,按照合同相关条款或者交易习惯确定。"

④ 《民法典》第515条第1款规定:"标的有多项而债务人只需履行其中一项的,债务人享有选择权;但是,法律另有规定、当事人另有约定或者另有交易习惯的除外。"

⑤ 《民法典》第558条规定:"债权债务终止后,当事人应当遵循诚信等原则,根据交易习惯履行通知、协助、保密、旧物回收等义务。"

⑥ 《民法典》第599条规定:"出卖人应当按照约定或者交易习惯向买受人交付提取标的物单证以外的有关单证和资料。"

⑦ 《民法典》第622条第1款规定:"当事人约定的检验期限过短,根据标的物的性质和交易习惯,买受人在检验期限内难以完成全面检验的,该期限仅视为买受人对标的物的外观瑕疵提出异议的期限。"

⑧ 《民法典》第680条第3款规定:"借款合同对支付利息约定不明确,当事人不能达成补充协议的,按照当地或者当事人的交易方式、交易习惯、市场利率等因素确定利息;自然人之间借款的,视为没有利息。"

⑨ 《民法典》第814条规定:"客运合同自承运人向旅客出具客票时成立,但是当事人另有约定或者另有交易习惯的除外。"

⑩ 《民法典》第888条第2款规定:"寄存人到保管人处从事购物、就餐、住宿等活动,将物品存放在指定场所的,视为保管,但是当事人另有约定或者另有交易习惯的除外。"

⑪ 《民法典》第891条规定:"寄存人向保管人交付保管物的,保管人应当出具保管凭证,但是另有交易习惯的除外。"

规定的情况下,而且还要求必须符合公序良俗的要求。[①]

《民法典》中丰富的习惯元素为未来的中国民事司法实践提供了广阔的行为空间,如何将《民法典》中的习惯条款更好地服务于社会实践,也是考验司法水平的一个重大课题。为此,一方面,应充分利用好现有的制度规定,并准确把握习惯的内涵;另一方面,严格习惯的适用程序和适用条件,确保这一规则不被滥用。我们应该充分注意到,《民法典》已为习惯的适用设定了前置性要求,即必须是符合(至少是不违背)公序良俗的习惯。同时,我们也应清醒地认识到,随着成文法制度的不断严密,除交易习惯以外的其他习惯的适用空间已非常狭窄,且许多习惯都是非良善习惯,甚至是有违社会主义核心价值观的陈规陋习,并不具备适用的价值。因此准确甄别具有适用价值的习惯并按照法定程序和要求加以适用,是将习惯作为法律渊源时必须着力解决的问题。

三、作为民法渊源的理与礼

(一)作为民法渊源的"理"

除习惯外,对中国社会影响最大,在处理民事纠纷中应用最广的当属"理"了。这里的"理"既可指道理、常理和公理,也可指条理和情理,现代还可以指法理。

"理"在中国具有特别重要的地位,是法律的根本和法律获得正当性的基础,即如著名大儒朱熹所言:"法者,天下之理。"[②]在现代社会可以作为法律渊源的理虽然也包括情理,但更多的还是指法理或条理。这里的法理或条理,在《辞海》中被定义为"形成某一国家法律或其中某一部门法律的基本精神与学理"[③],系指事物之当然道理,在外国或称一般原则(general principle of law)或事物之本

---

① 《民法典》第10条规定:"处理民事纠纷,应当依照法律;法律没有规定的,可以适用习惯,但是不得违背公序良俗。"根据这一规定,不符合公序良俗要求的习惯是不能作为法律渊源进行适用的。

② 朱熹:《朱子大全》卷六九《学校贡举私议》。

③ 夏征农主编:《辞海》(缩印本),上海辞书出版社2000年版,第1079页。

质(natureder sache)。[①] 国内有学者将“法理”抽象为法之“理”,认为其体现源于社会利益关系的正义观、道德观、价值观,是法律所体现的人们心目中的“公理”;从法律对社会关系调整角度来说,法律或多或少地体现了一定的秩序、自由、正义、民主和法治原则,是价值领域的公理。[②]

引入法理作为法律渊源不但能够弥补成文法的不足,而且可以增强法律神圣性。对此,我国台湾地区著名学者杨仁寿先生就曾断言:“法理既为事物之当然道理,基于吾人之理性所共具之通念,则其除为裁判之基准,具有补充法律的功能外,亦具有衡量法律内容审查是否为‘善法’之作用。……要求一切之社会关系皆合乎法理,系一种理想。制定法律,以规律吾人之社会生活,苟能本乎法理,实现此种理想,方属可期。因之,法官阐释法律时,应尽量合乎法理,乃属当然。”[③]

法理之所以可以作为法律渊源,一方面缘于法律实施机制的特殊性。从历史上看,“法最初被视为祭司们专有知识的领域,只有他们能够在出现疑问时站出来解释。从公元前三世纪开始(祭司们对圣经的垄断一直保持到公元前一世纪),由于法的知识被加以传播,人们也承认那些以其深厚的学识而加入祭司所从属的那个占统治地位的社会阶层并且获得威望和权威的人具有法学的指导地位”。[④] 另一方面则缘于法律实施对象的复杂性。“在法律制度实施过程中会出现这样的情形,即解决某个问题的特定方法会有一种令人非同意不可的和不可辩驳的力量,从而迫使法律决策者去接受它。”在此情形中,“事物性质之本身(在罗马法学家的术语中,它被称为 natura rerum)已然把某个结果强加给了立法机关和司法机关”。这些内容包括:(1)它可能源于某种固定的和必然的人的自然

---

① 杨仁寿:《法学方法论》(第2版),中国政法大学出版社2013年版,第273页。

② 孙国华主编:《马克思主义法理学研究》(第2版),群众出版社2007年版,第199~200页。

③ 杨仁寿:《法学方法论》(第2版),中国政法大学出版社2013年版,第274页。

④ [意]朱塞佩·格罗素:《罗马法史》,黄风译,中国政法大学出版社1994年版,第103页。

状况;(2)它可能源于某种物理性质所具有的必然的给定特性;(3)它可能植根于某种人类政治和社会生活制度的基本属性之中;(4)它可能立基于人们对构成某个特定社会形态之基础的基本必要条件或前提条件的认识。①

目前许多国家都承认法理可以作为法律渊源,比较典型的如《瑞士民法典》第1条第3款规定:“在前一款的情况下,法官应依据公认的学理和惯例。”②《土耳其民法典》也在第1条规定:“本法,支配本法文字上或精神上所包含之一切事项。于无可适用之法规时,审判官应依习惯法。习惯法亦无规定时,应依己身为立法者所应设定之法则裁判之。审判官应于其判决利用学说及判决成例。”③就我国而言,1911年起草完毕但未颁行的《大清民律草案》第1条中就有规定:“民事本律所未规定者,依习惯法;无习惯法者,依条理。”④此后,1929年颁行的《中华民国民法》第1条中也规定:“民事法律所未规定者,依习惯;无习惯者,依法理。”

(二)作为民法渊源的“礼”

在中国古代,与“理”相对应的另一个重要民法渊源是“礼”。根据《说文解字》的解释:“礼,履也。所以事神致福也。”最初的礼是指宗教祭祀中的规矩和典章制度,然后逐步演化成基于道德观念和风俗习惯而形成的复杂仪节,最后则逐步演变成规范人们行为举止的信条,即“无文字的信条,谓之习惯。习惯之合理者,儒家命之曰‘礼’”⑤。

关于礼产生的原因,根据儒家学说,主要是为了矫正人本性的恶。荀子在《荀子·性恶篇》中就认为,人本性是恶的,所谓的善良都是人为的表象。人性生来喜欢追求利益,满足私欲,如果任其发

① ［美］E. 博登海默:《法理学——法律哲学与法律方法》(修订版),邓正来译,中国政法大学出版社2004年版,第473～474页。

② 《瑞士民法典》,殷生根、王燕译,中国政法大学出版社1999年版,第3页。

③ 韩冰:《近代中国民法法源及其适用原则简论》,载《华东政法学院学报》2005年第5期。

④ 杨立新主编:《大清民律草案·民国民律草案》,吉林人民出版社2002年版,第3页。

⑤ 梁启超:《先秦政治思想史》,中华书局1936年版,第81页。

展,就会造成社会动乱。正因为人性是恶的,所以才需要“师法”“礼义”。“古者圣王以人之性恶,以为偏险而不正,悖乱而不治,是以为之起礼义、制法度,以矫饰人之性情而正之,以扰化人之性情而导之也。使皆出于治,合于道者也。”又“圣人化性而起伪,伪起而生礼义,礼义生而制法度”①。“今人之性恶,必将待师法而后正,得礼义而后治。今人无师法,则偏险而不正;无礼义,则悖乱而不治。”②礼是国家的根本,“礼之于正国家也,如权衡之于轻重也,如绳墨之于曲直也。……国家无礼不宁”。③

在礼和法的关系上,礼是法的基础和作用目的。“法出于礼,礼出于治;礼,治道也。万物待治礼而后定。”④“礼乐不兴,则刑罚不中;刑罚不中,则民无所措手足。”⑤同时二者又分工明确。“德礼为政教之本,刑罚为政教之用,犹昏晓阳秋相须而成者也。”⑥二者侧重点也有所不同。“道之以政,齐之以刑,民免而无耻;道之以德,齐之以礼,有耻且格。”⑦二者互为表里,互相配合,互相弥补。“礼之所去,刑之所取,出礼则入刑,相为表里者也。”⑧“礼禁未然之前,法施已然之后;法之所为用者易见,而礼之所为禁者难知。”⑨“节用以礼,裕民以政,……上以法取焉,下以礼节之”;“其百吏好法,其朝廷隆礼,其卿调议,是治国已”。⑩ 在某种程度上,礼就是法,法就是礼。正如孟德斯鸠所言:中国传统的立法就是“把宗教、法律、风俗、礼仪都混在一起。所有这些东西都是道德。所有这些东西都是品德。这四者的箴规,就是所谓礼教。中国统治者就是因为严格遵守

---

① 《荀子·性恶》。
② 李晓东编著:《哲学有几副面孔》,京华出版社 2004 年版,第 212 页。
③ 《荀子·大略》。
④ 《管子·枢言》。
⑤ 《论语·子路》。
⑥ (唐)长孙无忌等:《唐律疏议》卷一《名例》,刘俊文点校,中华书局 1983 年版,第 3 页。
⑦ 《论语·为政》。
⑧ 《后汉书·陈宠传》。
⑨ 《史记·太史公自序》。
⑩ 《荀子·富国》。

这种礼教而获得了成功”。[①]

由于礼是法的基础,因此礼的作用不但更为根本,即如孔子所说,“道之以政,齐之以刑,民免而无耻;道之以德,齐之以礼,有耻且格”[②];而且礼对法还有决定和制约作用,“是以圣人苟可以强国,不法其故;苟可以利民,不循其礼”,“各当时而立法,因事而制礼。礼法以时而定,制令各顺其宜……治世不一道,便国不必法古”[③],“故法而守常,尊礼而变俗,上信而贱文,好缘而嫌焉,此谓成国之法也”。[④]

礼和理也有密切的关系,诚如管子所言:“礼者,因人之情,缘义之理,而为之节文者也。故理者,谓有理也;礼也者,明分以谕义之意也。故礼出乎义,义出乎理,理因乎道者也。法所以同出,不得不然者也。故杀僇禁诛以一之也。故事督乎法,法出乎权,权出乎道。”[⑤]正是基于对礼的高度重视和恪守,所以“中国的政治和伦理的成熟水平远远超过其他制度的发展程度,这些制度包括--种多样化的经济体系,一部民事契约法典,以及一种保护个人的司法制度。随着时间的推移,后面这些成分,虽然相对而言仍然没有得到充分的发展,却受到了积极的抑制,以免它们干扰国家的统一管理”[⑥]。

著名社会学家费孝通先生认为,礼的主要作用方式是通过道德驯化对主体的行为进行约束,即“礼并不是靠一个外在的权力来推行的,而是从教化中养成了个人的敬畏之感,使人服膺。人服礼是主动的。孔子很重视服礼的主动性。礼是个人习惯所维持的,即使在没有人的地方也会不能自已。礼是合式的路子,是经过教化过程而成为主动性的服膺于传统的习惯”[⑦]。

---

① [法]孟德斯鸠:《论法的精神》(上),张雁深译,商务印书馆 1963 年版,第 313 页。

② 《论语·为政》。

③ 《商君书·更法》。

④ 《管子·君臣下》。

⑤ 《管子·心术上》。

⑥ [英]李约瑟:《李约瑟文集》,陈养正等译,辽宁科学技术出版社 1986 年版,第 279 页。

⑦ 费孝通:《乡土中国·生育制度·乡土重建》,商务印书馆 2011 年版,第 55 页。

礼虽然作用于许多法律领域,但主要的作用对象无疑在民事领域,梅仲协先生认为:“依吾人所信,礼为世界上最古最完备之民事法规也。”①尽管有人认为“所谓民事关系皆依礼处断,与礼即是民法乃是截然不同的两种判断”,但鉴于中国古代审判民事案件在很大程度上依凭的并非法条,而是礼,所以蔡元培先生依然认为,现今所谓民法在古代颇具于礼。②

四、作为民法渊源的常识与常情

(一)作为民法渊源的常识

所谓常识,是指一个生活在社会中的心智健全的人所应该具备的基本知识。这些知识有些凭基本感知就可以获取,如寒暑变化,日月更替;有些凭简单观察就可确定,如水往东流,大雾天视线不好;有些是维持生存的基本需要,如一日三餐;有些是基本的生活经验总结,如(中国)和尚不能结婚,一年是365天等。常识的基本特点在于其具有集体认可性和无须证明性。从广义上说,一些基本公式、公理等也属于常识的范畴。常识与法有非常密切的联系,“法者,法天地之位,象四时之行,以治天下。四时之行,有寒有暑,圣人法之,故有文有武。天地之位,有前有后,圣人法之,以建经纪”③。常识可以作为法律适用的基本要求是“寄治乱于法术,托是非于赏罚,属轻重于权衡,不逆天理,不伤情性”。④“不急法之外,不缓法之内;守成理,因自然;祸福生乎道法,而不出乎爱恶。”⑤

在法律上,常识还有特别的意义,“所有权是一种‘自然权利’。凡是一个人所造作的,不管怎样,凡是有他的劳动力搀合在内的,这就成了他的财产。他愿意怎样处理就怎样处理。他对于他的劳动对象可以任意控制,正同自身有权自由行动的当然情况一样。‘因

---

① 梅仲协:《民法要义》,中国政法大学出版社1998年版,第15～16页。

② 梁治平:《寻求自然秩序中的和谐——中国传统法律文化研究》,中国政法大学出版社1997年版,第224页。

③ 《管子·版法解》。

④ 《韩非子·大体》。

⑤ 《韩非子·大体》。

此劳动在一开始就引起了财产的权利'"。[①] 不仅如此,其他如基于先占可以取得所有权,买东西必须付钱等也属常识性的东西。法律并不需要对所有常识都予以法律确认,对于那些没有得到法律明确认可的常识,实际上其也受法律保护。另外,法律不能违背常识也是法律作为良法的基本要求。

(二)作为民法渊源的常情和民情

所谓常情,指为一般社会公众所普遍认可的情理、感受和判断,《庄子·人间世》载:"传其常情,无传其溢言,则几乎全。"在实际使用中常情可以和民情相替换,两者的主要不同在于,常情大多针对的是对个体的判断,而民情则主要侧重于对群体的判断。

常情或民情在中国传统的司法实践中占有非常重要的地位。出于少讼和无讼的生活态度,"中国人一般是在不用法的情况下生活的,他们对于法律制定些什么不感兴趣,也不愿站在法官面前去,他们处理与别人的关系是以合乎情理为准则的"。[②] 在法律与情理的关系上,中国人认为情理是法律的存在基础,也是法律的精髓。在具体实践应用中,明代理学家丘浚主张采用"原情定罪"的原则,认为法官应该"原其情,擦诸礼,定以法比,审故误之因,求法外之意"[③]。清代著名幕友汪辉祖在作为其职业经验总结一书的《学治臆说》中就明确提出:"人情俗尚各处不同,入国问禁,为吏亦然。初到官时,不可私心判事,盖所判不协舆情,即滋议论。持之以后,用力较难,每听一事,须于堂下稠人广众中,择传老成数人,体问风俗,然后折中剖断,自然情法兼到。一日解一事,百日可解百事,不数月诸事了然,不惟理事中肯,亦令下如流水矣。"[④]

强调常情和民情并不是对法律的违背,而是为了更好地实现法律所追求的最根本目标——公平正义。法律既是社会共同意志的

---

① ［美］凡勃伦:《企业论》,蔡爱百译,商务印书馆1959年版,第40~41页。

② ［法］勒内·达维德:《当代主要法律体系》,漆竹生译,上海译文出版社1984年版,第487页。

③ 《大学衍义补·详听判之法》。转引自罗昶:《伦理司法——中国古代司法的观念与制度》,法律出版社2009年版,第124页。

④ 那思陆:《清代州县衙门审判制度》,中国政法大学出版社2006年版,第221页。

体现,同时更应是民情的凝结,这也就是萨维尼所说的"民族的共同意识是法律的特定居所"①。因此无论是立法还是司法,都必须接受社会的检验和公众的评判,而评判的标准主要就是民情和民意。另外,法律只有在得到社会公众认可的情况下其效用才能得到有效发挥。对此,法国著名政治学家托克维尔曾精辟地指出:"没有民情的权威就不可能建立自由的权威,而没有信仰也不可能养成民情。"②"自由视宗教为民情的保卫者,而民情则是法律的保障和使自由持久的保证。"③正因如此,"法律只要不以民情为基础,就总要处于不稳定的状态。民情是一个民族的唯一的坚强耐久的力量"。④

常情和民情能够得到法律的认可的另一个原因在于,常情或情理是习惯的主要表现方式,"习惯绝不可能结晶为一套具有实定性的规范体系……所谓习惯也只能主要停留在'情理'这一非实定性规范的状态之中"。⑤ 因此在将习惯界定为民法渊源的同时,也意味着认可了常情或民情的法律渊源地位。

五、作为民法渊源的传统与风俗

(一)作为民法渊源的传统

从一般意义上讲,传统通常是指那些经过世代相传、不断积淀而沿传下来的一些具有特定内容和独特表现形式的思想、文化、道德、风俗、艺术、制度以及行为方式等。传统之所以能够长久存在,

---

① [德]弗里德里希·卡尔·冯·萨维尼:《论立法与法学的当代使命》,中国法制出版社2001年版,第9页。

② [法]托克维尔:《论美国的民主》(上),董果良译,商务印书馆1991年版,第14页。

③ [法]托克维尔:《论美国的民主》(上),董果良译,商务印书馆1991年版,第49页。

④ [法]托克维尔:《论美国的民主》(上),董果良译,商务印书馆1991年版,第315页。

⑤ [日]滋贺秀三:《清代民事诉讼制度之民事法源的概括性考察》,载《明清时期的民事审判与民间契约》,王亚新等编译,法律出版社1998年版,第74页。

是因为“它是人类行为、思想和想象的产物,并且被代代相传”①。

传统既是维系特定范围内的社会成员实现价值认同、增强凝聚力的重要手段,也是维持社会秩序有效运行的基础。由于在许多情况下“人们会把传统当作理所当然的东西加以接受,并认为去实行或去相信传统是人们该做的唯一合理之事”,②维护传统就成为法律的重要任务之一。英国政治学家伯林甚至认为“法律是民族体内心脏跳动的产物,是传统的生产物,部分源自客观环境,部分源自国家的内在灵魂”。③

民族传统与法律具有非常密切的联系,民族传统既是法律存在的基础和土壤,即“法律根植于文化之中,它在一定的文化范围内对特定社会在特定时间和地点所出现的特定需求做出回应”④,同时也是法律的主要表达内容和主要服务对象。其原因在于,“从某一方面来观察,法并无自为的存在,其本质是人类生活本身”。另外,法律的有效应用不仅取决于法律本身的完备性、科学性,更取决于传统的思想文化对法律和法治是否具有信任和认同的内心确认。对此伯尔曼曾总结道:“正如心理学研究现在已经证明的那样,确保遵从规则的因素如信任、公正、可靠性和归属感,远较强制力更为重要。法律只在受到信任,并且因而并不要求强制力制裁的时候,才是有效的;依法统治者无须处处都仰赖警察。……总之,真正能阻止犯罪的乃是守法的传统,这种传统又植根于一种深切而热烈的信念之中,那就是,法律不仅是世俗政策的工具,而且还是生活终极目的和意义的一部分。”⑤

---

① ［美］爱德华·希尔斯:《论传统》,傅铿、吕乐译,上海人民出版社 2009 年版,第 12 页。

② ［美］爱德华·希尔斯:《论传统》,傅铿、吕乐译,上海人民出版社 2009 年版,第 13 页。

③ ［英］以塞亚·伯林:《浪漫主义的根源》,吕梁等译,译林出版社 2008 年版,第 125～126 页。

④ ［美］约翰·亨利·梅利曼:《大陆法系》,顾培东、禄正平译,法律出版社 2004 年版,第 155 页。

⑤ ［美］哈罗德·J. 伯尔曼:《法律与宗教》,梁治平译,生活·读书·新知三联书店 1991 年版,第 43 页。

不仅如此,传统还与民族精神密切相连。按照德国著名民法学家萨维尼的观点,民法应当是民族精神的体现,其原因在于法律像“语言、习俗和政制一样”是“有机地”成长起来的,即“法律根源于民族的普遍精神,一切民族的法律演变,都必须与其民族精神相一致。该民族精神是一种在史前就形成了的、适合于各民族的、无形的、几乎是神秘的观念”①。也就是说,法律并不是通过国家意志(或立法者意志),而是通过“内在的、默默起作用的力量”产生的,这种力量来自民族自身“民族信念”“民族的共同意识”,②并且“法律随着民族的成长而成长,随着民族的壮大而壮大,最终随着民族特性的丧失而消亡”。③ 而这种民族精神的表现形式具有多样性,“民族的宗教、民族的政治制度、民族的伦理、民族的法制、民族的风俗以及民族的科学、艺术和技能,都具有民族精神的标记”④,且“深深植根于民族的精神观念和社会生活之中,是根据习惯、传统等制定和创立的,它通过一代又一代的感染、传承,相沿成习,被模式化为一种带有遗传性的特质,在社会中有着巨大的、高度的稳定性、延续性、群体认同性和权威性,事实上成为了乡土社会平时更为常用、更容易接受的法律样式”。⑤ 因此“无论如何,立法者应该是民族精神的真正代表”。⑥ 作为现代法治的一项重要成果就是在对传统民俗进行改造的基础上,赋予其理性的内涵,从而将“法律变成了一种新型的民俗法——它不再反映无组织的民族精神的本能意志,而是

---

① [英]彼得·斯坦、约翰·香德:《西方社会的法律价值》,王献平译,中国法制出版社2004年版,第24页。

② [德]弗里德里希·卡尔·冯·萨维尼:《论立法与法学的当代使命》,中国法制出版社2001年版,第10~11页。

③ [德]弗里德里希·卡尔·冯·萨维尼:《论立法与法学的当代使命》,中国法制出版社2001年版,第9页。

④ [德]黑格尔:《历史哲学》,王造时译,生活·读书·新知三联书店1956年版,第104页。

⑤ 田成有:《法律社会学的学理与运用》,中国检察出版社2002年版,第103页。

⑥ [英]罗杰·科特威尔:《法律社会学导论》,潘大松等译,华夏出版社1989年版,第25页。

反映经过组织起来的民族精神的目的意志”。[①]

就我国而言,虽然经过五四运动和西方文化的强势介入,传统文化已有一定的式微之势,但传统文化的巨大惯性仍对社会公众的价值判断和行为选择具有很大影响力,诚如有学者所言:“虽然‘五四’对传统全盘否定式的攻击是与传统政治、社会、文化具有高度整合性有关,但传统架构解体以后并不蕴涵着每一传统思想与价值便同时都失去了理智上的价值。一些传统的思想与价值虽然因原有文化架构之解体而成了游离分子,这些游离分子有的失去了内在的活力,但有的却有与西方传入的思想与价值产生新的整合的可能。”[②]更为重要的是要加强对传统的改造,去其糟粕,因为许多“传统是一种巨大的阻力,是历史的 vis inertiae(惰性力)”。[③] 同时为其注入更多的新内容,以使其更好地服务于社会发展。正如有专家所说:“传统依靠自身是不能自我再生或自我完善的。只有活着的、求知的和有欲求的人类才能制定、重新制定和更改传统。传统之所以会发展,是因为那些获得并且继承了传统的人,希望创制出更真实、更完善,或更便利的东西。”[④]

我国《民法典》对中国传统优秀文化进行了借鉴,不仅在第 1 条就将社会主义核心价值观确定为我国《民法典》的立法宗旨,其所要求的公正、平等、敬业、诚信、友善等价值观念亦将成为有制度保障的自然人精神。《民法典》中的绿色原则虽然主要源于对环境恶化的现实回应,但也同时继承了我国历史上追求人与自然和谐发展的优良传统和“天人合一”的中国传统文化精髓。[⑤] 在具体制度设计上,《民法典》第 183 条通过赋予见义勇为者“适当补偿请求权”,

---

① [德]古斯塔夫·拉德布鲁赫:《法律智慧警句集》,舒国滢译,中国法制出版社 2001 年版,第 154 页。

② 林毓生:《中国传统的创造性转化》,生活·读书·新知三联书店 2011 年版,第 179 页。

③ 《马克思恩格斯全集》(第 22 卷),人民出版社 1965 年版,第 360 页。

④ [美]爱德华·希尔斯:《论传统》,傅铿、吕乐译,上海人民出版社 2009 年版,第 15 页。

⑤ 蒋海松:《〈民法典〉传统基因与民族特色的法理解析》,载《现代法学》2022 年第 1 期。

鼓励自然人积极实施见义勇为行为。第184条通过免除见义勇为者相关"民事责任"的方式,从而有效化解见义勇为行为人的后顾之忧。第1217条对"好意同乘"相关民事责任豁免的规定,有助于形成助人为乐的良好风尚。第366条以下通过新增居住权制度,让弱者有其居,体现了强烈的民本理念和民生思想。

有学者以我国《民法典》第994条为例,探析《民法典》的民族文化对人格权的影响,认为该条规定既表征了死者的人格权益,也涵摄了生者的人格权利,在保护古老的祭祀权利的基础上彰显《民法典》的民族性立场,有利于维护基本人伦。[①] 由于"家族是中国文化的一个最主要的柱石"[②],"国之本在家"(孟子语),因此《民法典》第1043条将"家庭应当树立优良家风,弘扬家庭美德,重视家庭文明建设"列入法律条款,既实现了法律制度对传统文化的吸收,同时也使传统文化能够更好地服务于中国的社会发展。由于中国古代传统非常重视名正言顺,因此《民法典》对自然人姓名的使用作了较为详细的规定,要求自然人应当以随父姓或者母姓为原则,特殊情况下才可以选取其他直系长辈血亲的姓氏或扶养人姓氏,在有不违背公序良俗的其他正当理由的情况下也可以选取其他姓氏,从而有效保障了姓名之于自然人的外在表彰作用。另外,为了充分尊重传统文化,《民法典》在第1015条第2款中明确规定:"少数民族自然人的姓氏可以遵从本民族的文化传统和风俗习惯。"

(二)作为民法渊源的风俗

所谓风俗,是指特定区域中的特定人群经长期形成的风尚、习俗,也可指特定社会文化区域内历代人们共同遵守的行为模式或规范。严格来说,风和俗还是有区别的,习惯上一般将由自然条件的不同而造成的行为规范差异,称为"风";而将由社会文化的差异所造成的行为规则之不同,称为"俗"。《周礼》载:"礼,履也。……俗者,习也。上所化曰风,下所习曰俗。"由于风俗对一个国家的长治

---

① 刘云生:《民法典的民族性表达与死者的人格权益保护——〈民法典〉第994条的文化解释》,载《法商研究》2021年第2期。

② 钱穆:《中国文化史导论》(修订本),商务印书馆1994年版,第51页。

久安影响巨大,"历史对一个民族永远是非常重要的,因为他们靠了历史,才能意识到他们自己的法律、礼节、风格和事功上的发展行程。法律所表现的风格、礼节和设备,在本质上是民族生存的永久的东西"①,所以中国非常强调风俗的道德教化作用,即"以俗教安"(《周礼·大司徒》)。因此《礼记·曲礼上》要求:"入竟(境)而问禁,入国而问俗,入门而问讳。"司马迁在《史记·乐书》中也强调:"州异国殊,情习不同,故博采风俗,协比声律,以补短移化,助流政教",并由此延伸出所谓的采风制度。

由于风俗是经过长期的历史积淀而逐步形成的,因此它一旦形成,就会对社会成员产生非常强烈的行为制约作用,从而使风俗成为"一种依传统力量而使社区分子遵守的标准化的行为方式"②。风俗与法律以及社会道德有非常密切的联系,在中国,"法制是政体的一部分,它始终是高高地超越农村日常生活水平的、表面上的东西。所以,大部分纠纷是通过法律以外的调停以及根据旧风俗和地方上的意见来解决的"③,在西方,习俗也是法律的主要渊源。日耳曼各民族普遍认为,法律是共同体的最高权威,但法律不是人为制定的,而是"被发现的",法律源于社会共同体的古老风俗,亦即"法律是属于民众或人民或部落的,它几乎好似集团的一种属性或者一种共同的财富,而集团是靠着它才维系在一起的"④。英国学者米尔恩也认为:"习俗之成为权利来源,在于它是一种制度。它的构成性规则赋予共同体的每个成员以遵从既存习俗的义务,同时授予每个人相应的使习俗得以遵从的权利。"⑤

---

① [德]黑格尔:《历史哲学》,王造时译,生活·读书·新知三联书店1956年版,第206页。

② [英]马林诺夫斯基:《文化论》,费孝通等译,中国民间文学出版社1987年版,第30页。

③ [美]费正清:《美国与中国》(第4版),张理京译,商务印书馆1987年版,第86~88页。

④ [美]乔治·霍兰·萨拜因:《政治学说史》(上册),盛葵阳、崔妙因译,商务印书馆1986年版,第244页。

⑤ [英]A. J. M. 米尔恩:《人的权利与人的多样性——人权哲学》,夏勇、张志铭译,中国大百科全书出版社1995年版,第151页。

风俗之所以能够成为法律的存在基础甚至成为法律的一部分，首先是满足了人类行为多样化的需要，而这种“人类行为的多样性和可变性是文化的多样性、可变性的函数，而不是生物学的不变因素的反应”。[①] 任何法律都产生于特定的地域环境之中，都是为了满足特定环境下社会主体的生存和发展需要，因此要求“法律应该和国家的自然状态有关系；和寒、热、温的气候有关系；和土地的质量、形势和面积有关系……和居民的宗教、性癖、财富、人口、贸易、风俗、习惯相适应”。[②] 而这些要求又与社会经济的发展水平密切相关，所以马克思才认为“关于占有和继承财产的这些法规所依据的习俗，是由社会组织的发展状况和水平决定的”。[③] 从另一方面来说，也只有充分考虑了以上需要的法律才能被称为良法。当然法律对风俗并不是消极接受，而是可以进行改造和驯化。实际上我国古代法学家早就注意到这一点，主张“上不循于乱世之君，下不俗于乱世之民”(《荀子》)，并认为通过“移风易俗”，可以实现“天下皆宁”(《荀子·乐论》)的目的。就我国的法律实践来说，通过对传统习俗的肯认，实现了对传统习俗的传承，典型的如《民法典》第1129条关于尽了主要赡养义务的丧偶儿媳、丧偶女婿处于第一继承顺位，享有遗产继承请求权的规定就充分吸收了中国的传统习俗。

六、作为民法渊源的良心、良知和理性

(一)作为民法渊源的良心和良知

所谓良心，按照一般理解是指被现实社会普遍认可并被自己所认同的行为规范和价值标准。在我国古代，良心主要有两种含义：一是指人的善良天性。《孟子·告子上》有云：“虽存乎人者，岂无仁义之心哉？其所以放其良心者，亦犹斧斤之于木也。”《朱熹集注》对此解释道：“良心者，本然之善心。即所谓仁义之心也。”二是

---

① [美]怀特：《文化科学——人和文明的研究》，曹锦清等译，浙江人民出版社1988年版，第133页。

② [法]孟德斯鸠：《论法的精神》(上)，张雁深译，商务印书馆1963年版，第7页。

③ 《马克思恩格斯全集》(第1卷)，人民出版社1956年版，第439页。

指内心对是非、善恶的基本认识。在西方,表示良心的主要有两个词。一个是“conscience”,意指个人内心的是非感;对自己行为、意图或性格的好坏的认识;同时具有一种做好人好事的责任感,常被认为能引起对做坏事的内疚和悔恨。另一个是“synderesis”,主要指个人对道德行为主要原则的先天认识。良心作为特定的社会关系和道德关系的反映和各种道德情感、情绪在自我意识中的集合体,是人们在履行对他人和社会的义务过程中形成的道德责任感和自我评价的能力。其主要作用是对人们的行为进行判断、指导、监督和约束。良心与道德具有非常密切的联系。一方面,良心本身就是一种道德心理现象,是主体对自身道德责任和道德义务的一种自觉意识和复杂情感体验,是道德情感的基本形式和个人自律的突出体现;另一方面,良心又是道德约束的内衡器,是人们社会责任感和自我评价的重要环节。良心可以激发人的知耻感和自爱心。人如果“缺乏内在的自我表现确信”,就不会有羞耻感。①

良心与良知密切相关,从语义学的角度来说,良知(“conscientia”)一词中包含“con”和“scire”,其中“con”代表“一起”,“scire”代表“已经知道”。换言之,良知描述的是一种内心对是非的本能判断,即对某人行为作出的一种道德感觉(正确还是错误),“而这也是一门可以与上帝共同分享的知识”。②

良心、良知又和良法有着非常密切的联系。一方面,良法必须符合良知要求,即如霍布斯所说:“法律就是公众的良知意识,是他原来就已经保证要遵从的。”③另一方面,良知也是判断法律是否为良法的基本依据,即良法要保证“(1)人们可以不根据法律本身而根据自己的良知意识,也就是根据自己的评断来判断事物合法与否;(2)臣民除非事先自行判断国家的命令是合法的,否则服从就

---

① [英]A. J. M. 米尔恩:《人的权利与人的多样性——人权哲学》,夏勇、张志铭译,中国大百科全书出版社1995年版,第151页。

② [英]诺曼·多恩:《中世纪晚期英国法中的最高权威》,杨尚东译,中国政法大学出版社2018年版,第164页。

③ [英]霍布斯:《利维坦》,黎思复、黎廷弼译,商务印书馆1985年版,第252页。

是犯罪;(3)他们对于财物的所有权能排斥国家对这些财物的主权”[①]。因此从这个意义上说,“人们在良心中必须遵守的一切生活法则都是法律”[②]。

良法与善治又高度关联。一方面,良法是善治的前提,即如孟德斯鸠所言:“人为法为善而立,神为法为至善而立。”[③]另一方面,良法又必须通过善治才能达到良善社会治理的目的,即“立善法于天下,则天下治;立善法于一国,则一国治”[④]。也正是在这个意义上,亚里士多德说:“法治应包含两重意义:已成立的法律获得普遍的服从,而大家所服从的法律又应该本身是制定得良好的法律。”[⑤]而良知在推动良法善治的过程中无疑发挥了非常重要的作用,特别是“在普通法系的法庭上,良知概念作为最终裁决的正当性基础被广泛适用”[⑥]。

良知还与理性一起共同构成自然法的源头。这里的“理性是人类用智识理解和应对现实的能力。有理性的人能够辨识一般性原则并能够把握事物内部、人与事物之间以及人与人之间的某种基本关系。有理性的人有可能以客观的和超然的方式看待整个世界和判断他人”。[⑦] 基于良知和理性的共同作用所产生的所谓自然法,即“写在每一个人心中的自然理性的诫条”,[⑧]其基本要求是在“自然状态有一种为人人所应遵守的自然法对它起着支配作用;而理性,也就是自然法,教导着有意遵从理性的全人类:人们既然都是平

---

① [英]霍布斯:《利维坦》,黎思复、黎廷弼译,商务印书馆1985年版,第267页。

② [英]霍布斯:《利维坦》,黎思复、黎廷弼译,商务印书馆1985年版,第296页。

③ [法]孟德斯鸠:《论法的精神》(下),许明龙译,商务印书馆2009年版,第504页。

④ (宋)王安石:《临川先生文集》,中华书局1959年版,第678页。

⑤ [古希腊]亚里士多德:《政治学》,吴寿彭译,商务印书馆1965年版,第199页。

⑥ [英]诺曼·多恩:《中世纪晚期英国法中的最高权威》,杨尚东译,中国政法大学出版社2018年版,第191页。

⑦ [美]E.博登海默:《法理学——法律哲学与法律方法》,邓正来译,中国政法大学出版社2001年版,第454页。

⑧ [英]霍布斯:《利维坦》,黎思复、黎廷弼译,商务印书馆1985年版,第416页。

等和独立的,任何人就不得侵害他人的生命、健康、自由和财产”。[①]其最重要的理念是:“为法官者务要记住罗马的十二铜表的结语:‘人民的幸福即是最高的法律’”,[②]或如伟大导师列宁所说:“法律是人民自由的圣经。”从其源头来看,在古希腊时代,作为哲学概念的“自然”,具有本质、本源的含义,是永恒不变的伦理标准,兼具逻辑理论和伦理力量。自然法概念来源于斯多葛学派。芝诺认为,自然是宇宙中某种和谐的秩序和理性。理性是保障所有人平等的共同生活的支配性原则(ruling principle),因此自然法就是理性法。“就自然法而言,什么是正当的?评断的实质基准是‘自然’和‘理性’。”[③]古罗马政治家西塞罗也认为:“真正的法是与自然契合的正确理性,投映在一切人身上;它连续而不变,召唤着人们依据它的轨道来尽自己的义务,并通过它的禁令使人们远离错误;对正直的人来说,它的要求和禁令从来不是徒劳的;但对邪恶的人来说,它的规则和限制就全不起作用。对于真正的法,其神圣性不能被贬损,其合法性不可能被扭曲,其效力不可能被废止。”[④]

不仅如此,“法律是否有效,取决于它的正义性。但在人类的事务中,当一件事情能够正确地符合理性的法则时,它才可以说是合乎正义的;并且像我们所知道的那样,理性的第一个法则就是自然法。……如果一种人法在任何一点与自然法相矛盾,它就不再是合法的”。[⑤] 因此,从这个意义上说,作为自然法重要观点的“恶法非法”理念,即凡不符合自然法或道德法的规则就不是法律,因此都是自始无效的观点与其说是基于理性的思考,毋宁说是基于良知的判

① [英]约翰·洛克:《政府论》(下篇),叶启芳、瞿菊农译,商务印书馆1964年版,第6页。

② [英]弗·培根:《论司法》,载《培根论说文集》,水天同译,商务印书馆1983年版,第194页。

③ [德]马克斯·韦伯:《法律社会学》,康乐、简惠美译,广西师范大学出版社2005年版,第304页。

④ [爱尔兰]约翰·莫里斯·凯利:《西方法律思想简史》,王笑红译,法律出版社2010年版,第51页。

⑤ [意]托马斯·阿奎那:《阿奎那政治著作选》,马清槐译,商务印书馆1963年版,第116页。

断。当然良知和理性还是有一定区别的，相对来说，"理性（正义和良好判断力）的适用范畴比良知要宽泛一些，而良知概念的道德意蕴更为强烈一些"。①

（二）作为民法渊源的理性

1. 理性的概念及其与自然法的关系。理性与民法具有非常密切的联系，一部民法发展史在某种程度上就是一部对人类理性的探索史。最早对人类理性作出探讨的是古希腊的斯多葛学派，根据早期斯多葛学派的观点："人作为宇宙自然的一部分，本质上就是一种理性动物。在服从理性命令的过程中，人乃是根据符合其自身本性的法则安排其生活的。"②资产阶级启蒙思想家认为，理性是文明社会区别于野蛮社会的标志："在那里，人是一种理性的、可以自己负责的创造物，自出生之日便获得了关于良心、宗教信仰和经济活动的自由的不可割让的权利。人们无须再与旧制度的那个中间身份集团打交道，而只和国家本身发生联系。这个国家有义务通过它的立法把自然人从封建的、教会的、家庭的、行会的以及身份集团的传统权威中解放出来，并赋予全体自然人以平等的权利。"③夏特莱认为理性"既是一种表现方式，又是一种思考方式；更确切地说，它是一种将思考和行为结合起来的方法"④。笛卡尔则对理性的内容和性质进行了系统论述，并得出以下结论：理性是人之为人的本质；理性是先天的，是人生而就有的；理性就是思想、思维；理性也是意志（愿意、不愿意），包括想象和感觉等。⑤ 就其性质来说，理性具有较

---

① ［英］诺曼·多恩：《中世纪晚期英国法中的最高权威》，杨尚东译，中国政法大学出版社2018年版，第191页。

② ［美］E. 博登海默：《法理学——法律哲学与法律方法》，邓正来译，中国政法大学出版社1999年版，第13页。

③ ［德］K. 茨威格特、H. 克茨：《比较法总论》，潘汉典等译，贵州人民出版社1992版，第153页。

④ ［法］弗朗索瓦·夏特莱：《理性史——与埃米尔·诺埃尔的谈话》，冀可平、钱翰译，北京大学出版社2000年版，第28页。

⑤ 北京大学哲学系外国哲学史教研室编译：《16—18世纪西欧各国哲学》，商务印书馆1975年版，第137～138页、第162～163页。

强的道德属性,正是由于“理性具有高度的道德功能”①,所以德国著名哲学家包尔生才认为“全部道德文化的主要目的是塑造和培养理性意志使之成为全部行为的调节原则”②。

理性对民法而言之所以重要,是因为理性既是法律的源头和基石,也是法律获得信仰的基础。理性是法律的基础和灵魂,是判断和辨别法律优劣的试金石,是确定法律调整范围的基本依据。“法律是植根于自然的、指挥应然行为并禁止相反行为的最高理性。”③1429 年英国中世纪著名法官哈勒斯(Hals JKB)曾说:“法律的基石就是理性和公平。”④“法律规范之内容仅涉及人类,只缘惟人有理性与意志,能受规范驱使而使其行为合乎规范。……至于原始法律秩序之法律效果不仅加诸人身,且及于禽兽及无生命之物,从而对万物之‘行为’皆加以规制,此种举动则是由于初民之泛神论相信万物有灵之故。换言之,即将万物之‘行为’类比为人之行为而已。”⑤

理性之所以能够成为法律被信仰的基础,在于理性是自然法最重要的构成要素。根据伯尔曼的观点:“法律必须被信仰,否则它将形同虚设。它不仅包含有人的理性和意志,而且还包含了他的情感,他的直觉和献身,以及他的信仰。”⑥“没有信仰就不会有良心,他们会常常被躁动的野心和处心积虑的谎言所背叛。”⑦法律作为被信仰的基础就在于其符合人类理性。对此西塞罗认为:“真正的

---

① ［英］诺曼·多恩:《中世纪晚期英国法中的最高权威》,杨尚东译,中国政法大学出版社 2018 年版,第 134 页。

② ［德］弗里德里希·包尔生:《伦理学体系》,何怀宏、廖申白译,中国社会科学出版社 1988 年版,第 412 页。

③ ［古罗马］西塞罗:《国家篇·法律篇》,沈叔平、苏力译,商务印书馆 1999 年版,第 151 页。

④ ［英］诺曼·多恩:《中世纪晚期英国法中的最高权威》,杨尚东译,中国政法大学出版社 2018 年版,第 136 页。

⑤ ［奥］凯尔森:《纯粹法理论》,张书友译,中国法制出版社 2008 年版,第 58 页。

⑥ ［美］哈罗德·J. 伯尔曼:《法律与宗教》,梁治平译,生活·读书·新知三联书店 1991 年版,第 28 页。

⑦ ［德］塞缪尔·普芬道夫:《人和公民的自然法义务》,鞠成伟译,商务印书馆 2009 年版,第 68 页。

法律乃是正确的理性,它与自然和谐一致,它散播至所有的人,且亘古不变、万世常存;它以其命令召唤人们履行义务,以其禁令约束人们为非作歹。"[1]萨拜因认为:"自然法是正当的理性准则,它指示任何与我们理性和社会性相一致的行为就是道义上公正的行为;反之,就是道义上的罪恶的行为。"[2]阿奎那认为:"法律是否有效,取决于它的正义性。但在人类的事务中,当一件事情能够正确地符合理性的法则时,它才可以说是合乎正义的;并且像我们所知道的那样,理性的第一个法则就是自然法。……如果一种人法在任何一点与自然法相矛盾,它就不再是合法的。"[3]所以霍布斯告诫我们说:"法律绝不能违反理性。"[4]因此,"个别自然人服从国家的法律,也就是服从自己本身理性的即人类理性的自然规律"[5]。从这个意义上说,违背人类理性的法律由于不具备信仰基础,因此其既不应当被遵守,也会被历史潮流所摒弃。对此,意大利著名刑法学家贝卡里亚认为:"一切违背人自然感情法律的命运,就同一座直接横断河流的堤坝一样,或者被立即冲垮和淹没,或者被自己造成的漩涡所侵蚀,并逐渐地溃灭。"[6]

理性之所以能够承担被法律信仰这一神圣使命,还在于理性与自然法的要求具有高度的一致性。一方面,理性是自然法的源头,自然法将"理性"定义为"人类一种自然的能力,是行为或信仰的正当理由,评判善恶是非的根本标准。把自然法视为理性的建构,意味着自然法是绝对有效的、不证自明的、一贯的和必然的,即使上帝

---

① [古罗马]西塞罗:《论共和国　论法律》,中国政法大学出版社2003年版,第71页。

② [美]乔治·霍兰·萨拜因:《政治学说史》(下),刘山等译,商务印书馆1986年版,第480~481页。

③ [意]托马斯·阿奎那:《阿奎那政治著作选》,马清槐译,商务印书馆1963年版,第116页。

④ [英]霍布斯:《利维坦》,黎思复、黎廷弼译,商务印书馆1985年版,第209页。

⑤ 《马克思恩格斯全集》(第1卷),人民出版社1956年版,第129页。

⑥ [意]贝卡里亚:《论犯罪与刑罚》,黄风译,中国大百科全书出版社1993年版,第30页。

也不能改变”①。自然法的核心“是公道、正义、感恩以及根据它们所产生的其他道德”②。另一方面,理性也是自然法的思想内核。西塞罗认为“真正的法律乃是与自然相吻合的正确理性;它是普遍适用的、稳定的、恒常的;它以命令的方式召唤履行义务,以禁止的方式阻止犯罪行为。但它不会徒然地对好人行命令和禁止,虽然命令和禁止对坏人毫无影响。企图改变这种法律是亵渎,取消它的某个方面是不被允许的,完全废止它是不可能的。我们无论是以元老院的决议或是以人民的决议都不可能摆脱这种法律的束缚,我们无须寻找说明者和阐释者。也不会在罗马是一种法律,在雅典是另一种法律,现在是一种法律,将来是一种法律,对于所有的民族,所有的时代,它是唯一的、永恒的、不变的法律。而且对于我们所有人而言也只有一个统治者,那就是上帝,他是这一种法律的创造者、宣布者、裁判者。谁不服从它谁就是自我逃避,蔑视人的本性,从而将会受到严厉的惩罚,尽管他可能躲过被人们视为惩罚本身的其他惩罚。”③霍布斯也认为:“所谓自然法,就是写在每一个人心中的自然理性的诫条。”④也正因为理性对自然法具有决定性作用,所以“人类理性具有至上的地位,因此,凭借个人理性,个人足以知道并能根据社会成员的偏好而考虑到建构社会制度所必需的境况的所有细节”。⑤

2. 理性对民法制度构建的作用。理性之于法律的作用具有多面性和复杂性,首先,理性保证法律内在制度的统一性和外在体系的一致性。马克思在《论离婚法草案》一文中就曾这样说过:“立法者应该把自己看作一个自然科学家。他不是在创造法律,不是在发明法律,而仅仅是在表述法律,他用有意识的实在法把精神关系的内在规律表现出来。如果一个立法者用自己的臆想来代替事情的

---

① 张文显:《二十世纪西方法哲学思潮研究》,法律出版社 1996 年版,第 44 ~ 45 页。

② [英]霍布斯:《利维坦》,黎思复、黎廷弼译,商务印书馆 1985 年版,第 207 页。

③ [美]布赖恩·比克斯:《法理学——理论与语境》(第 4 版),邱昭继译,法律出版社 2008 年版,第 80 ~ 81 页。

④ [英]霍布斯:《利维坦》,黎思复、黎廷弼译,商务印书馆 1985 年版,第 416 页。

⑤ [英]哈耶克:《致命的自负》,刘戟锋译,东方出版社 1991 年版,第 71 页。

本质,那么人们就应该责备他极端任性。同样,当私人想违反事物的本质恣意妄为时,立法者也有权利把这种情况看作是极端任性。”①

其次,理性实现法律的稳定性。实现法律的稳定性需要具备很多条件,包括法律制度本身具有的科学性和严密性,法律规范具有一定的超前性和预期性等,其中由明确的理念作指导无疑也是保证法律实现稳定性的重要构成要素。理性与理念具有高度关联性。一方面,理性可以演化出理念;另一方面,理念也是理性的集中体现。古希腊哲学家柏拉图最早对“理念”进行了研究,认为理念是超越于变动不居的事物而存在的一个永恒不变的本质或实在。② 或如黑格尔所言,古希腊哲学时期,“理念”一词特指理智的对象或理解到的东西。而黑格尔则把哲学上的理念与世俗中的法律结合起来,认为法的理念,即是指法的概念及其现实化,或曰法的理念即是自由。③ 史尚宽先生认为:“法律制定及运用之最高原理,谓之法律理念。”④李双元教授等人认为:“法律理念是高于法律观念、法律表象和法律意识的理性认知形态,是对法律的本质及其发展规律的一种宏观的、整体性把握和建构。”⑤理念的主要作用之一就在于指导和约束具体法律制度的设计,使其有明确统一的目标导向。但这种理念作用的发挥同样离不开人类理性的指导。对此,马克思曾精辟指出:“婚姻的神圣性和市民社会在其中表现为伦理性的那些制度,构成整体的稳定性,这就是说,普遍物同时就是每个人作为特殊物的事业。重要的是,理性的规律和特殊自由的规律必须相互渗透,以及个人的特殊目的必须同普遍目的同一,否则国家就等于空中楼阁。个人的自信构成国家的现实性,个人目的与普遍目的这双方面

---

① 《马克思恩格斯全集》(第1卷),人民出版社1995年版,第347页。

② [德]E.策勒尔:《古希腊哲学史纲》,翁绍军译,山东人民出版社1996年版,139~141页。

③ [德]黑格尔:《法哲学原理》,范扬、张企泰译,商务印书馆1996年版,第1页。

④ 史尚宽:《法律之理念与经验主义法学之综合》,载刁荣华主编:《中亚法律思想论集》,台北,汉林出版社1984年版,第259页。

⑤ 李双元、蒋新苗、蒋茂凝:《中国法律理念的现代化》,载《法学研究》1996年第3期。

的同一则构成国家的稳定性。人们常说,国家的目的在谋自然人的幸福。这当然是真确的。如果一切对他们说来不妙,他们的主观目的得不到满足,又如果他们看不到国家本身是这种满足的中介,那么国家就会站不住脚的。"

最后,理性可以弥补成文法之不足。任何法律制度无论设计得多么复杂,多么精美,都不可能完全满足社会的发展需要。这一方面是因为作为民法主要调整对象的人本身的复杂性和需求的多样性,"人的显著特征就在于他有着丰富、微妙并且多种多样的本性……矛盾是人类存在的基本要素。人没有'本性'——没有简单的或同质的存在。人是存在于非存在的奇怪组合,他处于这对立的两极之间"。① 另一方面则是因为人类认识世界的能力具有局限性,从而决定了不可能对所有的未来不确定事项预先作出假设,由此导致所有的立法都存在漏洞,都有可能存在无直接法律条文直接援用的情况。对此,《法国民法典》的起草者认为,"立法者的预见是有限的,自然法则是无限的,它可以适用于任何可能与人有关的事"②。德国著名民法学家萨维尼更是认为,"可以想象,法典要作为唯一的法律权威,实际上就要包括对可能出现的每一案件作出的判决。人们经常认为:假如凭经验可能并且很方便地透彻了解一些特殊案件,就可以根据法典的相应规定对每一案件作出判决。但是任何认真研究过判例的人一看便知,这种做法一定要失败,因为千变万化的实际情况确实是无法限制的。事实上,在所有新法典中都放弃了企图取得这种材料完整性的全部幻想,而且没有找出任何代替的东西。"③也正是这一原因,"在现代法学理论中,对于无法源适用的情形下,理性的标准表述是智性能力和良好判断。但是,作为道德法律事实的一种手段,在法学理论中理性本身已然成为道德法

---

① [德]恩斯特·卡希尔:《人论》,李琛译,光明日报出版社2009年版,第13页。

② [法]波塔利斯:《法国民法典开篇:法典起草委员会在国会就民法典草案的演讲》,殷喆、袁菁译,载何勤华主编:《20世纪外国民商法的改革》,法律出版社2004年版,第9页。

③ 《西方法律思想史资料选编》,北京大学出版社1983年版,第530~531页。

的一部分。”[①]

3. 理性对推动民法制度发展的作用及其相关法律实践。理性不但在理论上影响了世界各国的立法，而且在实践中也直接影响到各国法律制度的构造。在大陆法系各国，理性不但是法律走向体系化、规范化的主要推动力，而且也是具体制度构建的主要依据。在民事主体制度设计上，“近代私法中的人之地位……在其背后是理性、意思方面强而智的人像”。[②] 在所有权制度设计中，“所有权所以合乎理性不在于满足需要，而在于扬弃人格的纯粹主观性。人唯有在所有权中才是作为理性而存在的”。[③] 从具体立法活动来说，在《法国民法典》最终草案的序编中，立法者曾对本次民法典的编纂作了这样的表述，即认为作为民法典的编纂基础，事实上“存在着一种普遍的永恒的法，它是一切实在法的渊源：它不过是统治着全人类的自然理性”[④]。《瑞士民法典》也在第 1 条第 2 款规定：“无法从本法得出相应规定时，法官应依据习惯法裁判；如无习惯法时，依据自己如作为立法者应提出的规则裁判。”[⑤]这里的“作为立法者应提出的规则”实际上也指基于人的理性应作出的判断。

理性对英美法的形成和运行作用更为明显。在英美法中，理性不仅是英格兰法律最重要的基础，“每一条实证法或多或少都以理性为基础”[⑥]，也是将习惯转化为法律的重要参考依据。作为其例证，中世纪的法官“的确基于抽象的正义观来判断地方习惯法是否有效力。任何习惯法（通常具有等同法律的地位），一旦违反了理

---

① ［英］诺曼·多恩：《中世纪晚期英国法中的最高权威》，杨尚东译，中国政法大学出版社 2018 年版，第 134 页。

② ［日］星野英一：《私法中的人》，王闯译，中国法制出版社 2004 年版，第 8 页。

③ ［德］黑格尔：《法哲学原理》，范扬、张企泰译，商务印书馆 1961 年版，第 50 页。

④ ［法］阿·布瓦斯泰尔：《法国民法典与法哲学》，钟继军译，载徐国栋主编：《罗马法与现代民法》（第 2 卷），中国法制出版社 2001 年版，第 290 页。

⑤ 《瑞士民法典》，殷生根、王燕译，中国政法大学出版社 1999 年版，第 3 页。

⑥ ［英］诺曼·多恩：《中世纪晚期英国法中的最高权威》，杨尚东译，中国政法大学出版社 2018 年版，第 137 页。

性或基本权利的要求就不会产生效力”。[①] 具体说来,“英国普通法在进行习惯的法律化过程中,当法官们选择承认什么样的习惯以使其具有全国性的效力和禁止什么样的习惯通行时,他们实际上运用了‘合乎理性’这一检验标准,一个最初源于罗马和欧洲大陆思想的检验标准。实际上,普通法体现正确理性这一观念从 14 世纪起就提供了普通法要求被看作是高级法的主要依据。但是,必须再次注意它与欧洲大陆思想的巨大差别。欧洲大陆的高级法准则所针对的正确理性,一直是西塞罗诉求的正确理性,它是全人类的正确理性,而另一方面,作为普通法基石的正确理性,从一开始就是法官的正确理性。普通法被看作是依赖于知识或发现的法,所以它是依赖于专家们的法,随着遵循先例(stare decisis)学说以空前稳固的方式得到确立,情况便愈益如此”[②]。正是因为理性在法律领域的成功运用,从而使法律成为推动社会发展的最有力武器之一,并由此带来了整个社会的观念变革和社会变革。英国著名社会学家玛丽·伊万丝对此曾感叹道:“18、19 世纪将无数次见证个体的人利用理性满足强烈的甚至是炽烈的好奇心,贯彻对社会和政治秩序进行必要变革的坚定信念。理性的成功运用,尤其是在解决物质世界的问题方面的成功运用,使 19 世纪成为一个经历空前技术变革的世纪。在这个世纪,普通民众的生活发生了翻天覆地的变化,其速度之快、程度之彻底可谓史无前例。”[③]

4. 理性的局限性。理性作为民法的渊源也具有一定的局限性,这种局限性首先缘于理性及以其为基础的自然法理念的不确定性。“自然法代表了人类对行为之合理性的一种祈求,但它同时也是一种主张,认为惟有当行为可以用理性来衡量的时候,才算是合乎法

---

① ［英］诺曼·多恩:《中世纪晚期英国法中的最高权威》,杨尚东译,中国政法大学出版社 2018 年版,第 95 ~96 页。

② ［美］爱德华·S. 考文:《美国宪法的“高级法”背景》,强世功译,生活·读书·新知三联书店 1996 年版,第 19 ~20 页。

③ ［英］玛丽·伊万丝:《现代社会的形成》,向俊译,中信出版集团股份有限公司 2017 年版,第 76 页。

律的。正因为法律是理性行为的产物，法律观念才可以扩充到泛指‘任何规范人类行为的规则或准绳’。我们也许会发现我们很难接受这么一个观念，甚至连了解都很难。但我们不妨暂且忘掉我们有关实定法的日常经验，暂时不要去管‘理性’一词的模棱含混以及自然法理论家所用到的种种不同意义。须知我们真正所要找寻的乃是有关法律本质的一个明确命题。”①与此相适应，“人显然不可能是合乎理性的，或起码是不可能像‘现代性’初始阶段提出的那样，在狭义和最终意义上是永恒合乎理性的。这种理解无视行动、思想以及社会秩序本身的非意识起源；它无法说明强烈情感以及关于爱和恨之类的幻想的作用”。② 因此，立法者、司法者以及法律遵守者，作为其本能的反应，“当自己的利益需要时，他们会放弃习惯，而一遇到理性对自己不利时，他们又反对理性”③。也正是这个原因，虽然“理性乃是人类所拥有的最为珍贵的秉赋”，但从另一方面说，“理性并非万能，而且那种认为理性能够成为其自身的主宰并能控制其自身的发展的信念，则有可能摧毁理性”④。不仅如此，“在演进理性主义的框架内，理性的作用实际上受到了严格的限制：一方面是因为个人理性在理解它自身的运作方面有着一种逻辑上的局限，这是因为它永远无法离开它自身而检视它自身的运作；另一方面，个人理性在认识社会生活方面也存在极大的限度，这是因为个人理性乃是植根于由行为规则所构成的社会秩序之中的，因而人的理性无法摆脱生成和发展它的传统与社会而清醒地评估那种理性人身在其中的传统与社会”。⑤

虽然理性本身有这样那样的缺陷，也存在一定的不确定性，但

---

① ［意］登特列夫：《自然法——法律哲学导论》，李日章译，台北，联经出版事业公司 1984 年版，第 77 页。

② ［美］杰夫瑞·C. 亚历山大：《世纪末社会理论》，张旅平等译，上海人民出版社 2003 年版，“导言”，第 2 页。

③ ［英］霍布斯：《利维坦》，黎思复、黎廷弼译，商务印书馆 1985 年版，第 77 页。

④ ［英］弗里德利希·冯·哈耶克：《自由秩序原理》（上册），邓正来译，生活·读书·新知三联书店 1997 年版，第 80 页。

⑤ 邓正来：《自由主义社会理论》，山东人民出版社 2003 年版，第 89 页。

理性对良法理念的确立却是一个毋庸置疑的事实,理性对成文法进行补充适用既是必须的,也是有可能的,这既取决于理性本身的无可替代性,也是时代呼唤良法善治的必然结果。诚如马克斯·韦伯所言:“我们的时代,是一个理性化、理智化、尤其是将世界之迷魅加以祛除的时代;我们这个时代的宿命,便是一切终极而崇高的价值,已自社会生活隐没,或者遁入神秘生活的一个超越世界,或者流于个人之间直接关系上的一种博爱。”①

七、作为民法渊源的社会公共利益

(一)社会公共利益的界定

对于公共利益的理解主要有三种看法:一是公共利益被等同于某些抽象的、重要的、理想化的价值和规范,如自然法、正义和正当理性等;二是公共利益被看作某个特定的个人、群体、阶级或多数人的利益;三是公共利益被认为是个人之间或群体之间竞争的结果。②有的学者认为公共利益可以被理解为涉及文化、教育、医疗、环境保护等社会公共事业和国防建设等符合绝大多数人愿望的非直接商事性质的利益。也就是说,社会公共利益既不是某些个人的利益,也不是某些团体的利益,更不是直接具有商事性质的利益,而是涉及关系人们生活质量的环境、交通、医院、学校等社会公共事业或公众安全的国防事业等方面的利益。③ 大陆法系偏向于从实体角度来界定公共利益,进而试图表述公共利益的内涵。比如被公法学者们反复引证的德国学者华特·克莱恩提出的理论认为,“公共利益”是受益者尽量广、对受益人生活尽量有益的事物。④ 这样的界定满足了大陆法系对概念作出抽象定义的传统,但是“给出的实质要件

---

① [德]马克斯·韦伯:《学术与政治》,钱永祥等译,广西师范大学出版社2004年版,第190页。

② [美]亨廷顿:《变革社会中的政治秩序》,李盛平等译,华夏出版社1988年版,第24页。

③ 费安玲:《对不动产征收的私法思考》,载《政法论坛》2003年第1期。

④ 李累:《论法律对财产权的限制》,载《中国宪法学精粹》,机械工业出版社2003年版,第176页。

弹性颇大,最终还要依赖有权机关的主观解释"。[1] 国内学者则主要从两个层面对公共利益进行界定。一是从规范性层面,意在说明公共利益总是与一个社群存在和发展所必需的社会价值相关,这又具体包括两个方面,一方面是该社群存在所必需的社会价值,如安全、秩序、领土;另一方面是该社群发展所必需的社会价值,如科学技术、产权安排。二是从经验层面,意在描述公共利益的外在特征,即公共利益是一个社群中不确定的个人都可以享有的社会价值。它表明了公共利益与个人利益之间的对立统一关系:一方面,没有脱离个人利益的抽象的公共利益;另一方面,任何公共利益都不可能完全与特定的个人利益相一致。由此总结出公共利益的三个特点:第一,公共利益是具有消费不排他性的相容性利益。公共利益并不能由某个人或某些人所专享,而是可以由多人所共享,且增加新的受益者并不会减少原有受益者的利益。第二,公共利益具有不可分性。公共利益所具有的数量不能像私人利益那样被划分。第三,公共利益的供给具有一定的外部效应(externality)。公共利益受到损害,不会仅是一个人受到损害,而是同一社会的其他人也受到损害。[2]

相比较而言,用民主理念来解释公共利益可能更为恰当。因为这种理念认为公共利益的基础是个人的需求,公共利益并不是直接来自人民(people),而是以复数的个人(individuals)或私人(private individuals)为基础形成的。[3] 这也就是卢梭所说的"众意"。"公意只着眼于公共的利益,而众意则着眼于私人的利益,众意只是个别意志的总和。但是,除掉这些个别意志间正负相抵消的部分外,则剩下的总和仍然是公意。"[4]这种界定方式更多地强调界定主

---

① 城仲模主编:《行政法之一般法律原则(二)》,台北,三民书局 1997 年版,第 161 页。

② 麻宝斌:《公共利益与公共悖论》,载《江苏社会科学》2002 年第 1 期。

③ [美]詹姆斯·M. 布坎南、戈登·塔洛克:《同意的计算》,陈光金译,中国社会科学出版社 2000 年版,第 272~267 页。

④ [法]卢梭:《社会契约论》,何兆武译,商务印书馆 1982 年版,第 30 页。

体应当是私人群体当中合理的多数而非政府,以人的主体性和个体性为基础,通过一定的程序来实现私人利益,更能保障公共利益的基础。

“法律的主要作用之一乃是调整和调和种种相互冲突的利益”,[①]而在所有利益冲突中,个人利益和社会公共利益的冲突无疑是最为主要的冲突形式。这一方面是因为对个人利益的不懈追求是引导社会主体从事任何有目的社会活动的原始动机;另一方面是因为个人利益具有明显的排他性特点,因此对个人利益的获取在很多情况下都是以牺牲他人利益为代价的,即“每个人都希望以尽可能少的牺牲取得更多的财富”。[②] 因此,为了使个人利益的追求不至于损害正常的社会秩序,在法律上就有必要通过社会公共利益对个人利益进行约束和矫正,其显著表现是“社会利益不能容忍为了满足反社会的邪恶目的而行使个人权利”。[③]

当然,我们还应当看到,社会公共利益与个人利益还有相容相生的一面,虽然我们不能简单地将社会公共利益理解为个人利益的相加或总和,但社会公共利益对个人利益具有明显的涵盖性、吸附性、裂变性等则是毋庸置疑的。换言之,“社会利益的主要方面是个人的道德和社会生活,因此,个人利益与社会利益息息相关”。[④] 不仅如此,个人在对其个人利益进行追求时,虽然主观上并不可能出于促进社会公共利益实现的目的,但就其行为结果来看,在很多情况下,在个人利益实现的同时也会促进社会公共利益增长,即“当每个人自以为是奔向个人利益的时候,就是走向了公共的利益”。[⑤]

① ［美］E. 博登海默:《法理学——法哲学及其方法》,邓正来、姬敬武译,华夏出版社 1987 年版,第 383 页。

② ［英］西尼尔:《政治经济学大纲》,蔡受百译,商务印书馆 1986 年版,第 16 页。

③ ［美］罗斯科·庞德:《普通法的精神》,唐前宏等译,法律出版社 2001 年版,第 140 页。

④ ［美］罗斯科·庞德:《普通法的精神》,唐前宏等译,法律出版社 2001 年版,第 77 页。

⑤ ［法］孟德斯鸠:《论法的精神》,张雁深译,商务印书馆 1963 年版,第 25 页。

(二)社会公共利益的民法实现

从理论上说,法律本身所要求的严谨性和公共利益的模糊性之间存在较大差异,因此就社会公共利益本质来说,其是很难用法律予以描述的概念和制度。诚如英国中世纪著名法学家福蒂斯丘所言:“法律过于严谨的语词不能够充分表达创制法律的目的,从而侵犯社会公共利益。”①

1. 作为民法立法目的的社会公共利益。就公共利益本质来说,其承载的是一种秩序价值,“社会公共利益就其本质来说体现的是一种秩序价值”,而“法律秩序的价值在于赋予或维系社会关系和社会体制的模式和结构,从而为人类的生活与活动提供必需的条件”②。因此,保护社会公共利益的目的主要就是维护社会公共秩序,从另一方面来说,维护社会公共秩序也会达到促进社会公共利益实现的目的。从这个意义上说,我国《民法典》在第 1 条所阐述的“维护社会和经济秩序”③的立法宗旨,就其本质来说无疑是为了实现社会公共利益。特别值得注意的是,在我国《民法典》中,除了在物权制度之外,集体利益已不再作为一种独立的利益存在形态,而是被合并到社会公共利益之中,在传统上属于国家利益的一些利益范畴,也被吸收到社会公共利益之中。这不但极大丰富了社会公共利益的内涵,而且更加凸显了社会公共利益在利益保护中的特殊地位。

2. 作为民法特殊保护对象的社会公共利益。我国《民法典》对社会公共利益进行了特别保护,将社会公共利益作为许多行为的正当性基础和前置性条件,甚至是作为个人权利让渡的主要依据。其具体内容主要表现在两个方面:一方面,将公共利益作为征收征用的依据和

---

① [英]诺曼·多恩:《中世纪晚期英国法中的最高权威》,杨尚东译,中国政法大学出版社 2018 年版,第 124 页。

② 乔克裕、黎晓平:《法律价值论》,中国政法大学出版社 1991 年版,第 145 页。

③ 我国《民法典》第 1 条规定:“为了保护民事主体的合法权益,调整民事关系,维护社会和经济秩序,适应中国特色社会主义发展要求,弘扬社会主义核心价值观,根据宪法,制定本法。”一般认为这一条是关于民法典立法宗旨、目的、作用的描述。

条件,强调为了实现社会公共利益的需要,可以征收、征用集体所有的土地和组织、个人的房屋以及其他不动产;另一方面,也只有出于实现公共利益的目的才能够进行征收、征用行为。① 根据《民法典》第 494 条第 1 款的规定:“国家根据抢险救灾、疫情防控或者其他需要下达国家订货任务、指令性任务的,有关民事主体之间应当依照有关法律、行政法规规定的权利和义务订立合同。”

3. 作为民事行为约束条件(效力判断)的社会公共利益。社会公共利益在作为民事行为的约束条件或效力判断因素时,主要是通过两种方式加以实现的:一是通过公序良俗原则及其相关的具体法律规则来实现对民事行为的效力约束,因为公序良俗与社会公共利益在保护目的上具有高度一致性,或者说公序良俗原则本身就是社会公共利益实现的一种方式和/或手段。二是直接在法律条文中将社会公共利益作为从事民事法律行为必须遵守的要求。这一要求在我国《民法典》中又具体表现为三个方面的规定:首先,将违反社会公共利益作为判定民事权利滥用的构成要素,这主要表现在《民法典》第 132 条②的规定中;其次,将实现社会公共利益作为国家或其他土地使用权出让人提前收回建设用地使用权的法定条件,这主要体现在《民法典》第 358 条③的规定中;最后,把不得违反社会公共利益作为从事与人体基因、人体胚胎等有关的医学和科研活动时

---

① 我国《民法典》关于征收、征用的规定主要有 3 个法律条文,第 117 条规定:“为了公共利益的需要,依照法律规定的权限和程序征收、征用不动产或者动产的,应当给予公平、合理的补偿。”第 243 条规定:“为了公共利益的需要,依照法律规定的权限和程序可以征收集体所有的土地和组织、个人的房屋以及其他不动产。”第 245 条规定:“因抢险救灾、疫情防控等紧急需要,依照法律规定的权限和程序可以征用组织、个人的不动产或者动产。被征用的不动产或者动产使用后,应当返还被征用人。组织、个人的不动产或者动产被征用或者征用后毁损、灭失的,应当给予补偿。”

② 《民法典》第 132 条规定:“民事主体不得滥用民事权利损害国家利益、社会公共利益或者他人合法权益。”

③ 《民法典》第 358 条规定:“建设用地使用权期限届满前,因公共利益需要提前收回该土地的,应当依据本法第二百四十三条的规定对该土地上的房屋以及其他不动产给予补偿,并退还相应的出让金。”

应当遵守的基本要求，这主要体现在《民法典》第 1009 条[①]的规定中。

4. 作为民事主体承担法律依据的社会公共利益。一方面，社会公共利益作为我国民法的特殊保护对象，具有神圣性；另一方面，对社会公共利益的侵害当然会引起于己不利的法律后果，因此，我国《民法典》就把侵害社会公共利益的行为作为民事责任发生的依据。我国《民法典》主要通过两个条文来实现这一目的：一个是《民法典》第 185 条[②]，将侵害英雄烈士等的姓名、肖像、名誉、荣誉的行为视为侵害社会公共利益的行为，并因此将其作为承担民事责任的依据；另一个是《民法典》第 534 条[③]，将利用合同实施危害社会公共利益的行为作为民事主体承担行政责任的依据。

5. 作为民事责任豁免依据的社会公共利益。一方面，社会公共利益作为我国《民法典》的重要保护对象，可通过防止社会主体侵害的方式实现其保护目的；另一方面，由于社会公共利益关涉社会的整体利益和众多不特定人的利益。为了保证社会公共利益的实现并使更多社会主体受益，在某些特殊情况下，可以对个人利益实施某种有限程度的侵害，并相应豁免侵权人的民事责任。这一目的在我国《民法典》中主要是通过以下内容加以实现的：第一，为了实现社会公共利益的需要而合理使用民事主体的姓名、名称、肖像、个人信息等进行新闻报道、舆论监督的，无须承担民事责任[④]；第二，出

---

① 《民法典》第 1009 条规定："从事与人体基因、人体胚胎等有关的医学和科研活动，应当遵守法律、行政法规和国家有关规定，不得危害人体健康，不得违背伦理道德，不得损害公共利益。"

② 《民法典》第 185 条规定："侵害英雄烈士等的姓名、肖像、名誉、荣誉，损害社会公共利益的，应当承担民事责任。"

③ 《民法典》第 534 条规定："对当事人利用合同实施危害国家利益、社会公共利益行为的，市场监督管理和其他有关行政主管部门依照法律、行政法规的规定负责监督处理。"该条虽然没有直接规定对利用合同实施危害社会公共利益行为的行为人追究行政责任，但鉴于该规定是授权作为行政机关的市场监督管理部门和行政主管部门，其处理要求是"监督处理"，可以推断该处理的结果主要应该是追究行为人行政责任。

④ 《民法典》第 999 条规定："为公共利益实施新闻报道、舆论监督等行为的，可以合理使用民事主体的姓名、名称、肖像、个人信息等；使用不合理侵害民事主体人格权的，应当依法承担民事责任。"

于社会公共利益目的而制作、使用、公开他人肖像的行为可以免责[①];第三,在进行新闻报道、舆论监督时影响了他人的名誉时,如果该新闻报道、舆论监督系以实现社会公共利益为目的,即可免除其责任承担[②];第四,把维护社会公共利益作为处理个人信息时民事责任豁免的依据。[③]

---

① 《民法典》第1020条第5项规定,“为维护公共利益或者肖像权人合法权益,制作、使用、公开肖像权人的肖像的其他行为”,属于合理行为,可以不经肖像权人同意,且无须承担民事责任。

② 《民法典》第1025条规定:“行为人为公共利益实施新闻报道、舆论监督等行为,影响他人名誉的,不承担民事责任。”为了防止行为人滥用新闻报道和舆论监督,所以该条也明确规定,“捏造、歪曲事实”或“对他人提供的严重失实内容未尽到合理核实义务”或“使用侮辱性言辞等贬损他人名誉”的,不能免除其责任的承担。

③ 《民法典》第1036条规定:“处理个人信息,有下列情形之一的,行为人不承担民事责任:(一)在该自然人或者其监护人同意的范围内合理实施的行为;(二)合理处理该自然人自行公开的或者其他已经合法公开的信息,但是该自然人明确拒绝或者处理该信息侵害其重大利益的除外;(三)为维护公共利益或者该自然人合法权益,合理实施的其他行为。”

第十一章　民法总则制度的伦理分析

一、民事主体制度的伦理分析

（一）自然人制度的伦理分析

自然人是民法主要关注的对象，也是民法调整的主要内容。现代社会的整个民法体系都是以自然人为基础而构造和发展起来的。著名思想家托马斯·阿奎纳认为，自然人是上帝所创造的唯一的、既作为被创造物又同时作为其他的被造物之王或者主人的造物，这一点可以从《圣经》中看出来。[①]由于自然人几乎涵盖了民法内容的所有要素，因此一代哲人孟德斯鸠才评价说："在民法的慈母般的眼里，每一个个人就是整个的国家。"[②]按照学界一般观点，自然人具有三个属性：第一，自然属性，即自然人是基于自然生理规律而出生和存在的具有自然生命的两足、直立的哺乳动物。第二，社会属性，即自然人是具有思维能力的高等动物，是社会关系的总和。第三，法律属性，即自然人是具有民

---

① 参见［德］汉斯·哈腾鲍尔：《民法上的人》，孙宪忠译，载《环球法律评论》2001 年第 4 期。

② ［法］孟德斯鸠：《论法的精神》（下），张雁深译，商务印书馆 1961 年版，第 190 页。

事主体资格,即具有民事权利能力和民事行为能力的人。民事权利能力和民事行为能力的统一构成了自然人主体资格的完整内容。近现代民法都无一例外地将抽象人格赋予每一个有生命的人(甚至胎儿)终生享有,且非因死亡不可剥夺、不可让渡或继承。按照一般说法,自然人的民事权利能力始于出生,终于死亡,因此出生是自然人取得民事权利能力的唯一法律原因。出生是自然人脱离母体且保有生命而成为民事主体的法律事实,在性质上属于自然事件。对于出生的判断应以社会公认的法律标准和习惯标准作为判别标准。这种公认的出生标准主要包括两项构成要件:其一,须脱离母体,构成“出”。未脱离母体的自然人雏形为胎儿,胎儿在母体中发育,与母体构成一个整体,尚无独立存在的意义,其人格为母体所吸纳。其二,须保有生命,构成“生”。生命之保有以胎儿脱离母体的时间为判断基准,胎儿脱离母体时已无生命的,为死胎;胎儿脱离母体时保有生命的,则构成出生,即成为自然人。自然人的出生时间,是自然人民事权利能力开始的时间,在法律上具有重要意义,其判断应以胎儿脱离母体的时间为标准。在学理上有部分露出说、全部露出说、断脐带说、初啼说、独立呼吸说等。由于现代医学的进步,胎儿脱离母体的方式不仅限于分娩,剖宫产已在临床上得到普遍运用。因此,具体的出生时间应以医学上公认的出生时间为准。出生时间的确定作为一个事实问题,一般应予以证明。这种证明既要考虑到科学性和便利性,又要充分尊重社会的习惯做法。目前在我国出生的证明方式有三种:其一,户籍证明。其二,医院证明。其三,其他证明。其他证明主要适用于在医院以外出生,又未进行户籍登记的情况;或者虽在医院出生,但医院无法查证,并未进行户籍登记的情况。发生以上情况,在需要确定自然人出生时间时,应参照该自然人所在地的居民委员会、村民委员会或者其亲友、邻居提供的证明进行认定。

按照一般规定,自然人的民事权利能力始于出生,出生以前的胎儿不具有民事权利能力,不得为民事法律关系的主体,但为保护胎儿将来出生后的生存利益,各国民法都作出了有关保护胎儿利益的规定。这种规定一般以胎儿活着产出为条件,即要求胎儿在出生前必须是一个具有生命属性的生命体。所谓生命体,是指自然人出生之前已经具备生命特征的特殊物体,由于生命体在正常情况下会孕育成自然人,因此民法认定其具有与自然人相同的法律人格——民事权利能力。为此,早在罗马法时期法学家就提出,“为对其有利,权利能力自受孕之时而不是从出生之时起计算”。[①] 之后的法、德民法都作了类似的规定。《日本民法典》采德国法体例,不规定权利能力的终期,同时在第 721 条规定:“胎儿,就损害赔偿请求权,视为已出生。”《瑞士民法典》第 31 条规定:“权利能力自出生开始,死亡终止。”“胎儿,只要其出生时尚生存,出生前即具有权利能力的条件。”我国《民法典》第 16 条规定:“涉及遗产继承、接受赠与等胎儿利益保护的,胎儿视为具有民事权利能力。但是,胎儿娩出时为死体的,其民事权利能力自始不存在。”

自然人的民事权利能力终于死亡,死亡是自然人民事权利能力终止的唯一原因。死亡方式有两种,一种是自然死亡,另一种是宣告死亡。无论是自然死亡还是宣告死亡,都会引起自然人民事权利能力终止。自然人民事权利能力一旦终止,则连带引起婚姻关系的消灭、遗产继承的开始、债权债务的清偿等法律后果。由于宣告死亡是一种法律推定,被宣告死亡人如生存于他方,其民事权利能力不因在原住所地被宣告死亡而受影响,宣告死亡的效力仅限于被宣告死亡人所参与的以其原住所地为中心的民事法律关系,并可以依法被撤销。

死亡时间是自然人民事权利能力终止的时间,在法律上有重大意义。关于自然死亡的具体标准和时间,一般应以医学上公认的死亡标准和时间为依据。我国关于自然人死亡的标准和时间,一般以呼吸停止、心脏停搏并经医院临床诊断死亡为依据。但死亡既是一个事实判断,也是一个法律判断,同时还是一个伦理判断。对于死亡的含义及其判断,不同民族在不同时期有不同的态度。几千年来,心跳和呼吸的停止一直被认为是死亡的唯一标志,因为这既符

---

① [意]彼德罗·彭梵得:《罗马法教科书》,黄风译,中国政法大学出版社 1992 年版,第 30 页。

合人的直观判断,也符合人的伦理接受能力。然而,随着医学科学的不断发展,呼吸机和维持心跳血压药物的出现,使一些已经出现生命衰竭症状的病人仍然可以借助外力来维持基本的呼吸和心跳。现代医学使用呼吸器及心脏起搏器等设备,病人在大脑不可逆转的死亡后,心脏还能继续跳动,肺还能继续呼吸。这种脑功能与心肺功能分离的现象,促使人们对死亡的概念进行重新认识。目前,已有包括美国在内的十几个国家立有正式的法律条文,承认不可逆转的脑死亡是宣布死亡的依据。这些国家对脑死亡者有明确规定,即在排除病人处于低温或中枢神经系统抑制药物的影响的前提下,自主呼吸停止,经医院抢救观察至少 1 小时仍无自主呼吸,没有自动或继发于疼痛刺激的活动,双侧瞳孔扩大、固定,无任何神经反射活动,脑电图显示脑电波消失或呈水平线,所有上述状况在 24 小时内无变化,虽然心脏在跳动,就可宣布死亡。这些国家认为,以脑死亡作为死亡标准,不但更加科学,而且也使法学、伦理学对死亡的认识更加合理。脑死亡后,在接受人工呼吸等支持的情况下,心脏仍能跳动,并保持全身的血液循环。但是,由于大脑无法复苏,这种心跳不再具有生命意义。虽然从感情上说这种停止抢救的做法会违背伦理道德,但从社会的角度来说,明知道不可行却一定要浪费资源,就会使很多可以治好的病人,或者能够得到基本服务的病人失去机会。因此,对脑死亡者停止一切抢救措施,并不构成伦理道德障碍。

我国在立法上对死亡并没有明确的定义,而是遵循医学的解释。在“脑死亡”没有得到法律认可前,医生放弃对“脑死亡”者的抢救,可能被视为谋杀或不作为。原卫生部脑死亡判定标准起草小组制定的《中国成人脑死亡判定标准与操作规范》于 2002 年 10 月 27 日公布,进一步引起了以脑死亡标准判定死亡的争论。《中国成人脑死亡判定标准与操作规范》对“脑死亡”的定义为:包括脑干在内的全脑功能不可逆转的丧失。从性质上说,脑死亡不同于植物人。植物人脑干的功能是正常的,昏迷是由于大脑皮层受到严重损害或处于突然抑制状态,因此病人可以有自主呼吸、心跳和脑干反应,少数病人还有可能一朝苏醒,但脑死亡在现有的条件下是不可逆转的。虽然从理论上说脑死亡比传统的死亡判断标准更为科学,但死亡标准的确定既是一个技术问题,也是一个伦理问题。因此脑死亡的立法既要考虑符合我国的医疗科技水平,又要考虑到我国的国情以及我国不同层次的人们的伦理感情标准和人们对脑死亡标准的接受程度,同时还要考虑到我国人民的生活水准,此外也不能忽略科技、文化、经济和伦理道德背景等对死亡概念和死亡确定标准的影响。因为在人们的观念中,无论如何是不能将还能呼吸的人与死亡挂钩的。特别是在脑死亡立法中,不要将器官移植和脑死亡联系起来,以免公众在感情上对脑死亡更加不能接受。① 实际上,美国器官移植、脑死亡的立法,欧盟的立法,新加坡的立法,都结合了本地区或本国家的特点,都不一样。

对不能正确处理自己财产和有效保护自己合法权益的无行为能力人和限制行为能力人,民法创设了监护人制度。我国《民法典》第26条的规定,父母对未成年子女负有抚养、教育和保护的义务,因此父母无疑是未成年子女的第一顺序监护人。如果未成年人的父母已经死亡或者没有监护能力,可以由其他人担任监护人。但无论是监护人范围的确定,还是监护人顺序的确定,主要考虑的是监护人和被监护人之间血缘关系的远近以及人身依附关系的强弱。② 对无民事行为能力或者限制民事行为能力的成年人的监护人范围和监护顺序的确定,同样考虑的是监护人和被监护人之间关系的疏密程度。③ 另根据《民法典》第35条的规定,监护人应当按照最有利于被监护人的原则履行监护职责。监护人除为维护被监护人利益外,不得处分被监护人的财产。未成年人的监护人履行监护

---

① 参见钟铮、田泓:《"脑死亡"挑战医学伦理》,载《人民日报·华东新闻》2002年11月20日,第4版。

② 根据我国《民法典》第27条的规定:"父母是未成年子女的监护人。未成年人的父母已经死亡或者没有监护能力的,由下列有监护能力的人按顺序担任监护人:(一)祖父母、外祖父母;(二)兄、姐;(三)其他愿意担任监护人的个人或者组织,但是须经未成年人住所地的居民委员会、村民委员会或者民政部门同意。"

③ 根据我国《民法典》第28条的规定:"无民事行为能力或者限制民事行为能力的成年人,由下列有监护能力的人按顺序担任监护人:(一)配偶;(二)父母、子女;(三)其他近亲属;(四)其他愿意担任监护人的个人或者组织,但是须经被监护人住所地的居民委员会、村民委员会或者民政部门同意。"

职责,在作出与被监护人利益有关的决定时,应当根据被监护人的年龄和智力状况,尊重被监护人的真实意愿。成年人的监护人履行监护职责,应当最大限度地尊重被监护人的真实意愿,保障并协助被监护人实施与其智力、精神健康状况相适应的民事法律行为。对被监护人有能力独立处理的事务,监护人不得干涉。

(二)法人制度的伦理分析

法人是与自然人相对应的另一类重要民事主体,是基于法律的规定享有权利能力和行为能力,具有独立的财产和经费,依法独立承担民事义务和民事责任的社会组织。按照现代法学理论,法人是法律权利和法律义务人格化的主体,和自然人一样具有独立的法律人格。法人的人格主要有以下四层含义:法人人格与其成员人格相互独立;法人具有独立的权利能力;法人财产与其成员的财产相分离;法人独立承担责任与社员承担有限责任相并行。其中法人社员的有限责任是整个法人制度的基石。这块基石在法人与法人社员以及法人社员与法人债权人之间设立起两道屏障:第一道屏障在于社员在让渡出资财产所有权时,还必须让渡对法人财产的直接控制权,法人财产应当由独立的法人机关行使有效的管理与控制,从而使法人与法人社员之间的责任连带关系被割断。它可以对法人交易的相对人发出一种信号,使之确信与之交易的对方当事人是法人而不是法人的社员。第二道屏障在于法人社员必须以放弃对法人财产的直接支配权换取法人债权人对社员有限责任的容忍。这道屏障可以保护社员免受法人债权人的直接追索,最终以法人与其成员的双重分离实现以法人为中心的法人出资者群体与法人债权人群体的两极利益的平衡。如果法人成员违背其对法人和债权人应当承担的义务,那么法人的独立人格赖以存在的基础就受到威胁,在这种情况下,如果仍然由法人独立承担责任则对债权人显有不公,因此法律上就创立了可以对法人成员进行追究的法人人格否认制度。所谓公司法人人格否认,是指对已具独立资格的法人组织,如果其社员出于不正当目的而滥用法人人格,并因此对债权人利益造成损害的,法院可基于公平正义的价值理念,否认该法人的独立法律人格,并责令法人的社员直接对法人的债务承担连带责任的一种法律制度。

法人人格否认制度是民法基本原则在法人制度中的具体体现。首先,该制度是民法中权利不得滥用原则在法人制度领域的扩张和具体化。权利不得滥用原则作为民法的一项基本原则,在民法中具有相当重要的地位。如果说诚实信用原则是从主观内省的角度对权利的行使进行了界定的话,那么,权利不得滥用原则则是从客观外现的角度对权利的行使进行了限制。在法人人格否认的场合,种种滥用法人人格的行为在主观上既无诚实信用的心理态度,也难以符合法律规范的有关要求。与一般权利滥用不同的是,在这里,权利滥用的主体是法人的社员而不是法人本身。法人社员所利用的也并非某一具体的权利,而是一项带有综合性的法律地位即独立的法人人格。然而无论从原始动机(谋取私利)还是从行为后果(损害他人权益或公共利益)来看,其与一般的滥用权利并无二致。因此,法人人格否认不过是权利不得滥用原则在法人制度领域扩张的结果。其次,法人人格否认法理是权利义务相一致原则的具体体现。由于传统法人人格制度先天上的不足以及存在法人社员的恶意操纵的可能性,法人制度设计者的初衷要求——法人社员与法人债权人的权利和义务的平衡往往被打破。法人社员承担有限责任的条件是必须要放弃一些权利,但法人社员却往往只想享受有限责任的优点却不愿接受分离原则的种种限制。而法人人格否认正是针对法人社员滥用法人人格的行为,否定法人具有独立人格,取消法人社员享有的有限责任的优惠。因此,如果说法人人格独立制度是从肯定的层面即法人社员必须以放弃某些权利为代价,才能享受有限责任的优惠,建立法人社员与法人债权人之间的权利义务平衡体系的话,那么法人人格否认则是从否定的层面即法人的社员并未真正贯彻分离原则,因此就不应当享有有限责任的优惠,来使已倾斜的权利义务体系恢复平衡。最后,法人人格否认法理是公平原则的必然要求。公平原则作为民法的一项最基本的价值追求和价值准则,其内容具有相当的弹性和丰富性,但就其法律意义而言,主要指一种正当的权益分配方式和合理的权利义务分担机制。具体到法人领域,就是要求必须由法人的社员和法人的债权人来公平地

“消化”有限责任制度的负面效应。如果允许法人社员在有限责任制度的“招牌”下肆意践踏社会公平,不但会损害债权人的利益,也会损及法人人格独立制度和有限责任制度。法人人格否认制度正是通过这种法律救济程序,使负担较为合理地分摊到社员和债权人身上,以保证公平价值目标的真正实现。

基于以上分析可以看出,通过对虚假法人人格的否认,可以把法人人格体系内已经偏斜了的利益平衡体系加以扶正。同时,也可以充分发挥法官的能动作用,使其以公平为尺度对法人的整个运作行为进行合理的价值评判,并在此基础上对有违公平要求的法人行为进行个案调整,从而既可以保证公平原则的实现,又不至于影响法人制度的整体的安定性,也可保证整个法人人格制度的大厦不至于因为在某个方面出现漏洞而发生整体坍塌。

(三)关于家庭与户法律地位的伦理分析

在中国古代,除有“家庭”或“家”这个概念之外,还有“户”的概念。户既可以指一般的驻户,也可以指从事某些职业的人或家庭。《新唐书·食货志四》载:“广德二年,顶天下酤户以月收税。”《明史·食货志二》载:“他如陵户、园户、海户、庙户、旌夫、库役、琐末不可胜计。”户有户主或户长,是户籍上的一家之主,也是以户为单位的一切行为的权利义务的承受者和责任的承担者。《宋书·孝义传·蒋恭》载:“收恭及兄协付狱治罪……协列协是户主,延制所由,有罪之日,关协而已,求遣弟恭。”户主一般由家长担任。《通典·食货七》载:“开元二十五年户令云:诸户主皆以家长为之。”户与家在含义上有以下五点不同:(1)家是基于婚姻、血缘或收养而成立的,而户除以上原因外,还可以是基于雇佣关系和经济关系成立。(2)包括的范围不同。家庭成员的范围比较固定,而户的范围则广泛一些,既包括家庭成员,也包括家奴或户奴等人员。《新唐书·钟绍京传》载:“景龙中,为苑总监,会讨韦氏难,绍京率户奴、丁夫从。”(3)成立要求不同。家庭的成立是基于婚姻、血缘等自然形成的,不需要官署的认可;而户则通常要经过官署的确认。基于管理的需要,国家可以对户作不同分类,如元代就将户按其种族、宗教、职业分为民户、站户、军户、匠户、冶金户、打捕户、姜户、维吾尔户、也里可温户等。(4)人数要求不同。家庭通常要求必须有两个以上的家庭成员,只有在相互关系中才能确定当事人之间的家庭成员地位;而户的成员却没这个限制。一个人可以成立户,但不能成立家。(5)作用不同。家庭主要是一个共同生活单位;而户主要是一个经济单位和管理单位,是国家税负的承担者。按户征收的赋税叫户税,按户分派的差役叫户役。

我国《民法典》第54条规定:“自然人从事工商业经营,经依法登记,为个体工商户。个体工商户可以起字号。”根据这一规定,个体工商户作为个体经济的法律形式,须依法经核准登记而成立。也就是说,个体工商户的“户”,是指经市场监督管理部门核准登记的一个经营单位。个体工商户须在法律允许的范围内从事工商业经营活动。法律允许个体工商户从事的经营范围主要是工商业经营,而不是农业经营。农村承包经营户是指农村集体经济组织的成员,在法律允许的范围内,按照承包合同规定从事商品经营的经济单位。农村承包经营户作为农村集体经济的一种具体经营形式,其主体资格的取得取决于承包合同,并须在法律允许的范围内从事商品经营活动。

关于个体工商户和农村承包经营户在经营过程中,用什么财产清偿债务是一个十分重要也比较复杂的问题。《民法典》第56条规定:“个体工商户的债务,个人经营的,以个人财产承担;家庭经营的,以家庭财产承担;无法区分的,以家庭财产承担。农村承包经营户的债务,以从事农村土地承包经营的农户财产承担;事实上由农户部分成员经营的,以该部分成员的财产承担。”但是,在实务上,个人经营和家庭经营,个人财产和家庭财产,有时不易划分清楚。为了处理好个体工商户和农村承包经营户的债务纠纷,应掌握以下几个具体处理原则:自然人个人出资,独立经营,收益归己的个体工商户、农村承包经营户,其债务应以自然人的个人财产清偿;以自然人个人名义申请登记的个体工商户和个人承包的农村承包经营户,用家庭共有财产投资或者收益的主要部分供家庭成员享有的,其债务以家庭共有财产清偿;在夫妻关系存续期间,一方从事个体经营或者承包经营的,其收入为夫妻共有财产,债务亦应以夫妻共有财产清偿;全体家庭成员共同出资、共同经营、共同收益的个体工商户和农村承包经营户,其债务以家庭共有财产清偿;无法区分的,以家庭财产承担。个体工商户、农村承包经营户的债务,如以其家庭共有财产承担责任时,应当保留家庭成员的生活必需品和必要的生产工具。

二、民事行为制度的伦理分析

(一)关于行为合法性的伦理分析

根据我国《民法典》第143条的规定,一个合法有效的民事法律行为应当具备三个条件,即行为人合格、意思表示真实、内容合法且不违背公序良俗。其中,行为人合格主要强调的是行为人应当具有相应的行为能力,不能从事与其智力水平和精神判断不相适应的民事行为,其内容比较简单,故不详述。行为的合法性要求民事行为不得违反法律或者社会公共利益。按私法自治原则,法无明文规定皆自由,只要不违反法律的强制性、禁止性规定,不违反公共利益,当事人所为的民事行为就应是合法的。因此民事行为内容不违反法律,一般是指不违反法律的强制性或者禁止性规定。我国原《民法通则》第55条规定,民事法律行为不得违反法律的同时,还不得违反社会公共利益和社会公德。这里的合法性就包含以下两层意思:(1)不违反法律的强制性规定,是指不违反当事人必须实施一定行为的法律规定。(2)不违反法律的禁止性规定,是指不违反禁止当事人为一定行为或命令当事人不得为一定行为的法律规定。不违背公序良俗是《民法典》新加入的内容,在既有的立法中通常表述为不得违反社会公共利益和社会公德。公序良俗相对于社会公共利益和社会公德来说更加精准,也更加符合表达习惯。实际上,许多国家的民法立法例都确认了违反公序良俗或公共秩序的行为无效的原则。就其历史沿革来说,公序良俗原则最早起源于罗马法,其后为绝大多数大陆法系国家立法所借鉴。《法国民法典》第6条规定:“不得以特别约定违反有关公共秩序和善良风俗的法律。”《德国民法典》第138条规定:“违反善良风俗的行为无效。”《日本民法典》第91条也规定:“以违反公共善良风俗的事项为标的的法律行为,为无效。”公共秩序和善良风俗原则对于维护国家、社会一般利益及社会道德观念具有重要价值,并被称为现代民法至高无上的基本原则。社会公共利益体现了全体社会成员的最高利益,违反社会公共利益或公序良俗的合同无效,成为各国立法普遍确认的原则。我国《民法典》用公序良俗取代社会公共利益和社会公德的概念,其意义不仅在于有效缩减了法官在民事法律行为无效认定上的自由裁量权,更在于将无效民事法律行为主要聚焦于与社会主体联系更加密切的社会公共秩序和善良风俗,特别是更加强调恶意(或非善意)在民事法律行为效力判断上的决定作用,从而在民事法律行为的制度设计中注入了更多的伦理性色彩。

由于无效行为具有违法性,因此对此类行为应实行国家干预,这种干预主要体现在,法院和仲裁机构不待当事人请求确认行为无效,便可以主动审查行为是否具有无效的因素。如发现行为属于无效行为,便应主动地确认行为无效。无效行为具有不得履行性。值得注意的是,由于无效民事法律行为事关当事人的行为目的能否得到法律保护,就其实质来说是国家直接介入民事主体之间的行为评判,体现的是国家对民事主体行为的干预,因此民事法律行为无效事由的宽严程度,在一定意义上体现了国家对民事主体意思自治的宽容程度。我国对民事法律行为无效的判断在立法上经历了一个演变过程。在 1986 年《民法通则》颁布之前,司法实践对民事行为无效的认定非常随意,政策、部门规章、各级党组织的文件等都可以作为认定行为无效的根据。1986 年颁布的《民法通则》首次对影响和决定民事法律行为无效的因素做出了限定,主要包括以下四类:一是违反法律法规;二是违反国家政策;三是违反国家计划,一般认为是指令性计划;四是违反社会公共道德与社会公共秩序。总体来说,这些限定比较宽泛,具有较大不确定性和随意性。1999 年颁布的《合同法》对合同无效制度进行了严格限缩,在第 52 条第 5 项中将影响合同效力的规范性文件限定为法律、行政法规的强制性规定①,排除

① 原《合同法》第 52 条规定:“有下列情形之一的,合同无效:(一)一方以欺诈、胁迫的手段订立合同,损害国家利益;(二)恶意串通,损害国家、集体或者第三人利益;(三)以合法形式掩盖非法目的;(四)损害社会公共利益;(五)违反法律、行政法规的强制性规定。”

了其他法律法规包括地方性立法、法律以外的部门规章等规范性文件可以作为影响合同效力的因素,从而极大地增强了合同主体、合同行为的确定性。2009 年最高人民法院发布《关于适用〈中华人民共和国合同法〉若干问题的解释(二)》(法释〔2009〕5 号,以下简称《合同法司法解释二》),在第 14 条中进一步将影响合同效力的法律限定为"效力性强制性规定"①,对原《合同法》第 52 条第 5 项做出了解释,即为法学界所熟知的第 52 条第 5 项的强制性规定指的是效力性强制性规定,只有违反效力性强制性规定的,才会导致合同无效,如果违反的是非效力性的强制性规定(也叫管理性强制性规定),虽然有可能引起其他方面的法律后果如收到行政处罚甚至刑事制裁,但不影响合同效力。《民法典》继续坚持了这种充分尊重当事人意思自治的立法理念,严格限缩无效民事法律行为的适用范围。第 153 条规定:"违反法律、行政法规的强制性规定的民事法律行为无效。但是,该强制性规定不导致该民事法律行为无效的除外。违背公序良俗的民事法律行为无效。"虽然关于这条规定在理论上有不同理解,但这条规定实际上是原《合同法》第 52 条和原《合同法司法解释二》第 14 条相融合的产物,就其实质来说仍然是在尽量排除无效行为的适用场景。

(二)关于意思表示真实的伦理分析

意思表示真实,指行为人的意思表示是其自由决定的内心意思的真实反映,即行为人内心意思是自由形成的真实意思,表示出来的发生民事法律后果的意思与其内心真意是一致的。意思表示真实应包括意思自由与表示一致两个方面。意思自由是指当事人内心意思的形成与表示是其自由意志决定的,不存在欺诈、胁迫等干涉和妨害其自由形成意思和自由表示意思的因素。表示一致是指表示出来的意思与行为人的内心真意是符合的,不存在误解、表示错误、内心保留等妨害意思表示一致的因素。意思形成自由、表示自由是意思表示真实的基础,意思表达准确、符合真意是意思表示

① 原《合同法司法解释二》第 14 条规定:"合同法第五十二条第(五)项规定的'强制性规定',是指效力性强制性规定。"

真实的直接实现。无论意思形成或进行表示的不自由，还是表达上的不准确都可导致意思表示的不真实。意思表示的形式包括明示和默示。明示是指直接以明确的语言文字进行意思表示，包括口头形式、书面形式、视听资料形式等。默示是指以约定或法定的一定作为或不作为间接表示意思的形式，包括推定与沉默两种形式。意思表示的推定形式是指表意人实施一定的积极作为行为，相对人依据法律规定、习惯或合同约定间接推知其意思的表示形式。例如，租赁合同期满后承租人继续交付租金，出租人继续收取租金，可推知他们之间存在延续租赁合同的意思表示。意思表示的沉默形式是指依据约定或法律规定，根据表意人消极的不作为确定其意思的表示形式。根据一般的社会习惯，内部意思之外部表达须借助于积极的表示行为，沉默不是表示行为。因此，沉默不是意思表示，不能成立法律行为。只有在法律有特别规定时，当事人的消极行为才被赋予一定的表示意义，并产生成立法律行为的效果。对此，我国《民法典》第 140 条第 2 款明确规定："沉默只有在有法律规定、当事人约定或者符合当事人之间的交易习惯时，才可以视为意思表示。"

不仅如此，由于对意思表示的理解直接关系到对法律行为的判断，所以如何准确判断当事人意思表示的真实含义就显得非常重要。我国《民法典》通过引入诚信解释、整体解释和习惯解释，最大限度地保证了意思表示的真实性。根据《民法典》第 142 条的规定，对有相对人的意思表示的解释，应着眼于诚信原则的要求，根据当事人所使用的词句和相关条款的表述，同时考虑当事人所从事的行为的性质、目的和习惯，最终确定意思表示的真实含义。对于无相对人的意思表示的解释，则不能完全拘泥于当事人在进行意思表示时所使用的词句，而应当结合相关条款、行为的性质、目的、习惯以及诚信原则来准确界定行为人的真实意思内容。

（三）关于受欺诈所为民事行为的伦理分析

欺诈既是一种违法行为，也是一种违背信义的行为。所谓欺诈，一般是指一方当事人故意告知对方虚假情况，或者故意隐瞒真实情况，诱使对方当事人作出错误意思表示的行为。对于欺诈的构成条件，从欺诈当事人来考察主要包括两个方面：一是欺诈人实施了欺诈行为,欺诈行为的方式可以是编造虚假情况或隐瞒真实情况,也可以是不作为。二是欺诈一方主观上有欺诈的故意。所谓故意,就是欺诈者的主观心理状态,明知自己的欺诈行为会使对方当事人陷于错误而作出非真实意思表示,并希望或放任这种结果的发生。所以罗马法学家将欺诈理解为恶意的欺骗。从受欺诈者一方来考察,欺诈也有两方面条件:一是受欺诈人因受欺诈而陷于错误,并基于错误而作出非真实意思表示。二是受欺诈一方在主观上并不知道自己受到欺诈。如果受欺诈人明知对方在进行欺诈而仍然为意思表示,则不构成欺诈。由于欺诈严重违反了一方当事人的真实意思表示,所以根据我国《民法典》第 148 条的规定:"一方以欺诈手段,使对方在违背真实意思的情况下实施的民事法律行为,受欺诈方有权请求人民法院或者仲裁机构予以撤销。"实施欺诈的行为人一般为该行为的相对人,但也不排除存在由第三人实施欺诈的情况,由于第三人实施欺诈同样是违背当事人真实意思表示的,因此也是一种可撤销的民事法律行为。对此我国《民法典》第 149 条明确规定:"第三人实施欺诈行为,使一方在违背真实意思的情况下实施的民事法律行为,对方知道或者应当知道该欺诈行为的,受欺诈方有权请求人民法院或者仲裁机构予以撤销。"

早期罗马法对契约行为的基本原则是重形式轻意思。"使法律执有制裁武器的,不是一个允诺,而是附着一种庄严仪式的允诺。仪式不但和允诺本身有同样的重要性,还比允诺更为重要;因为成熟的法律着重于仔细分析提供一个特定的口头同意的心理条件,而在古代法中则着重于附着在仪式上的言语和动作。"[①]而严格意义上的契约观念或意思表示合意,只有在有约束力的意思表示无须靠即时交付来保障,并且在时空上与即时交付相分离时,才能真正形成。罗马法中契约观念的成熟始于诺成契约的产生,而"'诺成契约'是最适合于自然状态的一种合意",[②]梅因将其称为"真正契约",它代表了罗马契约史上"巨大的道德进步",这一时期孕育了

① [英]梅因:《古代法》,沈景一译,商务印书馆 1959 年版,第 177 页。

② [英]梅因:《古代法》,沈景一译,商务印书馆 1959 年版,第 189 页。

一个极富生命力的合同法原理：契约仅基于双方自愿的意思表示一致而成立，一切外部的形式被视为意思表示的证据，因为“文明愈年轻，他的契约形式一定愈简单”。[①] 相应地，民事欺诈制度也初现端倪。罗马法后期，立法除对契约形式保持一定要求之外，已将当事人内心的意思作为影响合同生效的因素。当事人意思表示与内心不一致时，罗马法转而采意思主义，否定表示意思的效力。这样，当事人终于从外部的繁杂礼仪中解脱出来，开始对欺诈等意思表示瑕疵进行深入研究。公元前 66 年，裁判官阿奎利乌斯将欺诈列为私犯之一种。法学家亦作出了“善欺诈”与“恶欺诈”之分类。《法学阶梯》中规定，因被欺诈而形成的权益虽然有债的效力，但可以基于抗辩使之无效，这类似于后世民法中的可撤销行为。[②] 罗马法上的欺诈“是指以欺骗手段使相对人陷于错误或利用相对人的错误使之成为不利的法律行为。如制造假象、掩盖真象、捏造事实、变更事实等”。[③] 它可分为善意欺诈和恶意欺诈。前者指交易习惯允许，法律也不禁止的夸耀、吹嘘；后者则是交易习惯所不容许的，也为法律所禁止的欺诈。一般所称的欺诈，专指恶意欺诈。[④] 换言之，善意欺诈一般不影响合同的效力，而恶意欺诈将导致合同无效。1804 年《法国民法典》以意思自治为核心，规定了“意思表示解释”的规则，提出了“意思主义理论”，规定了欺诈的概念、构成及法律后果等一系列法律制度，为后来的民事欺诈理论提供了依据。后来的《德国民法典》对欺诈作了最为体系的规定，它将因欺诈而为的意思表示作为得撤销的法律行为并将其列入不当得利的规则当中。对于欺诈的构成条件，大陆法系国家和地区的民法深受罗马法的影响，认为欺诈是“欺诈人故意欺罔被诈欺人，使陷于错误，并因之而为意思表示之行为”。[⑤] 要求欺诈人必须有欺诈的故意，“诈欺行为必须至

---

① ［英］梅因：《古代法》，沈景一译，商务印书馆 1959 年版，第 189 页。

② 参见竺琳：《民事诈欺制度研究》，载梁慧星主编：《民商法论丛》（第 9 卷），法律出版社 1998 年版。

③ 周枏：《罗马法原论》（下），商务印书馆 1994 年版，第 590 页。

④ 参见周枏：《罗马法原论》（下），商务印书馆 1994 年版，第 591 页。

⑤ 郑玉波：《民法总则》（修订版），台北，三民书局 1993 年版，第 260 页。

于有背于诚信原则之程度。诈欺行为须在社会一般观念上,认为有背于诚信原则”。[①] 被欺诈的一方因欺诈而陷入错误的认识;受欺诈人所实施的民事活动,是受欺诈的结果。

民法上的欺诈一般是以作为的形式为主要表现形式的,但也不排除不作为形式的欺诈,即“有告知事实的义务而不为”。它的表现形式主要有故意隐瞒和单纯沉默。隐瞒为当事人内心希望对方不发现某种事实,是一种较沉默更严重的不揭示事实的形式。单纯沉默是当事人不揭示事实在心态上的一种消极的放任态度。对于沉默是否构成欺诈,各国有不同的看法。大陆法系国家认为原则上不构成,但法律、契约、交易习惯或根据诚实信用原则有告知义务而不为告知者则构成欺诈。英美法上一般允许对事实保持沉默,因为根据普通法一般规则,契约当事人未被请求时则没有义务向对方提供信息,即使在知道对方忽视了某些重要事实或发生了错误理解时,也没有义务纠正其错误印象。但是在有最大诚信义务的合同中则必须对有关事实加以说明,如保险契约,担保契约等。[②] 有学者总结了在判例和立法中要求当事人须对合同有关的事实加以说明,否则应承担欺诈责任的情形:(1)当事人之间已存在一种信赖关系;(2)在无信赖关系的陌生人之间,关于某些对合同至关重要的事实,知道此事实的一方当事人若不告知相对人就会造成合同的不公平或违反民法基本原则;(3)当事人从事民事行为时意思表示是真实的,但由于情势变更,合同的基础发生变化,或因存在某些因素使原来的事实变得不真实。[③]

(四)关于受胁迫所为民事行为的伦理分析

所谓受胁迫而为的民事行为,是指行为人因受他人以现实的危害行为的逼迫或预告将要实施危害的威胁而陷于恐怖,从而以不真实意思表示而为的民事行为。因受害人受到胁迫而产生恐惧心理,

---

① 史尚宽:《民法总论》,中国政法大学出版社2000年版,第425页。

② 参见杨桢:《英美契约法论》,北京大学出版社1997年版,第225页。

③ 竺琳:《民事诈欺制度研究》,载梁慧星主编:《民商法论丛》(第9卷),法律出版社1998年版,第491页。

其效果意思和表示意思都失去了自由，不是其真实意思，因而法律允许受胁迫一方在胁迫消除后一定时间内撤销该民事行为。所谓胁迫，是以将来要发生的损害或以直接施加损害相威胁，使对方产生恐惧并因此而从事的行为。胁迫主要包括两种情况：一是以将要发生的损害相威胁。所谓将要发生的损害，是指涉及生命、身体、财产、名誉、自由、健康、信用等方面的损害。损害既可以是危及受胁迫者本人，也可以是危及受胁迫者的家庭成员、亲属朋友等。胁迫行为应具有违法性或不正当性，包括胁迫目的违法或胁迫手段违法或者目的、手段均违法。二是胁迫者以现实发生的损害相威胁。也就是说，胁迫者通过实施某种不法行为，形成对对方当事人及其亲友的人身和财产损害，而迫使对方实施民事行为。如施行暴力（殴打、肉体折磨、拘禁等）、散布谣言、毁人名誉、毁损房屋等。胁迫与欺诈一样，两者都是意思表示不自由的形式，因此而实施的行为的效力都是相同的（无效或可撤销）。二者的主要区别有二：(1)在方法或手段上，欺诈多为平和而隐藏地进行，胁迫多为使用暴力。(2)从效力上看，各国多规定胁迫产生的撤销权可以对抗善意第三人，而第三人欺诈时，无论相对人是否为善意均得撤销之，胁迫则不可。这是源于两者的恶性程度之别。由于基于胁迫行为所从事的民事法律行为完全非出于自己的本意，因此法律不可能赋予该行为以合法效力，对此，我国《民法典》第150条规定："一方或者第三人以胁迫手段，使对方在违背真实意思的情况下实施的民事法律行为，受胁迫方有权请求人民法院或者仲裁机构予以撤销。"

（五）关于显失公平民事行为的伦理分析

所谓显失公平，是指在客观交易秩序上，任原有法律效果发生，将有悖于诚信与衡平观念之谓也。显失公平的行为往往是当事人双方的权利和义务不对等、经济利益不平衡，因而违反了公平合理原则。显失公平的行为主要具有以下三个法律特征：(1)此种行为在成立时对双方当事人明显不公平。其行为结果使当事人在给付与对待给付之间产生利益失衡或造成利益不平衡。(2)一方获得的利益超过了法律所允许的限度。一般来说，在市场交易中出现的双方当事人的利益不平衡的现象有两种情况:一是主观的不平衡,即当事人主观上认为其所得与付出不平衡;二是客观的不平衡,即交易结果使双方当事人的权利义务分配不平衡。当然,在市场经济条件下,要求各种交易中的对待给付都达到完全的对等是不可能的,从事交易必然要承担风险,该制度也并不是为了免除当事人应承担的交易风险,而是禁止或限制一方当事人利用自己的优势地位获得超过法律允许的利益。(3)在成立行为时,一方具有利用优势或利用对方轻率、无经验等而与对方成立显失公平行为的故意。此种利用他人的主观状态已表明行为人背离了诚实信用原则的要求。具体包括:第一,利用优势。利用优势通常是指一方利用其经济上的优越地位,而使对方难以拒绝对其明显不利的行为条件。第二,未履行订约过程所应尽的告知义务。第三,利用对方没有经验或轻率。所谓无经验,是指欠缺一般的生活经验或交易经验。一般认为,欠缺经验仅限于欠缺一般的生活经验或交易经验,不包括欠缺特殊的经验。所谓轻率,是指在订约时的马虎或不细心。可见,在轻率的情况下受害的一方本身是有过失的。由此可见,显失公平的行为对于利益受损失的一方而言,并不是其自愿接受的。原《民法通则》第59条的规定,显失公平的行为属于可撤销的民事行为,一方有权请求人民法院或者仲裁机关予以变更或者撤销。由于显失公平的行为产生原因比较复杂,对其的判断也比较困难,虽然在原《民法通则》中得到明确规定,但在司法实践中得到应用的案例是非常稀少的。

(六)关于乘人之危民事行为的伦理分析

所谓乘人之危的民事行为,是指一方当事人乘对方处于危难境地或紧迫需要而提出苛刻条件,强迫对方接受某种明显不公平的条件并作出违背其真实意思的表示。由于乘人之危的行为往往使受害人被迫接受对自己十分不利的条件,而不法行为人则取得了在正常情况下不可能取得的重大利益,明显违背了公平原则,因此法律应予以救济。由于乘人之危的行为大多会形成双方利益极不均衡的结果,因此,乘人之危与显失公平具有相同性。但乘人之危并不完全等同于显失公平。乘人之危主要强调行为人的主观动机,而显失公平则主要强调行为的结果;乘人之危只是产生显失公平结果的一个原因,显失公平涵盖的情况较乘人之危更为广泛。《民法通则》第58条规定,一方乘人之危,迫使对方在违背真实意思的情况下实施的行为为无效行为。此规定主要是考虑到乘人之危的行为人主观上具有恶意,且客观上违背了诚实信用原则和公共道德,因此应通过确认行为无效,对行为人予以制裁。乘人之危的行为与欺诈、胁迫行为一样,都是指一方实施不法行为,而迫使对方作出违背其真意的意思表示。然而,当事人的意思表示是否真实,局外人往往难以判断。尤其是将此类合同作为无效合同,由法院和仲裁机关主动宣告该合同无效,这样受害人只能请求行为人承担无效后的责任,而不能选择对其有利的基于有效合同而产生的补救方式。因此,《合同法》第54条修改了《民法通则》的上述规定,将一方乘人之危迫使对方从事民事行为作为可撤销合同对待。《民法典》则进一步将乘人之危与显失公平联系在一起,规定单纯的乘人之危行为并不一定给相对人带来实际损害后果,因此并不在法律禁止的行列。只有因为乘人之危行为导致一方当事人利益明显受损时,受害人的利益才有进行救济的必要。对此,我国《民法典》第151条规定:"一方利用对方处于危困状态、缺乏判断能力等情形,致使民事法律行为成立时显失公平的,受损害方有权请求人民法院或者仲裁机构予以撤销。"根据这条规定,法律规制乘人之危、显失公平行为的原因,并不仅是着眼于对乘人之危行为的惩处,更在于对因乘人之危行为而受到损害的当事人进行必要的法律救济。

(七)关于重大误解民事行为的伦理分析

所谓重大误解的民事行为,是指行为人因对行为的性质,对方当事人,标的物的品种、质量、规格和数量等存在认识上的显著缺陷,其后果是使误解者的利益受到较大的损失,或者达不到误解者从事民事行为的目的。误解是由误解方自己的过失造成的,而不是因为受他人的欺骗或不正当影响造成的。传统民法将"错误"和"误解"严格区分。错误指表意人的非故意的表示与意思不一致,误解指相对人对意思表示内容了解错误。[①] 我国《民法典》第147条规定了“重大误解”,其后果为行为人有权请求人民法院或者仲裁机构予以撤销,这里的重大误解应解释为不仅包括表意人无过失的表示与意思的不符(错误),也包括相对人对意思表示内容之了解错误(误解)。欺诈和重大误解中,表意人都基于错误的认识而作出了与真实意思不相一致的意思表示,均导致民事行为的可撤销。两者的区别有四:(1)引起错误认识的人不同,前者是欺诈人,后者是行为人本身。(2)重大误解之表意人的误解必须是对方当事人所不知道的,即对方善意;而被欺诈人的错误意思表示不仅被对方(欺诈人)所知,而且是其期望达到的结果。如果在重大误解的情况下,表意相对人知晓表意人认识之错误且故意不向其说明真实情况,并利用这一误解进行谋求己利的行为,应认为违背了诚实信用原则,某些情况下构成欺诈。(3)要件不同。欺诈者主观为故意,而重大误解人不能是故意或重大过失。欺诈不以造成损失为要件,而只有造成了较大损失才能构成重大误解。(4)两者的法律效果不同。根据我国原《合同法》的规定,当以欺诈手段从事民事行为侵害了国家利益时,合同无效;如果实施欺诈行为所影响的只是当事人之间的利益关系,则该合同属于可撤销和可变更的合同。而基于重大误解所从事的民事行为无论侵害的利益主体是谁,均属于可撤销或可变更的民事行为。《民法典》基于主体平等原则不再区分国家利益和个人利益的不同,因此无论是基于重大误解还是基于欺诈,该行为均属于可撤销的民事法律行为。

三、民事代理制度的伦理分析

民法代理制度起源于监护制度,而监护制度起源于罗马法的监护和保佐制度。在罗马法中,监护和保佐是两种有关财产行为的对人的权利。按照罗马法的解释:监护针对的是人,保佐针对的是物,监护适用于未成年人、妇女,既包括对被监护人的人身保护,也包括对被监护人行为的代理,其特有之处表现为对被监护人的人格的补

---

① 参见梁慧星:《民法总论》,法律出版社1996年版,第189页。

充。保佐则只适用于精神病人、浪费人和未成年人，以经管某一被剥夺了自营权的主体所拥有的财产或者只是帮他经管财产为共同特点。罗马法设置监护和保佐制度的目的，首先在于保护家族财产，以免被监护人和被保佐人挥霍浪费自己的财产或者其财产被他人侵吞而侵害被监护人和被保佐人的法定继承人的利益。但是，法律的演进逐渐使监护和保佐相似并混同，现代民法监护制度已无监护和保佐之分。关于民事法律行为的代理范围，一般民事法律行为，除依照法律规定或当事人约定不得代理之外，一般都可通过代理人代为进行。但具有人身属性、法律要求必须本人亲自实施的民事法律行为和当事人要求必须由本人实施的民事法律行为不得代理。另外，违法行为、事实行为一般不适用代理制度。由于代理人进行代理活动的目的是实现被代理人的利益，因此代理人行使代理权须遵循以下四个原则：(1)禁止代理权滥用原则。所谓代理权的滥用，是指代理人在行使代理权过程中凭借其代理权损害被代理人利益的行为。该行为因违背代理制度的实质而为法律所禁止。具体内容包括：禁止自己代理；禁止双方代理；禁止恶意串通。(2)禁止违法代理的原则。违法代理是指代理违法事项或者利用代理进行违法活动。原《民法通则》第 67 条规定："代理人知道被委托代理的事项违法仍然进行代理活动的，或者被代理人知道代理人的代理行为违法不表示反对的，由被代理人和代理人负连带责任。"(3)禁止越权代理的原则。代理人必须在代理权限范围内行使代理权，不得超越代理权范围，超越代理权范围进行的代理是无权代理，除非被代理人追认或默认，否则不对被代理人产生法律效力，代理人应对其越权行为承担民事责任。(4)不得擅自转委托的原则。代理人必须亲自处理代理事务，除非被代理人同意或遇紧急情况，不得擅自将自己所代理的事务转委托他人代理，否则，代理人应对其擅自转委托行为承担民事责任。

在无权代理中还有一种比较特殊的代理即表见代理。表见代理是指行为人虽不具有代理权，但因某种表面现象，足以使善意第三人相信代理人对本人有代理权而与代理人为法律行为，由此产生的法律效果依法直接归本人承担的代理。表见代理属广义无权代理的一种,但它与狭义的无权代理不同,表见代理人与本人之间有某种使人误信表见代理人有代理权的事由,从而法律强使其发生有权代理的效果;而狭义无权代理不存在无权代理人与本人之间的这种联系,也不产生有权代理的法律后果。表见代理制度的作用主要在于保护善意第三人利益,维护交易安全。由于表见代理人系以他人名义同第三人为民事法律行为,并且足以使第三人相信表见代理人与表见被代理人之间存在某种代理权,因此虽然表见代理人实际上并不具有代理权,但其法律后果仍直接归属于被代理人。其主要原因在于,这种代理具有客观上使第三人相信表见代理人有代理权的外表现象,包括使人误信被代理人授予代理权和误信代理人未越权两种情况。使人误信被代理人授予代理权的事由主要有:本人向第三人声明授予他人代理权,而事实上并未授权,第三人则误信已经授权;本人知道他人以自己的名义实施代理行为而不作否认表示;将本人印鉴、单位业务介绍信、合同专用章或盖有印章的空白合同书交给他人,使第三人误信他人有代理权。使人误信代理人未越权的事由主要有:委托授权不明,代理人超越代理权实施无权代理,但第三人误以为代理人未越权。表见代理人以被代理人名义与第三人为法律行为时,第三人并不知道表见代理人实际上不具有代理权,而且对自己的不知无过失。如果第三人在行为当时已经知道或依情况应当知道表见代理人不具有代理权,而仍然与其发生代理行为的就属恶意,不能成立表见代理。由此可见,表见代理只保护善意第三人的利益。

代理制度中的这种善意保护理念除表现在表见代理制度中之外,在其他制度中也有所反映,比较典型的如《民法典》第 170 条第 2 款中关于"法人或者非法人组织对执行其工作任务的人员职权范围的限制,不得对抗善意相对人"的规定以及第 171 条中关于善意相对人撤销权的规定和善意相对人损害赔偿请求权的规定。根据《民法典》第 171 条第 2 款的规定,对于无权代理行为,"相对人可以催告被代理人自收到通知之日起 30 日内予以追认。被代理人未作表示的,视为拒绝追认。行为人实施的行为被追认前,善意相对人有撤销的权利。撤销应当以通知的方式作出"。根据《民法典》第

171 条第 3 款的规定,“行为人实施的行为未被追认的,善意相对人有权请求行为人履行债务或者就其受到的损害请求行为人赔偿。但是,赔偿的范围不得超过被代理人追认时相对人所能获得的利益”。另一个比较典型的规定是《民法典》第 164 条关于代理人与相对人恶意串通法律后果的规定。对此我们可以比较《民法典》第 154 条的规定,根据该条规定,“行为人与相对人恶意串通,损害他人合法权益的民事法律行为无效”,但并未做进一步的责任追究。但根据第 164 条第 2 款,“代理人和相对人恶意串通,损害被代理人合法权益的,代理人和相对人应当承担连带责任”,即该种行为不但无效,而且代理人还要和恶意相对人一道,要共同承担对无辜被代理人的赔偿责任。这一规定鲜明地体现了民法所追求的惩恶扬善功能。

第十二章　人格权制度的伦理分析

一、人格权的法律地位及其伦理属性

“法律人格”一词来源于拉丁语“persona”，原指戏剧中的假面具，进而意指扮演剧中角色的演员。根据罗马法，“persona”广义上指所有具有血肉之躯的人；在狭义上仅指自由人，即最起码拥有自由权的人。真正将人格从权利的角度来阐释开始于资本主义时代。出于反对封建社会压制人性的目的，资产阶级把解放人性、恢复人的尊严和注重人自身的价值作为资产阶级革命的主要内容，提出了“自由”“平等”“天赋人权”等重要思想和观念。其中具有里程碑意义的1789年法国《人权宣言》以法律的形式首先对“人”所应有的一切权利进行了确认，认为“人”的权利包括“人权”和“自然人权”，前者是私权，主要是指自然人的民事权利，包括财产权、人身权等；后者是公权，即自然人所享有的各项政治权利。1804年的《法国民法典》受人权宣言的影响，将“人法”作为该法典首卷的卷名，确立了“人”在民事法律关系中的主体资格，并确立了意思表示自由和契约自由等基本原则。但由于受其时代的限制，该法典只对财产权利作出了比较详细的规定,但对人身权的具体内容却未加涉及。对人身权的第一次系统规定见于1896年制定的《德国民法典》,该法典在总则第12条规定了对自然人姓名权的保护,在债务关系法中用几条分别对侵害他人的生命、身体、健康、自由、信用及妇女贞操权的行为,规定了侵权的法律责任。这一规定对后世立法产生了重大影响。以《德国民法典》为蓝本,《日本民法典》对具体人格权的保护更为详细。1907年的《瑞士民法典》首次明文规定保护"人格权",不仅规定个别人格权,更规定了一般人格权。同时,该法典第28条规定:"任何人在其人格受到不法侵害时,可诉请排除侵害。""损害赔偿或满足性措施的金钱给付之诉,只有在法律规定的情况下,始得允许。"《瑞士债务法》第49条规定:"因过失侵害他人人格关系,应负赔偿责任,人格权受侵害时,以其侵害情节及加害人过失重大者为限,得请求慰抚金。"至此,民法发展史上真正确立了人格权制度。[①] 在英美法系,尽管英国普通法在很早的时候就对因泄露家庭隐私、妨害名誉而造成的损害予以补救规定,但主要是通过侵犯财产权、违反信托或默示契约的规定来保护的,作为人格权客体的人格利益在法律上也表现出它的多层次性:第一层次为生物形态人格利益,它以权利主体的人身为核心,主要包括人的生命、健康和身体部分机能的安全利益;第二层次为社会形态人格利益,它是自然人与他人或社会发生联系的需求,具体包括标识需求(姓名、名称、肖像)、评价需求(名誉、荣誉)、感情需求(相安、相属、相爱)以及发展条件需求(机会平等);第三层次为心理形态人格利益,它以人的精神活动为核心,包括情绪的安定、思维的有规律性、意志决定和表达自由等。[②] 其中的生命权、健康权和身体权,在理论上通常被称为"物质性人格权";姓名权、肖像权、名誉权、荣誉权等通常被称为"精神性人格权"。其中,"物质性人格权"是"精神性人格权"赖以存在的前提和物质基础,其受到的侵害往往伴随着巨大的甚至是终身不可逆转的精神损害。

---

① 参见马骏驹、刘卉:《论法律人格内涵的变迁和人格权的发展——从民法中的人出发》,载《法学评论》2002年第1期。

② 参见申政武:《论人格权及人格损害的赔偿》,载《中国社会科学》1990年第2期。

二、一般人格权的伦理分析

一般人格权即具体人格权的对称,其内容一般包括人格尊严、人格平等(人格独立)、人格自由三项基本权利。根据我国《民法典》第990条第2款的规定,一般人格权是自然人享有基于人身自由、人格尊严产生的其他人格权益,没有将人格平等作为一项单独权利。但严格说来,人格平等既不能被人格自由和人格尊严所吸收,同时也是享受人格自由和人格尊严的基础,因此仍应作为一项独立的权利。

(一)人格尊严权的伦理分析

所谓人格尊严权,是指自然人享有其尊严不受他人污损、贬低的权利。人格尊严是指自然人因自己所处的社会环境、心理环境及其他客观条件的不同而对自己的内在价值的感知和评价。其中的社会环境包括社会政治制度、社会风俗习惯、自然人工作环境、家庭背景等;心理环境包括自然人的宗教信仰、道德品质、文化素质;内在价值则不仅包括社会价值如名誉、荣誉,还包括人格价值如智商、贞操等非社会价值。人必须享有人格尊严是人之所以为人的本质要求,也是人的伦理性的体现。"人具有尊严,因为他们是道德的人,能够理智、系统地遵循道德法则。"①一般认为,人格尊严主要具有如下七种法律特征:(1)人格尊严具有抽象性和独立性。黑格尔说,人格开始于对"完全抽象的自我"的认识,而且从其中否定了一切具体限制和价值;"平等只能是抽象的人本身的平等",是抽象人格概念的内在规定性;而独立性则是此一人格与彼一人格"自在自为地存在的精神"②。(2)人格尊严具有观念性。人格尊严存在于自然人的观念形态中,属于自然人主观认识范畴。它包括两个层次,首先是自然人的自我评价,其次是在自我评价基础上的自我肯

---

①　[美]哈罗德·J.伯尔曼:《法律与革命——西方法律传统的形成》,高鸿钧等译,中国大百科全书出版社1993年版,第2页。

②　[德]黑格尔:《法哲学原理》,范扬、张企泰译,商务印书馆1961年版,第45、57页。

定。(3)人格尊严具有客观性。人格尊严的客观性体现在自然人的自我评价和自我肯定必须以其所处的客观社会环境和心理环境为基础。(4)人格尊严具有利益性。侵害自然人尊严的行为往往会导致自然人抑郁、悲伤、愤怒、绝望等复杂的消极心境。这种消极心境的存续和发展,不仅会引起自然人生理功能的紊乱,而且还会造成其社会适应能力和活动能力的降低。因此,自然人的尊严体现了自然人的一种精神利益,而精神利益与物质利益又是密切相关的。(5)人格尊严具有终身性。近现代民法都无一例外地将抽象人格赋予每一个有生命的人终生享有,且非因死亡而不可剥夺、不可让渡或继承。(6)人格尊严的内容具有特殊性。人格尊严并不直接以自然人的社会价值或人格价值为内容,而是以对这些价值的评价和肯定为内容,对外主要表现为自然人的自尊心和自爱心。自然人对自身的否定评价不能构成尊严的组成部分。(7)人格尊严具有平等性。自然人尊严不因自然人职业、政治立场、宗教信仰、文化程度、财产状况、民族、种族、性别的不同而有高低贵贱之分。所有自然人的尊严一律平等,这是尊严最重要的特征。尊严权属于绝对权,任何人对权利主体都负有不得侵犯的义务。不仅如此,自然人的姓名权、肖像权、名誉权等其他具体人格权与自然人尊严权有着紧密的联系。它们都在不同程度上体现了维护自然人尊严的要求。人格尊严权是人格权利一般价值的集中体现,因此,它具有补充法律规定的具体人格权利立法不足的重要作用。

对人格尊严的主要侵害方式是人格歧视。所谓"人格歧视",是指具有某一方面优势的个人或者群体,出于对他人的不平等心态,公然实施的轻蔑或者轻侮他人人格尊严的行为。其主要构成要件有四:(1)行为人的行为违反了尊重他人人格尊严的法定义务。当事人之间的任何契约关系、管理关系或者其他社会关系,都不能改变这种法定义务的特点。(2)对方因为人格尊严被歧视而遭受不良社会评价和精神痛苦。"人格歧视"的结果表现为两个方面:一是在社会生活中对被歧视者产生不良评价,即被歧视者受到不应有的轻蔑或者轻侮。二是被歧视者因为不应有之不良社会评价而精神痛苦。(3)行为人在实施歧视行为时所凭借的是某种他人所不具备的优势。这种优势可以是经济优势、社会地位优势、身份优势,也可以是其他方面的优势。(4)行为人故意把轻蔑或者轻侮他人人格尊严的内心想法公开于社会。因此虽然对他人有内心的轻蔑,只要没有把这种轻蔑以一定的方式表达出来,就不构成对他人人格尊严的侵害。

对人格尊严的关注并不是现代社会的特有现象,实际上早在古代成文法中,就可以看到对侮辱、詈骂他人者予以刑事制裁的规定,有的刑罚制裁还相当严厉。在那个时期,当然还没有人格权这样的法律概念,但这些刑罚制度却体现了对民事主体人格权的保护。罗马法早期的《十二铜表法》在第八表“私犯”中的第 1 条就明文规定:“以文字诽谤他人,或公然歌唱侮辱他人的歌词的,处死刑。”同时,该法还规定了对其他人格权侵害的复仇制度和赔偿制度。因此,从某种意义上来说,一部人格权发展的历史,就是一部人类追求人格平等、人格尊严、反对人格歧视的历史。

目前,我国民法学界对自然人尊严权应采用何种形式予以保护存在争论。概括起来,主要有三种观点:第一种是一般人格权说。持这种观点的人认为:“人格尊严已涵盖了人格权的全部内容,应作为一般人格权对待。”①“其原因在于:一方面,人格尊严是具体人格权立法的基础;另一方面,人格尊严作为一般人格权可以弥补我国民法关于具体人格权规定的不足。”②第二种是名誉权说。持这种观点的人认为:“自然人名誉权包括名誉和人格尊严两项内容。”③这一观点为我国多数民法学者所主张,司法实践中也是将自然人尊严权纳入名誉权范畴予以保护的。第三种是独立人格权——尊严权说。持这种观点的人认为:“人格尊严的内容不能完全为其他人格权所分化,更不能为哪一种具体人格权所包容,它具有自己的独有内容,应当作为一项独立的人格权予以规定和保护。”④我国《民法典》不仅在第 990 条将人格尊严明确规定为一种独立的受法律保

① 王利明主编:《人格权法新论》,吉林人民出版社 1994 年版,第 61 页。

② 王利明主编:《人格权法新论》,吉林人民出版社 1994 年版,第 182 页。

③ 王冠:《论人格权》(上),载《政法论坛》1991 年第 3 期。

④ 刘保玉主编:《中国民法原理与实务》,山东大学出版社 1994 年版,第 501 页。

护的人格权益，而且还通过一系列制度维护自然人的人格尊严。例如，第 991 条规定："民事主体的人格权受法律保护，任何组织或者个人不得侵害。"第 992 条规定："人格权不得放弃、转让或者继承。"特别是第 1007 条明确要求"禁止以任何形式买卖人体细胞、人体组织、人体器官、遗体"，并明确宣布"违反前款规定的买卖行为无效"。

（二）人格平等权的伦理分析

从一般意义上说，平等是社会权利、义务的一种特定分配形式。人格平等作为价值目标，与自由、人权、正义、理性等价值一样是法必不可少的价值追求。如果没有人格平等做保证，自由就会为不自由所取代。没有人格平等，正义就没有存在的依据。同时，人格平等又是人类理性发展的产物。哥伦比亚大学教授、著名的宪法学家路易斯·亨金（Henkin，L.）就此曾说过一段很精彩的话："即使对人权的普遍接受是虚伪的，它也是具有重大意义的，因为我们知道，虚伪是邪恶向美德表示的尊敬，人权是当今世界唯一的、至高无上的美德，是邪恶尊敬的唯一美德。这就意味着，当今政府不能无所顾忌地宣扬他们的一贯主张。"①"天赋人权论者认为人本身具有理解自己的权利和义务的能力，这一主张为反对家长式统治政府提供了理论根据。"②达尔曾提出过一个发人深省的问题："平等是不证自明的吗？"③他说："我们必须意识到，有时我们谈论的平等用来表达的并不是事实判断，我们不是像对马拉松比赛或听写比赛的获胜者发出评论那样，要描述我们以为是真的，或者将成为真的事情，而是要表达有关人类的一种道德判断，表达我们以为应该的事情……我把这个道德判断称为'内在平等'原则。"④按照有关解释，法律必

---

① ［美］L. 亨金：《权利的时代》，信春鹰译，知识出版社 1997 年版，第 2 页。

② ［英］戴维·米勒、［英］韦农·波格丹诺编：《布莱克维尔政治学百科全书》，中国问题研究所等译，中国政法大学出版社 1992 年版，第 230 页。

③ ［美］罗伯特·达尔：《论民主》，李柏光、林猛译，商务印书馆 1999 年版，第 69 页。

④ ［美］罗伯特·达尔：《论民主》，李柏光、林猛译，商务印书馆 1999 年版，第 72 页。

须拥有相应的平等保护条款。平等保护(equel protection)是法律平等原则的具体化。①

民法上的人格平等来源于政治上的平等,主要强调的是自然人法律地位的平等或者说是做人资格的平等。这种平等既包括种族间的平等、性别间的平等、身份间的平等,也包括正常人和残疾人之间的平等。每个人都享有相同的生存权,每个人都应当得到平等对待。如果违反了这种平等、要求和平等理念,那么对一个民族、一个社会将会是一种灾难。据记载,德国历史上惨绝人寰的种族灭绝大屠杀就是从杀害本国残疾人开始的。德国残疾人在人种上虽然也是所谓的"雅利安"人,但他们被纳粹视为"劣等人",这种"人类不平等"思想逐渐被扩展到吉普赛人、犹太人以及其他非"雅利安"人。其理论依据是在19世纪,随着进化论的创立,很多科学家错误地认为"人类不平等"理论是一个科学上的事实。1861年人类学家布罗卡(Paul Broca)指出,智力发展程度与大脑体积有非常显著的关系,"男人的大脑比女人的大,杰出人物的大脑比平庸的人大,优等民族的大脑比劣等的大"。19世纪末以孟德尔(Gregor Mendel)和魏茨曼(August Weismann)的遗传学为基础的一种理论认为,人体的结构和功能完全由基因决定,不受环境的任何影响,因此一些群体和个人具有无法更改的"劣根性"。1881年哥尔顿(Francis Galton)提出"优生学",该学说当时被定义为"通过优化生育改良人种的科学"。于是在北美和欧洲兴起了一场将智力低下、残疾、在竞争中处于劣势的人绝育、禁止他们入境的优生运动。1907年美国印第安纳州颁布了第一部将精神病人、性犯罪者、智力低下者、道德堕落者和癫痫病人绝育的法律。到了20世纪30年代中期已有半数以上的州通过了类似的法律。德国的优生运动一开始与美国相似,支持这个运动的大多数是医生和科学家。他们一致认为"退化"是一个诊断概念,所谓"退化",包括酗酒、同性恋、癔症等。他们将人口分为"优等"和"劣等"两类,视"退化"为一种威胁,要捍卫

① 参见[英]戴维·米勒、[英]韦农·波格丹诺编:《布莱克维尔政治学百科全书》,中国问题研究所等译,中国政法大学出版社1992年版,第229~230页。

本民族的“遗传遗产”。当时支持优生运动的不仅有带头的医生和科学家，还包括当时所有的政治力量，从保守派、自由派到社会主义者。1920 年德国律师卡尔 · 宾丁(Carl Binding)和医生阿尔费雷德赫哲(Alfred Hoche)出版了一本题为《授权毁灭不值得生存的生命》的书，他们反对个人权利，强调国家权利。在他们看来，一条生命是否值得活下去，不仅取决于该生命对个人的价值，还取决于该生命对社会的价值。正是纳粹使种族卫生计划成为现实，它决心保持德意志血统的纯洁性，清理德意志的基因库，将“人类不平等”这一思想制度化。德国于 1933 年 7 月颁布《防止具有遗传性疾病后代法》，即“绝育法”，对患有各类精神和肉体疾病的病人实行强制绝育；1933 年 11 月颁布《反危险惯犯法》和《安全和改革措施法》，授权政府将反社会者关进国营医院，对性犯罪者实行阉割手术；1935 年 9 月颁布《帝国自然人法》和《德意志血统和尊严保护法》，二者统称纽伦堡种族法，正式在法律上排斥犹太人、吉普赛人、黑人；1935 年 10 月颁布《保护德意志民族遗传卫生法》，即婚姻卫生法，要求对整个人口进行甄别审查，防止患有遗传性退化疾病的人结婚。据统计，在公立和私立医院中因缺陷而被强制实行绝育的约有 50,000 人。接着纳粹大规模屠杀吉普赛人和犹太人，进行所谓“最终解决”，被杀害的人数达 600 万人。

(三)人格自由权的伦理分析

所谓自由权，是指自然人的个人意志和行为不受他人非法干涉的权利。美国人本主义心理学家马斯洛曾说：“精神生命是人的本质的一部分，从而，它是确定人的本性的特征，没有这一部分，人的本性就不完满，它是真实自我的一部分，人的族类性的一部分，完善人性的一部分。”[①]自由权作为自然人人格权的一个重要组成部分，是自然人独立从事其他一切民事活动的基础和前提；没有自由权，自然人的许多其他权利都无法得到有效行使。作为人身权的自由权主要包括婚姻自由、迁移自由、住宅自由和性自由等。

---

① ［美］马斯洛：《人的潜能和价值》，徐经采译，华夏出版社 1987 年版，第 223 ~ 224 页。

1. 婚姻自由权。婚姻自由权又称婚姻自主权,是指自然人依法享有的按照自己的意志自主决定自己的婚姻关系并排除他人干涉的权利。婚姻是为法律或社会习俗所认可的,男女双方以共同生活为目的而结合在一起的一种制度。婚姻自由是保证婚姻关系长期稳定和提高婚姻质量的前提。婚姻自由包括结婚自由、离婚自由,广义的婚姻自由还包括选择婚姻方式的自由。结婚自由是指自然人有权依照法律的规定自主缔结婚姻关系,不受他人的非法干涉。离婚自由是指夫妻双方中的任何一方都有权在夫妻感情确已破裂时,选择终结婚姻关系。选择婚姻方式的自由则是指自然人有选择结婚或者独身的自由,也有选择以什么方式缔结婚姻的自由(如选择宗教婚或世俗婚)和选择方式的自由。但婚姻自由并不是绝对的,不得损害他人利益、社会公共利益,也不得违反公序良俗,如不得重婚等。

2. 迁移自由权。所谓迁移自由,是指自然人有权选择居住地和按自己的意愿在不同地域空间内进行自由流动的权利。迁移自由既是人类不断优化的一种外在要求,是人类生存本能的一种自然反映,也是通过法律手段使自然人能力得到最大限度的发挥的必然体现。人们为了生产、生活的需要,不断进行人口迁移,不断拓展人类的生存空间。人口迁移不但加强了人口之间的相互交流,而且极大地提高了社会的经济发展水平。最近几年随着我国经济的飞速发展和农用耕地的减少,大量农村人口涌入城市,对促进城市经济的发展发挥了重要作用。对国内人口迁移影响最大的是我国户籍制度。据考证,中国的户籍制度始于周朝并一直延续至今。周朝将领土划分为乡、遂和都鄙,用来执行不同的收、征兵和土地划分制度,并建立以限制人口迁移和户籍注册为目的的保甲制度。至春秋时期,齐国在管仲的主导下采取了“禁迁徙、止流民、圉分异”的政策,战国时的商鞅在《商君书·垦令》中也提出“使民无得擅徙”的户籍管理政策。户籍是以户为单位记载自然人的基本情况从而确定自然人法律地位的法律文件。户籍记载事项主要有自然人的姓名、性别、出生时间和地点、籍贯、住所、亲属关系、财产状况、职业等基本情况。新中国成立后,我国曾实行了短暂的人口自由迁徙政策,但自1958年之后伴随计划经济体制在全社会范围内的普遍开展，我国对人口迁徙也开始采取较为严格的控制政策，根据1958年1月9日颁布的《中华人民共和国户口登记条例》第2条的要求，所有的中国公民都应当进行户口登记。公民在常住地市、县范围以外的城市暂住3日以上的，由暂住地的户主或者本人在3日以内向户口登记机关申报暂住登记；暂住在旅店的，由旅店设置旅客登记簿随时登记。（第15条）没有按照规定申报户口，或虚假申报户口，以及旅店管理人不按照规定办理旅客登记的，依法给予治安管理处罚或者追究刑事责任。（第20条）户籍由公安机关登记和管理，按其性质属于行政文件。国家建立户籍制度，对了解、掌握自然人基本情况，维护自然人权利和社会治安秩序，积累人口资料，为国家制定社会经济发展规划提供准确的人口数据等都具有重要的行政法律意义。同时，户籍记载的事项对于确定自然人民事权利能力和民事行为能力起止时间，明确自然人的家庭状况和财产继承关系，以及确定自然人的姓名权等，也具有重要的民事法律意义。现行户籍制度是计划经济体制的产物，其最大弊端就是阻碍了人口的自由流动，是一种对农民不公正、不平等的制度。因为现行体制下，“户口”不仅是一种身份的体现，而且是一种资源享有权的确认。从规范意义上说，户籍制度的基本职能只有两项，一项是证明自然人身份，一项是提供人口数据，一切附加在户籍制度上的其他功能都应当逐步取消。伴随着改革开放，我国对户籍管理的政策开始有所松动，许多地方都在积极探索改革户籍管理制度，并出台了一些改革措施。2014年7月30日，国务院发布《关于进一步推进户籍制度改革的意见》，进一步放宽了对人口迁徙的限制政策，许多地方尝试用准入制度取代进城人口指标制度，用《居住证》取代户口的一些功能，并逐步剥离附着于户口制度上的一些与教育、就业、医疗、养老、住房保障等相关联的福利措施。这是我国社会发展的必然要求，是社会进步的重要标志，对国家经济的发展和人民生活的改善将产生深刻的影响，其意义是划时代的。但要达到户籍制度改革的最终目的——实现迁徙自由，农民与城市居民真正意义上的平等尚需时日。

3. 住宅自由权。住宅是自然人居住、生活、休息和社交的固定场所。住宅一般由一定面积和一定造型的建筑物组成。住宅自由权是指自然人依法享有选择住宅并保证住宅不受他人侵犯的权利。住宅自由包括选择居住地的自由、选择住宅种类的自由和选择住宅样式的自由。其他人应尊重他人的住宅自由,不得故意破坏他人的住宅、干扰他人的宁静生活或者是破坏他人的居住环境。

4. 性自由权。性自由权是自然人所享有的与其他人为法律范围内的性交并排除他人干涉的权利。性自由权以充分尊重当事人的自由意志为条件,并可以排除他人干涉。但性自由权不同于"性解放",性自由权就其本质来说应是一种受法律限制的权利,因此个人对这种性自由权不得滥用,不得与他人进行不法性行为,如有违法律的卖淫嫖娼。

(四)具体人格权的伦理分析

根据我国《民法典》第 990 条第 1 款的规定,为我国法律所承认的人格权包括生命权、身体权、健康权、名称权、肖像权、名誉权、隐私权、荣誉权、姓名权等权利。

1. 生命权的伦理分析。生命权,也称生存权或依法生存权,是指以自然人的生命安全利益为内容的权利,或者说是保护自然人的生命安全不受侵犯的权利。由于自然人的生命是人体所固有的活动能力,是自然人本身存在的前提,因此,不得非法剥夺自然人的生命,否则即构成对生命权的侵害。生命权的客体是权利主体的生命。生命权的内容包括生命安全维护权、生命利益支配权和司法保护请求权。其中,生命安全维护权是生命权的主要内容,它包括维持生命延续、防止生命危害发生、改变生命危险环境等具体内容。

享有生命和生命权是自然人取得民事主体地位的基础和前提。从科学的角度说,生命是由高分子的核酸蛋白体和其他物质组成的生物体所特有的一种具有自我生长、繁衍、感觉、意识、意志、进化、互动等丰富可能性的自然现象。虽然有观点认为就未来的发展趋势而言,当人工智能复杂到一定程度(如出现了人机混合体或具有纯自由意志的人工智能机器人)之后,其事实上就具备了某种符合生命内涵的基本属性的现象,因此也可将其纳入生命的范畴。但传统生命强调的是生命体的自然演化过程,是生物体所具有的从生到死循环往复的周期性的活动能力。换句话说,在生物学意义上,生命被认为是蛋白质存在的一种形式,强调的是蛋白质通过新陈代谢作用不断地跟周围环境进行物质交换的能力。按照恩格斯在《自然辩证法》一书中的说法:“生命是蛋白体的存在方式,这种存在方式本质上就在于这些蛋白体的化学组成部分不断的自我更新。”①生命既是生命体存在的证明,也是生命体进行新陈代谢等各项运动的基本目的,所以就其本质来说,“生命是一个自我维持和自我创造的过程”②。从法律角度来说,民法视野下的生命仅指自然人的生命,是自然人这个身体结构复杂、组织和器官分化显著,能够制造工具,有语言、有逻辑思维,拥有创造万物能力的高等动物体特有的能力和现象。无论从自然意义上还是从社会意义上,自然人的生命都具有不可替代性和不可逆转性。保护生命健康权是各国立法的共同任务,《非洲人权和民族权宪章》第 4 条规定:“人是神圣不可侵犯的,每个人的生命和整个人格权均有权受到尊重。任何一个人均不得被剥夺此项权利。”第 5 条规定:“每个人的固有尊严有权受到尊重,其合法地位有权得到承认。”第 6 条规定:“每个人均有权享有人身自由与安全。”第 16 条规定:“人人有权享有能够达到的最佳的身心健康状况。”人的生命是最为宝贵的,因此应受到充分尊重,任何利益均不得与生命尊重的原则相对抗。对此我国《民法典》第 1002 条庄严宣布:“自然人享有生命权。自然人的生命安全和生命尊严受法律保护。任何组织或者个人不得侵害他人的生命权。”

2. 身体权的伦理分析。所谓身体权,是指自然人维护其身体完整并支配其肢体、器官和其他身体组织的权利。③ 身体权“不仅表现为对身体完全性和完整性的维护权,而且表现为对自己身体组成部分的肢体、器官和其他组织的支配权”④。传统民法理论及伦理观念并不认为自然人可以支配身体的组成部分,而只强调自然人身

① 《马克思恩格斯全集》(第 20 卷),人民出版社 1971 年版,第 88 页。

② [美]安·兰德:《人类的权利》,载《自私的德性》,焦晓菊译,华夏出版社 2007 年版,第 92 页。

③ 参见彭万林主编:《民法学》,中国政法大学出版社 1994 年版,第 149 页。

④ 杨立新:《民法判解研究与适用》,中国检察出版社 1994 年版,第 170 页。

体完整性不受破坏,但随着科学技术尤其是现代医学技术的进步、人类文明程度的提高以及人们法律、伦理观念的更新,自然人支配身体已被现代法学理论所承认并为现代立法所确认,自然人可以在法律许可的范围内支配自己的有生理机能的器官、血液等身体部分。现代社会禁止将自然人的整个身体(有生理机能的活体)作为自然人支配身体行为的对象,自然人的生命更不能成为自然人支配身体的对象。自然人支配身体的行为与自然人人身不可分离,因此,只有自然人本人才能行使支配其身体,他人不得非法支配自然人身体;自然人依法支配身体不受他人限制和干涉。支配身体的自然人通常必须是完全民事行为能力人,其支配身体必须出于完全自愿,且必须是出于道义或公益目的。自然人支配身体通常必须出于救死扶伤、促进科学研究、推进医疗技术进步等目的,自然人不得以营利为目的而支配身体。日本学界也认为,自然人支配身体如出于违反道义之动机者,不阻却其违法性。另外,自然人支配身体不能致使自己死亡,即不得允许自然人通过支配自己的生命来挽救他人的生命。自然人行使支配身体行为不得违反社会公共利益和社会公德,否则将不受法律保护。① 我国《民法典》第 1003 条规定:"自然人享有身体权。自然人的身体完整和行动自由受法律保护。任何组织或者个人不得侵害他人的身体权。"根据这条规定,民法意义上的身体权主要包括身体完整权、行动自由权和伤害免除权等具体权利。另根据第 1006 条第 1 款的规定,自然人享有对自己身体的处理权,即"完全民事行为能力人有权依法自主决定无偿捐献其人体细胞、人体组织、人体器官、遗体",并同时强调"任何组织或者个人不得强迫、欺骗、利诱其捐献"。

3. 健康权的伦理分析。所谓健康权,是指自然人保持其人体器官及各系统乃至身心整体的安全运行,以及功能的正常发挥的权利。健康权的客体是自然人的健康,健康是指维持人体生命活动的生理机能的正常运作和功能的完善发挥。我国《民法典》第 1004 条规定:"自然人享有健康权。自然人的身心健康受法律保护。任何

---

① 参见刘敏:《公民支配身体行为的法理研究》,载《江苏社会科学》1997 年第 1 期。

组织或者个人不得侵害他人的健康权。”根据该条可以看出，自然人的健康包括生理健康和心理健康两个部分，自然人的生理健康和心理健康均受法律保护，他人不得非法侵害。不过，一般认为自然人的心理健康的损害赔偿属精神损害赔偿范畴。因此，作为健康权客体的健康主要指自然人的生理健康。健康权的内容主要包括：健康维护权、劳动能力保持权和健康利益支配权等。社会发展的核心在于人的全面进步，人类不仅是社会发展的终极目标，也是其根本动力。健康作为个体最为关切的根本利益，构成了个体生存发展乃至自我实现的基石和先决条件。健康权关涉人本身的生存与发展，因此内蕴着丰富的伦理因子，在诸多闪耀着伦理光芒的因素中，人本主义理念无疑最为耀眼，因“人是地球上一切其他自然物都与之相关的那个自然最后目的”。[①] 人本主义理念强调个体尊严、自主权和平等的伦理观念，旨在确保作为个体的人在健康领域的权利能得到尊重和保护。首先，人本主义强调“以人为本”，将人本身作为一切活动的出发点和落脚点。《民法典》第 1216 条规定了道路交通事故社会救助基金先行垫付被侵权人的抢救费用，防止被侵权人的健康权因得不到及时救治而遭受损害；《民法典》第 1009 条强调不得以危害人体健康和违背伦理道德的方式来从事医学与科研活动，上述规定生动地诠释出“生命至上”“人民至上”的人本意蕴。其次，人本主义哲学凸显了个人的自主决策权，在健康权的实现过程中，无论是在预防、治疗还是康复阶段，个体均享有选择适合自己健康状况维护方式的自主权，或在面临健康风险时，能够自行决定采纳最为适宜的治疗策略。最后，人本主义理念内蕴着“人人生而平等”的根本信条，在健康资源的分配与利用中，通过践行“分配正义”与“矫正正义”，确保无论个人的种族、性别、年龄或社会地位如何，每个人的健康权益均能获得实质性保障。

4. 名誉权的伦理分析。名誉是自然人和法人因其观点、行为、工作能力、工作表现或经营风格、交易信用等形成的有关自然人品德、才干、素质和法人形象、信誉等方面的综合性社会评价。名誉权

① ［德］康德：《判断力批判》，邓晓芒译，人民出版社 2002 年版，第 287 页。

是指自然人、法人就自己在社会生活中所获得的社会评价不受他人不法侵害的权利。和其他人身权相比,名誉权具有以下三个法律特征:(1)名誉权的客体具有极强的可伤害性。作为名誉权保护客体的名誉非常脆弱,稍有不慎就可能受到伤害。不但恶意侵害行为,就是过失行为甚或是无过失行为都可能会对他人名誉造成损害。这就要求法律应对名誉权进行周密细致的保护。(2)名誉具有不可再生性。与自然人名誉的脆弱性相联系,名誉的再生性能非常差,自然人的名誉一旦受到损害就很难再恢复到完整状态,这种受到破坏的名誉甚至终生都难以修复。(3)名誉与其他权利具有极强的关联性。名誉作为社会对特定自然人的直观社会评价,对自然人社会经济生活的影响重大。名誉的好坏不但会影响他的社会地位,而且还会影响财产收入的多少,甚至会影响他的身心健康。因此我国《民法典》第 1024 条第 1 款规定:“民事主体享有名誉权。任何组织或者个人不得以侮辱、诽谤等方式侵害他人的名誉权。”

自然人名誉权的内容主要是有权要求社会给予其公正的社会评价和要求他人不得以任何方式来贬损自己的社会评价。为切实保护自然人的名誉权,应注意以下三个方面:(1)任何新闻报道、报纸杂志在对真人真事进行新闻采访、通信报道、表扬和批评时,都不得进行与事实不符的渲染和描述;(2)任何人都不得以侮辱、诽谤的方法对他人进行人身攻击;(3)在就特定自然人和特定事实向司法机关和其他部门进行检举、揭发时,不得故意捏造事实陷害他人。我国《民法典》第 1025 条规定,行为人故意捏造、歪曲事实;对他人提供的严重失实内容未尽到合理核实义务;使用侮辱性言辞等贬损他人名誉的,应承担相应的民事责任。另外,我国《民法典》第 1027 条第 1 款规定:“行为人发表的文学、艺术作品以真人真事或者特定人为描述对象,含有侮辱、诽谤内容,侵害他人名誉权的,受害人有权依法请求该行为人承担民事责任。”

在某些特殊情况下,一些行为虽然侵害了他人的名誉权,但因存在违法阻却事由而不需要承担责任。所谓违法阻却事由,是指某些行为虽侵害了民事主体的名誉,但在特定的情况下,法律上将其视为一种合法行为。侵害他人名誉权的违法阻却事由主要包括内容真实的披露行为和正当舆论监督行为。[①] 我国《民法典》第 1025 条规定，行为人为公共利益实施新闻报道、舆论监督等行为，影响他人名誉的，不承担民事责任。行为人对他人所提供的严重失实内容如已尽到合理核实义务，也可不承担民事责任。对于行为人是否尽到合理核实义务的判断标准，我国《民法典》第 1026 条规定，主要应考虑下列因素：内容来源的可信度，对明显可能引发争议的内容是否进行了必要的调查，内容的时限性，内容与公序良俗的关联性，受害人名誉受贬损的可能性，核实能力和核实成本。

不但享有自然人权利的人有名誉，死者也有名誉。所谓死者的名誉，是指人们对死者生前的道德品质、生活作风、工作能力等方面的社会评价。对于死者是否具有名誉权，理论学界有不同看法。第一种观点认为，死者和生者一样享有受法律保护的名誉权。这种观点已被我国一些法院采纳，最高人民法院也曾在 1988 年的第 52 号复函中指出，死者享有名誉权，应予以保护。第二种观点认为，死者不享有与生者一样的名誉权、身体权，因此不能基于名誉权受损提起诉讼，但为保护死者生前利益，可适当参考胎儿利益的规定，视死者为生存，享有准名誉权，其名誉不容损害。[②] 第三种观点认为，法律保护的实际上是死者近亲属的利益。最高人民法院 1993 年发布的《关于审理名誉权案件若干问题的解答》第 5 条规定，对死者名誉的保护可以及于死者的姓名、肖像、荣誉、隐私、遗体、遗骨。虽然该司法解释已于 2021 年 1 月 1 日废止，但其基本精神不但已被司法实践所普遍接受，而且也符合中国传统文化所遵循的尊宗崇祖、尊亲隐恶的道德要求。中国古代思想家认为，慎终追远，民德归厚。对逝去亲人的怀念和哀思，是生者精神利益的重要内容。故死者名誉的好坏也直接关系到其近亲属的利益，其近亲属也会因死者名誉受损而感到愤怒、痛苦或不安。因此与其说法律保护的是死者的名誉，不如说死者近亲属的名誉权或利益需要受到法律的保护。[③] 第

---

① 参见龙显铭：《私法上人格权之保护》，法律出版社 1993 年版，第 59 页。

② 参见何孝元：《损害赔偿之研究》，载《中国法学》2000 年第 2 期。

③ 参见王利明、杨立新：《人格权与新闻侵权》，中国方正出版社 2000 年版，第 381 页。

四种观点则区分了名誉和名誉权的概念,名誉权作为人身权的一部分,随自然人的消亡而消亡,而名誉作为社会对某人的评价并不会因其死亡而立即灭失,其还可能在社会成员中存在相当长的时间,因此对死者的名誉也应给予同样的保护。[①] 在许多情况下,对死者生前人格利益予以侵害的行为可能同时损及社会公共利益,因此,法律对死者人格的保护既是为了保护死者的名誉和死者遗属的利益,同时也是为了维护公序良俗的需要。对死者名誉的侵害主要表现为直接方式和间接方式两种。所谓直接方式,是指以直接毁损的方式强加于死者尸体,使其物理方面的特征发生显著的变化。这类行为主观上多为恶意,主要包括故意损害尸体、非法利用尸体、盗尸,以及其他的侵害尸体的行为,如非法陈列尸体、阻止尸体入葬等。所谓间接方式,是指以抽象的方式造成死者名誉降低的行为,主要包括侮辱、诽谤、揭露隐私等行为。[②]

5. 隐私权的伦理分析。所谓隐私,是指自然人个人生活中不愿公开或不愿为他人知悉的一些信息,包括个人经历、财产状况、生活习惯及通信秘密等。关于其范围,一般认为,包括私人信息、私人活动和私人空间,但我国《民法典》第 1032 条第 2 款规定:“隐私是自然人的私人生活安宁和不愿为他人知晓的私密空间、私密活动、私密信息。”根据这一规定,隐私除包含私人信息、私人活动和私人空间之外还包含私人生活安宁。当然也可以理解为私密空间、私密活动、私密信息共同指向了私人生活安宁,两者是一种包含关系。从理论上说,隐私主要表现为三种存在形态:一是个人信息,为无形的隐私;二是个人私事,为动态的隐私;三是个人领域,为有形的隐私。[③] 隐私权又称为“私生活秘密权”,是指自然人个人的与社会公共利益无涉的正常生活不受他人非法干涉、干扰和社会干预,涉及个人的有关事项不受他人擅自公开的权利。“隐私权”这一概念,

---

① 参见孙加锋:《依法保护死者名誉的原因及方式》,载《法律科学(西北政法学院学报)》1991 年第 3 期。

② 参见魏振瀛:《侵害名誉权的认定》,载《中外法学》1990 年第 1 期。

③ 参见王利明主编:《人格权法新论》,吉林人民出版社 1994 年版,第 480 ~ 482 页。

是1890年美国学者沃伦和布兰代斯首先提出来的[1],迄今已有一百多年的历史。对隐私的保护源于人类羞耻感的产生和名誉观念的确立。可以说早在人类的祖先开始用树叶和兽皮遮掩身体的特定部分时,人的羞耻感和隐私观念就已经产生了。因此我们可以认为,隐私权是人类文明发展的结果。隐私权确认了人的多样性,隐私权的享有更有助于个人自我的发展。对隐私权的法律保护最早可以追溯到1788年,在这一年美国第一届国会通过了第1条至第10条宪法修正案,其中的第4条修正案明确规定:"人身、住房、文件与财产不受无理搜查与剥夺。"1890年,该条被联邦最高法院法官路易斯·布兰德斯引申为"私生活秘密权"。但这一观点在当时并未为世人普遍接受,直至20世纪初,美国最高法院在对有关案件的审理中才有条件地承认了这一权利。1968年,最高法院在审理"马普诉俄亥俄州"一案时,代表多数法官发表意见的法官克拉克说:"当我们一旦认识到宪法修正案第4条所包含的关于私生活秘密权的权利应实施于各州,并且认识到,因此保护自然人不受州的官员粗暴侵犯私人生活秘密的权利来自宪法,我们就不能容许这种权利仍是徒具虚名的诺言。"至此隐私权作为一个有明确含义的法律术语得到确认。1974年,美国国会正式通过了《自然人隐私权法案》,并随后又制定了《家庭教育及隐私权法》和《财务隐私权法》,从而构筑了比较完整的隐私权保护法律体系。隐私权制度的建立保证了人际关系的相对稳定性、人类行为的规则性和人身财产的安全性,维护了个人的安宁和安全感,实现个人与社会的基本和谐。

与其他人身权相比,隐私权具有以下五个法律特征:(1)作为隐私权保护标的的隐私具有真实性。自然人的隐私总是和他作为民事主体的生活、行为联系在一起的,其隐私直接来源于他的人生经历、特殊情感需要、日常交往和特异体。(2)隐私权的内容具有秘密性。个人隐私虽然来源于自然人个人的真实生活经历,但这些隐私内容一旦公开,可能会对他的名誉有一定影响,或会搅扰其安

---

① 参见姚辉:《民法的精神》,法律出版社1999年版,第171页。

稳平静的生活。故自然人对这种隐私不愿使其他人知晓。并且该隐私处于隐秘状态也不会影响社会公共利益。(3)隐私权是一种具有纯粹精神价值的重要民事权利。对特定人来说,人的名誉甚至重于人的生命。(4)隐私权的内容具有社会观念性。隐私权的内容不但因自然人所处时代、国家的不同而有所不同,而且也因自然人个人身份地位的不同而有所差异。但法律所要保护的隐私权除了要取决于自然人个人的内心认知之外,更主要的是受社会观念的影响,即隐私权的范围应以普遍的社会观念所认可的为限。而社会观念又是由一国的社会道德水平、价值观念、文化素质、社会习俗、民族传统、民族心理及政治经济发展状况等共同决定的。(5)隐私权具有相对性和可放弃性。与其他人身权不同,各国对隐私权的保护都是有条件的,每个自然人都只享有一定范围内的隐私权。国家出于维护社会公共利益的需要,可以依法定程序对他人的隐私进行干涉和披露。自然人也可以在法律规定范围内自行决定放弃对某些隐私的保护。

关于隐私权的内容,各国规定的并不相同,一般认为隐私权的内容应包括以下八个方面:(1)个人的生活安宁。权利主体能够按照自己的意志从事或不从事某种与社会公共利益无关或无害的活动,不受他人的干涉、破坏或支配。(2)个人数据或信息的保护权。根据我国《民法典》第111条的规定,“自然人的个人信息受法律保护。”根据《民法典》第1034条的规定,这里的个人信息“是以电子或者其他方式记录的能够单独或者与其他信息结合识别特定自然人的各种信息,包括自然人的姓名、出生日期、身份证件号码、生物识别信息、住址、电话号码、电子邮箱、健康信息、行踪信息等”。这些个人信息如果属于个人信息中的私密信息,那么适用有关隐私权的规定;如果属于非私密信息,则适用有关个人信息保护的规定。但无论是否属于个人的私密信息,都受法律保护。我国《民法典》第111条规定:“任何组织或者个人需要获取他人个人信息的,应当依法取得并确保信息安全,不得非法收集、使用、加工、传输他人个人信息,不得非法买卖、提供或者公开他人个人信息。”我国《民法典》第1038条规定:“信息处理者不得泄露或者篡改其收集、存储的个人信息;未经自然人同意,不得向他人非法提供其个人信息,但是经过加工无法识别特定个人且不能复原的除外。信息处理者应当采取技术措施和其他必要措施,确保其收集、存储的个人信息安全,防止信息泄露、篡改、丢失;发生或者可能发生个人信息泄露、篡改、丢失的,应当及时采取补救措施,按照规定告知自然人并向有关主管部门报告。”(3)个人的心理秘密保护权。(4)个人的私生活秘密保护权。(5)个人的身体秘密和身份秘密保护权。(6)个人的财产秘密保护权。(7)个人的通信秘密保守权。(8)个人的声音保护权。声音与姓名、肖像一样同属于个人的重要特征。窃听器、录音机的广泛使用,使声音被承认为一种特别人格权,从而使其有受法律保护的必要。声音权是以自己的声音所体现的利益为内容的权利。声音权被侵害的主要形态是:未经他人同意,对其声音语言录音而保存和使用;模仿他人声音并使大众误以为是他人声音而用于营业广告。[①] 对他人隐私权的侵害方式主要有侵入、监听监视、窥视、刺探、搜查、干扰、披露等。为此我国《民法典》第1033条对侵犯隐私权的主要行为进行了罗列,明确规定:“除法律另有规定或者权利人明确同意外,任何组织或者个人不得实施下列行为:(一)以电话、短信、即时通讯工具、电子邮件、传单等方式侵扰他人的私人生活安宁;(二)进入、拍摄、窥视他人的住宅、宾馆房间等私密空间;(三)拍摄、窥视、窃听、公开他人的私密活动;(四)拍摄、窥视他人身体的私密部位;(五)处理他人的私密信息;(六)以其他方式侵害他人的隐私权。”

为了保护社会公共利益,要求隐私权的行使必须受到一定限制,这些限制包括知情权、言论自由等,其中以知情权最为重要。知情权又称知悉权、了解权,是指自然人享有最大限度地知悉、获取各种信息的自由和权利。知情权的内容比较广泛,包括社会知情权、对个人信息的知情权、法人知情权、法定知情权等。从法的角度,知情权体现了文明社会对人与信息关系的深刻认同,它表明依法知悉

---

① 参见马骏驹、刘卉:《论法律人格内涵的变迁和人格权的发展——从民法中的人出发》,载《法学评论》2002年第1期。

和获取信息,是人享有并不容侵犯的一项基本权利。此外,知情权作为言论自由和新闻自由的权利后盾,有利于防范一般人格权无止境扩大而产生的危及法律安定性的危险。[①] 知情权的行使在许多情况下会导致对他人隐私权的侵害,因此法律应当在隐私权与知情权之间寻求一种平衡。一般认为对知情权与隐私权的协调应遵循以下四个原则:(1)社会公共利益原则。个人隐私原则上受法律保护,但如果涉及社会政治利益及公共利益,为了保障社会政治和公共利益,则要牺牲个人某些隐私权。正如恩格斯所说:个人隐私一般应受到保护,但当个人私事甚至隐私与最重要的公共利益——政治生活发生联系的时候,个人的私事就已经不是一般意义的私事,而属于政治的一部分,它不受隐私权的保护,而成为历史记载和新闻报道不可回避的内容。(2)权利协调原则。在隐私权与知情权发生一般冲突时,可以在较小范围内公开隐私,以满足知情权的需要,从而使司法选择的副作用降到最低。(3)尊重他人人格原则。行使知情权及新闻自由创作、言论自由时,不得以故意伤害他人人格尊严为目的。(4)公众人物原则。公众人物,又称公众形象,是指在社会各个领域中为公众所普遍知晓的人物,以及由于某种原因或在某种场合成为媒体焦点的人物。公共人物或因为成绩显赫,或因为地位突出,或因为罪恶昭彰,有关他们的信息为公众所关注,具有更多的"公共"性质,公众有权了解他们的活动以及与其相关的个人情况。因此,对他们的隐私权保护也应酌情加以限制。只要公众人物离开自己的生活圈子进入公共生活领域、参加各种社会活动,都可以成为追踪报道的对象。但公众人物完全私下的、与社会并不发生直接联系的个人私生活则不应受到侵扰。对于公众人物与社会不发生直接联系的个人信息、私人领域和家庭生活,除非本人同意,媒体不得随意公之于世。否则,就可能构成对其隐私及尊严的侵犯。

在隐私权中还有一种比较特殊的是关于患者的隐私权问题。

---

① 参见曾庆洪、邹兵:《关于隐私权有关问题的探究》,载《四川师范学院学报(哲学社会科学版)》2002 年第 3 期。

对患者隐私权的保护,在临床医学上应注意以下四个方面:(1)除法律法规规定外,未经患者同意,患者的病历资料不得交予其他人或组织阅读。(2)临床医学报告及研究,未经患者本人同意,不得用真实姓名和真实病历方式对外公开报道,也不得以文学作品的方式报道。(3)临床医学摄影资料应充分征求患者同意。不得随意拍摄可暴露患者身份或特征的资料,更不能将可能暴露患者身份或特征的医学摄影资料作为艺术摄影作品对外公开。(4)临床手术直播或电视播放必须征得患者和其亲属的同意及授权书,并应坚持尽量避免暴露患者身份和隐蔽部位的原则。另外,虽然患者的隐私权应当受到充分尊重,但为了保护社会公共利益和患者本人的利益,当患者所患疾病可能危及其生命健康或社会公共利益时,医生有义务将患者的患病情况报告给有关部门。如法定传染病的报告、性病的报告等。隐私权必须服从公共安全。当健康权与隐私权发生冲突时,作为医生虽然应该尊重病人的隐私权,但当病人出现生命危险时,首先考虑的应当是抢救,这是医生的职业道德使然。也就是说,当一种危害必然发生时,当事人可以选择较小的危害避免更大的危害发生。

6. 姓名权的伦理分析。姓名是自然人长期使用的与其他自然人相区别的特定文字符号,是自然人人格特征的重要标志。姓名权是自然人依法享有的决定、使用、改变自己姓名,并排除他人干涉和侵害的权利。姓名通常由姓氏和名字两部分组成。中国古代姓氏有别。“姓”产生于母系氏族社会,是由某一母系祖先的后裔共同组成的一个群体,其主要作用是“明血缘”“别婚姻”。“氏”则产生于父系社会,是某一父系祖先繁衍的后代的标志。现“姓”“氏”已合而为一,统称为姓或姓氏。姓名权的客体是姓名。姓名是姓氏和名字的结合。姓氏代表家族,名以区别于家族其他成员。姓和名共同构成一个完整的自然人个体符号。姓名有广义、狭义之分。狭义的姓名仅指户籍簿上登记的姓名,称为登记姓名、正式姓名。广义的姓名除登记姓名外,还包括本名、原名、别名、笔名、艺名等。姓名权的内容主要体现在以下三个方面:姓名决定权、姓名使用权、姓名变更权。1896 年的《德国民法典》第 12 条规定:“有权使用某一姓名的人,因他人争夺该姓名的使用权,或因无权使用同一姓名的人使用此姓名,致其利益受损害,得请求除去对此的侵害。”自然人在行使自己的姓名权的同时,亦应遵守一定要求,这些要求主要包括:凡签署具有法律意义的证件、契据、文书等书面文件,或是向司法机关或其他国家机关提供证词、证言的,均应使用户籍簿上记载的正式姓名,而不能用别名、笔名等代替,以明确权利义务主体;不得基于不正当目的而取与他人相同的姓名;不得基于不正当目的如重婚、逃税等而改名换姓;不得非法转让姓名等。

姓名是自然人享有姓名权的基础,根据我国《民法典》第 1012 条的规定:“自然人享有姓名权,有权依法决定、使用、变更或者许可他人使用自己的姓名,但是不得违背公序良俗。”考虑到中国的文化传统比较注重血缘关系的传承和血脉关系的延续,因此我国《民法典》强调自然人姓氏的选择原则上应随父姓或母姓,只有在特殊情况下才可以选择父姓和母姓之外的其他姓氏①,同时要求不得违反公序良俗。

7. 名称权的伦理分析。法人及非法人组织是自然人在社会生活中的延伸,尽管法人及非法人组织并不具备自然生命属性,无法成为自然意义上的伦理道德主体,但是,作为人类社会中具有组织功能的实体,其广泛参与了社会经济活动,在日常的组织经营过程中能够成为经济伦理意义上的主体。《民法典》第 1013 条规定法人、非法人组织享有名称权,有学者认为,“商号本身具有商业属性,很难像健康权等人格权一样直接反映伦理道德价值,其更多地要受制于经济伦理。”②名称权不仅是一项法律权利,同时也蕴含着公平、诚信等经济伦理道德元素,法人及非法人组织在享有和行使名称权的同时,应恪守经济伦理的内在要求。其一,法人和非法人组

① 《民法典》第 1015 条规定:“自然人应当随父姓或者母姓,但是有下列情形之一的,可以在父姓和母姓之外选取姓氏:(一)选取其他直系长辈血亲的姓氏;(二)因由法定扶养人以外的人扶养而选取扶养人姓氏;(三)有不违背公序良俗的其他正当理由。少数民族自然人的姓氏可以遵从本民族的文化传统和风俗习惯。”

② [美]约翰·R. 康芒斯:《资本主义的法律基础》,寿勉成译,商务印书馆 2004 年版,第 218 页。

织对名称权的行使应在公平竞争的向度下进行，根据《反不正当竞争法》，经营者不得通过混淆行为损害竞争对手的合法权益，此规定有助于维护市场的公平性。其二，《公司法》规定公司的名称权受法律保护，但应当符合国家的有关规定。法人及非法人组织在行使名称权时，同样须遵循这一规则，确保企业对于名称的选择不与公序良俗原则相悖，应具有商业行为的道德合理性和社会维度的广泛接受性。

8. 肖像权的伦理分析。人格权的确立是个体人格尊严的基石，其中，生命权、身体权和健康权等物质性人格权是构成人类本质的根本要素，它们是每个人存在于世的基础。同样地，精神性人格权亦是个人在社会场域中确立自我所不可或缺的条件，它们是个体在社会中得以维系独立人格的关键。[①] 随着社会意识的兴起，精神性人格权获得了更广泛的关注，肖像权作为其中的代表，它赋予自然人对自己的外部形象拥有一定的控制权。这种权利的内容包括制作权、使用权、公开权以及许可他人使用自己肖像的权利。具体而言，首先，肖像权允许个人根据自己的意愿制作和使用自己的肖像，例如，通过自拍等方式表达自我，这种自主性体现了对个人自由和尊严的尊重。其次，肖像权所体现的基本利益是精神利益，即个人对于自己形象的认同，当前对肖像权的保护重点在于维护这种非物质的精神价值，保护肖像权有助于维护个人的心理健康和情感平衡，防止因形象被滥用而受到精神上的伤害。

此外，肖像权具有丰富的财产价值，但值得注意的是，现行法律更加推崇肖像权的人格尊严属性，因对人格本身的尊崇因应了人本主义理念的核心诉求。[②] 虽然财产权对于个人人格的实现同样发挥着助力，但这种作用仅是间接性的。人格权既是保障人类尊严不可侵犯与人身自由的关键，也确保了个体在身体及精神层面的自主权利，而这些正是行使其他民事权利的根本前提和基础，也是个人人

---

① 参见王利明：《人格尊严：民法典人格权编的首要价值》，载《当代法学》2021 年第 1 期。

② 参见胡平仁、梁晨：《人的伦理价值与人的人格利益——人格权内涵的法哲学解读》，载《法律科学（西北政法大学学报）》2012 年第 4 期。

格实现的最直接路径。因此,优先考虑对人格尊严属性本身的保护,不仅有助于捍卫个体的基本人权,而且能够促进个人人格的全面展开和精神利益的充实。在具体规定中,《民法典》第1021条规定,在肖像许可使用合同中若对有关肖像使用条款的理解产生纷争,应依法采纳对肖像权人更为有利的解释。该规定不仅加固了对权利主体人格利益的保护屏障,而且显著体现了立法者将人格权的保障置于财产权之上的坚定立场。同时,《民法典》第1022条规定肖像权人一方在“正当理由”下享有单方解除权,其目的旨在捍卫个体的人格尊严,并确保其对自身人格利益的主权性掌控,从而彰显了权利主体对其人格利益享有至高无上的控制权。

9. 荣誉权的伦理分析。一般认为,对荣誉主要有两方面的解释面向,“在形式上,荣誉是权威机关对特定对象的正式的肯定评价,特定对象可以是特定主体,也可以是特定主体的联合——集体、组织,如家庭、班级、小组、车间等。主体的联合不能成为主体,不享有任何权利,包括不因权威机关的正式肯定评价而享有荣誉权。在实质上,荣誉是权威机关对特定主体的正式的肯定评价”。[①] 所谓荣誉权,是指主体在社会交往或管理过程中,能够因道德等多重维度贡献而获得荣誉或荣誉称号的权利,它映射出社会对其成员拥有某种品格的期望与鼓励,这类评价源自特定社会、时代、组织或机构的权威判断,具有普遍的导向性影响。荣誉权除了有导向作用外,还将通过对良知和道德的提倡产生激励效用。“一个有道德的人,一个追求正义和合法的人,既能产生内心的愉快,问心无愧,又能做到无忧无惧;而蔑视正义、法律的人,就不但没有道德上的自足感,而且还会产生精神上的紧张和焦虑,并且会恐惧不已、谴责自己”[②],对社会和他人越有益,最终从中获得的收益也越多,此将形成一种良性循环,社会主体意欲满足自己的荣誉心,需通过在社会支持系

---

① 李锡鹤:《民法哲学论稿》(第2版),复旦大学出版社2009年版,第291页。

② 宋希仁:《西方伦理学思想史》,湖南教育出版社2006年版,第53页。

统中获得他人的赞扬而得以实现。[①] 荣誉权制度是激励社会主体自强自立、创造社会价值的动力源泉，维护荣誉权，不仅关乎社会主体的良心坚守，更关乎其人格价值的维系。

① 参见王歌雅：《荣誉权的价值阐释与规制思考》，载《环球法律评论》2013 年第 3 期。

第十三章　婚姻家庭制度的伦理分析

一、婚姻家庭法在民法中的地位

婚姻家庭既是一种以两性和血缘为特征的社会现象，同时也是社会组织的基本单元和社会构成基础。以婚姻家庭作为主要调整对象的婚姻家庭法在促进人类文明的发展和人的解放方面发挥了独特的作用，同时对推动民法制度的完善也功不可没。从社会文化的层面来看，一定类型的民法不仅作为直接调整社会经济关系的规范形态而存在，而且还作为一种文化现象渗透于社会生活的各个领域，民法文化是一定社会文化源流的重要组成部分。而在所有的民法制度构成中，婚姻家庭文化无疑是最具有文化影响力和文化创造力的领域，因此无论是宗教还是世俗的立法都无一例外地把目光聚焦于婚姻家庭关系。作为宗教法代表的《可兰经》对法律的最大贡献是肯定了一些古代阿拉伯社会的习俗和惯例，其中涉及法律方面的除少部分属于刑罚制度（如杀人偿命、叛教施以极刑、诬蔑贞节妇女者处鞭刑）外，大部分是关于婚姻家庭法方面的规定。因此在某种程度上说，法律层面上的《可兰经》主要是作为婚姻家庭继承法的法律渊源而被反复引用。就世俗法来说,作为现代万法之宗的古罗马民法,其主要内容除包含了部分国家行政管理、诉讼程序、财产等方面的内容外,婚姻家庭和继承方面的内容同样也占很大比重。以其最具特色的家父权为例,按照学界观点,罗马法的特点是确立了自然人基于其不同的社会身份而具有不同人格的制度,其实质是以人的身份的等差确立了社会的基本等级结构。换言之,罗马社会的法定基本单位是家庭而非个人,家父是家庭的唯一法定代表人,是唯一为法律所承认的具有完整的人格的人。因此,在这种意义上说,"整个真正的罗马时代,罗马私法就是家父或家长的法"。[①] 虽然家父权的内容涉及人格权、财产权等许多方面,但其核心内容仍属于家庭法的调整范畴。中国的传统民法同样也是如此。中华法系向来以重刑轻民著称,在为数极少的民律规范当中,大部分涉及的也是婚姻家庭、田土、契约等项内容。不仅如此,中华法系的一个突出特点是:强烈的家族本位观念形成了极其复杂的亲属制度,放射到社会生活的各个方面,并进一步被运用到对各种社会现象的解释和评判上。[②] 对于这种过分偏执于家族伦理的中国古代法,既有的研究大多持否定态度,认为其漠视个人的存在价值,遏制了现代自由、平等理念的生成。实际上,家庭秩序的调整是所有社会秩序中最为基础、最为复杂的调整内容之一,而伦理亲情的强调与人际和谐的关注更是人类天性的必然需求,因此一切合乎人性的法律对此都不应置之不理。从这种意义上说,中国古代"伦理法"显然包含诸多超越具体社会形态而富于普遍意义的东西。[③] 不仅如此,婚姻家庭法律制度的发展还直接促成了民法制度的现代化。研究表明,200 多年来世界各国的亲属法处于频繁的修订之中,特别是随着人权理念不断强化,两性平等原则以及子女最佳利益原则成为各国亲属法的重要指导原则。传统的夫权、父权甚至亲权观念遭到"清算",以父权为主

---

① [意]彼德罗·彭梵得:《罗马法教科书》,黄风译,中国政法大学出版社 1992 年版,第 115 页。

② 参见郭建、邱立波、赵斌:《中国民事传统观念略论》,载《华东政法学院学报》1999 年第 2 期。

③ 参见胡旭晟:《中国传统"伦理法"之检讨》,载《百年》1999 年第 5 期。

导的家庭结构日趋瓦解,既关注家庭成员个体发展,保护公民个人权利与自由,同时也关注家庭整体的发展,注重家庭利益与家庭成员利益之间的平衡被奉为各国修法的圭臬。其结果不但巩固了人类个性解放的成果,而且丰富了人类文明的内涵并推动了社会的进步。[①] 因此,从某种程度上说,社会的发展与婚姻家庭法的进步是互为因果、相辅相成的。没有婚姻家庭法律制度的现代化,就没有民法的现代化,同时也就没有完整意义上的社会的现代化。

从各国的立法例来说,婚姻家庭法始终是民法的重要内容。按照黑格尔的说法,家庭与市民社会和政治社会(国家政权)一道,共同构成完整的国家。不同的国家构成需要借助于不同类型的法律加以调整,其中调整家庭与市民社会生活的重担是由民法来承担的。因此以意思自治为基础的婚姻家庭制度成为以排斥国家干预为己任的民法(私法)的最基本和最佳的表现形式。对此我们可以通过解读近现代几部最具代表性的民法典加以佐证。1804 年的《法国民法典》(《拿破仑法典》)除总则外共分 3 编,其中第 1 编是人法,基本内容是关于个人和亲属法的规定。该编不但规定翔实,而且是作为整个法典的制度基础而存在的。1900 年的《德国民法典》共分为 5 编,即总则、债的关系法、物权法、亲属法、继承法。虽然婚姻家庭关系被移除在总则之外,但编章内容却有所增加,即将婚姻家庭有关的内容扩充为两编。1911 年编纂完成的《瑞士民法典》除导编外共分 5 编,分别是人法、亲属法、继承法、物权法、债务法。与婚姻家庭关系相关的同样也是两编。1922 年的《苏俄民法典》分为总则、物权、债和继承 4 篇,另 1926 年的《婚姻、家庭和监护法典》,首创民法与婚姻法并立的模式。晚近颁布的一部最具代表性的民法典当属 1992 年的《荷兰民法典》,该法典结构庞杂,内容广泛,共分 10 编,分别是:第 1 编“人法和家庭法”;第 2 编“法人”;第 3 编“财产法总则”;第 4 编“继承法”;第 5 编“财产和物权”;第 6 编“债法总则”;第 7 编“有名合同”;第 8 编“运输法”;第 9 编“智力成

---

① 夏吟兰、何俊萍:《现代大陆法系亲属法之发展变革》,载《法学论坛》2011 年第 2 期。

果法";第10编"国际私法"。其中与婚姻家庭法有关的分别是第1编和第4编。由此可见,在绝大多数国家,无论民法典的结构怎样调整和变化,婚姻家庭法都是民法典中不可或缺的一个重要组成部分。因此从某种意义上说,没有完备的婚姻家庭法作支撑就没有完整意义上的民法典。对此德国民法典起草委员之一温德夏德(Windsc-heid)认为:"所有的私法要做的事情有两个目标:1. 财产关系;2. 家庭关系。因此,私法的主要划分是财产法与家庭法的划分。"[①]我国民法学泰斗江平教授也认为:"传统世界大陆法系民法典均包含亲属编,这是因为民法所调整的市民社会关系中包含两大类物质生活:一类是人类为了满足自身生产物质需求的经济关系,一类是人类为了使自身能得到种族的延续的婚姻家庭关系,而且这两类均属于民法所调整的平等主体之间的关系。"[②]婚姻家庭法之所以能够作为整个民法典的制度基础,主要是由婚姻家庭所担负的特殊历史使命所决定的。根据马克思主义的观点,社会再生产主要包括物质资料的再生产和人口的再生产两个方面。物质资料再生产是人口再生产的基础,而人口再生产是物质资料再生产得以不断进行的条件。社会再生产的发展过程既是物质资料再生产由低级向高级的发展过程,同时也是人口再生产由低级向高级的发展过程。物质资料再生产的组织形式随着社会的进步而不断发展变化,从个体和简易的组织逐步进化到复杂的公司等先进组织。而人口再生产的主体则一直由作为人类社会组成最基本细胞的家庭来承担。家庭要承担人口再生产的职能,必须以男女两性的结合为纽带,以享有一定的社会财富为条件,因此婚姻是家庭赖以存在的基础,财富是家庭作为人格的定在(黑格尔语)。而继承既是保证家庭延续的前提,同时也是实现社会财富积累的主要手段。因此在各国民法典中,婚姻关系、家庭关系、继承关系都是必不可少的组成

---

① 徐国栋:《民法调整对象理论比较研究——兼论〈民法通则〉第2条的理论坐标和修改方向》,载《厦门大学学报(哲学社会科学版)》2008年第1期。

② 江平:《制订民法典的几点宏观思考》,载《政法论坛》1997年第3期。

部分。[1]

二、婚姻家庭法的伦理基础

(一)婚姻家庭法为什么必须采取伦理道德优先原则

与民法其他部分通常采取财产关系与伦理关系并重的立法思路不同,各国对婚姻家庭立法通常采取的是伦理道德优先的立法指导原则。婚姻家庭之所以必须首先遵循伦理道德优先原则,是由婚姻家庭制度本身的特点所决定的。婚姻制度既包括自然因素也包括社会因素。婚姻制度的自然属性是由生物学上的本能所决定的,而其社会属性则是人类传统习惯和伦理思想长期影响的结果和集中体现。换言之,婚姻家庭关系既是法律关系,更是伦理关系。黑格尔认为,家庭是直接的或自然的伦理精神,是以婚姻为基础的血缘共同体。家庭的本质与其说是一种自然关系,不如说是一种伦理关系。[2] 而作为传统伦理道德主要载体之一的婚姻家庭制度之所以能获得合法性存在,离不开法律的肯定和强化。因此在黑格尔的话语体系中,客观精神即法哲学被划分为法、道德和伦理三个环节,而伦理作为一种"精神"态,是人类"理性"发展的结果,它是建立在理性的立法或对法则的审核之上的,即"家庭成员之间的伦理联系不是情感联系或爱的关系"[3],而是一种"法则",是要靠人的理性自觉遵守的。但这种理性遵守的前提又有赖于法律对这种伦理关系的确认和遵从。因此,在真正的法治国家,法治所体现的价值与社会的主流伦理道德规范应表现出高度的同质性,法律必须以基本伦理道德为基础,法必须具有内在的正义性品质,也就是罗马史学家李维所说的"市民法深藏于祭司团的神龛之中"。而不符合基本伦理道德的法律由于无法获得人们的尊重和自觉遵守,不应该成为法律或不应该继续成为法律。实际上,任何法律规范体系或法律规则都

---

① 赵万一:《中国民法典制定的应然与实然》,载《中国政法大学学报》2013年第1期。

② 臧伟:《国家与社会:从黑格尔到马克思》,载《人民论坛》2010年第20期。

③ [德]黑格尔:《精神现象学》(下卷)(第2版),贺麟、王玖兴译,商务印书馆1979年版,第8页。

不应当是晦涩难懂的语言符号,而应是社会经验、风俗习惯、伦理感悟和社会追求的混合体,这点对作为伦理性特征突出的婚姻家庭法而言尤其重要。婚姻家庭法律文化作为典型的伦理文化,应符合人类伦理普适性特质的要求,所体现的价值应以对人自身的关怀作为首要的和最终的制度取向。

伦理道德优先原则的另一个要求是婚姻家庭立法应当远离市场经济。虽然婚姻家庭法除了调整人身关系外,也要调整一些财产关系,但这些财产关系均是依附于人身关系而存在,属于人身制度上的溢出性制度,且大多属于非市场性的财产关系。因此在对涉及婚姻家庭领域财产处理的规则设计上应将伦理属性作为优先考虑的因素,而不应将价值法则过多引入进来。不能用市场经济理念和市场经济规则解构和规范婚姻关系,为此,我国《民法典》第 1042 条第 1 款规定:"禁止包办、买卖婚姻和其他干涉婚姻自由的行为。禁止借婚姻索取财物。"实际上市场经济仅仅是社会经济的一种表现形式而已,而经济生活也仅仅是社会生活中的一个组成部分。黑格尔曾把社会区分为家庭、市民社会和政治国家三个不同的领域,并要求分别适用不同的法律规则。如果将适应于"市民社会"即社会的商业部分的规则完全应用于婚姻家庭领域,其结果则会抹杀婚姻家庭的伦理性特质,从而家庭将沦为单纯的市场主体而不是人伦关系汇集的精神家园。对此我们以婚姻家庭制度中最具财产性的继承关系为例加以说明:各国在考虑继承人的范围和继承顺序的设定时,一般不会把被继承人对遗产的贡献或继承人的经济条件作为关注重点,而是把与被继承人的亲疏作为唯一的考量因素。因此,婚姻家庭法内容的设计必须符合婚姻家庭制度的伦理性特质,将维护婚姻家庭的和谐稳定和保障家庭成员的人格尊严作为主要的追求目标,既要寻求具有普适性和目标性的真谛,同时也要适当兼顾满足人的世俗需要的俗谛。①

---

① 俗谛为佛教用语,指佛教依照事物的现象而阐发的浅明而易为世人所理解的道理。这里借指婚姻家庭成员世俗性的一些要求。

(二)婚姻家庭立法是受传统文化影响最为深远的法律领域

梅因在《古代法》中曾讲道:“罗马人认为他们的法律制度是由两个要素组成的。经查斯丁尼安皇帝钦定出版的‘法学阶梯’(Institutional TreaA tises)中说:受法律和习惯统治的一切国家,部分是受其固有的特定法律支配,部分是受全人类共有的法律支配。”① 与其他法律制度相比,婚姻家庭制度既是一国风俗习惯的集中体现,同时也是民族精神和民族文化的结晶。民族精神作为一个民族在长期历史发展中形成的在心理、观念、习俗、信仰、规范等方面的群体意识、风貌和特征,不但为民族成员广泛认同和接受,而且维系和推动着民族的生存与发展。相对于其他国家和其他民族来说,民族精神又是一个民族的自我意识与自我认同,是一个民族的集体人格的体现和一个民族区别于其他民族的精神特质的总和。婚姻家庭法作为民法中最具民族性要求的制度类型,自应充分体现民族精神和民族文化,因为只有最民族化的婚姻家庭法律制度才是最有生命力的制度。实际上,我国古代的先贤们对此已有了清醒的认识:“为国者,观俗立法则治,察国事本则宜。不观时俗,不察国本,则其法立则民乱,事剧而功寡。”(《商鞅·商君书》)从世界立法例观之,各国婚姻家庭法律制度之所以在民法典的编纂安排和具体内容上表现出巨大的差异性,在很大程度上是因为作为这一制度制定基础的民族精神存在显著不同。因为一个国家的民族精神与其他民族精神相比不但显示出不可替代的独特发展轨迹,而且体现出精神特征的不可通约性。法国著名社会学家涂尔干也认为:“要想深刻地理解一种规矩或一种制度,一种法律准则或一种道德准则,就必须尽可能地揭示出它的最初起源;因为在现实和过去之间存在着密不可分的关联。毋庸置疑,由于这些规矩、制度或准则的运作方式已经发生了转变,所以从原则上讲,它们所依据的原因本身也会发生变化;但是这些转化仍然有赖于它们的发端。”②就现实的立法环境

① [英]梅因:《古代法》,沈景一译,商务印书馆 1959 年版,第 27 页。

② [法]爱弥尔·涂尔干:《乱伦禁忌及其起源》,汲喆、付德银、渠东译,上海人民出版社 2003 年版,第 3 页。

来看,中国传统的法律文化历经几千年的演变和发展,已经形成了一种有着鲜明个性和成熟形态的法律文化样式。时至今日,我们仍不能低估传统法律文化对现实社会生活的重要影响。换言之,尽管传统法律文化屡遭重创,但其很多因素仍然顽强地延续下来,存在于中国民众的法律意识、风俗习惯、行为方式中,作用于国家正式法控制之外的社会生活领域,在维护民众的日常生活秩序上依旧发挥着重要的作用,甚至还影响国家正式法的实施。例如,具有传统色彩的礼俗习惯、乡规民约在很多基层社区中仍是维护社会生活秩序的重要社会规范,具有传统色彩的民间调解机制解决了基层社区中发生的大量社会纠纷。"在中国,礼仪、善意、正直的概念一向比强制与惩罚更受重视,和睦与调解的思想一向被认为应优于诉讼中的主观权利思想。"①特别是自宋明以来,以天人合一为基础的程朱理学将万事万物抽象为充满道德色彩的先验存在和本体意义上的超自然原则的"理"之后,民间秩序的维护越来越依赖于超越实在法存在的伦理纲常的调整。合"理"至今仍是社会公众对行为进行判断的主要价值尺度。因此,即使没有民法典,只要道德、风俗、习惯仍在正常发挥作用,民间秩序就不会崩溃;但如果没有道德、风俗、习惯作支撑,即使有民法典,民间秩序仍会塌陷。当然尊重传统文化和传统习惯,并不是要对所有传统法律观念都毫无保留地予以继承。实际上,由于中国古代习惯和宗法伦理以儒家伦理思想为理论载体,而儒家伦理具有极端的道德理想主义和道德强制主义倾向,其不但破坏了法律的独立性,阻碍了法律的形式化和成熟化的进程,还助长了法律道德化的泛滥倾向,而且由于中国伦理法的非形式化特点,其不能娴熟地协调不同伦理规则之间的矛盾,导致人们在法律领域面临两种道德要求的冲突时常常陷入进退维谷的两难境地。②

---

① [法]勒内·达维德:《当代主要法律体系》,漆竹生译,上海译文出版社 1984 年版,第 2 页。

② 胡旭晟:《中国传统"伦理法"之检讨》,载《百年》1999 年 5 月号。

三、婚姻制度的伦理分析

(一)关于婚姻本质的伦理分析

婚姻、家庭是一种以两性和血缘为特征的社会现象,其中婚姻制度是家庭制度的核心,是两性结合的社会形式。通过结婚便形成了为当时社会所承认的夫妻关系。婚姻制度既包括自然因素也包括社会因素,婚姻制度上的自然属性是由生物学上的本能所决定的,而婚姻家庭的社会属性则是人类传统习惯和伦理思想长期影响的结果和最为集中的体现,是婚姻家庭的根本属性。婚姻家庭制度还受社会意识形态的影响。在同一历史阶段和同一类型经济基础的不同国家里,往往有着不同的婚姻家庭的规范,其主要原因就是受不同的意识形态的影响。中国远古先民主要信仰的神灵首先是生殖神、祖先神,由于这种信仰的维系,祭祀祖先并生育出更多后代来祭祀祖先,一直被当作最重要的大事。家族本位的观念根深蒂固,人人都觉得自己应该是家族血脉传递中的分子。我国漫长的封建社会里,人们一直认为婚姻的目的就是使祖先得到祭祀,后代得以繁衍,正如《礼记・昏义》所言:"婚姻者,合二姓之好,上以事宗庙,而下以继后世也"①,只有异性缔结婚姻才能实现这种目的。历代王朝都把男女两家主婚人的合意作为构成婚姻关系的法定条件,而同宗不婚,同姓不婚,良贱不婚,士庶不婚,也都是从宗法家族的利益出发考虑的。家族本位的观念形成了极其复杂的亲属制度,成为中国传统民法的一个主要的内容。而且家族本位的观念还放射到社会生活的各个方面,运用于各种社会现象的解释和评判上。②中国古代法虽然过分偏执于家族伦理,但家庭秩序的调整毕竟是所有社会的重要课题,而伦理亲情的强调与人际和谐的关注更是人类天性的必然需求,一切合乎人性的法律都不应置之不理;就此而言,中国古代"伦理法"显然包含诸多超越具体社会形态而富有普遍意

---

① 《婚姻立法资料选编》,法律出版社1983年版,第16页。

② 郭建、邱立波、赵斌:《中国民事传统观念略论》,载《华东政法学院学报》1999年第2期。

义的东西。[1] 而在西方，从古代到近现代的法学家、哲学家在谈及“婚姻”这一名词时，一直将它看作男人和女人的结合。在盖尤斯的眼里，婚姻就是男人娶妻，就是使妇女归顺夫权；[2]五大法学家之一的莫德斯体努斯对婚姻所下的定义为：“婚姻是一夫一妻的终身结合，神事和人事的共同关系。”优帝的《法学纲要》称：“婚姻是一男一女以永续共同生活为目的的结合。”[3]孟德斯鸠认为：“父亲有养育子女的天然义务，这促成了婚姻制度的建立，婚姻宣告谁应负担这个义务。”[4]由于养育子女的前提是生育子女，而生育子女得由不同性别的人共同完成。《葡萄牙民法典》第 1577 条就婚姻作了如下定义：“婚姻是两个异性的人之间根据本法典的规定，意在以完全共同生活的方式建立家庭而订立的合同。”“婚姻，是男女双方以共同生活为目的而缔结的，具有公示的夫妻身份的两性结合。”按照现代社会的一般观点，婚姻关系的首要原则是“私事原则”，即强调性关系的私人性和隐私性准则。私事原则主要包括两性关系的自由自主性、非公开性和自律性。两性关系的自由自主性，即男女双方均有选择配偶、结婚、离婚的自由性和自主性。两性关系的非公开性，即现代性爱是一对男女之间最亲密的肉体与精神的结合，是两个人互相给予、互相享受的特殊天地，只能两人独有，不能与他人共享；只能在两人共有的空间内进行，不能公开展示。两性关系的自律性，是说两性关系虽然具有自由自主性和非公开性，但并非性本能驱使下的任意、轻率、放纵的行为，而是在自尊、自重、自负责任等道德意识以及社会道德规范指导支配下对性本能欲望的合理节制。[5]

---

① 胡旭晟：《中国传统“伦理法”之检讨》，载《百年》1999 年 5 月号。

② ［古罗马］盖尤斯：《法学阶梯》，黄风译，中国政法大学出版社 1996 年版，第 20、40 页。

③ 周枏：《罗马法原论》（上），商务印书馆 1994 年版，第 164 页。

④ ［法］孟德斯鸠：《论法的精神》（下），张雁深译，商务印书馆 1978 年版，第 107 页。

⑤ 方文晖：《论婚姻在法学上的概念》，载《南京大学学报（哲学·人文科学·社会科学版）》2000 年第 5 期。

(二)关于结婚制度的伦理分析

结婚制度中的主要问题是对结婚条件的法律规定。按照现代各国的通例,各国大多实行婚姻自由原则。但各国婚姻法都对婚姻自由作了某些限制。这些限制是“性禁忌”原则在婚姻制度上的反映。这种“性禁忌”主要表现为体现一定性道德标准的性约束和性控制,它在本质上表现为对某些性关系的禁止和否定。纵观人类的历史发展,我们不难发现性禁忌最早始于原始社会。当代性伦理学中人们公认的禁规原则主要包括禁止结婚的血亲关系和禁止结婚的疾病两方面。关于禁止近亲结婚的范围,各国法律都有直系血亲间不得结婚的规定,而对于旁系血亲间禁止结婚的规定不尽相同,宽严不等。如根据日本的法律规定,婚姻自由受以下限制:男性未满 18 岁,女性未满 16 岁,没有结婚资格。即使达到了已婚年龄也是有制约的,如必须征得双亲的同意;禁止重婚;女性在前婚解除后 6 个月内不得再婚;3 亲等内不得通婚;直系姻亲内的 3 亲等内不得通婚;有养亲关系者不得通婚。关于禁止结婚的疾病主要有两类:一是精神方面的疾病,如精神病等;二是身体方面的疾病,一般是重大不治的恶疾以及足以严重危害对方和下一代健康的病症,如麻风病、后果严重的遗传性疾病、艾滋病等。我国的性禁忌不但源远流长,而且种类繁多,如同宗不婚,同姓不婚,良贱不婚,士庶不婚。到了近现代,这种性禁忌的范围有逐步缩小的趋势。民国时期的婚姻法对结婚的主要限制是禁止监护人与被监护人结婚、禁止有配偶者再婚、禁止相奸者结婚等;同时设定了女子待婚期及规定了范围广泛的禁止通婚的亲属范围。中华人民共和国成立后颁布的 1950 年《婚姻法》,第一次将婚姻自由权完全交给了当事人,并明确规定不允许任何一方对他方加以强迫或任何第三者加以干涉,以此保障婚姻自由的实现。为了改革中国早婚的习俗,婚姻法在充分考虑了自然和社会因素后,将法定婚龄提高到男 20 岁,女 18 岁;同时禁止重婚,禁止直系血亲和旁系的兄弟姐妹间的通婚。1980 年《婚姻法》是在 1950 年《婚姻法》基础上制定的。它对 1950 年《婚姻法》的结婚条件做了进一步的修改,将法定婚龄提高为男 22 周岁,女 20 周岁;同时根据优生学原理和遗传学规律,将禁止结婚的亲属扩大到了三代以内旁系血亲,即直系血亲和三代以内旁系血亲禁止结婚。这一规定最大限度地体现了婚姻自由的本质,对稳定现代婚姻制度也产生了巨大影响。但从公序良俗原则来看,这一规定有失之过宽的问题。典型的问题如没有禁止拟制血亲、直系姻亲间的通婚问题。拟制血亲是指本无血缘关系的人基于法律确认为血亲关系,并享有与自然血亲同等的法律地位。如养父母子女,有抚养关系的继父母子女均为拟制血亲。姻亲是指以婚姻和血缘两种事实为中介而形成的亲属关系,分为直系姻亲和旁系姻亲。直系姻亲、拟制血亲间虽无任何血缘关系,他们之间通婚对子女的身体健康不会产生影响;但这种通婚会与人伦道德发生严重冲突,也会与既有的亲属关系发生冲突并进而对他们本人以及子女的心理健康产生巨大的影响。另外,如果法律不禁止养父母与养子女间,继父母与继子女间的通婚,就难以防止收养人或抚养人滥用权利、图谋不轨,被收养人和被抚养人的合法权利就得不到保证。世界上有很多国家都禁止拟制血亲、直系姻亲间通婚。如法国、日本、罗马尼亚、秘鲁、墨西哥等国规定:禁止收养人与被收养人之间通婚。《日本民法典》还规定,养子女及其配偶,养子女的直系卑亲属及其配偶,与养父母及其直系尊亲属间,即使在收养关系解除后,也不得结婚。其目的是保护被收养人及被抚养人的利益。对于直系姻亲不得通婚的规定,外国主要有两种立法例:一是绝对禁止,即在姻亲关系因离婚或一方死亡他方表示终了意思而使姻亲关系消灭之后,也不得结婚。《日本民法典》《瑞士民法典》采用此制。二是相对性禁止,即原则上不得结婚,但在特殊情况下经过批准,仍允许其结婚。如《法国民法典》规定,因夫妻一方死亡,共和国检察官有权取消直系姻亲间禁婚的限制。为了保护被监护人的合法权益,防止监护人滥用职权,世界上大多数国家都规定,在监护关系存续中,监护人与被监护人不得结婚。为了防止亲子关系难以认定,有些国家对妇女还有禁婚期的规定,如《日本民法典》第 733 条的规定,女性在前婚解除或者被撤销后 6 个月以内不得再结婚(2016 年日本已通过《缩短女性禁婚期限法律》将禁婚期由 6 个月缩短为 100 日)。《意大利民法典》第 89 条的规定,女方自上一次婚姻关系解除、被撤销或终止民事效力之日起 300 日后始得再婚。与日本不同的是,在意大利,如果是由于配偶一方的性功能障碍或无生育能力而宣告婚姻无效的情况不在此限。另在能够明确排除妊娠或判决结果显示丈夫在婚姻解除、被撤销或终止民事效力之日前 300 日未与妻子同居的情况下,法院在听取检察机关意见后也可允许女方再婚。

结婚对个人来说是人生大事,对社会来说也会引起很多法律关系的变化,因此许多国家都对结婚的程序做了严格的要求。如《澳大利亚联邦结婚法》(1961 年)的规定,无论是宗教婚还是世俗婚都必须有主婚人主持,且须履行以下法定程序:(1)提交通知和申明。拟结婚的当事人应提前 1 ~ 18 个月向授权的主婚人提交书面的预定结婚通知,并应同时提交载明当事人出生地和出生日期的正式证明文件或其他官方文件。当事人应在授权的主婚人面前签署载有下列事项的文件:当事人的婚姻状况,当事人确信不存在法定的结婚障碍,其他的规定事项。如当事人一方做出的声明表明其系离婚或丧偶,则应提交离婚文件或丧偶证明。主婚人收到通知后应以书面方式向当事人阐明婚姻的义务、结婚的效力及可以提供的婚姻教育和咨询。(2)在结婚仪式现场必须有至少两名 18 周岁以上的人出席作为见证人。(3)必须举行结婚仪式。宗教婚的主婚人必须是宗教的神职人员,结婚仪式必须按照该主婚人所属的宗教团体或组织所认可的仪式进行。世俗婚的主婚人不能是宗教神职人员,当事人需在主婚人和见证人面前交换誓言。主婚人还需在见证人在场的情况下告知当事人婚姻的严肃性。(4)颁发结婚证书。主婚人在婚礼现场应按照规定的格式将结婚证书(非官方)发给当事人,另外将两份官方的结婚证书分别提交给州或地区的登记机关和主婚人。[①]《英国婚姻法》规定,在英格兰和威尔士,结婚也必须履行非常严格的程序,包括:(1)申请结婚登记。须由双方以书面方式向登记官提出。(2)进行结婚公告。登记官应在婚姻登记处和结婚当事人的住所地发布结婚公告,公告期为 15 日。公告期满无

---

① 陈苇主编:《当代外国婚姻家庭法律制度研究》,中国人民公安大学出版社 2022 年版,第 595 页。

人提出异议并经核实后，由登记官向当事人签发结婚许可证，双方当事人必须在领到结婚许可证后才可举行婚礼，且婚礼必须在领取结婚许可证后 3 个月内举行，逾期未举办的，应重新履行申请手续。(3)举行婚礼。如采取世俗婚礼，则可在登记处或其他获得许可的特定场所举行，该场所不能在户外，且必须是符合婚礼所要求的严肃场合。婚礼由登记官主持，且必须有两名以上的见证人在场见证。宗教婚礼必须在宗教组织的教堂举行，由神职人员主持，且必须公开举行，并由两名以上的神职人员以外的见证人在场。主婚人、结婚当事人和见证人应共同在结婚记录上签字。(4)完成婚礼后，登记官应在结婚登记簿上按照结婚记录上的信息完成登记工作。[①] 在其他许多国家也有类似的规定，在这些要求中特别值得注意的是对于公开举行婚礼和见证人的要求。公开举行婚礼的目的除起到公示公信的效果之外，主要是保证婚姻的神圣性；而见证人制度则主要是为了防止婚姻欺诈等违法行为的发生。

（三）关于婚约制度的伦理分析

所谓婚约，通常是指男女双方互相做出的将来缔结婚姻的承诺，以及当事人基于此种承诺而产生的法律关系。[②] 通常情况下，订立婚约要举行订婚仪式，男女双方及各自父母还要向未来的女婿或儿媳赠送订婚礼物及金钱（俗称聘金或彩礼），从婚约订立直到正式结婚，男女双方及各自家庭还要时常向对方赠送财物。许多国家和地区都有关于婚约的规定。一般认为，婚约对于没有达到婚姻年龄的男女也是有效的。婚约并非婚姻契约，而是以将来缔结婚姻为目的的男女预约，换言之，“婚约通过对婚姻的许诺而建立”。相对于婚姻契约而言，婚约当事人所承担的义务是在将来努力使婚姻成立，即结婚。但这种义务在具有一般法律义务的普遍共性的同时，还具有自身的特殊性，那就是如果当事人一方解除婚约，法律并不

---

① 陈苇主编：《当代外国婚姻家庭法律制度研究》，中国人民公安大学出版社 2022 年版，第 427 页。

② 陈苇主编：《当代外国婚姻家庭法律制度研究》，中国人民公安大学出版社 2022 年版，第 110 页。

能强制其履行结婚义务,不能强制婚姻成立。婚约并非结婚的必要条件,《意大利民法典》第79条规定:“法律不要求必须缔结婚约,也不要求在违反婚约的情况下必须执行婚约。”《德国民法典》第1297条规定,当事人不得根据婚约而诉请结婚,法院也不能作出强制当事人缔结婚姻的判决。另外,当事人也不能就不履行婚姻承诺的情形约定违约金。在日本,婚约一旦订立,对双方当事人都具有一定的约束力,与其他合同不同,婚约的解除不需要理由。至于能否追究毁约人的违约责任,各国法律有不同的规定,大陆法系国家一般认为婚约是结婚的一个阶段,但不是独立的契约,不承认这是一种契约债,所以任何人不得根据婚约而提起结婚之诉,也不得追究违约责任,不过也有例外。如《德国民法典》第1298条和第1299条规定,解除婚约原则上不产生违约责任,但如果是基于订婚人无重大理由而解除婚约,或是订婚人的过错是造成婚约解除的重大原因,从而导致另一方解除婚约的,订约人也需承担损害赔偿责任。[①] 在法国的立法和司法实践中,婚约作为双方当事人对结婚的许诺,还不构成具有民事强制力的契约义务,但滥行解除婚约,却可能导致侵权责任的发生。[②] 而英美法系国家把婚约视为婚姻的手段,也就是以婚姻为目的的契约行为,因此,可以追究毁约人的违约责任。也就是说,虽然解除婚约不需要理由,但不正当地解除婚约就应该负相应的责任。这种责任在法律上的形式就如同不履行债务的不法行为一样。非法解除者必须赔偿的损害大致可分为对方所蒙受的精神损害和物质损害。所谓精神损害,就是因背叛婚姻的信赖给对方带来的苦痛,对于这一赔偿解除者应支付相应的赔偿费。所谓物质损害,就是为了结婚所做出的支出在最后并没有实现而带来的损害。这些规定既符合公序良俗的要求,也有相当的合理性。婚约在我国古已有之,并一直延续到现在。就现实生活实际情况来说,尽管目前我国的婚姻法及相关法律并未规定婚约,婚约本身也不具

---

① 陈苇主编:《当代外国婚姻家庭法律制度研究》,中国人民公安大学出版社2022年版,第110~111页。

② 《法国民法典》,罗结珍译,北京大学出版社2010年版,第52页。

有法律上的拘束力,但婚约仍是一些男女结婚的一道“必经程序”。对于社会大众普遍接受又没对社会公共利益和法律的进步构成障碍的婚约制度,我们没有理由完全予以否定。法律不承认婚约制度的另外一个问题是,由于没有相应法律调整,一旦一方违反婚约,守约方就不能要求毁约方承担违约责任。但事实上,婚约的订立一般会伴随一定数量的财产赠与,在婚约关系存在期间双方当事人也会因此而发生一定的花费。因此,在婚约解除后对当事人之间的财产纠纷进行处理确实是司法实践中不可回避的一个问题。现在对这种纠纷的处理结果差异很大,从审判实践的做法来看,我国司法界对婚约解除后要求返还财物纠纷,一般分两种情况处理:一种情况是,如果受赠人以订婚为名,行骗取财物之实,那么不仅婚约被宣布为无效,而且财物必须返还给受害人;另一种情况是,如果订婚后男女一方或双方自愿赠送财物并且财物已实际交付,为受赠人占有,则按无偿赠与行为处理,承认赠与行为的法律效力,所赠与的财物归受赠人所有,不予返还。当然,也有人认为,将赠送财物行为认定为无偿赠与行为,判令占有人合法占有受赠财产,没有充分考虑到基于婚约所生赠与行为的特殊性,实质上侵害了赠与人的合法权利;另外,受赠人基于婚约而取得了受赠财产,婚约解除后继续占有受赠财产,没有法律上的根据,已构成不当得利,人民法院却通过判决使本为不当得利的违法事实合法化,有悖于民法的公平原则。从法律角度讲,赠送彩礼确是一种无偿赠与行为,但这种赠与行为并非单纯以无偿转移财产权为目的,实际上这种赠与行为是附有解除条件的赠与行为。其中,婚约的解除是所附的条件,如果条件不成就(婚约未解除),那么赠与行为继续有效,彩礼归受赠人所有,如果条件成就(婚约解除),赠与行为则失去法律效力,赠与财产应当恢复到订立婚约前的状态。

(四)关于离婚制度的伦理分析

所谓离婚,是指夫妻依照法定的条件和程序解除婚姻关系的法律行为。目前世界绝大多数国家都承认离婚是夫妻双方的一项基本权利。离婚可分为协议离婚和诉讼离婚两种方式,无论何种方式都会涉及夫妻人身关系的终止、财产关系的分配、子女抚养义务的安排等。由于婚姻家庭关系就其本质来说是建立在伦理关系之上的,因此有关离婚的制度安排也具有非常强的伦理特点。比较典型的如关于诉讼离婚条件的规定①,既考虑了婚姻当事人的身体伤害和心灵伤害,如重婚或者与他人同居,实施家庭暴力或者虐待,也考虑了婚姻当事人间的经济救助义务和精神抚慰需求,如遗弃家庭成员,因感情不和分居等。与此相类似的关于男方离婚诉权限制的规定②,同样是基于保护弱势女方的伦理原因。考虑到离婚既是一件严肃的事情,同时也牵涉夫妻之外很多社会关系,因此我国对协议离婚采取了一定的限制措施,典型的如关于离婚冷静期的规定③和协议离婚的法定申请义务④。关于离婚时夫妻财产的分配,则主要考虑三个原则:一是惩罚有过错的当事人。惩罚有过错的当事人既是实现民法制度惩恶扬善功能的必然要求,更是实现民法正义的根本要求。为此,我国《民法典》设计了一系列制度贯彻这一思想,婚姻家庭制度也不例外。典型的如第 1091 条关于无过错方损害赔偿请求权的规定⑤,以及第 1092 条关于惩罚夫妻一方恶意转移财产的

---

① 《民法典》第 1079 条规定:"夫妻一方要求离婚的,可以由有关组织进行调解或者直接向人民法院提起离婚诉讼。人民法院审理离婚案件,应当进行调解;如果感情确已破裂,调解无效的,应当准予离婚。有下列情形之一,调解无效的,应当准予离婚:(一)重婚或者与他人同居;(二)实施家庭暴力或者虐待、遗弃家庭成员;(三)有赌博、吸毒等恶习屡教不改;(四)因感情不和分居满二年;(五)其他导致夫妻感情破裂的情形。一方被宣告失踪,另一方提起离婚诉讼的,应当准予离婚。经人民法院判决不准离婚后,双方又分居满一年,一方再次提起离婚诉讼的,应当准予离婚。"

② 《民法典》第 1082 条规定:"女方在怀孕期间、分娩后一年内或者终止妊娠后六个月内,男方不得提出离婚;但是,女方提出离婚或者人民法院认为确有必要受理男方离婚请求的除外。"

③ 这一制度体现在《民法典》第 1077 条第 1 款,该款规定:"自婚姻登记机关收到离婚登记申请之日起三十日内,任何一方不愿意离婚的,可以向婚姻登记机关撤回离婚登记申请。"这一规定赋予了婚姻当事人一定时间范围内的离婚反悔权。

④ 这一制度体现在《民法典》第 1077 条第 2 款中:"前款规定期限届满后三十日内,双方应当亲自到婚姻登记机关申请发给离婚证;未申请的,视为撤回离婚登记申请。"从该款规定可以看出,夫妻双方亲自到婚姻登记机关申请发给离婚证是协议离婚发生效力的条件和必经程序,没有这一申请协议离婚就无法完成。

⑤ 《民法典》第 1091 条规定:"有下列情形之一,导致离婚的,无过错方有权请求损害赔偿:(一)重婚;(二)与他人同居;(三)实施家庭暴力;(四)虐待、遗弃家庭成员;(五)有其他重大过错。"

行为的规定[①]。二是补偿原则。考虑到家庭分工的不同，不能简单地以对家庭财富创造的多少作为分配依据，而应综合考虑双方对家庭所做的贡献。对此我国《民法典》第 1088 条关于夫妻一方因从事较多家庭维系活动而应给予必要经济补偿的规定[②]就充分体现了这一思路。三是经济帮助原则。考虑到夫妻关系具有极强的身份属性和人身信任关系，以及由此形成的经济依赖关系，我国《民法典》第 1090 条规定，在夫妻离婚时，如果一方生活上有困难，那么有负担能力的另一方应当给予适当帮助，即明确规定了夫妻一方对另一方的经济帮助义务。对于这种经济帮助的程度和具体办法，法律并未做具体要求，而是规定由双方直接协商解决，协商不成的才由人民法院通过判决的方式加以决定。实际上夫妻关系作为一种特殊的人身关系，不同于传统的以财产给付为代表的契约关系。传统的契约关系主体大多具有较强的可替换性，因此在契约关系终止后，双方当事人之间的权利义务关系当然会自然终止。即使是一些具有一定人身属性的契约关系，如特定的服务合同关系，知识产品的创造关系等，一方违约给对方所造成的也仅仅是财产损失。而婚姻关系则有所不同，婚姻关系不但将双方的财产紧密联系在一起，而且还会将双方的生活乃至情感紧紧捆绑在一起。因此即使在双方离婚后，双方已经经历的婚姻关系的痕迹也不可能完全消失，双方在婚姻关系存续期间的生活烙印、社会关系乃至生活态度和消费习惯都会对各自的后续生活产生潜移默化的影响。因此，有些国家的法律当中明确要求一方有义务保证另一方不会因离婚而导致生活质量下降。

离婚不仅会影响到夫妻关系的变化，而且还会影响到父母子女关系，当然这种变化不是消灭父母子女关系，而是主要影响到父母

---

① 《民法典》第 1092 条规定："夫妻一方隐藏、转移、变卖、毁损、挥霍夫妻共同财产，或者伪造夫妻共同债务企图侵占另一方财产的，在离婚分割夫妻共同财产时，对该方可以少分或者不分。离婚后，另一方发现有上述行为的，可以向人民法院提起诉讼，请求再次分割夫妻共同财产。"

② 《民法典》第 1088 条规定："夫妻一方因抚育子女、照料老年人、协助另一方工作等负担较多义务的，离婚时有权向另一方请求补偿，另一方应当给予补偿。具体办法由双方协议；协议不成的，由人民法院判决。"

权利义务履行的变化。为此,一方面,我国《民法典》第 1084 条重申父母与子女间的关系不因父母离婚而消除。离婚后,子女无论由父亲或者母亲直接抚养,仍是父母双方的子女。离婚后,父母对于子女仍有抚养、教育、保护的权利和义务。另一方面,出于子女优先原则,第 1084 条规定离婚后,不满两周岁的子女,以由母亲直接抚养为原则。已满两周岁的子女,父母双方对抚养问题协议不成的,由人民法院根据双方的具体情况,按照最有利于未成年子女的原则判决。子女已满 8 周岁的,应当尊重其真实意愿。考虑到夫妻离婚后子女通常只能由一方直接抚养,《民法典》第 1086 条规定夫妻离婚后,不直接抚养子女的父或者母,有探望子女的权利,另一方有协助的义务。行使探望权利的方式、时间由当事人协议;协议不成的,由人民法院判决。父亲或者母亲探望子女,不利于子女身心健康的,由人民法院依法中止探望;中止的事由消失后,应当恢复探望。

四、关于家庭制度的伦理分析

(一)家庭本质的伦理分析

家庭是由婚姻、血缘或收养产生的一定范围的亲属组成的生活共同体。根据黑格尔的观点,家庭作为伦理精神是以有理性的个体的养成和维护为目的和核心的。一方面,家庭的目的就是培养合格的、独立的公民;另一方面,当家庭成员死去时,家庭的义务就在于维护自己亲人死后的独立人格和尊严。[①] 从某种意义上说,正是由于有家庭作为后盾,个体才有可能以独立个体性的姿态进入国家政治生活的现实性中发挥公民的作用,并最终在家庭中以有尊严的方式获得自己个体的归宿;而国家虽然以独立的公民为其组成要素,却更多地要求公民从个体性提升到普遍共性。[②] 婚姻家庭法的立法

---

① [德]黑格尔:《精神现象学》(下卷)(第 2 版),贺麟、王玖兴译,商务印书馆 1979 年版,第 11 页。

② 邓晓芒:《黑格尔的家庭观和中国家庭观之比较——读〈精神现象学〉札记(之一)》,载《华中科技大学学报(社会科学版)》2013 年第 3 期。

目的一方面在于确认人类最本能需求的合法性,实现人类自身的存续,“人性的首要法则,是维护自身的生存,人性的首要关怀是对于其自身所应有的关怀”①;另一方面通过除旧布新、移风易俗激发人性中良性基因的健康成长,同时遏制人性中劣根性基因的野蛮生成。正是基于这一原因,在民法典的结构体系中,以婚姻家庭法为代表的人法显然比财产法更为基础和重要。美国著名学者和法学家 D. 布迪和 C. 莫里斯认为:“任何对中国社会的严肃研究都应当从家庭开始,或者以家庭为终结。中国的家庭制度一直是社会稳定、历史连续或个人安全的根源。同时它也是导致紧张、挫折和痛苦的原因。相对于其他因素而言,家庭一直是保证社会一致及压抑个人能动性的主要工具。”②由于婚姻家庭制度与宗族伦理密不可分,属于文化的核心地带,因此该制度具有相当的保守性。日本明治维新后,日本基本保持原有的婚姻家庭结构,而我国清末修律运动在婚姻家庭方面就保留了浓厚的风俗习惯色彩,之后的民国立法也大致相同。中国绝大部分的传统家庭伦理是以儒家思想的形式得到表述的。从传统社会向近现代社会转变,作为社会成员的个体也由深深受到血缘共同体的束缚和保护转变为拥有自己的独立自由个性,家庭也由血缘共同体的一种形式转变为独立个体自由结合的一种形式。在传统的共同体内,血缘关系和统治服从关系是人的主要关系。由此,儒家家庭伦理就表现为对这两种关系的规范和维护;在现当代家庭中,平等、独立是人之间的主要关系,由此,现当代家庭伦理则是对这种关系的规范和维护。另外,在建设现代社会伦理结构中,对传统的家庭制度不能全盘否定,而应合理地保留儒家家庭伦理中脉脉的亲缘温情。其原因在于,在传统的家庭伦理当中,父子、兄弟姐妹、夫妻之间的关系并不单纯的是人的感情问题,而是源于人的深层本性和伦理良知。这种脉脉亲缘温情并不当然构成阻碍新伦理产生的障碍,在一定意义上说,甚至有可能成为未

---

① [法]卢梭:《社会契约论》,何兆武译,商务印书馆 1994 年版,第 9 页。

② [美]D. 布迪、C. 莫里斯:《中华帝国的法律》,朱勇译,江苏人民出版社 1998 年版,第 183 页。

来社会中全面发展的自由人格的组成部分和有力支撑。当然我们也应该看到,家庭作为社会的核心细胞组织,也必须受外在环境变化的影响。社会关系和社会观念的变革必然会对婚姻家庭组织产生一定的冲击。

我国《民法典》一方面全面继承了我国传统婚姻家庭制度中的优秀元素,另一方面又根据社会发展变化的客观实际,为婚姻家庭制度注入了许多文明的“种子”。典型的如第 1043 条第 1 款明确要求“家庭应当树立优良家风,弘扬家庭美德,重视家庭文明建设”,即把社会主义核心价值观作为婚姻经营和家庭建设的基本指导原则,从而为家庭制度的良性发展奠定了良好的基础。

(二)关于夫妻约定义务的伦理分析

2001 年我国《婚姻法》修改的重要成果之一,就是把夫妻间的忠实义务由道德义务上升为法律义务。我国《民法典》继承了原《婚姻法》的基本立法精神,在第 1043 条第 2 款重申:“夫妻应当互相忠实,互相尊重,互相关爱;家庭成员应当敬老爱幼,互相帮助,维护平等、和睦、文明的婚姻家庭关系。”《民法典》之所以强调夫妻间的忠实义务,除了维持血缘关系的纯正之外,更重要的还在于保障婚姻关系的稳定性。婚姻关系作为两性结合的一种基本形式,如果不能建立在彼此信任和相互忠实的基础之上,那么夫妻关系的稳定性就会被削弱,为此我国《民法典》第 1042 条第 2 款明确规定:“禁止重婚。禁止有配偶者与他人同居。”夫妻一方违反忠实义务的,应当承担相应的民事责任或于己不利的法律后果。这种民事责任或不利法律后果主要是通过离婚后的财产分配和损害赔偿请求权体现出来的。其主要表现为以下三个方面:(1)将违反忠实义务作为准予离婚的法定事由。我国《民法典》第 1079 条规定,在夫妻一方要求离婚的情况下,另一方重婚或者与他人同居的,人民法院应准予离婚。(2)违反忠实义务是夫妻财产分配的法定考虑事项。《民法典》第 1087 条第 1 款规定:“离婚时,夫妻的共同财产由双方协议处理;协议不成的,由人民法院根据财产的具体情况,按照照顾子女、女方和无过错方权益的原则判决。”这里的有过错当事人既包括违反其他法定义务的夫妻一方,也包括违反忠实义务的夫妻一方。(3)将违反忠实义务作为无过错方损害赔偿请求权的产生基础。根据《民法典》第1091条的规定,因夫妻一方重婚或与他人同居而导致离婚的,无过错方有权请求有过错方给予一定的损害赔偿。

对于在婚姻关系存续期间夫妻双方是否可以通过订立“忠诚协议”的方式约束对方的问题,理论界和实务界均有不同看法。2002年12月,上海市闵行区人民法院曾审理了一起因婚外情而引发的夫妻不忠赔偿案。法院认定具有一定道德属性的“忠诚协议”具有法律效力,并据此判令违反“忠诚协议”的男方赔偿女方30万元。这一判决在我国开了一个先河:通过确认协议合法的方式,让法律作用于婚外情领域。这起“不忠赔偿”案一经判决即引起很大争议,其主要焦点在于:当事人签署的“忠诚协议”是否具有法律效力?有学者认为,“忠诚协议”案的判决无悖于法,于情合理,其司法意义是积极的。当法官断案遇到法律真空时,须遵循“法无明文不应视为禁止”的原则。既然婚姻法没有明确禁止夫妻就忠诚问题可行约定,协议又出自平等双方的真实意愿,那么“忠诚协议”案法官判决按协议执行,是法律所能接受的,也不损害他人利益,又有利于纯化善良风俗,显然是最合乎情理的。也有学者认为,除非自愿履行,当事人不得就一般婚外情要求赔偿,法院不能强制执行“忠诚协议”,因为婚姻法规定“夫妻应当相互忠实”而非“必须忠实”,“应当”意在提倡,只有“必须”才是法定义务。法律允许夫妻对财产关系进行约定,但并不允许通过协议来设定人身关系。① 另外还应当注意的一点是,人身权是法定的,不能通过合同来调整,否则就有滥用合同之嫌。

(三)关于同居权的伦理分析

对于“同居”一词,根据《辞海》的解释,有以下两个含义:(1)居住一处,共有家业者。《汉书·惠帝记》:“今吏六百石以上,父母妻子与同居。”颜师古注:“同居,谓父母妻子外若兄弟及兄弟之子等

① 徐寿松:《法律干预得了婚外情吗?》,载《新华每日电讯》2002年12月31日,第2版。

见与同居业者,若今言同籍及同财也。”(2)夫妇共同生活,也指男女双方未经结婚而共同生活。[①]《辞源》解释:同居,汉代称大家族中没有分住的兄弟及兄弟之子为同居。《汉书·惠帝记》:“今吏六百石以上,父母妻子与同居,……家唯给军赋,他无有所与。”[②]同居语源的另一层含义是指夫妇共同生活,同居乃婚姻的效力之一,是男女双方基于婚姻行为而产生的权利义务关系。同居义务,谓婚姻上之同居,非仅为场所上之意义,同在一屋如设障壁而分别生活,非为同居。场所虽有多少之间隔,亦得成立同居。[③] 依照史尚宽先生的阐释,同居所涵盖的内容有四:其一,夫妻同居为夫妻共同生活的基础要件,于婚姻成立同时发生,在婚姻解除前,持续存在;其二,同居义务为夫妻双方互负的义务;其三,性交为婚姻之内容,可解释包含于同居义务之内;其四,同居谓同一住所或居所,从而妻或赘夫就夫或妻之一时所在地,无与为同居之义务,亦无与之伴同旅行之义务。[④] 目前,大多数国家和地区对同居问题有明确的法律规定,如《德国民法典》第 1353 条第 1 款规定:婚姻终生有效。婚姻双方相互之间有义务过共同的婚姻生活;婚姻双方互相向对方负责。《意大利民法典》第 143 条第 2 款规定:依据婚姻的效力,夫妻间互负忠实的义务、相互给予精神和物质扶助的义务、在家庭生活中相互合作和同居的义务。《阿根廷民法典》第 199 条规定:除非依特别情况必须保持暂时的分居,夫妻应同居一室。在同居危及配偶一方、双方或子女的生命或者身体上、心理上、精神上的完整时,得在裁判上免除此项义务。

从历史上看,夫妻同居义务的立法存在一个演变发展的过程。早期资本主义各国的法律只是片面强调妻对夫有同居的义务。近代以来,开始由妻方片面义务向夫妻相互义务过渡。如《德国民法典》第 1353 条第 2 款规定:夫妻互负共同婚姻生活之义务。1942 年修正后的《法国民法典》承认在夫之行为而致身体

① 《辞海》(增补本),上海辞书出版社 1983 年版,第 50 页。
② 《辞源》(修订本)(第 1 册),商务印书馆 1979 年版,第 476 页。
③ 史尚宽:《亲属法论》,中国政法大学出版社 2000 年版,第 292 页。
④ 史尚宽:《亲属法论》,中国政法大学出版社 2000 年版,第 292 ~ 295 页。

上或精神上的危险时，妻有中止同居义务之权。之后在1970年的法律中又改为：夫妻互负共同生活的义务。有正当理由可以免除违反同居义务责任的规定，如《瑞士民法典》第170条规定："配偶一方，在其健康、名誉或者经济状况因夫妻共同生活而受到严重威胁时，在威胁存续期间有权停止共同生活。"《德国民法典》第1353条第2款规定：夫妻的一方对他方在建立共同生活后所提出的请求，如显然为滥用其权利或者婚姻已破裂时，无承诺的义务。关于法律责任问题，许多国家的法律中都有规定。如《法国民法典》第214条第4款规定："如夫妻一方不履行其义务时，他方得依民事诉讼法规定的方式迫其履行。"就同居义务而言，所谓民事诉讼法规定的方式，是指申请扣押收入或进行精神损害赔偿。在英国，一方违反同居义务，他方享有恢复同居的诉讼请求权，该类判决虽不得强制执行，但不服从这种判决的可视为遗弃，是构成"司法别居"的法定理由之一。[①]

（四）关于非婚生子女认领的伦理思考

非婚生子女，系指在婚姻关系外受胎所生的子女，有的国家亦称为私生子。早期亲属法中，非婚生子女备受歧视，其社会地位和家庭地位较为低下。英国普通法最初称私生子为不属于任何人的"无亲之子"，其与生父母间不发生法律上的亲子关系，父母对于非婚生子女也无任何权利和义务。后来为减轻教区负担，遂逐渐承认父母对非婚生子女负有扶养责任，并逐渐发展为认领与准正制度。初期，虽然一些国家立法上确认了认领制度，但却加以种种限制。比如1804年的《法国民法典》规定："认领不得为乱伦或通奸所生子女的利益为之""非婚生子女不得请求其父认领""经认领的非婚生子女不得主张婚生子女的权利""非婚生子女决不得为继承人；法律仅对于经合法认领的非婚生子女，授与其承受死亡父母遗产的权利""如父母有婚生子女时，非婚生子女的权利为婚生子女应继份的三分之一"。晚近以来，基于人道主义及血统思想，认为非婚生子女与婚生子女同属父母血统，不应因父母过错行为而影响其法律

① 杨立新：《人身权法论》，中国检察出版社1996年版，第731页。

地位,故许多国家在亲属法中均作了更有利于非婚生子女的规定。1919 年德国《魏玛宪法》第 121 条明定:“对于非婚生子女应以法律规定使其身体的精神的及社会的发育,与婚生子女受同一之待遇”;《德国基本法》第 6 条亦规定,“立法应保障非婚生子女在其身体与精神发展及其社会地位,得与婚生子女享有相同条件”;1926 年英国颁布了《准正法》,1923 年《法国民法典》对有关非婚生子女的原规定作了重要修改。经过许多国家数次对法律的修订,非婚生子女认领与准正的种种限制有所松动,非婚生子女的法律地位有了显著提高。许多国家都允许通过认领与准正程序,使非婚生子女婚生化。当然也有一些国家在确认认领与准正制度的同时,仍然保有对非婚生子女歧视性的法律规定。比如日本民法及法国民法均在继承问题上明确规定非婚生子女的应继份额仅为婚生子女之一半。在我国宗法制度下的奴隶社会和封建社会,等级森严,尊卑严格,法律对“婢生子”“奸生子”备受歧视,其人身权和财产权得不到保障。清朝末年颁行的《大清现行刑律》规定,“奸生子”“婢生子”不得继承宗祧;财产继承时,“依子量予半分”。1931 年 5 月国民政府施行的《民法典》亲属编中作了有益于非婚生子女的规定。中华人民共和国成立后,1950 年和 1980 年颁行的两部婚姻法都明确规定非婚生子女享有与婚生子女同等的权利,任何人不得加以危害和歧视。[①]根据各国立法例,非婚生子女的认领有两种形式:自愿认领与强制认领。所谓自愿认领,亦称任意认领,是生父承认其为非婚生子女之父而领为自己子女的行为。这种认领行为为生父之单独行为,无须非婚生子女或生母同意,并且不受时效限制,亦不问子女年龄大小。这种认领要求认领人与被认领人间存在事实上之父子关系,并要求生父认领非婚生子女后,不得任意撤销其认领。但若认领意思表示有瑕疵,如因有本人或亲友的生命、健康、名誉或财产遭受严重危险的威胁而认领,或在对自己的父权产生误解的情况下的认领,则认领人可以提起认领无效或撤销之诉,其他利害关系人亦可以认

① 王丽萍:《非婚生子女认领与准正制度初探》,载《法学家》1997 年第 3 期。

领人非子女之父而提出无效或撤销之诉。所谓强制认领,是指对于应当认领而不认领之生父,利害关系人有权诉请法院,经诉讼程序责令其认领。有权提起认领之诉的当事人为非婚生子女、生母或其他法定代理人,被告为非婚生子女之生父。强制认领适用之情形主要有:受胎期间生父与生母有同居之事实;生父所作之文书可以证明其为生父者;生母为生父强奸或诱奸者,强奸或诱奸发生时间与受胎时间相符;生母因生父滥用权势成奸者,如利用他人之信赖、以婚约为饵、以诈术缔结的无效婚姻而受胎者,其受胎时间与诱惑时间相符。但是,如果生母于受胎时间内曾与他人通奸或为放荡生活者,不适用上述强制认领之规定,这就是强制认领上的“不贞之抗辩”。按照《法国民法典》的有关规定,可以适用不贞之抗辩的情形主要有:在怀孕法定期间,母明显地行为放荡或与他人有不正当的男女关系;认领申请人所主张的生父,在上述同一期间,或因远离,或基于某种事故的结果,处于生理上不能为父时;认领申请人所主张的生父,经验血或其他一切确定的医疗方法检查证实其不能为该子女之父。

(五)关于同性婚姻的伦理思考

同性婚姻(或称为“同性恋婚姻”或“同性别婚姻”)是指两个相同性别成员之间的婚姻。自从荷兰于 2001 年宣布承认同性婚姻之后,目前已有许多国家承认了同性婚姻的合法性。1999 年 11 月 15 日,法国通过第 99 - 944 号法律不仅承认了同性关系是一种民事协议关系,而且也承认了同性的非婚同居关系。2013 年法国通过第 2013 - 404 号法律,向同性伴侣开放了婚姻登记。《法国民法典》据此也做了相应修改,修改后的第 143 条规定:“异性或同性的两人都能够缔结婚姻。”德国于 2001 年 2 月 16 日通过《生活伴侣关系法》,虽未承认同性婚姻的合法性,但为同性伴侣设置了类似于婚姻的制度;2017 年 6 月 30 日通过《关于引入同性婚姻缔结权的法律草案》,正式承认了同性婚姻的合法性,并据此对《德国民法典》进行了修改,其第 1353 条第 1 款将婚姻的定义修改为“婚姻由两个异性或同性的个人为终身而缔结”。瑞士于 1942 年就开始承认同性恋的合法性,2000 年将“禁止歧视不同倾向的人”写入宪法。2005 年通过公民投票的方式正式承认了同性伴侣制度的合法化。2007 年 1 月 1 日生效的《联邦伴侣法》规定同性恋者可以依法登记为伴侣。2004 年,英国通过《民事伴侣关系法》,虽未承认同性婚姻的合法性,但规定同性伴侣一经登记成为民事伴侣关系即享有类似于婚姻的权利、义务和责任。[①] 其他许多没有承认同性婚姻合法性的国家也跃跃欲试,大有将承认同性婚姻的合法性视为衡量人权保障水平主要标志之势。对此我们应当有清醒的认识。实际上婚姻关系不仅仅是个人的私事,而且还影响到家庭的结构、社会伦理观念的改变、人口的繁衍等诸多问题。传统上,婚姻是一男一女遵照社会风俗或法律所建立的复杂关系,不但承担人口再生产和物质资料再生产的双重历史使命,而且是国家稳定社会关系,对个体进行约束和控制的基本社会工具或法律工具。由于养育子女的前提是生育子女,而生育子女得由不同性别的人共同完成,所以孟德斯鸠认为:“父亲有养育子女的天然义务,这促成了婚姻制度的建立,婚姻宣告谁应负担这个义务。”[②]而同性婚姻不但会冲击传统的婚姻家庭关系,严重弱化传统的家庭职能,而且会颠覆基本的人伦关系。从历史上看,无论是西方还是东方,都把男女两性的结合视为婚姻的根基和个人对家族、国家、“上帝”应尽的义务。所以《礼记·昏义》才认为:昏礼者,将合二姓之好,上以事宗庙而下以继后世也,故君子重之。在基督教传统较悠久的国家,婚姻作为社会的一项基本制度除了具有法律意义上的“民事婚姻”概念,同时具有宗教意义上的“宗教婚姻”概念。因此,优士丁尼大帝的《法学阶梯》宣称“婚姻是一男一女以永续共同生活为目的的结合”[③]。而五大法学家之一的莫德斯体努斯将婚姻定义为“一夫一

---

① 陈苇主编:《当代外国婚姻家庭法律制度研究》,中国人民公安大学出版社 2022 年版,第 45 ~ 46、118 ~ 119、239、433 页。

② [法]孟德斯鸠:《论法的精神》(下),张雁深译,商务印书馆 1978 年版,第 107 页。

③ 周枏:《罗马法原论》,商务印书馆 1994 年版,第 164 页。

妻的终身结合，神事和人事的共同关系”。时至今日，近 90% 的国家和地区仍恪守男女两性结合的婚姻传统，典型的如《葡萄牙民法典》第 1577 条就明确规定：“婚姻是两个异性的人之间根据本法典的规定，意在以完全共同生活的方式建立家庭而订立的合同。”“婚姻，是男女双方以共同生活为目的而缔结的，具有公示的夫妻身份的两性结合。”

（六）关于事实婚姻的法律问题

在法学界，一般把当事人以夫妻名义公开共同生活，但未办理婚姻登记手续的同居关系称为“事实婚姻”。事实婚姻在不同时代有不同的表现形式，如在古罗马称为“时效婚”，在英国称为“普通法婚姻”，在日本称为“内缘婚”，在古巴称为“非正式婚”等。[1] 对于事实婚姻是否具有婚姻效力，在不同的国家有不同认识，主要可分为不承认主义国家（如法国）和有条件承认国家（如德国、英国、俄罗斯等）。法国只承认非婚同居关系而不承认事实婚姻关系。根据《法国民法典》第 518 －8 条之规定：“非婚同居是指作为配偶在一起生活的异性或者甚至是同性的两人之间，通过具有稳定性与持续性的共同生活来体现的事实上的结合。”由于当事人没有按照《法国民法典》的要求取得结婚证书，即使他们公开以夫妻身份共同生活，亦不能产生婚姻的民事效力，即“任何人，如不能提出在户籍登记簿上登录的婚姻证书，均不得主张夫妻名义，也不得主张婚姻的民事效力”。（第 194 条）在婚姻法的所有制度设计和司法实践中，事实婚姻是较为反复无常的一个制度。这一问题产生的原因，既缘于我们对婚姻家庭本质和结构功能的误读，也有我们在面对市场经济的大潮对传统婚姻家庭关系的冲击而表现出的局促和迷茫；既有失婚配偶出于对婚姻失败所表现出的心有不甘的激烈抗争，也有社会团体、社会舆论出于保护弱者心态的非理性反应。经梳理，仅在 1949 年后我国对事实婚的态度就经历了承认（1984 年 8 月 30 日以前）—限制承认（1984 年 8 月 30 日至 1994 年 2 月 1 日）—不承认（1994 年 2 月 1 日至 2001 年 4 月 28 日）和效力

① 王丽萍：《婚姻家庭法律制度研究》，山东人民出版社 2004 年版，第 91 页。

待定(2001 年 4 月 28 日后)[①]这四个时期。

五、关于生育关系的伦理分析

人类从群婚时代过渡到个体婚制之后,亲子关系开始明晰化,社会也确立了亲子身份认定的自然命题和推导原则,包括一个人生来在自然血缘上只有一父一母,非有法律拟制之特别,父母子女关系自然形成,权利义务终身相随;由于供卵、受孕、妊娠、分娩集于母体,不可分离,母亲身份根据出生事实确定,也就是罗马法所说的"谁分娩谁为母";基于法律上生育与性、性与婚姻不可分离,父的身份根据与母的婚姻关系确定,《法国民法典》以此为前提规定子女于婚姻关系中孕育者,夫即取得父的资格。[②] 但人工辅助生殖技术和其他生育技术的运用,打破了这些自然法则,不但使父母子女间的关系变得异常复杂,而且使亲子身份的认定和户政管理无所适从。

(一)辅助生育子女的伦理分析

所谓辅助生育子女,是指借助于辅助生殖技术而诞下子女。辅助生殖技术按其受体的不同可以分为三大类:人工授精(母体内受孕)、试管婴儿(母体外受孕)和代孕。人工授精又可分为同质受精(母亲卵子和父亲精子的结合)和异质授精(母亲卵子和第三方捐赠者精子的结合)。试管婴儿又分为完全同质(精卵均来自父母)、完全异质(精卵均来自捐赠者)和半异质(精卵分别来自父母和捐

---

① 2001 年 4 月 28 日第九届全国人民代表大会常务委员会第 23 次会议通过了《关于修改〈中华人民共和国婚姻法〉的决定》,正式确认了婚姻无效和婚姻可撤销制度,此后最高人民法院于 2001 年 12 月 24 日发布《关于适用〈中华人民共和国婚姻法〉若干问题的解释(一)》(法释〔2001〕30 号),其第 5 条规定:"未按婚姻法第 8 条规定办理结婚登记而以夫妻名义共同生活的男女,起诉到人民法院要求离婚的,应当区别对待:(一)1994 年 2 月 1 日民政部《婚姻登记管理条例》公布实施以前,男女双方已经符合结婚实质要件的,按事实婚姻处理;(二)1994 年 2 月 1 日民政部《婚姻登记管理条例》公布实施以后,男女双方符合结婚实质要件的,人民法院应当告知其在案件受理前补办结婚登记;未补办结婚登记的,按解除同居关系处理。"其基本处理原则是,原则上不承认事实婚姻关系,但对特定历史时期形成的事实婚实行有条件承认的态度。

② 陈小君、曹诗权:《浅论人工生殖管理的法律调控原则》,载《法律科学(西北政法学院学报)》1996 年第 1 期。

赠者)。[1]

1.关于人工授精的伦理思考。在同质授精中,父母的身份比较好确定,较难认定的是异质授精中父母子女关系的认定。在异质授精中,捐精人通常不具有父亲身份,与基于人工授精所生产的孩子之间也没有任何权利义务关系。从医疗伦理的角度来说,捐精者的身份应当保密,这是维系接受捐精者与出生婴儿之间父母子女关系的必然要求。但也有例外,如根据美国的相关法律规定,如果捐赠者和受捐者预先在接受捐赠的协议上订立了有条件披露捐赠者身份的条款,那么在特殊情况下可以披露捐赠者的身份,其目的主要是防止子女出生后由于精子的基因缺陷而需要捐赠者予以协助。[2]另根据美国2002年《统一父母身份法》的规定,不仅是已婚妇女,即使是单身女性也可采取人工授精的方式生育子女。但对于正处于监禁期的囚犯可否通过人工授精的方式生育子女,在美国的司法实践中虽然有不同看法,但由于这种行为既有违反公序良俗之嫌,同时由于囚犯事实上无法履行对子女的抚养义务,因此从理论上予以禁止为宜。我国对人工授精的法律规定主要见于原卫生部于2001年发布的《人类辅助生殖技术管理办法》(卫生部令第14号),其中第3条规定:"人类辅助生殖技术的应用应当在医疗机构中进行,以医疗为目的,并符合国家计划生育政策、伦理原则和有关法律规定。禁止以任何形式买卖配子、合子、胚胎。医疗机构和医务人员不得实施任何形式的代孕技术。"第6条要求申请开展人类辅助生殖技术的医疗机构除应当具有与开展技术相适应的卫生专业技术人员、其他专业技术人员和相应的技术和设备外,还必须设立医学伦理委员会。第8条规定:"申请开展丈夫精液人工授精技术的医疗机构,由省、自治区、直辖市人民政府卫生行政部门审查批准。""对申请开展供精人工授精和体外受精—胚胎移植技术及其衍生技术的医疗机构,由省、自治区、直辖

---

① 杨大文主编:《婚姻家庭法》,中国人民大学出版社2006年版,第219~220页。

② 陈苇主编:《当代外国婚姻家庭法律制度研究》,中国人民公安大学出版社2022年版,第513页。

市人民政府卫生行政部门提出初审意见,卫生部审批。”第12条要求:“人类辅助生殖技术必须在经过批准并进行登记的医疗机构中实施。未经卫生行政部门批准,任何单位和个人不得实施人类辅助生殖技术。”第14条要求:“实施人类辅助生殖技术应当遵循知情同意原则,并签署知情同意书。涉及伦理问题的,应当提交医学伦理委员会讨论。”由此可见,我国有关人类辅助生殖技术的法律规定既考虑了技术上的安全性和可靠性,又考虑了相关行为的伦理性;既考虑了尊重个人权利和行为自由,又考虑了社会公共利益和公序良俗的约束性要求。

2. 关于试管婴儿的伦理思考。1978年7月25日,世界上第一个试管婴儿在英国诞生。第一代试管婴儿是针对女性不孕不育而开发的辅助生殖技术。其具体做法是从妻子的体内取出成熟的卵细胞,放在装有能提高精卵结合的培养液中,再把丈夫的精液注入,等到它们结合并分裂成8个细胞时,将受精卵移植到妻子的子宫里。第二代试管婴儿技术是为了解决男性不育,它确切的名称是“单精子注射人工授精”。第二代试管婴儿的方法,是用极细的针管将丈夫的精子“注射”进妻子的卵细胞中,形成受精卵后再植回到妻子子宫中。第三代试管婴儿则是为那些有遗传疾病的夫妻设计的,是对受精卵进行基因遗传学检查,选择没有遗传疾病基因的受精卵植入子宫。第三代试管婴儿技术的介入,起到了帮助有遗传史的夫妻选择健康后代的作用。另外,我们不得不承认,试管婴儿的出现,确实带来了一系列伦理问题。著名的例子是澳大利亚墨尔本市的维多利亚女王医学中心曾碰到的一个棘手的问题。原来接受“试管婴儿”技术的一对美国夫妇——57岁的马里奥和他40岁的妻子,曾来这个试管婴儿试验中心,留下了两个受了精的卵子并冷冻起来,准备以后妻子再回到这里接受移植手术。但手术还没来得及进行,夫妇两人就在一次飞机失事中遇难。如何处理那两个留在试管中的受精卵就成为非常头痛的问题,他们有没有继续存在和生长的必要?如果继续使这两个失去父母的受精卵成为“试管婴儿”,谁做他们的代孕母亲?他们有没有接受死去夫妇遗产的权利?等等。在美国司法实践中,对受精卵的归属一般采取一致意思表示决定原则,兼采利益衡量和子女最佳利益原则。也就是说,采取试管婴儿方式生育子女必须取得双方一致同意,且这种同意必须一直持续到怀孕之后。具体到我国来说,与试管婴儿相关的医学实践虽然已经出现,但相关的法律一直对这种行为持非常谨慎的态度。中国在医学实践中也曾发生过涉及这方面的例子。一家知名医院接收过一个要求睾丸移植的病例,一名年轻人因睾丸损伤不能生育,为他提供睾丸的是他的父亲。手术基于种种原因最终没有成功,医生们却因此想到一个伦理问题:如果移植成功,生下的孩子是这位“父亲”的儿子,还是他的“兄弟”?因为精子的真实提供者是孩子的爷爷。由此可见,和其他器官移植不同的是,试管婴儿技术和精子库等由于涉及生殖和后代,会遇到众多的伦理和法律问题,因此我国法律持更加谨慎的态度。

3. 关于通过基因编辑技术生育子女的问题。为了克服未出生婴儿可能存在的先天缺陷,部分科学家尝试通过对未出生的婴儿的基因进行编辑以改良出生婴儿的质量。这种通过基因编辑技术修改人体胚胎、精子或卵细胞细胞核中的 DNA(脱氧核糖核酸)后生下的婴儿通常被称为“基因编辑婴儿”。我国在 2018 年曾发生过轰动一时的“基因编辑婴儿”事件。2018 年 11 月 26 日,南方科技大学原副教授贺某某在未向深圳市卫生和人口计划生育委员会医学伦理专家委员会进行报备的情况下,在深圳宣布全球首例免疫艾滋病的基因编辑婴儿——露露和娜娜在中国诞生。这次基因手术修改的 CCR5 基因是 HIV 病毒入侵机体细胞的主要辅助受体之一,使用的基因编辑技术为“CRISPR/Cas9”技术。据贺某某的解释,基因手术修改的是 CCR5 基因,而 CCR5 基因是 HIV 病毒入侵机体细胞的主要辅助受体之一。拥有这种突变的人,能够关闭致病力最强的 HIV 病毒感染大门,使病毒无法入侵人体细胞,即能天然免疫 HIV 病毒。这一消息迅速引爆了国内外科学界,其中的科学伦理问题也引发了公众的关注。包括来自中科院、清华、北大、浙大、复旦、麻省理工等在内的 122 位国内外专家科学家发布“科学家联合声明”,对此项研究表示坚决反对和强烈谴责。国家卫健委当天就要求广东省卫生健康委认真调查核实此事,本着对人民健康高度负责的态度和科学原则,依法依规处理,并及时向社会公开结果。中国科学院学部科学道德建设委员会也于2018年11月27日在中国科学院学部官方网站发布声明,强调:“我们高度关注此事,坚决反对任何个人、任何单位在理论不确定、技术不完善、风险不可控、伦理法规明确禁止的情况下开展人类胚胎基因编辑的临床应用。我们愿意积极配合国家及有关部门和地区开展联合调查,核实有关情况,并呼吁相关调查机构及时向社会公布调查进展和结果。”该事件之所以受到社会的广泛关注,是因为基因序列是定义生物性状的重要物质,基因的改变不仅会改变生物既有基因序列的系统性和整体性,也会在一定程度上改变其性状,扰乱生物体进化的规律。而通过基因编辑人类不仅可以改变基因的构成也将改变生物或生命体的性状,甚至可以根据预计的目的操控生物或生命体的生产和再生产,包括影响和操控人类自身的生产和再生产。其技术应用将对人本身带来颠覆性的影响:人不但可以创造生产工具而且可以创造人本身,生产的社会化也由传统的物质生产社会化扩展到自然人生产的社会化,由此不仅会导致人与自然的关系发生根本变革,也会导致人与社会的关系发生根本变革;不仅会改变对人的基本定义,也会使未来的整个人类图景发生全景式改变;不仅涉及社会正义,也涉及生态正义。从社会伦理角度来说,父母按照自己的意愿操纵孩子的遗传性状,设计孩子未来的生活方式,就其实质而言是对孩子自我决定权的践踏。从自然伦理角度而言,基因编辑技术对人类胚胎的改造,既在客观上存在逆自然的问题,也存在少数人通过技术对他人进行控制的问题。正因如此,我国原卫生部在2001年就制定了《人类辅助生殖技术管理办法》和《人类精子库管理办法》,明确规定从事与人类辅助生殖技术相关医疗服务的医疗机构必须“设有医学伦理委员会”,以便对生殖当中的伦理问题作出评价。针对此事件,2018年11月27日下午,时任科技部副部长徐南平代表科技部宣布:2003年颁布的《人胚胎干细胞研究伦理指导原则》规定,可以以研究为目的,对人体胚胎实施基因编辑和修饰,但体外培养期限自受精或者核移植开始不得超过14天,而本次“基因编辑婴儿”如果确认已出生,是属于被明令禁止的,将按照中国有关法律和条例进行处理。2018 年 11 月,广东省对“基因编辑婴儿事件”展开调查,并于 2019 年 1 月发布初步调查结果,将该事件定性为贺某某等人为追逐个人名利,自筹资金,蓄意逃避监管,私自组织有关人员,实施国家明令禁止的以生殖为目的的人类胚胎基因编辑活动;调查组认为该行为严重违背伦理道德和科研诚信,严重违反国家有关规定,在国内外造成恶劣影响。2020 年 1 月 11 日,“基因编辑婴儿”案在深圳市南山区人民法院一审公开宣判。贺某某、张某某、覃某某等 3 名被告人因共同非法实施以生殖为目的的人类胚胎基因编辑而构成非法行医罪,其中贺某某被判处有期徒刑 3 年。这一事件表明,虽然科学通常没有伦理评价问题,但科学技术的运用却具有极强的伦理性,任何科学技术都不能用于反人类目的应是技术应用的底线,任何涉及人自身的科学技术应用都不得违反基本的自然规律逆天而行,这也是自然伦理的基本要求。早在 1933 年,包括 21 位诺贝尔奖得主和 31 位与生命科学、心理学、医学相关的科学家在内的 90 位科学家联合签署并发布了被称为“人道主义及其追求”(Humanism and its aspirations)的第一个“人道主义宣言”(Humanist Manifesto),此后又于 1973 年和 2003 年发表了人道主义宣言Ⅱ和人道主义宣言Ⅲ,强调用哲学和价值体系而不是宗教或权威来指导个人信仰并指导医生的医疗行为。宣言宣称:世界的知识来源于观察、实验和理性的分析;人类是自然的一部分,是一个没有指引的进化和变化的结果;伦理价值被证实是人类需求和利益的驱动;人生的成功在于参与人道主义活动并为他人服务;人是社会的组成部分,且只有在社会关系中才能实现其价值;只有通过工作为社会创造价值才能提高个人幸福感;我们需要开放、切实、民主地尊重不同的人道主义观点,以推动社会可持续发展。这些观点虽然只是针对医疗行为而言,但实际上可以将其扩展到与人有关的所有医学科学领域,特别是与人体基因、人体胚胎等有关的领域。这些领域的科学研究与技术运用不但会改变人的生产方式,而且会改变人的存在样态,甚至会改变人的生物构成。这些改变不仅会引起复杂的社会关系变革,而且会动摇人自身的存在基础。我国《民法典》第 1009 条之所以要求从事与人体基因、人体胚胎等有关的医学和科研活动,除应遵守法律、行政法规和国家的有关规定之外,还不得危害人体健康,不得违背伦理道德,不得损害公共利益,也是为了防止因科学技术的滥用给人带来灾难性的后果。

4. 关于代孕的伦理思考。所谓“代孕”,就是人们通常说的“借腹生子”,实质是“试管婴儿”技术的延伸,它是指将一对夫妇的精子与卵子在体外试管中人工授精,再进行人工培育形成胚胎,植入另一位有正常子宫的“代孕母亲”的子宫内。代孕的情况非常复杂,代孕人并非婴儿法律上的母亲。其精子的来源主要有两种:父亲和捐赠者。卵子的来源有三,分别是母亲、代孕人和捐赠者。我国《人类辅助生殖技术管理办法》中规定,禁止实施任何形式的代孕技术。我国之所以作此规定,主要是因为代孕涉及的相关伦理、法律、社会与心理等层面的争议实在太过复杂:在遗传物质上新生儿与提供精子、卵子的个体完全一致,但在法律上很难判断该婴儿的真正母亲究竟是谁,亲属关系将出现混乱,婴儿和家庭成员之间的关系难以确定。此外,代孕也会混淆传统的婚生子女和非婚生子女的界限。因为按照传统的做法,除非有明确反证,凡夫妻于合法婚姻关系内所生子女,均为婚生子女。然而,如采用人工生殖技术,由夫妻之外的第三人供精、供卵或代孕、代生,以各种形式孕育出非夫妻精卵同质的子女,受精、孕育的主体和空间超越夫妻关系,由此所生子女是婚生还是非婚生,在户籍管理中能否直接登记或登记于谁的名下,颇难定夺。虽然我国法律明文规定非婚生子女与婚生子女享有同等的权利,不得歧视非婚生子女,但应由哪对父母来保证子女权益的实现,则直接涉及子女的切身利益。另外,还会发生社会父母与生物父母的多元冲突。人工生殖使得第三供精人、第三供卵人、代生母亲、胚胎代育者、实验室、操作医师等介入生殖过程,婚姻、两性结合、供精、供卵、受孕、妊娠、分娩及抚育的一体化生殖系统被分解割裂,导致代生母亲与养育母亲、供卵母亲与孕体母亲、生物父亲(基于遗传)与社会父亲(基于抚育)、有婚姻的父母与无婚姻的父母等多重角色并存,生育上的单向联系变成了多重复合关系,多元关系代替了传统的一元关系。在这种多角色并存中,难免发生不要子女的消极冲突和争要子女的积极冲突以及子女成年后要求变更父母的矛盾。[①] 不仅如此,什么样的女性可以代别人怀孕?如果代孕母亲是委托父母的长辈又该如何?胎儿流产、新生儿有缺陷,责任应由谁负?代孕母亲出现生命问题应如何处理?委托夫妻可否为了小孩的胎教与健康,而限制或规范代理孕母的行为?委托人若中途反悔,代理孕母是否必须堕胎?等等,这些都涉及复杂的伦理问题。不但在我国,其他很多国家这一问题也没有得到很好解决。如日本现有的法律承认体外授精,却不接受"代母",因为日本卫生部官员认为,"代母"的做法将使女人沦为生产道具。此外,按照日本的有关法律规定,凡不属于从母亲肚子里生下的孩子,都被认为是养子、养女。因此,"代母"产下的婴孩,将受到日本现行户籍法的排挤。[②] 代孕在我国一直处于灰色甚至违法状态,原国家卫生部于 2001 年通过的《人类辅助生殖技术管理办法》第 3 条明确规定:"人类辅助生殖技术的应用应当在医疗机构中进行,以医疗为目的,并符合国家计划生育政策、伦理原则和有关法律规定。禁止以任何形式买卖配子、合子、胚胎。医疗机构和医务人员不得实施任何形式的代孕技术。"该办法作为部委规章,所规范的主要是行业行为,即禁止医疗机构与医务人员实施代孕行为,却无法禁止非医疗机构与人员参与代孕活动。而实际上,真正在我国代孕产业化发展过程中起主导作用的并非医疗机构与医务人员,而是形形色色的各种代孕中介。2015 年 12 月 21 日第十二届全国人民代表大会常务委员会第十八次会议审议的《人口与计划生育法修正案(草案)》规定:"具备相应专业技术人员、设施设备、伦理审查机构以及管理制度的医疗机构,经省、自治区、直辖市人民政府卫生行政部门审查批准,可以实施人类辅助生殖技术。具体管理办法和技术规范由国务院卫生行政部门制定。禁止买卖精子、卵子、受精卵和胚胎;禁止以任何形式实施代孕。"该规定被学术界及实务界称为"禁止代孕条款",在审议过程中引发了不少争议。最后通过的修正案未涉及

---

① 陈小君、曹诗权:《浅论人工生殖管理的法律调控原则》,载《法律科学(西北政法学院学报)》1996 年第 1 期。

② 晨剑:《日本"代母生子"手术跨越医学界伦理雷池》,载《北京晨报》2001 年 5 月 21 日,第 8 版。

“代孕”条款，同时也相应地删去了草案中“违反规定实施代孕等将受到相应处罚”的规定。法律之所以作此处理，主要原因在于代孕作为一种有违传统生育伦理的辅助生殖方式，无论在国内还是在国外，也无论是在医学界、法学界、伦理学界抑或是人口与社会学界都没有获得必要的共识。支持代孕合法化的人主要侧重于满足现实社会需求，认为目前我国不孕不育率逐年上升，从而引发了大量家庭及社会问题的情况下，社会对代孕存在需求。一味地禁止代孕，并不是解决问题的理性方式。而反对代孕合法化的人则主要是基于人格尊严、社会伦理视角，认为代孕无论是对代孕者还是被代孕的孩子而言，都不符合其最佳利益，有损于女性的健康与人格尊严，且会带来社会伦理与法律关系的混乱，冲击人类社会现行相对稳定的社会秩序。①

（二）关于非婚生育的伦理思考

2002 年 11 月 1 日开始施行的《吉林省人口与计划生育条例》中规定：达到法定婚育年龄决定终生不再结婚并无子女的妇女，可以采取合法的医学辅助生育技术手段生育一个子女。据媒体报道，吉林省第九届人大常委会审议通过此项规定的初衷，是满足社会上越来越多不想结婚但又希望享受做母亲的幸福的大龄独身女青年的心愿。消息一出，立马引起了广泛的关注和争论。因为“未婚生子”仍不可避免地引发伦理问题。赞成的专家认为，该条例是对妇女权利的保护，对中国国情具有特殊的意义。反对的意见则认为，通过地方性法规的“合法”途径生育的子女，其身心潜在地受到伤害的危险。人类社会要考虑的很多问题，特别是事关人类自身繁衍的问题中，伦理是一个不可忽视的因素。伦理的一个底线就是不能伤害别人，对孩子同样如此。“假定决定生育的这个独身女性在孩子尚未长大成人时，意外死亡，孩子该由谁抚养？其生理上的父亲是否该承担一定的抚养责任？又如，生理父亲年老体衰之际，需要

① 刘长秋：《代孕立法规制的基点与路径——兼论〈人口与计划生育法〉为何删除“禁止代孕条款”》，载《浙江学刊》2020 年第 3 期。

孩子赡养,这个孩子是否该履行赡养义务?"[①]另外,相关的知情权、继承权、抚(赡)养权争端也将在若干年后出现。从操作层面上说,如果独身女性承诺不再结婚,通过法律规定的途径生了孩子。多年以后,她遇到合适的男人决定结婚,其是不是该受到处罚也是应当考虑的问题。如果不惩罚显然有违制定该法的初衷,如果要惩罚,一是怎样进行惩罚,二是这种惩罚是不是与合法生育权相矛盾。

(三)关于人造子宫的伦理思考

2001 年 7 月 12 日,西方各大媒体纷纷报道,美国伊利诺伊大学的两位胚胎学家戴维·毕比和马休·惠勒正在研制一种模仿动物受精和胚胎发育过程的芯片,设计目标是使受精和胚胎发育的早期过程在一个容器内完成,直到胚胎发育到适于进行移植的阶段。2002 年年初,人类生殖科学研究领域再次爆出惊人新闻:美国研究人员宣布,他们研制出了世界上第一个"人造子宫",为人体胚胎在母体外生长发育创造了可能。如果成功,这将会彻底改变人类婴儿的出生方式。届时,部分或全部的怀孕过程完全可由机器设备来完成,从任何男人或女人身体上取下一个体细胞克隆成人类胚胎,将其放到"人造子宫"里孕育,婴儿们将从一条条生产线中诞生。这样一来,怀孕的过程就完全实现了机械化,生命的孕育过程就像是定做一件物品一样简单,甚至我们可以逐个部件地组合生命体,然后像修理汽车一样用新部件代替有缺陷的部件。[②] 但由此带来的伦理问题却非同寻常。首先,它会减少人类基因的多样性和选择性,降低人类自身的生存能力。如果人类都"优生"成为理想之人,很可能一种怪病毒就可使人类遭到灭顶之灾。其次,这种所谓"芯片婴儿"违背了自然的本质。人不仅仅是生物的人,他还是一个具有文化传统的人。作为一个生物的人,他可以不择手段地去追求生物学意义上的效率最大化;但作为一个具有文化特质的人,他必须反思他的所作所为。当然,文化意义上的"人"与生物学意义上的"人"又是统一的。因为所有的文化习俗,从根本上来说,都是为了

---

① 《"非婚生育"立法的伦理难题》,载《中国青年报》2002 年 11 月 22 日。

② 《"人造子宫"人类繁殖新挑战》,载《新闻晚报》2002 年 2 月 26 日,第 6 版。

有利于人的生存,尤其是一种长远的、健康的或者是体面的生存。[①]但这种“芯片婴儿”却把神圣的人降格为物,从而使人成为技术操纵的对象,以及可以在流水线上大量制造的产品,变成一种人为干预的结果。对此有组织谴责道,“人造子宫”不是科技的进步,而是人类道德和伦理的沦丧。他们认为,人类繁衍是“上帝”的造化,利用“人造子宫”孕育人类胚胎是对人类尊严的践踏,是绝对不能容忍的。最后,“人造子宫”还会影响婴儿的身心健康。胎儿在子宫里不仅是在生长发育,而且还是在与母亲进行情感交流。母亲的情绪对婴儿未来的心理、智力发展都极为关键。而在“人造子宫”里生长的孩子是没有和母亲有情感交流的情况下出生的孩子,他们的心理、智力发展水平无疑会受到一定影响。所以对于“人造子宫”,我们不但要考虑它在技术上是否可行,而且更要考虑的是在伦理上其可能会带来什么样的不利后果。

(四)关于克隆人的伦理思考

“克隆”是英文单词“Clone”的音译,其本身的含义是无性繁殖,即由同一个祖先细胞分裂繁殖而形成的纯细胞系,该细胞系中每个细胞的基因彼此相同。克隆技术对人类来说是一把“双刃剑”。一方面,它能给人类带来许多益处——诸如保持优良品种、挽救濒危动物、利用克隆动物相同的基因背景进行生物医学研究等;另一方面,它将对生物多样性提出挑战——生物多样性是自然进化的结果,也是进化的动力,有性繁殖是形成生物多样性的重要基础,而“克隆动物”则会导致生物品系减少,个体生存能力下降。目前从总体上看,人们对克隆人基本上持否定态度。反对克隆人的理由,主要可以归纳为以下六个方面:(1)通过无性繁殖复制人体,将彻底打乱世代的概念,这将颠覆传统的伦理观念。克隆人技术打破了传统的生育观念和生育模式,使生育与男女结婚紧密联系的传统模式发生改变,降低了自然生殖过程在夫妇关系中的重要性,使人伦关系发生模糊、混乱乃至颠倒,并进而冲击传统的家庭观以及权利

① 奇云:《“人工子宫”会孕育出高科技的“怪胎”吗?》,载《发明与革新》2002年第5期。

与义务观。从哲学和伦理学上讲,这也是对人性的根本否定。(2)克隆人破坏了人的尊严。人在实验室里的器皿中像物品一样被制造出来,这样无性繁殖的人不是真正的人,而只是有人形的自动机器。每个生命都是独一无二的,都有独特的个人品性,而克隆人根本无视人的生命的神圣性,使个体生命的诞生不再是一件值得敬畏、膜拜的奇迹,而是一种预先设计的必然发生的事实。人类的自然生育这种天地间的伟大奇迹就成了一种单调、乏味的产品制造行为。(3)克隆人将对传统的人类生育模式和继承模式提出挑战。克隆人一旦出现,将彻底打破人类生育的概念和传统生育模式,克隆人系无性繁殖,不仅打破了繁衍后代传统的"清规戒律",而且在深层次科学意义上彻底打破后代只能继承前辈的遗传性质却有别于前辈的科学理论,复制出两个乃至众多遗传性质完全相同的人。克隆人与细胞核的供体之间既不是亲子关系,也不是兄弟姐妹的同胞关系。这在伦理道德和继承关系上都无法予以定位。(4)克隆人会导致人类基因库的单一性。从遗传的角度而论,通过父母的结合使父母双方的遗传基因相混合,有可能使子女在质量上超过父母,单靠体细胞做无性繁殖,子女的质量根本无法超过母体。在自然界,生命繁殖开始时都是无性的,后来才发展为有性。有性繁殖增加了变异的可能性,使生物可能的变异在群体中大大增加,从而增强了物种的竞争力、适应力。这是生物进化中非常重要的一步。而无性繁殖导致群体的每个个体都一样,从而增大了这个物种被消灭的风险。生物需要多样性,人类同样需要多样性。(5)克隆会面临严重的伦理困扰。支持克隆人的一个主要理由是这一技术可以实现"优生",但这种优生同样存在严重的伦理问题。这种"优生"克隆规划由谁来实施?如果由国家来实施,那么国家就要建立一个委员会来将国民加以分类:值得克隆的优良国民与不值得克隆的劣等国民。如果由家庭或夫妇来决定克隆家庭哪个成员或哪个孩子,这也存在类似的问题:将家庭成员或自己的孩子分成值得克隆的优良者与不值得克隆的劣等者。(6)克隆人会危及现代社会赖以生存的平等理念。在克隆活动中,存在一种设计者与被设计者的关系,未来人类的基因配置是由父母、医生或国家决定的,而个体的人仅仅是前者所决定与创造的结果,这对平等原则是一种根本的违背。因为人们无法回答凭什么他自己或者任何别的一个人有权作为未来人类特征与品性的设计者。显然这是"优越感"在伦理领域的反映。克隆人技术从本质上说,涉及对人自身的尊重和评价问题。人是一种有道德的生物,对道德的反思乃是伦理学的基础。人的克隆对传统社会的伦理道德带来了强烈的冲击,并且涉及我们对生命的最深层次的看法,这就是:生命是什么?人是什么?人可以在什么样的意义上支配自己的身体?人应该如何决定自己的生与死?人应该如何维护自己的尊严以及善待生命的意义?这些问题正是生命伦理学必须关注的焦点。实际上科学研究中的行动与人类其他行为一样,只要是行动,势必就要与一个关涉行为后果的"责任"的道德概念相联系,势必就要受到法律与伦理的制约。科学家固然是要探索真理,但不能因此就可以无所顾忌地对待被研究的客体;科学的事业是崇高的,但不能因此就可以违背行为主体最基本的消极义务,不能违背普遍的道德约束力。为了规范涉及人自身的科学研究活动,我国《民法典》第1009条明确规定:"从事与人体基因、人体胚胎等有关的医学和科研活动,应当遵守法律、行政法规和国家有关规定,不得危害人体健康,不得违背伦理道德,不得损害公共利益。"

六、关于继承制度的伦理分析

(一)关于继承本质的伦理分析

与涉及人身关系的其他民事法律制度一样,继承制度也有强烈的时代性和伦理性。梅因认为,罗马"自然法"和"市民法"的主要不同之处在于它对"个人"的重视,它对人类文明所作的最大贡献就在于,它把个人从古代社会的权威中解放出来。"古代法律"几乎全然不知"个人"。它所关心的不是"个人"而是"家族",不是单独的人而是集团。即使"国家"的法律成功地通过它原来无法穿过的亲族的小圈子,它对于"个人"的看法还是和法律学成熟阶段的看法有显著的不同。自然人的生命并不以出生到死亡为限;个人生命只是其祖先生存的一种延续,并在其后裔的生存中又延续下去。[①]在任何国家的任何继承制度中,决定继承的因素主要有两个:一个是所有者(被继承人)的选择,另一个则是家族关系。但这两个因素在不同国家、不同时代的影响是不一样的。一般来说,古代各国的继承主要侧重于家族关系、身份继承,财产继承则从属于身份继承。“从1066年(诺曼底征服)到1925年,在英国大部分地区被称为长子继承制的一般原则,是由长子继承死者所有的土地。这种旧的继承制度,是以当事人的地位,尤其是他们的血缘关系,而不是以所有者的选择为基础的。”[②]之所以作此规定,主要原因在于,古代的继承更多的是被看作家族延续的一种工具。而现代国家由于注重人的平等和自由,强调人的独立性,因此在继承的确定上则更加强调被继承人的意志。由于传统习惯和社会制度、宗教信仰等方面的差异,各国的继承制度有诸多差异,体现在继承中继承人的范围、继承顺序等均有所不同。例如在美国,“普通法和州法律条款通常对无遗嘱死亡者的不动产和动产的处理规定不同的规则。继承死者不动产的人称为‘继承人’,继承死者动产的人称为‘最近的亲属’”[③]。根据各国的通例,继承权取得的条件是继承人与被继承人之间的婚姻、血缘及婚姻法规定的抚养关系。而“在普通法中配偶不是继承人,但在大多数继承条款中配偶将获得一些份额,在不同的州该法令有很大区别”[④]。就总的发展趋势来说,现代继承和古代继承相比有如下三个变化:一是由身份继承为主演变为以财产继承为主,最终演变为单纯的财产继承。二是由强制继承演变为自愿继承。西方国家在早期实行的都是强制继承,被继承人的子孙必须承受被继承人的一切财产权利和义务,即使被继承人负债累累,也不得拒绝继承。我国直至清末,实际上仍在实行这种制度。现代各

---

① [英]梅因:《古代法》,沈景一译,商务印书馆1959年版,第104页。

② [美]罗伯特·考特、[美]托马斯·尤伦:《法和经济学》,张军等译,上海三联书店、上海人民出版社1991年版,第221~222页。

③ [美]罗伯特·考特、[美]托马斯·尤伦:《法和经济学》,张军等译,上海三联书店、上海人民出版社1991年版,第222页。

④ [美]罗伯特·考特、[美]托马斯·尤伦:《法和经济学》,张军等译,上海三联书店、上海人民出版社1991年版,第222~223页。

国继承法基本上以自愿继承为原则,赋予继承人以选择权,继承人可以选择概括继承、限定继承或放弃继承。三是法定继承人的范围由宗亲为主转变为以血亲为主。法定继承原为维护家族的利益而设,法定继承人需为家族成员,因而女儿结婚后进入其他家族即不能再继续继承其父祖的财产。随着社会家族观念的淡化,自然血亲关系成为确定法定继承人范围和顺序的主要依据。现代继承法规定的法定继承人的范围仅限于血亲和配偶。在个别国家,如我国和东欧的一些国家,还将共同生活和扶养关系作为确定法定继承范围的一个特殊依据。

(二)关于继承方式的伦理分析

我国原《继承法》所规定的继承制度是自愿继承和直接继承相结合的制度。自愿继承是指继承人可以自由选择接受继承或放弃继承。现代世界各国继承制度均以自愿继承为原则。为贯彻自愿继承的原则,各国继承法均设有接受继承和放弃继承的制度,赋予继承人以选择的权利,继承人可以在符合法律规定的条件和遵守法律规定的程序的前提下,选择接受继承或放弃继承。我国《民法典》也设立了接受继承和放弃继承的制度。外国的继承人是否接受继承应当有明确的意思表示,但根据我国的民族习惯,只有放弃继承的才需要有明确表示,没有作出放弃继承表示的,就被认为是接受了继承。我国《民法典》还实行直接继承制度。直接继承指的是继承开始以后,继承人直接继承被继承人遗产,而不须经过遗产管理人或其他机关的继承制度。该制度规定充分考虑了我国的民族习惯和传统做法。英美等国则实行间接继承制度,也就是继承开始后,遗产先不归属继承人,而是由遗产管理人或其他法定机关进行清算,然后才将遗产分配给继承人的继承制度。在间接继承制度下,继承人继承的是经过清算的纯粹的财产,不必负担为被继承人清偿债务的义务。按照继承内容,继承有限定继承和概括继承之分。现代的概括继承指的是继承人依法承受被继承人生前所拥有的全部财产关系。概括继承有强制和自愿之分。在强制的概括继承中,概括继承的法律后果是依法当然发生的,继承人无权选择。而自愿的概括继承,则是指继承人可以以自愿的方式选择接受或者拒绝概括继承。换言之,当被继承人财产状况良好、无资不抵债之时,继承人便会选择概括继承。继承人可以明示概括接受继承,但大多数情况下是依法推定的,即继承人在法定期限内没有表示放弃继承或限定接受继承的,即视为概括接受继承。如果继承人认为被继承人遗留的债务大于其遗产的,则可通过放弃继承的方式豁免其对被继承人债务的履行。我国实行限定继承和自愿的概括继承相结合的继承方式。根据《民法典》第 1161 条规定:"继承人以所得遗产实际价值为限清偿被继承人依法应当缴纳的税款和债务。超过遗产实际价值部分,继承人自愿偿还的不在此限。继承人放弃继承的,对被继承人依法应当缴纳的税款和债务可以不负清偿责任。"这种继承制度虽然对保护继承人的合法权益非常有利,但却有对债权人保护不力之虞,同时也与我国传统的道德观念相抵触。首先,外国的限定继承和自愿概括继承制度是建立在间接继承制度上的,遗产由中立的遗产执行人掌握和分配。而我国实行的是直接继承,遗产直接由法定继承人掌握和分配,而债权人对遗产的情况既不能充分了解,也无参与处理权。其次,外国的家庭成员(继承人和被继承人)在财产关系上有非常明确的界限,而我国的家庭成员在财产界限上非常不明晰。再次,在传统习惯上,债权人之所以要和被继承人发生借贷关系,是基于"父债子还"的固有观念,或者说是基于对被继承人整个家庭的信任,并且在很多情况下也无法判定哪些是家庭负债、哪些是被继承人的个人负债。在这种情况下由债权人承受被继承人支付不能的风险对债权人来说是非常不公平的。又次,在外国法上,如果被继承人的遗产不足以清偿债务,债权人可以主张对遗产实行破产还债制度。而破产制度有非常严格的程序和制度保障。而我国对遗产并不能实行破产还债制度。最后,其他实行允许继承人选择限定继承的国家都规定,如果继承人实施了某些有害于债权人利益的不当行为,将丧失选择权,而不许强制其概括继承。这些不当情况主要有以下四种:(1)隐匿遗产,如隐匿遗产中的标的物、隐瞒自己所欠的被继承人的债务、伪造债权文书、隐瞒应扣除之被继承人升迁赠与等。(2)故意在遗产清单中作不实记载,如列入不存在之债务,或对某些重要财产不记入遗产清册。(3)意图诈害债权人利益而处分遗产。(4)私自消费遗产。以上规定值得我国继承法修改时予以参考。

(三)关于继承范围的伦理分析

继承包括法定继承和遗嘱继承。其中法定继承是在被继承人生前未立遗嘱或者所立遗嘱无效的条件下所适用的一种继承形式。法定继承基于继承人与被继承人之间存在一定的血缘关系(父母、子女)和婚姻关系。继承人范围的具体确定受各国伦理思想的影响非常大,继承顺序的确定既是一个法律问题,也是一个带有伦理性的习惯确认问题。根据梅因的考证,在古罗马时代,当时继承的顺序是这样的:在一个自然人死亡时,如果没有遗嘱或是没有有效的遗嘱,他的"未解放"之子[①]成为其继承人。他的解放之子不能分享继承权。如果在他死亡时,没有直系卑亲属,就由宗亲中最近的亲等继承,但是通过女性后裔而和死者结合起来的亲族(无论如何接近),都不能享有继承权。家族中所有其他支系都被排斥在继承权之外,继承权仅归属于同族人也就是和死者具有同一姓氏的全体罗马自然人。因此,如果没有一个有效的"遗命",在梅因所考察的这一个时期中的罗马人就将使其解放之子绝对得不到什么权利,另外,既然假定他在死亡时没有子嗣,则他的宗族就有完全失去其财产而使财产传诸另外一些人的迫切危险,这些人和他的关系仅仅是祭司拟制的,假定凡是同族的全部成员都是来自一个共同祖先。[②]根据各国的通例,继承权取得的条件是继承人与被继承人之间的婚姻、血缘及婚姻法规定的抚养关系。目前对子女可以作为继承人没有什么异议,主要的争议有三:一是关于配偶是否是继承人。大多数国家认为,由于配偶和被继承人之间有婚姻关系和共同生活关系,因此其应当和子女一样,都是被继承人的合法继承人,并且是顺位靠前的继承人。"在普通法中配偶不是继承人,但在大多数继承

① "未解放之子"(glossary/filius familias),又称"家子",与"家父"相对应的概念,指既无独立法律地位,又无独立财产权的家庭成员。家子在人格上严重依附于家父,也没有进行经济活动的权利。在罗马后期,随着国家法律对家父权的限制,家子的法律地位得到有限提升,可以享有一定的财产权和人身权。

② [英]梅因:《古代法》,沈景一译,商务印书馆1959年版,第126页。

条款中配偶将获得一些份额,在不同的州该法令有很大区别。"[①]二是关于非婚生子女的继承地位问题。虽然随着社会的进步和文明的发展,非婚生子女的地位大大提高,但仍有一些国家对非婚生子女在继承权上有一些限制和歧视。而我国《民法典》第 1127 条第 3 款规定:"本编所称子女,包括婚生子女、非婚生子女、养子女和有扶养关系的继子女。"所以在我国,婚生子女和非婚生子女在继承权上是一样的。三是对被继承人的子女是否要授予同等的继承权问题。早期的继承制度为了防止封建家族财产的丧失,通常对长子给予较大优惠,甚至给予其排他性的继承权,非长子则只能分得很少一部分遗产。另外女儿出嫁后,一般不再继续承担对父母的具体赡养义务。因此在中国古代的法律规定中,已出嫁的女儿是不享有继承权的。新中国成立以后,经过法律规定和宣传教育,目前这种现象已得到很大程度的扭转。

(四)关于遗嘱继承的伦理分析

所谓遗嘱继承,是指按照被继承人所立的有效遗嘱,继承人继承被继承人遗产的继承制度。遗嘱继承是意思自治原则在继承制度上的体现。遗嘱制度的出现,有复杂的社会政治经济原因。"所谓'遗嘱'或'遗命'这个概念是不能从它本身来考虑的。它是一系列概念中的一个概念,并且还不是第一个概念。据其本身而论,一个'遗嘱'仅仅是遗嘱人用以宣告其意思的工具。"[②]遗嘱继承不仅仅是一个简单的财产移转方式,而且还与习惯和伦理密切相关。所以梅因才认为,把一个"遗嘱"看作是授予一种权力,把财产从家族中转出来,或是把财产根据"遗嘱人"的想象或见解而分成许多不公平的部分,这种看法发生在封建制度已完全巩固了的中世纪的后半期。[③] "允许所有者选择其继承人的一个优点是,任何限制这种

① [美]罗伯特·考特、[美]托马斯·尤伦:《法和经济学》,张军等译,上海三联书店、上海人民出版社 1991 年版,第 222 ~ 223 页。

② [英]梅因:《古代法》,沈景一译,商务印书馆 1959 年版,第 101 页。

③ [英]梅因:《古代法》,沈景一译,商务印书馆 1959 年版,第 128 页。

选择的法则都能使他产生规避法律的动机。”[①]按照各国法律规定,作为遗嘱合法有效的条件是不得侵害有关特留份的规定。“特留份”是指法律规定的遗嘱人不得以遗嘱取消为由剥夺特定的法定继承人继承的遗产份额。为了防止被继承人滥用权利剥夺继承人的合法权益,许多国家都规定遗嘱不能对特定继承人的继承权进行剥夺,这些继承人主要是没有独立生活能力的继承人。这种规定的目的有二:一是协调被继承人的遗嘱自由权和继承人的合法继承权之间的矛盾,二是公平保护每一个继承人。现代大多数国家的继承法都对特留份问题作了规定。《意大利民法典》第536条规定:“特留份继承人是那些由法律规定为他们的利益保留一部分遗产或者其他权利的人。他们是配偶婚生子女、私生子女以及直系尊亲属。”《意大利民法典》第537条规定:“如果父亲或母亲只留一个子女,或婚生或私生,则该子女可以获得遗产的半数,本法第542条规定的情况除外。在留有数名子女的情况下,他们可以获得遗产的三分之二,并且按照相同的份额平均分配给全体婚生子女和私生子女。”大陆法系的德国、法国和日本等国也有类似的规定。以“特留份”的形式对遗嘱自由加以限制,已成大多数国家和地区民事立法的通例。如《日本民法典》第1030条规定:“赠与,以于继承开始前一年间所进行者为限,以前条规定算入其价额。但是,当事人双方知有害于特留份权利人而进行的赠与,虽系一年前所进行者,亦同。”《瑞士民法典》第475条规定:“死者生前所作的赠与作为扣除的部分,应算在遗产份额之内。”特留份无疑肯定了亲情及家庭在现实社会中的作用,而不得不以法律形式对无限之遗嘱处分权进行限制,以适应社会的现实,保护家庭这一社会稳定的基础。

与遗嘱相关联的另外一个问题是遗赠问题。与遗嘱不同,遗赠当中的受赠人是法定继承人以外的第三人。对遗赠问题有以下两点值得注意:第一,遗赠中的受赠主体应为有民事主体资格的自然

---

① [美]罗伯特·考特、[美]托马斯·尤伦:《法和经济学》,张军等译,上海三联书店、上海人民出版社1991年版,第225页。

人、集体组织或国家，而不能是不具有民事主体资格的动物。[①] 虽然我国继承法并未对动物作为遗产受赠人作出明确的禁止性规定，但就中国现行社会伦理观念观之，这种赠与是不应当予以承认的，其理由有三：一是动物并非民事权利关系的主体，而只是法律关系的客体，故其不能享有财产；二是动物无法对财产进行管理和支配；三是我国实行的是直接继承，遗产由被继承人的子女直接掌握，如果子女拒绝将财产“交给”动物，该动物也无法诉请交付，即没有相应的权利救济机制保证这种遗赠的实现，而一项没有救济保障的权利并不是一项真正的权利。第二，遗嘱中涉及遗赠的内容不能有违公序良俗。如果被继承人与受遗赠人之间有违法关系的存在，那么这种遗赠的效力就值得怀疑。当然如果被继承人与受遗赠人之间的行为仅仅是一种违反道德的关系，特别是受遗赠人对被继承人尽了较大赡养义务的，这种遗赠的效力就应当根据个案的情况进行分析。

（五）关于遗产分配的伦理分析

遗产的分配既涉及继承人的合法权益，也涉及利益相关者权益的维护，因此应当特别予以关注。法定继承主要考虑的是血缘关系和婚姻关系，因此法律规定了继承顺序。同一顺序继承人继承遗产的份额一般应当均等。但考虑到养老抚幼是中华民族的优良传统，为了鼓励继承人对被继承人积极履行赡养义务，我国《民法典》做了某些变通性规定：一是改变继承顺序。根据《民法典》第 1129 条的规定：“丧偶儿媳对公婆，丧偶女婿对岳父母，尽了主要赡养义务的，作为第一顺序继承人。”二是倾斜分配。我国《民法典》第 1130 条虽然确立了同意顺序均分的原则，但同时做了 4 项例外规定，具体来说：对生活有特殊困难又缺乏劳动能力的继承人，分配遗产时，应当予以照顾；对被继承人尽了主要扶养义务或者与被继承人共同生活的继承人，分配遗产时，可以多分；有扶养能力和有扶养条件的继承人，不尽扶养义务的，分配遗产时，应当不分或者少分；继承人

① 有媒体报道，曾有人在遗嘱中指定将其遗产全部留给与其朝夕相伴的爱犬，引起极大的社会关注。

协商同意的,也可以不均等。三是特别分配。我国《民法典》第1131条的规定:“对继承人以外的依靠被继承人扶养的人,或者继承人以外的对被继承人扶养较多的人,可以分给适当的遗产。”对被继承人抚养较多的非法定继承人,因抚养被继承人受到不应有的损失,被继承人死亡后,也有获得适当遗产的权利,这种权利通常被称为“获得遗产补偿权”。获得遗产补偿的主体是继承人以外的抚养人,抚养人获得遗产补偿权的主要条件是对被继承人进行了较多的非法定义务的抚养,其主张获得遗产补偿也必须在被继承人死亡之后,但在被继承人生存期间,抚养人与被继承人之间已存在可以实现的权利义务关系——无因管理的债权债务关系。抚养人对被继承人无法定或约定的抚养义务。但抚养人为了维护被继承人的利益进行较多的抚养义务,并因此付出了一定的费用和劳动,构成无因管理的债权债务关系。抚养人是债权人,有权要求被抚养的被继承人给予必要补偿,被继承人是债务人,有对因抚养自己受损失的抚养人进行必要补偿的义务。抚养人有权在被继承人生存期间获得补偿,也有权在被继承人死亡后通过分得适当遗产获得补偿。

互谅互让、和睦团结同样是中华民族处理家庭关系的基本原则,我国《民法典》第1132条要求,继承人应当本着互谅互让、和睦团结的精神,协商处理继承问题。遗产分割的时间、办法和份额,由继承人协商确定。只有在协商不成时,才可以由人民调解委员会调解或者向人民法院提起诉讼。

第十四章　民法财产关系的伦理分析

一、民法财产关系的伦理分析概述

（一）对财产和财产权概念的伦理分析

“财产”一词在英美法国家和大陆法国家有明显不同。英国法指的财产通常有以下四种用法：(1)表示一个人所拥有的全部法定权利，包括一个人的“生命、自由及全部所有物”；(2)指一个人所享有的不包括人权在内的全部有物质内容的权利；(3)指债权以外的其他物质权利；(4)仅指对有形物的权利。在大陆法系中，财产有三层含义：(1)仅指有体物；(2)既包括有体物，也包括权利等无形财产；(3)既包括资产（积极财产），也包括负债（消极财产）。[①] 财产在各国民法和人们的社会生活中占有非常重要的地位。关于对财产的看法，“哲学家一般把财产理解为实现基本价值的工具”[②]。而按照法经济学的观点，“财产的法律概念就是一组所有者自由行使并且其行使不受他人干涉的关于资源

---

① 曾庆敏主编：《法学大辞典》，上海辞书出版社 1998 年版，第 733 页。

② ［美］罗伯特·考特、［美］托马斯·尤伦：《法和经济学》，张军等译，上海三联书店、上海人民出版社 1991 年版，第 160 页。

的权力”[①]。按美国宪法的主要起草者詹姆斯·麦迪逊的话说,“(财产)的更宽泛、也更恰当的含义应当包括一个人认为有价值的、有权享有的一切东西;且自己可支配其全部收益”[②]。这种意义上的财产概念,既包括“个人的土地、商品或货币”,也包括人们“信持自己的意见并与人交流”的权利(property),尤其是人们“坚持自己的宗教信念并按其规定表白和践履”的权利。[③] 卢梭不但认为财产、自由和生命是人类生存的三个最基本要素,[④]而且还认为,“财产权的确是所有自然人权中最神圣的权利,它在某些方面,甚至比自由还重要”[⑤]。诺贝尔经济学奖获得者米尔顿·弗里德曼则认为,“财产权不仅是经济自由之源,它们也是政治自由之根”。[⑥] 保护社会主体依法获得财产是民法最基本的作用之一,也是各国民法中最基本的内容。对此,孟德斯鸠认为,“政治法使人类获得自由;民法使人类获得财产”。[⑦] 马克思主义经典作家也有很多关于民法和财产之间关系的论述,马克思认为“大部分的民事法律……是关于财产”[⑧]的,恩格斯也认为:“民法……它几乎只是专门处理财产关系或者至多是专门处理那些以社会的战争状态为前提的关系……”[⑨]由此可见,财产关系既是民法的主要调整对象,同时也是民法的作

---

① [美]罗伯特·考特、[美]托马斯·尤伦:《法和经济学》,张军等译,上海三联书店、上海人民出版社1991年版,第125页。

② Madison, J., *Property*, in G. Hunt (ed.), The Writings of James Madison. Vol. 6: 1790 – 1802, G. P. Putnam's Sons, the Nickerbocker Press, p. 101 – 3.

③ Madison, J., *Property*, in G. Hunt (ed.), The Writings of James Madison. Vol. 6: 1790 – 1802, G. P. Putnam's Sons, the Nickerbocker Press, p. 101 – 3.

④ [法]卢梭:《论人类不平等的起源和基础》,李常山译,商务印书馆1962年版,第132页。

⑤ [法]卢梭:《论政治经济学》,王运成译,商务印书馆1962年版,第25页。

⑥ Friedman, *Preface: Economic Freedom behind the Scenes*, in J. Gwartney and R. Lawson, Economic Freedom of the World 2002 Annual Report, Fraser Institute: Vancouver, B. C. Xvii。

⑦ [法]孟德斯鸠:《论法的精神》(下),张雁深译,商务印书馆1963年版,第189页。

⑧ [德]卡尔·马克思:《第179号“科隆日报”的社论》,载《马克思恩格斯全集》(第1卷),人民出版社1956年版,第125页。

⑨ [德]弗里德里希·恩格斯:《在爱北斐特的演说》,载《马克思恩格斯全集》(第2卷),人民出版社1957年版,第608页。

用目的。

财产和财产权观念不单是一种法律确认,而且也是一种伦理判断。在19世纪以前的自由经济时期,财产权被认为是一个人的自由意志的体现,是人的自由的外在领域。财产权本身就包含了人的自由意志。从这个角度看,财产权与人的意志自由密切关联。因此在传统民法中,一直有对"酗酒人"和"浪费人"的行为能力的特殊规定,其主要原因就在于,这些人没有自由意志,他们不会理性地核算,从而导致整个社会资源的浪费。因此,财产权不仅是实现人格的手段,在某种程度上,它本身就是人格的化身。"功利主义者们用实际产生的愉快或满足来衡量一件物品或一个行动的价值。对功利主义者来说,财产制度的目的是使得自物质或其他资源的愉快或满足的总量最大化。"①边沁将财产定义为对功利的一种渴望,而"财产不过是渴望的基础",由于我们与财产保持的关系,我们所渴望拥有的财产的总效用最大化的目标便构成我们评价财产规则的标准。② 黑格尔则把财产和自由联系起来,把财产视为个人的自我表现,强调人们拥有财产的目的就是通过财产将自然转化成对人之存在的表现,并通过这一转化使自然世界变得完美。③ 洛克在其《政府论》下篇中用"生命、自由和财产"(estates)来界定财产。他质疑国王的所谓神圣权利,指出财产权是先于政府而存在的人的基本权利、某种道德的或"自然"的权利。每个人都有权保护自己的财产免受侵犯,也都有义务克制自己不去伤害他人,除非是行使自卫之正当权利。因而,只要人人都坚持不侵犯他人的基本原则,人人皆可同样自由地追求他或她的幸福。因而,自由依赖于对于比较宽泛意义上的财产的道德权利,而正义则依赖于将暴力之使用——不管是个人还是集体——限制在保护生命、自由和财产的限度之内。

---

① [美]罗伯特·考特、[美]托马斯·尤伦:《法和经济学》,张军等译,上海三联书店、上海人民出版社1991年版,第160页。

② Jerem Bentham, *Throry of Legislation*: *Principles of the Civil Code* 111 - 113 (Hildreth ed. 1931).

③ [美]罗伯特·考特、[美]托马斯·尤伦:《法和经济学》,张军等译,上海三联书店、上海人民出版社1991年版,第163页。

正义与结果无关,而仅涉及规则:要实现正义,就必须平等地适用规则,且不能违反我们拒绝干预的基本权利。与财产相联系的另一个概念是产权。美国经济学家登姆塞茨指出:“产权是一种社会工具,其重要性就在于事实上它能帮助一个人形成他与其他人进行交易时的合理预期。这些预期通过社会的法律、习俗和道德得到表达。”①良好的产权制度是社会信誉赖以产生的基础,也是保障交易安全的根本要求。产权制度的基本功能是为人们提供一个追求长期利益的稳定预期和重复博弈的规则。因此,法律最重要的任务是对个人的产权给予有效的保护,从而使人们积极建立信誉。尊重产权也就是尊重人们的自由签约权。有了自由签约权,人们就会更讲信誉,合约就更容易得到自觉执行。②

(二)私人财产权的伦理分析

在所有权制度中,私人财产权既是整个财产权制度的主要内容,也是财产权制度赖以存在的基础。私人财产权的出现既是社会经济发展的需要,也是伦理观念发生作用的结果。按照权威的解释,有以下四个方面的原因导致人们普遍关心私有财产权:(1)人类试图成为自己的主人,并竭力满足自身需要的普遍情感。亚里士多德说,财产私有会使人感到“人生的快乐”:“某一事物被认为是你自己的事物,这在感情上就发生巨大的作用。人人都爱自己,而自爱出于天赋,并不是偶发的冲击。”③(2)私有财产使人产生安全感。“把人和社会连接起来的唯一纽带是天然必然性,是需要和私人利益,是对他们财产和利己主义者个人的保护。”④(3)公有财产权主要与政治权力结合,是人们为了公共安全而“转让”了的权利。并且一旦公有财产权进入市场,它同样适用私有财产权的交易规

① [美]H. 登姆塞茨:《关于产权的理论》,原载《美国经济评论》1967年5月号,译文载[美]R. 科斯等:《财产权利与制度变迁——产权学派与新制度学派译文集》,上海三联书店、上海人民出版社1994年版,第97页。

② 张维迎:《法律制度的信誉基础》,载《经济研究》2002年第1期。

③ [古希腊]亚里士多德:《政治学》,吴寿彭译,商务印书馆1965年版,第55页。

④ [德]卡尔·马克思:《论犹太人问题》,载《马克思恩格斯全集》(第1卷),人民出版社1964年版,第439页。

则。古典产权经济学派认为："单纯的市场交易必须以产权的私人所有为基础，因为对具有私人物品属性的资源来说，产权的私人所有是使市场交易费用降到最低的唯一制度。"[①]洛克认为，在"自然状态"下，人们享有普遍的天赋权利，包括生命权、自然权和财产权。这些权利是与生俱来的，任何人都不能侵犯。而理性，也就是自然法，教导着有意遵从理性的全人类：人们既然都是平等和独立的，任何人都不得分割他人的生命、健康、自由和财产[②]，而"人们联合成为国家和置身于政府之下的重大的和主要的目的，是保护他们的财产"。[③] 因此尊重所有权就是尊重人的理性和尊重人本身。(4)私有财产是个人得到满足的需要。黑格尔承认财产权不仅仅是为了满足人的生理需求，它还是个人自我确证自己的理性和能力的来源之一，认为人唯有在所有权中才是作为理性而存在的。[④]

二、民法物权制度的伦理分析

(一)关于物权法定原则的伦理分析

由于各国的社会制度、法律传统、法律观念与纯粹的立法技术等诸多方面的不同，关于物权法基本原则的规定也有不同的体现。但一般认为物权法基本原则主要包括物权绝对原则和物权法定原则。物权绝对原则或称物权绝对性原则，即物权权利人绝对行使其支配权的原则，或权利人对妨碍其支配权的任意第三人绝对排斥的原则。除民法上关于诚实信用原则、禁止权利滥用原则的规定当然也适用于物权外，法律上对于物权绝对性的限制，主要体现在"物权的行使，不得损害社会公共利益及他人的合法权利"方面的规定上。同时，法律上关于物权优先于债权效力的例外规定，物权请求权或

---

① 张军：《现代产权经济学》，上海三联书店、上海人民出版社 1994 年版，第 81 页。

② ［英］约翰·洛克：《政府论》(下)，叶启芳、瞿菊农译，商务印书馆 1964 年版，第 6 页。

③ ［英］约翰·洛克：《政府论》(下)，叶启芳、瞿菊农译，商务印书馆 1964 年版，第 77 页。

④ ［美］罗伯特·考特、［美］托马斯·尤伦：《法和经济学》，张军等译，上海三联书店、上海人民出版社 1991 年版，第 163 页。

物权的追及效力由于第三人善意取得物权及取得时效期间届满等原因而被阻断的规定,也可作为对物权绝对性的限制来理解。物权法定原则又称物权法定主义,是指物权的种类及其内容等均由法律明确规定,当事人不得任意创设新物权或变更物权的法定内容之原则。各国法律上采行物权法定主义的理由,侧重点有所不同,如“法国法倾向于不得违背公序,着重保护近代物权不受侵害;而德国则注重于保护交易安全”。[①] 关于物权法上为何要采行物权法定原则,学界对其有多种概括。概言之,由于物权乃绝对权,得对抗任何人,具有极强的效力,与他人的利益和社会经济秩序都有直接关系,只有以强行性规范规定物权的种类、内容、效力、变动等,才能使物权的存在明朗化、物权的变动公开化,才能既保障物权人的利益,又不至于发生当事人任意创设新的物权种类或滥用权利而损害第三人利益、危害社会经济秩序的现象;同时实行物权法定主义,对物权的类型进行系统整理,还有利于维护一国的基本经济制度,防止对物权设定过多限制,促进物之经济效用的充分发挥。物权法之所以实行物权法定原则,首先,物权反映的是社会的所有制关系,如允许人们自由创设物权,会危及社会的经济基础。其次,物权是绝对权,具有对世性,“必须受到每一个人的尊重”,但是“除非存在某种方法,使人们能够知道各种物权的标准内容,便无法对这种尊重提出要求”[②]。此种方法便是实行物权法定主义。最后,物的交易在法律上直接表现为物权交易,实行物权法定原则,由法律统一规定物权的种类和内容,才能为物权交易提供便捷之条件。[③]

对于物权法定中“法”的范围,一般认为,立法上所言除“本法或其他法律”有规定者外,不得创设物权,其中的“本法”系指民法典,“其他法律”系指民法典之外的特别法。也就是说,物权法定原

---

① 段匡:《德国、法国以及日本法中的物权法定主义》,载梁慧星主编:《民商法论丛》(第7卷),法律出版社1997年版,第275页。

② [德]罗伯特、[德]霍恩等:《德国民商法导论》,楚建译,中国大百科全书出版社1996年版,第187页。

③ 梁慧星:《中国物权法草案建议稿:条文、说明、理由与参考立法例》,社会科学文献出版社2000年版,第101页。

则所言之“法”，系指狭义上的法律，对于交易习惯中所生的物权即所谓习惯法上的物权应如何对待，学界有不同观点。有谓物权法定无视说。该说认为应从根本无视物权法定主义，承认习惯上物权的效力。有谓习惯法包含说。该说认为可援引民法中有关政策与习惯等的效力问题的规定，将习惯法包含于物权法定中“法”的含义内，承认习惯法上物权的合法性。有谓习惯法物权有限承认说。该说认为物权法定主义中所称的“法”，虽不包含习惯法在内，但社会习惯上所生的物权如果不妨碍物权法体系的建立，且能以适当方法公示时，可突破物权法定主义的拘束，直接承认习惯法上的物权。有谓物权法定缓和说。该说认为新生的社会习惯上的物权，如果不违反物权法定主义的立法旨趣，且又有一定的公示方法时，可以从宽解释物权法定主义的内容，将其解释为非新种类的物权。其中习惯法物权有限承认说有相当市场。由此可见，物权法定原则虽然是一种典型的法律创设，但仍然受传统习惯和伦理观念的影响，有坚实的伦理基础。

不仅如此，物权的类型、保护范围、保护方式及其他许多具体制度设计也都受到一国文化和习惯的深远影响。典型的如我国《民法典》第 243 条和第 245 条关于征收、征用的规定，第 271 ~ 287 条关于建筑物区分所有权的规定，第 321 条关于没有约定或者约定不明的法定孳息按照交易习惯进行确定的规则，第 330 ~ 343 条关于土地承包经营权的规定，第 344 ~ 365 条关于建设用地使用权和宅基地使用权的规定，第 366 ~ 371 条关于居住权的规定等都具有很强的中国特色。特别是关于“不动产的相邻权利人应当按照有利生产、方便生活、团结互助、公平合理的原则，正确处理相邻关系”（第 288 条）的规定和对没有明确法律规定时按照“当地习惯”处理相邻关系的规定（第 289 条），以及关于“业主应当遵守法律、法规以及管理规约，相关行为应当符合节约资源、保护生态环境的要求”（第 286 条）和“用益物权人行使权利，应当遵守法律有关保护和合理开发利用资源、保护生态环境的规定”（第 326 条）等制度设计，既具有明显的中国特色，也满足了社会文明发展的需要。

(二)关于所有权制度产生的伦理分析

按照大陆法的观念,所有权是各种物权中最完整、最重要的一种权利,在罗马法上被称作“对物的最一般的主宰”。所有权的产生是一个漫长、渐进的过程。在人类的早期,由于人类需要以群体力量对抗那种自发的、为人类所困惑的自然力量,从而弥补个体力量的不足并维持人类的生存,于是人类便按血缘关系建立起最初的共同体。英国法律史学家梅因通过对财产早期史的研究发现,团体共同所有权是古代正常状态的所有权,“没有人能违背其意志而被保留在共同所有制中”,“如果把我们的注意力仅限于个人所有的所有权,则就先天地极少可能对早期的财产史获得任何线索”。[①]摩尔根考察了史前各文化阶段,提出了私有财产的增长是以血缘为基础的社会向以地域为基础的社会发生转化的论点。在《古代社会》一书中,摩尔根指出:“财产的观念在人类心灵中是慢慢形成的,它在漫长的岁月中一直处于初萌的薄弱状态。它萌芽于蒙昧阶段,并需要这个阶段和继起的野蛮阶段的一切经验来助长它,使人的头脑有所准备,以便于接受这种观念的操纵。对财产的欲望超乎其他一切欲望,这就是文明伊始的标志。”[②]这种对财产追求的欲望构成推动社会进步的主要动力。“人们以财产代表积累的生活资料而对它产生占有的欲望,这在蒙昧社会是完全没有的事,但由无到有,到今天则已成为支配文明种族心灵的主要欲望。”[③]恩格斯在借鉴摩尔根的研究成果的基础上,论证了私有制和国家的产生,在其经典著作《家庭、私有制和国家的起源》一文中,以欧洲的经验为根据分析了三种典型的国家产生形式,即雅典的、罗马的和德意志国家的产生形式。而无论是哪种方式产生的国家进而产生的国家所有权,都是人性恶的缩影和反映,德意志方式产生的国有财产,则是人性恶极端的表现。由此可见,所有权的产生与人性恶有极为深刻

---

① ［英］梅因:《古代法》,沈景一译,商务印书馆1959年版,第147、148页。

② ［美］路易斯·亨利·摩尔根:《古代社会》(上),杨东莼、马雍、马巨译,商务印书馆1977年版,第6页。

③ ［美］路易斯·亨利·摩尔根:《古代社会》(上),杨东莼、马雍、马巨译,商务印书馆1977年版,第ⅱ页。

的渊源。正是由于人的本性陷在恶里,这才导致了人们在社会中的对抗,而正是这种对抗唤醒了人的全部力量,实现了人类历史由野蛮到文明的发展。正如有的学者所言,所有权的产生是人们无可奈何的选择,源于人性恶,也是为了遏制人性恶,因为生存是人的第一本能。为了公众生存,必须有超强制的公共权力把人的行为控制在规则许可范围内。取得财产、使用财产的规则便演变为所有权制度。[①]

所有权是产生其他各种物权的前提,因而常常被称作其他物权的“母权”。所有权的这种性质,决定了所有权人在与他人的关系中具有最高的意志自主性,所有权人以外的一切民事主体都处于完全消极的地位;他们既不能对所有权的标的物实施任何积极行为,也不能对所有权人的权利行使加以任何干涉。这种现象,在近代民法上被称作“绝对权”。绝对权的概念代表了近代民法的个人主义和自由主义价值观。这种价值取向使私人财产和个人意志得到了最大限度的尊重,从而极大地调动了人们创造财富的积极性,推动了近代资本主义的迅速发展。但是,自19世纪中叶以来,绝对权的概念受到了批评。由于社会利益和社会公平日益受到重视,出现了所谓“所有权社会化”的改良运动,即承认存在为社会利益而限制所有权的必要。[②] 对于这种限制的内容和必要性,迈克尔·D.贝勒斯在分析普通法中财产权所应有的限度时,指出了两种限制:第一,私人利益;第二,公共利益。其中私益限制的原则是:为私益目的所设置的地役权及带有拘束力的约款应被解释为仅包括为实现其目的所必须进行之事项,且仅在财产的合理使用所必需场合方应被默示或认作为与土地相附着的利益。公益限制的原则是:“只要有另外的选择可以合理地获致,那么,为维护或促进包括和谐的气氛在内的公益目的而进行的合理限制就是可以接受的。”[③]对所有权规定最为绝对的是1804年的《法国民法典》,《德国民法典》虽然也主

---

① 张云平、刘凯湘:《所有权的人性根据》,载《中外法学》1999年第2期。

② 王卫国:《产权的法律分析》,载王保树主编:《商事法论集》(第3卷),法律出版社1999年版。

③ [美]迈克尔·D.贝勒斯:《法律的原则——一个规范的分析》,张文显等译,中国大百科全书出版社1996年版,第129~137页。

张所有权的绝对性,但关于所有权权能的行使其比《法国民法典》规定了更多的限制。《德国民法典》第 226 条规定:“权利的行使不得专以加害他人为目的”,开了“禁止权利滥用”立法的先河。不仅如此,德国民法还确立了“所有权的合宪性解释”和“所有权的社会义务”两项原则。此外,在法院的司法实践中,德国还创立了个人特殊牺牲理论、情势限制性理论,限制所有权人权能的行使。[①] 我国规定了基于公共利益的征收和征用制度。根据《民法典》第 243 条第 1 款的规定:“为了公共利益的需要,依照法律规定的权限和程序可以征收集体所有的土地和组织、个人的房屋以及其他不动产。”当然由于这种征收的行为会给被征收的主体的合法权益造成一定的损害,因此根据第 243 条第 2 款和第 3 款的规定:“征收集体所有的土地,应当依法及时足额支付土地补偿费、安置补助费以及农村村民住宅、其他地上附着物和青苗等的补偿费用,并安排被征地农民的社会保障费用,保障被征地农民的生活,维护被征地农民的合法权益。”“征收组织、个人的房屋以及其他不动产,应当依法给予征收补偿,维护被征收人的合法权益;征收个人住宅的,还应当保障被征收人的居住条件。”这种规定既体现了公共利益可以作为所有权限制条件的社会性理念,同时也体现了民法自身所奉行的人文关怀精神。

另外,民法还通过设计一些制度和理论,如善意取得制度、公信力理论,对所有人的权利进行限制。善意取得和公信力原则的设立是为了保护买受人的利益,维护社会整体交易的安全。其中在善意取得制度中,“善意”是一个非常重要的因素,是受让人取得财产所有权或主张其他权利的法律前提和道德上的立足点[②],非善意当事人是不可能受到法律保护的。值得注意的是,任何对所有权的限制都不能以损害所有人的利益为代价,这应当是民事立法的一项基本原则。公共利益应当为私人利益服务,而不能借保护公共利益肆意践踏个人利益。“公共利益永远是:每一个人永恒不变地保有民法

---

① 张云平、刘凯湘:《所有权的人性根据》,载《中外法学》1999 年第 2 期。

② 根据《民法典》第 311 条的规定,受让人要想取得无处分权人向其转让的不动产或者动产的,除必须是以合理的价格转让之外,还要求受让人受让该不动产或者动产时必须是出于善意。

所给与的财产。”[①]

（三）对典权制度的伦理分析

所谓典权，是指一方当事人依照双方约定，向另一方支付一定数额的金钱而占有、使用、收益其不动产，并于约定期间届满，一方当事人返还占有、使用、收益的不动产，另一方返还所收取的金钱的权利义务关系。其中，支付一定数额金钱的当事人称为承典人或典权人，所支付的金钱，称为典价；将不动产让与一方占有使用收益的当事人称为出典人，让与的不动产称为典物。典权制度是中国特有的法律制度，这一制度本身也浸淫了浓厚的民族文化和民族传统，对我国社会经济生活造成了重大影响。在我国，“典”字的含义甚广，有解释为“经”的，如“经典”之“典”；有解释为“法”“常”的，如“法典”“常典”。但在我国古代，以“质货”为典，这里的“典”有“转”之意，即囊中无钱，无以治事，则转而谋诸所有之物，以其所有而匡救其所无。[②] 如典当、典押、质典等。那时的“典卖”，俗称“活典”，是指出典人保留不动产所有权，可以补价回赎的典。据考证，典权源于我国的周代，发展于唐代，并逐渐形成了一些习惯。唐宪宗元和八年十月辛巳敕中有“应赐王公、公主、百官等庄宅……园林等，一任贴典货卖”，最终形成了我国的典权民事关系。清律田宅门典卖条律，将典卖同列，其意在区别“卖”为绝对转移所有权，不能回赎；“典”则非绝对转移所有权，因典有期限，设有回赎权。其时，典期自由，双方任意约定。至清乾隆十八年，则有以前契载不明产业，在30年以上者，除注明回赎外，即作绝卖，不许找价回赎；在30年以上内者，契无绝卖字样的，则仍准找赎，于回赎原则外，还承认原业主有找价之权。其时，虽形成了典权法律制度，但仍不规范。中华人民共和国成立后，废除了典权。但在人们的实际生活中仍有一些典权关系的残余。

---

① ［法］孟德斯鸠：《论法的精神》（下），张雁深译，商务印书馆1963年版，第190页。

② 李婉丽：《中国典权法律制度研究》，载梁慧星主编：《民商法论丛》（第1卷），法律出版社1994年版，第369页。

在我国《民法典》的制定过程中,对于是否应该将典权制度纳入其中,理论和实务界均有较大争议。主张保留的理由有五:(1)典权是我国固有的法律上独特的不动产物权制度,它源远流长,在我国不仅有从1949年前延续下来的典权关系,并且1949年后亦有新设。(2)典权的特性,有抵押制度不能取代之功能。(3)改革开放以来,私有住房已占很大比例,这就为典权制度的发展提供了基础。(4)我国现在推行土地有偿使用制度,对于土地可否出典,以及自然人、企业有偿取得土地使用权,可否采取典权之形式,尚有研究的必要。(5)中华人民共和国成立以来,我国对典权制度一直由民事政策等调整,这不利于财产关系的稳定,因而有立法之必要。[①] 主张废止的理由主要是认为传统的典权制度就回赎权、找贴等方面的规定规则不明确、对出典人保护过多、权利义务设置显失公平。具体说来:(1)从风险负担上看。典物因不可抗力而致全部灭失或部分灭失时,依照法律规定损失由出典人与典权人双方分担,即典权与回赎权均归消灭。此项规定看似损失双方分担,实则不然。第一,典权消灭同质权消灭不同,质权为从权利,质权消灭不影响债权的存在,债务人仍有义务负清偿责任;而典权为主权利,典权消灭,出典人无义务返回典价,典权人所支出的典价无法收回。由不可抗力而致标的物灭失的风险责任实由典权人一人承担,并非双方分担。第二,典权人虽享有对典物的占有、使用、收益之权,但并不享有所有权。依法理,因不可抗力而致标的物灭失的风险责任由所有人承担。在典权制度下,风险责任则由所有权人转嫁给非所有权人。这既有违法理,又有损典权人利益,造成出典人与典权人双方利益的显失公平。(2)从回赎权看。回赎权是出典人于得回赎典物期间,向典权人提出原典价为回赎的意思表示,于其意思表示发生效力时典权归于消灭之权利。回赎权的性质有二:第一,回赎权对出典人而言是权利,出典人于典权设定后,并不负以原典价回赎典物之义务,其回赎典物与否有充分选择的自由;对典权人而言,回赎则属义

---

① 李婉丽:《中国典权法律制度研究》,载梁慧星主编:《民商法论丛》(第1卷),法律出版社1994年版,第446～447页。

务,典期届满后或于典期内,典权人无权请求出典人回赎,出典人向典权人提出回赎的,典权人不得抗赎。第二,回赎权为形成权,出典人行使回赎权不必经典权人同意,只要其提出典价,对典权人为回赎的意思表示,即发生回赎权行使的效果,典权归于消灭。鉴于回赎权具有上述两种属性,在典物价值低减时,出典人即便有回赎的能力亦可抛弃回赎权而免负担;当出典物的价值上涨时,出典人如有能力或虽无能力但可筹措资金,以原典价回赎典物后以高价别卖,或者确无力回赎,就典物实际价格超出原典价部分享有找贴之权利。这实际上是将典物在典期内自然升值的利益完全归属于出典人。享受利益并承担风险才是公平原则的精神所在,而将利益归属于一方,将风险归属于另一方实在是有违公平。(3)从缴纳捐税上看。按照土地法规定,土地税应由所有权人交纳。但在典权制度下,典物所有人将典物出典后,无论出典人是否回赎,依土地法本应向所有权人征收的各种捐税,均向典权人征收。典权人既要代替典物所有人承担标的物意外灭失及贬值的风险责任,又要代替所有权人担负税收,不公平程度显而易见。典权制度虽在我国历史上曾经发挥了良好的作用,但该制度本身存在很多根本性问题。因此有学者提出可以借鉴国外立法及实践经验,建立具有我国特色的不动产质押制度,以代替不动产典权制度,并弥补不动产抵押及动产质押之不足。不动产质押制度的经济作用不逊于典权制度;不动产质押制度可校正典权制度的缺陷;建立不动产质权制度有国外先例可资借鉴。在大陆法系国家,法国、日本均对不动产质权作了规定。不动产质权在法国已有 100 多年的历史,在日本亦有近 100 年的历史。法国、日本就不动产质权的立法及实践不乏成功之处,可为我国借鉴与利用。[①] 我国《民法典》最终舍弃了典权制度,没有承认其继续存在的必要性。对典权制度存废的考虑既要满足经济需要,又要关注其伦理导向;既要科学评估其既有的制度价值,更要着眼于其对未来社会生活的影响。典权制度作为最具中国特色的本土性民法制度,对调整以土地私有为基础,以土地占有和利用相分离为

---

① 马新彦:《典权制度弊端的法理思考》,载《法制与社会发展》1998 年第 1 期。

特征的土地关系曾发挥了一定作用,但中国的土地制度已发生了根本变化,土地也不再是个人最重要的生产资料,因此典权制度发挥作用的空间已非常狭窄。此外,典权制度所承载的作用、理念和价值体现的并非中国传统文化的精髓,特别是在典权制度适用晚期,这一制度的滥用已从根本上颠覆了其帮危解困、物尽其用的初衷,而是在某种程度上沦落成谋取不当利益的手段。因此对这一制度的舍弃并无损于中国传统文化的复兴和弘扬。

(四)对地役权制度的伦理分析

地役权是有比较浓厚伦理色彩的法律制度,其许多具体法律规则是伦理规则的直接反映。所谓地役权,是指为了自己的土地使用便利而利用他人土地的权利。地役权的发生以需役地和供役地同时存在为前提,其本质在于限制供役地的使用权范围,增加需役地的利用价值。地役权制度始于罗马时代,为罗马法役权之一种。依罗马法,役权分为人役权和地役权。地役权是为特定土地的使用便利而利用他人土地的权利,有都市地役权和田野地役权之分。前者如采光、架梁、散烟,后者如通行、取水、排水、采土等。近现代各国民法,如法国、德国、日本等均确立了地役权制度。地役权增加了需役地的使用价值,提高了充分利用土地的经济效益,并可以合理调节土地的利用状况。地役权主要因当事人约定而取得,需役地人应以当事人约定的使用方法、范围及程度使用供役地。如为达到引水的目的而开凿沟渠。地役权人对地役权范围内的供役地享有直接支配的权利。因此,对于他人妨害地役权的行为,地役权人可以请求排除;对于有妨害地役权的危险行为,地役权人也可以请求防止。地役权人应积极维护供役地的正常使用功能,对于其设置的必要设施也负有积极维护的义务。如对因行使通行地役权而修筑的道路应积极维护、保养。供役地人负有容忍地役权人在自己土地上为一定行为或不为一定行为的义务。地役权一般是有偿的,供役地人享有请求需役地人给付使用价金的权利。另根据《德国民法典》第1023条之规定,地役权之行使限于供役地之一部时,如供役地人认为地役权人对该部分土地之使用,势将致自己特殊的不便时,可以自己的费用,请求迁移于其他适于地役权人利益之场所。我国《民法典》不但首次对地役权制度进行了明确的法律确认，而且通过专章（第二编第 15 章）对地役权的相关制度进行了详细设计，既吸收了其他国家的制度内容，又结合我国的实际国情进行了适当创新。《民法典》特别强调地役权设立和行使的善意要求，典型的如地役权未经登记，不得对抗善意第三人（第 374 条），供役地权利人应当允许地役权人利用其不动产，不得妨害地役权人行使权利（第 375 条），地役权人应当合理利用供役地，尽量减少对供役地权利人物权的限制（第 376 条）等；并规定地役权人违反法律规定或者合同约定，滥用地役权时，供役地权利人有权解除地役权合同，消灭地役权（第 384 条）。

（五）关于相邻关系及相邻权的伦理分析

相邻关系是指相毗邻的不动产所有人或使用人，基于财产的充分有效利用，而在相互之间形成的一种法定的权利义务关系。纯粹从权利的角度看相邻关系，便是相邻权，即相邻关系的一方当事人为了便利自己对不动产的利用，有请求他方当事人提供一定方便的权利，他方当事人有提供这种方便的义务。相邻关系或相邻权，最早起源于罗马法。在罗马法中，地役权分为两类，一类是田野地役权，这类地役权与土地有密切关系；另一类是城市地役权，这类地役权与建筑物密切相连。随着现代工业的产生和发展，生产逐渐走向社会化，因而地役权的概念发生了重大的变化。《德国民法典》第 906 条规定："禁止臭气、烟尘、煤气、热气、音响、震动或其他物的侵入。"这些内容是罗马法中地役权所不能包含的。因此，相邻关系便获得了产生的契机。虽然中国古代法律传统重刑轻民，但仍有关于相邻关系的内容，只不过它的内容局限于地役权。例如，《唐明律合编》卷二十七记载："汉律有及其门首洒诸之诰，见《说文》盖谓窪水于人家门首，有妨害也。"中华人民共和国成立后，我国曾长期用相邻关系涵盖或替代地役权制度，直到《民法典》才将二者进行了有效区分。

相邻关系具有以下四个法律特征：首先，相邻关系是一种法定的权利义务关系，它由法律直接规定，而非当事人相互约定或以一定的法律行为所设定。其次，相邻关系的主体必须是相互毗邻的不动产所有人或使用人。所谓“毗邻”一词,应作扩大解释,将其理解为“毗连”和“邻近”。不动产,无论是毗连还是邻近,只要一方行使所有权或使用权直接影响到另一方利益,均可认定为毗邻,从而产生相邻关系。再次,相邻关系的客体不是相邻的不动产本身,而是相邻关系各方行使不动产的所有权或使用权时互相给予方便或接受限制所追求的利益。最后,相邻关系的基本内容,是相邻不动产的一方所有人或使用人享有的要求对方为其行使权利给予必要方便的权利,以及对方接受此种必要限制的义务。这里所说的“必要方便”,是指一方当事人非从相邻方得到这种方便,就不能正常行使其权利。

相邻关系是为调整相邻各方的权利冲突而产生的,这种权利冲突根源于对不动产的利用。具体原因有二:首先,不动产的地理位置相互毗邻,这是冲突产生的自然前提;其次,不动产物权具有排他性,这是冲突产生的法律前提。这样,地理位置毗邻使不动产所有人或使用人权利支配范围出现了重合和交叉,而物权的排他性又排斥这种重合和交叉。为了调整这种权利冲突,便有必要设立一系列的法律制度,相邻关系制度便是其中之一。相邻关系的本质乃是不动产所有权或使用权的延伸或限制。就相邻权利来讲,相邻关系是所有权或使用权的适度扩张;从相邻义务而言,相邻关系则是对所有权或使用权的适当限制。通过这种适度的限制和扩张,不但有效地调和了权利冲突,定分止争,而且大大提高了不动产的社会经济效益,真正做到“物尽其用,地尽其利”。此外,相邻关系还是效益与公平、国家干预与个人意思自治矛盾的统一。民法是权利法,它为民事主体设立了诸多权利,基于物权的特殊意义,民法赋予其排他性的特点。另外,现代民法价值评判的一个重要倾向是在平等的基础上,强化效益的地位,强调资源的合理配置和使用。不动产作为一种最为重要的生产和生活资源,是每个社会主体生存和发展都不可或缺的。而不动产不可移的属性又决定了其不可能通过移动地理位置来克服权利行使的缺陷。为了能够最大限度地发挥物的经济效益,必然要求利用周围不动产来弥补其不足。这便与物权的排他性发生了矛盾。在相邻关系的局部,一方权利扩张而另一方权利受到限制,这对受限制的一方而言,显然是不平等的;但对不动产乃至社会经济发展而言,则实现了效益。从这个意义上讲,相邻关系乃是效益和公平权衡的结果。国家在权衡效益和公平的基础上,参照一定的道德要求,制定了对相邻关系进行最低限度调节的法律制度。

相邻权与地役权虽有一定的重合性,但两者仍有较大差异,其主要表现为以下九个方面:第一,两者法律性质不同。相邻权属于自物权的范畴,本质上是所有权或使用权的扩张;地役权则是在他人所有的土地上设定的一种权利,因此,是一种他物权。相邻关系的规定旨在界定所有权的范围,虽对原土地所有权进行了扩张或限制,但相邻权仍然是所有权制度的一部分,而并不构成新的、独立的物权;而地役权则是一种用益物权,是一种典型的物权类型。第二,两者产生的原因不同。相邻关系是所有权内容的延伸或限制,这种延伸或限制是由法律直接规定的;地役权则可基于不动产所有人、使用人之间的契约而产生,亦可因继承取得。第三,法律要求不同。相邻关系中,相邻权由法律直接规定,除非权利人行使权利给相邻人造成损失,相邻权人行使权利是无偿的;地役权的有偿或无偿行使则属于意思自治范畴,双方可在契约中自由约定。另外,地役权的存续期间,也可任由当事人约定,并得设定永久地役权;而相邻关系的存续期间是法定的。第四,发生根据不同。相邻关系是法定的,所以相邻权无须登记便可当然成立;而地役权作为物权之一种,应以登记为必要,否则仅具债权效力。第五,成立要求不同。相邻关系的发生必须在相互毗邻的两块权属不同的土地上;而地役权的发生则不以在相互毗邻的两块权属不同的土地上为条件。第六,适用范围不同。相邻权既适用于土地,又适用于建筑物;地役权则仅适用于土地,不适用于建筑物。第七,权利客体不同。相邻权的客体不是相邻的土地本身,而是权利扩张所获得的利益;地役权的客体则是供役的土地本身。第八,存续期限不同。地役权是有期物权,它的期限由当事人自行约定,而相邻权则是一种无期物权,只要相邻不动产的地理位置不变,相邻权就不会消失。第九,调节结果不同。相邻权是法律对相邻关系进行最低限度调节的结果,其对不动产所有权或使用权的限制或扩张程度较小;而地役权则在相邻权的基础上,进一步对权利冲突进行协调,其对不动产物权的限制和扩张的程度较大,当事人对地役权的内容也享有相当程度的私法自治空间。

相邻关系的伦理性特质主要体现在以下四个方面:首先,强调邻里之间的互助友爱。良好的邻里关系既是构建和谐社会的基本要求,同时也是促进良性社会发展的核心内容。对此我国《民法典》第288条对处理相邻关系的基本原则和要求做出明确规定,即"不动产的相邻权利人应当按照有利生产、方便生活、团结互助、公平合理的原则,正确处理相邻关系"。另外,《民法典》还在第290~293条及第296条中,要求不动产权利人应当为相邻权利人用水、排水、通行,建造、修缮建筑物,铺设电线、电缆、水管、暖气和燃气管线等提供必要的便利,同时也要求不动产权利人因用水、排水、通行、铺设管线等利用相邻不动产的,应当尽量避免对相邻的不动产权利人造成损害,建造建筑物,不得妨碍相邻建筑物的通风、采光和日照。其次,强调尊重自然,敬畏自然,不得人为改变自然环境。对此《民法典》第290条第2款规定:"对自然流水的利用,应当在不动产的相邻权利人之间合理分配。对自然流水的排放,应当尊重自然流向。"再次,强调生命安全的至上地位。对此《民法典》第294条规定:"不动产权利人不得违反国家规定弃置固体废物,排放大气污染物、水污染物、土壤污染物、噪声、光辐射、电磁辐射等有害物质。"第295条规定:"不动产权利人挖掘土地、建造建筑物、铺设管线以及安装设备等,不得危及相邻不动产的安全。"最后,强调习惯对处理相邻关系的约束作用。《民法典》第289条规定:"法律、法规对处理相邻关系有规定的,依照其规定;法律、法规没有规定的,可以按照当地习惯。"本条直接来源于原《物权法》第85条,表明《民法典》对原《物权法》的这一原创性设计高度认同,也表明习惯对处理相邻关系所具有的特殊价值。

(六)关于居住权制度的伦理分析

居住权是我国《民法典》新设立的一种物权类型,是指所有人为满足他人生活居住的需要,通过合同或遗嘱方式,在不动产之上为其创设的以占有、使用该住宅为目的的一种特殊权利类型。一般认为，居住权制度最早产生于古罗马法，主要适用于婚姻家庭关系且与财产继承制度紧密相关。居住权设立的目的主要是满足特定人的利益需要，具有很强的人身依附性，因此被作为人役权的一种权利类型。就其适用对象来说，在当时家长（也称家父）既是财产的所有人，同时也对其他家庭成员享有广泛的支配权。为了保障那些不享有继承权但又需要获得照顾的特殊家庭成员，主要是继承权被剥夺的寡妇和未婚女儿的基本生活需要，家长经常通过遗赠的方式将部分房屋的居住权利赠与他们，而其继承人对该房屋仅保留"空虚所有权"。在受照顾的人死亡后，继承人即可将该房屋收回，使其恢复所有权的圆满状态。由此可见，罗马法上的居住权具有很强的伦理性、人身性和期限性，其设立系基于当事人之间的伦理关系，因此只有其家庭成员或被解放奴隶等具有特殊身份的主体才能享有。由于居住权具有较强的生存保障性特征，因此其权利期限一般为权利主体的生存期限。此后，这一制度被许多大陆法国家所采用。

我国《民法典》既保留了罗马法有关居住权的精髓，强调居住权的生存保障属性，要求居住权设立的目的应是满足居住权人的生活居住需要（第366条），居住权原则上应该无偿设立（第368条），居住权不得转让、继承，居住权期限届满或者居住权人死亡的，居住权消灭（第370条）；同时《民法典》对居住权也有所发展，主要是取消了对居住权人身份的限制。但值得说明的是，虽然我国《民法典》没有对居住权人的身份作任何限制，但无论是就这一制度设计的伦理性目的还是就这一制度所体现出的强人身关系属性来看，对其进行适当的限制还是有必要的。

三、民法债权制度的伦理分析

（一）对侵权行为归责原则的伦理分析

我国《民法典》没有采取债的概念统筹所有债权债务关系，而是用合同编和侵权责任编对传统的债编进行了分解，但从理论上说，无论是合同还是侵权行为，其无疑都是债的发生原因之一，也会在特定当事人间产生具有约束力的债权债务关系。债在罗马法学家的定义中被规定为“应负担履行义务的法锁”①。梅因认为“‘债’是法律用以把人或集体的人结合在一起的‘束缚’或‘锁链’,作为某种自愿行为的后果”②,并且“法锁只有通过称为清偿(solutio)的程序才能解除”③。债是法律对合同关系调整的结果,按照梅因的观点,“一个行为并不是由于任何道德上的必要而使它自己负上‘债’的;这是由法律根据其充沛的权力而附加上去的”。④ 在债的产生原因中,侵权行为是除合同之外的最为重要的方式之一。所谓侵权行为,是指加害人不法侵害他人的财产权利和人身权利而应承担民事责任的行为。按照各国的法律规定,侵权行为的第一个归责原则是过错责任原则。按照这一原则,加害人只对自己的过错行为致人损害的后果承担责任。这一原则最先起源于罗马法,后为各国民法所采用。这一原则的哲学基础是近代私法理念。近代私法理念源于理性主义、激进主义和个人主义之哲学思潮,注重对个人权利的绝对保护和个人意志的绝对服从,从而高举私法自治的旗帜。而私法自治的逻辑内容之一即责任自负,表现在归责原则上即为过失责任,行为人只就自身有过失的致他人或社会不利益之行为负担法律责任,否则即系违反私法自治。这一原则的法理基础是权利和义务相一致原则,根据这一原则,每个人只对自己的义务行为承担责任,法律不能要求行为人承担注意义务以外的责任。《法国民法典》第1382条规定:“任何行为使他人受损害时,因自己的过失而致使损害发生之人,对该他人负赔偿的责任。”《德国民法典》第823条规定:“因故意或过失不法损害他人的生命、身体、健康、自由、所有权或其他权利者,负向他人赔偿因此所生损害的义务。”我国《民法典》第1165条规定:“行为人因过错侵害他人民事权益造成损害的,应当承担侵权责任。依照法律规定推定行为人有过错,其不能证明自己没有过错的,应当承担侵权责任。”现在一般认为,在1804

① [英]梅因:《古代法》,沈景一译,商务印书馆1959年版,第182~183页。
② [英]梅因:《古代法》,沈景一译,商务印书馆1959年版,第183页。
③ [英]梅因:《古代法》,沈景一译,商务印书馆1959年版,第183页。
④ [英]梅因:《古代法》,沈景一译,商务印书馆1959年版,第183页。

年的《法国民法典》中，过错责任是唯一的归责原则。1900 年《德国民法典》之后，无过错责任开始成为除过错责任之外的另一个原则，但各国仍以过错作为最基本的归责原则。现在关于过错的通说大体有四种：主观过错说、客观过错说、主客观混合说和主客观统一说。其一，主观过错说，此学说建立在个人意志自由的基础上，认为过错是一种应受谴责的心理状态，是行为人在心理上本应注意而不注意，以至于应受非难的一种心理状态。19 世纪德国法学家耶林就说："使人负损害赔偿的，不是因为有损害，而是因为有过失，其道理犹如化学上之原则，使蜡烛燃烧的，不是光，而是氧，一般的浅显明白。"[①]其二，客观过错说，该学说以某种行为标准来判定行为人有无过错。客观说把过错看成是违反社会准则的行为意志状态，法国、比利时、西班牙的学者以及英美法国家采此说。[②] 该学说的主张者认为，过错并非在于行为人的主观心理态度具备应受非难性，而在于其行为具有应受非难性。行为人的行为若不符合某种行为标准即为过错。换言之，客观过错说将过错看作违反社会准则的行为意志状态。其三，主客观混合说，这种学说认为，"过错是一个主观和客观要素相结合的概念，它是支配行为人从事在法律和道德上应受非难的行为的故意或过失的状态，换言之，是指行为人通过违背法律的、道德的行为表现出来的主观状态"。[③] 既然主客观因素相结合的过错说仍然认为过错是一种主观状态，那么，它实质上仍然是一种主观过错说，只不过，它认为，既然过错这种主观状态支配、导致了客观的侵权行为，所以，认定过错可以有客观的标准。[④] 其四，主客观统一说。这种学说认为，过错概念应当建立在主客观相统一的认识基础之上，因此，"过错就是行为人未尽自己应尽和能尽

---

① 王泽鉴：《侵权行为法之危机与发展趋势》，载《民法学说与判例研究》（第 2 册），中国政法大学出版社 1998 年版，第 144～145 页。

② 王卫国：《过错责任原则：第三次勃兴》，中国法制出版社 2000 年版，第 250～252 页。

③ 王利明：《侵权行为法归责原则研究》，中国政法大学出版社 1992 年版，第 214 页。

④ 喻敏：《对侵权行为法中过错问题的再思考》，载《现代法学》1998 年第 4 期。

的注意而违反义务,因而为法律所不容认的行为意志状态”。[①] 按照这一观点,过错是一种社会评价,这种评价的对象是行为的本质和核心——意志,而意志是通过行为人的外部活动表现出来的。所以,过错概念在法律实施过程中的运用不是体现为对行为人实施行为时心理活动的再现性描述,而是对那些足以表明行为意志状态的客观事实的综合性判断。就历史发展来说,罗马法中的过错采取的是主观心理标准,以行为人是否尽了善良管理人的注意义务作为有无过错的标准。近现代理论则多持客观过错理论,把对注意义务的违反仅仅作为过错产生的原因。

过错责任原则虽然比较符合人们的伦理观念要求,然而随着社会经济的发展和时代的进步和变迁,越来越多的富有社会使命感的法律思想家们逐渐地意识到,社会逻辑的起点和原点不是个人,也不是个人单纯、神圣的权利和意志,而是社会。因而在法律观念上开始接受日耳曼法上的团体主义和社会连带思想,这就导致法哲学从个人本位向社会本位的世纪性进化,并在此基础上提出了侵权行为的第二个归责原则,即无过错责任原则。所谓“无过错责任原则”,亦称“无过失责任原则”,其不以行为人的过错为要件,只要该行为给他人造成损害且该损害非由不可抗力和意外事件引起,行为人就要承担民事责任。由于这种责任的承担并不考虑行为人的主观意识状态,而只考虑损害结果和法定的免责事由,故其又被称为客观责任。无过错责任原则最早见于 1838 年的《普鲁士铁路法》,该法第 25 条规定:“铁路公司对在铁路运输过程中发生的一切损害,无论是对被运送的人或物件,均需负严格责任。”“容易致人损害的企业,虽企业主毫无过失,亦不得以无过失为免除赔偿责任的理由。”该原则以后为许多国家的民法所确立。现今各国民法大多采用以过错责任原则为主,以无过错责任作为例外和补充的立法原则。我国《民法典》第 1166 条规定:“行为人造成他人民事权益损害,不论行为人有无过错,法律规定应当承担侵权责任的,依照其规定。”无过错责任主要适用于高度危险作业等对周围环境、他人人

① 王卫国:《过错责任原则:第三次勃兴》,中国法制出版社 2000 年版,第 253 页。

身、财产有异常危险的作业或活动。对从事高度危险作业和其他具有异常危险性活动的人课以无过错责任，主要基于以下四个理由：(1)危险制造理论。从事高度危险作业或其他异常危险活动的人制造了危险来源，这种危险作业和活动是造成他人人身、财产损害的原因。(2)危险分担理论。行为人的作业或活动具有高度危险性，即使其尽到了高度的注意义务，也不能完全避免损害的发生，如果对此类行为仍以过错作为归责的依据，将使许多受害者的损失不能得到补偿，这不符合社会正义观念。(3)危险控制理论，即"谁能够控制减少危险，能够尽可能避免危险，使其承担赔偿责任"。与受害人相比，从事高度危险作业或异常危险活动的人更有能力控制危险，承担并分散损失。从事高度危险作业的通常是经营者，他有可能通过加强管理、改进技术等尽量控制、避免损害的发生，一旦发生损害，也可以通过价格机制、保险机制分散损失。(4)报偿理论，即"谁享受利益谁承担风险"。危险制造人既然享受制造物所带来的利益，自然应由他们承担制造物所带来的风险，这也符合公平正义的理念。由此可见，无过错责任的损失分配理念是，将损失分配给制造并控制着危险来源，且给他人造成损害的人。因为这类活动具有异常危险，行为人即使善尽注意仍不能完全避免损害的发生，这时如仍固守过错责任原则，无辜的受害人将不能得到补偿。法律将损失分配给制造了危险来源且享受危险作业之利益者是符合公平正义理念的。正因如此，有学者认为，从某种意义上说，无过错责任已经不是原本意义上的责任，而是一种损失分配。[①] 为了适当限缩责任人的责任范围，我国《民法典》第1176条第1款规定："自愿参加具有一定风险的文体活动，因其他参加者的行为受到损害的，受害人不得请求其他参加者承担侵权责任；但是，其他参加者对损害的发生有故意或者重大过失的除外。"

侵权行为的第三个归责原则是公平责任原则。公平责任原则既不属于违约责任，也不属于侵权责任，而是与侵权、违约责任并列的一种酌定责任、衡平责任。我国原《民法通则》第132条规定，当

---

① 王泽鉴：《侵权行为法》（第1册），台北，三民书局1998年版，第17～18页。

事人对造成损害都没有过错的,可以根据实际情况,由当事人分担民事责任。此即公平责任原则的法律基础。这一规定也为我国《民法典》所继承,该法第 1186 条规定:“受害人和行为人对损害的发生都没有过错的,依照法律的规定由双方分担损失。”与此相类似的还有《民法典》第 1190 条第 1 款的规定,即“完全民事行为能力人对自己的行为暂时没有意识或者失去控制造成他人损害有过错的,应当承担侵权责任;没有过错的,根据行为人的经济状况对受害人适当补偿”。为了防止对无行为能力人免责的滥用,强调行为人必须是暂时失去意识或失去控制,且这种失去意识和失去控制又不是能为行为人自己所控制的,如果属于自己可以控制的范围,则不在免责之列,对此《民法典》第 1190 条第 2 款规定:“完全民事行为能力人因醉酒、滥用麻醉药品或者精神药品对自己的行为暂时没有意识或者失去控制造成他人损害的,应当承担侵权责任。”公平责任原则的行使完全依靠法官根据个案情况自由裁量,其功能在于分配“不幸”而非惩罚过错,所以必须准确把握公平责任原则的适用范围。该原则的适用条件如下:(1)加害人的行为与受害人受到的损害之间存在因果关系。(2)加害人和受害人均无过错。(3)对此种损害行为法律未规定无过错责任原则。(4)若加害人不承担民事责任则显失公平。(5)公平责任原则无免责事由。(6)公平责任中加害人的责任份额必须适当。

民事侵权责任中除了以上内容体现了较为充分的伦理性特质之外,以下四项制度也包含了较多的伦理性因素。(1)关于私力救济的法律制度。保护自己的生命安全和财产安全,维护自己的劳动成果既是人的天性,也是人实现自身价值的必然结果。关于个人权益的保护手段,现代国家一般采取依照国家公权力进行法律救济。但如果所有的权益侵害都要借助于国家公权力的介入才能受到制止,那么其结果既会浪费大量的国家公权力资源,同时也无法对受到侵害的个人权益及时进行救济,甚至有可能因国家公权力介入不及时、不周全而使自然人蒙受进一步的损害。正是基于这一原因,很多国家赋予民事主体通过自己的手段对自己的合法权益进行救济的权利,这一制度就是私力救济制度。受自然人自身的认知水平和其他内在条件的限制，自然人即使无法对侵害程度和侵害后果作出准确判断，也会采取一些非理性的救济手段保护自己的权益，即以损害他人利益来实现对自己权益保护的结果。私力救济就其本质来说带有较强的同态复仇思想残余，如放任其大规模使用，则有可能损害正常的社会秩序，进而危及国家和社会安全。为此我国《民法典》第 1177 条在确认民事主体享有私力救济权的同时，对私力救济的实施条件也作了严格限制，即必须是其“合法权益受到侵害，情况紧迫且不能及时获得国家机关保护，不立即采取措施将使其合法权益受到难以弥补的损害”，且必须是“在保护自己合法权益的必要范围内采取扣留侵权人的财物等合理措施”，同时要求受害人在采取私力救济手段后“应当立即请求有关国家机关处理”。

(2)关于精神损害赔偿的法律制度。自然人的生命、健康和人格尊严在民法中具有至高无上的地位，因此不能作为商品交易的对象，即不能用价值对其进行衡量。因此人身权益一旦受到侵害，这种侵害后果既具有相当的无法恢复性，也具有一定的无法弥补性。但另一方面我们也应当看到，就受害人而言，其人身权益受到伤害之后，最为需要的是得到相应的精神慰藉，这种精神慰藉既可以通过惩罚加害人使自己的心灵得到安宁，也可以通过获得财产补偿来使自己的精神得到满足。精神损害赔偿制度就担负了这种慰藉受害人心灵的作用。值得注意的是，《民法典》不但将所有人身权益受到侵害的情形都纳入精神损害赔偿的范畴，即《民法典》第 1183 条第 1 款规定：“侵害自然人人身权益造成严重精神损害的，被侵权人有权请求精神损害赔偿”，而且对与人身权益有密切关联的特定财产的损害，也规定了精神损害赔偿制度，即第 1183 条第 2 款所规定的“因故意或者重大过失侵害自然人具有人身意义的特定物造成严重精神损害的，被侵权人有权请求精神损害赔偿”。《民法典》之所以要将这些“具有人身意义的特定物”纳入精神损害赔偿的范围，主要原因在于这些“具有人身意义的特定物”通常凝聚了自然人的特定情感、信仰和寄托。如祖宗牌位反映的是一个家族的繁衍脉络和文化传承，代表的是慎终追远、民德归厚的情怀，祖传的物品则具有睹物思人、抚今悼昔的作用，而饲养的宠物则寄托了主人的很多情感。由于这些财产已超越了单纯的物的范畴,上升为具有较强精神内涵和感情内涵的特殊存在,因此如果仅对其按普通财产进行对待既无法真实反映这些财产的实际价值,也无法有效弥补受害人因此受到的情感伤害。我国《民法典》将对"具有人身意义的特定物"损害纳入精神损害赔偿的范围,既充分考虑了中国的传统习惯,也充分体现了民法所追求的填补受害人损失的价值追求。(3)关于惩罚性赔偿的法律制度。所谓惩罚性赔偿,又称示范性赔偿或报复性赔偿,是指赔偿额超出受害人实际损害的赔偿。其适用目的除了弥补受害人的实际损失之外,主要是通过惩罚加害人的方式遏制其损害行为的进一步发生。一般认为,惩罚性赔偿最早出现在 18 世纪的英国,主要用于诽谤、诱奸、恶意攻击、诬告等使受害人遭受精神痛苦的案件。其产生的原因在于,当时的赔偿制度没有为精神损失提供相应的补偿制度,因此英美法系国家在司法实践中就通过将精神损失物化的方式,给予受害人超过其物质损失的金钱赔偿。与普通民事赔偿主要考虑损害结果不同,惩罚性赔偿偏重考量侵权行为人的主观恶意程度。因此,当被告实施了任意的、轻率的、恶劣的行为,或其对原告的加害行为具有严重的暴力、压制、恶意或者欺诈性质时,也可对其实施惩罚性赔偿。我国最早引入惩罚性赔偿制度的法律是 1993 年颁布的《消费者权益保护法》,其主要目的是通过设置惩罚性赔偿的方式为作为弱者的消费者提供更加充分的保护,同时也通过加重惩罚的方式督促生产经营者积极消除产品瑕疵,进行诚信合法经营。《民法典》中所确立的惩罚性赔偿制度主要适用三种情况:第一种是第 1185 条规定的因故意侵害他人知识产权而适用的惩罚性赔偿;第二种是第 1207 条规定的因产品质量瑕疵致人损害所应适用的惩罚性赔偿;第三种是第 1232 条规定的故意污染环境、严重破坏生态所应适用的惩罚性赔偿。我国《民法典》关于惩罚性赔偿制度设计的特点是,既充分考虑了加害人的主观恶性程度,即其过错程度以故意为限,在具体法律表述上是"故意"和"明知",如第 1185 条要求"故意侵害他人知识产权",第 1207 条要求"明知产品存在缺陷"仍然生产、销售,第 1232 条要求"故意污染环境";同时还强调行为后果的严重性和违法性,如第 1185 条要求必须是“情节严重”,第 1207 条要求“造成他人死亡或者健康严重损害”,第 1232 条要求必须达到“破坏生态造成严重后果”。法律做出这样规定的理由在于,惩罚性赔偿作为一种加重责任不可能被广泛适用,否则就有可能导致民事主体责任的泛化,并进而危及民事法律所应恪守的谦抑本性和追求的宽松、自治的人文主义精神。(4)关于特殊民事主体的安全保障责任。民事主体到宾馆、商场、银行、娱乐场所等经营场所和车站、机场、体育场馆等公共场所进行消费或接受服务的前提条件是,消费者必须对这些经营场所和公共场所具有高度的安全保障信赖。“君子不立于危墙之下”既是对这种安全保障需求的真实写照,也是人的生存本能的经验总结。因此,如果消费者在这些场所受到伤害,作为提供安全保障的义务主体,其经营者、管理者和组织者自应承担一定的民事赔偿责任。对此我国《民法典》第 1198 条第 1 款规定:“宾馆、商场、银行、车站、机场、体育场馆、娱乐场所等经营场所、公共场所的经营者、管理者或者群众性活动的组织者,未尽到安全保障义务,造成他人损害的,应当承担侵权责任。”这一规定既吸收了国外的成熟经验,又充分考虑了我国的国情和习惯,也体现了强烈的生命安全至上的人文关怀精神。

(二)无因管理制度的伦理分析

无因管理是指没有法律规定或合同约定的义务,行为人为避免他人利益受到损失,自动地为他人管理事务或者提供服务的行为。无因管理的性质属于事实行为。因无因管理行为在管理人和被管理人之间引起的权利义务关系为无因管理之债,管理人有权利要求被管理人(受益人)偿付由此支付的管理费用,被管理人有义务偿付该项费用。无因管理制度肇端于古罗马法,古罗马时“无因管理”并不受法律调整,但代管他人事务以减少个人和社会的损失,体现了乐于助人的美德,应受社会的容忍和鼓励。罗马共和国末叶,无因管理已由市民法正式予以调整,后为各国民法所沿用。根据我国《民法典》第 979 条第 1 款的规定:“管理人没有法定的或者约定的义务,为避免他人利益受损失而管理他人事务的,可以请求受益人偿还因管理事务而支出的必要费用;管理人因管理事务受到损失的,可以请求受益人给予适当补偿。”无因管理中,管理他人事务的人称为管理人,自己的事务为他人管理的人称为本人或受益人。管理人和本人的关系类似于委托合同的效果,故又称为“无委托的事务管理”。对管理人的基本要求是其必须尽一个“善良管理人的注意”义务,即应当像管理自己的财产那样尽心尽力,且应采取最有利于本人的方法。对此我国《民法典》第981条规定:“管理人管理他人事务,应当采取有利于受益人的方法。中断管理对受益人不利的,无正当理由不得中断。”管理人的管理行为应当符合本人利益,且应当受公序良俗原则的约束,对此我国《民法典》第979条第2款规定:“管理事务不符合受益人真实意思的,管理人不享有前款规定的权利;但是,受益人的真实意思违反法律或者违背公序良俗的除外。”

如管理人管理不当,违反本人明示的或者可以推知的意思进行管理,或是在管理过程中缺乏应有的注意程度,致使本人受到不应有的损害的,管理人应负一定的赔偿责任。这些行为主要包括:(1)误信自己事务而管理他人事务。管理人将他人事务误认为自己的事务加以管理,由此支出的费用,管理人可以依照不当得利返还的规定,请求受益人返还。在此情形下,管理人将他人事务误认为自己的事务而为管理,欠缺无因管理的构成要件,不得成立无因管理费用偿还请求权。(2)不法管理他人事务的行为。明知为他人事务而为自己的利益加以管理,因欠缺为他人谋取利益的意思或者目的,不成立无因管理,也不得向本人请求不当得利返还。对此《德国民法典》第814条、《日本民法典》第705条都作了明确规定。相反,不法管理他人事务而取得利益的,本人可基于侵权行为损害赔偿请求权,请求管理人赔偿损失,或者基于不当得利返还请求权,请求不法管理人返还因不法管理所取得之利益。(3)不法无因管理。不法无因管理又称不适法无因管理,指管理人无法定或约定义务而为他人管理事务,但其管理违反本人意思。不法无因管理与无因管理的本质区别在于,管理人管理事务或者在管理事务中的行为违反本人明知或可推知的意思。不法无因管理因管理人违反本人的意思,侵害了本人处理自己事务的自由意思和权利,故其性质为不法行为，即管理人虽然具有为他人管理的意思，仍不能阻却其行为的违法性。对于不法无因管理，本人可以主张享受其所生的利益，也可以不主张享受其所生的利益。本人若主张享受不法无因管理所生的利益，应当偿还管理人为管理所支出的必要费用，清偿其所负担的必要债务，赔偿其所受的损失，但以本人所得利益为限。(4)管理人缺乏行为能力。无民事行为能力人或者限制民事行为能力人管理他人事务，不成立无因管理，仅成立不当得利。由于无因管理之债有其法定内涵，包含管理人依法应当承担的义务，在某些特殊情形下，适用无因管理制度无法救济管理人之合法利益，有必要排除无因管理制度的适用，而承认管理人之不当得利返还请求权。[①] 对此《德国民法典》第 682 条规定："管理人为无民事行为能力人或限制民事行为能力人者，仅按关于因侵权行为的损害赔偿以及关于返还不当得利的规定，负其责任。"

在无因管理中比较特殊的一个问题是关于拾得物的民事责任问题。按照学理的一般解释，任何人对于他人的遗失物均无拾取的法定义务，即使物有损坏，发现者也不负任何责任。但如果发现人对他人的遗失物加以拾取、保管，并且以归还失主为目的，则属于无法定和约定的义务，为了他人的利益而为管理，构成无因管理，发生无因管理之债。[②] 根据我国《民法典》第 314 条的规定，行为人对于拾得的遗失物不得占为己有，而应当返还权利人。"权利人领取遗失物时，应当向拾得人或者有关部门支付保管遗失物等支出的必要费用。"(第 317 条第 1 款)但如果拾得人有恶意，即故意侵占遗失物的，根据《民法典》第 317 条第 3 款的规定，拾得人既无权请求权利人向其支付因自己保管遗失物等而支出的费用，也无权请求权利人按照承诺履行其他给付义务。对于遗失物，拾得人应尽善良管理人的注意义务。根据《民法典》第 316 条的规定："拾得人在遗失物送交有关部门前，有关部门在遗失物被领取前，应当妥善保管遗失物。

---

① 邹海林：《不当得利请求权与其他请求权的竞合》，载《法商研究（中南政法学院学报）》2000 年第 1 期。

② 史尚宽：《物权法论》，台北，荣泰印书馆 1979 年版，第 119 页；王泽鉴：《民法物权·通则·所有权》，台北，三民书局 1996 年版，第 239 页。

因故意或者重大过失致使遗失物毁损、灭失的,应当承担民事责任。"但如果对拾得物的灭失或毁损,拾得人并没有故意或重大过失的,则不应当承担民事责任。[①] 另外,按照外国民法的一般规定,如拾得遗失物后,在寻找失主时拾得物被盗,如果拾得人尽到了与管理自己事务同样的注意,即不负赔偿责任。[②] 如果拾得人意欲占为己有,则不构成真正的无因管理,而构成侵权行为,应赔偿失主的损失。各国在规定拾得遗失物者的返还义务时,均规定其有要求给付报酬的权利。如果遗失人是以悬赏广告的方式收取遗失物,则拾取人只要履行了一般善良管理人的注意义务后,就可以请求悬赏广告中承诺的偿金。

与无因管理相关的另一个问题是关于见义勇为的法律问题。所谓见义勇为,一般是指不负有法定或约定救助义务的自然人,为使国家利益、社会公共利益和他人的人身财产利益免受或少受不法侵害、自然灾害或意外事故造成的损失,冒着较大的人身危险,挺身而出,积极实施救助的合法行为。[③] 见义勇为是一个道德概念,《汉语大词典》中解释为:看到合乎正义的事便勇敢地去做。"见义勇为"一词最早出现于《论语·为政》:"见义不为,无勇也。"《宋史·欧阳修传》中载:"天资刚劲,见义勇为,虽机阱在前,触发之,不顾,放逐流离,至于再三,气自若也。"在我国古代,见义勇为一直是人们追求的道德标准,对见义勇为的保护与鼓励,主要是通过正当防卫的规定反映出来的。最早的规定见于《易经·蒙上九》中的"击蒙,不利为寇,利御寇"。也就是说,凡攻击愚昧无知的人,是寇贼行为,

---

① 我国《民法典》并未规定拾得人的免责条件,但根据最高人民法院1988年发布的《关于贯彻执行〈中华人民共和国民法通则〉若干问题的意见(试行)》第94条之规定:"拾得物灭失、毁损,拾得人没有故意的,不承担民事责任。"虽然这一规定已于2008年12月24日被废止,但其处理原则与其他国家的规定极为相似。《德国民法典》第968条规定,拾得人仅就故意或重大过失承担责任。这是因为,拾得人为了返还给失主而暂时保管拾得物,避免了遗失物可能的自然损坏或可能被占为己有的不法之徒拾得,失主已经从中得益,自不应当要求拾得人过分高的注意程度。

② 参见《日本民法典》第698条、《俄罗斯民法典》第983条第2款、《德国民法典》第680条。

③ 赵肖筠、沈国琴:《见义勇为保护立法的法理思考》,载《现代法学》2001年第1期。

会受到惩罚;对于抵御或制止这种寇贼行为的人,应受到支持或保护。《周礼·秋官·朝士》记载:“凡盗贼军、乡、邑及家人,杀之无罪。”盗,指盗取财物;贼,指杀人。当这两种人危及军人或乡邑百姓及自家人安全时,将其杀死无罪。这明显是在鼓励人们与违法犯罪作斗争,鼓励见义勇为;同时,又通过免责的规定保护了见义勇为者。唐代是我国古代封建社会法律制度成熟的阶段,在《唐律疏议》中可以找到对见义勇为的记载。“有人殴击他人折齿、折指以上,若盗及强奸,虽非被伤、被盗、被奸家人及所亲,但是旁人,皆得以捕系以送官司。‘捕格法,准上条’,持杖拒捍,其捕者得格杀之;持杖及空手而走者,亦得杀之。”可见《唐律疏议》给予见义勇为者更加宽泛的权利,以利于其维护自身安全。唐代以后各代基本沿袭了唐代的做法。需要指出的是,我国古代也有对见义勇为者进行保护的内容,如清康熙二十九年刑部规定“其犯罪拒捕拿获之人被伤者,另户之人照军伤,头等伤赏银五十两,二等伤赏银四十两,三等伤赏银三十两,四等伤赏银二十两,五等伤赏银十两”。[①] 古代立法不仅对见义勇为者合法权益予以保护,还有相应的奖励措施。唐玄宗二十五年,政府正式颁布了对见义勇为捕获犯罪分子者予以奖励的法令,“诸纠捉盗贼者,所征倍赃,皆赏纠捉之人。家贫无财可征及依法不合征倍赃者,并记得正赃,准五分与二分,赏纠捉之人。若正赃费尽者,官出一分,以赏捉人”。这一规定开创了国家对见义勇为者给予物质奖励的先河。唐代以后也有类似的规定,如《大清律例·刑律·贼盗》中记载,“如邻佑、或常人、或事主家人拿获一名者,官给赏银二十两,多着照数给赏”。除了这些规定外,古代法律还规定了对见义不为者的惩罚。《唐律疏议》规定:“诸邻里被强盗及杀人,告而不救者,杖一百;闻而不救者,减一等。力势不能赴救者,速告附近官司,若不告者,亦以不救助论。”古代这些规定对于惩治犯罪,稳定社会秩序,巩固封建政权都起到了相当大的作用。[②]

---

① 郑显文:《中国古代关于见义勇为的立法》,载《中外法学》1999 年第 6 期。

② 赵肖筠、沈国琴:《见义勇为保护立法的法理思考》,载《现代法学》2001 年第 1 期。

“见义勇为”作为一个专门的法律概念,在我国既有的理论研究上比较薄弱,在实践上也更多是作为一种道德义务来看待的。但见义勇为不仅仅是一个道德层面上的行为,更是一个法律行为。我国原《民法通则》第109条将见义勇为发生的关系作为侵权行为所生之债,规定由侵害人赔偿,受益人也可以给予适当补偿。这在理论上是欠妥的。因为受益人的补偿责任并不属于侵权行为之债,而属于无因管理所生之债;受益人不是“可以给予适当补偿”,而是“应当给予补偿”。因此,从法律性质上说,见义勇为应当适用无因管理的有关规定,受益人对见义勇为者存在一定的补偿义务。值得注意的是,我国《民法典》虽然基本延续了原《民法通则》的相关规定,但将受益人的补偿义务上升为法定义务,从而很好地体现了见义勇为制度的扬善功能。根据《民法典》第183条的规定:“因保护他人民事权益使自己受到损害的,由侵权人承担民事责任,受益人可以给予适当补偿。没有侵权人、侵权人逃逸或者无力承担民事责任,受害人请求补偿的,受益人应当给予适当补偿。”关于见义勇为的构成,一般认为,应当符合以下四个条件①:(1)见义勇为的主体是不负法定或约定救助义务的自然人。负有法定救助义务的自然人实施救助行为,其实是其执行职务的必须,不履行法定救助义务便可能构成失职。虽然不负有法定救助义务,却负有与被救助对象约定的义务的人,其实施救助行为,即是履行约定,而不是见义勇为。(2)见义勇为者救助的对象是国家利益、社会公共利益或他人的人身、财产利益,并且这些利益正在或将要遭受不法侵害、自然灾害或意外事故。见义勇为的“义”,正确的理解应该是正义、公益等等。见义勇为救助的不应当是自己的利益,救助自己的利益,构成自救,这与见义勇为的要求不符。(3)主观上,见义勇为者必须有使国家利益、社会公共利益或他人利益免受或少受损害的目的。(4)客观上,见义勇为者面临较大的人身危险而积极实施救助。救

① 方向东:《见义勇为的立法评价与思考》,载《黑龙江省政法管理干部学院学报》2002年第4期。

助应该是以积极的方式表现出来,消极不作为不构成见义勇为。[①]不仅如此,由于许多见义勇为的行为都是行为人在紧急情况下做出的,对相关的行为后果无法做出准确判断,对相关行为方式也不可能进行仔细斟酌,因此可能会出现因救助行为不当而给被救助人造成损害的情况。在此种情况下,如果要求救助人承担相应的损害赔偿责任,出于风险回避的本能,有能力实施救助的人就会谨小慎微,反复权衡,从而错失救助机会,其结果不但会挫伤救助人实施救助行为的积极性,也会将被施救人置于危险的境地。其结果既不利于弘扬中华民族见义勇为的优良传统,也不利于充分保护作为特殊民事主体的被施救人的合法权益。为此我国《民法典》第 184 条通过对因实施见义勇为行为所产生的损害予以豁免,即规定“因自愿实施紧急救助行为造成受助人损害的,救助人不承担民事责任”,该规定不但为施救人实施见义勇为行为免除了后顾之忧,而且更为重要的是,《民法典》将这一制度所内含的优秀文化特质进行了制度化和法律化的表达,从而使相关法律制度的道德调整功能得到进一步展现和发挥。

(三)不当得利的伦理分析

所谓不当得利,是指没有法律上或合同上的充分依据,使他人受损而自己获得利益。不当得利之债起源于罗马法。18 世纪,自然法学派从自然公平原则出发,将不当得利之债扩大到给付原因以外之事由,其立法宗旨在于任何人不得以使他人受损失之方法谋取自己的利益。但这一观念失之过广,因此现代民法对其加以限制,以所得利益无合法的原因或不当来作为不当得利的构成要件。不当得利之债的立法目的是维持当事人之间的利益平衡,实现社会公平。任何人不得以不当的方式损害他人利益而获得利益,如果发生不当得利,得利人就应当将其所得利益返还受损人,而不问其有无过错。由于不当得利之债具有利益平衡功能,其日益成为现代民法上一项具有普遍适用价值的制度。在民法各项具体制度的适用过

---

① 参见《日本民法典》第 698 条、《俄罗斯民法典》第 983 条第 2 款、《德国民法典》第 680 条。

程中,凡出现当事人之间利益失衡而违背公平原则的情况时,都可以通过不当得利之债的适用使当事人之间的利益求得平衡。一般认为,不当得利之债的构成要件包括如下三个方面:首先,必须是一方获得财产利益,并使他方受到财产损失。如果一方获得财产利益,他方并未受到损失,或一方受到损失,但他方未获得利益,均不构成不当得利。其次,要求一方受损和他方受益之间有因果关系。一方所得利益是建立在他方受损失的基础之上的。最后,要求一方获得利益应无合法根据。得利人无保持其所得利益的合法根据,包括自始即无合法根据和事后丧失合法根据。

根据我国《民法典》第985条的规定:"得利人没有法律根据取得不当利益的,受损失的人可以请求得利人返还取得的利益。"应注意的是,不当得利返还请求权以使得利人返还其不当得利为目的,而不是以填补受损人的损失为目的,因而返还的标的以得利人所得利益为限,这是不当得利之债与侵权之债的根本区别。得利人返还义务的大小因善意和恶意而不同。恶意得利人应将所得利益及其孳息一并返还。如果利益已不存在,也不能免除返还义务。得利人怠于收取孳息的,应赔偿受损人因此所受之损失。在受益人将受领之物高价卖出的情况下,依各国关于不当得利返还范围的通说,损失大于受益的,应以受益为准;受益大于损失的,应以损失为准。不仅如此,根据《民法典》第985条的规定,并非所有的无对价或无法律根据支付都可请求返还,如果该种不当给付属于为履行道德义务所进行的给付,或者是在债务到期之前进行的清偿,或是在明知无给付义务的情况下而进行的债务清偿,得利人即使取得的不当利益缺乏法律根据,也不负有返还的义务。另根据《民法典》第986条的规定,如果得利人不知道且不应当知道取得的利益没有法律根据,其所取得的利益已经不存在时,同样不承担返还该利益的义务。

四、民法合同制度的伦理分析

(一)关于合同概念的伦理思考

合同又称契约,是市场交易双方或多方之间,基于各自的利益要求所达成的一种协议。合同制度的伦理性体现在以下四个方面。

1. 合同本身就体现了正义性伦理要求。契约制度是人类正义思想在经济领域上的体现。在人类早期历史发展过程中,各个民族都形成了某些关于正义的思想。由于古希腊的先哲们对自然和社会现象具有非凡的哲学洞察力,他们通过对自然、社会和社会制度进行彻底分析而成为西方世界的哲学先师。[①] 柏拉图是西方第一个系统地阐述法律正义理论的思想家,他的正义理论是各种具体法律制度的内在生命。[②] "正是在柏拉图的法律正义论的启迪下,罗马法理学才开始勃兴,并成为推动后世法理学不断发展、更新的动力。"[③]柏拉图详尽地阐述了以正义理论形成的哲学体系,正义论贯穿其哲学理论的始终。而法律思想则是柏拉图思想体系中表面的东西,他晚年对法律思想作了实质性修改。在柏拉图看来,法律是维护正义的手段,而"正义就是助友害敌"。[④] 柏拉图之后,亚里士多德在《马各尼科伦理学》中提出了正义,并在理论上对正义作了详尽的论述。亚里士多德把正义分为分配正义和交换正义,认为一个具体的正义不是分配正义就是交换正义。交换正义只有在分配正义被违反时才开始起作用。分配正义表现在城邦对荣誉、财富和其他有价值的东西的分配之中。[⑤] 这种正义所依据的不是算术上的平等,而是人们分配所得比例上的平等。分配正义包含地位平等的人分享平等的利益,不平等的人分享不平等的利益。交换正义是人们进行交易的行为准则。不得损人利己是交换正义的基本原则。交换正义关注的问题,是如何保护每个自然人的财产不受侵害。亚里士多德将交换正义分为两类,一类是自愿的,有买卖、消费借贷、抵押、无息借贷、寄存、出租等,这类交易从开始就是自愿的。另一类是非自愿的,这类交易自始至终缺乏相对人的同意,有的是在暗中进行的,如偷盗、通奸、放毒、撮合、诱骗、暗算、伪证等;有的则是

---

① ［美］E. 博登海默:《法理学——法哲学及其方法》,邓正来、姬敬武译,华夏出版社 1987 年版,第 1 页。

② 张乃根:《西方法哲学史纲》,中国政法大学出版社 1993 年版,第 29 页。

③ 何勤华:《西方法学史》,中国政法大学出版社 1996 年版,第 16 页。

④ ［古希腊］柏拉图:《理想国》,郭斌和、张竹明译,商务印书馆 1986 年版,第 15 页。

⑤ Aristotle, *The Nicomachean Ethics*, Penguin Books, Revised edition, 1976, 1130b.

通过暴力进行的,如袭击、关押、杀害、抢劫、残伤、欺凌、侮辱等。交换正义在交易中产生,它按照算术比例的方式,而不是以几何比例的方式,对交易行为予以矫正。在交易中产生交换正义,正义就是均等,不正义就是不均等。交换正义就是使用算术方法,使物与物之间的交易等值,因而某人因损害行为而遭受的损失能得到补偿,不当得利可得到救济。为了说明交换正义,亚里士多德将获利和损失引入自愿交易中。在交易中,一个人交易后的财产多于原有财产的,就称为获利;反之,一个人交易后的财产少于原有财产的,就称为损失。在买卖交易和其他法律所允许的交易中,如果任何一方的财产既没有增加,也没有减少,双方仍然保持原有的数额,那么就是等值交易。在自愿的交易中,正义是获利和损失的中间值,即交易前后,双方各拥有的财产是等值的。"这样一来我们就可以把合同看成是创设了一个私人支配的领域。"①亚里士多德关于两类交换正义的划分理论,是现代契约制度与侵权制度的最初理论形态。等值交易理论直接影响了古罗马契约法和现代契约法,现代契约制度是由交换正义中的自愿交易理论演变而来的,而现代侵权制度则由交换正义中的非自愿交易理论发展而来。古罗马法学家盖尤斯把债划分为契约和私犯两类,显然是受到了亚里士多德的影响。此后经过中世纪学者的进一步阐述,逐渐形成了一种以正义为核心的现代契约理论,可以说交换正义是现代契约理论的基石。近代的契约社会就是古代法经由"地美士第"时代发展到"习惯法"时代,最终发展成"法典"时代的产物。

2. 契约的订立和履行必须以一定的伦理品质为基础。这些伦理品质包括有诺必践和诚信。从本质上说,契约表现为一种诺言或者一系列诺言。契约的订立意味着交易双方去掉了各自不利于对方的利益要求,而保留了有利于对方的一面。这种预期能否实现、实现到何种程度,则完全取决于双方的守信程度。从道德角度来说,有许诺就会产生义务,有义务就必须履行。在商品经济社会,商

---

① ［美］罗伯特·考特、［美］托马斯·尤伦:《法和经济学》,张军等译,上海三联书店、上海人民出版社 1991 年版,第 314 页。

品交易是人与人之间最普遍的社会联系，合同正义成为社会最一般的正义，人们在商品交换中的道德观念如何，是否重合同、守信用，在很大程度上决定了整个社会的文明程度。合同能否得到有效履行，在很大程度上取决于诚实信用原则发生作用的强弱。而诚实信用原则本身就是道德规范在法律领域作用的结果。邓伯格（Dernburg）与恩德曼（Endmann）认为，诚实信用原则本质上在于使人们在交易中得到道德的保障，因而，诚实信用原则本质便是一种交易道德。[①] 同时，主张诚实信用原则本质为道德的还有马内克（Manik）的道德理想说以及胡贝尔（Huber）的法律伦理说。[②] 施奈德（Schneider）认为，诚实信用原则之本质在于保持当事人利益之平衡；埃格（Egger）认为，诚实信用原则能公正估量双方当事人之利益，以谋求利益之调和。[③] 总之，许诺、信赖、义务和诚信构成了契约活动的基本特征，它们贯穿于整个契约过程。其实，这些基本伦理观念正是契约得以实现的关键。我国《民法典》也高度关注合同的伦理性特质，不但合同的订立要符合诚信原则和公序良俗要求，而且对合同的理解也要遵循诚信要求。对此《民法典》第 466 条第 2 款中规定："各文本使用的词句不一致的，应当根据合同的相关条款、性质、目的以及诚信原则等予以解释。"另根据第 480 条，可以根据交易习惯确定承诺的实施方式，该规定同样体现了较强的伦理性色彩。

3. 合同义务履行的目的是实现相对人的信赖利益。合同一旦订立，义务人就负有必须履行合同内容的义务。这种义务既是法律强制力的体现，同时也是实现合同利益和契约正义的必然要求。"承诺的强制履行由于使人们互相依赖并由此协调他们的行动从而有助于人们达到其私人目标。"[④]从经济上说，契约的一个更为具体、复杂的目的在于促使源于承诺活动中的纯有益信赖的最大化。

---

① 史尚宽：《债法总论》，台北，荣泰印书馆 1978 年版，第 320 页。

② 史尚宽：《债法总论》，台北，荣泰印书馆 1978 年版，第 319 页。

③ 史尚宽：《债法总论》，台北，荣泰印书馆 1978 年版，第 319 页。

④ ［美］罗伯特・考特、［美］托马斯・尤伦：《法和经济学》，张军等译，上海三联书店、上海人民出版社 1991 年版，第 313 页。

信赖是要约或合同具有法律强制力的重要根据,“契约法奠定于具有被信赖的约定才赋予拘束力的这一根本原则之上”[①],而信赖也是以一定的伦理要求为基点的。信赖具有双重含义:一是对在相互承诺的合意活动中求得一个价值最大化这一预期结果的信赖;二是对对方为保证这种预期结果愿意承担义务而且能够承担义务的信赖。从这个意义上说,信赖就是一种信任。另外,遵守诺言和执行诺言就是承担义务,一方当事人应对合理信赖其言行的对方当事人负责。如果一方当事人明知或可得知其行为将使他方产生合理的期待,则其就须负责实现他方的这些期待。[②] 不仅如此,由于交易双方所预期的价值最大化,常常是在交易活动进行中和结束时才出现的,所以在契约中必有一种对将来出现的价值最大化的信赖和期待,这种期待被称为合理的期待。此外,信赖除了表示一种合理的期待之外,还用来表示人们对契约活动是实现价值最大化的有效方式的坚信。在这一意义上,信赖分为“有益信赖”和“不利信赖”。“有益信赖”是指那些承诺义务若被遵守,当事人便可获益的信赖;“不利信赖”是指那些承诺义务若不被对方遵守,当事人便会遭受损失的信赖。[③] 所谓信赖利益损失,是指当事人相信要约或合同而为准备签订合同、签订合同、准备履行合同或履行合同的行为(包括作为和不作为)所导致财产的减少和与他人订约机会的丧失。这是在一种善良的心理状态驱使下为一定行为或不为一定行为,以致造成损失的不利法律后果。契约法上信赖利益的保护手段具有补偿性和预防性的功能和特征。为了实现信赖利益的保护要求,《民法典》第509条和第510条规定,当事人除了应当按照合同约定全面履行自己的义务之外,还“应当遵循诚信原则,根据合同的性质、目的和交易习惯履行通知、协助、保密等义务”,并“按照合同相关条

① [日]内田贵:《契约的再生》,胡宝海译,载梁慧星主编:《民商法论丛》(第4卷),法律出版社1996年版,第175~243页。

② 马新彦:《信赖与信赖利益考》,载《法律科学(西北政法学院学报)》2000年第3期。

③ 马新彦:《信赖与信赖利益考》,载《法律科学(西北政法学院学报)》2000年第3期。

款或者交易习惯确定”没有约定或者约定不明确的涉及质量、价款、报酬、履行地点等合同条款的具体内容。

4. 实现正义是合同制度的主要作用。罗伯特·考特和托马斯·尤伦在《法和经济学》一书中认为:“合同法的基本目标是使人们能实现其私人目的。为了实现我们的目的,我们的行动必然有祸国殃民。合同法赋予我们的行动以合法的后果。”“社会的一个内容就是其自然人拥有达成自愿协议以实现其私人目标的权力。合同法为单个自然人提供了一个达成彼此间自愿关系条款的制度。”①合同主要调整的是商品交换关系,而商品交易市场是一个逐利场。在这个逐利场活动的“经济人”相互竞争,谋求自己利益最大化,难免引发欺诈、胁迫、乘人之危、不守信用等不道德行为。这些不道德的行为不仅损害交易对手的利益,也破坏交易秩序,损害社会公共利益。因此,以调整商品交换关系,维护交易秩序、安全、公平、正义为己任的合同法,始终警惕着交易场上的不道德行为。为反对交易场上的不道德行为,匡扶合同正义,合同法坚持平等、自愿、公平、诚实信用、尊重社会公德等项原则,惩治不道德行为。例如,为阻止违法者和不道德者追求非法利益的目的得逞,原《合同法》规定了违反法律和损害社会公共利益的合同无效,因欺诈、胁迫、乘人之危、重大误解而订立的合同以及显失公平的合同可以撤销。为制裁不守信用的合同当事人,合同法规定了强制实际履行、赔偿损失、支付违约金等违约责任形式。

(二)关于合同作用的伦理分析

合同在调整商品交换关系,协调合同当事人利益冲突以及当事人与社会公共利益冲突等方面发挥着重大作用,同时,其也有力地匡扶着社会的公平和正义,推动了社会的进步和发展。“罗马法尤其是罗马‘契约法’以各种思维方式,推理方法和一种专门术语贡献给各种各样的科学,这确是最令人惊奇的事。在曾经促进现代人的智力欲的各种主题中,除了‘物理学’之外,没有一门科学没有经

---

①　[美]罗伯特·考特、[美]托马斯·尤伦:《法和经济学》,张军等译,上海三联书店、上海人民出版社 1991 年版,第 313 ~ 314 页。

过罗马法律学滤过的。""纯粹的'形而上学'诚然是来自希腊而不是来自罗马的,但是'政治学'、'道德哲学'甚至'神学'不但在罗马法中找到了表意工具,并且以罗马法为其最深奥的研究养育成长的一个卵巢。"[①]契约在社会生活中的地位和作用不但是区分资本主义和封建主义的主要标志,而且也是区分封建制度和原始蛮族制度的主要标志。"封建制度是古代蛮族习惯和罗马法的一种混合物"[②],"把封建制度和原始民族纯粹惯例加以区分的主要东西是'契约'在他们中间所占的范围。封建主具有一个宗法家长的许多特点,但他的特权为多种多样确立的习惯所限制,这种习惯来自分封土地时经过同意的明确的条件"[③]。"封建社会比较持久,比较多种多样;它们所以持久,是因为明确的规定比本能的习惯不容易毁灭,其所以多种多样,是因为它们所根据的契约是依照交出或授与土地的人的具体情况和具体要求而调节的。"[④]

对于合同在资本主义发展中的作用,梅因曾给予很高的评价,认为"所有进步社会的运动,到此处为止,是一个'从身份到契约'的运动"。[⑤] 博登海默在评价梅因时也说:"梅因的'从身份到契约'的学说是他对法理学的最杰出的贡献。"[⑥]以至于英国法学家亚伦在为《古代法》所作的导言中指出,"从身份到契约"已成了全部英国法律文献中著名的文句。这一论断指出了个人人格状态的一种根本性变化,即个人从依附于"家族"转变为独立、自由和自决的个人。因此从某种程度上说,"从身份到契约"的过程实际上就是人不断走向自由和独立的过程。[⑦] 在人类的早期,人们一直生活于一种来自家族和身份的强制之中。哈耶克说:"所谓'强制',我们意指一人的环境或情境为他人所控制,以至于为了避免所谓的更大的

① [英]梅因:《古代法》,沈景一译,商务印书馆 1959 年版,第 191~192 页。

② [英]梅因:《古代法》,沈景一译,商务印书馆 1959 年版,第 205 页。

③ [英]梅因:《古代法》,沈景一译,商务印书馆 1959 年版,第 205 页。

④ [英]梅因:《古代法》,沈景一译,商务印书馆 1959 年版,第 206 页。

⑤ [英]梅因:《古代法》,沈景一译,商务印书馆 1959 年版,第 97 页。

⑥ [美]埃德加・博登海默:《法理学——法律哲学与法律方法》,邓正来译,华夏出版社 1992 年版,第 92 页。

⑦ [英]梅因:《古代法》,沈景一译,商务印书馆 1959 年版,第 17 页。

危害,他被迫不能按自己的一贯的计划行事,而只能服务强制者的目的。"①到了资本主义社会以后,到了契约时代,个人才真正有了自由。对于自由的含义,罗尔斯将其表述为"这个或那个(或一些人)免除了这种或那种限制(强制)或一类限制(强制),因而可以自由地做什么或不做什么"②。人类从对家族身份的种种限制中摆脱出来无疑是人类走向文明的一大进步。无怪乎庞德对梅因的论断赞赏有加:"历史法学家们看到了体现在人类经验之中的一种自由的观念,从中可以引申出展现这种观念的最高峰的法律制度。梅因用黑格尔式的术语,将实现自由这个抽象的一般的命题说成是从身份发展到契约的具体的一般命题。"③"作为契约观念的法律交易意志说,是政治解释赖以建立的基础,但不是全部法律中的普遍观念。"④

(三)关于合同形式的伦理分析

古代法非常注重民事法律行为的形式,特别是合同的形式和仪式。契约行为的形式主义,不仅是早期罗马契约法的特点,而且也是贯穿罗马契约法始终的基本原则。⑤ 注重契约形式而轻视意思表示,作为罗马法的一般原则,在早期罗马法中表现尤为明显,缔约必须履行繁琐的套语和约定的行为。按照梅因的说法,允诺之所以要受到法律保护,是因为该仪式"附着一种庄严仪式",并且"仪式不但和允诺本身有同样的重要性,并且仪式还比允诺更为重要;因为成熟的法律学着重于仔细分析提供一个特定的口头同意的心理条件,而在古代法则着重于附着在仪式上的言语和动作。如果一个形

---

① [英]弗里德利希·冯·哈耶克:《自由秩序原理》,邓正来译,生活·读书·新知三联书店1997年版,第17页。

② [美]约翰·罗尔斯:《正义论》,何怀宏、何包钢、廖申白译,中国社会科学出版社1988年版,第192页。

③ [美]罗斯科·庞德:《通过法律的社会控制》,沈宗灵等译,商务印书馆1984年版,第16页。

④ [美]罗斯科·庞德:《法律史解释》,曹玉堂、杨知译,华夏出版社1989年版,第57页。

⑤ 董安生:《民事法律行为——合同、遗嘱和婚姻行为的一般规律》,中国人民大学出版社1994年版,第3~4页。

式被遗漏了或用错了,则誓约就不能强行,但是,在另一方面,如果所有形式经表明已完全正确进行,则纵使以允诺是在威胁或欺骗之下作出为辩解,也属徒然”。[①] 会产生如此规定,是因为罗马人非常注重传统,即使早期的形式主义已不再适应形势的需要,他们仍然视其为产生法律效力所必须的要件,无须具体的原因,只具有抽象行为的意义。[②]

另外根据罗马市民法理论,“契约”和“协议”不是同一概念,当事人之间仅有“协议”仍不足以构成一个契约。市民法的契约是一个“协议”加上一个“债”,通过履行特定的仪式和手续,把债附加于协议之上。[③] 如果一个协议没有被法律附加上债,则被称为“裸体简约”或“空虚简约”。可见,在罗马市民法中,当事人之间的合意是契约成立的一个重要因素,但不是唯一的、决定性因素。受希腊自然法思想的影响,罗马人认为他们的法律由两个部分组成,“任何受治于法律和习惯的民族都部分适用自己特有的法律,部分适用全人类共同的法律。每个民族专为自身治理制定的法律,是这个国家所特有的,叫做市民法,即该国本身特有的法。至于出于自然理性而为全人类制定的法,则受到所有民族的同样尊重,叫做万民法,因为一切民族都适用它”。[④] “出于自然理性而为全人类制定的”这部分法律,就是由裁判官引入罗马法的。[⑤] 到了罗马法后期,当事人内心真实意思越来越受到关注和重视,“心头的约定从繁文缛节迟缓地但是非常显著地分离出来,并且逐渐地成为法学专家兴趣集中的唯一要素。这种心头约定通过外界行为而表示,罗马人称之为一个‘合约’(Pact)或‘协议’(Convention);当‘协议’一度被视为一个‘契约’的核心时,在前进中的法律学不久就产生了一种倾向,使契

---

① [英]梅因:《古代法》,沈景一译,商务印书馆1959年版,第177页。

② 董安生:《民事法律行为——合同、遗嘱和婚姻行为的一般规律》,中国人民大学出版社1994年版,第10页。

③ 杨振山、[意]斯奇巴尼主编:《罗马法·中国法与民法法典化》,中国政法大学出版社1995年版,第344页。

④ [罗马]查士丁尼:《法学总论——法学阶梯》,张企泰译,商务印书馆1989年版,第6~7页。

⑤ 郑云瑞:《西方契约理论的起源》,载《比较法研究》1997年第3期。

约逐渐和其形式和仪式的外壳脱离。”[①]由此，契约便吸收在合约中了。

与大陆法国家不同，在英美法国家，合同作为明确当事人之间权利义务的协议，在内容上应具有确定性，以便于合同的履行。在古典契约理论之下，法官对合同施以强制力的根据有二——格式和对价。“只要当事人遵循一定的合同的格式，一项允诺就可以被履行。”[②]“所有严肃作出的允诺都应当具有法律拘束力。”[③]蜡封的书面合同被视为最庄重、最严肃的合同格式，只要当事人采用这种方式，即使欠缺对价的赠与合同亦受法律强制力的保护。但这一传统规则在契约法的发展进程中逐渐被洪水般涌入的对价中心理论所吞并。[④] 对价成为一切要约或允诺具有法律拘束力或强制力的主要根据。美国的契约理论因此而被称为对价中心理论。

（四）关于合同义务的伦理思考

合同的义务一般包括两种：基本义务和附随义务。基本义务又称给付义务，是指合同关系所固有的、必备的，并用以决定合同类型的基本义务。它是合同的根本义务，当事人应当按照法律规定或当事人约定严格履行自己的义务。在传统民法理论上，合同当事人的义务以法律明确规定或当事人的明确约定为限。附随义务是根据诚实信用原则，当事人在履行合同的过程中，由合同的性质、目的及交易习惯而附带产生的义务。换言之，附随义务是指法律无明文规定，当事人间无明确约定，但为维护当事人的利益，并依社会的一般交易观念，当事人应负担的义务。依学者归纳，附随义务主要有注意义务、告知义务、照顾义务、说明义务、保密义务、忠实义务等六种义务。[⑤] 以附随义务的功能为标准，可将附随义务分为辅助功能的

---

① ［英］梅因：《古代法》，沈景一译，商务印书馆 1959 年版，第 177 页。

② 张礼洪：《美国合同法的当前发展趋势》，载《外国法译评》1995 年第 1 期。

③ ［美］格兰特·吉尔莫：《契约的死亡》，曹士兵、姚建宗译，载梁慧星主编：《民商法论丛》（第 3 卷），法律出版社 1995 年版，第 198 ~ 293 页。

④ ［日］内田贵：《契约的再生》，胡宝海译，载梁慧星主编：《民商法论丛》（第 4 卷），法律出版社 1996 年版，第 206 页。

⑤ 王家福主编：《中国民法学·民法债权》，法律出版社 1991 年版，第 147 ~ 148 页。

附随义务和保护功能的附随义务。前者是为了促进实现主给付义务,使债权人的给付利益获得最大限度满足的义务;后者是为了维护对方的人身和财产利益的附随义务。以附随义务的法律地位为标准,可将附随义务分为独立的附随义务和非独立的附随义务。独立的附随义务有时也称从给付义务,指债权人可独立诉请债务履行以完全满足给付利益的义务。例如不动产买卖中,出卖人应当将不动产的产权证明文件交买受人;债权让与人应将债权转让证明文件交受让人,并告知有关债权之一切重大情况。非独立的附随义务指不可单独诉追的义务。这种义务不能单独诉请债务人履行,如注意义务、告知义务、照顾义务、通知义务、说明义务、协助义务、保密义务、忠实义务。按照附随义务是发生在合同成立前还是发生在合同成立后,可将附随义务分为先合同义务(先契约义务)和后合同义务。其中对先合同义务的违反是产生缔约过失责任的直接原因。

根据我国《民法典》第509条第2款的规定:"当事人应当遵循诚信原则,根据合同的性质、目的和交易习惯履行通知、协助、保密等义务。"这就是说,在合同履行过程中,双方当事人的主要附随义务包括:(1)通知义务。合同履行过程中,出现或发生涉及一方利益的重大事项时,另一方负有告知或通知对方的义务。例如,合同关系中,一方对另一方因疏忽、专业知识或识别、鉴别能力限制等造成合同重大缺陷或明显违背其真实意志的情形,应负有善意地告知另一方的义务,不能利用另一方的这些缺点,损害另一方的利益。合同履行过程中,当事人一方因不可抗力或意外事件导致给付不能时,应负有及时通知对方的义务。(2)协助义务和照顾义务。合同履行过程中,当事人一方在履行合同义务时,需要对方提供适当的协助或给予一定的方便条件的,对方应予配合。我国原《合同法》第62条第4项规定,"履行期限不明确的,债务人可以随时履行,债权人也可以随时要求履行,但应当给对方必要的准备时间"。(3)保密义务。合同履行过程中,当事人一方通过合同关系可能会了解或已经实际了解到对方的技术秘密、商业秘密等,在这种情况下,了解他人技术秘密、商业秘密的一方应负有为对方保密的义务。该等保密义务往往不因合同的终止、解除而终止或解除。(4)说明义务。根据我国原《合同法》第 39 条的规定，提供格式条款的一方应当遵循公平的原则确定权利义务，并采取合理的方式提请对方注意免除或限制其责任的条款，按照对方的要求，对该条款予以说明。(5)注意义务。在合同履行过程中，由于主客观原因，造成合同不能履行或不能完全履行，致使一方遭受损失时，受损一方在有条件、有能力的情况下应当采取必要的措施控制损失，防止损失扩大等。我国原《合同法》第 119 条规定，"当事人一方违约后，对方应当采取适当措施防止损失的扩大；没有采取适当措施致使损失扩大的，不得就扩大的损失要求赔偿"。

(五)关于缔约过失责任的伦理分析

缔约过失责任又称缔约上过失责任，是指在合同订立过程中，一方因违背其依据诚实信用原则所应负的义务，而致另一方的信赖利益损失时所应承担的民事责任。缔约过失责任概念的提出和有关制度设计，与其说是出于经济合理性的需要，不如说是理性战胜效益观念的结果。对此我们可以通过分析这一制度产生的背景和理论依据加以说明。在传统民法上，民事责任主要是侵权责任和违约责任，并无所谓缔约过失责任。在这种情况下，当合同因一方的过错而不能成立、无效或被撤销，即使基于善意而信赖该合同有效的对方当事人遭受损失，也很难获得法律救济。实际上，在当事人为从事民事行为而进行协商时，尽管合同尚未成立，但当事人已为缔结合同接触磋商，相互之间建立了一种特殊的信赖关系，因此客观上要求当事人必须负有诚实、善意地进行缔约交涉的义务。面对这种理论和立法上的缺陷，缔约过失责任理论应运而生。1861 年德国法学家耶林发表一篇题为《缔约上过失，契约无效与未臻完善之时损害赔偿》的文章，指出契约因当事人一方的过失不能成立或无效时，有过失的一方应就他方因信赖契约成立而遭受的损失负赔偿责任，因为从事契约缔结的人，是从契约交易外的消极义务范畴，进入契约上的积极义务范畴，其因此而承担的首要义务，系于缔约时尽必要的注意。法律所保护的，并不仅仅是一个业已存在的契约关系，正在发生中的契约关系亦应包括在内，否则，契约交易将暴露于外不受保护，缔约一方当事人不免成为另一方疏忽或不注意的牺牲品。契约的缔结产生了一种履行义务,若此种效力因法律上的障碍而被排除时,则会产生一种损害赔偿义务。因此,所谓契约无效,仅指不发生履行效力,非谓不发生任何效力。简言之,当事人因自己的过失而致契约不成立者,对相信契约有效成立的相对人而言,应赔偿于此信赖而产生的损害赔偿。耶林提出的关于缔约上过失责任理论,对德国民法的制定产生了深远影响。在德国民法典起草时,多数起草人认为耶林的理论不能全盘接受,而只能在严格限定的特殊情形下方能适用。于是德国民法典只在错误的撤销、自始客观不能、无权代理情况下承认缔约过失责任。第一个将缔约过失责任规定为一项概括性的法律原则的是 1940 年《希腊民法典》,其第 197 条规定,“从事缔结契约磋商之际,当事人应负依诚实信用及交易习惯的要求为一定行为的义务”。第 198 条规定,“于为缔结契约磋商行为之际,因过失致相对人遭受损害时,应负损害赔偿责任,纵契约未能成立亦然。关于此项请求权之消灭时效,准用基于侵权行为请求权消灭时效之规定”。1942 年《意大利民法典》第 1337 条(题为“缔约过失责任”)规定,“在谈判和缔结契约的过程中,双方当事人应根据诚信原则进行之”。第 1338 条规定:“一方当事人明知或应知契约有无效原因之存在,而未通知相对人者,对于无过失而信契约有效致受损害之他方当事人,负赔偿责任。”第 1398、1440、1578、1812、2043 条对缔约过失的一些重要情形作了具体规定。1973 年《以色列统一合同法》第 12 条规定:“(1)当事人在缔结合同时应依诚信和习惯为之。(2)当事人未依诚信和习惯行事而给另一方造成损失的,应对另一方由于谈判或缔结合同而遭受的损失负损害赔偿责任,在此情况下本法第 10 条、第 13 条、第 14 条(违约责任)适用。”迄今为止,缔约过失责任已成为大多数国家和地区认可的一种特殊合同责任形式。从各国的立法来看,大多数国家均将诚实信用原则的违反作为先合同义务产生的原因和缔约过失的适用依据。《德国民法典》第 122 条规定:“意思表示无效或撤销时,表意人相信其意思表示有效而受损害的相对人或第三人,负赔偿责任。”《希腊民法典》第 197、198 条也分别规定:“从事缔结契约磋商之际,当事人应负遵循诚实信用及交易惯例的要求为一定行为的义务。”“于为缔结契约磋商之际,因过失致相对人遭受损失,应负赔偿责任,即使缔约未能成立亦然。”

在英美法中,类似缔约上过失的制度主要是通过约定上的禁反言原则来表现的。禁反言原则最早在美国《第一次契约法重述》中有所体现,第 90 条规定:“约定者有充分理由预期到其约定在被约定者一方诱发具有明确且实质性的作为或不作为,并且实际上已诱发了上述作为或不作为后,只有通过强制执行该约定方可回避不正义之后果时,其约定具有拘束力。”此后法院进一步扩展了禁反言原则的适用领域,明确其在无充分约定的情况下亦会发生法律效力。1980 年《第二次契约法重述》第 90 条删去了第一次重述对禁反言原则的限制,彻底废弃了对价—约定—契约—责任的契约逻辑,在法益保护上完全达到了大陆法上缔约过失责任的效果。大陆法系的缔约上过失与英美法上的约定禁反言都主张将契约责任建立在信赖(而非有效合意与对价)的基础上,并包容原适用侵权法的责任,积极推进与侵权责任的融合。

关于缔约过失的构成要件,理论学界一般认为应包括以下五个方面。(1)缔约上过失责任必须发生在合同订立的过程中。(2)必须是一方违背其依诚实信用原则所应负的义务。依据诚实信用原则和交易惯例,在缔约过程中,当事人之间即已产生一定的附随义务即先合同义务,如与合同订立有关的重要事项的告知义务;相互协作和保护的义务,即要求缔约方应尽力考虑他人利益,尽力为他人提供方便;忠实与保密义务,即当事人不得欺诈、胁迫以及滥用优势地位,也不得随意泄露其在缔约过程中所掌握的缔约相对人的有关秘密信息。从严格意义上说,缔约上过失责任就是故意或者过失地违反这些先合同义务时所产生的民事责任。(3)缔约上过失责任以造成他人信赖利益损失为前提。信赖利益损失又称消极合同利益的损失,指一方当事人因信赖合同成立或者有效而期待某种利益,但这种合同因不可归责于自身的原因而不能成立或无效而使这种期待利益丧失。这种损失包括因他方的缔约过失行为而致信赖人的直接财产减少,如支付的各种费用等;也包括信赖人的财产应增加而未增加的利益,如信赖合同有效所失去的其他某种应该获得的机会等信赖利益的衡量与确定应采取客观的标准,将其限定在当事人可合理预见的范围之内。(4)违反先合同义务一方当事人在主观上存在过错。(5)一方当事人的过错与另一方遭受的信赖利益损失之间存在必然的因果关系。从以上几个构成要件我们可以看出,缔约责任赖以成立的基础是一方当事人对诚信义务的违反,而不是对严格意义上的法律义务的违反。因此基于缔约过失而产生的民事责任也是道德义务上升为法律义务的典范。

我国原《合同法》第 42 条首次对缔约过失做出明确规定,《民法典》继承了原《合同法》的立法精神和制度精髓,其第 500 条规定:"当事人在订立合同过程中有下列情形之一,造成对方损失的,应当承担赔偿责任:(一)假借订立合同,恶意进行磋商;(二)故意隐瞒与订立合同有关的重要事实或者提供虚假情况;(三)有其他违背诚信原则的行为。"根据以上规定,缔约过失责任主要适用于以下七种情形:(1)当事人在从事民事行为的过程中,假借从事民事行为,恶意进行磋商。这里的"恶意"有特定含义,学理上通常理解为假借磋商、谈判,而故意给对方造成损害。在这种情况下缔约一方当事人一般并无从事民事行为的意思,而只是为了利用与对方谈判使其丧失与他人交易的时机或者增加对方缔约成本,或假借订立假合同,骗取国家、集体或者第三人利益等,并且一般要求必须发生在有竞争关系的当事人之间。(2)故意隐瞒与从事民事行为有关的重要事实或者提供虚假情况。在交易实践中,下面几种情形一般可作为"与从事民事行为有关的重要事实":隐瞒己方真实的财产状况和履约能力;对产品的隐蔽性瑕疵不予告知;对产品的性能、使用方法等故意不予正确告知;对标的物是否属于易燃、易爆、有毒等,不作必要的说明。(3)泄露、不正当使用在从事民事行为的过程中所知悉的对方的商业秘密,并因此给对方造成损失。(4)擅自撤销要约。(5)故意不履行作为合同成立基础的特定形式或行为。这主要是指根据法律的规定或缔约双方的约定,合同的成立必须具备某种特定的形式,如书面、公证、鉴证、登记等,缔约人必须按此规定或约定采用相应的合同形式。义务当事人故意不履行相关义务,致使合同在实质上不成立。(6)合同被宣告无效或被撤销。当合同因不符合法律要求的要件而被确定无效时,无论导致合同无效的原因为何,只要当事人一方因信赖此合同有效而蒙受损失,有过错的当事人应负责赔偿。合同被享有撤销权的一方当事人依法变更或撤销后,如果另一方当事人因为信赖合同有效成立而受到了损失,也应由有过错的当事人进行补偿。(7)其他违背诚实信用原则的行为。这类行为主要是指违反先合同义务之行为,通常有以下情况:缔约之际未尽通知义务而致他方遭受财产损失;缔约之际未尽保护义务;未尽协助义务;未尽照顾保护义务,造成他方人身、财产损害;等等。通过以上规定可以看出,上述有关缔约过失责任适用范围的规定,主要考虑的因素均是当事人的主观恶意程度,具体说来不外乎三个方面:一是当事人违背了合同订立应当遵循的诚实信用义务,使对方蒙受损失;二是当事人违背了注意义务,并因自己的过失给对方造成直接经济损失;三是一方当事人在合同订立过程中有为法律所不容的恶意行为。

(六)关于不安抗辩权和先履行抗辩权的伦理分析

不安抗辩权是大陆法系合同法中的重要制度,指在双务合同中,如果双方在履行期限上并不一致,负担先履行义务一方有确切证据证明对方履行能力严重恶化有难以作出对价给付之时,为保护自己的权益,得以拒绝先为给付的权利。与同时履行抗辩权一样,不安抗辩权的法理基础也是诚实信用原则。因为现代市场经济都是信用经济,双务合同中双方当事人所负担的债务在履行期限上不一致,如果负担先履行义务的一方当事人,在预见到对方履行能力严重恶化,可能危及自身债权实现的情况下,还必须先为给付,显然有悖于公平原则,当事人的利益失去了平衡。不安抗辩权是负担先履行义务一方依法享有的权利,其行使不以相对方同意为必要条件。我国《民法典》第 527 条第 1 款对不安抗辩权行使的条件和原因进行了规定:“应当先履行债务的当事人,有确切证据证明对方有下列情形之一的,可以中止履行:(一)经营状况严重恶化;(二)转移财产、抽逃资金,以逃避债务;(三)丧失商业信誉;(四)有丧失或者可能丧失履行债务能力的其他情形。”值得注意的是,依诚实信用原则,先履行义务一方行使不安抗辩权时,应当及时通知对方当事人。之所以作此要求,一方面是为了避免对方当事人因此受到损害,另一方面也便于对方当事人在获此通知后及时提供充分担保,以消灭不安抗辩权。对方当事人在接到通知后,可以在合理的时间内提出担保,以消灭不安抗辩权。如果对方当事人在合理期限内未恢复履行能力并且未能提供适当担保的,中止履行一方当事人可以进一步解除合同。当然一方当事人行使不安抗辩权必须建立在具有确切证据的基础之上,因此当事人没有确切证据就中止履行的,根据《民法典》第 527 条的规定,当事人应当承担违约责任。

所谓先履行抗辩权,是指依照合同约定或法律规定负有先履行义务的一方当事人,届期未履行义务或履行义务有重大瑕疵时,后履行一方可以拒绝其履行请求或者部分拒绝其履行请求的权利。除了同时履行抗辩权和不安抗辩权之外,我国《民法典》第 526 条还规定:当事人互负债务,有先后履行顺序,应当先履行债务一方未履行的,后履行一方有权拒绝其履行请求。先履行一方履行债务不符合约定的,后履行一方有权拒绝其相应的履行请求,此即关于先履行抗辩权的规定。与同时履行抗辩权和不安抗辩权不同,先履行抗辩权的发生基础并不是基于诚实信用原则,而是基于公平原则,是公平原则在合同履行上的体现。从本质上说,先履行抗辩权实际上是对对方当事人违约的抗辩,在这个意义上,先履行抗辩权也可以被称为违约救济权。

(七)对违约责任制度的伦理分析

违约责任,又称为违反合同的民事责任,是指合同当事人不履行合同义务或者履行合同义务不符合约定时所承担的民事责任。在英美法中,违约责任通常被称为"违约救济",而在大陆法中违约责任则被包括在债务不履行的责任之中,或被视为债的效力的范畴。合同是当事人自由意志的结果,合同一旦生效,将在当事人之间产生法律拘束力。[①] 放任当事人的违约行为,无疑是对双方当事人合意的不尊重,也是对产生法律约束力的合同的否定。因此,法

① 对此《法国民法典》第 1134 条作了一个几乎是至理名言的规定:"依法缔结的契约,在缔结契约的当事人之间具有相当于法律的效力。"

律设立违约责任制度，一旦债务人不履行合同约定的债务，则该债务在性质上转化为一种强制履行的责任，从而使合同所设立的债权得以实现。从制度方面来看，违约责任制度主要是由两方面的内容构造出来的：一是如何确定违约责任成立的问题，主要包括违约责任的归责原则、构成要件和免责事由等；二是违约责任成立后依法应当承担的具体责任形式，也就是合同债务不履行或者履行不符合约定的法律后果或者补救措施。违约责任产生的基础是双方当事人之间存在合法有效的合同关系。违约责任的确定，具有相对的任意性，除法律强制规定外，当事人可以在法律规定的范围内，通过合同加以确定。对违约责任的事先约定，从根本上说是由合同自由原则和民事责任的私法性质决定的。违约责任的补偿性，是指违约责任旨在弥补或补偿因违约行为造成的损害后果。违约责任具有补偿性，从根本上说是民法平等原则、公平原则等基本原则的体现，也是商品交易关系在法律上的内在要求。根据平等、公平等原则，一方违约使合同关系遭到破坏，当事人利益失去平衡时，法律通过违约责任的方式要求违约方对受害人所遭受的损失给予充分的补偿，从而使双方的利益状况达到平衡。违约人承担民事责任的另外一个原因是其违约行为侵害了相对人的信赖利益，而信赖是要约或合同具有法律强制力的重要根据，“契约法奠定于具有被信赖的约定才赋予拘束力的这一根本原则之上”①。信赖利益既包括财产损失也包括机会损失。其中的财产损失包括：为准备签约或为签约而支出的费用；因准备履行合同或履行合同造成的损失；等等。而机会损失则是当事人相信要约或合同但由于对方当事人不作为所导致的与他人订约机会的丧失，是一种可得利益损失。

违约行为既是一种对法律的蔑视行为，也是对相对人的不尊重行为。因此对违约的评价既是一种法律评价，也是一种道德评价。一般说来，违约行为既是违法的，也是违反道德的。当然，由于法律的形式与实质性的道德价值具有相对的分离性，所以，对法律关系

① [日]内田贵：《契约的再生》，胡宝海译，载梁慧星主编：《民商法论丛》(第4卷)，法律出版社1996年版，第175～243页。

的违反并不必然涉及道德上的“恶”。因为法律本身并不是一种道德话语,而是一种技术话语,尽管法律所调整的社会关系不可能是道德的真空,在法律的实践之中,道德的因素也总是渗透,但是,作为一种形式技术的法律终究是与道德有所区别的。传统合同法理论认为,违约当然是一种道德上的“恶”。但是,霍姆斯认为,违约就是违约,不涉及道德问题。美国的经济分析法学家则从资源的有效分配出发,认为只要符合效率原则,则应鼓励违约,而不应考虑违约的道德性。[①] 美国的分析法学家科克洛克则认为,违约是对义务的违反,同时也是一种法律权利。违约者可以通过对合同义务的违反来创设一种新的法律关系,即违约者与合同相对人之间的违约损害赔偿的法律关系。所以,违约者实质上具有一种选择的权利,他可以选择履行合同,也可以选择违约损害赔偿,这种选择本身是无关道德与否的问题的。这种观点虽然符合效益原则,但它与作为民法存在基础的公平原则、诚实信用原则等却是大相径庭,因此在普通民事关系领域中不宜确认。

违约补救措施,最早可以追溯到古罗马法。在早期罗马法中,债的标的可以是债务人的人身,当债务人不履行债务时,债权人可以监禁债务人,并可以把他们当作债务奴隶,给其带上锁链,用棍棒揍他们,强迫他们为自己劳动,或者将他们作为奴隶出卖获得价金或将他们处死。[②] 公元前326年,《博埃得里亚法》(Lex Poetelia)解放了所有的债务奴隶。后来,以财产承担责任的做法终于取代了以债务人的人身承担责任的做法。[③] 至此,罗马法契约责任完成了由人身、财产混合责任到单纯财产责任的历史性转变。罗马法中的契约责任的承担方式因原告所享有的诉权的不同而有所不同。如原告以被告未履行有名契约的债务提起诉讼,则实行金钱赔偿原则,不得要求被告继续履行债务或采取退换修补等方式承担契约责任,

---

① 王利明:《违约责任论》,中国政法大学出版社1996年版,第63页。

② [意]彼德罗·彭梵得:《罗马法教科书》,黄风译,中国政法大学出版社1992年版,第353页。

③ [意]朱塞佩·格罗索:《罗马法史》,黄风译,中国政法大学出版社1994年版,第115页。

也不能解除契约。但是，对于无名契约，其责任承担方式有两类，即解除契约或继续履行和赔偿损失。[①] 按照《法国民法典》第 1142 条至第 1153 条和第 1184 条的规定，法国的违约补救措施有三种，即实际履行、解除合同和赔偿损失。《德国民法典》中的违约补救措施的种类基本上与法国相同。在英美法系，合同法规则不是由国家立法机关通过编纂制定的，而是由法官造就出来的。英国历史上很早就出现了所谓的“令状诉讼”，这种诉讼的特点是根据不同的诉讼请求，设计不同的诉讼形式，从而为在不同的诉讼形式下的补救手段的形成提供了可能。由于普通法的严格规则有时不够公平，且仅仅通过损害赔偿的方法救济受害人也不够充分，于是又出现了相对完整和独立的衡平法规则。衡平法上的补救手段主要包括强制履行和禁令。这样，英美法系的违约补救措施就可分为普通法上的补救措施和衡平法上的补救措施，普通法上的补救措施主要是赔偿损失，衡平法上的补救措施主要是强制履行。[②] 但在英美法系国家，实际履行作为衡平法上的补救措施，只有在损害赔偿不能作为一种充分的补救方法时才得以运用。因此，实际履行相对于损害赔偿而言，属第二位救济措施。例如，英国合同法认为，只有在受害人举证证明赔偿损失是一种不充分的救济，并符合公正和公平的传统衡平法原则时，在具体案件中才能采取实际履行这一补救措施。与英美法和其他大陆法系国家明显不同的是，我国民法中的违约补救措施主要包括实际履行、采取补救措施和赔偿损失[③]。实际履行，又称继续履行或强制履行，是指当事人一方不履行合同时，法院在对方请求下强制其按合同规定继续履行合同义务的补救措施。适用实际履行并不是没有限制。对于金钱债务而言，因其是一种可替代物，客观上不会发生履行不能问题，所以各国立法一般都规定可以请求强制履行。

---

① 张礼洪：《罗马法中的合同责任及其在现代中国的发展》，载梁慧星主编：《民商法论丛》（第 5 卷），法律出版社 1996 年版，第 681 ~ 683 页。

② 杨桢：《英美契约法论》，北京大学出版社 1997 年版，第 322 页。

③ 《民法典》第 577 条规定：“当事人一方不履行合同义务或者履行合同义务不符合约定的，应当承担继续履行、采取补救措施或者赔偿损失等违约责任。”

考虑到某些当事人发生违约行为有时并非出于自己的本意,而是基于非可归责于自己的外部原因,在这种情况下如果一味强调实际履行既对违约当事人不公,也有违社会的公平正义理念。因此我国《民法典》第 580 条明确赋予了违约方在特定情况下的合同解除权①,这种合同解除权也可被视为对守约方强制履行请求权的限制。其目的乃在于有效平衡社会伦理和经济伦理之间的冲突,适当兼顾违约方和守约方之间的利益平衡。这种限制主要分为三种情况:第一,法律上或者事实上不能履行。这包括法律上不能履行,如在合同履行期间,国家颁布新的法律,禁止买卖该合同的标的物;事实上不能履行,是指由于一定事实的发生,合同标的物的给付成为不可能,如特定的标的物毁损、灭失。第二,债务的标的不适于强制履行或者履行费用过高。如基于人身信任关系的合同;履行费用过高的合同。因为履行费用过高,必然会破坏双方当事人之间的利益平衡,违反从事民事行为的本旨,所以可采取赔偿损失的方式弥补债权人的损失。第三,债权人在合理期限内未要求履行。债权人请求债务人实际履行,需在合理期限内为之,否则,视为自动放弃要求实际履行的权利,只能采取其他补救措施。值得注意的是,违约方虽然在特定条件下可以免除自己继续履行合同的义务,但这种义务免除的后果是对方当事人的合同目的无法实现。因此为了给无辜的守约方以适当补偿,我国《民法典》第 580 条同时规定违约方合同解除权的行使并不免除其违约责任的承担。

违约方因违约行为给对方当事人造成财产损失时,应全部赔偿该损失,这是损害赔偿责任的一般要求,即全部赔偿原则。其基本要求是通过赔偿损失,可以使受害人处于如同合同已经履行的状态。其主要限制有三:(1)可预见规则。违约损害赔偿的范围以违约方在从事民事行为时预见或者应当预见到的损失为限,如果在合

① 《民法典》第 580 条规定:“当事人一方不履行非金钱债务或者履行非金钱债务不符合约定的,对方可以请求履行,但是有下列情形之一的除外:(一)法律上或者事实上不能履行;(二)债务的标的不适于强制履行或者履行费用过高;(三)债权人在合理期限内未请求履行。有前款规定的除外情形之一,致使不能实现合同目的的,人民法院或者仲裁机构可以根据当事人的请求终止合同权利义务关系,但是不影响违约责任的承担。”

同订立时，违约方没有理由预见到所发生的损失是违约很可能发生的结果，损害赔偿金就不能获得。可预见规则是对完全赔偿原则的限制，它体现了意思自治原则，有利于减轻交易风险，体现了公平原则的要求。(2)减轻损失规则。当一方当事人违约而造成损害时，非违约方应及时采取合理的措施以防止损失的扩大。对此我国《民法典》第591条第1款规定："当事人一方违约后，对方应当采取适当措施防止损失的扩大；没有采取适当措施致使损失扩大的，不得就扩大的损失请求赔偿。"通过该条规定可以看出，受害人防止损失扩大的义务在性质上是一种法定义务，其产生的根据是损失的公平分配制度及风险的有效控制制度。当损害发生时，受害人是最能有效控制这一损失扩大的人，同时，由其承担这一责任成本也最小。当其未控制这一风险的扩大时，就应将这种扩大的损失分配给他。(3)损益相抵规则。损益相抵又称损益同销，指赔偿权利人基于损害发生的同一违约行为而获得利益时，应将所受利益从所受损害中扣除，以确定损害赔偿范围的规则。损益相抵的法理依据在于，赔偿责任制度的目的在于补偿受害人因违约而遭受的损失，并非使受害人因此而获得不当得利，受害人不得因损害赔偿而较损害事故发生前更为优越。换言之，违约责任的承担应以补偿守约方的损失为限，守约方不能通过请求对方承担违约责任的方式营谋超过其因合同履行而获得的正常利益。对此我国《民法典》第584条明确规定："当事人一方不履行合同义务或者履行合同义务不符合约定，造成对方损失的，损失赔偿额应当相当于因违约所造成的损失，包括合同履行后可以获得的利益；但是，不得超过违约一方订立合同时预见到或者应当预见到的因违约可能造成的损失。"

(八)关于预期违约制度的伦理分析

预期违约，又称期前毁约、先期违约，它是指在合同有效成立后履行期限到来前，当事人一方无正当理由而明确表示其在履行期到来后将不履行合同，或者其行为表明在履行期到来以后将不可能履行合同。预期违约制度是英美合同法通过判例发展起来的特有制度，随后被现代合同法及国际合同公约所普遍接受。我国《民法典》第578条规定："当事人一方明确表示或者以自己的行为表明不履行合同义务的,对方可以在履行期限届满前请求其承担违约责任。”预期违约制度有利于公平地保护债权人的利益。如果债务人已经明确表示将不履行合同义务,而且法律又不认可预期违约,则债权人将处于两难境地:一是坐等实际违约的发生,或者同时采取消极措施,以尽量减少可能发生的损失;二是在实际违约来临之前,采取积极措施,避免可能出现的损失。采取前种对策意味着损失必然会出现,除非债务人届时继续履行合同义务。采取后种办法,一旦债务人届时继续履行合同义务,则债权人会陷入不利。由此可见,预期违约制度有其存在的必要。预期违约制度设计的理论基础是民法上的公平责任原则。

预期违约包括两种形态,即明示预期违约和默示预期违约。明示预期违约,是指一方当事人无正当理由,明确肯定地向另一方当事人表示其将在履行期限到来时不履行合同。默示预期违约,亦称为推定的预期违约,是指在履行期到来之前,一方以自己的行为表明其将在履行期限到来后不履行主要债务。在默示预期违约的情况下,债务人并未明确表示他将在履行期到来时不履行合同,只是根据债务人在准备履约过程中的行为、经济状况、商业信用等,能合理地预见到他将不履行或不能履行合同。由于这种预见属于主观上的推断,故在默示预期违约制度中,就要求该预见必须具有合理性。在判断一方的预见是否合理方面,从采用预期违约制度的国家判例或立法以及国际公约来看,大约有两种:一是《美国统一商法典》第 2 – 609 条规定的“有合理理由认为对方不能正常履行”。根据判例法,这种“合理的理由”主要有以下三种:第一,债务人的经济状况不佳,没有能力履约;第二,商业信用不佳,令人担忧;第三,债务人在准备履约过程中的行为或实际状况表明债务人有违约的危险。[①] 二是《联合国国际货物销售合同公约》第 71 条规定的标准,即对方履行义务的能力有缺陷或信用有严重缺陷,或者债务人

---

① 杨永清:《预期违约规则研究》,载梁慧星主编:《民商法论丛》(第 3 卷),法律出版社 1995 年版,第 355 页。

在准备履行合同或履行合同中的行为表明他将不会或不能履约。[①]在救济方法上，预期违约具有较大的选择余地。在一方预期违约时，另一方当事人既可以在履行期限届满前立即中止给付或者解除合同并要求预期违约方承担违约责任，也可以对预期违约置之不理，等到履行期限届满后要求违约方承担实际违约责任。

（九）关于知假买假的伦理分析

因知假买假引发的诉讼在民法学界曾引起激烈的讨论。从理论上说，这里涉及几个问题：首先，关于《消费者权益保护法》的立法宗旨。我国《消费者权益保护法》的最大特点是对消费者通过立法形式进行了倾斜保护。之所以作此规定主要基于两个原因：一是消费者和经营者、生产者之间信息上不对称、地位上不对等。就消费者而言，随着社会分工日益细密，消费者知识面日趋单纯化，而科技的发展使商品和服务愈加复杂化，消费者判断商品和服务质量真伪的难度越来越大，消费者因知识受限而对交易条件也通常欠缺理解能力。而经营者不但富有经验，而且其雄厚的财力和组织的集团化也为其支配一定市场提供了优势。二是消费者和生产者、经营者的权利性质不一样。消费者购买商品或服务的目的意在满足自己的消费需求，体现的是其生存权，而经营者提供商品服务意在营利，体现了其发展权。这两种层次不同的权利不能等量齐观，否则无异于藐视基本人权、泯灭人类理性。[②]根据我国《消费者权益保护法》第14条的规定：消费者在购买、使用商品或接受服务时，享有其人格尊严、民族风俗习惯得到尊重的权利。第49条则对经营者故意欺诈消费者的行为作出了惩罚性的赔偿，即"经营者提供商品或者服务，造成消费者或者其他受害人人身伤害的，应当赔偿医疗费、护理费、交通费等为治疗和康复支出的合理费用，以及因误工减少的收入。造成残疾的，还应当赔偿残疾生活辅助具费和残疾赔偿金。造成死亡的，还应当赔偿丧葬费和死亡赔偿金"。其次，关于如何看

---

① 王利明：《违约责任论》，中国政法大学出版社1996年版，第146页。

② 张守文、于雷：《市场经济与新经济法》，北京大学出版社1993年版，第298～299页。

待消费者的行为动机的问题。这里首先涉及对消费者的认定问题。有学者认为,与其说消费者是同为抽象个体的一类人,毋宁说其代表了与经营者相对应的一种社会角色。这话有一定道理。法律上对消费者的界定主要考虑的是其消费目的。根据我国《消费者权益保护法》第2条的规定:“消费者为生活消费需要购买、使用商品或者接受服务,其权益受本法保护。”2002年上海市消费者权益保护委员会对“消费者”进行定义,认为下列情况下购买人不属于消费者:一是过量购买,即购买达到一定数量,又没有确实理由证明直接用于消费。例如在一案例中,一位购买者一次性购买了300支派克笔,然后以假货为由要求商家双倍退还货款。法院根据人们普遍的消费心理排除了该购买行为属于生活需要。二是重复购买。三是知情购买或明知购买。以上规定都将动机作为判定消费者的主要依据。对于王海是否能够作为消费者以及其知假买假的法律性质,笔者认为既要考虑中国的国情,也要注重民法基本原则。中国的国情包含两个方面:一是中国广大的社会公众对假货深恶痛绝;二是根据传统的价值观念,中国人强调诚信,不支持“以恶制恶”。因此,虽然都认为制售假货应当受到制裁,但并不认可这种制裁可以由个人来实施。也就是说,买假索赔行为并不能得到传统伦理道德观念的支持和肯定。就法律层面来说,调整民事关系的主要有两个基本原则,一是公平,二是诚信。买假索赔与这两个原则都有冲突。买假索赔违背民法的诚信原则,其理由自不待言。就公平原则来说,民法强调的是权利义务的合理分配,以及利益和损失的合理分摊,而买假索赔所追求的是超出自己损失的额外利益,其追求动机具有主观的恶意性。从法理上来说,民事赔偿主要强调的是其补偿功能,惩罚性只能是一个次生功能。如果对买假索赔加以认可的话,那么法律就从原来国家层次的德治工具直接沦为或庸俗化为个人实现其物欲的工具。这既是对法律的亵渎,也是对道德的践踏。任何国家的法律都不应当对不法利益予以保护,这应当是立法和司法的基本要求,否则就曲解了法律的原意。正如有学者所言,王海知假买假现象是在人们法律意识淡薄与道德丧失权威性的真空地带滋生的。故意买假索赔系企图以法律的名义获取某些利益的不法行为;所以“王海现象”恰恰暴露了在法治的进程中处理法律与道德关系时存在的问题。如果到法律本身逻辑之外凭直觉情感断章取义地使用法律条文或者兴之所至地研究法律问题,那么就会有损法律的权威性和严肃性,其结果,不但使法治不能建立,而且正在形成的法治也会遭到破坏。① 因此,如果法律上对故意买假索赔进行纵容和保护,不仅有损道德秩序和法律秩序,而且还会危及市场秩序,甚至扭曲法律的良知。

---

① 苏力:《〈秋菊打官司〉案、邱氏鼠药案和言论自由》,载《法学研究》1996 年第 3 期。

第十五章　知识产权制度的伦理分析

一、知识产权的伦理属性

关于什么是知识产权，学术界有不同的观点，一般认为“知识产权是民事主体所享有的支配创造性智力成果、商业标志以及其他具有商业价值的信息并排斥他人干涉的权利”①。知识产权的主要保护对象是科学技术，对创新性技术进行有效保护，既是知识产权法的主要任务，也是推动社会进步的有利因素之一。对此，罗素曾经说过：科学自它存在时，已对纯科学领域以外的事物发生了重大的影响。这种影响可以是经济的，也可以是伦理的。科学技术对经济发展具有巨大的促进作用，对此现在恐怕已无任何人提出异议，但对于科学技术与伦理之间的关系，理论上和实践中都存在不同看法。目前理论学界主要有以下四种观点。第一种观点认为科技与伦理可以相分离。在这种观点看来，科学家的研究目的是追求现实世界中所存在的客观真理，判断科学知识及理论的标准的真与假，而不是道德意义上的好与坏；工程技术人员的工程营建所

---

① 张玉敏：《知识产权的概念和法律特征》，载《现代法学》2001年第5期。

依据的也是自然界本身的客观法则，判断技术发明与应用的标准是先进或落后，而不是道德意义上的善与恶。因此，科技领域本身是价值中立的，并非伦理道德的研究对象。科学技术没有价值偏好，属价值中性，因此科技本身与伦理无涉，科技发展本质上与道德进步是统一的；之所以出现伦理问题，是因为人们不恰当地使用了科技成果。第二种观点认为科技与伦理是统一的。在这种观点看来，科技是由知识、方法、活动、产品等不同层面和环节构成的整体。虽然知识形态的科技可以看作是价值中立的，但科技方法、科技活动、科技产品以及科技产品的运用，却渗透着社会、文化和伦理的因素，带有明显的价值取向。比如原子能知识是中性的，但它可以用来制造原子弹，也可以用于核发电。其中在制造原子弹的科技方法和目标里，如原子弹功能和后果是什么，为什么要造原子弹而不是核电站等，却融进了人的价值要素。因此，即使是以高科技产品形式出现的原子弹也是承载了价值的，无论人们是否使用它，也无论是由哪些人、群体、国家使用，都不能改变原子弹的属性。不能说存放在武器库里的核武器就不是杀人武器，在道德上就是清白的。科技与科技的运用后果并非绝对分立的，把科技视为工具或视为奴役都是对人类责任的放弃和逃避。由此可见，科技本身就承载着价值，科学的社会规范与科学家的伦理责任是一致的。当代科技主体在科技—伦理实践中应当发挥主动性和创造性，遵循客观公正性和公众利益优先性的基本伦理原则，在科技与社会伦理价值体系之间建立有效的缓冲机制。第三种观点认为科技与伦理方面的两难困境是不可调和的。在这种观点看来，科技活动的主体是科学家，科技活动和科技成果运用的伦理问题总是与科学家紧密联系。既然科技本身蕴含价值与伦理特征，那么，科学家就不应游离于道德规范之外，而应受一定规范的制约，由此必然会引出科技人员的社会伦理责任问题。但是，当科技成为一种社会活动时，当科技的立项研究、科技产品的开发生产均是由政府、集团或企业投资并实施控制时，科学家在某种程度上便失去了独立性和自主性而成为受雇于他人的工具。当政府、集团或企业的局部的、眼前的、直接的、暂时的利益，与人类根本的、长远的社会自然整体利益发生冲突时，服务于某个部门或企业的个人已经无法应对由此产生的价值与伦理的困境。因此由科学家来调和科技与伦理的矛盾远远超出了科学家本身的能力。第四种观点认为科技的伦理后果在客观上是不可预测的。在这种观点看来,对一个从事基础研究的科学家来说,能完全预见到他所选择的课题会带来什么样的道德上的后果是不可能的。即使是最聪明的人,也不可能预测一个基础理论的发现在将来可能产生的一切影响。既然不可预测,如果给科学研究过早地戴上伦理道德的枷锁,只会导致放弃一切科学活动。不管会出现什么样的伦理后果,科学研究活动都是必然要进行的。达尔文在创立他的"进化论"时,并没有想到会有如此震撼的效果。当某个科学理论对主流的社会伦理范式产生冲击时,科学的伦理问题就会显现。"进化论"带来的不仅仅是一个科学伦理问题,而是伦理的革命。当"进化论"用大量的科学事实证明人类不是"上帝"的"管家",而是猴子的"表亲"时,这是否又意味着把一种新的伦理关系引入科学认识中来？就进化论实际运用效果来说,有人将其作为与封建迷信和宗教说教作斗争的工具,有人则用其来证明人类本质上是不平等的,这又直接作为某些政府采取某些反人类行为(如屠杀犹太人和残疾人)的最有力理论依据。

目前中国科学家也充分注意到科学技术与伦理之间的密切联系。2002 年 7 月 20 日中国科学技术协会国际科学理事会(ICSU)中国委员会在北京召开了"科技伦理问题及其对社会的影响"研讨会。会议对科技伦理与社会的关系进行了广泛讨论,并达成了以下四个方面共识。(1)应正确理解发展科学技术的目的是认识世界和为人类造福,这是事关整个社会的道德规范和价值取向,事关整个社会的发展进程和发展前途。因此要求科学技术工作者应该诚信、理性、有社会责任感,人与自然应该和谐相处。(2)科学技术工作者应该关注由科技发展及应用引起的生命、资源/环境、信息/网络、空间等重要的科技领域中的伦理问题,关注复杂系统的风险评估与预警,并加强这方面的研究。(3)在科学技术的发展战略和政策措施的决策过程中,有关部门和机构应该对科学技术发展的社会和环境影响进行充分调研和论证;公示涉及的科技伦理与道德问题内容,强调公众的知情权和监督作用。(4)与科学技术有关的伦理道德和社会责任问题是一个复杂的社会、文化问题。应该倡导不同学科、不同领域之间的合作。倡导理性、客观地对待认识上的差异,倡导不同观点、不同文化、不同利益集团之间的沟通和对话。[①] 为了规范科技伦理活动,2022 年 3 月 20 日,中共中央办公厅、国务院办公厅联合印发了《关于加强科技伦理治理的意见》,其总体目标是坚持促进创新与防范风险相统一、制度规范与自我约束相结合,强化底线思维和风险意识,建立完善符合我国国情、与国际接轨的科技伦理制度,塑造科技向善的文化理念和保障机制,努力实现科技创新高质量发展与高水平安全良性互动,促进我国科技事业健康发展,为增进人类福祉、推动构建人类命运共同体提供有力科技支撑。治理的基本要求是:伦理先行,依法依规,敏捷治理,立足国情,开放合作。强调科技伦理的基本原则是:增进人类福祉,尊重生命权利,坚持公平公正,合理控制风险和保持公开透明。科技部、教育部、工信部等 10 个部门于 2023 年 9 月 7 日联合印发《科技伦理审查办法(试行)》,通过设定科技伦理规范的方式,为科学研究划定伦理边界。该办法明确界定了应当进行科技伦理审查的科技活动的范围,主要包括:(1)涉及以人为研究参与者的科技活动,包括以人为测试、调查、观察等研究活动的对象,以及利用人类生物样本、个人信息数据等的科技活动;(2)涉及实验动物的科技活动;(3)不直接涉及人或实验动物,但可能在生命健康、生态环境、公共秩序、可持续发展等方面带来伦理风险挑战的科技活动;(4)依据法律、行政法规和国家有关规定需进行科技伦理审查的其他科技活动。这些科技活动涵盖了对人类生命健康、价值理念、生态环境等具有重大影响的新物种合成;将人干细胞导入动物胚胎或胎儿并进一步在动物子宫中孕育成个体的相关研究;改变人类生殖细胞、受精卵和着床前胚胎细胞核遗传物质或遗传规律的基础研究;侵入式脑机接口用于神经、精神类疾病治疗的临床

---

① 王光荣:《重视伦理规范　弘扬科技正面效益——专家学者探讨科技伦理》,载《光明日报》2002 年 7 月 22 日,第 4 版。

研究;对人类主观行为、心理情绪和生命健康等具有较强影响的人机融合系统的研发;具有舆论社会动员能力和社会意识引导能力的算法模型、应用程序及系统的研发;面向存在安全、人身健康风险等场景的具有高度自主能力的自动化决策系统的研发等众多领域,其研究内容直接关乎人类的生命健康、价值理念、生态环境等重大问题。

从某种意义上说,知识产权的发展史同时也是人类文明的求索史和成长史。虽然人类对何为自身所追求的文明并未达成共识,有人认为文明是对自由、平等、守信的认知与坚守;也有人认为文明是对正义与公平自觉维护的冲动与行动;还有人认为文明是对邪恶的鞭挞和对弱势的扶助;等等。似乎人类对文明是什么很难回答,但庆幸的是,人类对于文明不应当追求什么这一问题回答得却比较明确。因为人类所追求的文明有一个确定的基准,即文明与野蛮有着截然相反的价值取向和社会后果,文明的进程就是人类不断摆脱野蛮的进程,任何文明都必须建构在诚实守信、共享共赢的基础之上,任何文明的功效都应当服务于造福人类这一目的。

二、知识产权授予的伦理判断

(一)关于专利权授予的伦理分析

所谓专利权,是指专利专管机关依法授予发明人、设计人或者其他合法申请人对其发行创造所享有的专有权。专利权是一种以非物质财产为保护对象的特殊物权。按照我国专利法的规定,可授予专利的包括发明、实用新型和外观设计。其中发明是整个专利制度的核心,也是专利制度促进社会经济发展的主要动力之源。根据我国专利法的规定,授予专利权的发明应当具备新颖性、创造性和实用性。在以上“三性”中创造性是发明制度的核心,如果说新颖性主要强调的是发明的形式标准和直观标准的话,创造性则是发明所应具有的实质性标准。从伦理学的角度来说,保护发明创造既会促进社会的不断进步,也符合人的本能要求,因为“创造是人的一种特殊本能。以创造性的方式关注和参与世界事务,是人的内心深层的欲望和动力”。“发明活动本身能够给予发明家至高的奖赏,产生强大的动力。接受智慧的挑战,理想主义的憧憬,亲历科学之美,对发明家来说是至高的精神享受。这种神圣的感觉常常使发明家义无反顾,一往无前。”①对专利的授予既要考虑经济性,也要考虑伦理性。例如,根据我国《专利法》第25条的规定:“对下列各项,不授予专利权:(一)科学发现;(二)智力活动的规则和方法;(三)疾病的诊断和治疗方法;(四)动物和植物品种;(五)原子核变换方法以及用原子核变换方法获得的物质;(六)对平面印刷品的图案、色彩或者二者的结合作出的主要起标识作用的设计。对前款第(四)项所列产品的生产方法,可以依照本法规定授予专利权。”通过对以上条文的分析我们可以得出,法律上对专利授予的排除主要考虑的是人与自然的和谐共存,考虑的是生态伦理和社会伦理对科学的影响。当人们从以神话解释世界发展到理性看待世界时,如果单纯地从纯功利主义出发来从事科学研究就会产生严重的伦理问题。人们在饱尝大自然的惩罚之苦后,终于总结出科学探索应该遵循的四条基本原则:“一是行善,造福人类;二是自主,尊重人的尊严价值;三是不伤害,不能对试验者和他人造成伤害;四是公正,包括资源分配、利益分享和风险承担的三种公正。”②当然,这里主要强调的是以人类为中心的科学伦理原则,还没有考虑到人与自然的和平共处问题。实际上对科学探索的伦理限制远不止这些。有很多科学禁区实际上是“潘多拉的魔盒”,一旦打开,放出的将是人类无法控制的“妖魔”。爱因斯坦曾是原子弹的积极倡导者,但他在去世之前回复朋友的信中却坦诚,科学家应当对原子弹这样的大规模超大规模杀伤性武器负有一定责任。因此科学家在做任何研究之前都必须考虑其研究成果给人类带来的到底是幸福还是灾难。国家对科学的态度包括对专利的审查和授予也应当如此,否则专利也会成为产生邪恶的“温床”,成为毁灭人类自身的魔力之源。由此可见,知识产权法具有技术性规范的特点,这是毋庸置疑的事实。但我们并不能因此而断定所有的知识产权法律规范只能是单纯的

---

① 张开逊:《发明的哲学思考》,载《百科知识》2003年第5期。

② 田地:《人类探索的有垠与无垠》,载《百科知识》2003年第6期。

技术性规范,而根本否认其伦理性规范的内在秉性。实际上知识产权制度和其他许多法律制度一样,不但应回应技术对法律的需求,更应当利用法律的基本功能引导技术活动造福于人类。因此任何国家在进行知识产权制度设计时都必须考虑相关制度设计可能对人类伦理所产生的影响。例如,许多国家的专利法都把违背公共秩序和善良风俗的发明排除在专利授权之外。另外,动、植物新品种,人体或动物疾病之诊断、治疗或手术方法,人类辅助生殖技术等由于涉及基本人类伦理问题通常也被排除在专利授权之外。

在各国专利法中争论最大的恐怕要数对基因和基因产品能否授予专利这一问题。基因是控制人类等生物性状的遗传物质的功能单位和结构单位,是具有遗传效应的脱氧核糖核酸(DNA)片段。每个 DNA 分子含有很多基因,每个基因都有一种或几种蛋白质和化合物的"蓝图",特定的蛋白质和化合物决定人体的特定细胞和器官的形成与运作,包括人类的生老病死。掌握人类基因图谱,了解基因、蛋白质及其相互作用机理,能够全面解决生命科学研究中的诸多问题,使人类治疗各种疑难病症和延长寿命成为可能。人类基因已成为各国媒体中出现频率最高的词汇之一,基因研究近年来取得的成果,也被视为自阿波罗登月以来,人类历史上最重要的科研成果之一。迄今的基因研究大体可分为三类,第一类是生物基因研究,主要任务是破译人体密码,并在此基础上,最终战胜癌症、过敏、心血管和循环系统疾病等发病率较高、目前又不能治愈的"大众疾病"。第二类是绿色基因技术,其任务是通过修改植物基因来培育转基因食品。疯牛病的出现,促使人们重新思考食品结构和食品生产的基础与条件。绿色基因技术可能向人们揭示全新的食物前景。第三类是再生基因技术,即人们通常所称的"克隆"技术。自从第一只克隆羊于 1996 年 7 月 5 日问世以来,围绕克隆技术及其正负面影响的讨论就再也没有停止过。[①] 2000 年 6 月科学家在宣布绘制出人类基因组工作框架图的同时也警告说:遗传学在为人类攻克疾病开辟光明前景的同时,也在法律、伦理和社会等方面带来

① 方祥生:《基因研究与"伦理委员会"》,载《光明日报》2001 年 2 月 26 日。

许多严重问题。因此，人们需要用理解和智慧，确保适宜地开发利用遗传学从而为人类带来巨大利益。目前各国科学家基本达成共识：任何对基因的研究和运用都要遵循一些基本的伦理要求和伦理规则，否则基因技术就会被居心叵测的人滥用。基因专利的授予同样也要遵循这一原则。

在基因利用方面，由于生命科学研究已进入后基因组时代，基因组工程技术在临床的应用必然导致一系列伦理道德方面的问题。人体是自然存在物，必然在一定程度上受自然秩序的支配。人体基因的剪接和重组，必然也在一定程度上受到自然秩序的支配。通过基因的剪接和重组，对人体缺陷基因的剔除，对人体某种素质的强化，打乱原有基因的自然秩序的规定，在自然秩序的模板上留下人的意志的痕迹；同时对社会秩序也带来巨大影响，人类基因组学的发展必然带来基因专利、基因隐私、基因歧视、基因技术滥用、基因技术经济等社会问题，实验室制造生命将冲击人类性繁殖方式。因此，基因技术的应用绝不单单是一个技术问题，还需要进行伦理思考和评判，伦理评判的关键是基因技术的具体运用对医学发展和社会进步有何价值和意义，评判的基础是从生命伦理角度考虑在尊重人的生命、生存权利和生命价值前提下的生活质量、生命健康、生存环境、人生价值。

基因研究既是基础性学科，又是应用性很强的产业，需要花费大量的基础科研经费，在产业化进程中投入较大，且回报周期较长。据经济合作与发展组织统计，世界上众多的基因研究与开发公司平均把其将近45%的年利润投入科研中。因而，探寻对于基因研究技术成果的知识产权保护的最佳途径，使其产生最大化效应，一直是许多人士努力的方向。有些学者曾提出“生物技术作品”版权保护理论，其中尤以“文字作品和软件程序比拟说”(analogy of literary works and computer programmes)和“基因序列汇编说”(DNA as a compilation)最为引人注目。但是由于版权只保护作品的表现形式而不能防止对其内容的利用，因而对基因技术的版权保护实际上并没有多大的意义。而对于基因技术是否采取商业秘密保护措施，其主动权掌握在技术持有人手中。最终，许多人认为，授予专利权是对基因技术的最有效率的保护形式。① 目前基因(指人体基因)专利主要是基因序列专利、基因方法专利、基因产品专利和基因产品的用途专利这四大类。对于基因序列发现而言,人类对特定基因或基因片断序列的发现以及相应功能的揭示是唯一的,因为真正的发现必然与客观事实相吻合。它们是基因研究向纵深化方向发展的基础,而且它们也只是为人类了解生命现象和本质搭建一个平台。假若放宽可获专利审查标准的尺度,大量授予基因序列专利,势必将导致这些基础研究成果进入专有垄断领域。如果基础研究的成果被垄断,那么势必会影响基础研究背后广阔的应用领域的科技发展。这时专利权人垄断的不只是单纯的技术,其垄断的是一切以这些基础知识相联系的其他基因研究和后序基因技术的开发与利用。如此强大的权力和宽泛的权力范围,势必会与社会公共利益背道而驰。

(二)关于商标注册的伦理分析

商标注册是指商标注册申请人为取得商标权,依照法律规定的条件和程序向商标局提出注册申请,经商标局依法核准注册,从而取得商标权的一系列程序的总称。经过注册的商标,商标所有人取得商标权,受法律保护。未注册的商标不能取得商标权,仅在一定程度上受法律保护。因此,商标注册是商标受到更高程度保护的前提条件。

尽管注册具有重要意义,但国家并不要求所有的商标都必须注册。在我国,商标注册以自愿注册为原则,以强制注册为例外。根据我国的有关规定,这些强制注册的商品主要包括:人用药品,包括中成药(含药酒)、化学原料及其制剂、抗生素、生化药品、放射性药品、血清疫苗、血液制品和诊断药品;烟草制品,包括卷烟、雪茄烟和有包装的烟丝。这些商品之所以必须使用注册商标,主要是因为这些商品大多与人的生命健康直接有关,因此法律应当给予特别关注。从民法理论来说,人是最宝贵的,任何产品的生产和销售,任何法律的制定都应当以充分保护人的生命健康、促进人的自由和发展为条件,而不能以牺牲人的生命为代价,这也是最基本的伦理要求。

① 孙皓琛:《基因研究中主要法律问题之探讨》,载《研究生法学》2002 年第 1 期。

不仅如此，各国都会根据本国的基本伦理要求和伦理判断，对申请注册的商标的条件作出规定。根据我国《商标法》的规定，申请注册的商标应具备以下两个条件：(1)应当是文字、图形、字母、数字、三维标志、颜色组合和声音等，以及上述要素的组合。(2)应当具有显著特征。同时我国《商标法》还对不得作为商标使用的标志作了规定，主要有：同我国的国家名称、国旗、国徽、国歌、军旗、军徽、军歌、勋章等相同或者近似的，以及同中央国家机关的名称、标志、所在地特定地点的名称或者标志性建筑物的名称、图形相同的；同外国的国家名称、国旗、国徽、军旗相同或者近似的，但经该国政府同意的除外；同政府间国际组织的名称、旗帜、徽记相同或者近似的，但经该组织同意或者不易误导公众的除外；与表明实施控制、予以保证的官方标志、检验标记相同或者近似的，但经授权的除外；同“红十字”“红新月”的名称、标志相同或者近似的；带有民族歧视性的；带有欺骗性，容易使公众对商品的质量等特点或者产地产生误认的；有害于社会主义道德风尚或者有其他不良影响的。县级以上行政区划的地名或者公众知晓的外国地名，不得作为商标。但是，地名具有其他含义或者作为集体商标、证明商标组成部分的除外；已经注册的使用地名的商标继续有效。另外，根据《商标法》的有关规定，下列标志不予注册或者禁止使用：(1)与他人在先取得的合法权利相冲突的。(2)就相同或者类似商品申请注册的商标是复制、摹仿或者翻译他人未在中国注册的驰名商标，容易导致混淆的；就不相同或者不相类似的商品申请注册的商标是复制、摹仿或者翻译他人已经在中国注册的驰名商标，误导公众，致使该驰名商标注册人的利益可能受到损害的。(3)未经授权，代理人或者代表人以自己的名义将被代理人或者被代表人的商标进行注册，被代理人或者被代表人提出异议的。(4)商标中有商品的地理标志，而该商品并非来源于该标志所标示的地区，误导公众的。(5)注册商标被撤销、被宣告无效或者期满不再续展的，自撤销、宣告无效或者注销之日起1年内，商标局对与该商标相同或者近似的商标注册申请，不予核准。(6)未经商标注册人许可，不得在同一种商品上使用与其注册商标相同的商标，也不得申请注册。根据以上规定可以看出,对商标注册的禁止性规定,主要可以归结为三个方面:一是有违公序良俗的标识,如带有歧视性的标识,有害于社会主义道德风尚或者有其他不良影响的标识,与国家、国际组织名称、标志相同或者近似的标识等;二是有违诚实信用原则的标识,如他人被撤销或者期满不再续展的标识,代理人或者代表人以自己的名义将被代理人或者被代表人的商标进行注册的标识,复制、摹仿或者翻译他人未在中国注册的驰名商标,与他人在先取得的合法权利相冲突的标识等;三是申请人有恶意的行为并可能因其恶意而给相对人造成损害的标识,如夸大宣传并带有欺骗性的标识,商品非来源于商品标志中所标示的地区的标识,与表明实施控制、予以保证的官方标志、检验标记相同或者近似的标识等。这些标识既不符合社会的整体利益,也与社会一般的伦理道德要求相矛盾,故应受到法律的否定。

不仅如此,由于商标知识产权制度存在的正当性基础是保护商标的有效正当使用,因此注册并非取得商标权的唯一方式。知识产权制度创设的目的在于对无形劳动成果提供垄断性特权,这种特权能够为人所遵从的原因在于这种保护必须依附于真正创造劳动价值的主体,毕竟“劳有所得,天经地义”。著作权法和专利法对版权或专利权的保护设置之所以为公开取得或注册取得,是因为它们真正值得保护的主体是殚精竭虑、呕心沥血创造该成果的智慧主体,因此无论其在商业市场是否得到认可,是否得到应用,都不影响其法定权利的存在。但商标则有所不同,单纯的商标注册并不会为社会创造任何价值,商标只有经过使用其价值才能得以呈现。从该意义上说,商标权值得保护的主体不应仅限定为商标注册的主体(占有商标的人),其他的商标合理使用主体同样应该受到法律保护。例如,根据我国商标法的规定,即使针对注册商标,已经在同一种商品或者类似商品上先于商标注册人使用的与注册商标相同或者近似的商标仍可继续使用。当然这并不是说商标的设计者所付出的劳动不值得保护,而是说对于一个家喻户晓且含金量颇高的知名商标品牌而言,商标设计者的初始灵感和相关的法律确认程序固然重要,但相较而言其对商标价值形成的贡献是非常有限的。换句话说,商标的注册登记只是赋予商标申请者以权利,但并不能因此赋予商标以价值。劳动是商标价值产生的真正根源,是商标权利受到保护的正当性基础。而商标的价值并不是简单地通过注册就可产生的,更重要的还是依赖于对商标品牌的创造性经营,细心维护和积极推广。所以当商标权的取得产生争议的时候,或许商标的运营主体才是商标权制度更值得保护的真正劳动者。此即商标权制度不仅仅是为了保护占有型的取得者,更应该保护使用型的取得者。正是在这个意义上,一个被设计出来的注册商标如果在注册之后就被"束之高阁",没能真正投入市场被有效使用、运作和推广,那么该商标的价值和使用价值几乎可以忽略不计。虽然我国商标法采取的是注册取得商标权的模式,但也有条件地认可了商标使用人对商标权利人的对抗性权利,明确规定对于不以使用为目的的恶意商标注册即商标抢注行为的合法性不予认可。所谓商标抢注,是指对他人已经长期使用但未进行注册的商标恶意进行抢先注册的行为。在我国《商标法》没有修改之前,由于法律对这种行为未作规定,许多组织和个人恶意抢注他人的注册商标并借此索取高额转让费。许多人特别是律师界对这种行为大加赞赏,认为这是一种合法的谋利行为,符合商标法的立法本意。实际上无论从理论上还是从法律上说,这种行为都是对他人劳动的蔑视,也有违基本的社会道德,当然应当为我国法律所否定。因此我国《商标法》第 32 条规定:"申请商标注册不得损害他人现有的在先权利,也不得以不正当手段抢先注册他人已经使用并有一定影响的商标。"

三、知识产权保护的伦理底色

(一)对驰名商标保护的伦理思考

各国之所以对驰名商标进行保护,既源于对驰名商标使用人在前期的商标品牌打造方面的智力和财力付出应给予充分的尊重,更在于商标背后所隐含的社会价值取向与伦理道德的评价机制。实际上许多知名商标之所以能够为社会大众广泛接受,是因为这些商标涵摄的文化意蕴与该国的民族精神和民族文化有着密切的联系。例如,"娃哈哈"商标之所以成功,是因为它契合了中华民族乐观向上的人生观和家庭和睦的亲情观。"中国红牛"商标同样也不例外,由于其契合了脚踏实地、俯首甘为孺子牛的中国精神,迎合了中华民族自农业文明以来以牛为辛勤劳作代表的文化意境,切合了中国社会百折不挠的昂扬斗志,隐含了社会民众红红火火、牛气冲天的精神追求,因此赢得了社会公众的普遍认可。就像可口可乐和麦当劳,其不但是许多美国人的生活必需品,而且在某种程度上代表了美国的精神、文化和价值观,红牛饮料同样打下了深深的中国文化烙印。就法律层面来说,知识产权保护与民族工业的保护是息息相关的,知识产权制度也与特定社会的公共利益、民族利益和国家利益紧密相联。因为文明的现代社会既不允许对他人劳动成果的无偿占有,也不允许披着"诉讼外衣"所展开的不正当竞争存在,而需遵循君子爱财取之有道。换言之,文明社会的资本运营不能毁信悖德。不仅如此,人类文明社会需要的不只是秩序,也不应当仅仅停留于秩序,更需要建立在诚信基础上的秩序,文明的社会也不是只要法治,而是要良法善治。换句话说,虽然法治本身作为手段并不具有主观的色彩,但文明的社会以良善的法治作为目标。法治必须有利于社会进步,这才应是文明社会该有的配套。故而司法审判作为良法善治的最后一道防线必须守护和确保法治运行的社会效果、社会影响及社会导向的良善落实,对法治的践行也应立足于人类文明对公平和正义的底线坚守之上。因此对法律制度的应用不应当陷入技术涵摄的粗浅循环,而应当超越法律之上运用法律,否则机械性条款的僵化适用可能阻滞人类心怀良知义无反顾地去勤奋、努力和坚持。

(二)关于知识产权保护中的惩罚性赔偿制度

根据我国《民法典》第 1185 条之规定:"故意侵害他人知识产权,情节严重的,被侵权人有权请求相应的惩罚性赔偿。"这里的惩罚性赔偿,又称示范性赔偿或报复性赔偿,是指由法庭所作出的赔偿数额超出实际损害数额的赔偿。根据美国《侵权行为法(第二次)重述》第 908 条的规定:"惩罚性损害赔偿是在补偿性与象征性赔偿外,用以惩罚行为人之恶性行为以及威吓该行为人与他人于未来再为相类似行为而所给予的赔偿金。"惩罚性赔偿的目的除了对受害人的损失进行弥补之外,更在于通过对故意实施侵权行为的恶意行为进行加重处罚,防止其将来重犯。

一般认为,惩罚性赔偿制度最早起源于1763年英国的Wilkes v. Wood案和Huckle v. Money案。早期的惩罚性赔偿主要适用于诽谤、诱奸、恶意攻击、诬告等使受害人遭受精神痛苦的案件,其主要是作为对精神损失赔偿的一种替代制度而存在的。其产生的原因在于,当时的赔偿制度难以对受害人的精神损失予以补偿,因此通过惩罚性赔偿制度,在赔偿受害人的实际物质损失的同时,对受害人的精神损失也予以物化性质的金钱赔偿。现代惩罚性赔偿制度广泛适用于产品侵权、商业侵害等各种侵权案件类型中。惩罚性赔偿作为一种加重责任,由于有违于补偿受害人损失这一民事赔偿的基本要求,因此在各国民法中都得到严格管控。相对来说,英美法系国家对这一制度适用较多,也较为灵活,而大陆法系国家对这一制度的接受程度则较低。我国关于惩罚性赔偿的制度最早见于1993年颁布的《消费者权益保护法》,其中第55条规定:"经营者提供商品或者服务有欺诈行为的,应当按照消费者的要求增加赔偿其受到的损失,增加赔偿的金额为消费者购买商品的价款或者接受服务的费用的三倍;增加赔偿的金额不足五百元的,为五百元。法律另有规定的,依照其规定。"2003年最高人民法院在《关于审理商品房买卖合同纠纷案件适用法律若干问题的解释》中将惩罚性赔偿制度扩展到商品房买卖领域。此后2009年颁布的《食品安全法》第96条第2款规定:"生产不符合食品安全标准的食品或者销售明知是不符合食品安全标准的食品,消费者除要求赔偿损失外,还可以向生产者或者销售者要求支付价款十倍的赔偿金。"同年颁布的《侵权责任法》第47条规定:"明知产品存在缺陷仍然生产、销售,造成他人死亡或者健康严重损害的,被侵权人有权请求相应的惩罚性赔偿。"《民法典》则在继承前述产品质量责任惩罚性赔偿的基础上进一步将惩罚性赔偿制度扩展到环境侵权赔偿和知识产权侵权赔偿领域。[①]

---

① 我国《民法典》第1185条规定:"故意侵害他人知识产权,情节严重的,被侵权人有权请求相应的惩罚性赔偿。"

第十六章　民事救济制度的伦理分析

一、民事救济制度本质的伦理分析

（一）对权利救济必要性的伦理思考

权利是人之为人的价值所在，对权利的侵犯就是对人性的戮杀，故“权利不受侵犯”乃私权神圣的应有之义。法律既然以权利义务为其主要内容，故法律首先要创设和确立权利，同时又要给予权利以充分的制度保障，没有保障的权利就犹如没有屏障的花园，无以抵御牛羊的啃啮。因此从某种意义上说，无救济就无权利。民法作为以权利为本位的法，不仅要为市民社会的主体充分地创设权利，在立法上为其享有权利提供最大限度的可能性，更要为这些已创设的权利提供切实有效的保护，不允许任何人以任何方式侵犯自然人和法人的权利，更不允许对权利非法限制与剥夺。民法关于权利的保护，即在于救济制度，赋予当事人救济权，并确立方便可靠的程序，确保救济权的行使。这种安排就是许可权利人依靠自身力量行使救济权的自力救济程序，以及许可权利人通过国家的专门帮助行使救济权的公力救济程序。救济权与原权利之差异在于，原权利可以被救济，却不可以被强制，即使是合同债权,也只能在合同当事人违约之后才可以被强制,但是,救济权的内容是可以被直接强制的;救济权一般是对人权,而原权利则可以是对人权也可以是对物权。[①]

（二）民事权利救济的价值和作用

所谓民事救济,就是对不符合民法要求的具体民事法律关系,按照抽象的民法权模式予以调整,使其恢复到圆满状态,以平衡民事主体之间的利益以及民事主体和社会之间的利益。比较法学者一般认为,大陆法系是一个"权利先于救济"的法系,而普通法系则是一个"救济先于权利"的法系,因为英国的普通法是作为一连串的补救手段而产生的,其实践目的是使争执获得解决。英国的侵权行为法是以令状为基础而发展的,法院依特定的令状,经由诉讼而创造某种救济,而在救济之前,并没有一个由法典编制起来的权利体系。正如梅因所说:英国法是在程序的缝隙中渗透出来的。所以,在普通法中,是救济确认了人们在法律上的权利,是救济程序创造了普通法上的权利体系。而大陆法系则相反,它作为一种体系告诉人们:根据正义的观念,社会应当承认什么样的权利与义务,正是因为有这样的权利才应当有相应的救济措施,所以,"权利先于救济"。对于民事救济制度的作用,孙鹏博士将其归纳为以下三点。(1)公平保护民事活动的参加人。在现代市场经济条件下,民事主体参加民事法律关系,进行民事活动,是受特定利益驱动的。当民事主体追逐营利,致民事关系病态和失衡的时候,民法必须进行调整。而民事救济制度,正是通过其特有的制度机理和程序保障,不偏不倚地矫正失衡的民事法律关系,捍卫了民事主体的权利和其他法益。(2)保障社会经济运行。社会经济的良性运作需要法律的保护与支持,而民事领域是社会经济运行的重要场所。民事领域的混乱与失控必然害及社会经济运作,阻碍其向前行进之步伐。民事救济制度能够排除民事关系之障碍,使民事活动处于健康的道路,整个社会经济活动亦因此而平稳、快速地运行,而社会经济的快速运行,以及其在运行过程中摩擦与碰撞之减少,避免了不必要的人

---

① 刘凯湘:《论民法的性质与理念》,载《法学论坛》2000 年第 1 期。

力与财力和时间的浪费,进而增进了社会经济之效益。(3)实现社会经济关系的有序化。民法为规范民事主体的行为,必须竭其所能捍卫民事主体的权利与利益。但民事主体在追逐利益的过程中,并不全然循规蹈矩,其有可能出现任性与肆意,势必危及其他民事主体的权利与利益,危及民事法律秩序,进而危及整个社会经济秩序,此实为民法所不容。民事救济制度,一方面要通过其救济措施平衡各民事主体间的利益,力图构建各主体间的利益共同体;另一方面,更要通过反欺诈等措施平衡民事主体利益与社会利益,使民事法律关系乃至整个社会经济关系都处于有条不紊的秩序化状态,排除民事关系失灵、振荡对社会经济生活的消极影响。①

对权利之救济有私力救济与公力救济之分,所谓私力救济,系指权利人通过单纯的自身行为,去拯救自身迫遇危害之权利,而公力救济,则系权利人通过诉权的方式,凭借国家公权力去消除自身权利上之危害,恢复权利的完满状态。

二、私力救济制度的伦理分析

(一)私力救济必要性的伦理分析

私力救济也叫自力救济,是指权利人在法律允许的范围内,不借助国家机关的公权力,通过自卫行为或者自助行为来救济自己被侵害的民事权利的行为。私力救济既是私权神圣观念的产物,也是人类社会最初的权利救济方式。私权神圣的观念体现于市民法的整个内容和体系中,其作用在于从各个方面确认并保护主体的权利。市民法所确认的权利神圣,是一种资格上的神圣,而非主动地将这些权利的实质状态递交于每一个人的手边。至于主体是否确实享有,则依当事人的主观意愿及客观状态而定,"这已非法律所能克服的社会工程了,并无损于私权神圣在市民法中的地位"。② 一般认为,私力救济制度是人类早期盛行的制度,一俟国家权力足够发达,便不再允许该项制度的"泛滥"。这是因为,私力救济容易滋

---

① 赵万一主编:《商法学》(修订版),中国法制出版社 2006 年版,第 453 ~ 464 页。

② 苏号朋:《民法文化:一个初步的理论解析》,载《比较法研究》1997 年第 3 期。

生暴力事件,当事人难免恃强凌弱,导致循环复仇。此外,当事人仅凭自己的判断即去强制他人,难免感情用事,有违公正。“因私力救济,易生流弊,弱者无从实行,强者每易仗势欺人,影响社会秩序。故国家愈进步,私力救济的范围愈益缩小。至于现代法律遂以禁止私力救济为原则,私力救济往往在民法上构成侵权,在刑事上成为犯罪行为。”[①]故在人类文明极为发达的社会里,原则上禁止自力救济。不过,自力救济有迅捷、及时的优势,在某些紧急状态下,公力救济则有所不及,故仍应例外地肯认自力救济制度。公力救济和私力救济一起,组成一个严密的权利保障体系,使权利的行使既免去了后顾之忧,又界定了其范围,从而使市民社会的运转趋于和谐。

(二)私力救济形式的伦理分析

私力救济主要表现为正当防卫、紧急避险和自助行为。所谓正当防卫,根据《德国民法典》第 227 条的规定:是“为避免自己或他人受现时之不法侵害而进行防卫之必要行为”。其构成要件有二:一是须有不法侵害之存在;二是须为相当于攻击程度之防卫行为,逾越必要程度,则超出了法律允许的正当防卫的自由范围。《德国民法典》第 228 条规定:紧急避险是“出于使自己或他人避免急迫危险之目的,而损坏或毁灭引起此急迫危险之他人之物者,如其损坏或毁灭系出于防止危险所必要的,而造成之损害又不逾越避免危险程度者,其行为不违法,不负损害赔偿责任”。其构成要件有三:一是须有危险存在;二是须为避免危险而为;三是须未逾越危险所能致之损害。对于自助行为,《德国民法典》第 229 条规定:“出于自助之目的而扣押、毁灭或损坏他人财物者,或出于自助之目的扣留有逃亡嫌疑之债务人,或制止债务人对有容忍义务之行为进行抵抗者,因不及官署援助,且非即时处理则请求权有无法行使或其行使有困难时,其行为非违法。”其构成要件有三:一是须为保护自己之权利,二是不及官署之援助,三是非于其时为之,则请求权不得实现,或实现显有困难者。从前文我们可以看出,无论是正当防卫,还

---

① 梁慧星:《民法总论》,法律出版社 1996 年版,第 252 页。

是紧急避险，其共同的特征是致害人主观上没有过错，没有法律上应受责罚的原因，故其不应当对自己的行为承担不利法律后果。

（三）中国的私力救济制度的伦理特色

与其他国家相比，中国古代民法对私力救济非常注重。朝廷法律的基本指导思想是希望民事权利的维护和行使能由权利人自行解决，不要过多烦扰官府，民间实际情况也正是如此，一般主要依靠自己、亲族或乡党的力量来达到维护或行使权利的目的。这种民间自力保障、自力救助的方式主要有如下三个方面。首先，在民事交易中尽量将风险转嫁到交易对方或第三方承担。其次，在建立民事关系时强调担保。如在各类契约中，担保条款都是必不可少的条款，许多民事关系的成立都以有第三人参加为必要条件。不过第三人所承担的主要是督促一方履行义务的责任，如果没有特别说明，一般不发生连带清偿责任。20 世纪初，“全中国都存在同样严密的担保系统”①。应该指出，这种对第三人参加民事关系的强调也得到法律的支持，在有限的民事法律中有不少强调第三人参加民事关系的必要性。这种由三方成立契约等民事关系的观念根深蒂固，以至于简单的双方成立契约的情况几乎不存在。最后，在民事纠纷的解决机制上，依靠的主要是亲族、乡党、有声望的绅士、长老的调停“和息”。这也同样受朝廷法律的支持，比如明初的“申明亭”、明中期的“乡约”制度等。而有权有势者，就会直接指使家丁私仆强行执行，以暴力解决问题。

由于私力救济行为容易诱发对他人权利侵害的不利法律后果，且有违法律的神圣性和权威性，因此在中华人民共和国成立后，我国对私力救济在法律上采取了严格限制的态度，只承认少数明确为法律认可的私力救济行为，如留置行为，且要求这种留置行为必须以当事人之间存在合同关系为条件。《民法典》首次将私力救济行为从合同领域延伸到了侵权领域，第 1177 条规定：“合法权益受到侵害，情况紧迫且不能及时获得国家机关保护，不立即采取措施将使其合法权益受到难以弥补的损害的，受害人可以在保护自己合法

---

① ［美］海伦·斯诺：《旅华岁月》，华谊译，世界知识出版社 1985 年版，第 91 页。

权益的必要范围内采取扣留侵权人的财物等合理措施；但是，应当立即请求有关国家机关处理。受害人采取的措施不当造成他人损害的，应当承担侵权责任。”这要求权利人在采取私力救济（自助行为）的时候除了在事后要立即请求国家机关对自己实施的自助行为予以确认和加强之外，还要求其自助行为必须保持在必要的限度之内，即该种自助行为既能够有效保护自己的合法权益，又没有超出为了抵御、制止和排除危害后果的继续发生而必须达到的程度，且没有给相对人造成不应有的危害，否则可能要承担相应的侵权责任。

三、公力救济制度的伦理分析

（一）公力救济制度的法律演进

公力救济就是通过法律规定和国家相应强制手段保证实施的救济。法律能够提供制度性、程序性和规范性的救济措施，因此公力救济比私力救济更为有效。从私力救济向公力救济转换是现代法治文明的重要表征。人类社会在法律出现之初，对权利之救济通过同态复仇的方式来进行，这是一种典型的私力救济方式。之后法律不断努力克服和消除同态复仇的血腥气息，采取稍微温和的救济方式，但私力救济依然占据相当的空间，而近现代法治社会的确立，公力救济一跃成为主要的救济方式，私力救济受到极大抑制。可以说，人类法律发展史，在相当程度上是对权利之救济从私力救济向公力救济的转化史。而私力救济向公力救济的转换过程，即法律救济从自发走向自觉，从冲动走向理智，从紊乱走向有序，从任意走向规制的过程，这一转换过程的完成，是现代法治文明的重要表征。从法哲学的角度考察，私力救济的状态，是缺乏法律控制的状态，在这种近乎“自然”的状态之下，人们期盼着广泛的权利，期盼着他人对自身权利的尊重，但人们又有天生的任性与肆意，更有无视甚至践踏他人的权利的倾向，即便是在救济自身权利时，也概莫能外。因此人们呼唤相互间对权利的尊重，呼唤和谐有序的法律秩序。在这种理论上构建的现代法治合乎逻辑地要求对民事权利的救济由代表法律的专职公共机构来承担，此即私力救济向公力救济转换的法哲学根源。

(二)公力救济对象和救济手段的伦理分析

一般认为,公力救济的对象是受害人受到侵害的民事权利,即法益。换言之,民法并不对所有侵犯权利的行为都赋予被侵犯者以救济权。《法国民法典》第 1382 条规定:“基于过错的行为,使他人发生损害者,应负赔偿责任。”《德国民法典》第 826 条第 1 项规定:“因故意或过失,不法侵害他人生命、身体、健康、所有权或其他权利者,对所生之损害应负赔偿责任。”《德国民法典》第 823 条规定:“因故意或过失不法侵害他人之生命、身体、健康、自由、所有权或其他权利者,对被害人负赔偿损害之义务。1、违反以保护他人为目的之法律者,负相同之义务。2、如依法律之内容,虽无过失亦可能违反法律者,在有过失时,始负赔偿损害之义务。”其中,“违反以保护他人为目的之法律者”,根据霍恩的解释,“这里所说的保护性法律,包括所有以保护个人和个人群体为主要目的的私法规范和公法规范,特别是刑法规范,但是不包括以保护整体公众为目的的法律”。[①] 可见,在《德国民法典》中,侵犯公权而导致私益的损害也同样在民法侵权行为法的救济范围之中。这也进一步说明,民法上的救济权的救济对象是私益,它不仅包括私权(私法)所保护的私益,也包括公权(公法)所保护的私益。根据《民法典》第 1164 ~ 1166 条,我国公力救济的对象是“民事权益”,包括人身权益和财产权益,这里的权益除民事权利外还包括尚未上升为权利的利益,如根据《民法典》第 1034 条之规定:“自然人的个人信息受法律保护。个人信息是以电子或者其他方式记录的能够单独或者与其他信息结合识别特定自然人的各种信息,包括自然人的姓名、出生日期、身份证件号码、生物识别信息、住址、电话号码、电子邮箱、健康信息、行踪信息等。个人信息中的私密信息,适用有关隐私权的规定;没有规定的,适用有关个人信息保护的规定。”

民事救济的手段主要包括如下两个方面:(1)民事仲裁。所谓

---

① [德]罗伯特·霍恩、海因·科茨、汉斯·G. 莱塞:《德国民商法导论》,楚建译,中国大百科全书出版社 1996 年版,第 171 页。

民事仲裁,系指民事法律关系之运行出现障碍,特别是民事主体就实体民事权利和义务发生纠纷和争议时,当事人根据事前达成的仲裁条款或者事后形成的仲裁协议,将其争议事项交予特定仲裁机关依法裁决的制度。(2)民事诉讼。所谓民事诉讼,系指民事主体将有争议的民事权利和义务事项,提交司法审判机构,由其按审判程序作出裁决的制度。民事仲裁和民事诉讼作为解决民事权利义务纠纷的民事救济制度,是两种独立的制度,民事主体就一项民事纠纷只能在这两种制度之间选择其一,作为对自身进行救济的手段和方法。

(三)关于公力救济内容的伦理分析

在现代民法中,公力救济的方式主要表现为财产责任,而在古罗马时代,公力救济的方式却主要表现为人身责任。例如,《十二铜表法》第三表规定:“若债务人仍未自动执行法庭判决,且在受讯时无人代他解脱责任,则原告人得把他带到私宅,给他带上足枷或手铐,其重量不轻于 15 磅。”债务人甚至可以“被处以死刑,或售之于国外,于第伯河以外”①。梅因在《古代法》中向我们描绘了这一转变:“在罗马法中,我们在习惯上认为专属于犯罪的罪行被完全认为是不法行为,并且不仅是盗窃,甚至凌辱和强盗,也被法学专家把它们和扰害、文字诽谤及口头诽谤联系在一起,所有这一切都产生了‘债’或是法锁,并都可以用金钱支付以为补偿。这个特点最有力地表现在日耳曼部落的统一法律中,它们对杀人罪也不例外有一个庞大的用金钱赔偿的制度,至于轻微损害,除少数例外,亦有一个同样庞大的金钱赔偿制度。”“根据盎格鲁 - 撒克逊,对于每一个自由人的生命,都可以按照他的身份而以一定金钱为赔偿,对于其身受的每一个创设,对于他的民权、荣誉或安宁所造成的几乎每一种损害,都可以用相当的金钱为赔偿。”②彭梵得说:“罗马债的历史起源产生于对私犯(exdelicto)的罚金责任;契约责任在初期从属于这一

① 萧榕主编:《世界著名法典选编 · 民法卷》,中国民主法制出版社 1998 年版,第 16 页。

② [英]梅因:《古代法》,沈景一译,商务印书馆 1959 年版,第 209 页。

概念。”“法律规定首先应当要求支付‘罚金’(poena)或‘债款’(pecunia 或 res credita),只是当根据债务人的财产不能给付或清偿时,权利享有人才能通过执行方式对其人身采取行动;直到此时,债(obligatio)才第一次获得新的意义,即财产性意义。”①债与责任的问题是 19 世纪德国民法学上的一项激烈争论的问题。一般认为,债务是指应为一定给付之义务,而责任则是指强制实现此项义务之手段,亦即履行此项义务之担保。债与责任的差异与联系表现在以下几个方面:债为当为,责任为强制;债是责任之前提,责任是债之结果;债永远存在,但责任超过诉讼时效则不再存在。②

(四)公力救济程序和救济目的的伦理要求

公力救济程序中的伦理要求主要体现在两个方面:一是要求法官在审判活动中必须遵循诚信和公平原则;二是要求法官在审判活动中必须综合考虑各种因素,特别是有关责任减轻的因素,以便使审判结果符合公平要求。依据诚信原则,法官可以正确评价、解释当事人的民事行为,防止当事人滥用权利,进而恢复、修正失衡的利益关系。它要求法官在进行裁判活动时,应以诚信原则为基点,并以公平正义作为裁量准绳。对于当事人在法律允许范围内的意思自治行为,法官不得凭借自由裁量权主动进行干预,否则属于权力滥用。③ 诚信原则对当事人民事法律行为的评价功能主要表现在违背诚信原则的行为得不到法律保护,有的还要受到法律制裁。诚信原则由于深刻体现了法所追求的公平正义的价值目标,且内涵和外延都不确定,适用弹性大,事实上成为民事立法的指导性规定,并具有补充法律规定的功能。

诚信原则还赋予法官一定的自由裁量权,并具有补充法律空白的功能。客观世界的不断变化、发展和当事人在民事活动中的恶意行为都可能导致当事人之间的利益关系失去平衡。这时,如果没有

---

① [意]彼德罗·彭梵得:《罗马法教科书》,黄风译,中国政法大学出版社 1992 年版,第 284 页。

② 王泽鉴:《民法债编总论》(第 1 册),台北,三民书局 1996 年版,第 46 页。

③ 杨葵:《诚信原则在审判实践中的运用》,载《人民法院报》2001 年 3 月 26 日。

法律的有效干预,当事人之间既有的权利义务关系就会偏离公正合理的轨道,从而破坏经济生活秩序和社会安定。依据诚信原则,法官可以及时调整当事人之间失衡的利益关系,修正意思表示有瑕疵的民事行为,恢复、重建当事人之间的利益平衡,确保依法行使权利并履行义务的当事人能得到应得的利益,维护公平、正义和经济秩序。自由裁量权作为法官补充、发展法律的权力,是审判活动适应复杂多变的现实生活的需要。但是,任何权利的行使都有其限度,自由裁量权也不例外。行使自由裁量权应有充分的依据,只有法无明文规定或法律规定适用于具体个案将明显背离公平正义时,法官才能行使。

在民事救济中,如果责任人责任的承担存在某些可以减轻责任的法定事由,则应对这种救济结果进行矫正。所谓民事责任的减轻,是指在依一般归责原则确定特定当事人民事责任的基础上,法院或仲裁机关基于一定的事由而依法减轻责任人的民事责任。与此相关的法律规定及内容,便构成了民事责任减轻制度。减轻民事责任的一般事由,是指法律规定的允许法院和仲裁机关减轻特定当事人民事责任的基本原因。一般事由又分为法定事由和酌定事由两种。所谓法定事由,是指法律明文规定的可以减轻民事责任的原因。综合现行立法的规定,可将减轻民事责任的法定事由大致归纳为以下五项:(1)混合过错。(2)无过错或过错较小。如有关监护责任的减轻以及防卫、避险过当而产生的适当法律责任,便是因为有关责任人无过错或过错小。(3)基于某种合法原因而造成的损害。(4)无偿保管他人之物且非故意致物毁损。(5)其他法定事由。民事责任的减轻,往往是由于出现或存在影响正确或公平界定具体民事责任的因素而引起的。所谓酌定事由,是指在缺乏法定减轻事由的情形下,法院或仲裁机关用以减轻特定当事人民事责任的其他一般事由。酌定减轻事由一般是由与案件或纠纷密切相关的各种实际情况构成的。从广义上说,酌定减轻事由仍然属于法定减轻事由范畴,理由是酌定减轻权的取得同样需要法律的赋予。狭义的法定减轻制度因受立法程序、时间、方法、技术等因素制约,不可能将影响正确、公平确定民事责任的事由一一列举。一般来说,责任人的动机、目的、手段、履债能力、悔意表示(现)、健康状况以及与被害人(权利人)的亲缘关系等均可以作为决定是否减轻加害人民事责任的酌定事由。[①] 对酌定事由重视不但可以使民事责任的分担更加公平合理,更符合人们的伦理判断标准,而且可以使民事责任制度更具有人性化色彩。

① 黄龙:《民事责任减轻制度初探》,载《山东法学》1997 年第 1 期。

天
Borderless
下

天下，在乎正义和你

法学新经典·书目

《侵权损害赔偿》(第六版) 杨立新
《我国民法典重大疑难问题之研究》(第二版) 王利明
《法律解释学导论:以民法为视角》(第三版) 王利明
《法的价值论》(第三版) 卓泽渊
《法政治学研究》(第三版) 卓泽渊
《法治国家论》(第四版) 卓泽渊
《刑事诉讼的中国模式》(第三版) 陈瑞华
《刑事证据法的理论问题》(第二版) 陈瑞华
《民法典总则之理论与立法研究》(第二版) 尹 田
《中国物权法总论》(第四版) 孙宪忠
《人格权重大疑难问题研究》 王利明
《实证研究:中国法学的范式转型》 左卫民
《中国法律的传统与近代转型》(第四版) 张晋藩
《行政法基本原则研究》(第二版) 周佑勇
《国际刑法学》(第二版) 贾 宇
《刑法客观主义与方法论》(第二版) 周光权
《诈骗犯罪论》 张明楷
《国际私法本体论》(第二版) 蒋新苗
《民法解释学》(第五版) 梁慧星
《当代刑法的理论与课题》 黎 宏
《量刑的个别化原理》 石经海
《中国传统法理法哲学论》 张中秋
《民法总则新论》 王利明

《中国公司法论》 周友苏

《民法的伦理分析》(第三版) 赵万一

法学新青年·书目

《物权法的展开与反思》(第二版) 常鹏翱

《基本权利的规范建构》(第三版) 张 翔

《传媒监督的法治》(第三版) 陈柏峰

《国家利益维护:国际法的力量》 何志鹏

《不动产登记法研究》(第二版) 程 啸

《证据法的理论面孔》 吴洪淇

《刑法归责原理的规范化展开》 陈 璇

《刑法与现代社会治理》 何荣功

《舆图换稿:明清之际的中国法哲学》 屠 凯

《中国特色行政复议制度的嬗变与演进》 曹 鎏

《行政诉讼类型构造论》 章志远

《侵权责任利益保护的解释论》 方新军

《刑事诉讼法的解释图景》 董 坤

《刑事辩护的模式》 李奋飞

《可罚的违法性:刑民关系的本土化阐释》 陈少青

《司法裁判过程中的人工智能应用研究》 彭中礼

《刑事证据法的制度塑造》 吴洪淇

法学原论·书目

《合同法总论》(第四版) 韩世远

《现代公司法》(第三版) 刘俊海

《侵权责任法》(第四版) 杨立新

《国家监察学原理》 李晓明 芮国强

《物权法原论》(第二版)　高富平
《刑法学:立法与解释原理》(上册)　李晓明
《刑法学:罪体与罪责原理》(下册)　李晓明

博观·书目

《社会契约论》　卢　梭
《法律的概念》(第三版)　哈　特
《普通法的精神》(中文修订版)　庞　德
《诉权与诉的可能性:当代民事诉讼基本问题研究》　赫尔维格
《民主与不信任:司法审查的一个理论》　约翰·哈特·伊利
《法律与革命》(第一卷)　伯尔曼
《法律与革命》(第二卷)　伯尔曼
《法律推理与法律理论》　麦考密克
《古代法》　梅　因
《旧制度与大革命》　托克维尔
《为权利而斗争》　耶　林
《法律制度:对法律理论的一种解说》　麦考密克
《政治哲学史》(第三版 上下册)　列奥·施特劳斯　约瑟夫·克罗波西
《论法的精神》　孟德斯鸠
《民事诉讼法重点讲义》(导读版)　高桥宏志
《纯粹法学说》(第二版)　凯尔森
《普通法》　霍姆斯
《论犯罪与刑罚》　贝卡里亚
《宪法设计与理性选择:公法经济分析基础》　罗伯特·D.库特
《法律的权威》(第二版)　约瑟夫·拉兹
《正确法:法伦理学基础》　卡尔·拉伦茨
《法律篇》　柏拉图
《论法律》　西塞罗

《刑事制裁的界限》	赫伯特 · L. 帕克
《对法学的戏谑与认真：给法学读者的礼物》	鲁道夫 · 冯 · 耶林
《法律的沟通之维》	马克 · 范 · 胡克
《柏拉图对话录：关于苏格拉底的审判和死亡》	柏拉图
《法律职业的起源：古代雅典的律师和诉讼当事人》	罗伯特 · J. 伯纳

思想与人文 · 书目

《西窗法雨》（精装修订版）	刘　星
《法槌十七声：西方名案沉思录》（第二版）	萧　瀚
《文明与法治：寻找一条通往未来的路》	刘哲昕
《精英与平民：中国人的民主生活》	刘哲昕
《法治东西》	於兴中
《博登海默法理学》	博登海默
《法窗夜话》	穗积陈重
《正义之源泉：自然法研究》	吴经熊
《现代法政的起源：1900—1919》	董彦斌
《被误解的民主》	包刚升
《风骨：新旧时代的政法学人》	陈夏红
《斑马线上的中国》（第三版）	邓子滨
《生活在民法中》（第四版）	梁慧星
《乌合之众：大众心理研究》	古斯塔夫 · 勒庞
《我们律师》（修订精装版）	张思之
《我的辩词与梦想》（精装收藏版）	张思之
《法门穿行》	孙笑侠
《现代法治：沈家本的改革梦》	李贵连
《阿 Q 之死的标本意义》	张建伟
《续法窗夜话》	穗积陈重
《从传统到现代》	金耀基

《耶鲁精神:感受耶鲁大学及其法学院》(第二版)	冯建妹
《法律帝国的铸就:大英帝国法律史(1800－1850)》	劳伦·本顿　利萨·福特
《英国法的塑造者》	威廉·塞尔·霍尔斯沃思
《美国法律史》	劳伦斯·弗里德曼
《尊严:历史和意义》	迈克尔·罗森
《法官因何错判》	秋山贤三
《修行:生命的证悟》	泰戈尔
《看得见的正义》(第三版)	陈瑞华
《大地家族》	盖瑞·施耐德
《法律后面的故事》	梁治平
《生命与超越:一个命运共同体的理想》	刘哲昕
《霸权的黄昏:大国的衰退和收缩》	麦克唐纳　培伦特
《罪与罚:关于公正的 19 场激辩》	布鲁斯·N. 沃勒
《民法的人文精神》(第二版)	徐国栋
《西口闲笔》	徐国栋
《明清法律与社会变迁》	邱澎生　何志辉
《案例、故事与明清时期的司法文化》(修订版)	徐忠明
《明清时期的民事审判与民间契约》	王亚新　梁治平　赵　晶
《“活法”:宋元明法律文化研究》	蓝德彰
《法学知识的壮游:近代中法法学交流史》	朱明哲
《儒家的世界》	董彦斌
《面包香里读哲学》	胡文·欧江
《大众装饰》	齐格弗里德·克拉考
《法的回声:中国法律思想通识讲义》	李　鸣
《寻找法律的印迹》(第四版)	余定宇
《法学名著导读》	张志铭　于　浩
《论人类不平等的基础和起源》	卢　梭
《中华法制文明史(古代卷)》	张晋藩

《早期中国的法律世界》 李　平

《商君书评注》 李　平

《遇见法学家:西方法哲学简史》 徐爱国

理论与方法·书目

《通往法治的道路:社会的多元化与权威体系》 季卫东

《法治、财税与国家治理》 熊　伟

《论法学研究方法》 陈瑞华

《法律人的思维方式》(第三版) 陈瑞华

《民法总则:条文背后的故事与难题》 杨立新

《法学学位论文写作方法》(第三版) 梁慧星

《裁判的方法》(第四版) 梁慧星

《理论法学的迷雾:以轰动案例为素材》(增订版) 桑本谦

《司法体制改革导论》 陈瑞华

《侵权责任法:条文背后的故事与难题》(第二版) 杨立新

《司法改革的知与行》 蒋惠岭

《中西法律文化比较研究》(第五版) 张中秋

《真实世界的法律思维:出乎意料的60堂法律微课》(第二版) 黄文伟

《中国民法典新规则要点》(修订版) 杨立新

《刑事审判原理论》(第三版) 陈瑞华

《实质法治:寻求行政判决的合法性》(第二版) 何海波

《行政诉讼法》(第三版) 何海波

《企业合规基本理论》(第二版) 陈瑞华

《人工智能时代的算法治理:机制与方案》 张　欣

《数字司法的中国图景》 左卫民

《行政裁量治理研究:一种功能主义的立场》(第二版) 周佑勇

《像法律人那样思考:法律推理新论》(增订版) 弗里德里克·肖尔

《极简法医鉴识手册》 道格拉斯·莱尔

《与骸骨交谈：我希望每一个真相都被发现》	威廉姆・R. 美普斯
《辩无不胜》	盖瑞・斯宾塞
《律师的客户管理术》	亚历山大・Y. 本尼科夫
《并购之道：赢家的 65 个商业逻辑与实战》	张伟华
《如何讲个好故事：律师的必修课》	菲利普・N. 迈耶
《法总工作手册：公司法律合规的三十六计》	沈悦志
《法律检索与知识管理手册》	黄文伟
《法律尽职调查完全手册》(第三版)	李　俭
《拉丁语法律用语典》	陈卫佐
《拉丁语法律格言手册》	陈卫佐